# ANMOL
# ENGLISH - HINDI DICTIONARY

*Edited by*
S.C. DATTA
M.A. (English & Hindi), B.Ed.
*Revised by*
SUDHA DATTA
M.A. (English), M.Ed.
*Illustrated by*
SUSHMA DATTA
M.A. (Arts)

**ANMOL PUBLICATIONS PVT LTD**
**New Delhi - 110 002**

**ANMOL PUBLICATIONS PVT LTD**
4374/4B, Ansari Road
Daryaganj, New Delhi-110 002

First Edition 1993


PRINTED IN INDIA

Published by J.L. Kumar for Anmol Publications Pvt Ltd, New Delhi and Printed at Mehra Offset Press, Delhi.

# ANMOL
# ENGLISH - HINDI DICTIONARY


*Edited by*
S.C. DATTA
M.A. (English & Hindi), B.Ed.
*Revised by*
SUDHA DATTA
M.A. (English), M.Ed.
*Illustrated by*
SUSHMA DATTA
M.A. (Arts)



**ANMOL PUBLICATIONS PVT LTD**
**New Delhi - 110 002**

**ANMOL PUBLICATIONS PVT LTD**
4374/4B, Ansari Road
Daryaganj, New Delhi-110 002

First Edition 1993


PRINTED IN INDIA

Published by J.L. Kumar for Anmol Publications Pvt Ltd, New Delhi and Printed at Mehra Offset Press, Delhi.

# Preface

Compilation of a dictionary requires a lot of labour, energy and experience. One has to devote hours daily and concentrate on this onerous job. This dictionary has taken a very long time to be edited and is the result of many hours of constant sitting.

It is a challenging job which I have accepted. In compiling this dictionary I have consulted various foreign dictionaries available in the market. My indebtedness is due to all those who have already done a lot in this field.

Most of the words which are in common use find place in this dictionary. Every effort has been made to find equivalent words in Hindi in their proper sequence. Different forms of the same word i.e. noun, verb, adjective etc. have also been given. The readers will find prevalent pronounciation of every word in it.

The students will enhance their vocabulary by reading it. It will afford them wealth of pleasure as they get it by reading some fiction or interesting literature.

In accomplishing this job my learned children Shashi, Sudha, Sushma, Savita, Seema and Sanjeev have inspired me morally. I can simply bless them. Sh. J. L. Kumar, Managing Director, Anmol Publications Pvt. Ltd. deserves my profoundest thanks for undertaking this costly project. My other dictionaries, Little English Dictionary and Mini English Dictionary are also in the market.

Fruitful comments will be thankfully acknowledged.

**S.C. Datta**

# A



**a** ए *adj.*, the indefinite article; the first letter of the English alphabet; one, any, वर्णमाला का पहला अक्षर; एक, कोई

**aback** अबैक *adv.* backward, pressed back against the mast, by surprise, वायु के वेग से पाल का दबाया जाना, अचानक

**abandon.** अबेन्डन *v.* to give up, to forsake, to yield, to surrender, त्यागना, छोड़ना, सौंपना

**abandoned** अबेन्डन्ड *adj.* very wicked, completely deserted, अत्यन्त दुष्ट, पूरी तरह उजड़ा हुआ अथवा परित्यक्त

**abondonement.** अबेन्डनमैंट *n.* act of deserting; परित्याग

**abash.** अबैश *v.* to put to shame, to make confused, लज्जित करना, विह्वल करना

**abate.** अबेट . to make less; to deduct, to mitigate, to grow less, to remove, कम करना, घटाना, मन्दा करना, कम होना, हटाना

**abatement,** अबेटमैंट *n.* The act of abating, कमी, घटाव, मन्दा

**abbey,** ऐबे *n.* a monasty, a house occupied by monks or nuns or convent under an abbot, मठ, गुरुकुल, सन्यासियों का डेरा।

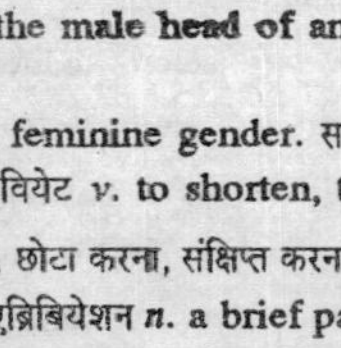

**abbot,** ऐबट *n.* the male head of an abbey. महन्त, मठाधीश

**abbess.** ऐबैस *n.* feminine gender. सन्यासिनी

**abbreviate** एब्रिवियेट *v.* to shorten, to abridge, to make brief, छोटा करना, संक्षिप्त करना, कम करना

**abbreviation** एब्रिवियेशन *n.* a brief part of a word, an act of shortening. छोटा, संक्षेप

**abdicate.** एब्डिकेट *v.* formally to give up power to renounce, to abandon, गद्दी छोड़ना, राजपाट त्यागना

**abdication** एब्डिकेशन *n.* renunciation, त्याग

**abdomen** एब्डामिन *n.* the belly, the part of the body below the chest, the cavity containing the digestive apparatus, पेट, उदर

**abdominal** ऐब्डामिनल *adj.* उदर सम्बन्धी, पेट की

**abduct** ऐब्डक्ट *v.* to kidnap, to take away forcibly, to carry off; भगा ले जाना, निकाल ले जाना

**abduction** ऐब्डक्शन *n.* kidnapping, carrying off forcibly अपहरण, बरबस उठा ले जाने की क्रिया

**abet** एबैट *v.* to assist, to aid, to encourage (in a bad sense) सहारा देना, उकसाना, बहकाना

**abettor.** एबैटर *n.* one who abets,बहकाने वाला, उकसाने वाला

**abeyance** एबेयन्स *n.* kept back, state of suspension, कुछ काल के लिए रुकना, स्थगन

**abhor.**एभोर *v.* to hate, to loathe, to detest, घृणा करना, हीन जानना

**abhorrence** एभोरेंन्स *n.* hatred, destestation, घृणा

**abhorency** एभोरेंसी *n.*

**abhorent** एभोरेन्ट *adj .* detesting, घृणास्पद

**abide** एबाइड *v.* to remain, to continue, to dwell, to endure, to tolerate, टिकना, दृढ़ रहना, जारी रहना, सहन करना

**ability** एबिलिटी *n.* talent, power, skill, cleverness, capacity,योग्यता, शक्ति, प्रवीणता, चातुर्य, सामर्थ्य

**abject** ऐब्जैक्ट *adj.* low, base, mean, worthless, miserable, तुच्छ, घटिया, कमीना, बेकार, अधम

**abjectly** ऐबजेक्टली *adj.* lowly, meanly, नीचता पूर्वक, कमीनेपन से

**abjectness** ऐबजैक्टनैस *n.* meanness, baseness, misery, तुच्छता, नीचता, विपत्ति

**abjure** ऐब्रज्योर *v.* to repudiate, to swear, to give up, to swear, to leave for ever, अस्वीकार करना, सौगन्ध खाना, सिद्धान्त का परित्याग करना

**abjuration** ऐबज्योरेशन *n.* renunciation, परित्याग

**ablaze** ऐबलेज *adj. adv.* on fire, glittering, excited eager, resplendent, जलता हुआ, चमकता हुआ, उत्तेजित अवस्था में

**able** एबल *adj.* competent, skilful, clever, talented, qualified, प्रवीण, चतुर, मेधावी, योग्य

**ability** एबिलिटी *n.* competence, skill, talent, cleverness, चातुर्य, प्रवीणता, योग्यता

**ablution** एब्लूशन *n.* act of washing the body, शरीर का धोना (शुभ कार्य से पूर्व)

**abnormal** एब्नार्मल *adj.* not normal, very unusual, irregular, deformed, exceptional, असामान्य, असाधारण, रीति के विरुद्ध, अप्रचलित

**abnormally** एब्नार्मली *adv.* unusually, irregularly, exceptionally, असामान्य ढंग से

**abnormality** एब्नार्मलिटी *n.* irregularity, नियम विरोध, अनियममितता

**aboard** ऐबोर्ड *adv. & prep.* on board, in or into a ship, जहाज की छत पर, नौका पर

**abode** ऐबोड *n.* a dwelling, residence, house, a habitation, निवास, घर, मकान, कोठी

**abolish** एबोलिश *v.* to annul, to do away with, to put an end to, उठाना, हटा देना, समाप्त कर देना

**abolition** ऐबोलिशन् *n.* the act of abolishing, doing away with, समाप्ति

**abominable** एबोमिनेबल *adj.* hateful, detestable, offensive, unclean, odious, घृणास्पद, घिनौना, पतित, नीच

**aboriginal** ऐबोरिजनल *adj.* primitive, the original or the native inhabitants, earliest, मूल निवासी, आदिवासी, असली, प्राचीन

**abort** एबोर्ट *v.* to miscarry in birth, to come to nothing, गर्भपात होना, पेट गिरना, निष्फल होना

**abortion** एबोर्शन *n.* miscarriage, premature birth, futile attempt, गर्भपात, समय से पूर्व जन्म

**abortive** एबोंटिव *adj.* premature, unsuccessful, अधूरा, गर्भपात सम्बन्धी

**abound** एबाऊड *v.* to overflow, to be plentiful, to be rich, (in), to exist in great numbers, उमड़ना, भरपूर होना, अधिकतम होना

**abounding** एबाऊडइंग *adj.* in abundance, अति, बहुत, अतिशय

**about** एबाउट *adv. & prep.* around, near to, intending, here and there, concerning, चारों ओर, समीप, इर्दगिर्द, लगभग

**above** एबव *adv. & prep.* overhead, inheaven, before, besides, higher than, ऊपर, शिखर पर बढ़कर, माथे पर, अधिक ऊँचा

**abreast** एब्रेस्ट *adv.* side by side, up with, in line with, opposite to, साथ-साथ, एक पंक्ति में, पीछे न रहते हुए, छाती से छाती मिलाकर

**abridge** एब्रिज *v.* to curtail, to shorten, कम करना, संक्षिप्त करना, टीका करना

**abridgement** एब्रिजमैंट *n.* summary, curtailment संक्षिप्त, सार

**abroad** एब्राड *adj.* over a wide area, out of doors, widely, expensively, in an other country, विस्तृत, घर के बाहर, खुला हुआ, विदेश में

**abrogate** ऐब्रोगेट *v.* to annul, to abolish, to set aside, to do away (with a law), नियम हटाना, रद्द करना, मेटना, तोड़ना

**abrogation** ऐब्रोगेशन *n.* abolition, setting aside, act of repealing, तोड़ने की क्रिया

**abrupt** ऐबरप्ट *adj.* steep, sudden, hasty, rough, unexpected, खड़ी, सहसा, अचानक, खुरदरा, अप्रत्याशित

**abruptly** ऐब्रप्टली *adv.* hastily, unexpectedly, suddenly, readily, जल्दी से, तत्परता से

**abruptness** एब्रप्टनैस *n.* the state of being abrupt, तत्परता

**abscond** ऐब्सकांड, to flee, to quit, to run away secretly, to decamp, चम्पत होना, चुपके से भगना, अपराध करके चोरी से खिसकना

**absconder** ऐब्सकांडर *adj.* one who flees after committing a crime, भगोड़ा

**absent** ऐब्सैंट *adj.* inattentive, not present, away from, अनुपस्थित, लापरवाह, परे

**absence** ऐबसेन्स *n.* non existence, being away from work, अनुपस्थिति

**absentee** ऐब्सैन्टी *n.* one who absents himself from duty अनुपस्थित रहने वाला, गैरहाजिर

**absolute** एबसोल्यूट *adj.* & *n.* pure, perfect, independent, complete, certain, autocratic, पूर्ण, केवल, स्वतन्त्र, निरंकुश

**absolutely** ऐब्सोल्यूटली *adv.* totally, unconditionally, पूर्ण रूपेण, अबाध रूप से, सर्वथा

**absolve** ऐब्जोल्व *v.* to clear of crime, to set free, to pardon, to acquit, पाप से मुक्त करना, छोड़ना, बरी करना

**absolver** ऐब्जोल्वर *adj.* one who absolves, मुक्त करने वाला

**absorb** ऐबजार्ब *v.* to suck in, to take in, to imbibe, to swallow, to incorporate, सोखना, चूसना, निगलना, पी लेना

**absorption** ऐबजार्पशन *n.* swallowing, entire occupation of mind, शोषण, चित्त का लवहीन होना

**abstain** एबस्टेन *v.* to keep away from, to refrain, to hold aloof, अलग रहना, बचे रहना, दूर रहना

**abstention** एब्सटैंशन *n.* act of keeping away, बचाव, उपवास

**abstinence** एब्स्टिनैंस *n.* self denial, forbearance, keeping oneself from indulgence, आत्म त्याग, संयम, लंघन

**abstract** ऐब्स्ट्रैक्ट *v. n.* & *adj.* to draw away, to steal, to separate, to remove quietly, to summarise, summary, an epitome, principal parts, अलग करना, सार निकालना, पृथक करना, हटाना, आदर्श, भाववाचक, संक्षेप, सार, सारांश, संग्रह

**abstraction** ऐब्स्ट्रैक्शन *n.* summary, सत्व, सार

**abstruse** एबस्ट्रयूज *adj.* obscure, hidden, difficult to understand, profound अतिगूढ़, छिपा हुआ, दुरूह, अव्यक्त, कठिन

**abstrureness** ऐबस्ट्रयूजनैस *n.* obscurity, profundity, दुरूहता, अन्यक्ता, कठिनता

**absurd** एब्सर्ड *adj.* ridiculous, unreasonable, foolish, भद्दा, मूर्खता पूर्ण, तर्कहीन, विवेक शून्य

**absurdity** ऐब्सर्डिटी foolishness, मूर्खता

**abundance** एबनडैंस *n*, a great plenty, affluence, an ever flowing emotion, बहुतावत, प्राचुर्य, अधिक उद्वेग

**abundant** ऐबडैन्ट *n.* plentiful, अधिक

**abuse** ऐब्यूज *v. n.* to use ill, to ill treat, to treat rudely, to defile, to reproach, to scold, दुरुपयोग करना, दुर्व्यवहार करना, अशिष्टता बरतना, गाली देना, दुर्वचन, अशिष्ट भाषा

**abusiveness** ऐब्यूजिवनैस *n.* illusage, दुर्व्यवहार

**abysmal** एबिसमल *adj.* bottomless, very deep, pertaining to an abyss (gulf), बहुत गहरी, गंभीर, पाताल सम्बन्धी

**abyss** एबिस *n.* bottomless, chasm, the lower world, depth, अथाह गड्ढा, पाताल, खोह

**acacia** एकेशिया *n.* a thorny plant yielding gum, a wattle, गोंद उत्पन्न करने वाला बबूल का पेड़

**academic** अकेडिमिक *adj,* & *n.* a college student, belonging to a college or university विश्वविद्यालय का छात्र व विश्वविद्यालय संबन्धी

**academy** अकेडेमी *n.* a society for the encouragement of science and art, a place of study, a higher school, विज्ञान व कला की अभिवृद्धि के लिए समाज, ज्ञान समाज, पाठशाला, विद्योपार्जन का स्थान

**academician** अकेडेमिशियन *n.* a member of an academy, अकादमी व विद्वत्परिषद का सदस्य

**accede** एकसीड *v.* to give consent, to agree to, to attain to, to arrive at a condition, स्वीकार करना, मानना, किसी अवस्था को पहुँचना

**accelerate** एक्सैलरेट *v.* to cause to happen, to hasten, to quicken the speed of, to put on pace, शीघ्रता लाना, जल्दी करना, पग बढ़ाना, गति प्रदान करना

**acceleration** ऐक्सैलरेशन *n.* an increase of speed, तीव्रगति

**accent** एकसेन्ट *n. v.* a peculiarity of utterence, the emphasis placed upon certain notes, the stress on syllable or word, a mark, tone of voice, शब्द-शब्दांश पर बल देना, उच्चारण का संकेत, गति

**accentuation** ऐक्सेचुएशन *n.* accenting, अक्षरों पर दबाव डालकर उच्चारण

**accept** ऐक्सैप्ट *v.* to entertain, to acknowledge, to take upon oneself, to consent, to believe, स्वीकारना, अंगीकार करना, मानना, विश्वास करना

**acceptable** एक्सैप्टेबल *adj.* pleasing, satisfactory, gratifying, खुश करने वाला, संतोषजनक, उपकृत करने वाला

**access** ऐक्सैस *n.* entrance, means of approach, increase, admittance to a person or places, a gift, पहुँच, पहुँचने का साधन, वृद्धि, प्रवेश, रोग का आक्रमण

**accessary** (accessory) ऐक्सैसरी, additional, contributing, किसी कार्य का सहायक, साथी, फालतू, प्रदान करने वाला

**accident** ऐक्सीडेन्ट *n.* a mishap, chance, unexpected event or happening involving injury, आकस्मिक घटना, दुर्घटना, भाग्य

**accidental** ऐक्सीडेन्टल *adj.* happening by chance, unusual, not essential, happening, unexpectedly, संयोगवश होनेवाला, आकस्मिक, अनावश्यक, अप्रत्याशित

**accidentally** ऐक्सीडेन्टली *adv.* by chance, in an unexpected manner, अकस्मात, विधिवशात

**acclaim** ऐक्लेम *v. n.* to applaud loudy, to hail, shout of approval, हर्षध्वनि, जयजयकार, वाहवाह करना

**acclamation** ऐक्लेमेशन*n.* shout of applause or approval हर्षध्वनि, स्तुति, वाहवाह, जयजयकार

**acclimate** ऐक्लीमेट *v.* to accustom to a new climate, to habitate to a foreign climate, विदेशी जलवायु के अनुकूल ढलना

**acclimatise** *v.* see acclimate,

**accommodate** ऐकमोडेट, to adapt, to adjust, to ablige, to provide with a place to live, to find or be a place for something, to settle, सुविधा प्रदान करना, जगह देना, अनुगृहीत करना, योग्य करना, देना, झगड़ा तय करना

**accommodation** ऐकमोडेशन *n.* adjustment, settlement, space, compromise, convenience, उपकरण, मिलाप, स्थान, समझौता, सुविधा

**accommodating** एकमोडेटिंग *adj.* abliging, pliable, कृतज्ञ, सरल स्वभाव वाला

**accommodative** एकमोडेटिव *adj.* furnishing accommodation, व्यवस्था करने वाला

**accompany** ऐकम्पनी *v.* to go along with, escort, to keep company with, to exist with, to play a subordinate musical part, संगति करना, साथ-साथ जाना, साथ गाना व बजाना

**accomplice** एकैम्पलिस *n.* a partner in crime. अपराध में साथी

**accomplish** ऐकम्पलिश *v.* to fulfil, to finish, to bring to completion, पूरा करना, प्राप्त करना, सिद्ध करना, निपटाना

**accomplished** एकम्पलिश्ड *adj.* finished, well-educated, elegant, refined, पूर्ण, विद्वान, सुघड़

**accomplishment** ऐकम्पलिशमैंट *n.* attainment, achievement, finishing, प्राप्ति, उपलब्धि, समाप्ति

**accord** ऐकार्ड *n. v.* agreement, conformity, to agree, to reconcile, to grant, to concede, to adjust, स्वीकृति, मिलान, मानना, स्वीकृति देना, मिलान करना, समान होना

**according(to)** ऐकार्डिंग *adj. adv.* harmonious, in agreement with, अनुसार, समान, अनुरूप, मानो

**accordingly** ऐकार्डिंगली *adv.* agreeably, suitably उसी तरह से , वैसे ही, तदनुसार

**accost** ऐकास्ट *v.* to speak first, to address, to greet, पहले बोलना, भाषण देना, कुशल क्षेम पूछना

**accostable** ऐकास्ट्टेबल *adj.* familiar, easy of access, परिचित, पहुँचने योग्य

**account** एकाउन्ट *v. n.* to give a reason for, to deal with, to get rid of, to count, narrative, profit, कारण बताना, हिसाब करना, छूटना, वर्णन, लेखा-जोखा

**accountable** ऐकाऊंटेबल *adj.* responsible, able to be explained, उत्तरदायी, वर्णनीय

**accountant** एकाउंटैन्ट *adj.* one who keeps accounts, मुनीम

**accredit** ऐक्रेडिट *v.* to give credit to, to authorise, to entrust, अधिकार पत्र देना, सौंपना

**accrue** एक्रू *v.* to come to result, to proceed, to arise, परिणाम पर पहुंचना, बढ़ना

**accruement** एक्रूमैंट *v.* addition, increase, वृद्धि, बढ़ती

**accumulation** ऐक्यूमलेशन *n.* collection, संचय

**accumulative** एक्युमुलेटिव *adj.* that which accumulates, इकट्ठा करने वाला

**accurate** ऐक्यूरेट *adj.* exact, precise, free from, error ठीक, शुद्ध, यथार्थ,

**accuracy** ऐक्यूरेसी *n.* exactness, यथार्थता

**accursed** ऐकर्सड *adj.* doomed, detestable, being under a curse, शापित, भाग्यहीन, पतित

**accuse** ऐक्यूज *v.* to blame, to charge with guilt, दोष लगाना, दोषी ठहराना

**accusation** एक्युजेशन *n.* the charge of offence, crime, अपराध, अभियोग

**accustom** ऐकस्टम *v.* to habituate, to familiarize by custom, अभ्यास डालना, परिचय कराना

**ace** एस *n.* the one in dice, cards, a single point, a hair's breadth, इकाई, पासे में पौ, ताश के पत्ते की एक्की, एक बिन्दु, बाल भर की चौड़ाई

**ache** एक *n.v.* pain, to suffer with continuous pain, पीड़ा, निरन्तर पीड़ा से पीड़ित होना

**achieve** अचीव *v.* to win, to perform, to accomplish, प्राप्त करना, पहुँचना, पूरा करना

**achievement** अचीवमेंट *n.* accomplishment, heroic deed, success, उपलब्धि, वीरता का काम, सफलता

**acid** एसिड *adj. n.* a sour substance, sharp, biting to the taste, not sweet, खट्टा, तीखा, चरपरा, तीव्र

**acidity** एकसिडेटी *n.*

**acidness** एसिडनैस sharpness, bitterness तीखापन, चिरमिराहट, तेजी

**acknowledge** एकनालेज *v.* to confess, to admit, to recognise, to own as true, मानलेना, सत्यता स्वीकार करना

**acknowledgement** ऐकनालेजमैंट *n.* confession, recognition, thanks, स्वीकृति, स्वीकार, धन्यवाद, रसीद

**acknowlegeable** एकनालेजेबल *adj.* that may be admitted, स्वीकृति योग्य

**acme** ऐक्मे *n.* the highest point, perfection, the crises of a disease, शिखर, परिपूर्णता, मुहाँसा

**acquaint** ऐक्वेंट *v.* to familiarize, to inform, जताना, सूचित करना

**acquaintance** ऐक्वेन्टैंस *n.* familiarity, knowledge, परिचय, ज्ञान

**acquiesce** ऐक्वीज *v.* to agree, to assent, to accept, मानना, सहमत होना, स्वीकार करना

**acquiescence** ऐक्वीजेंस *n.* giving a quiet assent, शान्त स्वीकृति

**acquire** ऐक्वायर *v.* to obtain, to gain, to get, to take possession of, प्राप्त करना, उपार्जन करना, अधिकार में लेना

**acquired** ऐक्वायर्ड *adj.* not originally bestowed by nature, प्रकृति से न प्राप्त, अर्जित

**acquisition** *n.* ऐक्वीजीशन earning कमाई

**acquirement** एक्वायरमेंट something acquired प्राप्ति, अर्जन

**acquit** एक्विट*v.* to release, to set free, to declare innocent, मुक्त करना, छोड़ना, निर्दोष घोषित करना

**acquittal** एक्विटल *n.* free from the charge of offence, free from debt, मुक्ति ऋण, अपराध से मुक्ति

**acquittance** *n.* एक्विटैंस

**acquisition** ऐक्वीजीशन *n.* a measure of land, प्राप्ति, लाभ

**acrimony** एक्रीमोनी *n.* bitterness of speech, sharpness of temper, रूखाई, कड़ुवा व रूखा स्वभाव

**acrimonious** एक्रिमोनियस *adj.* bitter, रूखा

**acrobat** एक्रोबेंट *n.* one who performs gymnastic feats, rope-dancer, नाचने सम्बन्धी

**acrobatic** एक्रोबैटिक *adj.* concerning an acrobat, नट, रस्से पर नाचने वाला

**across** एक्रास *prep., adv.* from side to side, to the other side of, आर-पार, एक ओर से दूसरी ओर

**acting** एक्टिंग *n.* performance, action, नाटक का अभिनव, स्वाँग

**action** ऐक्शन *n.* activity, a battle, a deed operation, हरकत, लड़ाई, काम, चढ़ाई

**act** ऐक्ट *v.,n.* to do something, to behave, to play, कार्य करना, व्यवहार करना, नाटक खेलना, नाटक का अंक, कानून

**actively** ऐक्टिवली *adv.* in an active manner, फुर्ती से

**activity** एक्टिवेटी *n.* quickness, motion, स्फूर्ति, गति, कानून

**actor** ऐक्टर *adj.* a stage player, नाटक का पात्र

**actual** ऐक्चुअल *adj., n.* real, effectual, current, existing in fact, यथार्थ, वास्तव में, असल में

**actuality** ऐक्चुयलिटी *n.* reality, यथार्थता

**actually** ऐक्चुअली *adv.* infact, really, वस्तुतः, वास्तव में

**acumen** ऐक्यूमैन *n.* sharpness, insight, discrimination, quickness of understanding, मेधा, चतुराई, बुद्धि की तीक्ष्णता

**acute** ऐक्यूट *adj.* severe, high in pitch, sharp, pointed, keen, shrewd, very great, तीक्ष्ण, तेज, अत्यधिक, नोकीली, कर्कश

**acuteness** ऐक्यूटनैस *n.* sharpness, तीक्ष्णता

**ad** ऐड short for advertisement, इश्तहार व विज्ञापन का संक्षिप्त रूप

**advertise** ऐडबर्टाइज *v.* advertiser-*adj* . see it in order

**adamant** ऐडामेंट *n., adj.* a diamond, a very hard stone, unyielding, hard, हीरा, सख्त पत्थर, हठी, सख्त

**adapt** ऐडाप्ट *v.* to modify, to model, to make suitable, ठीक करना, एक समान बनाना, अनुकूल बनाना

**adaptation** ऐडाप्टेशन *n.* something adopted, अनुकूलता

**add** ऐड *v.* to sum up, to increase, to say further, जोड़ना, बढ़ाना, और कहना

**addition** एडिशन *n.* the thing added, जोड़

**additional** ऐडिशनल *adj.* extra, अतिरिक्त, अधिकतर

**adder** ऐडर *n.* a viper, a poisonous serpent, विषैला व काला साँप

**addict** ऐडिक्ट *v.* to devote, to apply habitually, to slave to a habit, निरत होना, बुरी आदत में फँसना, लत पड़ना

**addiction** एडिक्शन *n.* bad habit, व्यसन

**address** ऐड्रैस *v., n.* to speak or write, to put a name or address, to direct, title, भाषण देना, पता लिखना, मार्ग दिखाना,भाषण, पत्र का पता

**adept** एडप्ट *adj. n.* completely skilled, fully proficient, an expert, प्रवीण, गुणी, चतुर

**adequate** एडिक्वेट *adj.* equal to, fully sufficient, equal to occasion, बराबर, बिल्कुल, काफी, पर्याप्त, अवसर अनुकूल

**adequately** ऐडिक्वेट्ली *adv.* in a sufficient manner, पर्याप्त रूप में

**adhere (to)** ऐढ्रेयर *v.* to stick, to remain loyal to, to become firmly attached to, चिपटना, स्वामीभक्त बनना, लगाव रखना

**adherence** ऐढ्रेयेरेन्स *n.* attachment, fidelity, लगाव, स्थिरता

**adieu** ऐड्यु *n.* interjection, a farewell, good wishes at parting, to God, नमस्कार, विदाई की शुभकामना, प्रभु से कल्याण मांगना

**adjacent** ऐडजेसेंट *adj.* lying near (to), close, bordering, neighbouring, पास, समीप, निकट, पड़ोस में

**adjective** ऐडजेक्टिव *n.* a word added to a noun to describe it, additional, attribute, quality, गुण, गुणवाचक विशेषण, आश्रयभूत

**adjoin** ऐडजाइन *v.* in contact, to lie side by side, to lie next to, जोड़ना, मिलाना, लगाना

**adjourn** ऐड्जर्न *v.* to discontinue, to put off, to postpone, to suspend, स्थगित करना, टालना, मुलतवी करना

**adjournment** ऐडजर्नमैंट *n.* suspension of proceedings, स्थगन

**adjudge** ऐडजज *v.* to decide, to sentence, to condemn, to pronounce as a judge, निर्णय देना, दण्ड देना, निपटारा करना

**adjudicate** ऐडजुडिकेट *v.* to pronounce judgement on, to award, निर्णय करना

**adjust** ऐडजस्ट *v.* to settle, to regulate, to make accurate, to fit, ठीक बिठाना, व्यवस्था करना, हिसाब मिलाना

**adjustment** ऐडजस्टमैंट arrangement, सुधार

**adjutant** ऐडजुटैंट *n.* an assistant officer in the army, a stork, सेना में मेजर का सहायक, एक सारस पक्षी

**administer** ऐमिनिस्टर *n.* to govern, to manage, to dispense medicine, an oath, शासन करना, प्रबन्ध करना, दवाई देना, कसम दिलाना

**administration** ऐडामिनिस्टरेशन *n.* management of public affairs, government, सरकारी कामकाज, राज्यशासन

**administrator** ऐडमिनिस्टेरेटर *adj.* one who directs, प्रबन्धकर्त्ता

**admiral** ऐडमिरल *n.* a naval officer of the highest rank, समुंद्री सेना का सर्वोच्च नायक

**admire** ऐडमायर *v.* to approve of highly, to love, to have high esteem. स्तुति करना, चाहना, सराहना करना

**admiration** ऐडमिरेशन *n.* esteem, love, wonder, सराहना, प्यार, अचंभा

**admirable** ऐडमिरेबल *adj.* extremely good, प्रशंसनीय, श्लाघनीय

**admit** ऐडमिट *v.* to allow to enter, to accept, as true, आज्ञा देना, प्रवेश देना, कबूल करना

**admittance** ऐडमिटैन्स *n.* anything admitted स्वीकृतगत

**admission** ऐडमिशन *n.* the right to enter, प्रवेश का अधिकार

**admonish** ऐडमानिश *v.* to warn, to caution, चेतावनी देना, सावधान करना

**admonition** ऐडमानिशन *n.* warning, चेतावनी

**ado** ऐडो *n.* fuss, trouble, difficulty, bustle, झमेला, कष्ट, कठिनाई, बखेड़ा

**adolescence** ऐडोलेसेन्स *n.* the period of youth, यौवन, किशोरावस्था

**adopt** ऐड़ाप्ट *v.* to take as a child, to take as one's own, to embrace, गोद लेना, ग्रहण करना, आलिंगन करना

**adoption** ऐडाप्शन *n.* acceptance, गोद लेने का संस्कार

**adore** ऐड़ोर *v.* to admire greatly, to love intensely, to worship, आराधना करना, अतिप्रेम करना, पूजना

**adoration** ऐडोरेशन *n.* worship, पूजा, पूजन

**adornment** *n.* ऐडोरमैन्ट

**adrift** ऐड्रिफ्ट *adv.* drifting, floating at random, moving without direction, इधर-उधर भटकते हुए, डाँवाडोल दिशाहीन बहते हुए

**adroit** ऐड्रायट *adj.* skilful, expert, active, dexterous, दक्ष, प्रवीण, चतुर, धूर्त्त

**adroitness** ऐड्रायटनैस *n.* skill, चतुराई

**adult** एडल्ट *adj.,n.* a grown up person, a man of mature age, a man or woman, बालिग, तरुण, नर व नारी

**adulteration** ऐडल्ट्रेशन *n.* admixture, मिलावट

**adultery** ऐडल्ट्री *n.* an illegal sexual intercourse, अवैध यौन सम्बन्धी, जारी

**advance** एडवान्स *v. n. adj.* to pay before hand, to go forward, a loan, an approach towards friendship, पेशगी देना, आगे बढ़ना, ऋण, मित्रता के लिए पग

**advanced** ऐडवान्सड् *adj.* progressing, उन्नतिशील

**advantage** ऐड़वाँटेज *n.* gain, benefit, a state of advance, लाभ, सुविधा, बड़ाई

**advantageous** ऐडवांटेजेअस *adj.* useful, लाभकारी

**advent** ऐड़वेन्ट *n.* coming or arrival of Christ, four weeks before Chirstmas, आगमन, ईसाह मसीह का जन्म, अवतार, क्रिसमिस से चार सप्ताह पूर्व

**adventure** ऐडवैन्चर *n.v.* a strange or striking experience, to hazard or risk, विचित्र अनुभव, साहस करना

**adventurous** ऐडवैन्चरस *adj.* enterprising, साहसी

**adventuresome** *adj.* ऐडवैन्चर सम

**adventurer** ऐडवैन्चरर *adj.* a soldier, योद्धा, धुन बांधने वाला

**adverb** ऐडवर्ब *n.* a word added to a verb, an adj or or another adverb, क्रिया विशेषण

**adverbial** ऐडवर्बियल *adj.* क्रिया विशेषण सम्बन्धी

**adversary** एडवर्सरी *n.* an opponent, an enemy, an antagonist, प्रतिवादी, शत्रु, विरोधी

**advertise** एडबर्टाइज *v.* to announce publicly, to inform, to publish, इश्तहार देना, सूचित करना, मुनादी करना

**advertisement** ऐडवर्टाइजमैंट *n.* public announcement, विज्ञापन

**advice** ऐडवाइस *n.* counsel, formal notice, उपदेश, समाचार

**advise** ऐडवाइज *v.* to recommend, to give advice to, परामर्श देना

**advisable** ऐडवेजेबल *adj.* wise, उचित, मुनासिब

**advocate** ऐडवोकेट *n.v.* one who pleads the cause of another, to defend, वकील, वकालत करना, पक्ष करना

**advocacy** ऐडवोकेसी *n.* pleading for, वकालत

**aegis** ईजिस *n.* protection, defence, patronage, शरण, संरक्षण, बचाव

**aerial** एरिअल *n. adj.* any exposed wire, belonging to the air, a radio antena, धारा प्रवाहक तार, वायु संबंधी , रेडियो एन्टीना

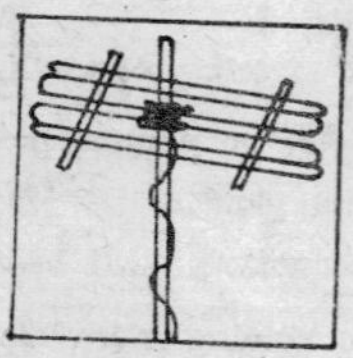

**aerodrome** ऐरोड्राम *n.* an aeroplane station, shelter for aeroplanes, हवाई अड्डा

**aeroplane** ऐरोप्लेन *n.* a flying machine, an aircraft propelled by mechanical means, हवाई जहाज, वायुयान

**aesthetics** ऐस्थैटिक्स *n.* the principles of the fine arts, the science or the theory of the beautiful, सौंदर्य मीमांसा, रसज्ञान

**afar** एफ़ार *adv.* from, at or to a distance, बहुत परे, अन्तर पर, फासले से

**affable** ऐफेबल *adj.* courteous, easy to speak to, विनम्र, शीलवान

**affair** अफेयर *n.* a love affair, matter, incident, प्रेम बन्धन, धन्धा, काज

**affect** एफेक्ट *n. v.* to change, to pretend, influence बदलना, बहाना करना

**affection** अफैक्शन *n.* attachment, fondness, disease, लगाव, चाह, रोग (छूत)

**affiance** ऐफायन्स *v. n.* to betroth, trust, a marriage contact, to give confidence शगाई, मंगनी, आश्रय, विश्वास

**affidavit** ऐफीडेविट *n.* a written declaration, an oath, a sworn statement in writing, साथ जोड़ना, लगाना, सम्बन्ध जोड़ना, शपथ-पत्र

**affiliate** ऐफीलियेट *v.* to connect with, to attach to, connect with a parent society, to be intimately connected or associated, साथ जोड़ना, लगाना, सम्बन्ध जोड़ना

**affiliation** एफिलियेशन *n.* attachment, लगाव

**affinity** ऐफिनेटी *n.* nearness of kin, liking, similarity, attraction, relationship by marriage, रिश्ता, नाता, लगाव, सम्बन्ध, आकर्षण, वास्ता, समानता

**affirm** एफर्म *v.* to confirm, to assert strongly, to aver, to declare, प्रतिज्ञा करना, हठ करना, कायम, वहाल

**affirmation** ऐफरमेशन *n.* confirmation, पुष्टि saying yes

**affix** ऐफिक्स *v.* to fasten, to add, to attach, (to, on, upon) a suffix, नत्थी करना, मिलाना, जोड़ना, टाँकना

**afflict** ऐफ्लिक्ट*v.* to distress, to cause pain, कष्ट देना, व्यथा या विपत्ति डालना

**affluent** एफ्लुऐंट *adj.* abundant, wealthy, a tributary stream, flowing to, opulent, प्रचुर, धनवान, सेठ, भरपूर, बहता हुआ

**affluence** एफ्लुऐंस *n.* wealth, सम्पत्ति

**afford** एफोर्ड *v.* to yield, to produce, to do without loss (with can) to supply, be capable of bearing the expenses of, देना, भरना, बोझ उठाने की सामर्थ्य रखना, गुँजाइश

**afforest** एफोरेस्ट *v.* to plant trees, to turn land into forest, बनारोपण, जं[illegible] पेड़ लगाना

**afforestation** ऍफोरेस्टरेशन *v.* planting of trees, वन लगाना

**affront** एफ्रन्ट *v.* to insult, to meet face to face, an insult, to confront, अपमान करना, अवज्ञा करना, सामना करना, अपमान

**aflame** एफ्लेम *adj.* glowing, flaming, ablaze, भड़कता हुआ, जलता हुआ, चमकता हुआ

**afloat** एफ्लोट *adj. adv.* at sea, floating, drifting, unfixed, जल पर तैरता हुआ, अस्थिर

**aforesaid** ऐफोरसेड *adj.* said or named before पूर्वोक्त, पूर्व कथित

**afraid** अफ्रेड *adj.* frighened, struck with fear, डरा हुआ, भयभीत

**afresh** अफ्रैश *adv.* again, anew, फिर से, नए सिरे से

**aft** ऐफ्ट *adj. adv.* near, behind, near the stern of a vessel, आगे, पीछे, समीप, जहाह के पिछले भाग के पास

**after** आफ्टर *prep. adv.* later, later than, behind in place, in imitation of, बाद में, पीछे, अनुसरण में, पद में नीचा

**again** अगेन *adv.* moreover, back, in addition, once more, anew, further, पुनः, फिर, दोबारा, एकबार और, उल्टा

**against** अगेन्स्ट *prep.* in the opposite direction to, in opposition to facing, contrary विरुद्ध, उल्टा, खिलाफ, सामने, शत्रु, अरि

**age** एज *n. (aged-adj.)* a period of time, a long time, later years of life, to grow old, to make old जीवनकाल, युग, समय, आयु, दीर्घ समय, बुढ़ापा, बूढ़ा होना, उम्र, शताब्दी

**agenda** एजेन्डा *n.* items of business to be considered, things to be done, कार्यक्रम, कार्यसूची, विचारणीय विषय

**agent** एजेन्ट *n.* one who acts for another, an active power or cause, कर्त्ता, मुनीम, वकील, आढ़ती, कारिंदा

**agency** एजैन्सी *n.* duty of an agent or his office, एजेन्ट का कार्य, व कार्यालय

**aggrandize** ऐग्रेन्डाइज *v.* enlarge, advance, to make greater in power, exult, बढ़ाना, पदवी देना, दरजा बढ़ाना, रुतबा देना

**aggrandizement** ऐग्रन्डाइजमैंट *n.* advancement, उन्नति

**aggravate** एग्रेवेट *v.* to provoke, to irritate, to make worse, to intensify, to be troublesome, भड़काना, प्रकुपित करना, खराब करना, कष्टप्रद होना, स्थिति खराब करना

**aggravation** ऐग्रेवेशन *n.* provocation, उत्तेजना

**aggregate** एग्रिगेट *v. adj.* to accumulate, to collect into a mass, formed into a total or mass, योग करना, जोड़ करना, इकट्ठा करना, तादाद, ढेर करना

**aggress** ऐग्रैस *v. (aggression-n)* to attack, to begin a quarrel or controversy, आक्रमण, चढ़ाई, हमला, हमला करना, झगड़ा उठाना

**aggression** एग्रेशन *n.* a breach of peace, शान्ति भंग

**aggrieve** ऐग्रीव *v.* to cause or feel unjustly treated, oppress, to cause grief, दुखी करना, बोझ डालना, सताना

**aghast** ऐघास्ट *adj.* struck with horror, stunned, भौंचक, विस्मित, आतंकित, भयभीत

**agile** एजाइल *adj. (agility-n)* active, easily driven about, nimble, फुर्तीला, चपल, चालाक, चुस्त

**agility** एजिलेटी *n.* briskness, चपलता

**agileness** एजाइलनैस, फुर्ती

**agitate** एजिटेट *v. (agitation-n)* to excite, to disturb, to shake, हिलाना, डुलाना, खलबली डालना, धड़काना, सोचना

**agitation** एजिटेशन *n.* commotion, हड़बड़ी, घबड़ाहट

**aglow** एग्लों *adv. adj.* warm, red hot, गर्म, चमकता हुआ

**agnostic** एग्नॉस्टिक *n.* one who holds that nothing is known or can be known about the existence of God, नास्तिक, जो प्रकृति के परे ईश्वर की सत्ता को न माने

**ago** एगो *adv.* past, since, पहले, बीता हुआ, गुजरा हुआ

**agog** एगॉग *adv, adj.* eager, astir, in agitation or expectation, आतुर, उतावला, गर्म, सोत्साह

**agony** एगॉनी *v.n. (agonise-v)* anguish, extreme suffering, to struggle hard, अति कष्ट, तीव्र पीड़ा, मृत्यु से संघर्ष

**agrarian** ऐग्रेरियन *adj.* relating to land, one who favours distribution of land, जमीदारी के विषय का, ग्रामीण, कृषि सम्बन्धी

**agree** एग्री *v.* to concord, to be in harmony, to resemble, to settle, to consent, to suit, to think the same as, सहमत होना, मानना, अनुकूल होना, एकमत होना, मूल्य निश्चित करना

**agreement** ऐग्रीमैंट *n.* concord, सन्धि

**agriculture** ऐग्रीकल्चर *n.* cultivation of land, tillage, farming, कृषि कर्म, बोना, जोतना

**aground** एग्राउन्ड *adv.* on the ground, stranded, धरती पर फँसा हुआ, जमीन व खुश्की पर टिका हुआ

**ague** ऐग्यू *n.* a fit of fever, intermittent fever, जूड़ी, ताप, जाड़े का बुखार, कँपकंपी

**ahead** ऐहैड *adv.* on, onward, further on, in the front, आगू, आगे, अगाड़ी

**aid** एड *v. n.* to help, to assist, support, assistance, मदद करना, सहायता करना, सहायक, मद्दगार

**aide-de camp** एडीकॉग *n.* an officer attending a king, governor or a general, सेनापति सहायक, राजा व गर्वनर का अंगरक्षक

**ail** एलू *v.* to be ill, to be in trouble, to cause pain, to be afflicted with pain, पीड़ा में होना, व्यथा में होना, दुःख देना, कष्ट देना

**aim** एम् *v. n.* to direct, to make an attempt at, to seek, to endeavour object, direction purpose, दिशा, निशाना व ताक बांधना, सीध, दृष्टिकोण

**air** एअर *n. v.* the atmosphere, the light breeze, out ward appearance, to expose to the air, ventilate, वायु, पवन, बयार, तान, ढंग, सूरत, चाल, हवा करना, प्रकट करना

**airy** एयरी *adj.* ventilated, unsubstantial, हवादार, हवाई

**airport** एयरपोर्ट *n.* an aerodrome where aircraft arrive and depart, हवाई इड्डा, हवाई बन्दरगाह

**airway** एयरवे *n. (airy-adj.)* a passage for air, a regular route for air travel, वायुमार्ग

**aisle** आयल *n.* a passage in a church, गिरजा का पक्षीय रास्ता

**ajar** एजार *adv, adj.* partly open, out of harmony, खुला हुआ दरवाजा

**akimbo** एकिम्बो *adv. adj.* with hand on hip and elbow bent forward, कूले व केहूनियों पर हाथ रखकर खड़ा

**akin** एकिन *adj.* related by blood, of a simila. character सगा, सजातीय, समान प्रकृति का

**alacrity** एलाक्रिटी *n.* cheerfulness, readiness, briskness, joyous activity, प्रसन्नता, खुशी, तीव्रता, उत्साह, चालाकी, फुरती

**alarm** अलार्म *n. v. (alarming-adj.)* a warning of danger, a summons to arms, a sudden surprise, a machine to arouse from sleep, चेतावनी, रुक्का, शोर, अस्त्र उठाने के लिए बिगुल

**alarming** एलार्मिंग *adj.* exciting fe.., भयावह

**alas** एलास interjection. exclamation of grief, sorrow or concern, शोक, अफसोस, अरे !, आह ! दुःख

**albatross** आलब्रेट्रास *n.* a large sea bird, एक बड़ी समुद्री चिड़िया

**album** ऐलबम् *n.* a blank book for photographs, autographs, stamps etc. चित्र, टिकट, इत्यादि रखने की जिल्द बँधी पुस्तक

**alchemy** ऐलकमी *n.* the art of transmuting the baser metal into gold, रसायन विद्या, कीमियागिरी

**alcohol** एल्कोहल *n.* शराब, शराब का सत, मदिरा, काजल

**alcoholic** एल्कोहलिक *adj.* one addicted to drinking, शराबी

**alderman** एल्डरमैन *n.* an official next to the major, a magistrate in English or Irish cities मुनसिफ मेयर से निचला अधिकारी, इँगलैंड तथा आयरलैंड में मजिस्ट्रेट

**ale** एल *n.* a liquor made from malt, जौ की बनी शराब

**alert** एलर्ट *adj. n.* brisk, watchful, vigilant, active, a sudden attack, सावधान, चंचल, जागरूक, तैयार, सहसा आक्रमण

**alertness** एलर्टनैस *n.* watchfulness, सावधानी, दक्षता

**algebra** ऐलजब्रा *n.* the science of calculation by letters and general (symbols) बीजगणित

**alias** एलिआस *n.* an assumed name, उर्फ, कल्पित नाम, उपनाम

**alibi** ऐलीबी *n.* an excuse; the plea of having been elsewhere when the crime was committed, बहाना, अपराधी के विषय में कहना कि वह जुर्म के समय कहीं और था

**alien** ऐलियन् *adj. n.* a foreigner, not in keeping with, belonging to another country, परदेशी, विभिन्न स्वभाव का, विरुद्ध, विमुख, अजनबी

**alienation** एलियनेशन *n.* estrangement, transfer of ownership, बिगाड़, चित्त हटाना, अधिकार अलगाना

**alight** एलाइट *v.* to land, to descend, to come to earth, to come down from a horse, on fire, नीचे उतरना, धरती पर आना, घोड़े से उतरना, प्रकाशित, जलता हुआ, जलाया हुआ

**align** एलाइन *v.* to take side in an argument, to bring into line (with), to form into a line, पंक्ति में रखना, सिपाहियों की पंक्ति में खड़ा होना, कतार बंधना

**alignment** एलाइनमैंट *n.* a row, groundplan of a road or railway, पंक्ति, सड़क व रेल का नक्शा

**alike** एलाइक *adj. adv.* like, simlar in like manner, having resemblance, समान, तुल्य, सदृश्य, एक सा

**alive** एलाइव *adj.* in life, alert, brisk, full of activity, astir, active, सजीव, जीता जागता, चैतन्य, चालाक, चेतन

**alkali** आलकली *n.* a soluble salt with basic qualities potash, soda, खट्टापन हटाने का पदार्थ, सोडा, पोटास

**all** आल् *adj. adv. n.* entire, the whole, everything, wholly, everyone, total, सकल, कुल, सम्पूर्ण, सब, पूरा, समूचा

**allah** अल्लाह *n.* the Supreme god of Mohammedans, अल्लाह, खुदा, रब

**allay** एले *v.* to put down, to repress, to calm, to relieve, to make less, दबाना, शान्त करना, कम करना, मन्दा करना, धीमा करना

**allegation** एलिगेशन *n.* excuse, assertion without proof, assertion, बहाना, मिथ्या अभियोग, हुज्जत, दलील

**allege** एलैज *v.* to assert, to affirm, कहना, उजर करना

**allegiance** एलिजियन्स *n,* loyalty, fidelity, abligation of a subject to his sovereign or government, निष्ठा, भक्ति, ताबेदारी, आस्था

**allegory** एलिगरी *n.* a story with a second or hidden meaning, a symbolical meaning, रूपक, दृष्टान्त, कथा (लाक्षणिक)

**allegoric** ऐलिगोरिक *adj.* figurative, लाक्षणिक

**alleviate** ऐलिबियेट *v.* to comfort, to mitigate, to lighten, to lessen, आराम देना, छुटकारा देना, कम करना, हल्का करना, शान्त करना

**alley** ऐली *n.* a narrow street, a passage in a garden, संकरी गली, उद्यान पथ

**alliance** एलाइन्स *n.* union, treaty, confederation, relationship, सन्धि, नाता, मेल, विवाह सम्बन्ध, समझौता

**alligator** ऐलिगेटर *n.* a reptile of crocodile family, नक्र, मगर, घड़ियाल

**alliterate** ऐलिट्रेट *v.* repetition of the same initial letter, अनुप्रास

**allocate** एलोकेट *v.* to allot, to assign, to distribute share, भाग लगाना, बांटना, मुकर्रर, स्थिर करना

**allocation** ऐलोकेशन *n.* allotment बांट

**allot** ऐलॉट *v.* to distribute by lot, to assignto, to give as one's share बांटना, भाग देना, विभक्त करना

**allotment** ऐलाटमैंट *n.* share, act of allotting, हिस्सा, बंटवारा

**allow** एलऊ *v.* to admit, to grant, to approve, to permit, to yield, आज्ञा देना, मानना, स्वीकार करना, घटाना, होने देना, अंगीकार करना

**allowance** एलाऊऐन्स *n.* fixed sum or quantity allowed, भत्ता, कमी

**alloy** एलाय् *v.* to mix with baser metals, to combine, to debase, मिश्रित करना, खोट मिलाना, चाशनी देना

**allude** एल्यूड *v.* to mean, to hint at, to compare, to refer in directly to, अर्थ होना, संकेत करना, इशारा करना,

**allusion** एल्यूजन *n.* in direct reference, उद्देश्य, संकेत

**ally** एलाई *v.* to combine, to unite in marriage or friendship, मैत्री करना, जोड़ना, विवाह में बांधना

**allies** एलाइज *pl. n.* confederate, मित्र राज्य का परस्पर संबंध

**alma mater** आलमा मैटर *n.* one's university or school, मेरी माता, छात्र का स्कूल व विश्वविद्यालय

**almanac** आलमानक *n.* an annual calendar of months weeks and days, पत्रा, जन्त्री, पंचांग

**almighty** आलमाइटी *n.* having all power or might omnipotent, सर्वशक्तिमान, परमेश्वर

**almond** ऑमण्ड *n,* the fruit of almond tree (its kernel) बादाम, फल

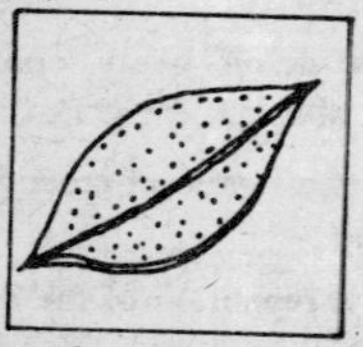

**almost** आल्मोस्ट *adv. adj.* nearly, all but, लगभग, तकरीबन, प्रायः, करीब

**alms** आम्ज *n.* charity, money given to the poor, charitable aid, भिक्षा, दान

**aloft** ऐलाफ्ट *adj.* upward, above, on high, ऊपर की ओर

**alone** एलोन *adv. adj.* single, solitary, only, separately, by itself, एकाकी, अकेला, मात्र

**along** एलौंग *adv. prep.* length wise, by the side of, onward, near, बराबर, साथ-साथ, पास, समीप

**aloof** एलूफ *adv.* at a distance, away, apart, दूर, पृथक, अलग

**aloud** एलाऊड *adv.* with a great noise, loudly, audibly, चिल्लाकर, ऊंचे स्वर से

**alphabet** ऐल्फाबेट *n.* the letters of a language, first rudiments. वर्णमाला, प्रथम सिद्धान्त

**already** ऑलरेडी *adv.* by this time, previously, पहले ही, पहले से

**also** आलसो *adv. conj.* besides, like wise, in addition to further, in like manner, और, सिवाए, इस तरह से

**altar** आल्टर *n.* an elevated place for sacrifice of offering, a place of worship बेदी, हवन कुंड, अग्नि होत्र की कुंडी

**alter** आल्टर *v.* to change, to make different, to become different, to modify or vary or correct, परिवर्तन करना, बदलना, पलटना

**alteration** आल्टरेशन *n.* change, परिवर्तन

**altarcate** आल्टरकेट *v.* to dispute, to wrangle, to contend in words, विवाद करना, कलह करना, बहस करना, तकरार करना

**altercation** आल्टररकेशन *n.* heated argument वाग्युद्ध

**alternate** आल्टरनेट *v.* to do, to use by turn, to interchange, बारी-बारी से बदलना, बारी से करना, पलटा करना, अदला बदली करना

**alternative** आल्टरनेटिव *adj.* coming or following byturn, विकल्प

**although** आल्दो *conj.* admitting that, inspite of the fact that, notwithstanding, though, यदि, यद्यपि, यदि ऐसा हो, अगर्चे

**altimeter** अल्टीमीटर *n.* instrument for measuring height above sea-level ऊँचाई मापने का एक प्रकार का यन्त्र

**altogether** आल्टूगेदर *adv.* completely, entirely, wholly, without exception बिल्कुल, अनूकूल, सर्वथा, निरा

**aluminium** एल्यूमीनियम *n.* a light metal resembling silver, एक बहुत हल्का सफेद रंग का धातु

**always** आलवेज *adv.* at all times, in any case, ever, constantly, सदा, निरन्तर, हमेशा

**amalgam** अमैलगम *n.* mixture, पारे से मिलाया हुआ धातु विशेषकर सुवर्ण

**amass** ऐमास *v.* to accumulate, to gather together, to gather in a heap, संग्रह करना, ढेर करना, बटोरना, एकत्र करना

**amateur** आमेट्योअर, ऐमेच्योअर *n.* non-expert.

**amateur** *adj.* one who cultivates art or game for pleasures sake, one who is fond of a subject, किसी शिल्प या विद्या का अवैतनिक अनुयायी, शौकीन

**amaze** ऐमेज *v.* to astonish greatly, to confound, to stun with fear, surprise or wonder, चकित करना, विस्मित करना, अचरज में डालना

**amazement** (- मैंट) *n.* perplexity आश्चर्य

**ambassador** ऐमबैसेडर *n.* a messenger, a representative, a diplomatic agent, a minister of the highest rank representing a state in another country, प्रतिनिधि, राजदूत, एलची, सफीर

**amber** ऐम्बर *n.* a kind of yellow fossil, rasin अम्बर, तृणमणि, कहरुवा

**ambiguous** ऐम्बिग्युअस *adj.* doubtful, equivocal, indistinct, having more than one possible meaning, obscure, अनिश्चित, संदिग्ध, अस्पष्ट, गोल-मोल

**ambiguity** ऐम्बिग्येटी *n.* uncertainty, doubtfulness अनिश्चितता, सन्देह

**ambition** एंबिशन *n.* desire for power, fame, honour, a seeking for preferment, aspiration, आकांक्षा, लालसा, ख्याति के लिए महत्वाकांक्षा

**ambitious** ऐम्बिशस *adj.* strongly desirous महत्वाकांक्षी

**ambulance** ऐम्बुलैंस *n.* a field hospital, a moving hospital, a vehicle for the sick and injured, फौजी अस्पताल, चलता फिरता हस्पताल, हस्पताल की गाड़ी

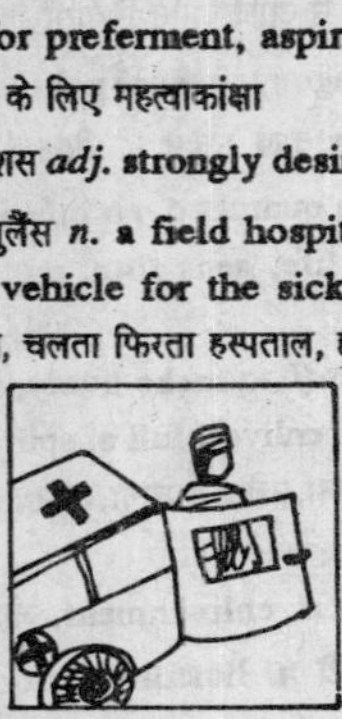

**ameliorate** ऐमिलियेरेट *v.* to make or to become better, to grow better, सुधारना, अच्छा करना, बनाना, बेहतर करना

**amelioration** (-रेशन) *n.* improvement, उन्नति

**amenable** ऐमनेबल *adj.* responsible, liable to, easy to lead or persuade, submissive, उत्तरदाता, विनेय, वश्य, शीघ्र मान जाने वाला

**amend** एमैंड *v.* to correct, to improve, to free from fault, सुधारना, उन्नति करना, शोधना

**amendment** (-मैंट) *n.* correction, सुधार

**amenity** एमेनिटी *n.* pleasantness, geniality सुहावनापन, सौम्यता, नरमी

**amiable** ऐमिएबल *adj.* friendly, of friendly disposition, likeable, lovable, प्यारा, हरदिल अजीज, सौम्य

**amicable** ऐमिकेबल *adj.* friendly मित्रतापूर्ण, प्रिय

**amity** ऐमिटी *n.* friendship, goodwill, मित्रता, शुभ चिन्ता, शुभाकांक्षा

**amid** ऐमिड *prep.* in the middle of among, बीच में, मध्य में

**amiss** ऐमिस *adj.* wrong, out of order, faulty, गलत, क्रम रहित, दोष पूर्ण

**ammonia** ऐमोनिआ *n.* a sharp smelling gas, a strong alkali, होश में लाने की दवा, नौसादार और चूने से बनी दवाई

**ammunition** ऐम्यूनिशन *n.* military stores, articles used in charging firearms युद्ध सामग्री, गोली बारूद आदि युद्ध का सामान

**amnesty** ऐमनैस्टी *n.* a general pardon, act of oblivion, राजनैतिक अपराधियों को क्षमा दान, विस्मृति

**amoeba** अमीबा *n.* a very simple animal of variable shape, a misaoscopiec one-celled animal, एक सेल का जन्तु

**amok** एमॉक *adv.* (also amuck) madly, in a frenzied manner पागल सा, बाबला, अंधाधुंध

**among** एमंग् *prep.* amongst, prep. amidst, to each of, in the group of, बीच में, तुलना में, दरमियान

**amoral** एमोरल *adj.* without morals, अधर्मी, धर्म शून्य

**amorous** ऐमोरस *adj.* showing love, inspired by love, कामी, रसिक, श्रृंगार प्रिय

**amount** एमाउंट *v.n.* to come in total to, to be equal in effect, a quantity, the whole sum, परिमाण होना, बराबर होना, जोड़, राशि

**amphitheatre** ऐम्फीथियेटर *n.* a circus, a theatre with seats all around the arena रंगभूमि, अखाड़ा

**ample** ऐम्पल *adj.* enough, large, abundant, spacious, काफी, विशाल, पर्याप्त, यथेष्ठ, विपुल

**amputate** एम्प्यूटेट *v.* to cut off, to chop off a limb, अंग विच्छेद करना, किसी अंग को काटना

**amuse** ऐम्यूज *v.* to entertain, to divert, to beguile, खुश करना, मनोरंजन करना, दिल बहलाना, झांसा देना

**amusement** ऐम्यूजमैंट *n.* pastime मनोविनोद, मनोरंजन

**anaemia** ऐनेमिया *n.* bloodlessness, deficiency of the blood, रक्त हीनता, रक्त का पीलापन

**anaesthesia** एनिसथेशिया *n.* loss of consciousness, loss of sensibility, किसी अंग का चेतना शून्य हो जाना

**analogy** ऐनेलाइजी *n.* proportion, similarity, agreement, तुल्यता, समानता, मेल

**analysis** ऐनेलेसिज *n.* breaking up of a sentence into clause, परिच्छेद, विभाजन, भंजन, विश्लेषण

**analyse** ऐनेलाइज *v.* to examine closely, to break into clause, पड़ताल करना, खंड वाक्यों में बाँटना

**anarchy** ऐनार्की *n.* confusion, absence of government, disorder अशासन, बलवा, राजविप्लव, गदर, अराजकता, खलबली

**anatomy** आनाटोमी *n.* the art or science of dissection, the science of bodily structure, शरीर रचना शास्त्र, शरीर विच्छेद, चीर फाड़

**ancestor** ऐन्सेस्टर *n.* a fore father, a progenitor पितर; पूर्व पुरुष, पुरखा, पूर्वज

**ancestral** ऐनसेस्ट्रल *adj.* relating to ancestors, पैतृक, बपौती

**anchor** ऐकर *n.v.* a heavy iron plunged in water to secure a floating vessel to the bottom, to hold fast, to grapple, सहारा, लंगर, भरोसा, जहाज, खड़ा करना

**anchorage** ऐनकरेज *n.* lying at anchor, लंगर पर ठहरना

**ancient** ऐनशियन्ट *n. adj.* very old, former, of remote ages, the people of classic times, सनातन, प्राचीन, कदीमी, पुरुखा, बुजुर्ग

**and** ऐन्ड *conj.* showing repetition, addition, connecting words, और, तथा, व

**anecdote** अनैकडोट *n.* narrative, story, a brief narrative of an interesting incident, कथा, उपाख्यान, चुटकला

**anew** ऑन्यू *adv.* again, newly, afresh, again, पुन:, फिर से, नई तरह से, ताज़ा

**angel** एन्जल *n.* divine messenger, a guardian spirit, a spirit of evil, देवदूत, फरिश्ता, दिव्य पुरुष, शैतान

**anger** ऐनार *n. v.* wrath, excessive passion, roused by injury, hot displeasure, to make angry, क्रोध, कोप, तामस, गुस्सा, गुस्से होना, करना

**angry** ऐंग्री *adj.* wrathful, enraged, क्रोधी

**angle** ऐनाल *n.* a corner, space between two straight lines, point of view, कोण, कोना, दृष्टिकोण

**anglican** ऐंग्लीकन *adj.* of the church of English, अंग्रेजी चर्च का

**anglo** एन्गलो *n.* old English, a German settler in England or Southern Scotland, प्राचीन अंग्रेजी भाषा, इंग्लैंड व स्काटलैंड में आदि जर्मन निवासी

**anguish** एंगविश *n.* agony, intense pain, acute bodily or mental pain, दु:ख, संताप, मानसिक व शारीरिक वेदना

**animal** ऐनिमल *n.* a quaruped, an inferior being, a being having life, sensation, and motion at will

**animate** ऐनिमेट् *v. adj.* to make lively, to give life to, to inspire, to enliven, full of spirit, vigorous, lively, जीवित करना, उत्तेजित करना, उकसाना, दिल बढ़ाना, जीता, चर

**animation** ऐनिमेशन *n.* enlivenment, जोश, उत्तेजना

**animosity** एनिमासिटी *n.* hostility, strong dislike, hatred, active enmity, शत्रुता, विरोध, लाग, घृणा, दुश्मनी, बैर

**ankle** ऐन्कल *n,* the joint connecting the foot and leg, टखना, घुट्टी

**annals** ऐनलस *n.* historic records, yearly narrative, इतिहास, वार्षिक वृत्तान्त

**annex** अनैक्स *v. n.* to add, to attach, to take possession of, लगाना, नत्थी करना, अनुबन्धन

**annihilate** एनिहिलेट *v.* to crush, to destroy, to reduce to nothing, to wipe out of existence, लोप करना, मिटा देना, सत्यानाश करना, खाक में मिलाना

**annihilation** ऐनिहिलेशन *n.* total destruction, सत्यानाश

**anniversary** ऐनिवंरसरी *n.* an yearly celebration of an event, वार्षिकोत्सव, बरसी, वर्षगांठ, साल गिरह

**announce** ऐनाऊंस *v.* to make known publicly, to proclaim, ढ़िढोरा या मुनादी पीटना, खबर देना, घोषणा करना, विज्ञापन करना

**announcement** ऐनाऊँसमैंट *n.* proclamation, विज्ञापन, घोषणा

**annoy** ऐनाए *v,* to tease, to vex or trouble, to anger slightly, सताना, हैरान करना, उद्विग्न करना

**annoyance** ऐनाऐंस *n.* teasing, दुःख

**annual** ऐनुअल *n.adj.* yearly published once a year, वार्षिक, वर्ष में एक बार प्रकशित होने वाली पत्रिका

**annually** ऐनुअली *adv.* every year, प्रतिवर्ष

**annuity** ऐन्युइटी *n.* payment made each year during a given period, an yearly grant, वार्षिक वेतन व भत्ता

**annul** ऐनल *v.* to cancel, to abolish, to make void, to obliterate, अन्त करना, काट देना, मिटा देना

**anomaly** अनोमली *n.* irregularity, unevenness, अव्यवस्था, नियम विरोध

**anon** एनन *adv.* soon, immediately, जल्दी, अभी

**anonymous** एनानिमस *adj.* without the name of the author, nameless, नाम रहित, गुमनाम

**anonymously** एनानिमसली *adv.* without a name, बिना नाम बतलाए हुए

**another** एनअदर *adj.* different, one more, some one else, अन्य, दूसरा, दूसरा कोई

**answer** आनसर *n. v.* to reply, to respond, counter statement, a solution, जवाब, बदला. प्रत्युत्तर, उत्तर देना, जवाब देना

**answerable** आनसरएबल *adj.* responsible, उत्तरदायी

**ant** ऐन्ट *n.* a small insect चींटी, विपीलिका

**antagonist** एन्टेगोनिस्ट *n.* an opponent, an adversary, a foe शत्रु, बैरी, प्रतिपक्षी, विपक्षी, मुखालिफ

**antagonism** ऐन्टेगोनिज्म *n.* opposition, विरोध, शत्रुता

**antarctic** एन्टार्कटिक *adj.* of south pole or south polar regions, दक्षिणी, दक्षिणी ध्रुव वाली, दक्षिण केन्द्रीय

**ante** ऐन्टी prefix, before place or time, 'पूर्व' अर्थ का उपसर्ग, आगे, पहले

**antecedent** एन्टीसीडेंट *n. adj.* going before in time, previous conduct or history, पूर्वगामी, पहिले का पूर्व चरित्र या वृत्तान्त

**antelope** आन्टीलोप *n.* swift, graceful animal related to the goat, a genus of deer like ruminant, हिरन, मृग, छल्लेदार सीगों वाला मृग

**antenna** ऐनटीना *n.* a feeler or horn in insects, an aerial, स्पर्शक जिससे कीड़े टटोलते हैं, एरिअल

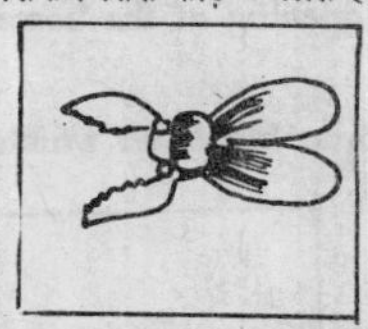

**anthem** ऐनथम *n.* a hymn or song, song sung in praise of God, भजन, ईश्वर स्तति

**anthology** ऐनथॉलोजी *n.* a collection of choice poems or pieces of prose, पद्यावली या गद्यावली, कविता संग्रह

**anthropology** ऐन्थ्रोपालोजी *n.* the science of man, मानवशास्त्र

**anti** ऐन्टी *prefic* against, the opposite of, उपसर्ग, विपरीत

**antibiotic** ऐन्टीबियाटिक *n. adj.* an organic substance that tends to destroy harmful organism, हानिकर, कीटाणु-नाशक औषधि

**antic** ऐन्टीक *n. adj.* odd, a clown, a trick, grotesque, विलक्षण, अद्भुत, भांड, ठिठोलिया

**anticipate** ऐन्टीसिपेट *v.* to take or deal with before hand, use in advance, to treat of something before the proper time, पहले देख लेना, आशा करना

**anticipation** एन्टीसिपेशन *n.* expectation, knowing before hand, पूर्व ज्ञान

**antidote** ऐन्टीडोट *n.* something that tends to counteract the effect of poison, a remedy, विषहर, विषघ्न औषधि

**antipathy** ऐन्टीपैथी *n.* a strong dislike, natural aversion, अनिच्छा, घृणा, घिन, चिढ़, अदावत

**antiquary** ऐन्टीक्वैरी *n.* one who studies relics of the past, one who collects ancient things, प्राचीन पदार्थों का संग्रह करने वाला

**antiseptic** ऐन्टीसैप्टिक *adj.* a substance that destroys bacteria, अपवित्रता नाशक, गंदगी हटानेवाला, सड़ाँद रोकने वाला

**antithesis** ऐन्टीथिसिज *n.* sharp contrast, the direct opposite, विरुद्ध अंलकार, अर्थ की विपरीतता

**anus** ऐनस *n.* lower opening of the bowels, गुदा, अपान

**anvil** ऐनविल *n.* an iron block on which smith works, स्थूणा, निहाई

**anxious** ऐन्कशस *adj.* agitated by hope and fear, eager, apprehensive, deeply concerned, व्याकुल, उद्विग्न, चिन्तित, परेशान

**anxiety** ऐँजाइटी *n.* eagerness, concern, व्याकुलता, व्यग्रता

**any** ऐनी *adj. adv. pron.* one, some any one, unlimited, कोई, किसी, कैसा ही, कुछ, कुछ एक

**apace** एपेस *adv.* swiftly, hastily, quickly, शीघ्रता से, त्वरित, जल्दी से

**apart** एपार्ट *adv.* in, into pieces, a asunder, aside, separately, पृथक, भिन्न, अलग

**apartheid** एपारथेड *n.* keeping people of different race apart by making them live in different areas, रंगभेद नीति

**apartment** एपारटमैंट *n.* a set of rooms, a room of a divided building, कोठा, कमरा, कोठड़ी, शाला

**apathy** एपेथी *n.* indifference, lack of feeling or sympathy, indolence, वैराग्य, उदासीनता, अनुभव शून्यता

**apathetic** ऐपेथीटिक *adj.* indifferent, उदासीन, वीतराग

**ape** एप *n.* a monkey, one who copies another person बन्दर, अनुकरण करने वाला

**ape** *v.* to imitate, अनुकरण करना

**aperture** एपरचर *n.* an opening, a passage, a gap, a hole, छेद, झरी, छिद्र, द्वार, सुराख

**apology** एपॉलोजी *n.* an excuse, an expression of penitence, regretful acknowledgement of offence, क्षमा याचना, क्षमा प्रार्थना, मुआफी

**apostle** एपासल *n.* one charged with high mission, a divine messenger, the principal champion of a new cause, देवदूत, मसीहा, भक्त, ईशदूत, क्रान्ति प्रेरक

**apostrophe** एपास्ट्रॉफी *n.* a mark showing the omission of letter or letters, possessive case, लुप्त अक्षर का चिह्न, सम्बन्ध कारक

**appal** एपाल *v.* to frighten, to dismay, to terrify, भयभीत करना, डराना, भय दिखाना

**appalling** एपैलिंग *adj.* shocking, डरावना

**apparatus** एपरेटस *n.* equipment, set of tools, a set of organs, mechanical appliance, औजार, सामग्री, उपकरण, शल्य यन्त्र

**apparel** एपेरल *n. v.* clothing, to dress, garb, vesture, वस्त्र, पोशाक, कपड़ा

**apparent** एपेरन्ट *adj.* evident open to view, easy to see, seeming but not real, obvious, visible, clear, प्रत्यक्ष, स्पष्ट, प्रकट, दिखौवा

**apparently** ऐपैरेन्टली *adv.* evidently, clearly, स्पष्टतः

**apparition** एपारीशन *n.* a ghost, a visible object, tangible, a phantom, प्रेत, भूत, पिशाच, सूरत, छाया, आभास

**appeal** अपील *v.* to call upon for sympathy, to entreat, to call for mercy, to make earnest request, अपील करना, प्रार्थना करना, पुनर्विचार की प्रार्थना

**appealing** अपीलिंग *adj.* attractive, imploring, चित्ताकर्षक, लुभावना

**appear** अपीयर *v.* to arrive, to seem, to present one self, to become visible, प्रकाशित होना, जान पड़ना, देख पड़ना, आंखों के सामने आना, दृष्टिगोचर होना

**appearance** अपीयरैन्स *n.* aspect, look, दिखावट, रूप

**appease** अपीज *v.* to pacify, to satisfy, to allay, ठंडा करना, धीमा करना, शान्त करना, मनाना

**appeasement** एपीजमैंट *n.* satisfaction, pacification, सांत्वना

**appendix** अपैन्डिक्स *n.* something added, anything added in the end, परिशिष्ट, शेष संग्रह

**appetite** ऐपिटाइट *n.* natural desire for food, hunger, craving, relish for food, भूख, अभिलाषा, रुचि

**applaud** ऐप्लॉड *v.* to praise loudly, to express approval, to express approbation, ताली बजाना, वाह-वाह करना, शाबाशी देना

**applause** ऐप्लाज *n.* praise वाहवाही, शाबाशी

**appliance** ऐप्लायन्स *n.* act of applying, thing applied, उपाय, तदबीर, नियुक्त पदार्थ

**apply** ऐप्लाई *v.* to ask formally, to put to practice, to suit, to address or direct, to devote, सूचित करना, आचरण में लेना, मेल खाना, निर्देश देना, दत्तचित्त होकर लगना

**application** ऐप्लीकेशन *n.* a petition or request, प्रार्थना पत्र

**appoint** ऐपवाइंट *v.* to fix, to settle, to furnish, to nominate, निर्धारित करना, सजाना, नियुक्त करना

**appointment** (-मैंट) *n.* engagement, नियुक्ति

**apposite** ऐपोजिट *adj.* fit, proper, suitable, appropriate, ठीक, उपयुक्त, उचित

**apposition** ऐपोजीशन *n.* placing side by side, समानाधिकरण

**appraise** ऐप्रेज *v.* to value, to estimate the quality of, मूल्य ठहराना, मूल्य आंकना, कूतना, दर ठहराना

**appraisal** ऐप्रेजल *n.* judgement, estimation, मूल्यांकन

**appreciate** एप्रिशियेट *v.* to know the value of, to value highly, to understand, to prize, गुण जानना, दाम बढ़ना, दाद देना

**appreciation** (-शन) *n.* realisation of the good qualities, गुणगान, स्तुति

**apprehend** एप्रिहैंड *v.* to fear, to arrest, to seize, to lay hold of, भयखाना, पकड़ना, बन्दी बनाना

**apprehension** (-शन) *n.* dread, understanding भय, समझ

**apprentice** ऐप्रन्टिस *n.* a novice, चेला

**apprise** ऐप्राइज *v.* to give notice to, to inform, सूचना देना, बतलाना

**approach** ऐप्रोच *v.* to draw, to speak to, to resemble, पहुंचना, बात करना, समान होना

**approachable** एप्रोचेबल *adj.* accessible, जाने योग्य

**approbation** एप्रोबेशन *n.* approval, commendation, मजदूरी, अनुमोदन

**appropriate** एप्रोप्रियेट *adj.* fit, apt, peculiar, उचित, ठीक, विचित्र

**appropriate** *v.* to take possession of, to claim, to set apart, कब्जा लेना, अधिकार जताना, अलग-अलग करना

**approve** ऐप्रूव *v.* to prove, to commend, to sanction, अनुमोदन करना, स्वीकृति देना

**approval** (-वल) sanction, स्वीकृति

**approximate** एप्राक्तिमेट*adj.* very nearly correct, लगभग, ठीक

**approximately** (-मेटली) *adv.* almost correctly, लगभग ठीक सा

**apricot** ऐप्रिकॉट *n.* an orange coloured fruit of the plum kind, खुबानी का फल

**April** एप्रिल *n.* fourth month of the year, अपैल मास

**apron** ऐप्रान *n.* a garment worn on the body, to protect clothes, ऊपरी वस्तु की रक्षा का पहनावा

**apt** ऐप्ट *adj.* appropriate, suitable, clever, pertinent, ready, योग्य, उद्यत, चतुर, तत्पर

**aptness** ऐप्टनैस *n.* promptness, योग्यता

**Arab** आरॉब *n.* a native of Arabia, अरब देश निवासी

**Arabian** ऐरेबियन pertaining to Arabia, अरब निवासी

**arable** ऐरेबल *adj.* fit for growing crops, land fit for tillage, जोतने-बोने योग्य भूमि

**arbitrary** आरबिट्रेरी *adj.* discretionary, imperious, wilful, tyrannical, स्वेच्छाचारी, तानाशाही शासन

**arc** आर्क *n.* part of the circumference of a circle or other curve, वृत्तखण्ड, कमान

**arch** आर्च *n. adj.* a curved structure, a vault, *v.* to form into an arch, cunning, वृत्तखण्ड, महराब, धूर्त्त

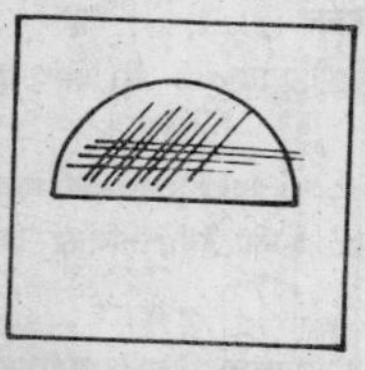

**archangel** आर्कएंजल *n.* chief angel, प्रधान देवदूत

**archbishop** आर्चविशप *n.* a chief bishop, लाट पादरी, प्रधान धर्माध्यक्ष

**archer** आर्चर *n.* one who shoots with bow and arrows, तीरंदाज, निशानची

**archipelago** आर्कीपैलागो *n.* a group of islands, द्वीप समूह, टापुओं का झुंड

**architect** आर्कीटैक्ट *n.* one who designs buildings, शिल्पी, कर्त्ता

**architecture** आर्कीटैक्चर *n.* the science of the construction of the building, a contriver, गृह निर्माण विद्या

**archives** आरकाइव्ज *n.* a record preserved as evidence, a place where public records are stored, पुराने कागजात, ग्रन्थ रक्षागृह

**arctic** आर्कटिक् *adj.* of the north pole or north polar regions, very cold, उत्तरी, उत्तरी ध्रुव सम्बन्धी

**ardent** आरडेन्ट *adj.* passionate, eager, warm, zealous, intense, प्रचण्ड, उत्तम, उत्साही, प्रखर, तेज, व्यग्र

**ardently** आरडैन्टली *adv.* eagerly, उत्साह से

**arduous** आरडुअस *adv.* laborious, difficult, steep, दुष्कर, दुस्साध्य, कठिन, मेहनत का, दुरारोह

**arduously** आरडुअसली *adv.* laboriously, कठिनता से

**area** एरिया *n.* an enclosed space, extent, range, scope, region, भूमि, प्रदेश , समतल, क्षेत्रफल, चौगान, मैदान, सतह, आंगन

**arena** ऐरीना *n.* a place of action, the central part of an amphitheatre, a place of conflict, रंगभूमि, अखाड़ा, दंगल, मैदान, मल्ल भूमि

**argue** आरग्यू *v.* to dispute, to debate, to persuade, to reason, to discuss, सिद्ध करना, विवाद करना, तर्क करना, साबित करना,

**argument** आरग्यूमैंट *n.* reasoning, तर्क

**arid** ऐरिड *adj.* parched, dry, barren, खुश्क, सूखा, रेगिस्तान

**arise** ऐराइज *v.* to come into being, to get up, to spring up, to originate, उठना, जागना, उदय होना, उगना, निकलना

**aristocracy** ऐरिस्टोक्रेसी government by nobles, nobles in a state, अमीरों का राज्य, शिष्टजन

**aristocrat** ऐरिस्ट्रोक्रेट *n.* one of good birth, रईस, कुलीन

**arithmetic** अरिथमैटिक *n.* the science of numbers, अंकगणित, अंक विद्या

**arm** आर्म *n.* the upper limb of man from shoulder to hand, branch, power, *v.* to take arms, to furnish with arms, बांह, शक्ति, शाख, शस्त्र उठाना

**armour** आर्मर *n.* defensive steel, defensive arms, कवच, तनुत्राण

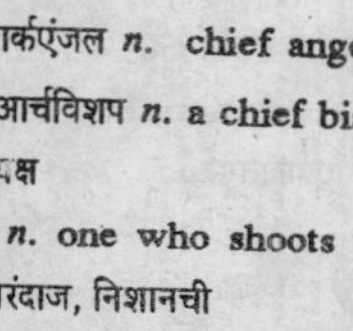

**armada** आरमेंडा *n.* a fleet of armed ships, जंगी जहाजों का बेड़ा

**armistice** आरमिस्टिस *n.* a truce, a ceasing of hostilities, युद्ध विराम, कुछ काल के लिए सन्धि

**armoury** आरमरी *n.*

**around** ऐराऊंड *adv. prep.* on all sides, on every side, in a circle, along, near, चारों ओर, प्रायः, समीप, सब तरफ

**arouse** एराउज *v.* to waken into activity, to rouse, to excite, to stimulate, to animate, लगाना, उत्तेजित करना, उठाना

**arrange** अरेंज *v.* to put in order, to settle, to classify, to adjust, to adapt, to group (arrangement-*n* प्रबन्ध) स्थिर रखना, प्रबन्ध करना, क्रम से स्थापन, ठीक रखने का कार्य

**arrangement** (-मैंट) *n.* adjustment, settlement, प्रबन्ध, सुधार, व्यवस्था

**array** अरे *n. v.* order, dress, to equip, सजाना, सजना, व्यूह रचना

**arrear,** एरियर *n.* outstanding, unpaid, बकाया, ऋण शेष

**arrest** अरैस्ट *v.* to stop, to seize, to catch attention of, पकड़ना, रोकना, गिरफ्तार करना

**arrival** अराइबल *n.* act of coming to a destination, appearance, आगमन, पहुंच

**arrive** अराइव *v.* to come to, to reach a destination or place, पहुंचना, आ जाना, पा लेना

**arrogance** एरोगेन्स *n.* a great show of superiority or importance, haughtiness, गर्व, मद, उद्यण्डता

**arrogant** ऐरोगैंट *adj.* overbearingly haughty, अत्यन्त, उद्दण्ड

**arrow** ऐरो *n.* a straight pointed weapon, a pointed stick, shot from a bow, बाण, तीर

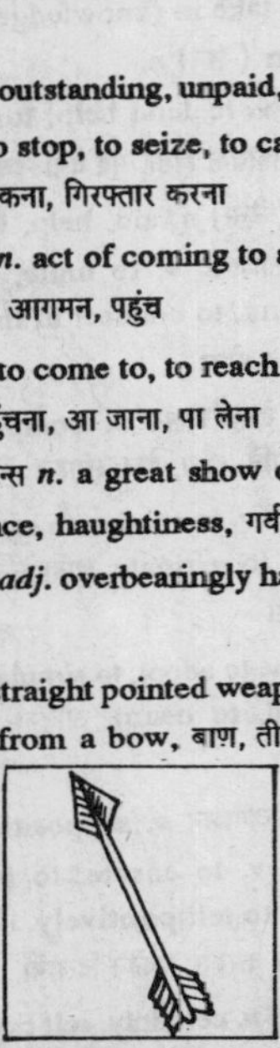

**arsenal** आर्सनल *n.* a magazine for the storage of arms, शस्त्रगृह, हथियार घर

**arson** आरसन *n.* wilfully burning a house, घर जलाने का अपराध, जानबूझ कर आग लगाने का अपराध

**art** आर्ट *n.* human skill, painting, sculpture, कौशल, शिल्प कला

**artery** आरट्री *n.* blood carrying tube धमनी, रक्त वाहिनी नलिका

**article** आर्टिकल *n.* a separate object, a literary composition, a, an, the in grammar, वस्तु, चीज, संपादकीय

**articulate** आर्टिक्यूलैट *v. adj.* to pronounce in distinct syllables, to be able to express one's thoughts clearly, संयुक्त करना, स्पष्ट उच्चारण करना

**artifice** आर्टिफिस *n.* a thick, skill, device, fraud, धूर्त्तता, चालाकी, फरेब, छटा, कौशल

**artificial** आर्टिफीश्यल *adj.* not real, बनावटी

**artillery** आर्टिलरी *n.* machines for discharging, missiles, big guns, cannon, आग्नेयास्त्र, तोपखाना, युद्धास्त्र, तोप इत्यादि चलाने वाले लोग

**artisan** आर्टिजन *n.* a skilled workman, शिल्पी, कारीगर

**Aryan** एरियन *n. adj.* belonging to Indo-European family or languages, आर्यवंश या भाषा सम्बन्धी

**as** ऐज *adv. conj.* like to, when, for example, समान, यथा, तब से, उदाहरण के रूप में

**ascend** एसैंड *v.* to rise, to go up, to mount, चढ़ना, ऊपर जाना, चढ़ाना, गद्दी पर बैठना

**ascent** ऐसैन्ट *n.* movement upward, rise, चढ़ाई

**ascertain** अर्सेटन *v.* to make certain, to find out, to determine, पक्का करना, पता लगाना, जांचना

**ascetic** ऐसैटिक *n.* a recluse, one who leads a retired life, a hermit, सन्यासी, योगी, तपस्वी

**ascribe** एस्क्राइब *v.* to attribute, to impute, to assign, आरोपण करना, कारण या संबंध बताना, ठहराना, दोषारोपण करना

**ash** ऐश *n.* a timber tree, the dust of anything burnt, the remains of human body, एक वृक्ष, राख, अस्थि

**ashamed** अशेम्ड *adj.* abashed, touched by shame, लज्जित, शर्मिन्दा

**ashore** ऐशोर *adv.* on shore, तट पर, किनारे पर

**Asiatic** ऐशियाटिक *adj.* belonging to Asia, a native of Asia, एशिया सम्बन्धी व निवासी

**aside** एसाइड *adv. n.* privately, on or to one side, words spoken by an actor, एक ओर, अलग, नाटकीय पात्र द्वारा एकान्त कथन

**ask** आस्क *v.* to enquire, to put question, to demand, पूछना, प्रश्न करना, मांग करना

**askance** आस्कैन्स *adv.* sideways, indirectly, तिरछी दृष्टि से, कनखिया कर, टेढ़ी नजर से

**asleep** एस्लीप *adv. adj.* sleeping, numbed, dead, सो रहा, निद्रा में, मरा हुआ

**aspect** अस्पैक्ट *n.* look, view, point of view, air, outlook, रूप, भाव, छवि, दृष्टिकोण

**aspersion** ऐस्पर्शन *n.* slander, injury by false charges, damaging criticism, कलंक, अपवाद, निन्दा

**aspiration** एस्पिरेशन *n.* a burning desire, a breath, उत्कट इच्छा, श्वास

**aspire** एसपायर *v.* to have aims to desire earnestly, to soar, to rise, उच्च लक्ष्य, उत्कृट इच्छा रखना, ऊपर को उठना

**aspirin** ऐस्पिरीन *n.* a sedative drug, पीड़ा नाशक दवाई

**ass** ऐस *n.* a horse like animal, गर्दभ, गदहा, मूर्ख पुरुष

**assail** असेल *v.* to attack suddenly, to attack with abuse, आक्रमण करना, चढ़ाई करना, दोष लगाना

**assassin** असैसिन *n.* one who kills treacherously, घातक, हत्यारा, कातिल

**assassination** (-नेशन) *n.* murder, treacherously killing, बध, धोखे से की गई हत्या

**assault** एसालट *n.* an attack,
**assault** *v.* to attack,

**assay** ऐस्से *v.* to attempt, to try the purity of precious metals, प्रयास करना, कीमती धातु की स्वच्छता की परीक्षा करना

**assemble** असैम्बल *v.* to collect, to come together, to gather together, इकट्ठा करना, इकट्ठे होना

**assembly** असैम्बली *n.* a gathering, a meeting, बैठक, सभा

**assent** ऐसैंट *v.* to agree, स्वीकारना, मानना
**assent** *n.* agreement,

**assert** ऐसर्ट *v.* to defend, to declare strongly, स्थापित करना, दृढ़ता पूर्वक स्वीकार करना

**assertion** ऐसर्शन *n.* affirmation, निश्चित वाक्य

**assess** ऐसैस्स *v.* to value for taxation, to estimate the value, कर निर्धारित करना, मूल्य स्थिर करना

**assessment** एसैसमैंट *n.* estimate for taxation, कर निर्धारण

**assets** एसैट्स *n.* the property of a merchant, a debtor, a deceased person, पूंजी, मृतक अथवा दीवालिए की सम्पत्ति

**assign** असाइन *v.* to appoint, to give, to allot, to designate, नियुकत करना, देना, आबँटन करना, मुकर्रर करना

**assignment** ऐसाइनमैंट *n.* allotment, समर्पण

**assimilate** ऐसिमिलेट *v.* to make similar, to digest food, to take in (knowledge), सदृश करना, पचाना

**assimilation** (-शन) *n.*

**assist** ऐसिस्ट *v.* to lend help, to aid, to assist, to attend, सहायक होना, मद देना, ध्यान देना

**assistance** (-टैन्स) *n.* aid, help, सहायता, सहारा

**associate** एसोशियेट *v.* to unite, to join with, to accompany, to connect in thought, मिलना, साथ देना, एक मत होना

**association** ऐसोसियेशन *n.* company, fellowship, union, संगति, साथ, मेल, संगठन

**assuage** ऐसूएज *v.* to soothe, to satisfy, to appease, to lessen, to mitigate, शान्त करना, संतुष्ट करना, कम करना, छीनना

**assume** ऐज्यूम *v.* to adopt, to simulate, to undertake, to pretend, to usurp, ओटना, जुम्मा लेना, कल्पना करना, छीनना

**assumption** ऐजम्पशन *n.* supposition, कल्पना

**assure** ऐशोअर *v.* to ensure, to insure, to make confident, to tell positively, विश्वास दिलाना, बीमा करना, निश्चय कराना, यकीन दिलाना,

**assurance** (-रैंस) *n.* certainty, self confidence, विश्वास, दृढ़ता

**aster** आस्टर *n.* a perennial plant with beautiful flowers, गेंदे के प्रकार का विचित्र रंगों के फूलों का पौधा

**astern** आस्टर्न *adv.* behind, towards the hinder part of a ship, पीछे की ओर, जहाज के पिछले भाग में

**asthma** ऐस्थमा *n.* a respiratory disease, श्वास रोग, दमा

**astir** ऐस्टर *adj.* on the move, in motion, in excitement, active, गतिमान, उत्तेजना में , जोशीला, चुस्त

**astonish** ऐस्यनिश *v.* to amaze, to wonder, to surprise, चकित करना, हैरान करना

**astonishment** (-मैंट) *n.* surprize, amazement, अचंभा

**astound** ऐस्टाउंड *v.* to amaze, to astonish utterly, आश्चर्य चकित करना, अत्यन्त हैरानी में डालना

**astounding** (-डिंग) *adj.* very wonderful, अद्भुत

**astray** ऐस्ट्रे *adv. adj.* straying, out of the right way, wandering, पथभ्रष्ट, सीधे मार्ग से भटकता हुआ, गुमराह

**astride** ऐस्ट्राइड *prep. adv.* with legs on each side, with legs apart, horse-riding, खुली टांगों के साथ टाँगें फैलाए हुए, घोड़े की सवारी

**astronaut** ऐस्ट्रानाट *n.* a flier in a ship, one who travels in space, अन्तरिक्ष यात्री

**astronomy** ऐस्ट्रानोमी *n.* study of the stars and heavenly bodies, खगोल विद्या, ज्योतिष विद्या

**astrology** एस्ट्रालोजी *n.* a more scientific study of heavenly bodies than astronomy, फलित ज्योतिष

**astute** एस्ट्यूट *adj.* cunning, shrewd, crafty, sagacious, धूर्त, दक्ष, मक्कार

**asunder** ऐसन्डर *adv.* apart, separately, भिन्न, जुदा-जुदा

**asylum** असाइलम *n.* a place of refuge, support or shelter, a sanctuary, an institute for the destitute, शरण स्थान, आश्रय, पनाह

**at** ऐट *prep.* in, from, towards, में, से, ओर, पर

**atheism** ऐथीज्म *n.* disbelief in the existence of God, नास्तिकता, ईश्वर निन्दा

**atheist** ऐथीस्ट *adj.* one who has no faith in God's existence, नास्तिक

**athlete** ऐथलीट *n.* a competitor in contests of speed, a champion, a robust person, पहलवान, कुश्ती लड़ने वाला, मल्ल कसरती

**athletics** ऐथलैटिक्स *n.* system of physical culture, कसरत करने की विधि

**athwart** ऐथ्वार्ट *prep.* across, crosswise, obliquely, आर-पार, टेढ़ा, तिरछा

**atlantic** ऐटलांटिक *adj.* of the Atlantic Ocean, अन्ध महासागर सम्बन्धी

**Atlantic** *n.* Atlantic Ocean

**atlas** ऐटलस *n.* a book of maps, नक्शों की पुस्तक

**atmosphere** ऐटमस्फीयर *n.* the volume of air that surrounds the earth, mental or moral surroundings, वायुमंडल, मानसिक व धार्मिक वातावरण

**atom** ऐटम *n.* the smallest part of an element, anything very small, अणु, परमाणु, अत्यल्प भाग

**atomic** ऐटामिक *adj.* pertaining to atom, अणु सम्बन्धी

**atone** ऐटोन *v.* to make amends, to expiate, to reconcile शमन करना, प्रायश्चित करना, तपस्या करना

**atonement** एटोनमैंट *n.* expiation, प्रायश्चित

**atrocious** ऐट्राशिअस *adj.* extremely cruel, extremely wicked, very bad, outrageous, अति दुष्ट, अत्यन्त अत्याचारी, पापी

**atrocity** ऐट्रासिटी *n.* cruelty, क्रूरता

**attach** अटैच *v.* to fasten, to join, to bind, to connect, जोड़ना, टांकना, मित्रता जोड़ना, कुर्की करना

**attachment** अटेचमैंट *n.* affection बंधन, अनुराग, कुर्की

**attack** अटैक *v.* to assault, to fall upon, to bring into ridicule, आक्रमण करना, धावा बोलना, दोष निकालना

**attack** *n.* an assault, आक्रमण, हमला

**attain** अटेन *v.* to arrive at, to gain, to accomplish, पहुँचना, प्राप्त करना, लेना, पूर्ण करना

**attainment** (-मैंट) *n.* accomplishment, acquirement, योग्यता, प्राप्ति

**attempt** अटैम्पट *n. v.* an endeavour, an attempt, प्रयास करना, प्रयत्न करना, आक्रमण करना

**attend** अटेन्ड *v.* to wait for, to be present, to serve, to listen, प्रतीक्षा करना, उपस्थित होना, सेवा करना, ध्यान देना

**attendance** (-डैन्स) *n.* presence, service, उपस्थिति, सेवा

**attest** अटैस्ट *v.* to testify, to certify, साक्षी देना, प्रमाण पत्र देना

**attestation** (-टेशन)*n.* certificate, साक्षी

**attic** ऐटिक *n.* a room in the roof a house, चौबारा

**attire** ऐटायर *v.* to dress, वस्त्र पहनना, सजाना

**attire** *n.* clothing, पहनावा

**attitude** ऐटीच्यूड *n.* position, gesture, bearing, अवस्था, स्थिति, अंग विन्यास, चाल-ढाल

**attorney** ऐटार्नी *n.* one legally qualified to act for another, मुख्तार, प्रतिनिधि

**attract** ऐट्रैक्ट *v.* to allure, to entice, to draw to oneself, खीचना, लुभाना, आकर्षित करना

**attraction** (-शन) *n.* allurement, आकर्षण

**attribute** ऐट्रीब्यूट *n.* to consider as belonging to, to ascribe to, ठहराना, सूचित करना, आरोपित करना

**attribute** *n.* quality, characteristic, अन्तर्निहित विशेषता, गुण

**auction** आक्शन *n.* a public sale, नीलामी

**auction** *v.* to sell by auction, नीलामी करना

**audacious** आडेश्यअस *adj.* bold, impudent, daring, साहसी, उद्दण्ड, धृष्ट, अक्खड़

**audacity** आडेसिटी *n.* boldness, impudence, साहस, धृष्टता

**audible** आडिबल *adj.* able to be heard, श्रव्य, जो सुनाई दे

**audience** आडियैंस *n.* a hearing, an assembly of hearers, सुनाई, श्रोतागण

**aught** आट *n.* anything, कुछ, किंचित

**aught** *adv.* to any extent, किसी सीमा तक

**augment** आगमैंट *v.* to increase, to enlarge, वृद्धि करना, बढ़ना, बढ़ाना

**augur** ऑगर *v.* to foretell, to promise, to predict, शकुन विचारना, प्रण करना, भावी कहना

**august** आगस्ट *adj.* majestic, dignified, grand, प्रतापी

**August** अगस्ट *n.* अगस्त मास

**aunt** आंट *n.* father's or mother's sister, an uncle's wife, बुआ, मौसी, मामी, फूफी

**auspice** आसपिस *n.* patronage, protection, an omen, शरण में, पनाह, हिमायत

**auspicious** आसपिशस *adj.* favourable, prosperous, शुभ, मंगलमय

**austere** आस्टीयर *adj.* stern, strictly upright, severe, harsh, उग्र, तीव्र, कठोर, कर्करा, कट्टर

**austerity** (-रेटी) *n.* severity, self discipline, उग्रता, आत्मसंयम

**authentic** आथेन्टिक *adj.* genuine, true, original, सच्चा, ठीक, प्रामाणिक, असली

**author** आथर *n.* the writer of a book, beginner, an originator ग्रन्थकार, लेखक, प्रवर्त्तक

**authority** अथारेटी *n.* a power, right, evidence, प्रभुत्व, अधिकार, साक्षी

**authorise** आथराइज *v.* to give permission, to empower, प्रमाणित करना, अधिकार देना

**auto** आटो *n.* for oneself, by one self, अपना, स्वतन्त्र अर्थ में, आप ही

**autobiography** आटोबायोग्रफी *n.* history of one's life written by himself, आत्म कथा, आत्म चरित्र वर्णन

**autocrat** आटोक्रेट *n.* a ruler or a person whose word is law, an absolute prince, एकतन्त्र राजा, प्रभुसत्ता युक्त राजकुमार

**automatic** आटोमैटिक *adj.* self acting, mechanical, without thinking, not conscious, स्वतः चलने वाला, यन्त्र चालित

**autumn** आटम् *n.* the third season of the year, शिशिर ऋतु, पतझड़

**auxiliary** आग्ज़िलिअरी *n.* helping, additional, subsidiary, मददगार, सहायक, सहायक क्रिया

**avail** अवेल *v.* to benefit, to help, to be of service, लाभ उठाना, मदद देना, उपकारी होना

**availability** अवेलेबिलेटी *n.* usefulness, उपयोगिता

**avalanche** ऐवेलान्श *n.* a mass of snow and mud sliding down from a mountain, बर्फ के ढेर का पर्वत से गिरना, हिमावसरण

**avarice** एबेरिस *n.* greediness, cupidity, eager desire for wealth, लालसा, लोभ, लालच, हिर्स

**avenge** एवैन्ज *v.* to take revenge, to punish, बदला लेना, दण्ड देना

**avenue** ऐविन्यु *n.* means, a street, a passage, द्वार, मार्ग, रौंस, बाट

**aver** ऐवर *v.* to assert, to declare, to prove, दृढ़ता से कहना, सिद्ध करना

**average** ऐवरिज *v.* to find the mean, ordinary standard, prevailing rate, मध्यम अवस्था,औसत, बीच पड़ना

**averse** ऐवर्स *adj.* opposed, unwilling, unfavourable, प्रतिकूल, परांड.मुख, विरुद्ध

**aviary** ऐवियरी *n.* a place for keeping birds, पक्षीशाला, चिड़ियाखाना

**aviation** ऐवियेशन् *n.* the science of flying in air craft, उड्डयन

**avoid** ऐवाइड *v.* to shun, to escape, to keep away from, टालना, दूर रहना, बचना

**await** अवेट *v.* to wait for, to expect, to be ready for, आशा करना, प्रतीक्षा करना, बाट देखना

**awake** अवेक *v.* to rouse from sleep, to cease sleeping, निद्रा से जागना, निन्द्रा भंग होना

**awaken** *v.* अवेकन जागना, सचेत करना, जगाना

**awakening** अवेकनिंग *n.* जागृति

**award** अवार्ड *v. n.* to bestow, to grant, to give legally, निर्णय देना, पारितोषिक, फैसला, डिग्री

**aware** अवेयर *adj.* conscious, informed, watchful, vigilant, सावधान, सचेत, चौकस, होशियार

**away** अवे *adv.* absent from a place, off at a distance, दूरस्थ, अनुपस्थित, परे

**awe** ऑ *n.v.* dread, wonder, to strike with fear, आदर, भय, भय उत्पन्न करना, डराना

**awful** ऑफुल *adj.* dreadful, reverential, भयंकर, प्रभावशाली

**awhile** एह्वाइल *adv.* for a short time, क्षणभर के लिए, थोड़ी देर के लिए, तनिक

**awkward** आकवर्ड *adj.* clumsy, not graceful, unskilful, भद्दा, कठिन, व्यग्र, बेडोल, अनाड़ी, मूर्ख

**awkwardly** आकावर्डली *adv.* clumsily, भद्दे ढंग से

**awl** आल *n.* a pointed instrument for boring small holes in leather, सूजा, सुआ, आरा

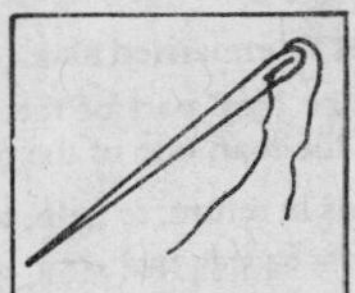

**awry** ऑरी *adj.* crooked, erroneous, uneven, टेढ़ा मेढ़ा, प्रतिकूल, विपरीत रूप में

**axe** एक्स *n.* a steel edged chopping tool, कुठार, कुल्हाड़ी

**axis** ऐक्सिस *adv.* the line on which something revolves, केन्द्र, धुरा, अक्ष रेखा

**axle** ऐक्सल *n.* the rod or spindle on which a wheel revolves, धुरा, जिस पर पहिया घूमता है

**azure** ऐज़्योअर *adj. n.* sky blue, blue colour of sky, आकाश समान नीला, आकाश का नीलवर्ण

# B

## BABBLE-BYLAW

**B** बी the second letter of the English alphabet, अंग्रेजी वर्णमाला का दूसरा अक्षर।

**babble** बेबल *v.* to murmur, to talk indistinctly, to prattle, to talk childishly, बड़बड़ाना, प्रलाप करना, अस्पष्ट बोलना, बच्चे की तरह बोलना, भेद खोलना।

**babe** बेब *n.* an infant, a young child, an inexperienced person, शिशु, बच्चा, अनुभवहीन मनुष्य।

**baboon** बैबून *n.* a kind of large monkey, लंगूर, बंदर की एक जाति

**bachelor** बैचिलर *n.* unmarried man, अविवाहित, कुंआरा

**back** बैक *n.v.* the hind part of the body in man, the part in the rear, one of the players behind the forwards in return, to help, to support, पीठ, पिछला भाग, एक खिलाड़ी, मदद करना, पुष्टि करना

**backbite** बैकबाइट *v.* to speak evil of a person in absence, चुगली करना

**background** बैग्रांउड *n.* one's origin, education, पृष्ठ भूमि

**backward** बैकवर्ड *adv. adj.* on the back, towards the back, towards the past, dull, stupid, behind in progress, पीछे की ओर, मन्द, पिछड़ा हुआ

**backing** बैंकिग *n. adj.* support, supporting, सहारा, सहारा देता हुआ

**bacteria** बैक्टेरिया *n.* minute organisms found in the air, जल, वायु इत्यादि के सूक्ष्म कीटाणु

**bad** बैड *adj.* not good, wicked, hurtful, बुरा, दुष्ट, कष्टकारी

**badge** बैज *n.* a mark, emblem or token to denote the occupation, निशान, निशानी, चिह्न

**badminton** बैडमिंटन *n.* a game played with shuttle cocks, पंख के बने गेंद से खेला जाने वाला खेल

**baffle** बैफल *v.* to bewilder, to thwart, to frustrate, to elude, उन्नति रोकना, घबड़ाना, धोखा देना, बहकाना

**baffling** बैंफलिंग *adj.* perplexing, घबड़ाने वाला

**bag** बैग *n.* a pouch, a sack, a wallet, थैला, बोरा,

**bag** बैग *v.* to bulge, to secure, फूलना, लटकाना, थैले में भरना, शिकार करना

**baggage** बैगेज *n.* trunks, the tents, the traveller's, luggage, an immoral woman, सामान, चीज वसत, फूहड़ स्त्री

**bagpipe** बैगपाइप *n.* a wind instrument, or fitted with piper, बीन, मसक बाजा

**bail** बेल *n. v.* money given as security, to scoop water out of the boat, क्रिकेट के विकेट के ऊपर की गुल्ली, जमानत, नाव में से जल उलीचना

**bailiff** बैलिफ *n.* an officer under a sheriff, one who manages an estate, सरकारी, अमीन, ग्राहक, नाजिर

**bait** बेट *n. v.* an allurement, temptation, to allure to tempt, refreshment taken on a journey, लोभ, चारा, दाना

**bake** बेक *v.* to cook by heat, to harden, पकाना, सुखाना

**balance** बैलेंस *v. n.* a weighing apparatus, steadines, calmness, a weighing machine to weigh, to make equal, तुला, धैर्य, शान्ति, बराबर करना

**balancing** (-सिंग) *n.* poise, equilibrium, समतोलन, धड़ा

**balcony** बालकानी *n.* an upper floor or gallery, a platform projecting from the wall of a building, बरामदा, छज्जा, बरांडा

**bald** बाल्ड *adj.* without hair on the head, bare, plain, unadorned, गंजा, फीका, सादा

**bale** बेल *n.* destruction, injury, woe, a large bundle, नाश, चोट, दुःख, गठरी

**ball** बाल *n.* a round body, a bullet, a social assembly for dancing, गेंद, गोला, अंग्रेजी नाच

**bailad** बैलड *n.* a simple sentimental song, a short narrative poem, साखा, विरहा, आल्हा

**ballot** बैलट *n.* a paper by which a vote is registered, performance of dances on the stage with music, मत पत्र, लीला, रंगमंच पर नाच गाना

**balloon** बैलून *n.* a round bag inflated with gas for floating in air, गुब्बारा

**ballot box** बैलट बाक्स *n.* a box in which a vote is inserted, मत पेटी

**balm** बाम *n.* an oily substance, ointment, लेप, मरहम

**bamboo** बैम्बू *n.* a stick or cane, a gigantic grass grown with hollow jointed woody stem, बांस, बेणु

**bamboozle** बैम्बूजल *v.* to deceive, to mystify, to confuse, धोखा देना, छल करना, झाँसा देना

**ban** बैन *v.* to prohibit, to forbid, रोक लगाना, मना करना

**ban** बैन *n.* prohibition, forbidding, disapproval, निषेध, प्रतिबन्ध, रोक

**banal** बैनाल *adj.* wornout, common place, trivial, भद्दा, तुच्छ

**banana** बैनाना *n.* a gigantic tropical tree, its yellow fruit, केला, केले का फल, कदली वृक्ष

**band** बैंड *n.* tie, strap, collar, company of musicians, बन्धन, तस्मा, पेटी, गायक मंडली

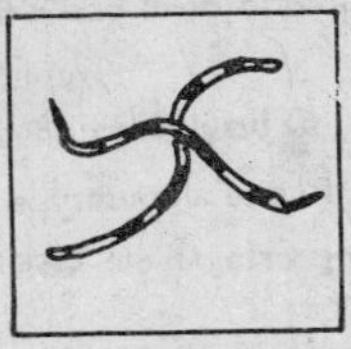

**band** *v.* to associate, to unite, सहयोग देना, मिलना

**bandage** बैंडेज *n.* a strip of cloth for binding wound, जख्म पर बांधने वाली पट्टी

**bandit** बैंडिट *n.* a lawless person, a robber, an outlaw, चोर, डाकू, लुटेरा

**bandy** बैंडी *v.* to strike, to throw to and fro, to give and take, ठोकर मारना, इधर-उधर फेंकना, देना और लेना

**bandy** *adj.* bent outward at the knees, घुटनों के आगे झुका हुआ

**bane** बेन *n.* a disease, a sin, woe, रोग, पाप, विपद

**bang** *v.* to thump, to make a loud noise, to thrash, धमाका करना, ऊंची आवाज करना, पीटना

**bangle** बैंगल *n.* a ring bracelet, a ring worn on arm or leg, कड़ा, कड़ी, चूड़ी, कंगना

**banish** बैनिश *v.* to drive away, to compel to depart, to exile, निकाल देना, बनवास देना

**banishment** (-मैंट) *n.* exile वनवास, देश निकाला, जलावतनी

**banjo** बैंजो *n.* a musical instrument, बैंजो, बाह्ययन्त्र

**bank** बैंक *n.* a mound, a ridge, the margin of a river or a lake, a place where money is deposited or exchanged टीला, नदी तट, तीर, किनारा, बैंक

**bankrupt** बैंकरप्ट *n.* one who fails in business, insolvent, unable to meet one's obligations, निर्धन, दिवालिया

**bankruptcy** (- सी) *n.* insolvency, दिवालियापन

**banner** बैनर *n.* the flag of a country, a large strip of paper bearing a slogan etc, देश का झंडा, पताका, किसी सिद्धान्त का चिह्न

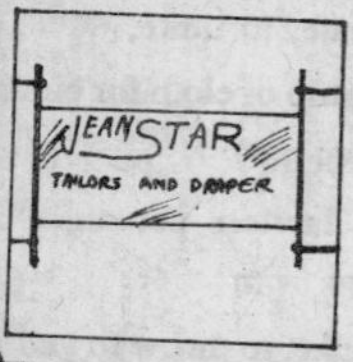


**banquette** बैंक्वैट *n.* a ceremonial dinner, a feast, भंडारा

**banquet** जग, शाही दावत

**banter** बैंटर *v.* to tease good humouredly, उपहास करना, हंसी उड़ाना

**banter** बैंटर *n.* a jesting, humorous ridicule, उपहास, दिल्लगी, मज़ाक

**banyan, banlan** बैनियन *n.* an Indian figtree with rooting branches, बड़, वट वृक्ष

**baptise(-z-)** बैपटाइज *v.* to christen, to give a name to, to dip in water as a religious ceremony, ईसाई बनाना, पवित्र करना

**baptist** बैपटिस्ट *n.* believer in baptism, पादरी

**bar** बार *n.* a bolt, a hindrance, a rod of a solid substance, a bank of sand, any tribunal, portion of a hotel, डंडा, कठघरा, बालू का किनारा, न्याय सभा, होटल का हिस्सा

**bar** *v.* to hinder, to obstruct, रोकना, अड़चन डालना

**barb** बार्ब *n.* shaft of an arrow, तीर का नोक, कांटा

**barb** *v.* to put barb on, तीर की नोक लगाना, कांटा लगाना

**barbarity** बारबैरिटी *n.* barborous act, बर्बरता पूर्ण कार्य

**barbarous** बारबेरस *adj.* wild, cruel, inhuman, अशिष्ट, जंगली, अमानवीय

**barber** बारबर *n.* one who shaves face and cuts hair, नाई, नापित, हज्जाम

**bard** बार्ड *n.* a poet, a celtic minstrel, कवि, भाट, चारण

**bare** बेअर *adj.* naked, uncovered, mere, empty, नंगा, खाली, केवल

**barely** बेअरली *adv.* only just, केवल, मुश्किल से

**bargain** बारगेन *n.* a contract, agreement, things acquired, सट्टा, सौदा, समझौता, प्राप्त वस्तुएं

**bargain** *v.* to sell, to make a contract, बेचना, सौदा करना

**barge** बार्ज *n.* a flatbottomed boat, छोटी नौका, माल की नाव

**bark** बार्क *n.* a sharp sound made by a dog or a wolf, a boat, a corky material that can be peeled from a wooden stem, भौंए,भौं, नाव, छाल

**barley** बार्ले *n.* a cereal used for food, जौ

**barren** बैरन *adj.* unfruitful, dull, desolate, unproductive, निष्फल, शुष्क, वीरान, बांझ

**barricade** बैरिकेड *v.* to block, to shut, किलेबन्दी, रुकावट, बांध, बाड़

**barrier** बैरिअर *n.* any hindrance, an obstacle, a limit or boundary, a fence and enclosure, रुकावट, बाड़, सीमा, घेरा

**barrow** बैरो *n.* a wheel barrow, a two-wheeled vehicle to carry loads, an infant's sleeveless coat, हाथ गाड़ी, ठेला, बच्चों का बिना आस्तीन वाला कोट

**barter** बार्टर *v.* to give one thing in exchange for another, to give away for unworthy gain, अदला बदली करना, हेरफेर करना

**base** बेस *v.* to establish, to set up, स्थापित करना, आधारित करना

**base** *n.* support, lowest part, foundation, आधार, तलभूमि, मूल

**bash** बैश *v.* to beat, to smash, पीटना, घूंसा मारना

**bash** *n.* a heavy blow, जोर का घूंसा

**bashful** बैशफुल *adj.* lacking confidence, shy, modest, भीरू, विनीत

**basin** बेसिन *n.* a pond, reservoir for water, a shallow hollow vessel, तड़ाग, जलाशय, तंग खोखला बर्तन

**basis** बेसिज *n.* same as base, आधार

**bask** बास्क *v.* to lie in sun shine, to enjoy, to be at ease, धूप तपना, गर्मी लेना, आराम करना

**basket** बास्केट *n.* a vessel prepared from cane, twigs etc, डलिया. टोकरी

**basket** *v.* to put in a basket, टोकरी में रखना

**bastard** बास्टार्ड *n. adj.* an illegal child, unauthorized, विजन्मा, हरामी बालक, अधिकारहीन

**bastion** बेस्टान, बैस्चन *n.* a defence against the projecting part of a fortification, बुर्ज, रक्षा निर्माण

**bat** बैट *n.* flat club used in cricket, a mouse like flying animal डंडा, बैट, चमगादड़

**bat** *v.* to use a bat, बैट से खेलना

**batch** बैच *n.* a group of similar things, थोक, समुदाय

**bath** बाथ *n.* washing, ablution, basin, स्नान, स्नानकुंड

**bathe** बेद *v.* to wash, to take bath, नहाना

**baton** बैटन *n.* a staff of a policeman, डंडा

**battalion** बटेलियन *n.* large body of soldiers, सैनिक दल

**batter** बैटर *v.* to deface, to beat with blow after blow, चेहरा बिगाड़ना, धड़ाधड़ चोट मारना

**battle** बैटल *n.* a fight, to contest, संग्राम

**battle,** *v.* to fight, लड़ाई करना, युद्ध करना

**bawl** बाल *n.* a loud cry or shout, चिंघाड़

**bawl** *v.* to cry, to shout loudy, शोर मचाना, ऊँचा चिल्लाना

**bay** बे *n.* a recess, a wide inlet of the sea, a crown of victory, a deep cry of hounds, रिक्त स्थान, खाड़ी, विजय पताका, कुत्तों का भौंकना

**bayonet** बायोनेट *n.* a stabbing instrument of steel fixed to the muzzle of a rifle, किरच, संगीन

**bayonet** *v.* to stab with a bayonet, संगीन घोंपना

**bazaar,** बाजार bazaar, a market place, a bazaar, बाजार, मंडी

**be** बी *v.* prefix, to exist, to occur, to live, होना, रहना, घटित होना

**beach** बीच *n.* seashore, समुद्र तट, झील का किनारा, कूल

**beach** *v.* to drive a boat on the beach, नाव को तट पर ले जाना

**beacon** बैकन *v.* to guide , to signal, to show light, रास्ता बतलाना, प्रकाश दिखलाना

**beacon** *n.* light house, sign of fire, आकाश दीप, रोशनी मीनार

**bead** बीड *n.* a little ball of glass etc. shining with other in a rosary or necklace, माला के मनके

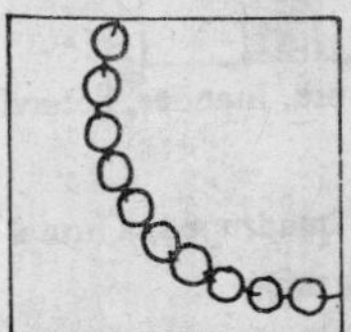

**beak** बीक *n.* the bill of a bird,चोंच

**beaker** बीकर *n.* a lipped glass vessel. कांच का चोंचदार पात्र

**beam** बीम *n.* the bar of a balance, ray of light, bright look, a long piece of timber etc. for building, कड़ी, प्रकाश की किरण , प्रसन्न मुद्रा, शहतीर

**beam** *v.* to shine, to smile, to throw light, चमकना, प्रकाश फेंकना

**bean** बीन *n.* a vegetable, सेम की फली, सब्जी

**bear** बीयर *n.* a thick furred quadruped, रीछ, भालू

**bear** *v.* to carry, to produce, to give birth to, ले जाना, जनना, उत्पन्न करना, भार सहन करना

**beard** बीयर्ड *n.* hair that grow on the chin and cheeks, prickles on ears of corn, दाढ़ी, अनाज के बाल

**beard** *v.* to oppose bodily, to take by the beard, भिड़ना, दाढ़ी नोचना

**bearer** बीयरर *n.* bringer of letters, a domestic servant, a person who carries a thing, porter, पत्र वाहन, नौकर, बैरा, कुली

**bearing** बेरिंग *n.* posture, manner, behaviour, ढंग, छवि, व्यवहार

**beast** बीस्ट *n.* animal, quadruped, a brutal person, वन्य जन्तु, चौपाया, क्रूर व्यक्ति

**beastly** (- ली) *adv.* like a beast, dirty, पशुवत, गंदा

**beat** बीट *v.* to overcome, to strike, to thrash, to knock, पराजित करना, पीटना, प्रचार करना

**beat** *n.* a stroke, a signal, a round assigned to a policeman, a beating of pulse, चोट, संकेत, नब्ज का चलना

**beating** *n.* thrashing, throbbing, मारपीट, पिटाई

**beau** बौं *n.* a dandy, a lover, बांका, प्रेमी, छैला

**beauty** ब्यूटी *n.* grace, charm, attractive looking, भव्यता, आकर्षण, रमणीयता

**beautiful** (-फुल) charming, attractive, good looking, सुन्दर, आकर्षक, मनोहर

**beautify** (-फाई) *v.* to make beautiful, सुन्दर बनाना

**becalm** बीकाम *v.* to calm, to make still, to make motionless, शमन करना, शान्त करना, धीमा करना

**because** बीकाज *conj.* on account of, by cause, for this reason, कारण से, क्योंकि, इसलिए कि

**beckon** बैकन *v.* to call attention, to summon, to make a signal to another by a motion of head or hand, पुकारना, बुलाना, संकेत करना

**become** बीकम *v.* to come to be, to suit, to happen, होना, हो जाना, योग्य करना, घटित होना

**bed** बैड *n.* a layer, a place to sleep on, the channel of a river, a plot in a garden, तह, बिस्तर, नदी का तल, क्यारी

**bedchamber** बैडचैम्बर *n.* a bed room, a room to sleep, शयनगृह

**bedding** बैडिंग *n.* material used for making a bed, शयन सामग्री

**bedevil** बीडैविल *v.* to spoil, to torment, to bewitch, नष्ट करना, पीड़ा देना, जादू करना

**bedlam** बैडलाम *n.* a place of uproar, a madhouse, हल्ले गुल्ले वाला स्थान, पागलखाना

**bed ridden** बैडरिडन *adj.* confined to bed, रोगी, बीमार

**bed stead** बैडस्टैड *n.* frame for supporting a bed, खटिया, चारपाई

**bee** बी *n.* a four-winged insect that produces honey and wax, a busy person, मधुमक्खी, भ्रमर, परिश्रमी जीव

**beech** बीच *n.* a forest tree, एक जंगली वृक्ष

**beef** बीफ *n.* the flesh of cow or ox, गोमांस, बैल का मांस

**beehive** बीहाइव *n.* artificial dwelling for bees, मधुमक्खी का छत्ता, मुहाल

**beer** बीयर *n.* an alcoholic liquor prepared from malt, जौ की शराब

**bees wax** बीवैक्स *n.* a substance secreted by bees, मोम

**beet** बीट *n.* a kind of vegetable used for food, चुकंदर

**beetle** बीटल *n.* a kind of insect, a short-sighted person, गौबरैला, मूर्ख मनुष्य

**befall** बीफाल *v.* to come to pass, to happen, to occur, आपड़ना, बीतना, घिरना

**befit** बीफिट *v.* to become, to be fitting, to be suitable to, योग्य होना, ठीक होना

**befitting** (-इंग) *adj.* proper, suitable, उचित, अनुरूप

**befool** बीफूल *v.* to dupe, to deceive, to make a fool of, ठगना, धोखा देना, मूर्ख बनाना

**before** बीफोर *adv. conj, prep,* in the past, ahead, previously, in front of, earlier than, in preference to,पहले, आगे, सम्मुख, पूर्वकाल में, अपेक्षतः, दूसरे से बढ़कर

**befriend** बीफ्रैन्ड *v.* to help as a friend, to assist, to favour, साथ देना, सहायता करना, पक्ष लेना

**beg** बैग *v.* to entreat, to ask earnestly, to ask alms or charity, अनुनय करना, प्रार्थना करना, भिक्षा मांगना, पक्ष लेना

**beget** बीगेट *v.* to cause, to produce, to generate, पैदा करना, जनना

**beggar** बैगर *n.* a poor man, one who begs, निर्धन, भिखारी

**begin** बिगिन *v.* to start, to open, to commence, to arise from, शुरु, शुरुआत करना, आरंभ करना

**beginning** बिगिनिंग *n.* source, स्त्रोत, प्रारंभ

**begrudge** बीग्रज्ज *v.* to envy, to grudge, स्पर्घा करना, ईर्ष्या करना

**beguile** बीगाइल *v.* to deceive, to cheat, to delude, to amuse, ठगना, बहकाना, धोखा देना, लुभाना

**behalf** बीहाफ *n.* support, favour, sake, advantage, मदद, पक्ष, के लिए, खातिर, लाभ

**behave** बीहेव *v.* to act, to conduct, to show good manners, वर्ताव करना, आचरण करना, अच्छा व्यवहार करना

**behaviour** बीहेबिअर *n.* conduct, manners, demeanor, bearing, आचरण, व्यवहार, चाल ढाल

**behead** बीहैड *v.* to kill, to cut the head from, जान लेना, सिर अलग करना

**behest** बीहैस्ट *n.* command, precept, आज्ञा, हुक्म

**hehind** बीहाइंड *adv. prep, n.* further back, in the rear, at one's back, in support पीछे, पिछला भाग, पक्ष में

**behold** बीहोल्ड *v.* to see, to look at, to observe, देखना, ध्यान देना, गौर करना

**behove** वीहोब *v.* to be necessary or proper for, योग्य होना, मुनासिब होना

**being** बीइंग *n.* existence, nature, anything that counts, entity, सत्ता, अस्तित्व, जीवन

**belated** बीलेटिड *adj.* happening late or too late, बहुत देर से आता हुआ

**belie** बीलाई *v.* to prove false, to give a false picture of, to give the lie to, झूठा बनाना, झूठा चित्र देना, झुठलाना

**believe** बीलीब *v.* to trust, to think, to expect or hope, to regard as true, विश्वास करना, सोचना, आशा करना, सच्च मानना

**belief** बीलीफ *n.* faith, trust, विश्वास, भरोसा

**belittle** बीलिटल *v.* to depreciate, to make small, to speak slightly of, महत्व कम करना, छोटा करना, घृणा करना

**bell** बैल *n.* a hollow metallic vessel which emits a musical, sound when struck, घण्टी

**bell** बैल *v.* to put a bell on, घंटी बाँधना

**belladonna** बेलाडोना *n.* a deadly night shade, एक औषधि

**belligerent** बैलिजरैन्ट *n. adj.* an opponent, war like, विरोधी, लड़ाका, योद्धा

**bellow** बैलो *v.* to roar like a bull, to shout, बैल का रंभाना, चिल्लाना

**belly** बैली *n.* stomach, abdomen, the womb, पेट, उदर, कोख

**belong** बीलौंग *v.* to be a native of, to be the property of, to go along with, संबन्ध रखना, हक होना, किसी का होना

**belongings** बीलौंगिंग *n. pl.* possessions, सम्पत्ति

**beloved** बीलव्ड *adj.* dearly loved, प्रिय, इष्ट, प्यारा

**below** वीलो *adv. pre.* beneath, underneath, in a lower place, नीचे, अयोग्य, छोटी जगह पर

**belt** बैल्ट *n.* a girdle of leather, पेटी, कमर बंद

**belt** *v.* to fasten with a belt, पेटी से बाँधना

**bemoan** बीमोन *v.* to lament, to bewail, to pity, विलाप करना, दुःख प्रकट करना, रुदन करना

**bench** बैंच *n.* a seat of wood or stone, a carpenter's working table, a law court, बैंच, चौकी, बढई का ठीहा, न्यायालय का स्थान

**bend** बैंन्ड *v.* to stoop, to submit, to incline, झुकना, हार मानना, झुकाना

**bend** *n.* curve, bow, मोड़, झुकाव

**beneath** बीनीथ *prep.* below, under, in a lower position, नीचे, नीचे की ओर, नीचे की स्थिति में

**benediction** बैनीडिक्शन *n.* blessedness, act of blessing, thanks, आशीर्वाद, कल्याण, धन्यवाद

**benefactor** बैनीफैक्टर *n.* one who gives friendly help, a donor, a patron, उपकारी, दाता, हितकारी

**beneficence** बैनीफिसैंस *n.* charity, active kindness, दया, दान शीलता, खैरायत, हित

**beneficial** बैनीफीशियल *adj.* useful, advantageous, having good results, helpful, लाभकारी, लाभजनक, कल्याणकारक

**benefit** बैनीफिट *n.* favour, advantage, पक्ष, लाभ

**benefit** *v,* to do good to, to receive good, भला करना, लाभ उठाना

**benevolence** बनैवोलैंस *n.* generosity, will to do good, kindliness, charity, उदारता, भलाई की इच्छा, दया, दानशीलता

**benign** बीनाइन *adj.* kindly, gracious, favourable, gentle, दयालु, मेहरबान, पक्षधर, सज्जन

**bent** बैंट *n.* tendency, leaning, inclination of the mind, रुचि, झुकाव, मनोवृत्ति

**benumb** बीनंब *v.* to deaden, to make numb, to make powerless, सुन्न करना, संवेदनशीलता से रहित करना, शक्तिहीन बनाना

**bequeath** बीक्वीथ *v.* to hand down, to leave personal estate by will, वसीयत करना, इच्छा पत्र करना

**bereave** बीरीव *v.* to deprive of, to rob, to leave desolate, वंचित करना, लूटना, अलग कर देना

**bereaved** (-वड) *adj.* left desolate, deprived, दुःखी, वन्चित, संतृप्त

**bereavement** ( - मैंट ) *n.* loss, destitution, the act of taking away, हानि, साधनहीनता, निराश्रयता

**berry** बैरी *n.* a small juicy fruit, बेर, पीपली

**berth** बर्थ *n.* a job, a sleeping place in a ship or a railway carriage, नौकरी, जहाज व गाड़ी में सोने का स्थान

**beseech** बीसीच *v.* to beg, to entreat, to solicit, to implore, भिक्षा मांगना, अनुनय करना, विनति करना

**beside** बीसाइड *pre.* by the side of , near, apart from, पास, निकट, अलग

**besides** बीसाइड्स *adv. prep.* else, otherwise, in addition to, और भी, अतिरिक्त, तथा

**besiege** बीसीज *v.* to assail, to surround, to lay besiege to, घेरा डालना, आक्रमण करना, घेराबन्दी करना

**best** बैस्ट *adj. n.* good in the highest degree, one's utmost perfection, the best part, in the best manner, सबसे अच्छा, श्रेष्ठ, अति उत्तम

**bestir** बीस्टर *v.* to rouse to action, to exert, to rouse to lively action, हरकत में लाना, प्रयास करना, जोश में लाना, उत्तेजित करना

**bestow** बैस्टो *v.* to confer upon, to deposit, to give, to store, प्रदान करना, जमा करना, देना, जोड़ना

**bet** बैट *n.* stake, wager, दाव, बाजी

**bet** *v.* to lay or stake, दाव लगाना, बाजी लगाना

**betel** बीटल *n.* a species of pepper the leaves of which are chewed in India, पान, ताम्बूल, पान पत्र

**betray** बीट्रे *v.* to deceive, to lead astray, to be disloyal, to give up treacherously, धोखा देना, बहकाना, विश्वासघात करना, गुमराह करना

**betrayal** बीट्रेअल *n.* breach of truth, deception, विश्वासघात, धोखा

**betroth** बीट्रॉथ *v.* promise to marry, affiance, शादी के लिए वचन देना, सगाई करना

**betrothel** (-थल) *n.* an engagement to marry सगाई, मँगनी

**better** बैटर *adj.* more desirable, more excellent, preferable, more perfect, अधिक वांछनीय, अधिक बढ़िया, तरजीह योग्य, श्रेष्ठतर

**betterment** (-मैंट) *n.* improvement उन्नति, सुधार, बेहतरी

**between** बीट्वीन *prep. adv.* in, across, along, through, परस्पर, मध्य में, बीच में (दो में)

**beverage** बैबरऐज *n.* a drink, an agreeable liquor, मदिरा, शराब

**bewail** बीवेल *v.* to lament, to wail, to mourn, रुदन करना, विलाप करना, रोना धोना

**bewailing** (-लिग) *n.* lamentation विलाप

**beware** बीवेअर *v.* to be cautious, to take heed, to be on one's guard, सावधान होना, सचेत होना, चौकस होना

**bewilder** बीबिलल्डर *v.* to perplex, to puzzle, to confuse, परेशान करना, व्याकुल करना, लुभाना, आकर्षित करना

**bewilderment** (-मैंट) *n.* perplexity, व्याकुलता

**bewitch** बीविच *v.* to charm, to fascinate, to enchant, to cast a spell, जादू करना, लुभाना, आर्कषित करना

**beyond** बीयांड *prep. adv.* above, besides, outside, at the farthest side, ऊपर, अतिरिक्त, पार, परे, उधर

**biannual** वाइएन्युअल *adj.* half yearly, अर्ध वार्षिक, छमाही

**bias** बाआस *n.* prejudice, influence, a greater weight on one side, inclination, अन्ध विश्वास, एक ओर को अधिक बोझ, झुकाव

**bib** बिब *n.* child's chin cloth, बच्चे की गति, बच्चे के गले में बांधने का वस्त्र

**bib** बिब *v.* to drink frequently, ठहर-ठहर पीना

**Bible** बाइबल the sacred book of the Christian Church, इंजील, ईसाइयों की धार्मिक पुस्तक

**bibliography** बिबलियोग्रफी *n.* a descriptive list of books of one author or on one subject, पुस्तकी विद्या, पुस्तक सूची

**bicameral** बाई कैमरल *adj.* consisting of two houses, दो घर वाली संसद

**bickering** बिकरिग *n.* a quarrel, a fight, झगड़ा, झड़प, नोक झोंक

**bicycle** बाइसिकल *n.* a two-wheeled vehicle propelled by feet, बाइसिकल

**bid** बिड *v.* to invite, to wish, to tell, to command, to offer price, नमस्ते करना, बोली देना

**bidding** बिडिंग *n.* an offer of a price, order, बोली, आदेश

**bier** बायर *n.* a carriage to carry the dead to the grave, शवासन, अरथी, जनाजा, शव गाड़ी

**bifocal** बाईफोकल *n.* of spectacles having two focuses समीप दूर दोनों शीशों वाली ऐनक

**big** बिग *adj.* great, important, large, बड़ा, महत्वपूर्ण, लंबा चौड़ा

**bigamy** बाईगैमी *n.* the crime of having two husdbands, पति व पत्नी के होते दूसरी शादी

**bigot** विगॉट *n.* one who blindly and obstinately supports a cause or a party, अन्धविश्वासी, कट्टरपंथी

**bilateral** बाइलेट्रल *adj.* having two sides, affecting two sides, countries, etc, द्विपक्षीय, दो छोर का, दुपहलू

**bilingual** बाईलिंगुअल *adj.* written in two languages, दो भाषाओं में लिखा या बोला हुआ, दो भाषाओं का

**bill** बिल *n.* a kind of battle axe, a bird's beak, a draft of a proposed law an account of money owed for goods, एक प्रकार का लड़ाई में प्रयुक्त होने वाला कुल्हाड़ा, पक्षी की चोंच, विनिम्य पत्र, हिसाब

**billiard** बिलियर्ड *n.* a game played on a table with ivory, अंडे का एक प्रकार का खेल

**billion** बिलियन *n.* a million billions, दस खरब की संख्या

**bin** बिन *n.* a receptacle for corn, coal, dust etc. खत्ता, सन्दूक

**bind** बाइंड *v.* to tie with a band, to make fast, to sew, to make a person swear, to put a cover on a book, पट्टी बाँधना, मजबूत करना, सीना, शपथ दिलाना, पुस्तक पर जिल्द चढ़ाना

**binding** बाइंडिग *n.* restraining, act of binding, the covering of a book, अवरोध, बन्धन, जिल्द

**binoculars** बाईनाक्यूलर्स *n.* field glasses, दोनों नेत्रों से देखने वाली दूरबीन

**biochemistry** बायोकैमिस्ट्री *n.* the chemistry of living substances, जीवित पदार्थो का रसायन शास्त्र

**biography** बायोग्राफी *n.* a written account of a person's life, life history of a particular person, व्यकित का जीवन वृत्तान्त

**biology** बायालोजी*n.* the science of living things, the science of life in its various forms, जीव विज्ञान, प्राणि विज्ञान

**biped** बाईपैड *n.* a two-footed animal, द्विपद, दो पाँवयाला

**birch** बर्च *n.* a kind of smooth barked tree, a rod of punishment made of its twigs, भोजपत्र, सनोबर का पेड़, इसका बना हुआ कोड़ा

**bird** वर्ड *n.* a general name for feathered animals. a warm-blooded feathered vertebrate, पक्षी, खग, चिड़िया, मुर्ग

**birth** वर्थ *n.* coming into the world, origin, beginning, जन्म, उत्पत्ति, पैदायश, प्रारंभ

**biscuit** बिस्किट *n.* a kind of hard bread, a soft round cake, बिस्कुट, मठरी, मट्ठी

**bisect** बाइसेक्ट *v.* to cut into two equal parts, दो बराबर हिस्से करना

**bishop** विशप *n.* a spiritual overseer, a consecrated clergyman, धर्माध्यक्ष, बड़ा लाट, पादरी

**bit** बिट *n.* a coin, a small piece, a shorttime, a tool for boring, टुकड़ा, फांक, पुरजा, जरासा, बरमा

**bitch** बिच *n.* the female of the dog, wolf and fox, कुतिया, सियारिन, मादा भेड़िया

**bite** बाईट *v.* to grip, to tear with the teeth, to sting, to penetrate, कुतरना, डंक मारना, दाँतों से फाड़ना, घुसना

**biting** बाइटिग *adj.* stinging, wounding, severe, तीखा, चरपरा, काटता हुआ, ताने मारता हुआ

**bitter** बिटर *adj.* painful, harsh, touching, arid, piercing,, दु:खदाई, सख्त, तीखा, तीक्ष्ण, छेदता हुआ

**biweekly** बाईवीकली *adj.* occurring once in two weeks or twice a week दो सप्ताह में एक बार, अर्धसाप्ताहिक

**bizarre** बिजारी *adj.* fantastic, odd, grotesque पागल, झक्की, मद्दा

**blab** ब्लेब *v.* to talk much, to let out a secret, to talk foolishly, बकना, भेद खोलना, बकवाद करना

**black** ब्लैक *n.* dismal, without colour, horrible, धूमिल, बेरंग, भयानक

**black** *v.* to make black, काला करना व धुँधला करना

**blackmail** ब्लैकमेल *v.* to force by threats, to exhort money by intimidation, जबरदस्ती करना, धमकाना, धमकी देकर धन ऐंठना (भेद खोलने की धमकी देना)

**black market** ब्लैक मार्केट *v.* illegal buying and selling goods, चोर बाजारी, तस्करी

**black sheep** ब्लैकशीप *n.* a person of bad character दुष्ट, नीच व्यक्ति

**bladder** ब्लेडर *n.* anything inflated, wind bag, membraneous bag containing urine, हवाभरी वस्तु, फूकना, मूत्राशय

**blame** ब्लेम *v.* to find fault with, to censure, to criticise, दोष लगाना, निन्दा करना,टिप्पणी करना

**blame** *n.* fault, censure, culpability, अपराध, दोष कसूर

**bland** ब्लैंड *adj.* mild, soothing, polite, gentle, नम्र, कोमल, विनीत, मृदुल

**blank** ब्लैंक *adj.* empty, void, white, free from writing, रिक्त, कोरा, सफेद, लेख रहित

**blanket** ब्लैंकट *n.* a woollen sheet used for covering कम्बल, लोई, घुस्सा

**blare** ब्लेअर *v.* to utter loudly, to roar, जोर से पुकारना, रुक्का देना

**blare** ब्लेअर *n.* a roar, a bellowing noise, चिंघाड़, चिल्लाहट

**blast** ब्लास्ट *n.* an explosion, a stormy wind, a gust of wind, विस्फोट, झंझावात, हवा का झोंका

**blaze** ब्लेज v. to flame, to indicate, भभकना, घोषित करना

**blaze** *n.* glow, bright flame on fire, brilliant sun light, चमक, चिंगारी, सूर्य की प्रभा, कड़कती धूप

**bleak** ब्लीक *adj.* dull, dreary, cheerless, bare, रूखा, शुष्क, उदास, सूना

**bleat** ब्लीट *v.* to cry like a sheep, मिमियाना, मैं मैं करना

**bleat** *n.* cry of a sheep or goat भेड़ बकरी का मिमियाना

**bleed** ब्लीड *v.* to draw blood, to lose blood, to emit blood, रक्त बहना, रक्त निकलना, लहू चूना

**bleeding** ब्लीडिंग *n.* running of blood रक्त स्राव

**blemish** ब्लेमिश *n.* a stain, a defect, a flaw, दाग, दोष, कमी

**blemish** *v.* to tarnish, to stain, to spoil, कालिख लगाना, कंलकित करना, धब्बा लगाना

**blend** ब्लैंड *v.* to mix together, to go well together, to mingle, to confound, मिलाना, मिलना, मेल खाना

**blend** *n.* a mixture, मिलावट

**bless** ब्लैस *v.* to invoke God's favour, to pronounce holy, to make happy, आशीर्वाद देना, आशीष देना, प्रसन्न करना

**blessing** (-लिंग) *n.* wish or prayer for happiness, आशीर्वाद, ईश्वर की कृपा

**blind** ब्लाइंड *n.* without sight, not noticing, a window screen, नेत्रहीन, अन्धा, पर्दा

**blind** *adj.* unable to understand, नासमझ

**blind** *v.* to deceive, to deprive of light, धोखा देना, अन्धा करना

**blink** ब्लिंक *n.* glance, glimmer, झलक, दृष्टि, एक निगाह

**blink** *v.* to wink rapidly, to look with half shut eyes, to refuse to look at, पलक मारना, मक्कारी से देखना, मुँह फेर लेना

**bliss** ब्लिस *n.* a highest happiness, blessedness, the perfect joy of heaven, परम सुख, धन्यता, स्वर्ग का आनन्द

**blister** ब्लिस्टर *n.* swelling on skin filled with serum, a thin spot on any surface, फफोला, छाला

**blizzard** ब्लिजर्ड *n.* a blinding storm of wind and snow, a furious hurricane, बर्फ का अन्धा कर देने वाला तूफान, एक भयानक अँधड़

**blob** ब्लाब *n.* a drop of liquid, zero, गोल फूला हुआ भाग, शून्य

**bloc** ब्लाक *n.* a group or combination of nations or parties having common interest, साझा उद्देश्य रखने वाला दलों या राष्ट्रों का संगठन

**block** ब्लाक *n.* a row of buildings, a square of a city enclosed by streets, a bulky piece, an obstruction, भवनों की पंक्ति, गलियों से घिरा अहाता, लट्ठा, रुकावट

**block** *v*, to obstruct, to stop up, to check, to sketch, अवरोध पैदा करना, रोकना, बंद करना, चित्र बनाना

**blond** ब्लांड *adj. n.* fair, a person of fair complexion and light coloured hair, हल्के बालों वाला गोरे रंग का व्यक्ति

**blood** ब्लड *n.* a red fluid in arteries and veins, race, goodparentage, रुधिर, नस्ल, सन्तति, वंश प्रकृति

**bloody** ब्लडी *adj.* cruel, stained with blood, annoying, दुष्ट, अत्याचारी, रक्त रंजित, कटु

**bloom** ब्लूम *n.* bud, prime, freshness, flower, perfection, कली, यौवन, ताजगी, फूल, पूर्णता

**bloom** *v.* to put forth flowers, to bear flowers, खिलना, विकसित होना

**blossom** ब्लासम *n.* early growth, flower, प्रसून, फूल

**blossom** *v.* to putforth flowers, फूलना, विकसित होना

**blot** ब्लाट *n.* blemish, a stain, spot, disgrace, कलंक, कालिख, धब्बा, अपमान

**blot** *v.* to stain, to smudge, to spot, कलंक लगाना, अपमान करना, कालिख लगाना

**blouse** ब्लाउज *n.* a kind of women's loose bodice, जनाना कुर्ता, कोट

**blow** ब्लो *n.* a hard stroke, calamity, shock, चोट, आपदा, धक्का, सदमा

**blow** *v.* to blow a flute, to blossom, to drive air, बजाना, खिलना, नाक साफ करना

**blubber** ब्लबर *n.* the fat of whales and other sea-animals, व्हेल मछली की चर्बी

**blubber** *v.* to weep noisily, जोर जोर से रोना

**blue** ब्लू *adj.* dismal, depressed, उदास, गमगीन

**blue** *n.* the colour of the sky or deep sea, आकाश व गहरे समुद्र का रंग

**blueprint** ब्लू प्रिंट *n.* a detailed plan of work to be carried out कार्य की विस्तृत रूपरेखा

**bluff** ब्लफ *v.* to deceive by boasting, छलने के लिए चापलूसी करना

**bluff** *n.* frank, rough, out spoken, अक्खड़, स्थूल

**blunder** ब्लंडर *n.* a gross mistake, भारी भूल

**blunder** *v.* to flounder, to make stupid mistake, bungle, भटकना, भारी भूल करना, बहकाना

**blunt** ब्लर्ट *adj. v.* dull, without edge, out spoken, to make loss sharp, कुंठित, अनघड़, कुन्दा, खुन्डा, खरा धार

**blurt** *v.* to utter abruptly, to say suddenly बिन सोचे बोल उठना

**blush** ब्लश् *n.v.* to become red with shame, joy etc. to be ashamed, लज्जा, लज्जित होना, शर्माना, लाल हो जाना

**boar** बोर *n.* a male pig, सुअर

**board** बोर्ड *n.v.* a narrow thin piece of timber, committee, deck of ship, food served, table, to cover with board, to receive, पटरा, तख्ता, जहाज की छत्त, आहार, मंडल, प्राप्त करना

**boarding** बोर्डिंग *n.* food and lodging (the same as boarding house)., भोजन और रहने का स्थान

**boast** बोस्ट *n.v.* a brag, a subject of pride, self exaltation, vanity, proud, to be proud, to brag, अभिमान, घमंड, शेखी, डींग, बड़ाई करना, शेखी मारना

**boat** बोट *n.* a small open craft, a ship v, i to go in a boat, नाव, नौका, जहाज, किश्ती चलाना

**boating** बोटिंग *n. adj.* नाव चलाना, नाव चला रहा

**bob** बॉब *v.* to cut hair, a knot of hair, to move up and down, बालों की गांठ, झटका

**bode** बोड *v.* to prophesy, to foresee, to foretell, to be omen of, to promise, (boding, n), भविष्य बतलाना, शगुन देना, आगे का हाल बताना

**bodice** बोडिस *n.* corset, a woman's garment, चोली, अँगिया

**body** बॉडी *n.* the whole frame of a man or animal, a corpse, main portion, majority, a mass, शरीर, लाश, झुंड, प्रधान अंश, समुदाय

**bog** बाग *n.v.* a morass, spongy ground, a marsh, to sink, to stick in a bog, दलदल, कीचड़, पक्का, धँसना, कीचड़ में फँसना

**bogie** बोगी *n.* a low truck; a locomotive body,

**bogey** a long carriage of a railway train, रेलगाड़ी का लम्बा डब्बा, छोटा ट्रक

**bogus** बोगस *adj.* ficticious, not genuine, sham, counterfeit, बनावटी, झूठा, जाली, नकली

**boil** बायल *n. v.* boiling point, a hard tumour, an inflamed swelling, to cook by boiling, to be agitated, to reduce to vapour, फोड़ा, उबाल, पकाना, खौलना, जोश में आना

**boisterous** ब्वाइसटस *adj.* stormy, rough, violent, प्रबल, प्रचण्ड, उत्कट

**bold** बोल्ड *adj.* daring, brave, courageous, rude impudent, साहसी, धृष्ट, वीर, सूरमा, दिलेर, निर्लज्ज

**boldly** बोल्डली *adv.* daringly, साहस से

**bolt** बोल्ट *n.* an arrow, a bar to fasten a door, a thunder bolt, to swallow hastily, to fasten, with a bolt, तीर, ढिबरी, झगड़ा, उछाल, बिजली गिरना, बाँधना

**bomb** बॉम *n. v.* a hollow sphere filled with explosives, to drop bombs.

**bombard** *v.* to attack with bombs, बम, गोला, बम, फैंकना

**bombast** बम्बास्ट *n.* pompous language, अतिशयोक्ति, गर्वित वचन, व्यर्थ के भारी शब्दों का प्रयोग

**bonafide** बोनाफाइड *adv.* genuine, with good faith यथार्थ, सचमुच

**bonafides** *n.* genuineness, असल में, यर्थाथता

**bond** बॉड *n.* link, a security, confinement, a fetter, a written promise, बंधन, सरकारी हुँडी, जमानती

**bondage** (-डेज) *n* slavery, दासता, बँधन

**bone** बोन *n.* a hard substance forming the skeleton of a body, हड्डी, शरीर, अस्थी

**bonfire** बानफायर *n.* any large fire made in the open air, होलिका, आतिशबाजी, उत्सवाग्नि, रोशनी

**bonnet** बोनेट *n.* a protective cap, a head dress, the cover of a motor car engine, टोपी, मोटरकार के इंजन का ढकना

**bonny** बोनी *adj.* fine, pretty, healthy looking, comely, beautiful, बढ़िया, सुन्दर, हृष्ट पुष्ट, भव्य, मनोरम

**book** बुक *n.* a literary composition, records, the Bible, पोथी, पुस्तक, बहीखाता, बाईबल

**book binder** बुकबांडर *n.* one who binds books, जिल्द साज

**booking** बुकिंग *n.* selling numbered tickets, टिकट बेचना

**bookish** बुकिश *adj.* fond of reading, पुस्तक प्रिय, अव्यवहारी

**booklet** बुकलेट *n.* a small book, छोटी पुस्तक

**book-seller** बुक सैलर *n.* one who sells books, पुस्तक विक्रेता

**boom** बूम *n.* a strong chain, a cable, मजबूत कड़ी तार

**boom** *v.* to push with energy, to make a deep sound, to buzz, to hum, धकेलना, गड़गड़ाना, मधुमक्खी का भिनभिनाना

**boomrang** (- रैंग) *n.* a missile weapon used by natives of Australia आस्ट्रेलिया निवासियों द्वारा चलाया जाने वाला तीर जो लौटकर वापिस आ जाता है

**boon** बून *n.* blessing, gift, present, favour, वर, उपहार, दान, बख्शीश

**boon** *adj.* gay, kind, jovial, प्रसन्न, उदार, खुश

**boar** बूअर *n.* a rude fellow, a peasant, गँवार, देहाती, फूहड़

**boorish** बूरिश *adj.* rude, fellow in manners, असभ्य

**boost** बूस्ट *v.* to push up, to advertise, to lift,to praise, बढ़ावा देना, ऊपर उठाना, प्रशंसा करना

**boost** *n.* a push up, बढ़ावा

**booster** (-टर) *n.* auxiliary transformer for boosting voltage, विद्युत शक्ति बढ़ाने वाला उपकरण

**boot** बूट *n.* profit, advantage, covering for the foot, लाभ, बूट, जूते

**booth** बूथ *n.* a tent in a fair, a covered stall, a polling place, a temporary shelter, मेले में तम्बू, छप्पर, पोलिंगस्थान

**booty** बूटी *n.* plunder, pillage, spoil taken by force, a prize, लूट का मान, इनाम

**border** बार्डर *n.* the outer edge, boundary, छोर, किनारा, सीमा

**border** *v.* to come near, edging, adjoin, to be adjacent, समीप आना, किनारी लगाना, निकट होना

**bordering** बाडरिंग *adj.* lying on border, समीपवर्ती

**bore** बोर *n.* a nuisance, a tiresome person, a deep hole in earth, hollow of a gun barrel, दुःखदायी, उबाने वाला मनुष्य, बन्दूक की नाली का छेद

**bore** *v.* to make hole, to weary, छेदना, बकवाद करना, उबाना

**boring** बारिंग *adj.* tedious, उबाने वाला, विनोदहीन

**boredom** बोरडम *n.* being bored ऊबना

**borough** बारो *n.* town sending members to parliament, वह नगर जिसे संसद में मेम्बर भेजने का अधिकार हो

**borrow** बारो *v.* to get as loan, to adopt words from another language, to imitate, उधार लेना, अन्य भाषाओं से शब्द लेना, नकल करना

**borrower** बोरोअर *n.* one who borrows, कर्ज लेने वाला

**borrowing** बारोइंग *n.* taking of loan उधार ग्रहण

**bosom** बूज़म *n.* interior parts, the breast, intimate, मन, छाती, अत्यन्त परिचित

**boss** बॉस *n.* person in authority, the master, the manager, a stud, अफसर, मालिक, प्रबन्धक, स्टड

**boss** *v.* to manage, to bungle, प्रबन्ध करना, अफसरी करना, हेकड़ी दिखाना

**botany** बाटनी *n.* the science of plants, वनस्पति विज्ञान, जड़ी ज्ञान, औषधिशास्त्र

**botanist** बाटनिस्ट *n.* a student of botany वनस्पति शास्त्री, वनस्पति शास्त्र का विद्यार्थी

**both** बोथ*adj. pron, adv.* equally, the two, the one and the other, बराबर, दोनों, हर दो, एक तथा दूसरा

**bother** बॉदर *v.* to worry, to annoy, to trouble one's self,

**botheration** (-शन)*n.* fuss, worry, हंगामा, परेशानी

**bothersome** बादरसम *adj.* annoying, कष्टप्रद

**bottle** बाटल *n* a hollow vessel, bundle of hay, its contents, बोतल, भूसे की गठरी

**bottle** *v.* to put into bottles, to store, बोतल में भरना, जमा करना

**bottom** बाटम *n.* the foundation, the base, the deepest part, the sitting part of the body, a river, a valley, a ship etc, the buttocks, नींव, आधार, तल, थाह, जड़, नितम्ब

**bough** बाओ *n.* an arm or branch of a tree, शाख, डाल

**boulder** बोल्डर *n.* a large water worn rounded stone, पानी से घिसा हुआ चिकना गोल पत्थर

**bounce** बाउँस *n.* a boast, a lie, डींग, झूठ

**bounce** *v.* to leap suddenly, to bound, to bully, उछलना, कुलाँचे भरना, डींग मारना, चिल्लाना

**bound** बाउँड *n.* limit, boundary, a leap, सीमा, हद, कूद

**bound** *v.* to spring, to leap, कूदना, फांदना, चलने को तैयार होना

**boundary** बाउँड्री *n.* border, limit, सीमा, हद

**bounty** बौंटी *n.* gift, liberality, उपहार, उदारता, सखावत

**bountiful** (-फुल) *adj.* generous, liberal उदार, सखी

**bounteous** (-अंस) *adj..* generous, उदार

**bouquet** बुक्के *n.* a bunch of flowers, perfume of wine, फूलों का गुच्छा, गुलदस्ता, शराब की गन्ध

**bow** बो *n.* a curve, a weapon for shooting arrows, घुमाव, मोड़, धनुष

**bow** वो *v.* to bend, to stoop, to submit, to respect, झुकना, हार मानना, आदर करना

**bowel** बौल *n.* the lower part of the stomach, entails, अँतड़ी, आँत, अन्तड़ियां

**bower** बाउर *n.* an arbour, shelter constructed of twigs, कुटी, कुन्ज, कुटीर, पर्णशाला

**bowl** बाउल *n.* a hollow round basin, प्याला, कटोरा

**bowl** *v.* to play at bowels, to roll, गेंद से खेलना, लुढ़काना

**box** बाक्स *v.* to enclose, to put into a box, to confine, to fight with fists, बन्द करना, बक्स में डालना, मुक्कों से लड़ना

**box** *n.* a case for holding, a blow on the ear with a hand, an evergreen shrub, बक्स, मुक्का, एक सदाबहार झाड़ी

**boy** ब्वाए *n.* a male child, बालक, लड़का

**boycott** बायकाट *v.* to shutout from all social or business dealings, बिरादरी व व्यवसाय से बहिष्कार करना

**brace** ब्रेस *n.* clasp, clamp, support, पकड़, जकड़, पुष्टि

**bracelet** ब्रेसलेट *n.* an ornament for the wrist, a handcuff, कंगन, चूड़ी, कड़ा, पहुँची, हथकड़ी

**bracing** ब्रेसिग *v.* to tighten, to strain up, to make firm, to support, पक्का करना, कसना, दृढ़ बनाना, पुष्टि करना

**bracing** *adj.* giving strength, making firm, शक्तिदायक, दृढ़ बनाने वाला

**bracket** ब्रेकट *n.* a wooden support, pairs of marks used in printing or writing, दीवारगीर, कोष्ठक के चिह्न

**braille** ब्रेल *n.* printing in letters for the blind using raised dots, अन्धें के लिए उभरे अक्षरों में लेख

**brain** ब्रेन *n.* a greyish substance, the part of the nervous system within the skull, cleverness, intellectual power, seat of intellect and understanding, भेजा, दिमाग, मस्तिष्क, मति, बुद्धि

**brainy** ब्रेनी *adj.* clever, quick of thought, चतुर, तीव्र बुद्धि

**brain wave** ब्रेन वेव *n.* sudden inspiration, bright idea, प्रेरणा, स्फुरण, उज्ज्वल विचार

**brake** ब्रेक *n.* a device to slow down the motion of a wheel or vehicle, brushwood, गाड़ी को रोकने वाला यंत्र, एक प्रकार की लकड़ी

**branch** ब्रांच *n.* limb of a tree, part of anything, line of descent, subject knowledge, पेड़ की टहनी, शाखा, सन्तान, ज्ञान विषय

**branch** *v.* bear branches, to diverge, to spread, जड़ पकड़ना, अलग-अलग होना, फैलना

**brand** ब्रॉड *n.* a partly burnt piece of wood, trade mark, a sword, mark made by hot iron, अधजली लकड़ी, तपे लोहे का चिह्न, व्यापारी चिह्न, खड्ग

**brand new** ब्रैंडन्यू a quite new, बिल्कुल नया

**brandish** ब्रेडिश *v.* to wave about, to flourish, (अस्त्र), घुमाना, चमकाना

**brandy** ब्रांडी *n.* a strong spirit distilled from wine, आसव, सुरा, शराब

**brass** ब्रास *n.* an alloy of copper and zinc, पीतल, पित्तल

**brassy** ब्रासी *adj.* like brass, impudent, पीतल जैसा, उद्दण्ड

**brat** ब्रेट *n.* a scornful name for a child, छोकरा, कच्चा

**bravado** *v.* to face, meet boldly, सामना करना, साहस करना

**brave** ब्रेव *adj.* fearless, valiant, honest, noble, निर्भय, वीर, ईमानदार, सज्जन

**brave** *v.* to face, to meet boldly, सामना करना, साहस करना

**bravely** ब्रेवली *adv.* courageously, boldly, बहादुरी से

**bravery** ब्रेबरी *n.* courage, साहस

**brawl** ब्रॉल *n.* a noisy quarrel, murmur, झगड़ा, हल्ला गुल्ला, कानाफूसी , कलह, विवाद

**brawl** *v.* to engage in a noisy quarrel, झगड़ना

**bray** ब्रे *v.* to cry like an ass, रेंकना, ढींचू, ढींचूकरना

**bray** *n.* the cry of an ass, गधे का रेंकना

**breach** ब्रीच *n.* a break, neglect of contact, a quarrel, gap, छिद्र, सन्धि विच्छेद, झगड़ा, दरार

**breach** *v.* to break through दरार पैदा करना

**bread** ब्रेड *n.* food, livelihood, food made from ground corn, सामान्य भोजन, रोजी, आटे से बनी हुई रोटी

**breath** ब्रैथ *n.* width, broadness, चौड़ाई, विस्तार

**break** ब्रेक *v.* to crack, to shatter, to divide into parts by force, to dawn, तोड़ना, छिन्नभिन्न होना, पौ फूटना

**break** *n.* a breach, टूटन, विघ्न

**breaker** ब्रेकर *n.* a small keg, heavy ocean wave breaking on coast, कँडिया, लहर

**breakdown** ब्रेक डाउन *n.* collapse, failure of health or power, an accidental stoppage, शक्ति का ह्रास, अचानक रुकावट

**breakfast** ब्रेक फास्ट *n.* the first meal of the day, नाश्ता

**breakfast** *v.* to take breakfast, नाश्ता करना

**breast** ब्रैस्ट *n.* heart, milk secreting organ, हृदय, छाती, अन्तःकरण

**breast** ब्रीस्ट *v.* to face, सामना करना

**breath** ब्रैथ *n.* life, air inhaled and exhaled, respite, a pause, प्राण, श्वास, दम, ठहराव

**breathe** ब्रीद *v.* to live, to inhale, रहना, श्वास लेना

**breech** ब्रीच *n.* lower part of the body, a hinder part of a gun, चूतर, नितम्ब, तोप का पिछला भाग

**breed** ब्रीड *n.* family, race, ancestry, manners, training

**breeding** ब्रीडिंग कुल, नरूल, सभ्यता, शिष्टाचार, शिक्षण

**breeze** ब्रीज *n.* gentle wind, a quarrel, rumour, मन्दसममीर, रार, अफवाह

**brevity** ब्रैबेटी *n.* conciseness, shortness, संक्षिप्तता

**bribe** ब्राइब *n.* an illegal gift, an illegal reward given to someone, घूँस, रिश्वत

**bribery** (-री) *n.* an illegal gift, रिश्वत

**bribe** *v.* to offer bribe, रिश्वत देना

**brick** ब्रिक *n.* clay moulded. shaped and baked, ईट

**brick** *v.* to block up with bricks, ईंटें चिनना

**bridal** ब्राईडल *n.* a wedding feast, विवाह सम्बन्धी उत्सव

**bridal** ब्राईडल *adj.* belonging to bride, वैवाहिक,दुल्हन सम्बन्धी

**bride** ब्राईड *n.* a woman about to be married or newly married, कुमारी, नववधू दुल्हिन

**bridge** *n.* a structure to carry traffic over a river, a kind of cardgame, the bony part of the nose, सेतु, पुल, एक खेल, नाक की घोड़ी

**bridge** ब्रिज *v.* to build a bridge, पुल बाँधना, अन्तर कम करना

**bridle** ब्राइडल *n.* reins of a horse, restraint, घोड़े की लगाम, बंधन

**bridle** *v.* to control, to put bridle on a horse, वश में करना, लगाम लगाना

**brief** ब्रीफ *n.* short, short statement, संक्षिप्त, संक्षिप्त बयान

**brief** *adj.* concise, संक्षिप्त रूप में

**brief** *v.* to shorten, संक्षिप्त करना

**brier** ब्रायर *n.* a prickly bush, कंटीली झाड़ी
**briar**

**brigade** ब्रिगेड *n.* a subdivisions of an army, a uniformed bond, पलटन, फौज, तोपखाना

**brigadier** (-डियर) *n.* a brigade commander, ब्रिगेड का नायक

**bright** ब्राइट *n.* clear, shining, clever, स्पष्ट, उज्ज्वल, चतुर

**brighten** (-टन) *v.* to shine, to clear, चमकना, स्पष्ट करना

**brilliant** ब्रिलियँट *adj.* splendid, showy, shining, bright, a diamond, उज्जवल, चमकीला, निर्मल, एक हीरा

**brilliance** (-यँस) *n.* splendour, brightness, चमक दमक

**brim** ब्रिम *n.* the edge of a river, the rim of a hat, margin, नदी तट, हैट का किनारा

**bring** ब्रिंग *v.* to fetch, to lead or carry, to cause to come, to result in, लाना, ले जाना, लिवा लाना, परिणाम निकलना

**brinjal** ब्रिन्जल *n.* egg, apple, बैगन, भेटा

**brink** ब्रिंक *n.* border, edge, तट, तीर, कगार

**brisk** ब्रिस्क *adv.* active, lively, full of spirit, चुस्त, फुर्तीला, चालाक

**bristle** ब्रिस्सल *n.* stiff hair of swine, सुअर के कड़े बाल

**Britain, Briton, Britisher,** ब्रटेन, ब्रिटन, ब्रिटशर*n*, अंग्रेजी राज्य, अंग्रेज

**brittle** ब्रिटल *adj.* fragile, not tough, easily breakable, नाजुक, भंगुर, सहज टूटने वाला

**broad** ब्राड *adj.* wide, vast, large, चौड़ा करना

**broaden** ब्राडन *v.* to make broad, चौड़ा करना

**broadcast** ब्राडकास्ट *v.* to transmit news by broadcast, बेतार द्वारा समाचार या सन्देश प्रसारण

**brocade** ब्राकेड *n.* silk stuff having a design on it that appears raised, किमख्वाब, जरीदार बेल बूटों वाला कपड़ा

**brochure** ब्रोशर *n.* a pamphlet, a stitched booklet, रिसाला, लघु पुस्तक

**broider** ब्रायडर *v.* to adorn with needle work, कसीदा काढ़ना

**broker** ब्रोकर *n.* a middle man in bargain, one who is employed to buy and sell for others, दलाल, कबाड़ी

**bronze** ब्रांज *adj.* a brown alloy of copper and tin, काँस, काँसे का

**brooch** ब्रोच *n.* an ornamental jewelled safety pin, टिकड़ा, स्त्रियों के वस्त्र में लगाने की रत्न जटित सुरक्षित पिन

**brood** ब्रूड *n.* off spring, hatch of birds, a tribe, बच्चे, झुंड, जाति

**brood** *v.* to sit on eggs, to meditate, अंडे सेना, सोच में डूबना

**brook** ब्रुक *n.* a small stream, छोटी नदी, नाला

**brook** *v.* to bear, to endure, सहना, झेलना

**broom** ब्रूम *n.* a sweeping implement, झाड़ू, बुहारी

**broth** ब्राथ *n.* soup, शोरबा, रसा

**brothel** ब्रायल *n.* a house of ill fame, वैश्यालय

**brother** ब्रदर *n.* son of same parents, भाई, भ्राता

**brow** ब्रो *n.* the eyebrow, the forehead, edge, भौं, ललाट, किनारा

**brown** ब्राउन *adj.* of dusky colour, भूरे रंग का

**brownish** ब्राउनिश

**brown** *n.* a brown colour, भूरा रंग, भूरा

**bruise** ब्रूज *n.* injury by blow, चोट, आघात, खरौंच

**bruise** *v.* to injury, to oppress, चोट मारना, दबाना

**brush** ब्रश *n.* an implement to set the hair, a thicket, कैंची, कूची, झाड़ी

**brute** ब्रूट *adj. n.* cruel, soulless stupid, rude, savage, अत्याचारी, निर्दय, अशिष्ट, जंगली

**brutish** ब्रटिश *adj.* like a brute, पशुवत, पशु की तरह

**bubble** बब्बल *n.* anything empty, an air filled cavity in water, बुल्ला, बुलबुला

**bubble** *v.* to rise in bubbles, बुलबुला उठाना

**buck** बक्क *n.* male deer, हिरन, छैला, साबर

**bucket** बक्कैट *n.* a vessel for carrying or holding water, डोल, बाल्टी

**buckle** बक्कल *n.* fastening for a strap or band,

**buckle** *v.* to fasten with a buckle, बकसुआ जोड़ना

**bud** बड्ड *n.* a shoot of a tree or a plant, first leaf, anything undeveloped, अँकुर, कली, कोंपल

**bud** *v.* to begin, to put forth buds, आरंभ करना, कली निकलना

**budge** बज्ज *v.* to give way, to move or stir, डिगना, सरकना, हटना

**budget** बजट *n.* annual estimate of accounts, a stock, आयव्यय का वार्षिक लेखा, पूँजी, कोष

**budget** *v.* to prepare financial statement, लेखा तैयार करना

**buffalo** बफैलो *n.* a large kind of ox, भैंस

**buffoon** बफून n. a mocker, a clown, a fool, a jester, भाँड, बिदूषक, ठिठोलिया, मसखरा

**bug** बग *n.* an insect that sucks blood, खटमल, उड़स

**bugbear** बगबेअर *n.* something one fears or hate, a false terror, an object of dread, an idle phantom, हौआ, झूठा भय, कनकटा

**buggy** बग्गी *n.* a four-wheeled light carriage, बग्घी, घोड़ा गाड़ी

**bugle** ब्यूगल *n.* a small trumpet of brass, a hunting horn बिगुल, सींगी, तुरही

**bugle** *v.* to call on a bugle, बिगुल बजाना

**build** बिल्ड *v.* to construct, to rely on, to establish, निर्माण करना, निर्भर होना, स्थापित करना

**build** *n.* style or make of construction, घढ़न, बनावट

**bulb** बल्ब *n.* the globe of an electric light, an onion shaped root, बल्ब, कंद, गांठ

**bulge** बल्ज *n.* an irregular swelling, उभराव, सूजन

**bulge** *v.* to swell out, फूलना, तोंद निकलना

**bulk** बल्क *n.* a great size, a large quantity, the greater part, बड़ा आकार, बड़ी मात्रा, अधिक भाग

**bulky** बल्की *adj.* of great size, large, भारी भरकम

**bull** बुल *n.* a male ox, सांड, वृषभ, बिजार

**bullet** बुलेट *n.* a missile of lead used in rifles, बन्दूक में चलाने की सीसे की गोली

**bulletin** बुलेटिन *n.* an official report of news or of a patient's progress, सरकारी गजट

**bullock** बुलॉक *n.* bull, बैल

**bully** बुली *v.* to force, to torment, to domineer over, तंग करना, रोब गांठना

**bump** बम्प *v.* to hurt, to jolt, to knock, चोट मारना, टकराना, पटकना

**bump** *n.* a heavy blow, lump or swelling, झटका, सूजन, उभाड़

**bumpy** बम्पी *adj.* abounding in bumps, कूदने फॉदने वाला, झटका देने वाला

**bun** बन *n.* a small soft sweet cake, bunny, a rabbit,

**bunny** बन्नी, नरम, छोटी मीठी टिकिया, छोटी मीठी रोटी, खरगोश

**bunch** बंच, बंश *n.* a cluster, a group, knot, गुच्छा, गाँठ

**bunch** *v.* to form bunches, to cluster, गुच्छे बनाना

**bundle** बंडल *n.* a number of things bound together, गठरी, गट्ठा, पोटली

**bundle** *v.* to put,to push, to make into bundles, गठरी बाँधना

**bungalow** बैंगलो *n.* a single storied house, बंगला, कोठी

**bungle** *n.* clumsy work, confusion, a task badly carried out, खराब ढंग से किया हुआ काम

**bungle** *v.* to blunder over, to act clumsily, खराब ढंग से काम करना

**bunk** बंक *n.* a sleeping birth, a bed, बैठने या सोने का तख्ता

**buoy** बॉय *n.* a life buoy, a floating body acting as a guide or as a warning, or as a mooring point for boats, लंगरका निशान, पानी में नाव को चेतावनी देने वाला निशान

**burden** बंरडन *n.* load cargo, responsibility, बोझ, सामान, जुम्मेदारी

**burden** *v.* to load, to oppress, बोझ लादना, दबाना, पीड़ा देना

**bureau** ब्युरो *n.* an office for collecting and supplying information, office, department, a writing desk, सूचना लेने देने वाला दफ्तर, दफ्तर, विभाग, लेखन स्थान

**burglar** बरग्लर *n.* a thief, a house breaker, चोर, सेंध लगाने वाला

**burial** बरियल *n.* cremation दाह संस्कार

**burly** बरली *n.* sturdy, stout, robust, मजबूत, मोटा ताजा, ठाढ़ा

**burn** बर्न *v.* to destroy by fire, to blaze, to glow with fire, आग से नष्ट करना, भस्म करना, जलना

**burn** *n.* a small steam, a hurt or mark caused by fire, भाप, जलन का चिह्न

**burrow** बर्रो *n.* a hole dug by certain animals for shelter, मांद, बिल, भट

**burrow** *v.* to make hole, बिल खोदना

**burst** बर्स्ट *v.* to come suddenly, to break into, to fly open, to break open, सहसा फटना, फूटना, टूटना, चटकना, फाड़ना

**burst** *n.* an explosion, a rent, a sudden spurt, विस्फोट, धड़ाका

**bury** बरी *v.* to place in a grave, to hide in the ground, to cover, to hide, to put out of one's mind, कब्र में गाड़ना, ढ़कना, छिपाना, भूलना

**bush** बुश *n.* a shrub, wild uncultivated country, झाड़ी, झाड़, वीरान जगह

**bushy** बुशी *adj.* thick and spreading, घना, झाड़ी दार

**business** बिजनस *n.* trade, task, occupation, व्यापार, काज, धँधा

**bust** बस्ट *n.* a statue of a person's hand and breast, ऊपरी घड़ का बुत, गात

**bustle** बसल *v.* to hurry, to busy oneself noisily, खलबली पड़ना, दौड़धूम मचाना

**bustle** *n.* tumult, an excited activity, कोलाहल, आकुलता, खलबली, धूमधाम

**busy** बिजी *adj.* occupied, active, diligent, fully employed,व्यस्त, चुस्त, उद्योगी, काम में पूरी तरह लगा हुआ

**busy** *v.* to keep oneself busy, व्यस्त रखना व होना

**busyness** *n.* state of being busy, व्यस्तता
**business**

**but** बट् *prep, conj.* only, except, on the other hand, परन्तु, लेकिन, किन्तु, अतिरिक्त

**but** *adv.* केवल, मात्र

**butcher** बूचर *n.* one who kills animals for food, a meat seller, कसाई, माँस विक्रेता

**butcher** *v.* to slaughter, to kill cruelly, निर्दयता से मारना

**butler** बटलर *n.* a servant who has charge of the liquors, plates etc, खानसामा, भण्डारी

**butt** बट्ट *n.* a wine cask, a barrel, aim, object of ridicule, thicker end of a tool, मद्य का पीपा, लक्ष्य, परिहास का पात्र, अस्त्र का मोटा छोर

**butter** बटर *n.* an oily substance, a fatty substance made from cream, मक्खन

**butter** *v.* to put butter, मक्खन लगाना

**butterfly** बटरफ्लाई *n.* an insect with large beautiful wings, a showy person, तितली, परवाना, ठाठवाला व्यक्ति

**buttock** बट्टक *n.* नितम्ब, चूतड़

**button** बटन n. knob or catch, बटन, बुताम

**button** *v.* to fasten with button, बटन लगाना

**buy** बाई *v.* to parchase, to procure, to gain by bribe, खरीदना, मुहय्या करना, घूंस देकर खरीदना

**buzz** बज *n.* the hum of a bee, मधुमक्खी की भिनभिनाहट

**buzz** *v.* to hover about, भिनभिनाना, खुसर फुसर करना

**by** बाई *prep. adv.* at the side of, near, means, in the company of, aside, पास, निकट, द्वारा, साथ इत्यादि

**bye** बाई *n.* runs made when the batsman has not hit the bowled ball, goodbye, बैटमैन द्वारा बनाए गए रन, विदाई

**by-election** बाई इलैक्शन *n.* election due to unexpected vacancy, उप निर्वाचन

**bygone** बाईगान *adj.* gone by, past, गया बीता हुआ समय

**bylaw byelaw** बाइला *n.* law of a local authority, उपनियम, किसी अप्रधान संस्था के नियम

# C

## CAB-CZAR

**C** सी*n.* third letter of English alphabet, अंग्रेजी वर्ण का तीसरा अक्षर

**c** is sounded as k before a, o, u, and r (cap, coat, cut, lap)

**c** is sounded as S before e, i, y (cement, ceiling, cycle)

**ch** is sounded as K or Ch when combined with th

**cab** कैब *n.* a taxi, a carriage for hire, a driver's shelter, किराए की गाड़ी, टैक्सी

**cabbage** कैबिज *n.* a kind of vegetable, बन्दगोभी, करमकल्ला

**cabin** कैबिन *n.* a small room in a ship, a hut or cottage, जहाज की छोटी कोठरी, कुटिया

**cabinet** कैबिनेट *n.* ministers of a council, a case, व्यवस्थापक सभा के सदस्य, दराज वाली संदूक, मंत्रिमंडल

**cable** केबल *n.* submarine telegraph, a strong thick rope, मोटा रस्सा, लहास

**cable** *v.* to send a message by telegraph cable, to fasten with a cable, समुद्र पार तार भेजना

**cactus** कैक्टस *n.* a leafless prickly plant, थूहर, सेहुँड, नागफनी

**cadence** कैडेन्स *n.* rhythm, fall of voice, ताल, सम, उतार, ध्वनि

**cadet** कैडेट *n.* a younger son, a student in a military or a naval school, छोटा पुत्र या भाई, सैनिक पाठशाला का छात्र

**cadre** कैडर *n.* frame work, scheme, ढाँचा, व्यवस्था, योजना

**cafe** कैफे *n.* a restaurant, a coffee house, भोजनालय, काफी गृह, कहवा खाना

**cage** केज *n.* a prison, a box for holding birds or animals, पिंजरा, कठघरा, कैदखाना, कटहरा

**cajole** कैजोल *v.* to persuade by flattery, to coax, धोखा देना, फुसलाना, लल्लों पत्तों करना

**cake** केक *n.* a small loaf of rich bread, a flattened hard mass, मीठी रोटी, टिकिया, मालपुआ

**cake** *v.* to form into a cake, केक में बदलना

**calamity** कैलेमिटी *n.* disaster, adversity, great misfortune, विपदा, दुर्भाग्य, भीड़, संकट

**calcium** कैल्शियमं *n.* the base of metallic lime, चूने का तत्व या खार, चूना

**calculate** कैल्क्यूलेट *v.* to arrange, to estimate, to count, to think out, जोड़ना, अनुमान लगाना, विचारना

**calculator** कैलक्यूलेटर *n.* one who or that calculates, जोड़ने वाला, गणक, गिनती का यंत्र

**calendar** कैलेण्डर *n.* a table showing months and days, an almanac, दिवस व मास सूची, पँचांग, जन्त्री, पत्रा

**calender** कैलेडर *n.* a press with rollers for smoothing, वस्त्र या कागज को चिकना करने की मशीन

**calender** *v.* to press paper, cloth etc, मशीन से कागज या वस्त्र दबाना

**calf** कॉफ *n.* the young of the cow, elephant, whale, etc, the thick fleshy part of the leg behind, calf skin leather, a stupid fellow, गाय हाथी ह्वेल का बच्चा, मूर्ख व्यक्ति

**calibre** कैलीबर *n.* capacity of characters, the size of the base of a tube or gun, चरित्रबल, बंदूक की नली का छेद

**calico** कैलिको *n.* white unprinted cloth, दरेस

**calif caliph** कैलिफ *n.* the name taken by successors of Mohammad, खलीफा

**caligraphy, calligraphy** कैलीग्राफी *n.* beautiful handwriting, penmanship, सुदंर हस्तलिपि, सुलेख

**call** काल् *v.n.* to shout, to cry loudly, to make a start visit, to address by name, cry, invitation, बुलाना, कर्त्तव्य, अवसर, जरूरत, हांक, चिल्लाना

**calling** कालिंग *n.* trade, occupation, vocation, धंधा, वृत्ति, जीविका, व्यवसाय

**callous** कैलस *adj.* hardened, unfeeling, कठोर, सख्त, कड़ा

**calm** कॉम *adj.* quiet, still, windless, शांत, चुपचाप, विश्राम, निर्वात

**calmly** कामली *adv.* quietly, शान्तिपूर्वक

**calorie** कैलोरी *n.* a measure of heat, a unit of heat, माप, तापमान की एक इकाई

**calumny** कोलम्नी*n.* slander, a false accusation, आक्षेप, निन्दा, झूठा अभियोग

**camel** कैमल *n.* a hornless ruminant long-necked quadruped, a kind of aeroplane, ऊंट, एक प्रकार का हवाई जहाज

**camera** कैमरा *n.* a photographic apparatus, फोटो खीचने का यंत्र

**camouflage** कैमोफ्लाज् *n.* disguise, artful concealment of military object to deceive the enemy, शत्रु को छलने की विधि

**camp** कैम्प *n.* the ground on which tents are pitched, a military station, temporary quarters for travellers, शिविर, पड़ाव, डेरा

**camp** *v.* to encamp, डेरा डालना, खेमे या पड़ाव में रखना

**campaign** कैम्पेन n. series of military operations, organised action in support of a cause, युद्धप्रवृति, युद्ध काल, एक उद्देश्य के लिए संगठित प्रयास

**campaign** *v.* to serve in a compaign, युद्धचर्या

**camphor** कैम्फार *n.* a strongly scented solid oil, a votatile aromatic whitish, substance कपूर, काफूर, कर्पूर, कफूर

**can** कैन *n.* a vessel for holding liquids, a vessel of the plate for preservation, धातु पात्र, टीन का बर्तन, कलसा

**can** *v.* पात्र में सुरक्षित रखना

**can** --*aux.* to be able to, know how to, सकना, योग्य होना

**canal** कैनाल *n.* an artificial water course, a duct for food, liquid etc, नहर, रग, शरीर को भोजन, वायु आदि की प्रणाली

**canary** कैनेरी *n.* a yellow feathered song bird, a native of the Canary Island, केनरी, चिड़िया, केनरी, द्वीप का निवासी, एक प्रकार की मदिरा

**cancel** कैन्सेल *v.* to suppress, to withdraw, to put off, to abolish, रद्द करना, स्थगित करना, नष्ट करना

**cancellation** कैन्सेलेशन *n.* act of abolishing, मंसूखी, छेकना

**cancer** कैंसर *n.* a malignant tumour, any oil that gradually destroys, the fourth sign of the zodiac, भयंकर फोड़ा, बुरा रोग, विनाशकारी रोग, कर्क राशि

**candid** कैन्डिड *adj.* frank, sincere, fair, निष्कपट, स्पष्ट, खरा, मिलनसार

**candidly** कैन्डिडली adv. impartially, निष्पक्ष भाव से, खरेपन से

**candidate** कैन्डिडेट *n.* examinee, one who appears himself for an office or honour, प्रार्थी, परीक्षार्थी, उम्मीदवार

**candidature** कैन्डिडेचर *n.* being candidate, उम्मीदवारी

**candle** कैंडल *n.* cylinder of wax, tallow etc. चिरागदान, मोमबत्ती

**candle stick** कैंडल स्टिक *n* मोमबत्ती, शमादान

**candy** कैन्डी *n.* crystallized sugar, मिश्री

**candy** *v.* to conserve with sugar, मुरब्बा बनाना

**cane** केन *n.* a hollow reed walking stick बांस, बांस की छड़ी

**casually** कैज्युअली *adv.* accidently, देवयोग से

**casualty** कैज्युअल्टी *n.* accident, death, दुर्घटना, आपत्ति, मृत्यु, पागल व्यक्ति

**cat** कैट *n.* a small pet or wild animal, a spiteful woman, विडाल, बिल्ली, ईर्ष्यालु, स्त्री

**catalogue** कैटेलांग *n.* a list of names, books etc. नामावली, सूची पत्र

**catalogue** *v.* to put in a catalogue नाम, सूची में डालना, गणना करना

**catapult** कैटापल्ट *n.* an ancient engine for hurling dart, stones etc. तीर या पत्थर फेंकने की गुलेल

**cataract** कैटररैक्ट *n.* a water fall, an eye complaint, पानी की चादर या झरना, मोतियाबिंद

**catastrophe** कैटास्ट्रफी *n.* a great misfortune, a sudden disaster, ruin, विपत्ति, आपदा, दुर्गति, विनाश (आकस्मिक)

**catch** कैच *n.* act of catching, deception, surprise, फांस, पकड़, आश्चर्य

**catch** *v.* to take hold, to seize, to attract, पकड़ना, दबोचना, आकर्षित करना

**catching** कैचिंग *adj.* infectious, charming, संक्रामक रोग, आकर्षण

**category** कैटेगरी *n.* class or rank, श्रेणी, पद, समान वर्ग

**cater** कैटर *v.* to entertain, to provide food मनोरंजन करना, भोजन का प्रबंध करना

**caterpillar** कैटरपिलर *n.* grub of butterfly or moth, कीड़ा, लोभी व्यक्ति

**cathedral** केथेड्रल *n.* the principal church,

**catholic** कैथोलिक *adj.* broad minded, liberal, universal, उदार चित्त, सार्वजनिक, सहिष्णु

**cattle** कैटल *n.* grass eating animals, livestock, ढोर, पशु, चौपाया

**cauldron** कालड्रन *n.* a large kettle, a large boiling vesssel, देगची, कड़ाही

**cause** कॉज *n.* the action, happening, aim, v. to produce, to lead, कारण, निर्मित्त, अवसर, कोई कार्य कराना, उत्पन्न करना

**caustic** कॉस्टिक *adj.* burning, severe, जलाने वाली, काटने वाली, तीक्ष्ण

**caustic** *n.* acid, खार, तेजाब

**caution** काशन *n.* a warning, care, heedfulness, चौकसी, सावधानी, दक्षता

**caution** *v.* to warn, होशियार करना

**cautious** *adj.* careful, watchful, सतर्क, सावधान

**cavalcade** केवलकेड़ *n.* a train or procession of persons, सवारों की पंक्ति, जुलूस

**cavalary** कैवलरी *n.* horse soldiers. रिसाला, घुड़सवारों की पंक्ति या सेना

**cave** केव *n.* a hollow place in a rock, गुफा, कंदरा, खोह

**cavity** कैविटी *n.* a hole, a hollow, place, गढ़ा, रिक्त स्थान

**caw** कॉ *v.* to cry as a crow, कौव कौव करना

**cease** सीज् *v.* to stop, to leave off, बंद करना, छोड़ देना

**cedar** सीडर *n.* a kind of tree, देवदार का पेड़

**cede** सीड *v.* give up to other, to yield, to surrender, सौपना, वश में लाना, हवाले करना

**ceiling** सीलिंग *n.* the inner roof of a house, आच्छादन, छत्त का निचला भाग

**celebrate** सैलिब्रैट *v.* to perform a rite, to publish, to make famous, उत्सव मनाना, रचाना, प्रसिद्ध बनाना

**celebration** (-ब्रेशन) *n.* act of celebration, कीर्त्तन, जश्न

**celestial** सीलैस्टियल *adj.* heavenly, blessed, divine, beautiful, स्वर्गीय, दैवी, सुन्दर

**celibacy** सैलीबसी *n.* unmarried life, unmarried state, अविवाहित जीवन, कुँवारापन, ब्रस्मचर्य

**celebate** सैलीबेट *adj. n.* not married, resolved not to marry, कुँवारा

**cell** सैल *n.* a small room, a underground room, small apartment, कोठरी, छत्ता, तहखाना, छोटा विभाग या हिस्सा

**cellar** सैलर *n.* an underground room used as stock room, a stock of wines, गोदाम, तहखाना, मदिरा का गोदाम

**celt** सैल्ट, कैल्ट *n.* one of the groups of people who spoke one language, एक भाषा भाषी, स्कॉटलेंड आयरलैंड आदि के लोग

**cement** सीमैंट *n.* mortar, a bond of union, सीमैंट, सिलमट, एकता का साधन

**cement** *v.* to unite firmly, जोड़ना, दृढ़ करना

**cemetery** सीमिटरी *n.* a place of burial, a public burial ground, श्मशन, कब्रिस्तान, श्मशान घाट

**censor** सैंसर *n.* stern critic, a licensing officer to examine critically, दोषदर्शी, छिद्र निकालने वाला, परीक्षक, अधिकारी

**censor** *v.* to examine critically, दोष निकालना, आलोचना

**censure** सैन्श्योअर *v.* to blame, to condemn, reproof, reprimand, निन्दा करना, झिड़कना, दोष निकालना, मलामत देना

**census** सैन्सस् *n.* an official numbering of population, जनगणना, मर्दुमशमारी

**cent** सैन्ट *n.* hundred, a coin, सैंकड़ा, एक यूरोपियन सिक्का

**centenary** सेन्टीनरी *n.* a hundredth anniversary, commemoration after hundred years, शताब्दी, शतवर्षीय, स्मारक

**centegrade** सैंटीग्रेड *adj.* divided into a hundred degrees, सौ डिग्री में विभक्त हाने वाला, सौ दरजे का थर्मामीटर

**centipede** सैंटीपेड *n.* a many footed crawling insect, हजारपा, कनखजूरा

**centre, center** सैंटर *n.* middle, middle point, केन्द्र, धुरा, मध्य भाग, बीच

**centre** *n.* pivot, axis, source, केन्द्र, धुरा

**central** सैंट्रल *adj.* leading principal, मुख्य, मध्यवर्ती

**century** सैचुरी *n.* a period of hundred years, hundred runs in cricket, सदी, सौबरस, शताब्दी

**cereal** सीरियल *n.* grains used as food, a food preparation from wheat, barley etc. अन्न, अनाज, उससे बना एक पदार्थ

**cerebrum** सैरीबरम् *n.* the front and the larger part of the brain, the brain proper, मस्तिष्क का प्रधान भाग, भेजे की अगली कोठरी

**ceremony** सैरिमनी *n.* a sacred rite, a formal act, pomp or formality, a religious observance, धार्मिक रीति, संस्कार विधि, पवित्र रस्म

**ceremonial** सैरिमोनियल *adj.* formal, औपचारिक

**certain** सर्टेन *adj.* sure, without fail, some definitely known, reliable, अवश्य निश्चित, स्थिर, अचूक, मुकर्रर

**certainly** सर्टिनली *adv.* confidently, definitely, निश्चय से, विश्वास से

**certainty** *n.* निश्चिन्ता

**certificate** सर्टिफिकेट *n.* voucher, testimony in writing a testimonial of character, a written declaration of some fact, प्रमाण पत्र, प्रशंसा पत्र, चिट्ठी, सचौती

**chaff** चैफ *n.* grain husk, worthless stuff, good humoured teasing, भूसा, चोकर, छिलका, निरर्थक पदार्थ, मजाक

**chagrin** शाग्रिन *n.* annoyance, vexation, acute, disappointment, तीव्र निराशा, क्लेश, तनाव, परेशानी

**chagrin** *v.* to annoy, to vex, खिजलाना, क्लेश देना, खिजाना

**chain** चैन *n.* a connected series of links, necklace, fetters, a series, anything that binds, श्रृंखला, जंजीर, बेड़ी, हथकड़ी, बंधन

**chair** चेयर *n.* a portable seat for one, professorship, office, a chairman, कुर्सी, सभापति, पद, चौकी

**chair** *v.to* install in chair, to carry in triumph, पद पर बिठाना, अधिकार पद नियुक्त करना, विजय दिलाना

**chalk** चॉक *n.* a soft lime stone, white rock, prepared chalk for writing, खड़िया, मिट्टी, सफेद, नरम चट्टान का टुकड़ा

**chalk** *v.* to draw, to mark, to write, चित्र या रेखा, खींचना, चिन्हित करना, लिखना, निर्देशित करना

**challenge** चैलेंज *v.n.* to claim, to summon, to fight a duel, calling to account, an objection, to express objection to a jury or a decision, ललकार, मांग, दावा, चेतावनी, चुनौती, निर्णय को चुनौती देना, निषेध करना

**chamber** चैम्बर *n.* a judge's room, a room, bed room, one of the houses of parliament, a law making body, enclosed space, जज का गुप्त या वकील का कमरा, शयनकाल, संसदगृह, चौबारा, कोठरी

**chamberlain** चैम्बरलेन *n.* an officer in a king's court, treasurer of a corporation, आला अफसर, दीवान, राजमहल का एक प्रधान अधिकारी, सरकारी खंजाची

**chameleon** कैमीलियन *n.* a kind of long lizard, गिरगिट

**champane** शैम्पेन *n.* a kind of French wine, an open country, फ्रांसीसी शराब, चौराहा, मैदान

**champion** चैम्पियन *n.* a hero, one who fights for himself or for other, one who defends a cause, a competitor, वीर, योद्धा, नेता, विजेता

**championship** चैम्पियनशिप *n.* the rank of a champion, वीर की उपाधि

**chance** चांस *n.* opportunity, risk, possibility, fortune, अवसर, जोखिम, संभावना, भाग्य, घटनाक्रम

**chance** *v.* to happen, to risk, घटित होना, ढब बनना, मौका बनना

**chancellor** चांसलर *n.* law official, head of a university, a chief minister, राजपंडित, अध्यक्ष, विश्वविद्यालय का अध्यक्ष, मुख्यमंत्री

**chandelier** शैंडेलर *n.* a kind of branched support for holding lights, झाड़फानूस, झाड़, शीशे का झाड़

**change** चेंज *n.* smaller coins for exchange, सिक्के आदि कम मूल्य की मुद्रा, रेजगारी

**change** *v.* to exchange, to put in a place of, to give or get smaller coins, to alter, to put different clothes, परिवर्तन, रूपांतर, तबदीली, वस्त्र, बदलना, रेजगारी का विनिमय

**channel** चैनल *n.* the bed of a stream, a strait or a narrow course. agency, स्त्रोत, नाला, परनाला, समुद्रबंक, खाड़ी

**chant** चॉंट *n.* a kind of sacred music, गीत, भजन, राग

**chant** *v.* to recites, to sing, गुनगुनाना, गीत गाना, लय से पढ़ना

**chaos** केआस *n.* a complete disaster or confusion, unorganised matter, गड़बड़, उपद्रव, गोलमाल

**chap** चैप *n.* a fellow, a boy, a man, a crack, छोकरा, मनुष्य, फटन, जबड़ा

**chapel** चैपल *n.* a place of Christian worship, छोटा गिरजाघर, ईसाइयो का गिरजा

**chaplain** *n.* a clergyman, पादरी, पुरोहित

**chapter** चैप्टर *n.* main division of a book, body of clergymen, an organised branch of a society, अध्याय, खंड, स्कंध, बाब, पादरियों की सभा

**char** चार *v.* to scorch, to burn partially, जलाना, झुलसाना

**character** कैरेक्टर *n.* a letter of mark, nature, qualities, reputation, moral strength, an actor, प्रकृति, लक्षण, स्वभाव, ढंग, चरित्र, गुण, पात्र (नाटक)

**charcoal** चारकोल *n.* wood partially burnt, impure carbon, लकड़ी का कोयला

**charge** चार्ज *v.* to load, to fill with electricity, to command, to attack, to ask payment, लादना, बिजली से पूर्ति करना, आक्रमण करना, राशि लेना

**chariot** चैरिअट *n.* a car used in ancient warfare, a state car, रथगाड़ी

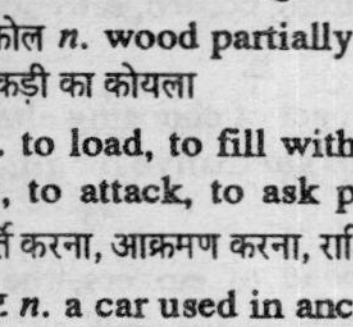

**charity** चैरिटी *n.* alms giving, love, kindly feeling, beneficence, affection, kindness, दया, दान, करुणा, उदारता

**charlatan** शर्लेटन *n.* a quack, imposter in medicine, नीम हकीम, छली, बनावटी

**charm** चार्म *n.* a spell, amulet, attractiveness, जादू, मंत्र, ताबीज, आर्कषण

**charm** *v.* to bewitch, to attract, लुभाना, जादू करना

**charming** चार्मिंग *adj.* attractive, delightful. मनोहर

**chart** चार्ट *n.* a table giving information, map, deed, paper, नक्शा, कोष्ठक, समुद्र किनारे का मानचित्र, दस्तावेज

**charter** चार्टर *n.* deed of grant, privilege, from the king, सनद, परवाना, राजपत्र

**charter** *v.* to grant permission, permit, सनद देना, अधिकार देना

**chase** चेज *v.* to hunt, to pursue, to draw away, शिकार करना, पीछा या अनुसरण करना, खोदना

**chase** *n.* शिकार, अनुसरण, पीछा

**chasm** कॉज्म *n.* deep opening, gulf, a cleft a void दरार, बिल, चाक, खुलाव

**chassis** शेसस *n.* the base frame of a motor car the wheels, machinery गाड़ी के नीचे का ढांचा

**chasten** चेसन *v.* to purify, to correct, स्वच्छ करना, सुधारना, तपस्या करना

**chastise** चैस्टाइज *v.* to beat, to punish, दण्ड देना, पीटना

**chat** चैट *v.* to talk in a friendly way, to indulge in an easy talk, an idle talk, बातचीत, गपशप करना

**chat** *n.* an easy talk गपशप, चर्चा, एक छोटा पक्षी

**chatau** शाटो *n.* a country seat, a French castle, दुर्ग, कोट, महल, देहात का मकान

**chatter** चैटर *v.* to talk idly, to utter rapid short notes गप मारना, टें टें करना, किटकिटाना

**chatter** *n.* rattling of teeth, a talkative person, दाँत बजना, एक बातूनी व्यक्ति

**chauffeur** शोफर *n.* a motor car driver, मोटर कार चालक

**cheap** चीप *adj.* of small value, low in price inexpensive, worthless, सस्ता, कम मूल्य वाला, घटिया

**cheat** चीट *n.* fraud, deception, धोखा व छल करने वाला

**cheat** *v.* to deceive, to swindle, to defraud, to act as a cheat, ठगना, छलना

**check** चैक *n.* रुकावट, संयम, निग्रह

**check** *v.* to hinder, to find fault, to stop, to rebuke, to pause, रोकना, कमी ढूंढना, फटकारना, पड़ताल करना

**cheek** चीक *n.* side of face below the eye, side of a door गाल, कपोल, किवाड़

**cheer** चीयर *n.* entertainment, shout of joy, खुशी, प्रसन्नता, जय ध्वनि

**cheer** *v.* to encourage, to applaud, to gladden, to comfort, ढाढ़स देना, प्रसन्न होना, प्रसन्न करना

**cheese** चीज *n.* food made of pressed curds, the curd of milk, pressed in a hard mass, दही की मिठाई, पनीर

**chemistry** कैमिस्ट्री *n.* the science which deals in the elements and their laws, रसायनशास्त्र, रसायनविद्या

**cheque** चैक *n.* written order to banker for payment of money, चैक, हुंडी, बिल

**cherish** चैरिश *v.* to nourish, to protect love, to have in the mind or heart, पालना, प्रिय समझना, आँख का तारा

**cheroot** शैरूट *n.* a kind of cigar, चुरूट

**chess** चैस *n.* a game for two played with men on a chequered board, शंतरज, चतुरंग

**chest** चैस्ट *n.* a large fox, the thorax, संदूक, पिटारा, वक्षस्थल

**chew** चियू *v.* to grind with teeth, दाँतों से चबाना,, चिगलाना

**chick, chicken** चिक, चिकन *n.* a young bird, the young of a hen, चिड़िया का बच्चा, मुर्गी का बच्चा, चूजा

**chide** चाइड *v.* to rebuke, to scold, झिड़कना, डांटना, झाड़ना

**chief** चीफ *n.* ruler, leader, principal, prominent, प्रधान, नायक, मुख्य

**chieftain** चीफटन *n.* a captain, one head of a tribe, सेनापति, मुखिया, कबीलेदार, सरदार, सिपहसालार

**child** चाइल्ड *n.* an infant, off spring, a son or daughter, बालक, बच्चा, शिशु, संतति

**childish** चाल्डिश *adj.* weak, silly, दुर्बल, मूर्ख

**chill** चिल्ल *n.* coldness, cold sensation, anything that disheartens, depressing influence, ठंडक, ठंडक देने वाला पदार्थ, उत्साहहीनता, शीतल

**chill** *v.* to depress, to discharge, to make cold ठंडा करना, उत्साहहीन करना

**chilli, chili** चिल्ली *n.* a pod of capsicum, लाल मिर्च

**chilly** *adj.* feeling rather cold, ठण्डा

**chime** चाइम *n.* harmonious sound of a bell, घंटी का मीठा व सरस स्वर, बाजे का शब्द

**chime** *v.* to sound like a bell, to agree, सुर में होना, लय में होना

**chimney** चिंमनी *n.* a passage for carrying off smoke, a glass tube over lamp or flame, धुआंकश, चिमनी, धुँकारा

**chimpanzee** चिम्पैंजी *n.* an African ape, वनमानुष

**chin** चिन *n.* the front part of lower jaw, चिबुक, ठोड़ी, ठुड्डी

**chink** चिंक *n.* a crevice, a peephole, the sound of coins, दरार, झरोखा, सिक्कों की झनकार

**chip** चिप *n.* a thick piece cut off from wood or stone, एक टुकड़ा, कतला

**chip** चिप *v.* to stroke small pieces off, एक टुकड़ा, कतला

**chirp** चर्प *v. n.* to talk merrily, sound of birds or insects, to speak feebly, चहचहाना, पक्षियों का स्वर, धीमें -धीमे

**chisel** चिजेल *n.* tool with a cutting edge at the end, टॉकी, छेनी

**chisel** *v.* to cut, to carve, छेनी से काटना

**chit** चिट *n.* a small piece of paper, a young child, कागज का टुकड़ा, छोटा बालक, युवा स्त्री

**chivalry** शिवलरी *n.* bravery and courtesy, the customs of feudal knights, gallantry, वीरता, शूरवीर, बहादुरी के गुण

**chivy, chivvy** चिबी*v.* to chase, to annoy, harass, भगाना, पीछा करना, दिक करना

**chlorine** क्लोरीन *n.* an ill smelling gas, सांस घुटाने वाली गैस

**chocolate** चोकालेट *n.* a kind of sweet meat, मिठाई जो को को से बनती है, चाकलेट

**choice** चॉइस *n.* the thing chosen, selection, चुनाव, चुनी हुई वस्तु

**choice** चॉइस *adj. v.* act of choosing alternative, to select or choose alternative for gift, उपहार या श्रेष्ठ तोहफे का चुनना

**choir** क्वायर*n.* a band of singers, the part of a church, गाने व नाचने वालों की मंडली

**choke** चोक *v.* to block, to throttle, to stiffle, to suffocate, रोकना, गला घोटना, दबाना, मारना

**cholera** कौलरा *n.* a disease with violent vomiting and purging, हैजा, विसूचिका, महामारी

**choose** चूज *v.* to select, to take one thing rather than another, चुन लेना, निश्चित करना, अंगीकार करना, निर्णय लेना

**chop** चॉप *v.* to mince, to cut by a blow, to shift, काटना, टुकड़े करना, बदलना

**chop** *n.* a piece of meat, mark, art of chopping the jaws of an animal, मॉस की टुकड़ी, पशु के जबड़े खुरचना

**choppy** चापी *adj.* full of crags, दरारों से भरा हुआ

**chord** कोर्ड *n.* the string of a musical instrument, a straight line joining the ends of an arc, तॉत, धुन, सुर, वृत्तखंड की जोड़ने वाली रेखा

**chorus** कोरस *n.* bands of dancers or singers, refrain of a song, गायक मंडली, टेक, स्वर अंतरा, इकट्ठा गाना

**Christ** क्राइस्ट *n.* saviour, Jesus of Nazareth ईसा मसीह, ईसाइमत का जन्मदाता

**Christian** क्रिस्वियन *n.* a follower of Christ, क्रिस्तोनी, ईसाई पंथ के व्यक्ति

**Christmas** क्रिसमस *n.* the festival celebrating the birth of Christ (25th Dec.) बड़ा दिन, ईसामसीह का जन्मदिन

**chuck** चक् *n.* the call of a hen, मुरगे की बोली

**chuck** *v.* to throw, to pat gently,फेंकना, थपकी देना

**chuckle** चक्कल *n.* a quiet laugh, cackle, to show signs of suppressed laughter, दबी हँसी, खिसयाई हँसी, प्रसन्नता के चिह्न

**chuckle** *v*, to laugh with closed mouth, मुह बंद करके हँसना, दबी हँसी हँसना

**chum** चम *n.* a close companion, familiar friend, a room mate, लंगोटिया यार, घनिष्ठ मित्र, पुराना मित्र

**chunk** चंक *n.* a thick piece of anything, किसी चीज का मोटा टुकड़ा

**church** चर्च *n.* building for public worship the whole body of Christians, गिरजाघर, धार्मिक संस्था

**churn** चर्न *n.* a machine for making butter, a large milk can, बिलोनी, चाटी, मटकी

**churn** *v.* to make butter, बिलोना, मथना

**cigar** सिगार *n.* a roll of tobacco, leaf for smoking,

**cigarette** सिगरेट *n.* a small pack of tobacco used for smoking,बीड़ी, सिगरेट

**cinder** सिंडर *n.* partly burnt coal, anything charred by fire, अंगार, भस्म, झुलसा हुआ

**cinema** सिनेमा *n.* a motion picture, a building in which moving pictures are shown, सिनेमा, चलचित्र, सिनेमाहाल

**cipher** साइफर *n.* the symbol (o), secret writing, a person of no importance, शून्य, बिन्दु, गुप्त लेख, महत्वहीन व्यक्ति

**circle** सर्कल *n.* a group of people, a round body, an orb, an enclosure, a ring, मंडल, घेरा, वृत्त, पूर्ण चक्र

**circulate** सरकुलेट *v.* to spread, to move round, to go round as in a clock, to give currency to, फैलाना, घूमना, चक्कर काटना, प्रचार करना

**circumstance** सर्कमस्टांस *n.* event, occurrence, incident, situation, the state of affairs, घटना, दशा, स्थिति, अवस्था, परिस्थिति

**circus** सर्कस *n.* a travelling show of horses, riders etc, a circular space, a circle, a circular area, सरकस, बाजीगर, दंगल, नुमाइश, मैदान

**citadel** सिटाडल *n.* a fortress, a castle, दुर्ग, किला

**cite** साइट *v.* to quote, to appear in court, to summon, बुलाना, दृष्टांत देना, प्रमाण देना

**citizen** सिटिजन *n.* an inhabitant of a city, a member of a state, पुरवासी, नागरिक, प्रजा, वाशिंदा

**citron** सिटरान *n.* a kind of large lemon, नींबू, गलगल, चकोतरा

**city** सिटी *n.* a large town, an important town, नगरी, नगर, शहर

**civic** सिविक *adj.* of the city, शहरी

**civil** सिविल *n. adj.* of the state or community, polite, not criminal, सभ्य, नांगरिक, दीवानी, शहरी, राजनीतिक

**civilization** सिविलाइज़ेशन, सिविलिजेशन *n.* the state of being civilized, culure,refinement, सभ्यता, शिष्टता, तहजीब, ईनसानियत

**civilize** (-लाइज) *v.* to refine, to enlighter, सभ्य बनाना, सुधारना

**clad** क्लेड *adj.* clothed, covered, ढका हुआ, वस्त्र पहने हुए

**claim** क्लेम *v.* to assert, to demand as a right, to profess to be right, मांगना, हक जतलाना, नालिश करना

**claim** *n.* thing claimed, title, मांग, अधिकार, दावा

**clamber** क्लैम्बर *v.* to climb with difficulty, कठिनाई से चढ़ना, हाथ-पॉव से चढ़ना

**clamour** क्लैमर *n.* uproar, a loud demand, shout, outcry, शोरगुल, धूम, कोलाहल

**clamour** *v.* to cry, to make a noise, धूम मचाना, चिल्लाना

**clamp** क्लैम्प *n.* a piece of timber iron etc. a clasp, लोहे की पट्टियॉं , पट्टी, कोनिया, पाहू

**clamp** *v.* to bind in clamp, पाहू में जड़ना, जड़कर पुष्ट करना
**clan** क्लॉन *n.* a tribe, sect, family, जाति, वंश, गोत्र, फरीक
**clandestine** क्लेंडस्टाइन *adj.* secret, hidden, गूढ़, गुप्त, रहस्यमह
**clang** क्लैंग *v.* to produce a deep sound, to give out a clang, झंकार करना, झनझनाना, घंटी की आवाज करना
**clang** *n.* bell ring, a deep sound, घंटी जैसी ध्वनि करना
**clap** क्लैप *n.* a burst of sound, a slap, a pat, थपथपाहट, थप्पड़, ठोंक, थपक
**clap** *v.* to flap, to applaud by striking hands, ताली बजाना
**clarify** क्लैरीफाई *v.* to make or become clear, to become bright, स्पष्ट करना, छाँटना, शुद्ध करना
**clarification** क्लेरीफिकेशन *n.* act of making clear, स्पष्टीकरण
**clarion** क्लेरिअन *n.* a thrilling note, तुरही, नरसिंह तूर्य
**clash** क्लैश *n.* opposition, encounter, disagreement, टक्कर, खटका, भिडन्त, असहमति
**clash** *v.* to encounter, to conflict, to disagree, खटपट होना, खटपटाना, टकराना
**clasp** क्लास्प *n.* an embrace, a hinged fastening, पकड़, बकसुआ
**clasp** *v.* to grasp, to fasten, to embrace, बंद करना, वकसुआ लगाना, लोड़ना, गले लगाना
**class** क्लास *n.* a number of students taught together, a group like in some way, scientific division, श्रेणी, किस्म, पद
**classify** क्लासिफाई *v.* arrange in classes, दर्जों में बाँटना
**clatter** क्लैटर *n.* a rattling noise, noisy talk, idle group, a confused noise, झनझनाहट, टें टें
**clatter** *v.* to make a noise, बकवाद करना
**clause** क्लाज *n.* part of a contract, part of a sentence with subject and predicate, पद, वाक्य खंड, कानून की धारा, वाक्यांश
**claw** क्लॉ *n.* the hooked nail of an animal, पंजा
**claw** *v.* to scratch or tear, पंजा मारना, फाड़ना
**clay** क्ले *n.* soft, sticky earthy material, चिकनी मिट्टी, मृतक देह, गारा
**clean** क्लीन *adj. v,* clear, pure, holy, quite, स्पष्ट, पवित्र, निर्मल
**clean** *v.* to purify, to cleanse entirely, बिल्कुल साफ करना, निर्मल बनाना
**cleanliness** क्लीनलीनेस *n.* purification, शुद्धि, स्वच्छता
**clear** क्लीयर *adj.* bright, undimmed, distinct, manifest, स्वच्छ, स्पष्ट, साफ, चमकीला, पवित्र
**clear** *v.* to remove, to make bright, to free, साफ करना, उज्ज्वल करना, मुक्त करना
**clearance** (-रैन्स) *n.* making clear, सफाई,
**cleave** क्लीव *v.* to chop, to break, तोड़ना, चीरना, चपकना
**cleft** क्लेफ्ट *n.* a crack, a split, दरार, फाँक, फटन
**clement** क्लीमेंट *adj.* merciful, mild, नरम, दयालु
**clemency** क्लीमैंसी *n.* mildness of temper, दया
**clench** क्लैंच *v.* to grasp, to close tightly, जकड़ना, मुट्ठी बाँधना
**clergy** क्लर्जी *n.* the ministers of Christian religion, पादरी लोग
**clerk** क्लर्क *n.* an officer incharge of records, a secretary, a scribe, लेखक, दफ्तर का मुंशी, कातिब, पटवारी
**clerical** क्लैरिकल *adj.* pertaining to a clerk, लेखक सम्बन्धी
**clever** क्लैवर *adj.* able, skilful, expert, dexterous, चतुर, कुशल, प्रवीण
**cleverness** क्लेवरनैस (-नैस) *n.* skill, कुशलता
**click** क्लिक *n.* a short ticking sound, tick, खटका, चिटकनी
**click** *v.* to tick, चटकारना
**client** क्लायंट *n.* a customer, the employer of a lawyer, ग्राहक, मुवक्किल, अधीन
**cliff** क्लिफ *n.* a high steep rock, the steep of a mountain, चट्टान, ढलवान
**climate** क्लाइमेट *n.* weather conditions of a region,जलवायु
**climax** क्लाइमैक्स *n.* the highest point, the most dramatic moments, चर्म सीमा, उत्कर्ष, अत्यन्त नाटकीय क्षण
**clinic** क्लिनिक *n.* a private hospital, निजी अस्पताल
**clink** क्लिंक *n.* a sharp ringing sound, a prison, झनझन की आवाज, कैद, कारागृह
**clip** क्लिप *v.* to cut off, to cut out, कतरना, तराशना, काटना
**clique** क्लिक *n.* a gang, a group of persons, एक गुट्ट, दल, विरोधी पक्षवालों की मंडली
**cloak** क्लॉक *n.* a loose upper garment, pretext, ढकना, चोगा, बहाना
**cloak** *v.* to cover, to put on cloak, चोगा पहनना
**clock** *n.* a time measuring instrument, timepiece, घंटा, टाइमपीस
**clod** क्लॉड *n.* a lump of earth, a lout, मिट्टी का ढेला, डला, मिट्टी, भद्दा आदमी

**close** क्लोश *n.* end, conclusion, अंत, परिणाम

**close** क्लोज *v.* to shut, to bring, nearer, बंद करना, समाप्त करना, पास करना

**closure** *adj. adv.* near, not fresh, निकट, चुटा हुआ

**closet** क्लोजेट *n. v.* a private room, a recess of a room, repository, to shut up in a room, कोठरी, छत, कमरा आलमारी, ताक, कोठरी में बंद करना

**clouse** क्लोजर *n.* closing, अन्त

**clot** क्लाट् *n.* a mass stuck together of soft matter as blood, a semisolid lump, थपड़ा, थक्का, पिंड, ढोंका

**clot** *v.* to form into clots, पिंड बन जाना, जमना

**cloth** क्लॉथ*n.* a woven stuff, woven material, कपड़ा, वस्त्र

**clothe** क्लोद *v.* to put on clothes, वस्त्र पहनना

**cloud** क्लाउड *n.* a mass of visible vapours floating in the atmosphere, a volume of smoke or dust, मेघ, बादल

**cloud** *v.* to become clouded or darkened, अंधकार करना या अंधकारमय होना

**cloudy** क्लाउडी *adj.* obsure, मेघाच्छादित, धुँधला

**clown** क्लाउन *n.* a buffoon, a jester, a rustic, an ill bred person, भाँड़, मसखरा, ग्रामीण, देहाती

**club** क्लब *n.* a heavy stock, bat, a suit of cards, an association of persons, गदा, दण्ड, लठ, हुक्म का पत्ता, सभा, व्यक्तियों का समुदाय

**club** *v.* to beat with a club, to combine together, डंडे से मारना, चंदा इकट्ठा करना, सभा बनाना

**cluck** क्लक *n.* the call of a hen to her chickens मुर्गी की बोली

**clue** क्लू *n.* a guiding principle, the thread of a story, a hint, सुराग, मार्ग दर्शक

**clump** क्लम्प *n.* a shapeless mass, a bunch, a cluster, of trees, कुंज, गुच्छा

**clump** *v.* to tread heavily, जोर से पैर पटकना

**clumsy** क्लम्जी *adj.* awkward, tactless, बेढ़ँगा, अनाड़ी, अदक्ष

**cluster** क्लस्टर *n.* crowd, group, bunch, भीड़, गुच्छा, समुदाय

**cluster** *v.* to collect in groups, एकत्र करना

**clutch** क्लच *v.* to grasp, to hoid tightly, to seize, हथियाना, वश में लेना, जकड़ना, कसना

**clutch** *n.* a device to connect, or disconnect, two parts of a machine, मूठ, पंजा, चंगुल

**coach** कोच *n.* a four wheeled carriage, a railway carriage, a motor omnibus for tourists, a private tutor, सवारी की गाड़ी, चौपहिया, शिक्षक (निजी)

**coach** *v.* to prepare for contest, परीक्षा या प्रतियोगिता के लिए तैयार करना

**coal** कोल *n.* black mineral used as fuel, कोयला

**coal** *v.* to supply coal, कोयला भरना

**coalition** कोअलीशन *n.* union, alliance, योग, मेल

**coarse** कोर्स *adj.* rough, rude, common, inferior, vulgar, असामान्य, अशिष्ट, भद्दा, खराब, मोटा

**coast** कोअस्ट *n.* exterior limit of country, a frontier, the margin of the land next to the sea, छोर, सागर, तट, साहिल

**coast** *v.* to sail close or near a coast, समुद्र तट पर जहाज चलाना

**coat** कोट *n.* an outer garment with sleeves, any covering, मर्दाना कोट, परत

**coat** *v.* to cover, to coat, अस्तर लगाना, तह चढाना

**coating** कोटिंग *n.* a layer of paint, cloth for coats, सफेदी व रंग की तह, कोट का वस्त्र

**coax** कोक्स *n.* a flatterer, simpleton, चापलूस, मूर्ख, अल्पबुद्धि वाला व्यक्ति

**coax** *v.* to conjole, to wheedle, to entice, बहकाना, फुसलाना, चापलूसी करना

**cobbler** कॉबलर *n.* one who mends old shoes, मोची, पुराने जूते गाँठने वाला

**cobra** कोबरा *n.* a poisonous snake, विषैला, साँप, नाग, फनिहर

**cobweb** कोबवैब *n.* the spider's web, rubbish snare, मकड़ी का जाला, भद्दी वस्तु, वाग्जाल

**cock** कॉक *n.* the male of birds, lever in gun, मुर्गा, बन्दूक का घोड़ा

**cock** *v.* to set erect, to draw back the cock of a gun, सीधा खड़ा करना, बन्दूक का घोड़ा दबाना

**cockpit** काकपिट *n.* a place where cocks fight, pilot's compartment in an aircraft, मुर्गो की लड़ाई का अखाड़ा, पायलट का कमरा

**cockroach** काकरोच *n.* the black beetle, तिलचट्टा, झींगुर, कनखजूरा

**cocksure** काकशोअर *adj.* dead certain, fully confident,, पक्का, पूर्ण विश्वस्त,

**cod** कोड *n.* codfish, एक प्रकार की समुद्री मछली

**code** कोड *n.* a collection of rules, a secret language, कानून की पोथी, गुप्त भाषा

**co-education** कोएड्यूकेशन *n.* the education of boys and girls together, छात्रछात्राओं का साथ पढ़ना, सहशिक्षा

**co-educational** कोएड्यूकेश्नल *adj.* pertaining to co-education, सहशिक्षा सम्बन्धी

**coerce** कोअर्स *v.* to compel to restraint, to force, मजबूर करना, रोकना, सख्ती करना

**coersion** कोअर्सन *n.* forcible explusion or restraint, सख्ती

**co-exist** कोएक्जिस्ट *v.* to live peacefully, to exist together, to exist at the same time, शान्ति से रहना, इकट्ठा रहना, एक ही समय पर अस्तित्व रखना

**co-existence** (-टैन्स) *n.* existing at the same time, सहअस्तित्व

**coffee** कॉफी *n.* a drink made from the seeds of a plant, कहवा, काफी,

**coffin** काफिन *n.* a chest for a dead body, a box in which a deadbody is kept, पेटी, मुर्दा रखने वाला संदूक

**cog** कॉग *n.* a tooth on wheel, subordinate in an organisation, पहिए का दाँता, साधारण कारकुन

**cogent** कोजेन्ट *adj.* convincing, forcible compelling, अकाट्य, शक्तिशाली, मजबूर करने वाला

**cognizable** कागनिजेबल *n.* perceptible, recognizable, that may be known, जानने योग्य, विचारने योग्य, ज्ञातव्य

**cohere** कोहेअर *v.* stick together, to remain united, to be consistent, सम्बद्ध होना, इकट्ठे रहना, साथ लगे रहना

**coherence** (रैन्स) *n.* consistence, सुसंगति

**coherent** (-रैन्ट) *adj.* consistent, connected, सटा हुआ, सम्बद्ध

**coil** कॉयल *n.* things arranged in concentric circle, a rope gathered into rings, धागे का गोला, चक्कर, गुच्छा, कुण्डली

**coil** *v.* to wind in rings, to enclose in twists, बाँधना, छल्लेदार बनाना

**coin** कायन *n.* metal money, money stamped with a legal impression, सिक्का, पैसा, मुद्रा

**coin** *v.* to mint, to invent, to convert into money, सिक्का घढ़ना, धन बनाना

**coincide** कोइन्साइड *v.* to agree, to correspond, to be identical, to occupy the same space or time, to occur at the same time, सहमत होना, समान होना, समान बैठना, एक सा होना, ठीक बैठना, एक समय पर होना

**coincidence** कोइन्सिडेंस *n.* happening together, मेल

**coir** कायर *n.* the strong fibre of coconut, नारियल की रस्सी

**coke** कोक *n.* a kind of coal, the residue of coal, a fuel obtained by driving off gases from coal, बुझा हुआ पत्थर का कोयला

**coke** *v.* to convert into coal पत्थर के कायले को ठोस बनाना

**cold** कोल्ड *adj.* cold weather, the opposite of hot, chilly, unfriendly, ठंडा मौसम, शीतल, ठंडा, उदासीन

**cold** *n.* absence of warmth, chilliness, catarrh, ठंडक, ठंड, जुकाम, नजला

**coldly** कोलड्ली *adv.* indifferently, not warmly, उदासीनता से

**collapse** कौलेप्स *v.* to break down, to fall down, to become unable to continue, मूर्च्छित होना, ढह जाना, आगे न चल सकना

**collapse** *n.* complete failure, a falling together, loss of courage, पूर्ण असफलता, क्षय, शक्ति का ह्रास

**collar** कॉलर *n.* a neck band, a connecting band, a round ring, कंठी, गिरेबान, हँसली, माला, गले का पट्टा

**collar** *v.* to seize by collar,to arrest, गर्दन से पकड़ना, बंदी बनाना

**colleague** कोलीग *n.* a co-worker, an associate, साथी, सहाय, समान व्यापार का

**collect** कलैक्ट *v.* to assemble, to gather together, to bring together, to concentrate, संग्रह करना, एकत्र करना, बटोरना, मन एकाग्र करना

**collection** कलैक्शन *n.* assembling, concentration. समूह, एकाग्रता

**collector** कलैक्टर *n.* one who collects, a gatherer, the chief officer of a district, इकट्ठा करने वाला, जिलाधीश, जिलेदार

**collectively** कलेक्टिविली *adv.* in a collective manner, in a mass, इकट्ठे होकर, मिलकर

**college** कालेज *n.* an institution of higher learning, a learned society, the premises of a college, उच्च शिक्षा संस्थान, कालेज

**collegian** कालिजिअन *n.* a member of a college, कालेज का छात्र

**collegiate** कालिज्येट *adj.* belonging to a college कालेज सम्बन्धी

**collide** कोलाइड *v.* to clash, to clash together, to be in conflict, भिड़ना, टकराना

**collision** कोलीजन *n.* clash, conflict, टक्कर, मुठभेड़

**collier** कॉलिअर *n.* a coal miner, a digger of coal, कोयला खनक

**colliery** कोलियरी *n.* a coal mine, कोयले की खान

**colloquial** कोलोकिअल *adj.* conversational, used in common conversation, वार्त्तालाप सम्बन्धी, आम बातचीत में प्रयुक्त होने वाला

**collude** कोल्यूड *v.* to conspire in fraud, ठगना, जाल रचना

**collusion** कोल्यूयन *n.* a secret agreement to deceive, ठगी के लिए समझौता

**colon** कोलन *n.* the intestine, a punctuation mark, बड़ी आँत, विसर्ग चिह्न

**colonel** करनल *n.* an army officer, कर्नल, मेजर से अगली पदवी

**colony** कालोनी *n.* a city founded by emigrants, नई बस्ती, उपनिवेश

**colonial** कोलोनिअल *adj.* belonging to a colony, उपनिवेश संबन्धी

**colossal** कालोसल *adj.* huge, big, gigantic,, भारी, दीर्घ,दैत्याकार

**colour** कलर *n.* paint, complexion, appearance, रंग, रूप, शक्ल

**colour** *v.* to paint, to disguise, रंग करना, वेश बदलना

**colourful** (-फुल) *adj.* vivid, full of colour, बढ़िया, रंगीन

**colt** कोल्ट *n.* the young of a horse, a young foolish fellow, बछेरा, मूर्ख

**column** कालम *n.* support of, mass, verticle division of page , a formation of troops, मीनार, स्तंभ, पृष्ठ का भाग, सेना की पंक्ति

**coma** कामा *n.* stupor, unnatural sleep, lethargy, insensibility, बेहोशी, गाढ़ी निद्रा, आलस्य, प्रमाद

**comb** कोम्ब, *n.* toothed instrument to adjust the hair, a cock's crest, cells for honey, कंघी, मुर्गे की कलगी, शहद का छत्ता

**comb** *v.* to set the hair, to dress with, कंघी करना, बाल बनाना

**combat** कम्बेट *v.* to struggle, to fight, to contest, to oppose, संघर्ष करना, लड़ना, भिड़ना, विरोध करना

**combat** *n.* fight, a battle, a contest, लड़ाई, झगड़ा, भिडन्त

**combatant** (-टेन्ट) *adj. n.* contestant, युद्ध में भाग लेने वाला

**combination** कम्बीनेशन *n.* union, collection, a group, an alliance, मेल, योग, दल, सन्धि

**combine** कम्बाइन *v.* to join together, to ally, जोड़ना, मिलाना

**combine** *n.* trust, syndicate, मेल, सन्धि

**combustible** कम्बस्टिबल *adj.* excitable, capable of being burnt, उत्तेजक, ज्वलनशील

**combustion** (-चन) *n.* process of burning ज्वलन प्रक्रिया

**combustibility** *n.*

**come** कम *v.* to reach, to draw near, to happen, to move towards. आना, पहुँचना, होना, आगे बढ़ना

**comedy** कमेडी *n.* a stage with a happy ending, सुखान्त नाटक, हँसी-प्रधान नाटक

**comedian** कामेडियन *n.* player in comedy, सुखान्त नाटक का पात्र

**comely** कमली *adj.* graceful, pleasant looking, भव्य, सुन्दर, बाँका, छबीला

**comet** कॉमट *n.* a luminous heavenly body, धूमकेतु, पुच्छल तारा

**comfort** कम्फर्ट *n.* content, consolation, relief, encouragement, संतोष, शान्ति, आराम, धैर्य

**comfort** *v.* to encourage, to cheer, to console, to strengthen, धैर्य बँधाना, तसल्ली देना, दिलासा देना

**comfortable** कम्फर्टेबल *adj.* cheering, encouraging consoling, खुशी देने वाला, धैर्य बँधाने वाला, दिलासा देने वाला

**comfortably** (-ई) *adv.* with comfort, आराम से

**comic** कॉमिक *adj.* of a comedy, funny, producing mirth, हास्यप्रद, हँसी लाने वाला

**comma** कॉमा *n.* punctuation mark, क्षणिक विराम का चिह्न

**command** कमांड *n.* control, order, binding, authority, वश, ओदश, बन्धन, शासन, अधिकार

**command** *v.* to order, to control, to lead, आदेश देना, अधीन करना, नेतृत्व करना

**commander** कमांडर *n.* one who commands,

**commandant** नेता, आदेश देने वाला

**commando** कमांडो *n.* number of an expedition undertaking daring surprise raids on enemy territory, आक्रामक दल का मैम्बर

**commemorate** कमैमोरेट *v.* to celebrate, to preserve in memory, to serve as a memorial of, याद में उत्सव मनाना, स्मरणार्थ जशन मनाना

**commemoration** (-शन) *n.* celebration, स्मृति उत्सव

**commence** कमेन्स *v.* to begin, to enter upon, to perform the first act of, शुरू करना, श्रीगणेश करना

**commencement** (मैन्ट) *n.* beginning, first performance, शुरुआत, प्रारंभ

**commend** कमैन्ड to praise, to entrust, to recommend, to bring to mind, प्रशंसा करना, सौंपना, सिफारिश करना, याद करना

**commendable** कमेन्डेबल *adj.* praiseworthy, प्रशंसनीय

**comment** कमैन्ट *v.* to criticise, to remark, to observe, टिप्पणी करना, टीका करना, निरीक्षण करना

**commentary** (-री) *n.* remarks, criticism, टिप्पणी, आलोचना

**commerce** कामर्स *n.* trade, interchange of merchandise, व्यापार, व्यापारिक वस्तुओं का आदान प्रदान

**commercial** कमर्शिअल *adj.* pertaining to trade, वाणिज्य सम्बन्धी

**commission** कमिशन *v.* to command, to authorize, नियुक्त करना

**commission** *n.* command, authority, a committee of enquiry, percentage on an account,, आज्ञा, अधिकार, पूछताछ के लिए नियुक्त समिति, आढ़त, दस्तूरी

**commissioner** कमिश्नर *n.* one who is appointed by commission, supreme authority in a district, किसी कार्य-सम्पादन के लिए नियुक्त किया हुआ अफसर, कई जिलों का हाकिम

**commit** कमिट *v.* to entrust, to consign, to perpetrate a crime, समपर्ण करना, सौपना, अपराध करना

**commitment** (-मैंट) *n.* pledging, imprisonment, सौपना, जेलखाने जाना

**committee** कमेटी *n.* body of persons appointed to manage any business, समिति, सभा, पंचायत

**commode** कमोड *n.* a chest of drawers, a night stool, दराजों वाला बक्स, मलमूत्र त्यागने वाला पात्र

**commodious** (-डिअस) *adj.* suitable, convenient, सुविधाजनक, उपयुक्त, उपयोगी

**commodity** (-डेटी) *n.* a useful thing, an article of trade, उपयोगी वस्तु (सामग्री) व्यापार की वस्तु (जिन्स)

**common** कामन *adj.* belonging equally to, general public, frequent, usual, सामान्य, साधारण, आम, सबका

**commonly** (-ली) *adv.* usually, frequently, साधरणतः आमतौर पर

**commonwealth** कामनवैल्थ *n.* the whole body of people in a state, a republic, राष्ट्रमण्डल, किसी देश की सम्पूर्ण प्रजा

**commune** कम्यून *v.* to converse together, to take counsel, to impart, परस्पर बातचीत करना, परामर्श लेना, सलाह देना

**communicate** कम्युनिकेट *v.* to impart, to transmit, to hold intercoure कहना, देना, फैलाना, बातचीत करना

**communication** (-निकेशन) *n.* act of imparting news पत्र व्यावहार, बातचीत

**communique** कम्यूनिके *n.* an official report, an official announcement, सरकारी विज्ञप्ति

**community** कम्युनिटी *n.* society, association, a corporation, the public in general, बिरादरी, समुदाय, मंडली, लोक समाज

**commute** कम्यूट *v.* to exchange, to travel regularly, अदल बदल करना, यात्रा करना

**commuter** कम्यूटर *n.* season ticket holder मौसमी टिकस से यात्रा करने वाला

**compact** कम्पैक्ट *n.* an agreement, a treaty, bargain, समझौता, सन्धि, सट्टा'

**company** कम्पनी *n.* a society, a party of players, a group of people, part of a regiment, सभा, टोली, जनसमूह, सैन्यदल

**companion** कम्पेनियन *n.* comrade, partner, सहचर, साथी, साझेदार

**compare** कम्पेअर *v.* to liken, to be equal, to represent as similar to, मुकाबला करना, तुलना करना, उपमा करना

**comparison** कम्पेरिजन *n.* a simile, an illustration, उपमा, तुलना, दृष्टान्त

**compass** कम्पास *n.* range, limit, extent, कुतुबनुमा, हद घेरा, सीमा

**compass** *v.* to encircle, to besiege, घेरना, घेरा डालना

**compassion** कम्पैशन *n.* pity, sympathy, दया, सहानुभूति

**compatible** कम्पैटिबल *adj.* suitable, consistent, congruous, मेल खाने वाला, उचित, अनुरूप

**compel** कम्पैल *v.* to urge, to overpower, to force, मजबूर करना, विवश करना, दबाब डालना

**compulsion** कम्पल्शन *n.* obligation, urge, मजबूरी, विवशता

**compensate** कम्पेन्सेट *v.* to make amends for, to recompense, to make up for, क्षतिपूर्ति करना, पूरा करना, घाटा पूरा करना

**compensation** (-शन) *n.* amends, reward for service, payment प्रतिफल, हरजाना

**compete** कम्पीट *v.* to rival, to strive for a prize, to vie with, स्पर्धा करना, बराबरी करना, इनाम की कोशिश करना

**competition** (-टीशन) *n.* the act of competing, स्पर्धा, मुकाबला

**compile** कम्पाइल *v.* to put together in fresh form, to make a book by collecting material from other books, नकल करना, एकत्र करना, संग्रह करना

**compilation** कम्प्लमेंट *n.* putting together in fresh form, आत्म संतुष्ट, संतोषी, शान्त

**complacent** कम्लेसैन्ट *adj.* self satisfied, showing satisfaction, calm आत्म संतुष्ट, संतोषी, शान्त

**complacence** कम्पलेसैन्स *n.* self-satisfaction, pleasure, आत्म संतोष, आनन्द

**complain** कम्प्लेन *v.* to charge formally, to express resentment or grief, to state grievance, शिकायत करना, गिला करना, शिकवा करना

**complaint** कम्प्लैंट *n.* grievance, शिकवा, शिकायत

**complement** कम्प्लीमैंट *n.* a complete set, fullness, that which completes, सम्पूर्णता, पूरक

**complement** *v.* to finish, to supply a deficiency कमी पूरी करना, खत्म करना

**completion** कम्प्लीशन *n.* entirely, act of completing, fulfilment, पूर्णता, समाप्ति, सिद्धि

**complex** कम्प्लैक्स *adj.* intricate, complicated, consisting of parts, उलझा हुआ, पेचदार, संयुक्त

**complexion** (-शन) *n.* colour, temperament, general appearance, रंग, शक्त, सूरत, मुद्रा

**complicate** कम्प्लीकेट *adj.* intricate, puzzling, उलझाने वाला, समस्यात्मक

**complicate** *v.*to intricate, to puzzle, उलझाना, फँसाना, पेचीदा बनाना

**complication** (-शन) *n.* puzzle, intricacy, समस्या, उलझन

**compliment** कम्प्लीमैंट *n.* an act of flattery, an expression of courtesy, चापलूसी, शिष्टता, अभिवादन

**compliment** *v.* to flatter, to praise, to congratulate, चापलूसी करना, सराहना करना, मुबारक देना

**complimentary** कम्प्लीमैंन्ट्री *adj.* expressive of praise, प्रंशसनीय

**comply** कम्प्लाई *v.* to yield, to agree, to oblige, to consent, हार मानना, स्वीकार करना, अंगीकार करना

**compliance** (-लायन्स) *n.* fulfilment, consent, पूर्ति, स्वीकृति

**compose** कम्पोज *v.* to adjust, to calm, to write as an author, to put together, ठीक-ठाक करना, शान्त करना, रचना, लिखना

**composition** कम्पोजिशन *n.* literary work, construction, साहित्यिक रचना, निर्माण

**compost** कम्पोस्ट *n.* a mixture, manure, a compound, खाद, मिलावट, मिश्रण

**compound** कम्पाउंड *v.* to mix, to settle, to compromise, to condone, मिलाना, सुलझाना, क्षमा करना

**compound** *adj.* a mixture of two or more elements, combined, दो या अधिक तत्वों का सम्मिश्रण

**compound** *n.* an enclosure about a house, mixture of elements, औषधियों के मिलाने वाला, अहाता

**compounder** कम्पाउंडर *n.* one who compounds things, औषधियों को मिलाने वाला

**comprehend** कम्प्रीहैंड *v.* to include, to understand, to conceive, to grasp with the mind, ग्रहण करना, समझना, दिमाग में लाना

**comprehension** (-शन) *n.* power of understanding, सूझ, बोध, ग्रहण

**compromise** कम्प्रोमाइज n. a settlement of differences, adjustment, समझौता, सन्धि, मेल

**compulsion** कम्पल्शन *n.* obligation, constraint, coersion, दवाब, मजबूरी, जोर जबरदस्ती

**compulsory** कम्प्लसरी*adj.* obligatory, essential, enforced, अनिवार्य, जरूरी, बाध्य

**compute** कम्प्यूट *v* to reckon, to calculate, गिनना, लेखा करना

**computer** (-टर) *n.* calculating machine, लेखा करने वाली मशीन

**comrade** कामरेड *n.* a companion, a fellow communist or socialist, साथी, संगी, कम्यूनिस्ट साथी

**conceal** कन्सील *v.* to hide, to keep secret, to disguise, छिपाना, गुप्त रखना, ओझल करना

**concealment** (-मैन्ट) *n.* hiding, secrecy, छिपाव , रहस्य

**concede** कन्सीड *v.* to admit, to yield, to grant, to allow, हारना, स्वीकार करना, आज्ञा देना

**conceit** कन्सैन्ट्रैट *n.* a favourable opinion, अनुकूल राय

**conceive** कन्सीव *v.* to imagine, to understand, to develop in the womb, to become pregnant, कल्पना, करना, समझना, गर्भ धारण करना

**concentrate** कन्सन्ट्रेट *v.* to think intensely, to bring to a point, to reduce to small space, खूब विचारना, ध्यान केन्द्रित करना, अन्तर कम करना

**concentration** (-शन)*n.* meditation, thinking intensely, समाधि, एकाग्रता

**concern** कन्सर्न *v.* to trouble, to make worried, to belong to, चिन्ता में डालना, परेशान करना, राम्बन्ध रखना

**concern** *n.* a firm, business, importance, affair, कम्पनी, व्यवहाय, महत्व, सम्बन्ध, मामला

**concerned** कर्सन्ड *adj.* connected with, interested, worried, सम्बद्ध, सचि रखने वाला, चिन्तित

**concert** कन्सर्ट *n.* a musical entertainment, cooperation, mutual agreement, मेल, परस्पर समझौता, संगीत

**concession** कन्सैशन *n.* a grant, the act of conceding, स्वीकृति, आज्ञा, सुविधा

**conciliate** कानसिलियेट *v.* to win over, to reconcile, to win the affection of, to pacify, अपनी ओर करना, मनाना, स्नेह पाना, शान्त करना

**conciliation** (-शन) *n.* reconciliation, pacification, समझौता, सान्त्वना

**concise** कन्साइज *adj.* in few words, brief, condensed, terse, थोड़े शब्दों में, संक्षिप्त, खुलासा

**conclude** कनक्लूड *v.* to decide, to end, to infer, to finish, खत्म करना, परिणाम निकालना, पूरा करमा

**conclusion** कनक्लूजन *n.* judgment, decision, निर्णय, फैसला

**concoct** कन्काक्ट *v.* to make up an untrue story, to plot, to cook, to digest, झूठी कहानी घड़ना, षड्यंत्र, रचना

**concoction** (-शन) *n.* plot, plan, षड्यन्त्र, योजना

**concord** कन्कर्ड *n.* agreement, union, harmony, मेल, संगठन, तारतम्य

**concrete** कन्क्रीट *adj.* real, solid, not abstract, made of concrete, असली, ठोस, अमूर्त नहीं, कंकड़ से बना हुआ

**concrete** *n.* a mixture of lime, sand and pebbles, रेत तथा कंकड़ का मिश्रण

**concrete** *v.* to solidify, दृढ़ करना, ठोस बनाना

**concur** कन्कर *v.* to happen together, to agree in opinion, एक साथ होना, सहमत होना

**concurrence** (-रैन्स) *n.* consent, agreement, union, ascent, स्वीकृति, मेल, सहमति

**condemn** कन्डैम *v.* to doom, to blame, to censure, to sentence to punishment, नाकारा कहना, दोषी ठहराना, दोष देना, निन्दा करना, दण्डाज्ञा देना

**condemnation** (-सेशन) *n.* blame, sentence, फतवा, बेकार घोषित करना

**condense** कन्डैन्स *v.* to compress, to make thick, to grow dense, जमाना, गाढ़ा करना या होना

**condensation** (-सेशन) *n.* apparatus for storing electrical energy, a lensor mirror for focussing light, विद्युत संग्रह यंत्र, प्रकाश केन्द्रित करने का शीशा

**condescend** कन्डीसैन्ड *v.* to yield, to stoop, to be kind, to forget one's dignity, झुकना, हारना, कृपा करना, पद कम करना

**condition** कन्डीशन *n.* state, position, good house, a term in an agreement, quality, स्थिति, हालत, अच्छा निवास, शर्त, गुण

**condition** *v.* to examine, to be essential to happening, to regulate, निरीक्षण करना, महत्व रखना, सुनियमित बनाना

**conditional** (-नल) *adj.* dependent, अधीन

**condole** कन्डोल *v.* to lament, to express sympathy, पश्चाताप करना, सहानुभूति दिखाना, दुःख में शामिल होना

**condolence** (-लैन्स) *n.* lamentation, expression of sympathy, शोक, हमदर्दी

**condone** कन्डोन *v.* to pardon, to excuse, to forgive an offence, to overlook, क्षमा करना, बखशना, माफ करना, नजर अन्दाज करना

**conduce** कन्ड्यूस *v.* to lead, to promote, to lend to, to help towards, नेतृत्व करना, बढ़ावा देना, किसी ओर लगाना

**conduct** कन्डक्ट *n.* behaviour, guidance, व्यवहार, आचरण, निर्देश

**conducive** कन्ड्यूसिव *adj.* having transmitting power, शक्ति का प्रवाहक

**conductor** कन्डक्टर *n.* a leader, incharge, guide, one who conducts car or a train, medium for the transmission of electricity, अगुआ, नेता, प्रबन्धक, वाहक, गर्मी पहुँचाने वाला

**confection** कन्फैक्शन *n.* preserved sweetness, मिठाई, मुरब्बा

**confederation** कन्फ़ैड्रेशन *n.* a league, an alliance, संघटन, मेल, मंडल

**confer** कन्फर *v.* to bestow, to give, to consult each other, to carry on discussion, देना, परामर्श लेना, डिग्री आदि प्रदान करना, अता करना

**conference** कान्फ्रैंस *n.* consultation, assembly, परामर्श, सम्मेलन

**confess** कनफैस्स *v.* to grant, to prove, to admit, to acknowledge, पाप व भूल मानना, स्वींकार करना, अंगीकार करना

**confession** (-शन) *n.* admission, acknowledgement, स्वीकृति, अंगीकार

**confidant** कन्फीडैन्ट *n.* one to whom secrets are told, a bossom friend, one who is entrusted with secrets, विश्वास पात्र, घनिष्ठ मित्र, विश्वास के योग्य मित्र

**confide** कनफाइड *v.* to put faith on, to trust, विश्वास करना

**confidence** कनफीडैंस *n.* faith, trust, विश्वास , भरोसा

**confident** (-डेन्ट) *adj.* full of confidence, positive, bold, trusting firmly, पक्के विश्वास वाला, स्थिर

**confidential** (-शियल) *adj.* private, trustworthy, गुप्त, विश्वस्त

**confine** कनफाइन *n. v.* limit, border, boundary, a frontier, सीमा, हद, किनारा, रोकना, सीमित करना

**confine** कनफाइन *v.* to keep within limits, कैद करना, बन्दी बनाना, रोकना

**confinement** (-मैंट) *n.* imprisonment, कैद, बंघन

**confirm** कन्फर्म *v.* to make more firm, to strengthen, to ratify, to establish, स्थिर करना, पक्का करना, दृढ़ करना

**confirmation** (-मेशन) *n.* establisment, स्थिरीकरण

**confiscate** कनफिस्केट *v.* to seize, to take by authority, to forfeit, अधिकार में करना, कब्जा करना, कुर्की करना

**confiscation** (-केशन) *n.* sudden attack, seizure, कुर्की

**conflagration** कन्फलैग्रेशन *n.* a great fire, a great destructive fire, प्रचण्ड अग्नि, दाह, भयानक आग

**conflict** कम्फ्लिक्ट *v. n.* to contend, to clash together, a fight, a battle, a contest, a struggle, लड़ना, टक्कर खाना, धक्का लगना, झगड़ना, रार, टकराव, झगड़ा, द्वन्द्व

**conflicting** (-टिंग) *n.adj.* opposing, विरूद्ध, खिलाफ

**confluence** कन्फ्लूयैन्स् *n.* an assembly, the function of two or more streams, a flowing together, a meeting place of two rivers, concourse, नदी का संगम, दो नदियों का मिलन स्थल

**conform** कानफार्म *v* to obey, to make similar to adapt, to behave, to have the same shape, आज्ञा मानना, सहमत होना, अनुरूप करना, व्यवहार करना (conformation *n.* रचना)

**conformation** कन्फ्रर्मेशन *n.* the act, बनावट

**confound** कनफाउंड *v.* to confuse, to mix up, to perplex, to astonish, to mingle, परेशानी में डालना, असमंजस में डालना, हैरान करना, गड़बड़ करना

**confront** कन्फ्रन्ट *v.* to oppose, to compare, to bring face to face, सामना करना, मिलाना, विरोध करना

**confrontation** (-टेशन) *n.* opposition, hostility, विरोध, शत्रुत्व

**confuse** कन्फ्यूज *v.* to perplex, to throw into confusion, to bewilder, to mix up, to embarrassment, परेशान करना, उलझन में डालना, हैरान करना, उलझाना, झमेला करना

**confusion** (-जन) *n.* doubt, perplexity, misunderstanding, उलझन, भ्रम

**congenial** कनजीनियल*adj.* pleasant, sympathetic, having the same taste, सुखकर, हितकर, सदृश

**congestion** कनजैशन *n.* over crowding, abnormal accumulation of blood, किसी अंग में रुधिर का अधिक संचय, भीड़, इकट्ठा

**congratulate** कनग्रेचूलेट *v.* to felicitate, to express joy, to think lucky, to address with sympathetic joy, बधाई देना, धन्यवाद देना, मुबारक देना

**congratulation** (-लेशन) *n.* felicitation, expression of joy, बधाई, मुबारक

**congregate** कनग्रीगेट *v.* to assemble, together, to collect, इकट्ठा होना, एकत्रित होना,

**congregation** (-गेशन) *n.* assembly, collection, मजलिंज, सभा

**congress** काग्रेस *n.* a confrence, an assembly, the parliament of the United States, समाज, राजनैतिक संघ

**conjecture** कनजैक्चर *n.v.* a guess, a probable inference, a surmise, to imagine, अटकल, अनुमान, अनुमान लगाना

**conjugal** कनजूगल *adj.* of marriage, दाम्पत्य प्रेम, पति पत्नी का प्यार

**conjugate** कनजूगेट *v.* to give the different forms of verbs to unite sexually, क्रिया पद के रूप चलाना, विवाह करना

**conjugation** (-गैशन) *n.* three forms of verbs, sexual unity, क्रियापद के रूप, वैवाहित बंधन

**conjuntion** कन्जन्कशन *n.* union, association, connection, a word, uniting two words or sentences, योग, संगम, संसर्ग, समुच्चयबोधक अव्यय

**conjure** कनज्योर *v.* to command a devil, to perform tricks, जादू करना, मन्त्रवश करना

**connect** कनैक्ट *v.* to bind together, to unite, to join, to link, जोड़ना, बाँधना, मिलाना

**connection** (-शन) *n.* unity, joining together, जोड़, मिलन

**connive** कन्नाइव *v.* to close the eyes upon a fault, to wink at, आनाकानी करना, नजर अन्दाज करना

**connivance** कोन्निवैंस *n.* collusion, नजरअन्दाजी

**conquer** कंकर *v.* to overcome, to subdue, to gain by force, to gain victory, जीतना, विजय पाना, अधीन करना, फतह पाना

**conquest** कन्कैस्ट *n* victory, विजय

**conscience** काशेन्स *n.* the sense of right or wrong, scruple,(conscious, conscientious-adj- guided by conscience, careful) आत्मा से प्रेरित, सावधान

**conscious** कान्शस *adj.* aware of one's thoughts and actions, sensible, सचेत, होश में , अभिज्ञ

**consecrate** कान्सीक्रेट *v* to set apart as sacred, to devote, पवित्र करना, संस्कार करना, संकल्प करना

**consensus** कानसैन्सस *n.* a general agreement, a general trend, unanimity, एकमत, अनुकूलता, सहमति

**consent** कानसैंट *n.v.* agreement, permission, to agree, to permit, आज्ञा, स्वीकृति, अनुमति, आज्ञा देना, मानना

**consequence** कन्सीक्वैंन्स *n.* result, inference, importance, rank, फल, परिणाम, महिमा, प्रभाव

**consider** कन्सिडर *v.* to contemplate, to reflect, to deliberate, to think, to take into account, विचारना, सोचना, ध्यान देना, तर्क करना, समझना

**consideration** कनसिड्रेशन *n.* thoughtfulness for others, reward, deliberation, विचार, पारितोषिक

**consign** कनसाइन *v.* to send goods, to yield in trust, to put in to trust, to hand over, to deliver, भेजना, सौपना, अर्पण करना, हवाले करना

**consignment** (-मैंट) *n.* goods consigned, भेजा हुआ माल

**consist** कनसिस्ट *v.* to subsist, to be composed of, to co-exist, to be comprised in, रहना, होना, मिलाना, बना हुआ होना

**consistent** (-टैन्ट) *adj.* firm, दृढ़

**console** कन्सोल *v.* to soothe, to comfort, to lessen the grief, शान्ति देना, तसल्ली देना, ढाढस बँधाना

**consolation** कनसोलेशन *n.* comfort, solace, धीरज, ढाढस

**consolidate***v* कनसालीडेट to combine, to strengthen, to make solid, to harden, ठोस करना या होना, पुष्ट करना, जोड़ना, सख्त होना,

**consolidation** (-डेशन) *n.* uniting of several things into one, एक करना

**consort** कनसोर्ट *n.* a husband or wife, a partner, an accompanying ship पति, पत्नी, संगी, साथी, संगी जहाज

**conspicuous** कान्सपिक्वस *adj.* catching the eye, noticeable, visible manifest, सामने, प्रत्यक्ष, प्रकट, स्पष्ट, खुला

**conspiracy** कान्सपिरेंसी *n.* plot, scheme, persons engaged together for an evil purpose, षड्यन्त्र, कपट, बलवाइयों का गुट्ट, साजिश

**conspirator** (-रेटर) *adj.* one, who conspires, देशद्रोही

**conspire** कनसपायर *v.* to plot, to make a scheme, षड्यन्त्र करना, साजिश करना

**constable** कन्स्टेबल *n.* a police offices, a policeman, सिपाही

**constant** कान्स्टैन्ट *adj.* firm, resolute, permanent, faithful, निरन्तर, हठ, स्थिर, बराबर

**constantly** (- ली) *adv.* always, ever, frequently, बहुधा, सर्वदा

**constipation** कान्स्टीपेशन *n.* inactivity of the bowels, costiveness, कब्ज, कोष्ठ बद्धता

**constituency** कान्स्टीचुएन्सी *n.* the body of electors, an electorate,an area represented by a member of parliament, निवार्चन क्षेत्र, चुनने वालों का क्षेत्र

**constitute** कास्टीच्यूट *v.* to appoint, to form, to make up, to establish, निर्माण करना, नियुक्त करना, स्थापित करना

**constitution** (-टयूशन) *n.* mental character, fundamental principles, शारीरिक गठन, संविधान

**constraint** कान्स्ट्रेन्ट *n.* restraint, compulsion, loss of freedom of action, विवशता, रुकावट, पाबन्दी, दबाव

**construct** कान्स्ट्रक्ट *v.* to build, to compose, to form, to put together, बनाना, निर्माण करना,

**construction** (-शन) *n.* building, thing constructed, रचना, निर्माण

**consul** कन्सल् *n.* a chief magistrate in ancient Rome, an agent who looks after his country's affair in a foreign country, a state agent, राजदूत, एलची, रोम देश का मैजिस्ट्रेट

**consult** कन्सल्ट *v.* to ask advice, to seek information, to act in accordance with, to give advice, सलाह लेना, विचार करना, परामर्श देना, मत लेना, राय लेना

**consultation** (-टेशन) *n.* act of consulting, conference, परामर्श

**consume** कन्ज्यूम *v.* to spend, to waste away, to destroy, to eat, व्यय करना, खर्च करना, बरतना, नष्ट करना, हटाना

**consumption** कन्जम्पशन *n.* act of using up, waste, wasting disease, उपभोग, क्षय रोग

**contact** कनटैक्ट *v.* to come into touch with, मिलना, टकराना

**contract** कनट्रैक्ट *n.* touch, nearness, meeting, go between, close union, मिलना, टकराना

**contagious** कन्टैजियस *adj.* infectious, transmitted by contact, सम्पर्क से फैलने वाला रोग, संपर्क जन्य

**contaminate** कनटैमिनेट *v.* to make impure, to pollute, दूषित करना, अपवित्र करना

**contemplate** कनटैम्प्लेट *v.* to look at attentively, to intend, to meditate, विचार करना, मनन करना, चिन्तन करना

**contemplation** (- लेशन) *n.* meditation, ध्यान, चिन्ता

**contemporary** कनटैम्पोरेरी*adj.* living at the same time, existing at the same time, समकालीन, समसामयिक, एक ही समय के समव्यस्क

**contempt** कानटैम्पट *n.* hatred, disdain, scorn, घृणा, तिरस्कार, अनादर

**contemptuous** कनटैम्च्युअस *adj.* haughty, scornful, disdainful, insolent, घृणित, घृणास्पद, घृणा करने वाला

**contend** कनटैड *v.* to dispute, to vie with, to say, to maintain, विवाद करना, विरोध करना, झगड़ा करना, कलह करना

**contention** (-शन) *n.* dispute, strife, quarrel, रार, झगड़ा

**content** कन्टैन्ट *v.* to please, to satisfy, खुश करना, संतुष्ट करना

**contentment** (-मैंट) *n.* satisfaction, gratification, संतोष, तृप्ति

**contest** कन्टैन्ट *v.* to dispute, to strive earnestly, to debate,, झगड़ा करना, विवाद करना, जिद्द करना

**contest** *n.* controversy, dispute, झगड़ा, विवाद

**context** कनटैक्सट *n.* connexion, the parts in a book immediately adjoining the sentence quoted, सम्बन्ध, प्रकरण, संदर्भ, प्रसंग

**continence** कान्टीनेन्स *n.* self command, chastity, not indulging in passion, संयम, आत्म नियन्त्रण, इन्द्रिय दमन, बंधन, निग्रह, ब्रह्मचर्य

**continent** कान्टीनैन्ट *n. adj.* not indulging in passion, chaste, self restraint, geographical division, a large extent of land forming, महाद्वीप, यती, संयमी

**contingent** कन्टीन्जैन्ट *n. adj.* dependent, group, possibility, conditional, भाग, अंश, देववश, आकस्मिक, सेनादल

**contingency** (-जैन्सी) *n.* chance happening, आकस्मिक घटना

**continual** कान्टीन्यूअल *adj.* inceasing, frequent, incessant, निरन्तर, बराबर, अविरल, बिना रुके

**continue** कन्टीन्यू *v.* to last, to remain, to carry on, to persist in,to remain, चलता रखना, जारी रखना, टिकना, जारी रहना

**continued adj.** कन्टीन्यूड unceasing, going on, निरन्तर चल रहा, सतत

**continuous** -न्यूअस निरन्तर, चल रहा, सतत

**contraband** कन्ट्रैक्ट *adj. n.* illegal, prohibited, smuggled goods, प्रतिबद्ध वस्तु, तस्करी का माल, नाजायज

**contract** कन्ट्रैक्ट *n.* a bond, agreement between parties, बंधन, समझौता, ठेका

**contract** कन्ट्रैक्ट *v.n.* (bond, agreement between parties), to form friendship, to make smaller व्यवहार करना, छोटा करना, मैत्री करना, सिकुड़ना

**contraction** (-शन) *n.* shrinking, confinement, संकोच

**contradict(kt)** कन्ट्राडिक्ट *v.* to deny, to oppose, to accuse, to gainsay, to be contrary to, इनकार करना, झूठा सिद्ध करना, निषेध करना

**contradiction** कन्ट्राडिक्शन *n.* denial, opposition, not in keeping with another, विरोध, प्रतिकूलता

**contrary** कन्ट्रेरी *adj. n.* opposite, contradictory, way ward, perverse, a thing of opposite qualities, विपरीत, विरोध, खिलाफ, उल्टा

**contrast** कन्ट्रास्ट *v. n.* to stand, to oppose, to set in opposition, oppositon, unlikeness in things compared, तुलना, भेद करना, मुकाबला करना, भेद , अन्तर

**contravene** कन्ट्रावीन *v.* to break a law, to disregard, to violate, to obtruct, निषेध करना, विरोध करना, उल्लंघन करना, झगड़ा करना

**contravention** (-शन) *n.* violation, obstruction, उल्लंघन, निषेध

**contribute** कन्ट्रीब्यूट *v.* to give to some common fund, to lend aid to, write an article, to give along with other, अपना अपना अंश देना, योजना बनाना आविष्कार करना, तदवीर करना

**contribution** (-शन) a literary article, something contributed, उपाय करना, योजना बनाना, अधिकार करना, तदवीर करना

**contrive** कन्ट्राइव *v.* to plan, to invent, to manage, उपाय करना, योजना बनाना

**contrivance** (वैन्स) *n.* a deceitful practice, a plan or scheme, कपट योजना, चाल

**control** कन्ट्रोल *n.v.* restraint, power, check, to govern, to restrain, संयम, शक्ति, अधिकार, आज्ञा, अधीन करना, काबू करना

**controversy** कन्ट्रोवर्सी *n.* strife in words, debate, disputation, वाद, वादानुवाद, प्रश्नोत्तर, प्रतिवाद

**controversial** (-शियल) *adj.* disputable, open to, dispute, विवादास्पद, झगड़े वाला

**convalesce** कानवेलस *v.* to regain health, to regain strength after illness, पुनः स्वस्थ होना, स्वास्थ्य लाभ लेना, रोग से धीरे-धीरे स्वस्थ होना

**convalescence** (-सेंस) *n.* gradual recovery of strength, स्वास्थ्य लाभ

**convene** कनवीन *v.* to assemble, to summon, to call, to come together, सभा करना, बुला भेजना, निमन्त्रण देना, सभा बुलाना

**convener** (-अर) *adj.* one who calls a meeting, सभा नियोजक

**convention** (-शन) *n.* assembly, union, coalition, सभा, लोक सम्मति

**convenience** कन्वीनियैन्स *n.* suitableness, any means of giving comfort, fitness, accommodation, सुख, सुविधा, आराम, चैन, योग्यता

**convenient** (ऐट) *adj.* suitable, comfortable, अनुकूल, उपयुक्त

**convent** कानवैन्ट *n.* a religious community, a monastry, nunnery, मठ, गुरुकुल, धार्मिक संस्था, सन्यास आश्रम, विहार

**convention** कन्वैन्शन *n.* an assembly, contract, an agreement, established usage, सभा, मंडल, रूढ़ि, दकियानूसी

**converge** कनवर्ज *v.* to move towards, to tend to one point, झुकना, एक बिन्दु की ओर केन्द्रित होना

**conversant** कन्वरसैंट *adj.* familiar with, acquainted with, proficient, निपुण, जानकार, परिचित

**converse** कनवर्स *v.* to talk easily, to talk familiarly, to interchange thoughts, बातचीत करना, संवाद करना, विचार बदलना

**conversation** (-सेशन) *n.* familiar, talk, बातचीत

**convert** कनवर्ट .*v* to change one's religion, to alter, to turn (n. a converted person) धर्म बदलना, पलटना, बदलना, सुधारना

**conversion** (कन्वर्शन) *n.* change of religion, धर्म परिवर्तन

**convey** कनवे *v.* to carry, to transfer, to impart, to transmit, ढोना, ले जाना, पहुँचाना, बताना, समझाना

**conveyance** (ऐस) *n.* vehicle, act of carrying, गाड़ी, ढुलाई

**convict** कनविक्ट *n. v.* a criminal, a guilty person, prisoner, to declare guilty, बन्दी, अपराधी, पापी, अपराधी ठहराना, मुकद्दमा चलाना

**conviction** (-शन) *n.* proving guilty, strong belief, दोष की सिद्धि, दोषारोपण, दृढ़विश्वास

**convince** कनविन्स *v.* to persuade, to cause to believe, विश्वास दिलाना, मनाना, यकीन दिलाना

**convocation** केन्वोकेशन *n.* the act, assembly, an assembly of clergy, the act of convoking heads of a university or clergy etc. निमन्त्रण, सभा, पादरियों का संघ, विश्व विद्यालय का बुलावा

**convoy** कनवाय *n. v.* protection, armed force, to conduct, to escort, to accompany for protection, संरक्षण, युद्ध सामग्री ले जाने वाला जहाज या बेड़ा, रक्षा, हिरासत

**convulse** कनवल्स *v.* to shake violently, to contract, बल देना, ऐंठना, खींचना, अकड़ना

**convulsion** (-शन) *n.* fit of laughter, involuntary contraction of the muscles, हँसते -हँसते लोट जाना, ऐंठन

**coo** कू *n.v.* sound of a dove or a pigeon, पेड्डुकी व कबूतर का गुटकना

to make a soft murmuring sound कबूतर व फाख्ता का सा शब्द करना

**cook** कुक *n.v.* one who prepares food, to prepare or bake food, to concoct, पाचक, रसोई बनाने वाला

**cool** कूल *n. v. adj.* somewhat cold, calm, deliberate, to make cool, to become cool, शीतल, शान्त, विचारवान, ठंडा करना, शान्त होना

**coolie** कुली *n.* a porter, labourer, सामान ढोने वाला, मजदूर

**coop** कूप *v. n.* to inclose, to confine, a coop, a fishing basket, a cage, a pen, कैद करना, वन्दी रखना, मुर्गे ढकने व मछली वाली टोकरी

**co-operate** कोआपरेट *v.* to act jointly, to work together, शरीक होना, सहयोग देना, साथ-साथ काम करना

**co-operation** (-शन) *n.* working together for a purpose, सहयोग, सहोद्योग

**co-ordinate** कोआर्डिनेट *v.adj.* to harmonize, to adjust, to make work smoothly, to bring parts into proper relation, of the same rank, बराबर करना, समान पद में लाना, समान पद वाला

**co-ordination** (-शन) *n.* harmony, adjustment, सामंजस्य, एकीकरण

**copious** कोपियस *adj.* abundant, diffusive, plentiful, overflowing, बहुत, प्रचुर, काफी, विपुल

**copper** कॉपर *n.* a metal, a vessel, ताम्र, बर्तन, पैसा

**copy** कापी *v.n.* to transcribe, to imitate, exemplar, reproduction, imitation, नकल करना, उतारना, नकल, हस्तलिपि, प्रतिलिपि

**coquetry** कांकैटरी *n.* flirtation, attractive prettiness, trifling in love, चोचला, नखरा, हावभाव

**coral** कोरल *n.* a hard calcareous skeleton of certain tiny animal, मूंगा, प्रवाल

**cord** कार्ड *n.* a thin rope, a thick string, a twisted string, डोरी, शरीर में बारीक तन्तु धागा, रज्जु

**cordial** कार्डियल *adj. n.* hearty, invigorating, sincere, cheering, an invigorating drink, हार्दिक, धातु पोषक, मैत्रीपूर्ण, उत्साहवर्धक, शक्तिदायक पेय

**cordially** (-ली) *adv.* heartily, sincerely, warmly, तपाक से, हृदय से

**cordon** कारडोन *n.v.* a ribbon given as a badge of honour, a line of military posts मंडल, चक्र, घेरा,

**core** कोर *n.* innermost part, the heart of anything, गुद्दा, गिरी, अन्तर्भाग

**cork** कार्क *n.v.* bark, skin, stopper, the outer bark of the cork tree, to put cork, डाट, डट्टा, छाल, बन्द करना, डाट लगाना

**corn** कार्न् *n.* a grain, bread stuff, maize or Indian corn, thorny tumour on feet, दाना, अन्न, धान्य, अनाज, पैर की उँगलियों पर छाला

**cornea** कारनिया *n.* the interior transparent membrane of the eyeball, आँखों की पुतली, आँख का ढेला

**corner** कारनर *n.v.* secret or retired place, angle, a dificult position, to drive in a corner, कोण, कोना, एकान्त, छोर, किनारा, कठिन स्थिति, गुप्त स्थान, कोने में रखना

**cornice** कारनिस *n.* a plaster moulding round a ceiling, दीवार का साज, मंडेर, डौली

**coronation** कारेनेशन *n.* the ceremony of crowning a king, the act of crowning a sovereign, राजतिलक, राज्याभिषेक, राजगद्दी

**corporal** कारपोरल *adj.* material, pertaining to the body, opposed to the mind, *n.* a corporal in navy, शारीरिक, कायिक, देह सम्बन्धी, नायक

**corporate** कारपोरेट *adj.* united in a body, united, संतुष्ट, मिला हुआ, सम्मिलित

**corporation** कारपोरेशन *n.* a town council, a body of persons, निगम, समाज, मण्डली

**corporeal** कारपोरियल *adj.* bodily, material, शारीरिक, शरीर सम्बन्धी

**corps** कोर *n.* body of troops, पलटन, सैन्यदल

**corpse** कारपस*n.* a dead body, मृतक, लाश, शव

**corpuscle** कारपस्सल *n.* a minute particle of blood, a blood plasma, जीवाणु, रक्त, बिन्दु

**correct** करैक्ट *v. adj.* to mark errors in, to remove faults from, to set right, to amend, true, accurate, ठीक करना, भूल सुधारना, दण्ड देना,

**correction** करेक्शन *n.* amendment, setting right, punishment, भूल सुधारना, शुद्ध, दण्ड

**correlate** कोरिलेट *n.v.* things related to each other, to have mutual relation, परस्पर सम्बद्ध, आपस में सम्बन्ध जोड़ना, अन्योन्य सम्बन्ध

**correspond** कारसपाण्ड *v.* to be in harmony with, to suit, to be similar, to communicate, मेल खाना, समान होना, पत्र व्यवहार करना

**correspondence** (-डैंस) *n.* an agreement, likeness, communication by letters, letters, मेल, समानता, पत्र व्यवहार, डाक

**corridor** कारिडोर *n.* an open gallery, a main passage, दहलीज, बरामदा, परिक्रमा

**corrigible** कारिजिबल *adj.* open to correction, capable of being corrected, सुधारने योग्य

**corroborate** कारोबरेट *v.* to support, to confirm, to verify, to establish, पुष्ट करना, समर्थन करना, सहायता करना

**corrupt** करप्ट *v. adj.* to bribe, to make impure, to become impure, spoiled, patrid, घूंस देना, खराब करना, भ्रष्ट करना, घूंस खोर, भ्रष्ट, सड़ा हुआ

**corruption** (-शन) *n.* bribery, impurity, evilness, धूर्त्तता, अनैतिकता, बुराई

**cortege** कारटिज *n.* a train of attendants, retinue, procession, नौकरों की टोली, जुलूस, परिजन

**cosmetic** कास्मैटिक *adj. n.* imparting or improving beauty, preparation for this purpose, शोभावर्धक, शोभा प्रद, उबटन, बुटना, अगराग

**cosmic** कास्मिक *adj.* of the universe, rising or setting with the sun, जगत सम्बन्धी, ऐहिक, सासांरिक, सूर्य के साथ उदय व अस्त होने वाला

**cosmology** कास्मालोजी *n.* the science which investigates the origin of the world, the science of the universe, विश्व विद्या, विश्व के उद्‌गम का खोज सम्बन्धी ज्ञान

**cosmonaut** कास्मोनॉट *n.* a flier in space, अन्तरिक्ष यात्री

**cosmopolitan** कास्मोपालिटन *n.* a world citizen, one who belongs to all parts of the world, विश्व सम्बन्धी, जगन्मित्र, सर्वत्र वास करने वाला

**cosmos** कास्मास *n.* the universe, the world as an orderly system, संसार, विश्व, जगत

**cost** कास्ट *n.v.* to bring, to be valued at, expenses, what is paid to obtain anything, दाम, मूल्य, कीमत, मूल्य रखना, दाम लगाना, व्यय होना

**costly** (-ली) *adj.* expensive, valuable, of great cost, मूल्यवान, कीमती

**costume** कास्ट्यूम *n.* a style, fancy dress, complete set of outer garments, पहरावा, वेश, बढ़िया पहरावा, वाना, भूषा

**cosy** कोजी (cozy, cosey) warm, snug, comfortable, आरामप्रद, सुखद, हितकर

**cot** कॉट *n.* a cottage, a bed for children, a small dwelling, झोपड़ी, खाट, बिस्तर, चारपाई, बिछौना, शय्या

**coterie** कोटरी *n.* a clique, a set of persons united together for social intercourse, a literary gathering, सामाजिक संघ

**cottage** कोटेज *n.* a small dwelling, a small house, a country residence, a hut, झोपड़ी, कुटिया, कुटीर, पर्णशाला

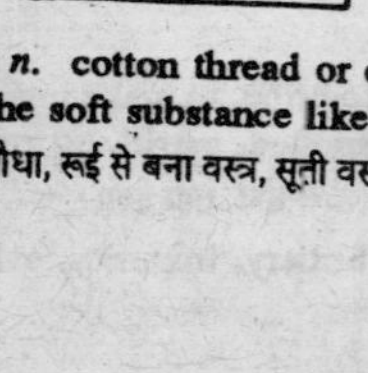

**cotton** काटन *n.* cotton thread or cloth, made of cotton, the soft substance like fine wool, रूई, कपास का पौधा, रूई से बना वस्त्र, सूती वस्त्र

**couch** काउच *n.v.* a bed, a padded piece of furniture, to express, lay down on a bed, शय्या, काउच, सोफा, लेटना, वर्णन करना, छिपाना

**cough** कफ् *n.* a diseased condition of respiratory organ, to expel air from the lungs violently, खांसी, खांसना

**council** काउँसिल *n.* an assembly of persons, a convocation, a municipal body (councillor) विचार सभा, परिषद

**counsel** कौंसल *v.n.* to give advice, advice, plan, design, consultation, सलाह, सम्मति, परामर्श, योजना, सलाह देना

**count** काउँट *n. v.* sum total, reckoning, an English title, to sum up, to consider, गिनती, गणना,, एक अंग्रेजी पदवी, गिनना, विचारना

**countenance** काउंटीनैस *n.v.* expression, face, to favour, to face, to support, आकृति, चेहरा, पक्ष लेना, सामना करना, मदद देना

**counteract** काउँटरैक्ट् *v.* to defeat, to hinder, to act against, हराना, विरोध करना, रुकावट डालना

**counterfeit** काउँटर फीट *n. adj.v.* to imitate, to forge, forgery, forged, not genuine, खोला, नकली, नकल करना, जालसाजी करना

**counter foil** काउँटर फायल *n.* the corresponding part of a bank cheque, receipt etc., प्रतिरूप, नकल

**countermand** काउँटरमौंड *v.n.* to cancel, to revoke, revocation, to contradict, उल्टा आदेश, पहली आज्ञा को काटना, विरोध करना

**counterpart** काउँटरपार्ट *n.* a duplicate, a complementary part, प्रतिमूर्त्ति, सहायक अंग, जोड़, मेल

**countersign** काउँटरसाइन *v. n.* to add signature, a watchword, हस्ताक्षर किए हुए पर पुनः हस्ताक्षर करना, सांकेतित शब्द

**country** कन्ट्री *n.* a region, rural districts, citizens, देश, देहात, गाँव, प्रजा

**county** काऊँट्री *n.* a territorial division, जिला, मण्डल, विलायत का सूबा

**coup** कू *n.* a sudden successful move, a master stroke, a sudden telling blow, चोट, विप्लव, विद्रोह, धावा, आक्रमण

**coupe** कूपों *n.* a carriage, a stage coach, बग्गी, गाड़ी

**couple** कप्पल *n.v.* a pair, man and wife, to link together, to unite, to marry, युगल, जोड़ा, जोड़ना, मिलाना, शादी करना

**couplet** कपलैट two lines of a verse that rhyme with each other, दोहा, पद्य की दो पंक्ति, श्लोक

**coupon** कूपन *n.* a part of a ticket, a piece cut from an advertisement, रसीद, चिट्ठी

**courage** करेज *n.* bravery, fortitude, valour, quality to face danger, धैर्य, हौसला, पराक्रम, वीरता

**courageous** (-जिअस) *adj.* brave, fearless, वीर, निर्भीक

**courier** कोरियर *n.* a messenger, हरकारा, दूत, सन्देश वाहक

**ourse** *n.* a course of reading, procedure, way, progress, conducts, menses, गति, मार्ग, पाठ्यक्रम, ढंग, प्रगति, आकृति, आचरण, मासिक धर्म

**ourt** कोर्ट *n.* a yard, royal residence, council attention, आंगन, कचहरी, राजपाट, सभा, ध्यान

**ourteous** (-टिअस) *adj.* kind, well-bread, civil, दयालु, कुलीन, शिष्ट

**ourtesy** कटसी *n.* civility, a polite behaviour, a low bow, अभिवादन, शिष्टाचार, नमस्कार

**ourtmartial** कोर्टमार्शल *n.* a military court, a court held by military officers, फौजी अदालत

**ourtship** कोर्टशिप *n.* the act of wooing, wooing in love, विवाह के लिए पीछा करना व प्रेम लगाना, विवाह की प्रार्थना

**ourtyard** कोर्टयार्ड *n.* enclosed ground, an inclosed space adjoining a house, आंगन, सेहन

**ousin** कजन *n.* the son or daughter of an uncle or aunt or kinsman or a title used by sovereign, descendent of either, चचेरा, मौसेरा, ममेरा, फुफेरा भाई या बहन, एक नवाब व राजा द्वारा दूसरे को सम्बोधन करने का शब्द

**over** कवर *v. n.* to shelter, to protect, to include, to conceal, to suffice, शरण देना, रक्षा करना, सम्मिलित करना, छिपाना, ढकना, पर्याप्त होना, जिल्द, लिफाफा

**overing** (-रिंग) *n.* anything which covers, cover, ढकना, ओढ़ना, चादर

**vet** कवेट *v.* to desire eagerly, to lust after, बहुत चाहना, लोभ करना, उत्कट इच्छा करना

**vetous** (-टस) *adj.* very desirous, avaricious लोलुप, लोभी

**w** काऊ *n.v.* the female of ox, the female of other animals, to depress with fear, गाय, अन्य जानवरों की मादा पशु, भयभीत करना व होना

**ward** कावर्ड *n.* timid, faint hearted, one without courage, one who turns tail डरपोक, कायर, भीरू, थोड़े दिल का

**wherd** काऊहर्ड *n.* a tender of cows, one who tends cows, ग्वाला, अहीर

**y** कॉए *n.* modest, shy, bashful, demure, संकोची, शर्मीला, नम्र, एकान्त प्रिय

**cozy** see cosy,

**crab** क्रैब *n.* a kind of ten-footed crustacean, a machine for hoisting weights, a wild bitter apple, केकड़ा, कर्कराशि, भारी बोझ उठाने मशीन, कड़वा सेव

**crack** क्रैक *n.v.* sharp sudden noise, a cracking sound, to make a sharp sound, a sharp blow noise, तेज धमाका, शोर, समाचार, तेज धक्का, कड़कड़ की आवाज

**cracker** क्रैकर *n.* a fire work exploding with a sharp sound, पटाखा, मुर्रा, सिघाड़ा

**crackle** क्रैकल *n.v.* a cracking sound, to make a cracking sound, चटकना, कड़कना, कड़कड़ाना, भड़कना, कड़ाके का शब्द करना

**cradle** क्रैडल *n.v.* cot for infants in fancy, a rocking bed, to rock in a cradle, to nurse, हिंडोला, झूला, पालना, झुलाना, शैशव

**craft** क्राफ्ट *n.* a trade, manual skill, fraud, a small trading vessel, boat, cunning, शिल्प, व्यापार, कौशल, कला, धूर्तता, मक्कारी, नाव

**craftman** क्राफ्टमैन *n.* an artisan, a member of a particular trade, कारीगर, शिल्पी, हस्तकार, कर्मकार

**crafty** क्राफ्टी *adj.* artful, cunning, deceitful, मक्कार, धूर्त, कपटी

**crag** क्राग *n.* a steep or rugged rock, peak, neck, a rough steep rock, विषम या खुरदरी चट्टान, दर्रा, शिखर, ग्रीवा, खड़ी ऊँची ढलवान चोटी

**cram** क्रैम *n.v.* stuff, to stuff, t o fill to repletion, to eat greedily, to stuff the memory with facts for an examination, भराई, भरती, ठूँसना, रट्टे लगाना, दिमाग में ठूँसना

**crane** क्रेन *n.* a large wading bird, machine for raising heavy weights, v. to stretch out the neck, लकलक, सारस, भारी बोझ उठाने वाली मशीन

**crank** क्रैक *n.* any bend, twist in speech, a device for passing on motion, an ill tempered person, घेर, का मुड़ा हुआ भाग, वक्रता, वक्रोक्ति, झक्की

**crash** क्रैश *v.n.* to make a loud noise, to fall to the earth, to strike violently, a violent sound, a collision, धमाका करना, धरती पर गिरना, जोर से टकराना, धमाका, गड़गड़ाहट

**crate** क्रेट *n.* an open work container, a wicker hamper, a large frame, a case, टोकरी, ढाँचा, बक्स, झाँप

**crater** क्रेटर *n.* the bowl shaped mouth of a volcano, a hole made in the ground by a bomb, ज्वालामुखी, विस्फोट से बने गड्ढे

**crave** क्रेव *v.* to long for, to beg earnestly for, to require, to ask for with humility, उत्कट इच्छा करना, नम्र निवेदन करना, चाहना, मांगना, गिड़गिड़ाना, याचना करना

**craving** (-इंग) *n.* an earnest desire, longing, उत्कट इच्छा, लालसा

**crawl** क्रॉल *v.* to creep, to walk slowly along the ground, to move as a worm does, n-a slow pace, रेंगना, खिसकना, सरकना, धिसटना, धीमा कदम

**crayon** क्रेयान *n.* a coloured pencil, रंगने की पैंसिल या खड़िया

**craze** क्रेज *v.n.* to render insane, insanity, fancy, mania, पागल बनाना, सनक, पागलपन, झक

**crazy** (-ई) *adj.* mad, frail, पागल, उन्मत

**creak** क्रीक n.v. mad, harsh grating sound, चरचर श्ब्द करना, चूँ चूँ का शब्द

**cream** क्रीम *n.* oily substance, the rich oily part of milk, मलाई, सारांश, सत

**crease** क्रीस *n.* a fold, a wrinkle v. to make a crease, सिकुड़न, तह, चुनन, तह का निशान, तह करना

**create** क्रियेट *v.* to originate, to beget, to form out of nothing, to bring into existence, उत्पन्न करना, पैदा करना, निर्माण करना

**creation** (-शन) *n.* created things, the universe, सृष्टि, निर्माण की गई वस्तु

**creature** क्रीचर *n.* an animal, an animate being, a puppet, anything created, जीव, प्राणी, साघन, जन्तु, गुलाम

**credence** क्रीडेन्स *n.* belief, trust, (credential, n. written evidence, authority) साख, विश्वास, प्रमाण, निश्चय

**credible** क्रैडिबल *adj.* believable, worthy of belief, probable, trustworthy, विश्वसनीय, विश्वासपात्र, प्रामाणिक

**credit** क्रैडिट *v.n.* to trust, to believe, to enter on the credit side of an account, belief, honour, trust, प्रतीति, विश्वास, कीर्ति, मान, धाक

**cre ditable** (एबल) *adj.* trustworthy, worthy of honour, विश्वसनीय, सम्मान योग्य

**credulous** क्रैडुलूस *adj.* unsupecting, one who believes readily, believing too easily, श्रद्धालु, सहज में विश्वास करने योग्य

**creep** क्रीप *v.* to move slowly, to move on or near the ground, to shudder, to grow as a vine, रेंगना, बेल की तरह चढ़ना, धीरे-धीरे सरकना

**creeper** क्रीपर *n.* a creeping plant, that which creeps, बेल, रेंगनेवाला, लता

**cremate** क्रीमेट *v.* to consume by fire, to burn the dead मुर्दा जलाना, दाग देना, दाह संस्कार करना

**cremation ground** क्रिमेशन ग्राउँड *n.* place for burying dead bodies, श्मशान भूमि, मरघट

**crest** क्रैस्ट *n.* mane, head of mountain, a tuft on animals' head, कलगी, मुकुट, तुर्रा, शिखा, शिखर

**crew** क्रियू *n.* a ship's company, a gang, mob, the group of people in charge of an aeroplane, bus etc. मल्लाहों का जत्था, संघ, समूह, जहाज के कर्मचारी

**cricket** क्रिकेट *n.* an insect, an outdoor game played with ball, wickets, bat etc, झींगुर, एक खेल, क्रिकेट

**crime** क्राइम *n.* a sin, a punishable act, wrong doing, अपराध, पाप, दुष्कर्म, गुनाह

**criminal** क्रिमिनल *adj.* guilty of a crime, concerned with crime, अपराधी, अपराध सम्बन्धी

**crimson** क्रिमजन *n.v.* of a deepred colour, to crimson, गहरे लाल रंग का, गुस्से में आना, चेहरा, लाल होना

**cripple** क्रिप्पल *n.* lame, disable, लंगड़ा, लूला, अपाहज, पंगु

**crisis** क्राइसिस *n.* critical moment, a turning point, the time of greatest importance, संकट बेला,

**crisp** क्रिस्प *adj. v.* curting, dry and brittle, bracing, firm, to make crisp, घुँघराला, फुसफुसा, भंगुर, कुड़कीला

**criss cross** क्रिसक्रॉस *n.* an intersection, a child's game, adj. crossing one another, कटाव, बच्चों का एक खेल, एक दूसरे का घेरा लगाने वाला

**criterion** क्रिटेरियन *n.* principal, standard, rule law, सिद्धान्त, प्रमाण, पैमाना, तोल, कसौटी

**critic** क्रिटिक *n.* one who pronounces judgment, a judge of literary work, समालोचक, गुणदोष निरुपक, गुण दोष ग्राही

**critic-** *(Pl)* **rules,** पैमाने

**critical** (-कल) *adj.* skilful, fault finding, of great importance, चतुर, दोष ढूढ़नं वाला, महत्वपूर्ण

**croak** क्राक *n.v.* to grumble, the sound of the raven or frog, to murmur, मेढकों की टर्र टर्र, गुड़ैं, गुड़ैं

**crockery** क्राकरी *n.*earthen ware and china vessels, घड़ा, चीनी के पात्र

**crocodile** क्रोकोडाइल *n.* a large reptile, a large lizard like ambhibian reptile, मगर, नक्र, घड़ियाल, मगरमच्छ

**crook** क्रोक *n.v.* a bend, a hooked staff, a swindler, to bend, to be bent, मोड़, बल, बांक, गड़रिए का आंकड़ा, झुकाना, झुकना, कुटिल

**croon** क्रून *v.n.* to hum, to sing quietly, गुनगुनाना, भनभनाना, महीन स्वर

**crop** क्राप *n.v.* the produce of the ground, a bird's craw, hair cut, a whip, to reap, to appear unexpectedly, खेती, बाल बनाने का यंत्र, पक्षियों का झुंड, चाबुक की मुठिया, खेती काटना, सहसा प्रकट होना

**cross** क्रॉस *n. adj. v.* the cross on which Christ was crucified, the Christian religion, intermixture, आड़ी खड़ी रेखा, टिकठी जिस पर ईसा मसीह को फाँसी दी गई, भिन्न जाति से उत्पत्ति, विपरीत, काटना

**crossbow** क्रासबो *n.* a shooting weapon, having a bow across the stock, आड़ा, धनुष, कमान

**cross breed** क्रासब्रीड *n.* an animal produced by a male and female of different varieties, दोगला, दोनसला

**cross examination** क्रास एक्कजामीनेशन *n.* a close examination of the witness by the opposing counsel, परीक्षा, प्रश्नोत्तर रूप में सवाल दर सवाल से परीक्षा लेना, जिरह

**crossing** क्रासिंग *n.* the state, meeting of four roads, चौक, चौराहा, चतुष्पथ

**cross question** क्रास क्वेश्चन *v.* cross examine, जिरह करना, बहस मबाहसा

**cross ventilation** क्रास वैनटीलेशन *n.* ventilation from two directions at the same time, हवा का दोनों दिशओं से एक ओर बहना

**crosswise** क्रासवाइस *adv.* in the form of cross बेंडेबल, आरपार सा, क्रास के आकार में

**crouch** क्राउच *v.* to stoop, to bend, to cringe, झुकना, चापलूसी करना, विनय करना

**crow** क्रो *n,v.* a large blackbird, the crowing of the cock, कौवा, मुर्गे की बांग, बांग देना, मुर्गे की आवाज निकालना

**crowbar** क्रोबार *n.* a large bar of iron, लोहे का डंडा, रंभा

**crowd** क्रऊड *n,v.* swarm, populace, to press close together, a large gathering, a large number, a throng, संघ, भीड़, जनसमूह, भीड़ भाड़ लगाना, जमा होना

**crown** क्राउन *n,v.* regal power, a monarch's head covering, top of head, skill, five shillings, to reward, to place a crown on the head मुकुट, राजकीय शक्ति, खोपड़ी, पांचशिलिंग, इनाम देना, मुकुट पहनना

**crucial** क्रूश्यल *adj.* searching, intersecting, critical, testing, decisive, प्रामाणिक, छानवीन करने वाला, तिरछा, निर्णायक

**crucify** क्रसीफाई *v.* to torture, to put to death on a cross फाँसी पर चढ़ाना, फाँसी पर लटकाना

**crucification** क्रूसिफिकेशन *n.* death on the cross, death of Christ महात्मा ईसा की सूली

**crude** क्रूड *adj.* unrefined, blunt, tactless, not smooth, rude, unpolished, कच्चा, रूढ़, असभ्य, अपरिपक्व, अशिष्ट

**cruel** क्रूअल *adj.* savage, painful, hard hearted, क्रूर, जंगली, निष्ठुर, निर्दय, कठोर

**cruelty** (-टी) *n.* savagery, mercilessness, inhumanity, बर्बरता, निर्दयता, क्रूरता

**cruise** क्रूज *v,n.* to sail to and fro, a cruising voyage, to wander about, a voyage for pleasure समुद्र में इधर-उधर यात्रा करना, समुद्री यात्रा, मनोरंजन के लिए समुद्री यात्रा

**crumb,** क्रम्ब *n.* a fragment or morsel of bread, atom, particle, अंश, खंड, रोटी का भाग, ग्रास, टुकड़ा

**crusade** क्रूसेड *n,v.* Christian expedition to recover holyland, to engage in crusade, ईसाइयों का धर्मयुद्ध, धर्मयुद्ध छेड़ना

**crush** क्रश *v.* to subdue, to over whelm, to break, to squeeze, कुचलना, दबाना, चूर-चूर करना, तोड़ना, भिंचना

**crust** क्रस्ट *n,v.* outside coating, the outer part of the earth, to form a crust छिलका, परत, पपड़ी, पपड़ी पड़ना

**crutch** क्रच any support, a staff or support for cripples. बैसाखी, लँगड़े व्यक्ति की लाठी

**cry** क्राई *v,n.* to utter a shrill loud cry, to shed tears, to announce in public, a shrill cry, चिल्लाहट, शोर, आँसू बहाना, रुदन

**crystal** क्रिस्टल *n.* a clear quartz, cut glass, anything bright, glassware, स्फटिक, बिल्लौरी पदार्थ

**cub** कब *n.* the young one of a fox, bear, lion or other wild animals लोमड़ी, भालू, शेर व अन्य जीवों का बच्चा

**cuckold** कुकोल्ड *n.* the husband of an unfaithful wife, व्यभिचारिणी स्त्री का पति, भड़वा, पत्नी की कमाई खाने वाला

**cuckoo** कुक्कू *n.* a migratory bird, a simpleton, कोयल, कोकिला पक्षी

**cucumber** क्युकुम्बर *n,* a creeping plant with a long fruit used as a salad and a pickle, ककड़ी, खीरा

**cud** कड् *n.* the food which a ruminating animal brings back from first stomach in the mouth and chews it again, जुगाली, चर्ब्य, पागुर

**cuddle** कडुल् *n.* to fondle, to lie close, to embrace, आलिंगन करना, प्रेम से दबाना, गोद में सोना, चिपटे रहना

**cudgel** कज्जल *n,v.* a short thick stick, to beat with a cudgel, a heavystaff, a club, सोटा, डण्डा, लट्ठ, छड़ी

**cue** क्यू *n,* a hint about how to act, the last words of another actors' speech, a rod, a pigtail. संकेत का शब्द, नाटक में पात्र के कथन का अन्तिम शब्द, इशारा, अँटा खेलने का बल्ला

**cuff** कफ् *n,* a covering for the wrist, the bottom part of a sleeve v, to strike with fist, आस्तीन का अगला भाग, मुक्का मारना, झगड़ना

**cull** कल् *v.* to select, to pick out, चुनना, तोड़ना, बीनना, चुगना

**culminate** कल्मीनेट *v.* to reach the highest point, शिखर पर पहुँचना, परम कोटि को प्राप्त होना

**culmination** (-शन) *n.* the highest point, the greatest development चोटी, अत्यन्त उन्नत अवस्था

**culpable** कल्पेबल *adj.* criminal, censurable, faulty, deserving blame, दण्डनीय, दण्ड के योग्य, अपराधी, सदोष

**culprit** कल्प्रिट *n.* criminal, offender, prisoner, one accused of a crime, अपराधी, दोषी, कैदी

**cult** कल्ट *n.* a particular ritual, a subject of special study, a system of religious belief, धार्मिक मत, विशेष अध्ययन का विषय, पूजा, उपासना

**cultivate** कल्टिवेट *v.* to bring under plough, to till, to cherish, to study, खेती करना, धरती बोना, अभ्यास करना, उन्नति करना, सुधारना

**cultivation** (-शन) *n.* tilling the land, cultivated state कृषि, खेती

**culture** कल्चर *n,v.* production, improvement, to improve, to cultivate, civilization, उत्पत्ति, जोताई, उत्कर्ष, उन्नति करना, सभ्यता

**culvert** कल्वर्ट *n.* an arched watercourse under a road etc. पानी का मार्ग, मोरी, पुलिया

**cumber** कुम्बर *v.* to block up, to hamper, to be in the way of, to hinder, रोकना, रुकावट डालना, रोड़ा अटकाना

**cumulative** क्युमुलेटिव *adj.* representing the sum of many items, increased by additions जोड़ने वाली, इकट्ठा होने वाली

**cunning** कनिंग *n,adj.* skill, cleverness, dexterity, deceit, skilful, clever, चातुर्य, फुर्ती, चतुराई, मक्कारी, चतुर, धूर्त

**cup** कप *n.* a small drinking vessel, an earthenware, contents of cup कप, प्याला, बर्तन, प्याली में पड़ी चीज

**cupboard** कब्बर्ड *n.* recess, case with shelves, a closed cabinet, आलमारी, खाने, खानों वाला सन्दूक, टाँड, घिरौंची

**cupidity** क्यूपिडेटी *n.* covetousness, greed of gain, लाभ की लालसा, प्रगति की भूख, अति लोभ

**cur** कर *n.* selfish fellow, surly, a dog, illbred person, स्वार्थी, कुत्ता, नीच या भीरू पुरूष

**curate** क्यूरेट *n.* a clergyman who assists a vicar, पादरी का सहायक

**curator** क्यूरेटर *n.* custodian of museum, the superintendent of a museum, art gallery etc, संग्रहालय का अध्यक्ष

**curb** कर्ब *n,v.* check, restraint, to restrain, to check, रोक, रोकना, बंधन, प्रतिबन्ध, प्रतिबंध लगाना, रोकना

**curd** कर्ड *n.* coagulated milk, thickened part of milk, दही, जमाया हुआ दूध

**cure** क्योअर *n,v.* treatment, remedy, to treat, to remedy, to restore to health, healing, to heal इलाज करना, स्वस्थ बनाना, दवाई देना, हलाज, उपाय, अच्छा करना

**curfew** करफ्यू *n.* declaration of martial law, marking time after which inhabitants must be within doors, मार्शल ला, समय की घोषणा जिसके अनुसार लोग घरों में ही बंद रहते हैं

**curiosity** क्यूरियसिटी *n.* rare things, eagerness to know, inquisitiveness, अद्‌भुत वस्तु, उत्सुकता, उतावनापन, कौतूहल, आश्चर्य

**curious** क्यूरिअस *adj.* eager, anxious, strange, odd, उत्सुक, अद्भुत, अनोखा

**curl** कर्ल *n.* curved state, spiral, spiral lock of hair, to take curved shape, to bend into curved state, छल्ला, घूँघर, जुल्फ, अल्क, पेंच

**curly** कर्ली *adj.* twisting, waving, tending to curl घुघराल

**currency** करैंसी *n.* of being current, circulation, coins, current value, सिक्का, रीति, सरकारी नोट, बाजार का भाव

**current** करैंट *adj.* passing from hand to hand, now passing, general tendency, electric force, flow, प्रचलित, वर्तमान, टकसाली, सर्व सम्मत, विद्युतप्रवाह

**curriculum** करिकुलम *n.* a course of study (curricula-plural) पाठ्य पुस्तकों की सूची

**curry** करी *n.* a highly spiced, Indian sauce. कढ़ी, शोरबा

**curse** कर्स *v,n.* that which causes evil, a profane oath, to cause evil to, to swear, divine vengeance, श्राप, श्राप देना, निन्दा करना, बददुआ देना

**cursory** करसरी *adj.* hasty, careless, hurried, घसीटा हुआ, अधूरा, चलता सा, सरसरी, शीघ्र

**curtail** करटेल *v.* to cut short, to make less, to reduce, कम करना, छोटा करना, संक्षिप्त करना

**curtain** करटेन् *n.v.* to inclose with curtains, the hanging drapery at a window, screen, पर्दा लगाना, पर्दा, मसहरी, आवरण

**curve** कर्व् *n,v.* a bend, a line that is not straight, to bend in a curve, मोड़, मोड़ना, लचाना, खमदेना

**cushion** कुशन *n.* a case filled wi'h shoft stuff for resting on, a stuffed bag, गद्दा, तकिया, मसनद

**custard** कसटर्ड *n.* a mixture of milk and eggs boiled and baked पका हुआ अंडा और दूध

**custodian** कसटोडियन *n.* a keeper, guardian of a public building, one who has the care of anything. रक्षक, रखवाला, पालक

**custody** कस्टडी *n.* guardianship, care, imprisonment, रक्षा, पालन, जेल

**custom** कस्टम *n.* established usage, business support, unwritten law, duties on imported and exported goods, रिवाज, रीति, अलिखित कानून, आयातित व निर्यातित सामान पर चुंगी

**customary** (-अरी) *adj.* usual, habitual, रिवाजी

**cut** कट् *v,n.* to separate with a sharp instrument, to divide, to trim, to intersect, to abridge, काटना, बांटना, टुकड़े करना, छेद करना, तीक्षी चोट, जख्म, घाव

**cute** क्यूट् *adj.* sharp, clever, cunning, तेज, पैना, चतुर, धूर्त्त

**cutler** कटलर *n.* one who sells cutting instruments,

**cutout** कटआउट *n.* a switch like contrivance to cut off an electric light from the circuit, बिजली को सर्किट के काटने वाला उपकरण

**cycle** साइकल *n.* a bicycle, a revolution of a certain period of बाइसिकल, चक्र, दौर, युग

**cyclone** साइक्लोन *n.* a wind storm, a violent चक्रवात, वबंडर, तूफान

**cylinder** सिलिंडर *n.* a roller shaped object machinery of this shape गोल, बेलन, नल

**cynic** सिनिक *n.* one who takes low view of human nature, a morose, surly person, मनुष्य द्वेषी, निन्दाशील, उदासीन, कुटिल, रूखा

**cynical** (-ल) *adj.* unwilling to recognise goodness, churlish, dog, चिड़चिड़ा, दुरात्मक, रूखा, कुत्ता

**cypress** साईप्रस *n.* an evergreen tree whose branches are used to be carried at funerals, सरू का पेड़, सनोबर का वृक्ष

**czar** जार (tsar,tsarina) *n.* the title of the Emperor of Russia राजा, रूस देश के राजाधिराज की पदवी

# D



**D** डी the fourth letter of the English alphabet, अंग्रेजी, वर्णमाला, का चौथा अक्षर

**dab** डैब *v.* to peck, to strike gently, to tap, to smear, चोंच मारना, थपथपाना, खटखटाना

**dab** *n.* a gentle blow, a slight blow, थपका

**dabble** डैबल *v.* to wet slightly, to moisten, to splash, छींटे उड़ाना, गीला करना, जल में हाथ पैर मारना

**dacoit, dakoit** डैकाएट *n.* robber, one of a band of robbers, डाकू, डकैत, लूटेरों का गुट

**dacoity** (-टी) *n.* gang robbery, brigandage, दलबन्दी लुटेरापन, डाका

**dad, daddy** डैड, डैडी *n.* father, a word used by children, पिता, अब्बा

**daffodil** डैफोडिल *n.* a yellow flowered narcissus, नरगिस जैसा एक फूल

**daft** डैफ्ट *adj.* reckless, silly, insane, crazy, असावधान, मूर्ख, पागल, झक्की

**dagger** डैगर *n.* stabbing weapon, a short sword, भाला, कटार, छोटी तलवार

**dahlia** डैलिया *n.* a garden plant with large flowers, एक प्रकार का बड़े फूल का पौधा, डेलिया

**daily** डेली *adj. adv.* day by day, happening every-day, a daily newspaper नित्य, हर रोज, रोज होने वाला, समाचार पत्र

**daintily** डेंटिली *adv.* delicately, deliciously, ele-gantly, कोमलता से, मजे से

**daintiness** डेंटीनैस *n.* delicacy, elegance, कोमलता, लालित्य

**dainty** डैन्टी *n.* delicacy कोमलता

**dainty** *adj.* tasteful, delicate, elegant, स्वादिष्ट, ललित, सुन्दर

**dairy** डेरी *n.* a place where milk is kept, prepared and converted into butter, the shop where dairy produce is sold, दुग्धशाला, डेरी

**dais** डेइस *n.* a canopy, a raised platform, चँदवा, चबूतरा, मंच

**daisy** डेजी a low composite herb with a yellow disk, एक छोटा सुन्दर फूल

**dale** डेल *n.* a vale, a glen, slope, a place between two hills, खड्ड, घाटी, दर्रा

**dally** डैली *v.* to sport, to delay, to play, to idle, क्रीड़ा करना, देरी करना, आवारागर्दी करना

**dalliance** डैलियेन्स *n.* dallying, trifling, क्रीड़ा, विलास,, विहार

**dam** डैम *n.* an embankment to hold water, the body of water thus held in check, mother of beasts, बाँध, पशुओं की माँ

**dam** *v.* to hold back by means of a dam पानी बाँधना, बाँध, बाँधना

**damage** डेमेज *n.* injury, harm, money claimed in compensation for loss, चोट, हानि, हरजाना

**damage** *v.* to injure, to defame, to put to loss, चोट मारना, मानहानि करना, हानि पहुँचाना

**dame** डेम *n.* lady keeper of a boarding house, an elderly woman, a title, गृहिणी, महिला, एक पद

**damn** डेम *v.* to condemn, to censure, to doom to hell, धिक्कारना, श्राप देना, नरक में भेजना

**damnation** (-नेशन) *n.* condemnation, eternal punishment in hell, नरक

**damned** डैमड *adj.* infernal, unwelcome, hateful, नारकीय, अस्वागत, घृणास्पद

**damp** डैम्प *n.* adj. chill, moisture, discouragement, slightly wet,

**dampen** डैम्पन *v.* to dicourage, to deaden, to make damp, हतोत्साहित करना, निष्प्राण करना, सीला करना

**dampness** (डैम्पनैस) *n.* moisture, the state of being damp, नमी, तरी, सीलन करना, ठंडा, उत्साह भंग करना, हतोत्साहित

**damsel** डैमसैल *n.* a girl, a young unmarried woman, युवती, कुमारी, लड़की, अविवाहिता

**dance** डान्स *v.* to jump about, to skip, to perform, नाचना, आनन्द में कूदना, नृत्य करना

**dance** *n.* dancing motion, a dancing party, नाच, नाच मण्डली, नृत्य

**dandelion** डैडोलियन *n.* a common yellow, flowered plant, पीले फूलों वाला एक प्रकार का पौधा

**dandy** डैन्डी *n.* a fop, something very neat and trim, a person who pays much attention to dress, छैला, बाँका, छबीला

**Dane** डेन *n.* a native of Denmark, डेनमार्क निवासी

**danger** डेन्जर *n.* peril, risk, hazard, भय, शंका, खतरा, खटका, डरावना

**dangerous** डेन्जुरअस *adj.* risky hazardous, perilous, भयप्रद, डरावना

**dangle** डेन्गल *v.* to be suspended and moved to and fro, to hover about a person, लटकना, झूलना, आगे पीछे फिरना

**dare** डेअर *v.* to attempt, to take risk of, to have the courage, साहस करना, ललकारना, प्रयत्न करना, जुर्रत करना

**dare-devil** डेअर डेविल *n.* a reckless person, असावधान मनुष्य

**daring** डेयरिंग *n.* boldness, bold, adventurous, courageous, बहादुर, वीर, साहसी, धीरज

**dark** डार्क *adj.* blackish, gloomy, secret, without light, evil, अन्धकार, अन्धेरा, उदास, गुप्त, गूढ़, बुरा

**darken** डार्कअन *v.* to make or become dark or darker, अन्धेरा छा जाना

**darling** डार्लिंग *adj.* one dearly loved, favourite, fondling, दुलारा, अजीज, लाडला, अत्यन्त प्रिय

**darn.** डार्न v.n. to mend clothes, to split, to break, भराई, रफ़ू, रफ़ू करना, मरम्मत करना

**darner** डार्नअर *adj.* one who darns, रफ़ूगर

**dart** डार्ट *n.v.* anything that pierces, a pointed weapon, a game, to throw a missile, नेजा, बर्दी, वर्छी चलाना, फैंकना, झपटना

**dash** डैश *v.n.* to ruin, to throw, to thrust,to depress, to rush, a short race, पटकना, फेंकना, लगाना, तराशना, साहस, धावा, हल्ला, टक्कर, चिन्ह विशेष (-)

**dashing** डैशिंग *adj.* bold, spirited, showy, साहसी, तीव्र, उतावला, भड़कीला, शेखी बाज

**dastard** डैस्टार्ड *n.* a mean coward, डरपोक, भीरू, कापुरूष

**dastardly** डस्टाईली *adv.* cowardly and treacherous, भीरूता व घोखे से

**dastardliness** *n.* भीरूता

**data** डैटा *n.* facts given (plural) datum (singular), स्वीकृत तत्व, मालूमात

**date** डेट *n.v.* the time of an event, to give a date to, to have beginning, the fruit of date palm, a tall tree, तिथि, तारीख, मिति

**daub** डाब *v.n.* smear, to paint without skill, smearing, लेपना, पोतना, थोपना, लिपाई, लेपा पोती

**daubing** डॉबिग *n.* course painting, भद्दी पोताई

**daughter** डॉटर *n.* the female off spring of a man, पुत्री, बेटी, अपनी लड़की

**daunt** डान्ट *v.* to dishearten, to intimidate, त्रास देना, धमकाना, डराना, घुड़काना

**dauntless** डान्टलैस *adj.* intrepid, bold, निर्भय, निडर

**dauntlessly** डांटलैसली *adv.* in a dauntless manner, boldly, निर्भीकता से, साहस से

**dawdle** डाडल *v.* to loiter, to waste time in a trifling manner, आवारा धूमना, समय गँवाना

**Dawdler** डाडलर *n.* one who wastes time, आवारा, समय गँवाने वाला

**dawn** डान *v.n.* to glimmer, to break as the day, beginning, the first appearance of the light in the morning, चमकना, प्रारंभ, पौ फटना, प्रभात

**day** डे *n.* daylight, sunshine, the space of twenty four hours, life time, प्रकाश, धूप, दिन के चौबीस घंटे, जीवन

**dazzle** डैजल *v.* to blind by a glare, to be overpowered by light, to over power by splendour, चौंधा लगना, चौंधियाना

**dazzle** *n.* excess of light, चकाचौंध

**dazzling** डैजलिंग *adj.* very brilliant, चौंधियाने वाला, अत्यन्त चमकीला

**deacon** डेकन *n.* an officer in the Christian Churches, a church officer, छोटा पादरी

**dead** डेड्ड *n. adj.* inanimate, lifeless, destitute of life, inactive, dead person, निष्प्राण, मृतक, मुर्दा, आलसी

**deadly** (-ली) *adj.* deadlike, mortal, intense, fatal, घातक, प्राण नाशक, तीव्र

**deadly** *adv.* extremely, अत्यन्त

**deaf** डैफ *adj.* deprived of hearing, unwilling to hear, बहरा, उपेक्षा करने वाला, जो कान न धरे

**deafness** (-नैस) *n.* the state of being deaf, बहरापन

**deal** डील *v.* to have business, to distribute, to divide, व्यापार करना, बाँटना, व्यवहार करना

**dealer** (-लर) *adj.* a trader, a player at cards, व्यापारी, ताश बाँटने वाला

**dealing** डीलिंग *n.* behaviour, trade, व्यवहार, व्यवसाय

**dean** डीन *n.* cathedral clergyman, person holding important office in the Church or universities, गिरजाघर या कालेज का अधिकारी

**dear** डीअर *adj. n.* precious, costly, beloved, expensive, अमूल्य, प्यारा, कीमती

**dearly** (-ली) *adv.* at a high price, with great fondness, बहुत मूल्य पर, अति प्रेम से

**dearness** (-नैस) *n.* the quality or being dear, महँगाई, प्रियता

**dearth** डरथ *n.* scarcity of food, famine, कमी, अकाल, अभाव

**debacle** डीवैकल *n.* disaster, ruin, collapse, failure, नाश, आपदा, बेहोशी

**debar** डीबार *v.* to prohibit, to preclude, to stop, to prevent, रोकना, निषेध करना, प्रवेश न होने देना

**debase** डीबेस *v.* to lower in value, to adulterate coinage, to make of less value, मूल्य कम करना, मिलावट करना, पदवी घटाना

**debasement** (-मैंट) *n.* degradation, अधोगति

**debate** डीबेट *v.* to discuss, to dispute about, to reason at, बहस करना, तर्क वितर्क करना

**debate** *n.* discussion, वाद विवाद

**debauch** डीवॉच *v.* to spoil, to vitiate, to seduce, to make morally bad, नाश करना, सतीत्व नष्ट करना, नैतिक पतन करना

**debauchery** (-चरी) *n.* habitual lewdness, लम्पटता, वेश्यागमन

**debit** डैबिट *n.* side of book in which sums are entered, बहीखाता, जमा घटाव का खाना

**debit** *v.* to charge, to enter as due, लेना, देय राशि को लिखना

**debris** डैब्री *n.* rubbish, fragments, मलबा, कूड़ा करकट

**debt** डैप्ट *n.* being under an obligation, what one owes to another, what is owed, ऋण, देय रकम, कर्जा, जो देना हो, उधार

**debtor** डैटर *n.* one who owes a debt, one who owes a sum or duty, ऋणी, कर्जदार, देनदार

**debunk** डीबंक *v.* to take away the undeserved good reputation from, to reveal, निष्पक्ष भाव से विचारना, अनधिकृत ख्याति छीनना, प्रकट करना

**debut** डैब *n.* first public appearance on the stage, in society, सभा व मंच पर पहले पहल उतरना

**decade** डीकेड *n.* a series of ten years, a set of ten, दस, दस वर्ष, दशाब्दि

**decadence** डिकेडैंस *n.* falling away from high standards in moral or in arts, पतन, नैतिक, अथवा कलाल्मक, ह्रास, गिरावट

**decline,** डिक्लाइन *n.* पतन, नैतिक अथवा कलात्मक ह्रास, गिरावट

**decalogue** डेकालाग *n.* ten commandments of Christ, ईसामसीह के दस आदेश

**decamp** डीकेम्प *v.* to make off, to abscond, to break camp, भाग निकलना, भगोड़ा बनना, गायब होना

**decant** डीकैंट *v.* to pour off, to pour from one vessel to another, उलटना, नितारना,

**decanter** (-टर) *n.* an ornamental bottle for holding decanted liquor, शीशे के डट्टे की मदिरा की बोतल, कांच पात्र

**decapitate** डीकैपीटेट *v.* to behead, शिरच्छेद करना, बध करना

**decapitation** (-टेशन) *n.* the act of beheading, बध

**decay** डीके *v.* to rot, to fall in ruins, सड़ना, गलना, खण्डहर बनना, मुरझाना, उजड़ना

**decay** डीके *n.* rotting, falling away in ruins, सड़न, पतन, खण्डहर, उजाड़

**decayed** डीकेड *adj.* having lost position, rotten, decomposed, नष्ट, गली सड़ी

**decease** डीसीज *n.v.* death, to die, मृत्यु, मौत, मरना

**deceased** डीसज्ड *adj.* dead, मृतक, मरा हुआ

**deceit** डीसीट *n.* fraud, duplicity, act of deceiving, कपट, छल, धोखा

**deceitfully** (-फुली) *adv.* in a deceitful manner, कपट द्वारा, छल द्वारा

**deceive** डिसीव *v.* to cheat, to mislead, to delude, छल करना, धोखा देना

**decent** डीसैंट *adj.* modest, good, proper, respectable, विनीत, बढ़िया, अच्छा, उचित, आदरणीय

**decency** (-सैसी) *n.* modesty, respectability, propriety of behaviour, विनय, सलीका, मर्यादा,

**decentralise** डीसन्ट्रलाइज *v.* to divide government or organisation among local centres, विकेन्द्रीकरण करना, स्थानिक अधिकार प्रदान करना

**decentralisation** (-नेशन) *n.* transference of central government to a local one, विकेन्द्रीकरण

**deception** डीसैप्शन *n.* trick, fraud, deceiving, something that deceives, धोखा, छल, ठग्गी

**deceptive** डीसैप्टिव *adj.* misleading, apt to deceive, धूर्त्त, छली, मायावी

**decern** डीसर्न *v.* to judge, to decree, निर्णय करना, डिग्री करना

**deci** डैसी *prefix* one tenth, दशांश, दसवाँ

**decide** डीसाइड *v.* to settle, to determine, to come to a conclusion, निपटाना, निर्णय करना, निर्णय पर पहुँचना

**decimal** डैसीमल *adj.* relating to tenths, इशारिया, दशमलव

**decimate** डैकीमेट *v.* to destroy a tenth part of, दशांश, नष्ट करना

**decipher** डीसाइफर *v.* to make out meaning of, to turn from cipher into ordinary writing, to read secret writing, अर्थ निकालना, हल करना, खोलना, स्पष्ट करना

**decisive** डीसाइसिव *adj.* deciding, conclusive, निर्णयकारी, अंसदिग्ध, दो टूक

**dicision** (-सीजन) *n.* judgment , firmness, settlement, determinatiion, निर्णय, दृढ़ता, फैसला, इरादा

**deck** डैक *v.* to adorn, to decorate, to array, सजाना, अलंकृत करना, ढाँकना

**deck** *n.* platform of a vessel, a floor in a bus, bridge etc, pack of cards, जहाज की छत पर बना हुआ कमरा, बस य पुल का फर्श, ताश की गट्ठी

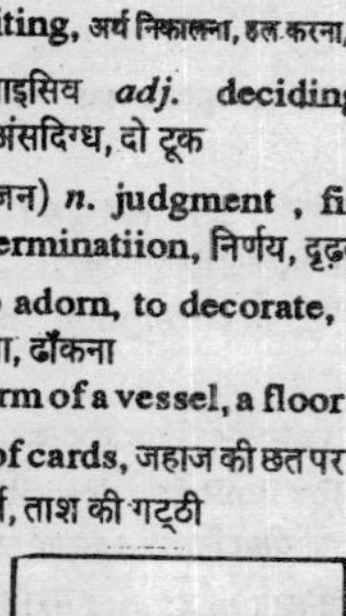

**declaim** डीक्लेम *v.* to speak violently, to speak dramatically, to make a speech in a formal manner, वकवाद करना, बखान करना, औपचारिक भाषण देना

**declamation** (-मेशन) *n.* an impassioned speech, a harangue, शब्द पाण्डित्य, वाक् चातुर्य

**declare** डीक्लेअर *v.* to say, to assert, to name, to announce formally, बोलना, घोषित करना, कहना, नाम बताना

**declaration** (नेशन) *n.* formal announcement, firm statement, assertion, औपचारिक घोषणा, स्थिर बयान, भाषण

**decline** डीक्लाइन *v.* to refuse, to bend, to slope, to decay, इनकार करना, ढलना, उतरना, झुकना

**declination** (-नेशन) *n.* downward trend, decay, ह्रास, गिरावट, नीचे को झुकाव

**decode** डीकोड *v.* to turn a coded message into an ordinary language, to make clear a secret message, रहस्यपूर्ण सन्देश को स्पष्ट करना, गुप्त संदेश को सामान्य भाषा में समझाना

**decompose** डीकम्पोज *v.* to decay, to separate into parts, सड़ना, पृथक करना, अलग करना

**decomposition** (-जीशन) *n.* decay, rottenness, सड़ांद, नाश

**decontaminate** डीकन्टैमिनेट *v.* to free from poisonous chemicals, to free from contamination, विषाक्त गैसों से मुक्त करना

**decontamination** (-नेशन) *n.* freedom from contamination, विषाक्त पदार्थो से मुक्ति

**decontrol** डीकंट्रोल *v.* to remove control from, to release from state control, नियन्त्रण हटाना, सरकारी नियन्त्रण हयाना

**decor** डीकोर *n.* a decorative set of a room, decoration of a stage, कमरे की सजावट, सजावट

**decoration** (-रेशन) *n.* beautification, putting in order, giving a medal as mark of honour, अंलकार, सजावट, क्रमबद्धता, पदक प्रदान करने का समारोह

**decorative** डैकोरेटिव *adj.* beautiful ornamental सुन्दर, अलंकृत, मंडित

**decorum** डैकोरम *n.* polite and dignified behaviour, good taste, मर्यादा, सुघड़पन, शिष्टाचार

**decoy** डीकाए *n.* lure, bait, bird, फंदा, जाल, बंधना, पक्षी

**decrease** डीक्रीज *v.* to diminish, to make less, to become less, घटाना, कम करना, कम होना

**decree** डिक्री *v.* to order, to determine, डिग्री करना, आज्ञा देना

**decree** *n.* an ordinance or edict, a decision of court, a judgment, राजा की आज्ञा, डिग्री, निर्णय

**decrepit** डिक्रिप्ट *n.* infirm, feeble, broken down, निर्बल, दुबला, जीर्ण

**decry** डीक्राई *v.* to crydown, to disparage, to belittle, दोष देना, निन्दा करना, नाम धरना

**dedicate** डैडीकेट *v.* to address a book etc, to devote to God's service, to consecrate, भेंट करना, समर्पण करना, सेवा में लगाना

**dedication** (-केशन) *n.* devotion to God's service, प्रभु अपर्ण, भगवान, के लेखे, श्रद्धा

**deduce** डीड्यूस *n.* to draw conclusion, to conclude from, निर्णय निकालना, परिणाम पर पहुँचना

**deduct** डीडक्ट *v.* to take away from, to subtract, कम करना, घटाना

**deduction** (-शन) *n.* amount subtracted, deducing, घटावा, कमी

**deductive** डीडक्टिव *adj.* deducible, वियोजक

**deed** डीड *n.* an actual fact, an exploit, performance, a written document, दस्तावेज, कार्य, चेष्टा

**deem** डीम *v.* to regard, to judge, to consider, to believe, समझना, विचारना, विश्वास करना

**deep** डीप *adj.* heartfelt, profound, intense, extreme, गंभीर, अगाध, गहरा, दुबोर्ध

**deep** *n.* the state of being deep, अगाधता, गंभीरता

**deepen** डीपन *v.* to make deeper, गहरा करना

**depth, deepness** डैप्थ, डीपनैस *n.* the state of being deep, गहराई

**deer** डीयर *n.* a grey hound, a family of ruminant animals with branching horns, मृग, हिरन, कुरंग

**deface** डीफेस *v.* to blot out, to obliterate, to mar, to disfigure, बिगाड़ना, कुरूप करना, दूषित करना

**defacement** (-मैंट) *n.* slander, columny, मानहानि, अपयश

**defame** डीफेम *v.* to dishonour, to speak ill of, बुराई करना, निन्दा करना

**default** डीफाल्ट *v.* to fail to pay, to fail to do something, धन चुकाने में चूकना, वादे पर रूपया न चुकाना

**default** *n.* failure, reglect, असफलता, दोष, उपेक्षा

**defaulter** (-टर) *n.* one who is guilty of a default, अपराधी, कसूरवार

**defeat** डीफीट *n.* frustration, over throw, निराशा, पराजय

**defeat** *v.* to over come, to vanquish, हराना, परास्त करना,

**defeatism** (-टिज्म) *n.* attitude tending to accept defeat, हार मानने की प्रवृत्ति

**defect** डीफैक्ट *n.* a fault, a flaw, lack, want, दोष, कमी, त्रुटि, न्यूनता

**defection** (-शन) *n.* fault, flaw, a falling away from duty, दोष, कमी, धर्मत्याग

**defend** डीफैंड *v.* to guard, to protect, to ward off attack, to argue in favour of, बचाना, रक्षा करना, मुकद्दमें की जवाब देही करना, पक्ष लेना

**defence** डीफैंस *n.* protection, vindication, a defendents, plea, सुरक्षा, बचाव, प्रतिवादी का समर्थन

**defensive** (-सिब) *adj.* serving in defence, protective, रक्षक, निवारक

**defensive** *n.* a safeguard, रक्षा की स्थिति

**defer** डैफर *v.* to put off, delay, to postpone, to precrastinate, टालना, देरी करना, विलंब करना

**deference** (रैन्स) *n.* putting off, delay, post ponement, देरी,विलम्ब

**defiance** डीफायैन्स *n.* disobedience, resistance, अवज्ञा, विरोध

**defiant** (-यैंट) *adj.* openly disobedient, insolvently bold, अवज्ञाकारी, उद्धत

**deficient** डैफीशैंट *adj.* wanting, incomplete, defective, अधूरा, अपूर्ण, दोष पूर्ण

**deficiency** (-शैन्सी) *n.* defect, shortage, lack, दोष, कमी न्यूनता

**defile** डीफाइल *n.* a gorge, a narrow way, दर्रा, संकुचित मार्ग

**defile** *v.* to pollute, to make dirty, to tarnish, खराब करना, गंदा करना, कालिख लगाना

**defilement** (-मैंट) *n.* corruption, impurity, भ्रष्टाचार, अपवित्रता

**define** डीफाइन *v.* to declare the exact meaning, to lay down the limits, to describe the nature of, परिभाषा बताना, सीमा निर्धारित करना, व्याख्या करना

**definition** डैफीनिशन *n.* a brief explanation, sharpness of outline, परिभाषा, संक्षिप्त विवरण, लक्षण

**deflate** डीफ्लैट *v.* to let inflated air out, to lower high prices, हवा निकालना, मूल्य कम करना

**deflation** (-लेशन) *n.* act of turning out the air, reducing the rate of paper money, करैन्सी नोट की संख्या कम करना, हवा निकालने की क्रिया

**deflect** डीफलैक्ट *v.* to bind down, to turn aside, to turn from straight course, झुकना, झुकाना, मोड़ना, विपथ होना

**deforest** डीफारैस्ट *v.* to clear of forest, to destroy trees, to cut down, वन साफ करना, पेड़ नष्ट करना, काटना

**deforestation** (-टेशन) *n.* destruction of trees, वनसम्पदा का नाश

**deform** डीफार्म *v.* to put out of shape, to make ugly, to disfigure, to mar, शक्ल बिगाड़ना, कुरूप बनाना, आकृति नष्ट करना

**deformation** (-मेशन) *n.* disfigurement, कुरूपता, बदशक्ली

**defraud** डीफ्राड *v.* to cheat, to deceive, to withhold wrongly, धोखा देना, ठगना, छलना

**deft** डैफ्ट *adj.* skilful, clever, handy, dexterous, चतुर, प्रवीण, होशियार, कुशल, निपुण

**deftly** डैफ्टली *adv.* skilfully, proficiently, चतुराई से, सुधड़ता से

**deftness** डैफ्टनैस *n.* skill, proficiency, dexterity, प्रवीणत, चातुर्य

**defunct** डीफन्कट *n.* a dead person, मरा हुआ व्यक्ति

**defy** डीफाई *v.* to resist openly, to challenge to combat, to dare, to flout, खुला विरोध करना, ललकारना, नियम भंग करना

**defiance** डीफायन्स *n.* resistance, विरोध, अवज्ञा

**defiant** डीफायैंट *adj.* openly disobedient, अवज्ञा कारी

**degenerate** डीजनरेट *v.* to sink lower, पतित होना

**degenerate** डीजैनरेट *adj.* fallen away in quality, पतित

**degeneration** (-रेशन) *n.* deterioration, पतन, कुल की मर्यादा का त्याग

**degrade** डिग्रेड *n.* to debase morally, to disgrace, to reduce to lower rank, पतित होना, नीच गति को पाना

**degradation** (-डेशन) *n.* disgrace, degeneration, lowering in dignity, नीचता, अधोगति, गिरावट

**degree** डिग्री *n.* step, stage, official or academic rank, unit of measurement, पग, स्थिति, पदवी, माप

**dehydrate** डीहाइड्रेट *v.* t o deprive substance of its elements, to extract water from, पदार्थ में से जल निकालना

**dehydration** (-ड्रेशन) *n.* drying food stuffs, जल व भोज्य पदार्थ निकालने की क्रिया

**deity** डेइटी *n.* a god, divine status, देवता व देवी

**deject** डीजैक्ट *v.* to sadden, to dispirit, to cast down, to depress, उदास बनाना, उत्साह भंग करना, धैर्य छोड़ना

**dejected** (-टिड) *adj.* depressed, खिन्न, उदासीन

**dejection** डिजैक्शन *n.* depression, lowness of spirit, मानसिक दबाव, खेद, खिन्नता

**delay** डीले *v.* to put off, to defer, to retard, to postpone, टालना, देरी करना, रोकना, स्थगित करना

**delay** *n.* waste of time, hindrance, देर, अटकाव, बिलंब

**delectable** डिलेक्टेबल *adj.* pleasant, delightful, सुखद, आनन्ददायक

**delegate** डैलीग्रेट *v.* to send as a representative, to depute, to entrust, प्रतिनिधि भेजना, नियुक्त करना, सौंपना

**delegate** *n.* a representative, a commissioner, deputy, प्रतिनिधि, सहायक, सहकारी

**delegation** (-गैशन) *n.* a body of delegates, प्रतिनिधि, मण्डल

**delete** डीलीट *v.* to cross out, to erase, to blot, हटाना, मिटाना

**deletion** (-लीशन) *n.* erasure, act of deleting, हटाने व मिटाने का कार्य

**deliberate** डैलीब्रेट *v.* to talk over, to consider, to consult, विचारना, समझना, सलाह देना

**deliberate** *adj.* cautious, not hurried, निश्चित, चौकसी से किया हुआ

**deliberately** (-ली) *adv.* in a deliberate manner, विचारपूर्वक

**deliberation** (-रेशन) *n.* careful thought, calmness, coolness, सोच विचार, समझबूझ, समीक्षा, चर्चा

**delicate** डैलीकेट *adj.* requiring care, frail, slender, sensitive, कोमल, दुर्बल, सुकुमार, सचेतन

**delicacy** (-केसी) *n.* weakness, refinement, tenderness, कोमलता, लालित्य, मृदुलता

**delicious** डिलीश्यस *adj.* delightful, exquisite, highly pleasing to the senses, स्वादु, मधुर, रमणीय

**delight** डीलाइट *n.* joy, happiness, great pleasure, आनन्द, खुशी, अत्यन्त प्रसन्नता

**delight** *v.* to please, to charm, to have or take a great pleasure, प्रसन्न करना, लुभाना, अत्यन्त प्रसन्न होना

**delighted** (-टिड) *adj.* full of delight, आनन्दित, खुश

**elimit** डीलिमिट *v.* to determine limits of , to fix the boundary, सीमा निर्धारित करना, हद बन्दी करना

**elimitation** (-टेशन) *n.* the fixing of boundaries, हदबन्दी

**elineate** डीलिनियेट *v.* to portray, to show by drawing, to sketch, to depict, चित्र खींचना, नक्शा खींचना, रूप रेखा बनाना

**lineation** (-येशन) *n.* **a sketch,** चित्रण, खाका

**liquent** डीलिक्वैंट *adj.* wrongdoer, faulty, defaulter, guilty, दोषी, अपराधी

**linquency** (-क्वेन्सी) *n.* a fault, a crime, दोष, अपराध, कसूर

**lirious** डिलीरियस *adj.* highly excited, fevered, apparently mad, भ्रान्त चित्त, रोगी, चैतन्य रहित

**lirium** (-रियस) disordered state of the brain, मूर्च्छा

**liver** डिलिवर *v.* to set free, t o discharge, to speak, to handover, सौपना, देना, मुक्त करना, भाषण देना

**liverance** डिलिवरैंस *n.* rescue, छुटकारा, मुक्ति

**livery** डिलिवरी*n.* childbirth, utterance, formal handing over, rescue, जनन, उच्चारण, विधिवत सौंपना, बचाव

**ta** डेल्टा *n.* any triangular surface, land drained by all the mouths of a river, तिकोनी सतह, नदी के मुहाने की विरल भूमि

**de** डिल्यूड *v.* to beguile, to deceive, to mislead, ठगना, छलना, गुमराह करना

**ge** डिल्यूज *n.* an inundation, a sudden and resistless calamity, प्रलय, मूसलाधार वर्षा, आकास्मिक विपदा, बाढ़

**ge** *v.* to fill with a great quantity, तूफान लाना,

**xe** डीलक्स *adj.* very, luxurious or elegant, बहुत आरामप्रद

**e** डैल्व *v.* to fathom, to penetrate, to dig, to inquire into, खोदना, पैठ रखना, पूछ पड़ताल करना

**agogue** डैमागाग *n.* a popular and factious orator, a political orator, प्रजानायक, राजनैतिक वक्ता, र्जनों का नेता

**demand** डिमाण्ड *v.* to summon, to claim as by right, बुलाना, अधिकार माँगना, पूछना

**demand** *n.* an urgent request, earnest enquiry, claim, जिज्ञासा, मांग, अधिकार

**demarcate** डिर्माकेट *v.* to fix the boundary, सीमा स्थिर करना

**demarcation** डिमार्केशन *n.* the act of defining or marking the bounds of, strict marking of work division, a fixed सीमांकन, मर्यादा

**demeanour** डैमेनर *n.* deportment, behaviour, manner, the outward appearance, आचरण, ढंग, चालढाल, चेष्टा

**demerit** डिमैरिट *n.* fault, shortcoming, crime, defect, दोष, कमी, जुर्म

**demi** *prop.* half, आधा

**demise** डिमाइज *v.* to transmit, to bequeath by will, मृत्यु लेख द्वारा समर्पण करना, वसीहत करना, पट्टा देना

**demise** डिमाइज *n.* death, देहान्त, मृत्यु, मरण

**demob** डिमोब *v.* to disband, to discharge a person from an armed service, (short for demobalize), सेना तोड़ना, छटनी करना

**demobilisation** डिमोबेलाइजेशन *n.* the act of disbanding army, सेना तोड़ने का कार्य

**democracy** डेमोक्रेसी *n.* government by representative elected by the people, प्रजातंत्र

**democratic** डेमोक्रैटिक *adj.* one who believes in democracy, प्रजातंत्रवादी

**demolish** डिमालिश *v.* to destroy, to put an end to, to pull down, ढाहना, नष्ट करना, गिराना

**demon** डैमन *n.* a devil, an evil spirit, a fiend, भूत, पिशाच, दानव, राक्षस

**demonstrate** डिमांस्टरेट *v.* to prove, to show clearly, to make a public expression of opinion, प्रमाणित करना, सिद्ध करना, प्रदर्शन करना, बतलाना

**demonstration** डिमौंस्टेरशन *n.* a clear proof, an outward exhibition, प्रमाण, प्रदर्शन

**demoralise** डिमारेलाइज *v.* to throw into confusion, to take away confidence and courage, to corrupt, धर्मभ्रष्ट करना, आचार दूषित करना,

**demote** डिमोट *v.* to reduce in rank, to reduce to lower class, पद से गिराना, अवनत करना

**demotion** डिमोशन *n.* depromotion, reduction in rank, पदवी से नीचे गिराने की क्रिया. अवनति

**demur** डिमर *n.* pause, stop, hesitation, रुकावट, झिझक, शंका, शशोपंज

**demur** *v.* to delay, to object, to linger, बिलंब करना, आपत्ति करना, लटकाना

**demure** डेम्यूअर *adj.* sober, grave, modest, विनीत, गंभीर, अतिलज्जा वाला

**demy** डेमाइ *n.* size of paper, कागज का नाप

**den** डेन *n.* hiding place, a wild beast's lair, a dirty small room, खोह, माँद, गन्दी कोठरी

**denationalize** डिनेश्नलाइज *v.* to deprive of national rights, to render local, जाति सत्व से वंचित करना

**denial** डिनाइल *n.* contradiction, rejection, refusal, विरोध, निषेध, अस्वीकृति

**deny** डिनाई *v.* to reject, to refuse, to contradict, अस्वीकार करना, मना करना, विरोध करना

**denominate** डिनामिनेट *v.* to call, to describe, to give a name to,

**denomination** डिनामिनेशन *n.* name or title, epithet, नाम, पद

**denote** डिनोट *v.* to signify, to indicate, to point out, जताना, बताना, निर्दिष्ट करना

**denouement** डिनूमैंट *n.* the unravelling of a plot, out come, षड्यन्त्र का उद्घाटन

**denounce** डिनाउन्स *v.* to prephesy evil, to accuse publicly, to censure, अनिष्ट की भष्यिवाणी करना, निन्दा करना, अमंगल कहना

**dense** डैन्स *adj.* compact, thick, intense, crowded together, गहन, घना, ठसाठस भरा हुआ

**densely** डैन्सली *adv.* in a dense manner, thickly, घनेपन से

**density** डैन्सटी *n.* the quality of being dense, घनत्व, घनापन, ठोसपन

**dent** डैन्ट *n.* a cog or metallic brush, a slight depression caused by a blow or pressure, छेद, गड्ढा

**dent** डैन्ट *v.* to make mark by a blow, चोट से चिन्हित करना

**dental** डैन्टल *adj.* pertaining to the teeth, a letter pronounced by the aid of the teeth, दाँत संबंधी, दन्तन्य

**denude** डिन्यूड *v.* to make naked, to lay bare (rocks) by erosive action, to strip off, वस्त्र उतारना, नंगा करना

**denudation** डिन्यूडेशन *n.* making nude or bare, नग्नीकरण

**denunciation** डिनान्सयेशन *n.* a threat, the act of denouncing, an accusation, धमकी, सार्वजनिक भर्त्सना

**depart** डिपार्ट *v.* to move, to leave, to desist, to die, प्रस्थान करना, छोड़ना, विचलित होना, मरना

**department** डिर्पाटमैंट *n.* a part, a distinct branch, a separate part of a whole, अंश, विभाग, मंडल

**departure** डिपार्चर *n.* act of leaving a place, abandonment, प्रस्थान, अपसरण

**depend** डिपैंन्ड *v.* to trust, to rely, to hang down, विश्वास करना, निर्भर होना, आश्रित होना

**dependent** डिपैंडैंट *n.* one who relies on another, a follower, a retainer, आश्रित, अुनगामी, भृत्य

**dependant**

**dependable** डिपेन्डेबल *adj.* that may be depended on, अवलंबन के योग्य

**depict** डिपिक्ट *v.* to paint, to describe vividly, to picture, चित्रण करना, वर्णन करना

**depiction** डिपिक्शन *n.* act of describing minutely, बर्णन, चित्र लेखन

**deplete** डिप्लीट *v.* to exhaust, to empty, to drain of resources खाली करना, रिक्त करना, साधन घटाना

**deplore** डिप्लोर *v.* to regret, to bewail, to feel deep grief over, खेद प्रकट करना, विलाप करना

**deploy** डिप्लाय *v.* to spread out, to extend in a line, फैलाना, पंक्ति में रखना

**deployment** डिप्लाय्मैंट *n.* act of deploying, फैलाव, विस्तार

**depopulate** डिपाप्युलेट *v.* to reduce population, आबादी घटाना

**deport** डिपोर्ट *v.* to banish, to expel from a country, to behave, to transport, देश से बाहर निकालना, व्यवहार करना

**deportment** डिपोर्टमैंट *n.* banishment, manners, जलावतनी, व्यवहार

**depose** डिपोज *v.* to state, to dismiss from a high position, to bear witness, बयान देना, राज्य व अधिकार से हटाना, साक्षी देना

**deposit** डिपाजिट *v.* to place in safety, to pledge, सुरक्षित रखना, सौंगंध खाना, मिट्टी जमाना

**deposit** *n.* that which is stored accumulation of mud, gravel etc. धरोहर, मिट्टी इत्यादि का जमाव

**depot** डिपो *n.* head quarters, a storage place, a place of deposit, सेना का केन्द्र स्थान, गोदाम

**deprave** डिप्रेव *v.* to corrupt, to make bad, to vitiate, कलुषित करना, दूषित करना, विषैला बनाना

**deprecate** डिप्रिकेट् *v.* to regret deeply, to pray, to be free from, to plead against, खेद प्रकट करना, विपरीत प्रार्थना करना, विरुद्ध तर्क करना

**depreciate** डैप्रिशियेट *v.* to under value, to lose worth, to regret, मूल्य घटाना, दाम कम होना, पछताना

**depredation** डैप्रिडेशन *n.* ravages, plundering, laying waste, robbery, अपहरण, लूटमार, डाका

**depress** डिप्रैस *v.* to push or pull down, to bring low, lower in pitch, to humble, कम करना, विनीत करना, उदास करना, घटाना

**depressed** डिप्रैसड *adj.* dejected, खिन्न चित्त

**deprive** डिप्राइब *v.* to debar, to debase, to strip, to take from, वंचित करना, हटाना, ले जाना

**depth** डैप्थ *n.* being deep, sagacity, profoundness, extent of penetration, गहराई, पैठ, गंभीरता, उदारता

**depthless** डिथलैस *adj.* having no depth, बिना गहराई का, बहुत गहरा

**depute** डिप्यूट *v.* commit to substitute, to appoint as one's substitute, to appoint as an agent, दूसरी जगह पर नियुक्त करना, प्रतिनिधि नियुक्त करना

**derail** डिरेल *v.* to cause to leave the rails, to leave the rails, to run off the rails, रेलगाड़ी को पटरी से उतारना, पटरी से उतरना

**derailment** डिरेलूमैंट *n.* the act of leaving the rails, पटरी से उतराव, उतराव

**derange** डिरेन्ज *v.* to throw into confusion, to disrupt, to disorganize to make insane, भगदड़ मचाना, क्रम भंग करना, व्यग्र व पागल बनाना

**deranged** (-जड) *adj.* disordered, insane विक्षिप्त, अव्यवस्थित

**derangement** (-मैंट) *n.* confusion, disorder, अव्यवस्था, गडबड़, रामरौला

**derby** डरबी *n.* annual horse race at Epsom, bowler hat, एप्सोम में एक प्रसिद्ध घुड़दौड़, टोप

**derelict** डिरिलिक्ट *adj.* abandoned, ownerless, परित्यक्त, बिना स्वामी के

**derelict** *n.* a abandoned property, adrift, त्यक्त वस्तु, छूटा हुआ

**dereliction** (-शन) *n.* neglect of duty, abandoning, sin of omission, त्याग, उत्सर्ग, कर्त्तव्य का त्याग

**deride** डिराइड *v.* laugh to scorn, to mock, to ridicule, उपहास करना, हँसी करना, घृणा से फबती उड़ाना

**derive** डिराइब *v.* to trace from the beginning, to gain from, to deduce, to infer, स्त्रोत ढूँढना, लाभ उठाना, परिणाम निकालना

**derivation** डेरिवेशन *n.* origin, the tracing of a word to its root, मूल शब्द की व्युत्पत्ति, स्रोत, उद्‌गम

**derogate** डेरोगेट *v.* to take away, to annul partially, to detract from, तोड़ना, हटाना

**derogatory** (-टरी) *adj.* degrading, involving indignity, अपमान करने वाला, आपत्ति जनक

**dervish** डरविश *n.* a Mohammedan monk, दरवेश, मुसलमान फकीर

**descend** डिसैन्ड *v.* to go down, to fall upon, be derived from, नीचे आना गिरना, टूट पड़ना

**descendant** (-डैट) *n.* a person or thing descended, सन्तान, वंश

**describe** डिस्क्राइब *v.* to speak or to write about, to narrate, to set forth, वर्णन करना, बताना, व्याख्या करना

**description** डैस्क्रिप्शन *n.* describing, definition, kind, वर्णन, व्याख्या, प्रकार

**descry** डिस्क्राई *v.* to catch sight of, to espy, to notice, to see, दूर से देखना, ताकना, पता लगा लेना

**desecrate** डेसीक्रेट *v.* to profane, to divert from a sacred to a secular use, अपवित्र करना, भ्रष्ट करना, दूषित करना

**desecration** (-क्रेशन) *n.* profanation, अपवित्री करण, दूषण

**desert** डिजर्ट *v.* to forsake, to abandon, to depart, छोड़ना, त्यागना, कूच करना

**desert** *adj. n.* uninhabited land, barren land, a treeless & waterless region, उजाड़, मरुभूमि, रेगिस्तान

**deserve** डिजर्व *v.* to earn, to merit, to be worthy of, be justly entitled to, योग्य होना, अधिकार रखना, अधिकारी होना

**deserving** (-विग) *adj.* worthy, meritorious, योग्य, गुणी

**design** डिजाइन *v.* to plan, to prepare, to check out, to frame, योजना बनाना, तैयार करना, चित्र बनाना

**design** *n.* a plan, a pattern, an intuition, invention, योजना, नमूना, खाका, ढाँचा, आविष्कार

**designer** डिजाइनर *adj.* draftsman, चित्रकार, कल्पना करने वाला, नक्शा नबीस

**desire** डिजाइर *v.* to crave, to wish earnestly for, इच्छा प्रकट करना

**desire** *n.* longing, a natural tendency, उत्कट इच्छा, मनोवृत्ति

**desist** डिजिस्ट *v.* to stop, to forbear, to cease to act, निवृत होना, रुकना

**desk** डैस्क *n.* a table for the use of writers, a clerk's position, डैस्क, लेखन आधार, दफ्तर का कार्य

**desolate** डैसोलेट *v.* to lay waste, to over whelm with sorrow, नष्ट करना, दुखित होना

**desolate** *adj.* miserable, solitary, असहाय, निर्जन, जन शून्य

**desolation** (-शन) *n.* forsaken state, उजाड़, निजर्नता

**despair** डैस्पेअर *v.* to abandon all hope, to become hopeless, to lose confidence, निराश होना, विश्वास खोना

**despair** *n.* hopelessness, want of hope, frustration, निराशा, नैराश्य, आशाहीनता

**desperado** डैस्पिरडो *n.* a wild ruffian, a man reckless of danger, आततायी, पातकी मनुष्य

**desperate** डैस्पेरट *adj.* regardless of danger or consequences, hopeless, extremely bad, उद्दण्ड, तीव्र, निराशा

**despicable** डेस्पिकेबल *adj.* contemptible, worthless घृणित, नीच, बेकार

**despite** डैस्पाइट *n. prep* scorn, hatred, extreme contempt, घृणा, ईर्ष्या, विरोध

**despoil** डिस्पाइल *v.* to rob, to plunder, to deprive, to spoil, लूटना, वंचित करना, बिगाड़ना

**despond** डैस्पांड *v.* to be dejected, to lose heart, to lose hope, to despair, निराश होना, हताश होना, दिल तोड़ना

**despondence** (-डैस) *n.* dejection, despair, hopelessness निराशा, नैराश्य

**despondency** डैंसी

**despot** डैस्पाट् *n.* tyrant, oppressor, absolute ruler, क्रूर, अत्याचारी राजा, निर्दयी, प्रजापीड़क

**dessert** डैजर्ट *n.* course of fruit, sweets etc. at end of dinner, भोजन के अन्त में फल व मिठाई का आहार

**destiny** डैस्टिनी *n.* ultimate lot, predetermined events, fate, भाग्य, प्रारब्ध, होनहार, किस्मत

**destitute** डैस्टीच्यूट *adj.* devoid of, without resources,in want of necessaries, निराश्रय, विहीन, रहित

**destroy** डैस्ट्राए *v.* to kill to destroy, to demolish, to pull, मार देना, नष्ट करना, बरबाद करना, गिराना, ढाना

**detach** डिटैच *v.* to unfasten and remove, to send regiment on separate mission, पृथक करना, हटाना, सैन्य दल को अलग काम सौंपना

**detachment** (-मैंट) *n.* a portion of an army, aloofness, सेना की टुकड़ी, अलगाव, पृथक्करण

**detail** डिटेल *v.* to give the particulars of, to relate, ब्यौरा देना, वर्णन करना

**detail** *n.* a particular, an item, ब्यौरा, वर्णन

**detain** डिटेन *v.* to hinder, to withhold, to keep in confinement, to keep waiting, रोकना, बन्दी बनाना

**detainment, detention** डिटेन डिटेंशन *n.* confinement, कैद

**detect** डिटेक *v.* to discover, to find, to expose, to bring to light, खोजना, प्रकाश में लाना, खोट निकालना

**detection** (शन) n. exposition, discovery, खोज, भेंद, अनुसन्धान, पकड़

**deter** डिटर *v.* to prevent, to hold back, to frighten from acting, to hinder, रोकना, डराकर निवारण करना, निवर्तन करना

**detergent** डिटरजैन्ट *n.* a cleaning substance, that which wipes off, a material that cleanses, शोधक, परिमार्जक, पवित्र करने वाला

**deteriorate** डिटिरिअरेट *v.* to grow worse, to make or become less, to make worse, to impair, बिगड़ना, क्षय होना, घटना, भ्रष्ट करना

**deterioration** (-शन) *n.* worsening, state of growing worse, क्षति, बिगाड़, गिरावट, कमी

**determine** डिटर्मिन *v.* to resolve, to decide, to make one's mind,to restrict, to put an end to, प्रण करना, निर्णय लेना, संकल्पन करना, निर्धारित करना , निपटाना

**detest** डिटैस्ट *v.* to hate, to loathe, to abhore, to dislike extremely, अत्यन्त घृणा करना, तिरस्कार करना

**dethrone** डिथ्रोन *v.* to depose, to remove from throne, to deprive of authority, सिंहासन से गिराना, पदच्युत करना, अधिकार छीनना

**detonate** डिटोनेट *v.* to explode with a loud report, to cause to explode, to explode suddenly, विस्फोट करना, धमाका करना, धड़ाके के साथ फूटना

**detour** डिटुअर *n.* a round about way, a circuitous way, a winding (e.g. of a river) चक्करदार मार्ग, नदी का मार्ग

**detract** डिट्रैक्ट *v.* to draw away, to take away the reputation,to lower. अपमानित करना, खीच लेना, निरादर करना, दूषित होना

**detriment** डैट्रिमैंट *n.* that which injures, that which reduces in value,that which causes a loss, damage, हानि, अपकार, घाटा, क्षति

**Deutsche mark** डाउच मार्क्स German coin, जर्मन का सिक्का

**devaluate** डिवैल्युएट *v.* lower the value of, to reduce the value of, मूल्य कम करना, दाम घटाना

**devastate** डिवास्टेट *v.* to ravage, to plunder, to desolate, to lay waste, नष्ट करना, लूटना, उजाड़ना, निर्जन करना

**devastation** (-शन) *n.* नाश,विरानी, निजर्नता

**develop** डिवैल्प *v.* to un fold, to complete, to bring to view, to make known in detail, खोलना, पूरा करना, प्रकट करना, व्याख्या करना, ब्यौरा देना

**development** (-मैंट) *n.* the act of developing, growth, progress, advancement, विंकास, उन्नति, प्रगति

**deviate** डिवियेट *v.* to diverge, to err to turn aside from a certain course घूम जाना, हटना, भूल करना, पथ से विचलित होना

**devil** डेविल *n.* Satan, the evil spirit, a fallen angel, a false god, a wicked person, शैतान, पैशाच, दानव, दुरात्मा

**devise** डिवाइज *v.* to consider, to scheme, to contrive a plan,विचार करना, योजना बनाना, उपाय करना

**devoid** डिवाएड *adj.* destitute of, without, empty, vacant, विहीन, रहित, शून्य, खाली

**devolve,** डिबाल्व *v.* pass or fall, throw duty on to another, to transmit, to be transferred or transmitted, लुढ़काना, गिराना, सुपुर्द करना, सौपना

**devote** डिवोट *v.* to dedicate or consecrate, to give up wholly to, to apply oneself to some object, समपर्ण करना, त्याग देना, चढ़ाना

**devotee** डिवोर्टा *n.* a bigot, a votary, enthusiast, worshipper, one devoted, उपासक, भक्त योगी, तपस्वी

**devotion** डिवोशन *n.* strong loyalty or devotion, prayers, भक्ति, धर्म निष्ठा, आराधना

**devour** डिववर *v.* to eat up eagerly, to take in eagerly by eye or mind, consume, destroy, निगलना, हड़पना, भस्म करना, नष्ट करना

**devout** डिवौट a. earnestly religious, pious, heart felt, reverential, पवित्रात्मा, धर्मात्मा, हार्दिक, धर्मनिष्ठ

**dew** ड्यु *n.* tiny drops of moisture, any beaded moisture, that which falls lightly and a refreshing manner, freshness, ओस, तुषार

**dexterity** डैक्सटेरिटी *n.* neatness, manual skill, deftness, mental skill, cleverness, सफाई, हस्तलाघव, चातुर्य, निपुणता

**diabetes** डाइबेटीज *n.* a disease in which too much sugar is found in the urine, मधुमय, बहुमूत्र रोग

**diabolic (cal)** डायाबोलिक, डायाबोलिकल a devilish, impious, fiendish, पापिष्ट, पैशार्चा,

**diadem** डायाडम *n.* a band worn round the head as a badge of royalty, crown, tiara, मुकुट, किरीट

**diagnosis** डायाग्नोजिज *n.* identification of a disease by its distinctive marks, identification of disease from symptoms, conclusion as to what is wrong reached by examining a patient, रोग निदान, चिकित्सा, नुस्खा

**diagonal** डायाग्नल *adj. n.* extending from one angle to another, a straight oblique line dividing a rectangular figure into equal parts, कर्ण, चतुर्भुज में एक कोण से दूसरे कोण तक की रेखा

**diagram** डायाग्रम *n.* a geometrical figure, an outline, a mechanical plan, a figure showing facts of a statement, मानचित्र, आकृति, नक्शा, साँचा

**dial** डाएल *n.* an instrument for showing the time by the sun's shadow, the face of a time piece, a disc bordered with symbols dial *v.* to measure by a dial,to operate a radio, डाइल से नापना, यंत्र को चलाना

**dialect** डायालैक्ट *n.* the form of a language peculiar to a district, the speech of a district, प्राकृत भाषा, स्थानीय बोली

**dialogue** डायलाग *n.* conversation, discourse, वार्त्तालाप, बातचीत, वार्त्ता, प्रवचन

**diameter** डायामीटर *n.* the straight line passing through the centre of a circle, व्यास, चौड़ाई

**diamond** डायामाण्ड *n.* a colourless precious gem, a crystal form of pure carbon, हीरा, कीमती पत्थर, ताश में ईंट के पत्ते

**diaphragm** डायोफ्रेम *n.* the muscle separating the chest from the abdomin, a thin dividing membrance, thin partition, सुरखदार पर्दा, उदर को वक्षस्थल अलगाने वाली पेशी

**diarrhoea, diarrhea** डायरिया *n.* persistent looseness of bowels, अतिसार, दस्त, पेट चलने का रोग, संग्रहणी

**diary** डायरी *n.* daily record of events, a journal, दैनिन्दिनी, दिनपंजी, डायरी, रोज नामचा

**dickey dicky** डिक्की *n. adj.* donkey, small bird, apron, driver's seat, चिड़िया, फिटिन गाड़ी का चमड़े का टप, उपरिवरण, गुलीवन्द

**dictate** डिक्टेट *v.* to tell another what to write, to compel obedience, (dictation-n), to prescribe, to give orders, श्रुतलेख देना, आदेश देना, निर्देश देना, लिखना।

**dictation** डिक्शन *n.* practice of dictating, श्रुतलेख, निर्देश, लिखवाई

**diction** डिक्शन *n.* choice of words and manner of speaking them, verbal style बोलचाल, मुहावरा, भाषा वाणी

**dictionary** डिक्सशनरी *n.* a book which explains the meanings of words, wordbook, शब्दकोष, शब्द संग्रह

**dictum** डिक्टम *n.* formal saying, pronouncement, maxim, current saying, कहावत, कथन, वर्णन

**didactic** डाइडैक्टिक *adj.* meant to instruct, having the manner of a teacher, उपदेशक, प्रबोधक

**die** डाई *n. v.* a stamp used for making coins or patterns, to cease to live, to expire, to come to an end, मुद्रा बनाने का सांचा, पासा, मृत्यु

**die** *v.* to cease to live, to expire, मरना, दम निकलना

**diesel** डीजल *n.* heavy oil, type of oil engine, डीजल, मशीनी तेल, तेल से चालित इंजन

**diet** डाएट *n.* nourishment, habitual food, prescribed course of food, council, parliament, पथ्य, दैनिक आहार, पश्यान्त, भोजन, राज्यपरिषद

**differ** डिफ्फर*v.* to disagree, to be unlike, to be at variance, भिन्न होना, विपरीत होना, असम्भव होना

**difference** (डिफरैंसऐस) *n.* dissimilarity, distinction, contention, विभिन्नता, अन्तर

**different** (-ऐंट) *adj.* distinct, separate, various, unlike, भिन्न, अलग, पृथक, विवाद, विभिन्न

**difficulty** (-कल्टी) *n.* something obscure, obstacle, hindrance, perplxity, कठिनाई, बाधा, संकट, विघ्न, परेशानी

**diffident** डिफिडैन्ट *adj.* bashful, wanting in self confidence, लज्जाशील, शंकायुक्त, अविश्वस्त

**diffidence** (-डैन्स) *n.* self distrust, shyness, reserve, आत्म, अविश्वास, झेंप

**diffuse** डिफ्यूस *adj.* spread out, not concise, long winded, विस्तृत, फैला हुआ

**diffuse** *v.* to spread abroad, फैलाना, छितराना

**dig** डिग*v.* to use spade in turning over ground, to make, research, to try, to entrap, to thrust, खोदना, खोजना, नाल में फँसाना, ठगना

**dig** *n.* a digging, खोदाई

**digest** डाईजैस्ट *v.* to classify, to summarize, to think over, to assimilate, श्रेणी करना, संक्षिप्त करना, विचारना, ग्रहण करना, पचाना

**digestible** (-टिबल) *adj.* capable of being digested, पाचन योग्य

**digit** डिजिट *n.* finger or toe, finger's breadth, any numerical from o to 9, अंगुल भर, एकाई, अंक

**dignify** डिगनीफाई *v.* to ennoble, to make worthy, to confer dignity upon, to speak highly of, प्रतिष्ठा करना, योग्य बनाना, मान देना, प्रशंसा करना

**dignified** (-फाईड) *adj.* marked with dignity, stately, प्रौढ़, महाप्रतापी

**dignity** डिगनिटी *n.* excellence, grandeur, stateliness, गौरव, महत्व, प्रताप

**digress** डाइग्रैस *v.* to diverge from the track, to depart from the main subject, भटकना, विषयान्तर बोलना

**digression** (-शन) *n.* departure from logical course, अप्रस्तुत बात

**dike, dyke,** डाक् *n.* natural water course, embankment, खाई, बाँध

**dilapidate** डिलैपिटेट *v.* to decay, to bring into disrepair, to squander, नाश करना, ध्वंस करना, छिन्न-भिन्न होने देना

**dilapidation** (-शन) decay, squandering, नाश, क्षय

**dilate** डाइलेट *v.* cause to become wider, to become larger, to further open, to expand, विस्फारित करना, विस्तृत होना, खुलना, फैलना, चौड़ा करना

**dilemma** डाइलेमा *n.* a perplexing situation, predicament, choice between two difficult alternatives, दुविधा, परेशानी, उभयसंभव तर्क, दो विकल्पों में चुनाव

**diligence** डिलिजैन्स *n.* industrious nature, exertion, उद्यम, उद्योग, प्रयत्न

**diligent** डिलिजैन्ट *adj.* studious, hard working, industrious, मेहनती, उद्यमी, परिश्रमी

**diligently** (-ली) *adv.* in a diligent manner, परिश्रम से

**dillydally** डिलीडैली *v.* to waste time, to dawdle, to delay, to toiter, समय गँवाना, टालमटोल करना, देरी करना, आवारा घूमना

**dilute** डाइल्यूट *v.* to make thinner or weaker, to weaken the force of (by adding water etc), to thin, कमजोर करना, हल्का करना, घटाना

**dilate** *adj.* weakened by water, पानी मिलाया हुआ

**dim** डिम *adj.* not bright, not able to see clearly, lacking keenness, faint, indistinct, निस्तेज, अस्पष्ट, धुँधला, मन्द

**dime** डाएम् *n.* coin of U.S. and Canada, अमेरिका का दस सेंट का सिक्का

**dimension** डाइमेन्शन *n.* measurement of any sort, size, extent, degree, परिनाण, आकार, सीमा, लम्बाई चौड़ाई

**diminish** डिमिनिश *v.* to make or become less, to lessen, to abate, to decrease, कम करना व होना, घटना, न्यून करना

**diminished** (-शड) *adj.* decreased, घटाया हुआ

**dimple** डिम्पल *n.* small natural hollow in the chin or cheek, a slight hollow any small hollow, गाल या ठोड्डी का गड्ढा, गाल का पिचकाव

**din** डिन *n.* loud confused noise, continuous roar, a clatter, कोलाहल, कलकल, शोरगुल

**dine** डाइन *v.* to have dinner, to give a dinner to, भोजन करना, भोजन खिलाना

**ding-dong** डिग डाँग *n.* sound of bells striking repeatedly, घंटे की ध्वनि

**dinghey** डिजी *n.* small open boat, inflatable rubber boat, छोटी नाव, डोंगी

**dingey** डिजी

**dingey** डिजी *adj.* dull, dirty looking, dark brown, धुँधला, मैला, भूरा

**dinosaur** डिनोसर् *n.* large extint reptile, रेंगने वाला लम्बा लुप्त प्राणी

**dint** डिन्ट् *n.* dent, mark, blow, stroke, प्रहार, चिह्न, चोट, प्राणी

**dip** डिप *v.* to but into a liquid, to go below a surface or level, to go down and go up, गोता लगाना, डुबकी मारना, ऊपर नीचे होना

**dip** *n.* quick bath or swim, डुबकी, गोता

**diptheria** डिप्थीरिया *n.* infectious disease of throat, कंठ का संक्रामक रोग

**diploma** डिप्लोमा *n.* educational certificate, title to degree, सनद, प्रमाणपत्र, अधिकार पत्र

**dire** डाअर *adj.* terrible, dreadful, extreme, horrible, भयानक, क्रूर, उग्र

**direct** डाएरेक्ट *n.* to point out the way, to address, to control, to guide, पथ प्रदर्शन करना, सम्बोधित करना, निर्देश देना

**direct** *adj.* frank straightness, directing, aim, स्पष्ट, सीधा, तुरन्त

**direction** (-शन) *n.* straightness, directing, aim मार्ग, दर्शन, प्रेरणा, निर्देश

**directness** *n.*

**director** डायरैक्टर *adj.* superintendent, one who directs, manager, अध्यक्ष, संचालक, अधिकारी

**dirge** डर्ज *n.* song of mourning, song sung at a burial शोकगीत, मर्सिया

**dirty** डर्टी *adj.* soiled, mean, unclean, muddy, (dirt-n), मल, दूषित, गंदा, मैला

**dirt** डर्ट *n.* unclean substance, mud, dust, कीचड़, मिट्टी, धूल

**disable** डिस्सेबल *v.* to cripple, to maim, to make unable, to weaken, लगड़ा करना, अयोग्य बनाना, दुर्बल बनाना

**disability** (-बिलेटी) *n.* unfitness, inability, incapacity, weakness, अयोग्यता, लाचारी, दुर्बलता

**disadvantage** डिस्सडवान्टेज् *n.* unfavourable condition, loss, injury, असुविधा, हानि, चोट

**disadvantageous** (-जिसस) *adj.* derogatory, unfavourable, अहित कारी, दुःख, अपकारक

**disagree** डिसऐग्री *v.* to be at variance, not to agree, to have a different opinion, प्रतिकूल होना, असहमत होना, भिन्न मत रखना

**disagreement** (-मैंट) *n.* discard, dissention, बिगाड़, रुखाई, असहमति

**disallow** डिसअलो *v.* to prohibit, to reject, to disown, रोकना, अस्वीकार करना, निषेध करना, न मानना

**disappear** डिस्स अपीअर *v.* cause to exist, to vanish, to be lost, विलीन होना, लुप्त होना, अदृश्य होना, ओझल होना

**disappearance** (-ऐंस) *n.* withdrawal from sight, अदर्शन, लुप्तावस्था

**disappoint** डिस्सअप्वाइंट *v.* to frustrate, to fail to fulfil, to prevent a hope, to break appointment, निराश करना, आशा तोड़ना, विफल करना, दिल तोड़ना

**disappointment** (-मैंट) *n.* failure of expectation, निराशा, नाउम्मीदी

**disapprove** डिससऐप्रूव *v.* to have an unfavourable opinion, not to approve, to reject, असहमति प्रकट करना, पसन्द न करना, अस्वीकार करना, रद्द करना

**disapproval** (-बल) *n.* dislike, disapprobation, नापसंदगी, अस्वीकृति, घृणा

**disarm** डिस्सार्म *v.* to win over, to deprive of arms, to reduce country's war weapons, to subdue, to render defenceless, जीतना, फौजी शस्त्र छीनना, देश के युद्धास्त्र घटाना, अधीन करना, निरस्त्र करना

**disarmament** (-मैंट) *n.* the act of disarming, शस्त्रापहरण, निररस्त्रीकरण

**disarray** डिसअरे *v.* to derange, to throw into disorder, to undress, to rout, अव्यवस्थित करना, भगदड़ पैदा करना, नग्न करना

**disaster** डिजास्टर *n.* calamity, misery, a great misfortune, a serious accident, विपदा, विपत्ति, अभाग्य, दुर्घटना

**disastrous** (-अस) *adj.* unfortunate, ruinous, भाग्यहीन, विनाशकारी

**disband** डिसबैंड *v.* to disperse, to dismiss, to be broken up, to be dismissed, सेना भंग करना या तोड़ना, निलंबित होना व करना

**disbelieve** डिसबिलीव *v.* to have no trust, to doubt, to withhold credence from, to believe in a contradictory proposition, अविश्वास करना, सन्देह करना, विश्वास न करना

**disbelief** (-लीफ) *n.* refusal to believe, want of belief, अविश्वास

**disburse** डिसबर्स *v.* to put out money, to expend, to pay out, धन बाँटना, खर्च करना, दे देना

**disbursement** (-मैंट) *n.* the sum paid out, व्यय, खर्च

**discard** डिसकार्ड *v.* to reject, to play as wortheless, to dismiss, to give up, अलग करना, हटाना, त्यागना

**discern** डिसासार्म v. to distinguish, to make out, to judge between, to make distinction, विचारना, जानना, निर्णय लेना, अन्तर समझना

**discernment** (-मैंट) *n.* discrimination, परीक्षा, विचार

**discharge** डिस्चार्ज *v.* to release, to dismiss, to unload, to pay,(release, discharging, to fire) मुक्त करना, निलिंबित करना, कर्त्तव्य निभाना, गोली दागना

**disciple** डिस्पाइपल *n.* a scholar, a follower, learner, one who takes another as teacher and model, विद्वान, शिष्य, चेला, अनुयायी

**disciplinary** डिसिप्लनरी *adj.* of discipline, punishing intended to enforce control, अनुशासन सम्बन्धी

**discipline** डिसिप्लिन *n.* system of rules, mental or moral training, education, chastisement, drill, नियमावली, नैतिक सिद्धान्त, शिक्षा, अनुशासन, अभ्यास

**discipline** *v.* to regulate, to chastise, नियम बद्ध करना, अनुशासन पालन करना

**disclaim** डिक्सक्लेम *v.* to repudiate, to disavow, to disown, to den, विरोध करना, अधिकार छोड़ना, अस्वीकार करना

**disclose** डिसक्लोज *v.* to reveal, to uncover, to divulge,to bring to light, प्रकट करना, उघाड़ना, भेद खोलना, प्रकाश में लाना

**disclosure** (-जर) *n.* act of disclosing, प्रकाशन (भेद)

**discolour** डिसकलर *v.* to stain, to give a false cru-plexion to, to alter colour of, कालिख लगाना, कलंकित करना, बेरंग करना

**discomfit** डिसकम्फिट *v.* to thwart, to rout, to defeat, to baffle, धमकाना, पराजित करना, हैरान करना, हराना

**discomfiture** (-चर) *n.* defeat, frustration, पराजय, निराशा

**discomfort** डिसकम्फर्ट *n.* uneasiness, want of comfort, disturbance, distress, बेआरामी, पीड़ा, व्यथा, क्लेश, बेचैनी

**discomfortable** (-टेबल) *adj.* uncomfortable, क्लेश कर, कष्टदायक

**disconnect** डिसकनेक्ट *v.* to disjoin, to separate, to detach, अलगाना, पृथक करना, जुदा करना

**disconnected** (-नैटिड) *adj.* separated, disconnected, पृथक किया हुआ

**disconsolate** डिसकन्सोलेट *adj.* sad, hopeless, forlorn, unhappy, downcast, उदास, निराश व्यक्ति, अप्रसन्न, दुःखी

**disconsolateness** (-नैश) *n.* hopelessness, निराशा

**discontent** डिसन्टैन्ट *v.* to make unhappy, to dissatisfy, to make dissatisfied, अप्रसन्न करना, असंतुष्ट करना, निराश करना

**discontent** *n.* dissatisfaction,want of satisfaction, निराशा, असंतोष

**discontentment** *n.* state being dissatisfied, असंतुष्टता

**discontedness**

**discontinue** डिसकान्टीन्यू *v.* to stop, to put an end to, to leave off, बन्द करना, समाप्त करना, छोड़ना

**discord** डिसकार्ड *n.* a confused noise, disagreement, strife, difference, हल्ला गुल्ला , अस्कीकृति, रार, मतभेद

**discount** डिसकाऊँट *v.* to detract from, to lessen, to anticipate, कमी करना, बट्टा काटना

**discount** *n.* benefiting the payer, sum taken off an account, बट्टा, छूट

**discountenance** डिसकाउंटीनैन्स *v.* to discourage, to disapprove of, to frown upon, दिल तोड़ना, हतोत्साहित करना, नापसंद करना, फबती उड़ाना

**discountenance** *n.* disappointment, निराशा

**discoursce** डिसकोर्स *v.* to converse,to titter, to talk भाषण देना, उपदेश देना, बातचीत करना

**discouraging** (-रेजिंग) *adj.* depressing, विषादजनक, निराशा जनक, दुःखदाई

**discourage** डिस्करेज *v.* to dater, to disheartem, to talk, आशा तोड़ना, हताश करना

**discourse** *n.* a speech, a sermon, a talk, a treatise,भाषण, संभाषण , वार्त्तालाप, उपदेश

**discourteous** डिसकरटियस् *adj.* rude, uncivil, lacking courtesy, impolite, उद्दण्ड, अशिष्ट, असभ्य, उग्र

**discourtesy** (-टिसी) *n.* rudeness, incivility, unpoliteness, असभ्यता, अशिष्टता

**discover** डिस्कवर *v.* to reveal, to bring to light, to find, to exhibit, ढूँढना, प्रकाश करना, पाना,

**discovery** (-वरी) *n.* exploration, finding out, आविष्कार, प्रकाशन

**discredit** डिस्क्रैडिट *v.* to disbelieve, to doubt, to disgrace, अविश्वास करना, अपमानित करना, शंका करना, कलंकित करना

**discredit** *n.* loss of good reputation, ill-repute, doubt, मान हानि, अपदेश (बुराई), सन्देह

**discreet** डिसक्रीट *adj.* prudent,wise, circumspect, विचारशील, बुद्धिमान, सावधान

**discrepancy** डिक्रीपैन्सी *n.* difference, inconsistency, disagreement, अन्तर, भेद, अस्वीकृति, विरोध

**discriminate** डिसक्रिमिनेट *v.* to observe difference between, to distinguish, to select from others, विवेक करना, अन्तर जानना, चुनाव करना

**discrimination** डिसक्रिमिनेशन *n.* power of penetration, good judgement, ability to recognise small differences, विवेक, निर्णय, साधारण विषयों की पहचान की योग्यता

**discursive** डिसकर्सिव *adj.* desultory, wandering from the point, digressive, विषय से अलग, चंचल, अस्थिर

**discuss** डिस्कस्स *v.* to test, to reason upon, to debate, to talk about, परीक्षण करना, बहस करना, तर्क करना, बातचीत करना

**discussion** (-कशन) *n.* reasoning, talk, debate, बहस, तर्क वितर्क, वाद विवाद

**disdain** डिसडेन *v.* to scorn, to think unworthy, to regard with contempt, घृणा करना, तुच्छ समझना, तिरस्कार करना

**disdain** *n.* contempt, scorn, haughtiness, तिरस्कार, अवहेलना, धृष्टता

**disdainful** (-फुल) *adj.* scornful, haughty, तिरस्कृत

**disease** डिजीज *n.* illness, malady, illness of mind or body, derangement, रोग, व्याधि, शारीरिक व मानसिक क्लेश

**diseased** (-ड) *adj.* affected with a disease, रोगी, बीमार

**disembark** डिसएम्बार्क *v.* to put ashore, to set ashore, to land, to leave a ship, किनारे लगाना, जहाज से उतरना व उतारना

**disenchant** डिसएन्चांट *v.* to free from, enchantment, to free from illusion, जादू टोने का प्रभाव हटाना, निर्भ्रान्त करना

**disenchantment** (मैंट) *n.* freedom from illusion, निर्भ्रान्ति

**disengage** डिसएन्गेज *v.* to release, to free from obligation, to disjoin, to separate, to detach, मुक्त करना, हटाना अलगाना, दूर करना, सम्पर्क तोड़ना, शगाई तोड़ना

**disengagement** (-मैंट) *n.* separation, detachment, अलगाव, मुक्ति

**disfavour** डिसफेवर *n.* displeasure, disapproval, state of being out of favour, dislike, अप्रसन्नता, घृणा, अनुपकार

**disfigure** डिसफिग्गर *v.* to spoil the shape of, to deform, to injure the shape of, रूप बिगाड़ना, बदसूरत करना, शक्ल में गड़बड़ करना, चेहरा बिगाड़ना

**disfranchise** ड्रिफ्रैन्चाइज *v.* to deprive of electoral privileges, to deprive a citizen of the right to vote, वोट के अधिकार से वंचित करना

**disenfranchisement** (-मैंच) *n.* act of disenfranchising, वोट का अधिकार हरण

**disgrace** डिसग्रेस *n.* loss of favour, shame, dishonour, अपमानजनक, बहुतबुरा

**disgraceful** (-फुल) *adj.* shameful, very bad, अपमानजनक, बहुत बुरा

**disgruntle** डिसग्रन्टल *v.* to make dissatisfied and sulky, to make discontented, to spoil the mood, असंतुष्ट करना, निराश करना, नाराज करना

**disguise** डिसगाइज *v.* to conceal, to counterfeit, to change the appearance of, hide, वेश बदलना, रूप बदलना, छिपना

**disguise** *n.* false pretense, disguising, बदला हुआ वेश, स्वांग

**disgust** डिसगस्ट *v.* to cause aversion in, to cause for, to loath, to rouse the feeling of sickness, अरुचि पैदा करना, अस्वादिष्ट बनाना, रोग के भाव पैदा करना

**disgusting** (-टिंग) *adj.* exciting disgust, घृणास्पद, कुत्सित

**dish** डिश *n.* vessel in which food is served, food in a dish, थाली, रकाबी में परोसा भोजन

**dish** *v.* to put in a dish रकाबी में परोसना

**disharmony** डिसहार्मनी *n.* discord, disagreement, लयभंग, बेसुर, बेताल

**dishearten** डिसहार्टन *v.* to discourage, to depress, to take hope from, to make dependent, निराश करना, उत्साह भंग करना, दबाना, निराश करना, अधीन करना

**dishevel** डिश्शेबल *v.* to disorder the hair, to be spread in disorder, बाल विखरना, कंघी न करना, अस्त व्यस्त करना

**dishonest** डिसआनैस्ट *adj.* not honest, insincere, cheating, बेईमान, झूठा, ठग

**dishonesty** डिसआनैस्टी *n.* insincerity, knavery, छल, कुटिलता, बेईमानी

**dishnour** डिसआनर *v.* to disgrace, to put to shame, to deprive of honour, अपमानित करना, लज्जित करना

**dishonour** *n.* disgrace, shame, अपमान, लज्जा

**disincline** डिसइनक्लाइन *v.* to make unwilling to do, to be reluctant, to cause dislike, रूचि हटाना, विराग उत्पन्न करना, चित्त फेरना

**disinclination** (-नेशन) unwillingness, अरुचि

**disinfect** डिसइन्फैक्ट *v.* to remove infection, to destroy disease germs in, to get rid of vermin, मलिनता हटाना, छूत दूर करना, कीटाणु नष्ट करना, रोगाणुओं से मुक्त होना

**disinfection** (-फैक्शन) *n.* purification from infected matter, मल शुद्धि

**disinherit** डिसइनहैरिट *v.* to deprive of inheritance, to take away the right to inherit, पैतृक सम्पति से वंचित करना

**disintegrate** डिस्सिन्टेग्रेट *v.* to break up into small parts, to come to pieces, to crumble, टुकड़े करना, टूटना

**distintegration** (-ग्रेशन) *n.* breaking into pieces, पृथकीकरण

**disinterested** डिस्इन्ट्रेस्टिड *adj.* not influenced by personal interests, impartial, free from selfish motives, निस्वार्थी, निष्पक्ष, अलग, निष्पक्षपाती

**disk, disc** डिस्क *n.* a flat circular plate, a gramophone record, चक्रमंडल, ग्रामोफोन

**dislike** डिसलाइक *v.* to disapprove of, to be displeased with, to hate, पक्ष न लेना, अप्रसन्न होना, घृणा करना

**dislike** *n.* antipathy, hatred, उपेक्षा, घृणा

**dislocate** डिसलोकेट *v.* to put out of joint, to displace, to put into disorder, जोड़ अलग करना, विस्थापित करना, अव्यवस्थित करना

**dislocation** (-केशन) *n.* displacement, अव्यवस्था, विस्थापन

**disloyal** डिसलायल *adj.* unfaithful to, untrue to duty, faithless, false, अवज्ञाकारी, कर्त्तव्यहीन, खोटा, झूठा

**dismal** डिस्मल *n.* dreamy, cheerless, gloomy, depressing, उदासीन, अप्रसन्न, शोकाकुल

**dismally** (-ली) *adv.* in a dismal manner, उदासीनता से,

**dismantle** डिस्मैंटल *v.* to strip, to take to pieces, to pull down, to deprive of covering, नंगा करना, टुकड़े करना, गिराना, निर्वस्त्र करना

**dismay** डिस्मे *v.* to daunt, to frighten, to alarm, to upset, धमकाना, डराना

**dismay** डिस्मे *n.* horrified amazement, apprehension, भयावह, आश्चर्य, खतरा

**dismember** डिस्मैम्बर *v.* to tear to pieces, to tear limb from limb, अंगों को अलग अलग करना

**dismemberment** (-मैंट) *n.* the act of dismembering, mutilated state, अंग का विच्छेद, विभाग

**dismiss** डिसमिस *v.* to discharge, to send away, to remove, to put out of thoughts, विदा करना, भेजना, अधिकार से हटाना, मन से हटाना, मुकद्दमा खारिज करना

**dismount** डिस्माउंट *v.* to get off anything, to come off a horse, to remove from a support, घोड़े से उतारना या उतरना, हटाना

**disobey** डिस्ओबे *v.* to disregard an order, to neglect, to refuse, अवज्ञा करना, आज्ञा भंग करना, उपेक्षा करना, इनकार करना

**disorder** डिसोडर *v.* to disarrange, to upset (want of order) to confuse on, अव्यवस्थित करना, उलट-पुलट करना, व्याकुल करना

**disorder** *n.* confusion, neglect of system, tumult, गड़बड़, अव्यवस्था, खलबली

**disorganise** डिसोरगेनाइज *v.* to cause disorder, to throw out of order, to destroy the arrangement, तोड़ना, अस्त व्यस्त करना, बेतरतीब करना

**disown** डिसओन *v.* to reject, to deny, to refuse, to acknowledge as belonging to oneself, कबूल, करना, इनकार करना, अंगीकार करना

**disparage** डिस्पैरेज *v.* to run down, to belittle, to talk slightly of, गिराना, नीचा दिखाना, निन्दा करना

**disparity** डिस्पैरिटी *n.* unlikeness, difference, inequality, अन्तर, भेद, असमानता

**dispassionate** डिस्पैशनेट *adj.* unexcited, calm, cool, unbiased, शांत, नम्र, शीतल, निष्पक्ष

**dispatch, despatch** डिस्पैच *v.* to send away, to do business, to kill, भेजना,

**dispel** डिस्पैल *v.* to banish, to drive away, to make disappear, हटाना, देश निकाना देना, गायब करना, भगाना

**dispensable** डिस्पैन्सेबल *adj.* that may be done with, not necessary, जिसके बिना निर्वाह हो सके, अनावश्यक

**dispensary** डिस्पैंसरी *n.* a charitable institution, दरिद्रों के लिए औषधालय

**disperse** डिस्पर्स *v.* to scatter, to spread out, to cause to vanish, to dispel, इधर उधर फेंकना, फैलाना, गायब करना, छितराना

**dispirit** डिस्पिरिट *v.* to discourage, to dishearten, to render cheerless, उत्साहहीन करना, हौंसला गिराना, उदास करना

**displace** डिस्प्लेस *v.* to remove, to change the place, to disarrange, to oust, to replace, हटाना, बदलना, इधर उधर करना

**display** डिस्प्ले *v.* to exhibit, to show, to reveal, दिखावा करना, दिखाना, प्रकट करना

**display** *n.* an exhibition, show, ostentation, नुमाइश, दिखावा, प्रदर्शन

**displease** डिस्प्लीज *v.* to anger, to offend, to be disagreeable, to annoy, क्रुद्ध करना, अप्रसन्न करना, नाराज करना

**disposal** डिस्पोजल *n.* arrangement, sale, regulation, रचना, परिपाटी, निपटारा

**dispose** डिस्पोज *v.* to sell, to arrange, to get rid of, to make inclined, बचना, निपटाना, क्रमबद्ध करना, छुटकारा पाना

**dispossess** डिस्पोजेस *v.* to eject, to put out of possession,to deprive, अधिकार छीनना, स्वत्व हरण करना, वंचित करना

**dispossession,** (-शन) *n.* the act or state of being dispossessed, अधिकारहरण

**disproportion** डिस्प्रोपोर्शन*n.* lack of proportion, विषमता, अयोग्यता

**disproportionate** (-नेट) *adj.* unsystematical, unsuitable, बेडोल, असंगत

**disprove** डिस्प्रूब *v.* to refute, to prove false, to prove to be not true, to confute, खंडन करना, झूठा ठहराना

**dispute** डिस्प्यूट *v.* to discuss, to quarrel, to argue about, कलह हरना, झगड़ना, शास्त्रार्थ करना

**dispute** *n.* quarrel, argument, रार, झगड़ा, तर्क

**disqualify** डिसक्वालिफाई *v.* to make incapable, to make unfit, to take away right from, अयोग्य करना, अधिकार छीनना

**disqualification** (-केशन) *n.* inability, अयोग्यता

**disquiet** *v.* डिसक्वाइट *v.* to worry, to make uneasy, to deprive of peace, शांति भंग करना, व्याकुल करना

**disquietude** डिस्क्वाइट्यूड *n.* disquietudeness, anxiety, unrest, चिंता, अशांति, व्याकुलता

**disregard** डिस्रिगार्ड *v.* to ignore, to pay no attention, तिरस्कार करना

**disregard** *n.* indifference, neglect, उपेक्षा, निरादर

**disrepute** डिस्रिप्यूट *v.* to dishonour, to bring ill fame, अपमानित करना, अपयश लेना

**disrepute** डिस्रिप्यूट *n.* bad repute, discredit, ill fame, dishonour अपकीर्ति, अपयश, बदनामी

**disrobe** डिसरोब *v.* to undress, to take off, to deprive of garment, वस्त्र उतारना, नंगा करना

**disrupt** डिस्रप्ट *v.* to throw into disorder, to break up, तितर बितर करना, खलबली मचाना

**disruption** (-शन) *n.* a break, a rent, दरार, फटन, गड़बड़ी,

**dissatisfy** डिस्सैटिफाइ *v.* to displease, fail to satisfy, make discontended, रुष्ट करना, संतुष्ट न करना, नाराज करना

**dissatisfaction** (-फैक्शन) *n.* discontentment, frustration, असंतोष, निराशा

**dissect** डिस्सेक्ट *v.* to cut up for examination, to cut up, to examine in detail, अंगो का चीरफाड़ करना, काटना, परीक्षण करना

**dissection** डिसैक्शन *n.* anatomy, a critical analysis, अंग विच्छेद, एक सूक्ष्म परीक्षण

**dissemble** डिसैम्बल *v.* to pretend , to give a wrong idea, to speak so as to give wrong ideas, of one's feelings, to conceal, बहाना करना, छल करना, कपट करना, छिपाना

**disseminate** डिसैमिनेट *v.* to spread widely idea as, doctrines, etc, to scatter, to sow in different places, छितराना, भिन्न दिशा में बोना

**dissent** डिस्सैन्ट *v.* to disagree, to differ, to express difference in opinion, असहमम होना, अस्वीकार करना, अन्यथा विचार रखना

**dissert** डिसर्ट *v.* to discourage or dispute, वार्तालाप या विवाद करना

**dissertation** डिसर्टेशन *n.* discourse, long written or spoken account, विवरण

**disservice** डिस्सार्विस *n.* illturn, harmful action, injury, अपकार, हानि

**dissident** डिसिडेंट *adj.* not in agreement, those who differ, dissenter, असहमत, भिन्न विचार वाले

**dissimilar** डिसिमिलर *adj.* unlike, not the same,not similar, भिन्न, असदृश, असमान

**dissipate** डिसिपेट *v.* to scatter, to waste in pleasure, to engage in foolish, pleasures, to squander, विखेरना, विलास में नष्ट करना, बुरे आचरण में लगना

**dissolute** डिस्सोल्यूट *adj.* evil, vicious, given up to immoral conduct, lax in morals, profligate, पृथक करना, अलगाना, सम्बन्ध तोड़ना, कामुक

**dissolve** डिजोल्व *v.* to fade away, to come to an and, to absorb or melt in fluid, to vanish, to break up, मुरझाना, गलना, घुटना

**dissuade** डिसूएड *v.* advise to refrain, to persuade not to, to divert, निवारण करना, रोकना, हटाना

**distance** डिस्टैन्स *n.* aloofness, remoteness, reserve, space of time, अंतर, दूरी, आत्मसंयम, समय का अंतर

**distant** डिस्टैंट *adj. n.* remote, far off, दूर परे

**distaste** डिस्टेट *n.* dislike of food or drink, disgust, aversion, disrelish, अरुचि, स्वादहीनता

**distasteful** डिसटेस्टफुल *adj.* unpleasant, disgusting, अस्वादिष्ट, बेस्वाद

**distemper** डिसटैम्पर *n.* method of painting on plaster without oil, derangement, disease of dogs, रँग करने का एक ढँग, कुत्तों का एक रोग, व्यथा

**distemper** *v.* paint in distemper, to derange in health, रंग करना, सेहत बिगाड़ना

**distil** डिस्टिल *v.* to vaporise and recondense a liquid, to extract quality of, to trickle down, टपकाना, अर्क निकालना

**distinct** डिस्टिंक्ट *adj.* definite, separate, clean, easily seen, unmistakable, निश्चित, पृथक, स्पष्ट, रूप से दृश्य, सत्य

**distinction** (-शन) *n.* difference, excellence, भेद, श्रेष्ठता, गौरव

**distinguish** डिसटिंग्विश *v.* to recognise, to make difference, in, to class, to make out, to group difference, जुदा करना, पहचानना, तमीज करना, अलग करना

**distinguished** डिस्टिंग्विश्ड *a.* remarkable, eminent, विशिष्ट

**distort** डिस्टोर्ट *v.* to falsify, to put out of shape, to misrepresent, रूप बिगाड़ना, बेशक्ल, करना, गलत प्रतिनिधित्व करना

**distortion** (-शन) *n.* act of distorting, कुरुपता, वक्रता

**distract** डिसट्रैक्ट *v.* to direct, to perplex, to drive mad, to turn aside, विचलित करना, व्याकुल करना, पागल करना

**distraction** (-शन) *n.* interruption, diversion, विघ्न, व्याकुलता

**distraught** डिसट्राट *adj.* frantic, bewildered, घबराया हुआ व्यक्ति

**distress** डिस्ट्रैस *n.* severe trouble, distraint, mental pain, अति क्लेश, पीड़ा

**distress** डिस्ट्रेस *v.* to vex, to make unhappy, पीड़ित करना, दुःख देना

**distribute** डिस्ट्रिब्यूट *v.* to spread, to classify, to dispense, to scatter, बाँटना, अलग करना, फैलाना

**distribution** (-शन) *n.* apportionment, विभाग, बॉट

**district** डिसट्रिक्ट *n.* region, locality, portion of territory, इलाका, खंड, जिला

**distrust** डिस्ट्रस्ट *n.* doubt, disbelief, अविश्वास, शंका, संदेह

**distrust** *v.* to suspect, to doubt, to disbelieve, शंका करना, संदेह करना

**distrustful** (-फुल) *adj.* untrustworthy, doubtful, अविश्वसनीय, शक्की, बहमी

**disturb** डिस्टर्ब *v.* to unsettle, to derange, to trouble, to agitate, हस्तक्षेप करना, अव्यवस्थित करना, कष्ट देना, छेड़ना

**disturbance** (-बैन्स) *n.v.* interruption, agitation, खलल, बेचैनी

**disunite** डिस्युनाइट *v.* to destroy union of, to break union, to part, अलग करना, जुदा करना

**disunity** (-निटी) *n.* want of discord, disunion, वियोग, फूट, अलगाव

**disuse** डिसयूज *n.* state of no longer in use, अप्रचार, अव्यवहार

**ditch** डिच *v.* to carry off water or to hold water, to clean, to throw into, खाई खोदना

**ditch** *n.* a trench, a water course, खाई, खड्डा

**ditto** डिटो *v.* to say the same thing as, to agree with, पहले जैसा कहना

**ditto** *n.* the same, the aforesaid, वैसा ही, पूर्वकथित

**divan** दीवान *n.* a soft backless seat, public audience room, दीवान, दरबार

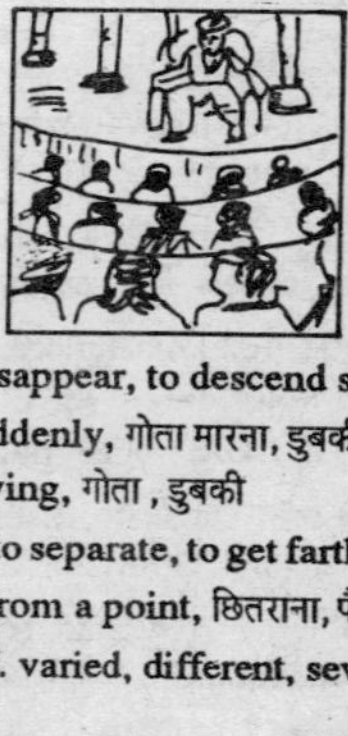

**dive** डाइव *v.* to disappear, to descend suddenly, to disappear suddenly, गोता मारना, डुबकी लगाना

**dive** *n.* act of diving, गोता, डुबकी

**diverge** डाइवर्ज *v.* to separate, to get farther apart, to move away from a point, छितराना, फैलना, कूटना

**diverse** डाइवर्स *adj.* varied, different, several, विभिन्न, विविध, भिन्न

**divert** डाइवर्ट *v.* to ward off, to amuse, to entertain, to turn aside, मोड़ना, फेरना, ध्यान आकृष्ट करना

**divertion** (-शन) *n.* turning aside, amusement, मोड़, सैर, दिल्लगी

**divest** डाइवेस्ट *v.* to strip, to separate, to dispossess, छीनना, उतारना, ले जाना

**divide** डिवाइड *v.* to split, to separate, to cut off, to make into two or more parts, बाँटना, टुकड़े करना, काटना, दो व अधिक भागों में बाँटना

**division** (-जन) *n.* distribution, separation, बँटवारा, पृथकता

**divine** डिवाइन *adj.* of God, sacred, heavenly, दैवी, पवित्र, अपूर्व, सुंदर

**divinity** (-नेटी) *n.* the deity, a celestial being, देवत्त्व, देवता

**divorse** डाइवोर्स *v.* to separate, to part, to sunder, अलग करना, तोड़ना

**divorse** *n.* legal dissolution of marriage, complete separation, disunion, तलाक, विवाह विच्छेद, त्याग

**divulge** डाइवल्ज *v.* to reveal, to tell, to let-out, to proclaim, भेद खोलना, बताना, घोषणा करना

**dizzy** डिज्जी *adj.* faint, giddy, unsteady, confused, भ्रमकारक, चपल, प्रमत्त

**do** डू *v.* to act, to make, to accomplish, to perfect, कार्य करना, अभिनय, बनाना, पूरा करना

**docile** डोसाइल *adj.* obedient, tame, easily taught, submissive, आज्ञाकारी, सधा हुआ

**docility** (-सिलेटी) *n.* the quality of being docile, अधीनता, विनेयता

**dock** डाक *n.* a healing herb, a basin with flood gates in which ship may be loaded or unloaded, एक स्वास्थ्यप्रद जड़ी-बूटी, जहाज पर माल चढ़ाने उतारने का स्थान, कठघरा

**dock** *v.* to sail a ship into a dock, to cut short, काटकर छोटा करना, कम करना, जहाज को घाट पर लाना

**doctor** डॉक्टर *n.* a physician, one who is qualified to treat the patients, one holding a university's highest degree, चिकित्सक, विश्वविद्यालय की सर्वोच्च उपाधि

**doctrine** डॉक्ट्रिन *n.* belief, faith, motto, opinion, dogma, विश्वास, मत, पंथ, राए, शिक्षा

**document** डॉकूमैंट *n.* a certificate, a written deed, लेख, प्रमाणपत्र

**document** *v.* to furnish with proof, प्रमाण देना

**dodge** डॉज *v.* to avoid, to move aside quickly, to trick, to swerve, टालना, एक ओर बचना, धोखा देना

**doe** डो *n.* the female of many animals as deer, rabbit etc, मृगी, हरिणी

**dog** डॉग *n.* a domestic animal कुत्ता

**dogma** डॉगमा *n.* a firm belief, body of beliefs, दृढ़मत

**doggedly** डागिडली *adv.* obstinately, हठ से

**doldrums** डोलड्रग्स *n.* the ocean belt near the equator where calms prevail, दबाव का क्षेत्र, विषुन प्रशांत

**dole** डोल *n.* grief, charitable distribution, destiny, दुःख, दानपुण्य, भाग्य

**dole** *v.* to deal out in small portion, थोड़ी मात्रा में बाँटना

**doleful** डोलफुल *adj.* sad, dreamy, sorrowful, उदास, उचाट, दर्दनाक, दुःखद

**doll** डॉल *n.* a puppet, a toy of baby, पुतली, गुड्डा, गुड़िया

**dollar** डॉलर *n.* coin of United State, अमेरिका की मुद्रा

**domain** डोमेन *n.* dominion, estate, scope, field of work, अधिकार, राज्य, प्रभुत्व, कार्यक्षेत्र, उपनिवेश

**dome** डोम *n.* a cupola, a stately building, a rounded roof, गुम्बद, हवेली

**domestic** डोमेस्टिक *adj.* native, tame, belonging to the household, गृहस्थी संबंधी, घरेलू, पालतू

**domicile** डोमिसाइल *n.* a place of permanent residence, स्थायी निवास, गृह

**dominance** डामिनैंस *n.* ascendency, प्रधानता, महत्व

**dominant** (-नैंट) *adj.* very influential, ruling, prevailing, अति प्रभावशाली, प्रधान, छा जाने वाला

**dominantty** डोमिनैन्टली *adv.* in a predominant manner, प्रधानता से बढ़ चढ़कर

**don** डॉन *n.* a Spanish title, a college tutor, स्पेन की पदवी, कालेज का प्राध्यापक

**don** डॉन *v.* to put on clothes, वस्त्र पहनना

**donation** डोनेशन *n.* present, gift, bestowel, contribution, दान-पुण्य, नजराना, उपहार

**donor** डोनर *n.* one who gives a donation, दानी, दाता

**donkey** डौंकी *n.* an ass, a stupid person, गद्हा, मूर्ख

**doom** डूम *n.* sentence, unhappy fate, condemnation, ruin, judgement, दण्ड, दुर्भाग्य, प्रलय, आज्ञा

**doomsday** डूमसडे *n.* the day of the last judgement, प्रलय का निर्णायक दिन

**door** डोर *n.* entrance, access, a means of approach, द्वार, चौखट, साधन

**dope** डोप *n.* a kind of varnish, एक प्रकार की गाढ़ी वार्निश

**dormant** डोरमैंट *adj.* sleeping, lying, inactive, quiet, निद्रित, शिथिल, शांत

**dormouse** डारमाउस *n.* a small field rodent that sleeps a great deal, गिलहरी की तरह का छोटा सा जंतु

**dose** डोज *n.* quantity of medicine taken at one time, दवाई की मात्रा जो एक बार में दी जाती है

**dot** डाट *n.* a speck, a tiny spot, बिन्दु, छोटा धब्बा

**dot** *v.* to mark with dots, बिंदुओं से अंकित करना

**dote** डोट *v.* to love too well, to become weaker in mind when old, to be silly, अत्यन्त दुलार करना, पूर्ण बनना, सठियाना

**double** डबल *v.* to multiply by two, to fold over, to sail round, दोहराना, दुगुना करना, तह करना

**double** *n. adj., adj.* twofold दुगुना, दोहरा या दोतहा

**doubt** डाउट *v.n.* to disbelieve, to be uncertain, to suspect, disbelief शक, अविश्वास, अनिश्चितता, शक करना

**doubtful** डाउटफुल *adj.* ambiguous, uncertain, संदिग्ध, अनिश्चित

**dough** डोज *n.* moist flour, kneaded but not baked, गुंदा या सना आटा, खमीर

**douse** डाऊज *v.* to thrust into water, to extinguish, जल में गोता लगाना या कूदना, दीपक बुझाना

**dove** डव़ *n.* a bird of the pigeon family, a word of endearment, पेडुकी, फाखता, घुग्घी (पंजाबी), प्यार का शब्द

**dowager** डौएजर *n.* widow with little or property derived from deceased husband, मरे हुए धनी पति की संपत्ति पाने वाली विधवा स्त्री

**dowry** डाउरी *n.* any endowment, property which wife brings to husband at marriage दहेज, दाज (बेटी को पितगृह से मिली संपत्ति)

**down** डाउन *n. prep. adv.* open, fine hair, from above to below, कोमल पर (पंख) या रोवाँ, नीचे, तले, खिन्न

**downcast** (-कास्ट) *adj.* dejected, cast down, म्लान, खिन्न

**downfall** (-फाल) *n.* falling down of flood, ruin, बाढ़, नाश

**downtrodden** डाउनट्रोडन *n.* trampled down, पद दलित

**doze** डोज *v.* to be half asleep, to drowse, to enjoy a nap, a short sleep, ऊँघना, हल्की झपकी लेना

**doze** *n.* a short sleep, a nap, झपकी, ऊँघ

**dozen** डजन *n.* a group of twelve things, दर्जन, बारह

**draft** ड्राफ्ट *v.* to make a rough copy of a document, to prepare a statement, to send troops, मसौदा व हुंडी तैयार करना, सैन्यदल भेजना

**draft** *n.* rough copy of a document, मसौदा, संक्षेप

**drag** ड्रैग *v.* to pull along, to drag, to protract, to sweep with net, खींचना, घसीटना, घसीट ले जाना, तानना

**dragon** ड्रैगन *n.* a fabulous fiery monster, सपक्ष नाग या अजगर

**drain** ड्रेन *n.* a waste pipe, gutter, परनाला, मोरी, नाली

**drain** *v.* to empty, to carry away, to exhaust, खाली करना, बेकार जल बहाना

**drake** ड्रेक *n.* a male duck, नरहंस, बत्तख

**drama** ड्रामा *n.* a play, literature of plays, play like series of events, नाटक, नाटकीय साहित्य, नाटकीय घटनाक्रम

**dramatical** ड्रामैटिकल *adj.* dramatic, theatrical, नाटक सम्बन्धी, नाटकीय

**drape** ड्रेप *v.* to cover with cloth, to adorn with cloth, वस्त्र से ढकना, वस्त्र से सजाना

**drape** ड्रेप *n.* curtain, परदा

**draper** (-पर) *n.* dealer in cloth or drapery, बजाज, वस्त्र विक्रेता

**drastic** ड्रैस्टिक *adj.* violent, powerful, severe, तीव्र, तीक्ष्ण, तेज

**draught** ड्राफ्ट *n.* draft, a current of air, a drink, a plan, हवा का झोंका, घूट, योजना

**draughts man** ड्राफ्टमैन *n.* one skilled in drawing plans, draftsman, नक्शा बनाने वाला, नक्शानवीस

**draw** ड्रॉ *v.* to pull, to attract, to sketch, खींचना, लुभाना, चित्र बनाना

**draw** *n.* the act of drawing, attraction, a drawn game, चित्र, चित्रण, आकर्षण, बराबरी का खेल

**drawing-room** ड्राइंगरूम *n.* reception room, room to which ladies withdraw after dinner, दर्शक गृह, बैठक, चित्रशाला, दीवानखाना

**dread** ड्रैड *v.* to fear greatly, to dread, भयभीत होना, डरना,

**dread** *n.* great fear, भय, खतरा, आतंक

**dream** ड्रीम *n.* the mind pictures of a sleeper, idle fancies, fancy things, स्वप्न, सपना, स्वप्निल वस्तुएं

**dream** *v.* to see dreams, imagine, स्वप्न लेना, कल्पना करना

**dreary** ड्रेरी *adj.* bleak, cheerless, dry, dull, dismal, दुर्बल, उदास, शुष्क, गमगीन

**dredge** ड्रैज *v.* to deepen, to scoop mud from a channel, गहरा करना, खाई से कीचड़ निकालना

**drench** ड्रैंच *v.* to soak, to wet through, to give medicine to, भिगोना, सुखाना, गीला करना, दवाई पिलाना

**dress** ड्रैस *n.* clothing, apparel, वस्त्र, पहरावा

**dress** ड्रैस *v.* to clothe, to trim, to smooth, to prepare for table, to put on clothes, वस्त्र पहनना, छाँटना,, साफ करना, घाव पर पट्टी बाँधना, खाना परोसना

**dribble** ड्रिबल *v.* to trickle, to flow in drops, to run in mouth, बूंद बूद टपकना, चूना, लार बहना

**dribbler** ड्रिबलर *n.* one who dribbles, टपकाने वाला

**drift** ड्रिफ्ट *n.* slow current or course, deviation from course, प्राकृतिक, उन्नति, भाव, अभिप्राय, संचय

**drift** *v.* to move aimlessly, to be carried, जल की तरह बहाना, ढेर लगना या लगाना

**drill** ड्रिल *n.* an exercise of soldiers, routine, teaching, boring tool, कवायद, शिक्षण, छेदने का बरमा, बीज बोने की नाली

**drill** *v.* to bore, to pierce hole, to train soldiers, छेद करना, मोरी करना, अस्त्र, शिक्षा का अभ्यास कराना

**drink** ड्रिन्क *v.* to absorb, to swallow liquid, to take intoxicating liquar, खोखना, जल को या तो तरल पदार्थ को निगलना, पीना, मद्यपान करना

**drink** *n.* liquid for drinking, beverage, शराब, पेय पदार्थ, शर्बत

**drip** ड्रिप *v.* to fall or let fall in drops, रिसना, बूंद-बूद करके चूना या चुआना

**dripping** (पिंग) *n.* that which falls in drops, स्त्रवण, स्त्राव

**drive** ड्राइव *v.* to urge in some direction, to chase, to convey, ढकेलना, गाड़ी पर सवार होकर चलना, फैंकना

**driving** (-विंग) *n.* impetus, action of driving, journey in carriage, प्रेरणा, गाड़ी चालन

**drizzle** ड्रिजल *v*, to rain, to fall in drops, मंद वर्षा होना, फूही पड़ना

**drizzly** ड्रिज्ली *adj.* shed in small drops, तुषार से आवृत्त

**drone** ड्रोन *n.* male of honey bee, deep humming, lazy idler, a bass pipe of a bag pipe, नर मधुमक्खी, भिनभिनाना, आलसी मनुष्य, मसक बाड़ों की निचली नली

**droop** ड्रप *v.* to tilt, to hang down, to let hang down, to incline, to lose heart, लटकना, झुकना, शिथिल होना

**drooping** ड्रूपिंग *adj.* declining, languishing, शिथिल, झुका हुआ

**drop** ड्राप *n.* very small quantity, fall, a hanging instrument, act of dropping, बिंदु, लटकन, लोलक

**dropsy** ड्रापसी *n.* a disease in which water fluid collects in some part of the body, जलोदर, जालन्धर (रोग)

**dross** ड्रोस *n.* impurity, refuse, anything of little value, गंदगी, मल, बेकार वस्तु

**drought** ड्राट *n.* thirst, long dry spell of weather, प्यास, सूखा, अनावृष्टि

**drown** ड्राउन *v.* to be suffocated in water, डूबना, जल में डूबकर मरना, मारना, बाढ़ लाना

**drouse** ड्राउज *v.* to be half asleep, to pass time, half asleep, to be dull, झपकी लेना, ऊँघना, मन्दा होना

**drousiness** (नैस) *n.* the state of being drousy, तन्द्रा, झपकी, आलस्य

**drudge** ड्रज *v.* to work hard in mean tasks, to slave (hack), छोटे काम में श्रम करना, दासता करना

**drudgery** (-जरी) *n.* an uninteresting work, hard labour, कठिन श्रम, अरुचिकर काम

**drug** ड्रग *v.* to administer drug to make unconscious, दवा पिलाना, दवाई बेहोशी के लिए पिलाना

**drug** *n.* narcotic, medical substance, औषधि दवा

**druggist** ड्रगिस्ट *n.* a dealer in drugs, औषधि विक्रेता

**drum** ड्रम *v.* to tap, to play drum, ढोल व नगाड़ा बजाना

**drum** *n.* part of ear, an instrument, कान के भीतर का पर्दा, दुन्दुभी (ढोल)

**drunk** ड्रंक *adj.* drunken, शराबी

**drunkard** ड्रंकार्ड *n.* one who drinks in excess, पियक्कड़, मतवाला

**dry** ड्राई *adj.* rainless, without moister, cold, unfriendly, शुष्क, निर्जल, अनार्द्र, शीतल, रूखा

**dry** *v.* to make dry by wiping पोंछ कर सुखाना

**dryness** (-नैस) *n.* the quality of being dry, सूखापन, शुष्कता

**dual** ड्यूल *adj.* double, forming pair, of two, fold of two, द्विसंख्य, द्विवचन, दोहरा, द्विवाचक

**dub** डब *v.* to give title to, to smear with grease, to provide film with sound track not in original language, नियुक्त करना, पोतना, दूसरी भाषा में रिकार्ड भरना

**dubious** डूबियस *adj.* not clear, doubtful, causing doubt, suspected character, अस्पष्ट, भ्रमात्मक, संदिग्ध चरित्र वाला

**duchess** डचस *n.* wife of a duke, woman whose rank is equal to that of a duke, ड्युक की सुहागिन या विधवा स्त्री

**duck** डक *n.* a domestic and wild water fowl, no score in cricket, a dip of head under water, कजहँस, बत्तख, क्रिकेट में स्कोर न होना, डुबकी

**duct** डक्ट *n.* tube, a pipe, metal tube and outlet for air, ट्यूब, पाइप, वायु निकालने का मार्ग

**dudgeon** डजिअन *n.* a sullen anger, resentment, क्रोध, ईर्ष्या

**due** ड्यू *n. adj.* a debt, a right, owing, expected, ऋण, हक, देय, आशा किया हुआ

**duel** ड्यूल *n.* a fight between two armed people, any two sided contest, द्वन्द्वयुद्ध, मल्लयुद्ध, कुश्ती, द्विपक्षीय सामना

**duet** ड्यूट *n.* music performed by two people, piece of music for two voice, दो जनों द्वारा मिल गाने वाला गीत

**duffer** डफर *n.* an unintelligent person, slow witted person, बुद्धू, मंद बुद्धिवाला

**dug** डग *v.* past tense of dig, खोदना का भूतकाल, खोदा

**dug** *n.* teat of a female mammal, चुचुक, चुँची

**duke** ड्यूक *n.* a nobleman of high rank, independent sovereign ruler of a state, इंग्लैंड का नवाब, रियासत का स्वतंत्र शासक

**dull** डल् *adj.* dry, not clear, slow in understanding, monotonous, not active, शुष्क, अस्पष्ट, कमसमझ, नीरस, आलसी

**dullness** (-नैस) *n.* stupidity, मूढ़ता, मूर्खता

**dumb** डम्ब *adj.* unable to speak, temporarily silent, dull, stupid, गूंगा, मूक, आलसी, कुंद, जड़, मूढ़

**dumbfounded** डमफाउँडिड *adj.* confused, घबड़ाया हुआ

**dump** डम्प *n.* heap of rubbish, temporary store of military supplies, ugly place, कूड़े का ढेर, मिलेट्री सप्लाई का अस्थाई गोदाम, भद्दी जगह

**dumpy** डम्पी *adlj.* short and fat, नाटा-मोटा

**dun** डन *n.* of dull greyish brown, धुंधला भूरे रंग का वस्त्र

**dun** *v.* to demand a debt, ऋण मांगना

**dunce** डन्स *n.* slow learner, stupid person, स्थूल बुद्धि, मूढ़ बुद्धि

**dune** ड्यून *n.* low stretch of dry land framed by the wind, समुद्रतट या रेगिस्तान पर रेत का टीला

**dung** डंग *n.* waste matter dropped by animals, manure, गोबर, खाद

**dunghill** डंगहिल *n.* a heap of dung, गोबर का ढेर

**dungree** डंगरी *n.* overalls or trousers of course calico, सैनिकों द्वारा पहनी जाने वाली मोटे वस्त्र की वर्दी (डाँगरी)

**dungeon** डंजिअन *n.* dark underground cell, a prison, कालकोठरी, अंधेरी कोठरी, कैद

**dupe** ड्यूप *v.* to cheat, to deceive, to make fool of, धोखा देना, छल करना, मूर्ख बनाना

**duplicate** डुप्लीकेट *v.* to make an exact copy of, divide by two, नकल तैयार करना, द्विभाजन करना

**duplicate** *n.* a copy of transcript, नकल, अनुलिपि, प्रतिलेख

**duplication** डुप्लीकेशन *n.* the process of duplicating, दोहराव

**duplicity** ड्प्लीसिटी *n.* double dealing,deceit, द्विगुण, दोहराव

**durable** ड्यरेबल *adj.* likely to last for a long time, lasting, abiding, अविनाशी, स्थिर, टिकाऊ

**durability** (-बिलेटी) *n.* permanence, स्थायित्व

**durbar** दरबार *n.* Indian ruler's court, reception given by a ruler in India, दरबार, भारतीय शासक द्वारा अभिनंदन

**duress** ड्यूरैस *n.* threat, violent, harship, compulsion, धमकी, उपद्रव, कठिनाई, बन्धन , मजबूरी

**during** ड्यरिंग *prep.* throughout the continuance of, at some point of time, यावत, जब तक, बीच में

**dusk** डस्क *n.* time just before it gets dark, swarthy, dark, shade, धूलवेला, झुटपुंटा, सन्ध्या काल, अन्धेरा

**dusky** (-की) *adj.* sad, gloomy, obscure, दुःखी, उदास, धुंधला

**dust** डस्ट *n.* dry earth, clouds of dust, garbage, refuse, trash, grave, धूल, मिट्टी का अँबार, मैला, खाक, कब्र

**duster** (-र) *n.* a cloth or brush to clear off dust, झाड़न

**dusty** (-टी) *adj.* filled with dust, like dust, धुलिपूर्ण, धूलवाला

**dutch** डच *n.* the people of Holland, their language, हालैंड निवासी तथा उनकी भाषा

**duty** ड्यूटी *n.* inner voice, what one has to do, moral obligation, payment demanded by government on exported goods, अन्तरात्मा की आवाज, नैतिक कर्त्तव्य, चुंगी

**dutiful** (-फुल) *adj.* obedient, submissive, आज्ञाकारी, भक्तिमान

**dwarf** ड्वार्फ *n.* small being, undersized, ठिगना, बौना, नाटा

**dwell** डवैल *v.* to reside, to think, to live in, to write or speak at length, रहना, विचारना, देर तक लिखना या बोलना

**dwelling** डवैलिंग n. place of residence, निवास स्थान, रहने का घर

**dwindle** डविन्डल *v.* to become less by degrees, to shrink gradually, to decline, कम होना, घटना, सिकुड़ना

**dye** डाई *v.* to colour, to give colour to, रंगना

**dye** *n.* hue, material used for dyeing, वर्ण, रंगने का सामान

**dyer** (-यर) *n.* one who dyes कपड़ा, रँगने वाला, रंगरेज (ललारी)

**dynamic** डायनैमिक *adj.* of physical power and forces producing motion, force of character, moral force that produces activity, शक्तिमान, गति दाता, चरित्र बल, जोश पैदा करने वाली नैतिक शक्ति

**dynasty** डाइनैस्टी *n.* the succession by rulers belonging to one family, a line of rulers belonging to the same family, राजकुल, राजवंश

**dysentery** डाइसैन्ट्री *n.* painful disease of the bowls with discharge of, mucus and blood, रक्तातिसार, आँव, पेचिश

# E



**E** ई the fifth letter of the English alphabet, अंग्रेजी वर्णमाला का पाँचवाँ अक्षर

**each** ईच *adj.* everyone of two or more, each one, प्रत्येक, एक-एक, पृथक

**eachother** (-अदर) mutually, अन्योन्य, परस्पर

**eager** ईगर *adj.* anxious, keen, enthusiastic, earnest, उत्सुक, तीक्ष्ण,

**eagerly** (ली) *adj.* auxiously, keenly, उत्सुकता से, उत्कंठा से

**eagerness** (नैस) *n.* anxiety, eagemess, उत्सुकता, अभिलाषा, तमन्ना

**eagle** ईगल *n.* a large bird of prey, बाज

**ear** ईअर *n.* the sense of hearing, a head or spike of corn, कान, श्रवणेन्द्रिय, गेंहूँ की बाली

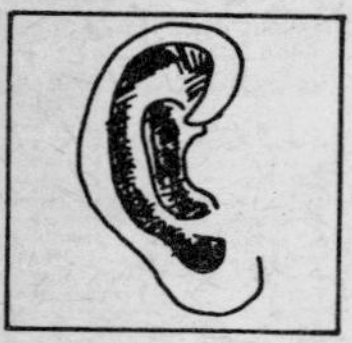

**earl** अरल *n.* a British nobleman (countess-feminine gender), इंग्लैंड के सरदारों की एक पदवी

**early** अरली *adv.* in the first part of a period of time, near the beginning, in the distant past, in the near future, long ago, प्रातःकालीन, शीघ्र

**earn** अर्न *v.* to deserve, to earn by work, to gain by one's efforts, अधिकारी बनाना, कमाना, श्रम से प्राप्त करना

**earning** (-ईंग) *n.* wages, that which is earned, उपार्जित धन, कमाई

**earnest** अरनैस्ट *adj.n.* serious, ardent, eager, determined, jealous, गंभीर, उत्सुक, तत्पर, दृढ़, ईर्ष्यालु

**earnest** *n.* money given in token of a bargain, seriousness, बयाना

**earnestly** (-ली) *adv.* in an earnest manner, यत्नपूर्वक, उत्साहपूर्वक

**earth** अर्थ *n.* the third planet in order from the sun, the world, soil, dryland, globe, धरती, पृथ्वी, संसार, मिट्टी का

**earthly** (-ली) *adj.* terrestrial, सांसारिक, मिट्टी का

**earthquake** (-क्वेक) trembling of the earth, disturbance, tremor, भूकम्प, भूँचाल, भूगोल

**ease** ईज *n.* rest from work, freedom from pain, comfort, विश्राम, सुख, आनन्द, सुविधा

**ease** *v.* to relieve from trouble, to relax, शान्त करना, कम करना, सुस्ताना

**easily** ईजिली *adv.* in an easy manner, without annoyance, the state of being easy, आराम से, सरलता से

**easel** ईजल *n.* a stand to support a black board. तख्ता इत्यादि रखने का ढाँचा, टेक

**east** ईस्ट *n.* the part of heavens where the sun rises, पूर्व दिशा, पूर्व

**easter** ईस्टर a Christian festival, मसीहा के पुनरूत्थान, केस्मरणार्थ उत्सव, मसीहा के पुर्नजीवित होने का उत्सव

**eat** ईट *v* to chew and swallow, to consume food, भोजन चबाना और निगलना, खाना खाना, भोजन करना

**eatable** (एबल) *adj.* fit to be eaten, a thing which is fit to be eaten,, भक्ष्य, खाने योग्य पदार्थ

**eaves** ईब्ज *n.* a projection, edge of roof, sticking out beyond wall, छज्जा, ओलटी, ओरी

**ebb** ऐब्ब *n.* the going back of the tide decline, decrease,(to drain away, to go lower slowly), भाटा,वहाव, क्षय, घटाव

**ebb** *v.* to drain away, to go lower, to recede, वह जाना, नीचे उतरना, घटना

**ebony** ऐबोनी *n.* a blackwood, तेन्दुआ, आबनूस

**eccentric** एकसैन्ट्रिक *adj.* with axis not in the centre, odd, unreliable, whimsical, irregular, विकेन्द्रित दिमाग वाला, भद्दा, अविश्वसनीय,सनकी अनियमित

**ecclesiastic** एक्लैसियास्टिक *n.* a priest, a clergyman, धर्मोदेशक, पादरी

**echelon** एशिलान *n.* a group of people in a particular grade in an organisation, फौज का क्रम

**echo** ईको *v.* to imitate, to resound, प्रतिध्वनित करना, अनुक्रण करना

**echo** *n.* repetition of sound, प्रतिध्वनि,गूंज

**eclipse** एकलिप्स *v.* to hide, to darken, to over shadow, छिपाना, ग्रहण लगना, अन्धेरा छाना

**eclipse** एक्लिप्स *n.* loss of brilliancy, the disappearance of the whole or part of a heavenly body, ग्रहण, अन्धकार

**economy** ईकोनामी *n.* a saving, the thrifty management of money, wise management, मितव्ययता, कम खर्च, ग्राईस्थ्य, प्रबन्ध

**ecstasy** एकसटसी *n.* rapture, great joy, excessive joy, exaltation, हर्षोन्माद, अति आनन्द, भारी खुशी

**ecstatic** एक्सटैटिक *adj.* proceeding from ecstasy, rapturous,मोहक, परमानन्द दायक

**eczema** एगजिमा *n.* a skin complaint, an inflammatory disease of the skin, खाज, खुजली

**eddy** ऐडी *n.* a little whirl pool, whirl, a current of air or water, भँवर, चक्र, पानी का भँवर

**eddy** *v.* to move like a whirl pool, भँवर करना, चक्कर खाना

**edge** ऐज्ज *n. v.* the rim, the brink, the sharpness, (to sharpen) margin, the blade of a weapon, धार, किनारा, तीक्ष्णता, शस्त्र की धार

**edge** *v.* to sharpen, to fringe, to provoke, धार रखना, झालर लगाना, उकसाना

**edible** एडिबल *adj.* wholesome, eatable, fit to be eaten, भक्ष्य, खाद्य, खाने योग्य

**edict** इडिक्ट*n.* proclaimed law or order, a public proclamation,आज्ञापत्र, आदेश, उद्घोषणा

**edifice** ऐडिफिस *n.* a large building, a structure, भवन, हवेली, शाला

**edify** एडिफाई *v.* to improve, to build up, to strengthen, सुधारना, निर्माण करना, शक्ति देना

**edit** एडिट *v.* to revise, to prepare material for publication, to act as an editor of a newspaper, ठीक सम्पादन करना, किसी के लेख को शोध कर प्रकाशित करना

**edition** (-शन) *n.* the form in which a literary work is published संस्करण, आवृत्ति, प्रकाशन

**editor** (-टर) *n.* one who edits a newspaper, सम्पादक, पत्र का सम्पादन करने वाला

**educate** एज्यूकेट *v.* to train, to teach, to impart knowledge, शिक्षा देना, पढ़ाना, ज्ञान देना, सिखलाना

**education** (-केशन)*n.* systematic instruction, शिक्षा देना, पढ़ाना, ज्ञान देना, सिखलाना

**eel** ईल *n.* a snake like fish, सर्पाकार मछली

**eerie** इरी *adj.* causing fear or awe, gloomy, lonely, weird, भयावह, डरावनी, एकान्त, पैशाचिक

**efface** इफेस *v.* to erase, to make irreadable, t destroy, to obliterate, to render invisible,मिटान अपठनीय बनाना, नष्टकरना, मिटाना

**effect** इफैक्ट *v.* to complete, to do, to fulfil, t accomplish, पूरा करना, निभाना, सम्पन्न करना

**effect** *n.* consequence, result, purpose impression, परिणाम, सिद्धि, लक्ष्य, छाप

**effective** (-टिव) *adj.* powerful in effect, कार्य साधव प्रभावशाली, प्रभावी

**effeminate** इफैमिनेट *adj.* womanish, delicate womanly, cowardly, स्त्रैण, स्त्री स्वभाव वाला, कोमल भीरू

**efficacious** एफिकेश्यस *adj.* efficient, able producing a desired result, कारगर, योग्य, समर्थ वांछित फल

**efficient** एफिश्येन्ट *adj.* capable, able, proficient powerful, ready, योग्य, समर्थ, प्रवीण, सशक्त

**effigy** एफिजी*n.* a statute, an image, figure in sculpture, coins, painting etc. बुत, प्रतिमा, पुतला सिक्का, चित्रकारी, चित्र

**effort** ऐफर्ट *n.* endeavour, attempt, struggle, प्रयास प्रयत्न, संघर्ष

**egg** ऐग *n.* the round body from which birds hatch (to urge on) अंडा

**egg** *v.* to urge on, to incite, जोश दिलाना, उकसाना

**ego** इगो *n.* vanity, selfishness, pride, sel personality, अहं, स्वार्थता, खुदी, अहंभाव

**egoist** (-इस्ट) *adj.* self conceited, self important,
**egotist** (-टिस्ट)

**Egyptian** इजिप्शियन *n.* belonging to Egypt, i language,मिश्र निवासी, मिश्र की भाषा

**eight** एट *a* number one more than seven, the sum of 7 and 1, आठ की संख्या, सात और एक

**either** ईदर, आइदर *adj. pronoun, conj.* one or other of two, both, co-relative to or, कोई न कोई, दो में से एक, प्रत्येक

**ejaculate** इजैक्यूलेट *v.* to utter suddenly, to exclaim, to eject from the body, सहसा बोल उठना, शरीर में से निकालना या फेंकना

**ejaculation** (-लेशन) *n.* uttering of short prayer, छोटे स्तोत्र पढ़ना

**eject** इजैक्ट *v.* to evict, to dismiss from service, to expel, to throw out, फेंक निकालना, नौकरी से हटाना, निलंबित करना, बेदखल करना

**ejection** (-शन) *n.* eviction, expulsion, act of ejecting, छाँटी, निकासी

**ejectment** (-मैंट)

**eke** इक *v.* to lengthen, to earn barely enough, to supplement, बढ़ाना, श्रमपूर्वक, मुश्किल से कमाई करना

**elaborate** इलैबोरेट *v.* to improve with labour, to produce with labour, to expand, to explain, श्रम से बढ़ाना, श्रमपूर्वक कार्य करना, विस्तार करना

**elaborate** *adj.* highly finished, decorative, सम्पूर्ण, सजाने योग्य

**elaboration** (-शन) *n.* act of elaborating, expansion, विस्तार

**elapse** इलैप्स *v.* to slip, to run out, to pass, बीतना, चला जाना, गुजर जाना

**elastic** इलास्टिक *adj. n.* springing back, springy, an elastic, flexible woven fabric, tape, लचकीला, लचकदार, लचलचा

**elasticity** (-सिटी) *n.* tension, distortion, लचीलापन

**elate** इलेट *v.* to excite, to cause to feel exultant, to raise, to make proud, भड़काना, फुलाना, चढ़ाना, मदोन्मत करना

**elation** (-शन) *n.* pride गर्व, चित्त का हुलास
**elatedness**

**elbow** एलबो *n.* the joint of the arm, कोहनी, बाँक

**elbow** *v.* to thrust, to push with the elbow, कोहनी मारना, धकेलना,

**elder** एल्डर *adj. n.* older, prior in time, one elder in age, जेठा बड़ा, अग्रज, उम्र में बड़ा (a leading official in certain churches) पादरी

**elect** इलैक्ट *adj.* chosen, selected, चुना हुआ, निर्वाचित
**elect** *v.* to choose by voting, to select from a number, निर्वाचन करना, चुन लेना

**election** इलैक्शन *n.* the act of electing, choice, निर्वाचन, चुनाव

**electric** इलैक्ट्रिक *adj.* concerned with electricity, magnetic, बिजली से सम्बन्धित, बिजली से भरा हुआ,

**electrical** (-कल) generated by electricity,

**electricity** (सिटी) *n.* active condition of molecules of body produced by friction, विद्युत, विद्युत शक्ति

**elegant** एलिगेन्ट *adj.* graceful, accomplished, refined, polished, ललित, सुन्दर, स्वरूप, कोमल

**elegance** एलिगेन्स *n.* purity, beauty, politeness, पवित्रता, शिष्टता, सौन्दर्य

**elegy** एलिजी *n.* a dirge, a sad poem, a funeral song, करुण काव्य, शोकगीत

**element** एलिमेंट *n.* the simplest form of anything, a first principle, ingredient, तत्व, मूल, सत, मुख्य अंश

**elementary** (-टरी) *adj.* rudimentary, simple, प्रारंभिक, शुद्ध, मौलिक

**elephant** ऐलिफैन्ट *n.* the largest land animal, a size of paper, हाथी, हस्ती, कुंजर, कागज का माप
(white elephant a useless possession) व्यर्थ का बोझ

**elevate** एलिबेट *v.* to inspire, to lift up, to ennoble, to animate, उभारना, उठाना, उन्नत करना, उत्साहित करना

**elevation** (-वेशन) *n.* rising ground, height, dignity, ऊँचाई, उत्कर्ष, शोभा

**elevator** (-टर) a machine for hoisting, ऊपर उठाने का यन्त्र, लिफ्ट

**eleven** इलैवन *n.* number one more than ten, ten plus one, ग्यारह, (the eleventh hour), the last moment, अन्तिम क्षण, देर करके

**elf** ऐल्फ *n.* mischievous fairy, a dwarf, a supernatural being, परी, यक्ष, पिशाच, बौना

**elicit** एलिसिट *v.* to learn, to find out, to draw out, to bring to light, जानना, निकालना, प्रकाशित करना

**eligible** एलिजिबल *adj.* legally qualified, fit to be chosen, suitable, desirable, नियोज्य, चुनने योग्य ठीक, ग्राह्य

**eligibility** (-लेटी) *n.* fitness, desirability, नियोज्यता, चुनने जाने की योग्यता

**eliminate** एलिमिनेट*v.* to cast aside, to leave out of consideration, to remove, to set aside, हटाना, दूर करना, निकालना, परे करना

**elimination** (-शन) *n.* concelling, ejection, लोप, हटाव

**elite** एलिट *n.* the choicest part of society, the best part, सार, तत्व

**elixer** एलिग्जिर *n.* essence, an imaginary liquid to prolong life, sovereign remedy, अर्क, रसायण, सार, आयुष्य बढ़ाने वाला रसायन

**Elizabethan** एजिजाबियन *adj.* characteristic of Elizabeth, of Queen Elizabeth, महारानी ऐलेजाबैथ के समय का

**elm** एल्म *n.* a shade tree of hard wood, a rough-barked forest tree, नाक (पेड़), जंगली बड़ा वृक्ष

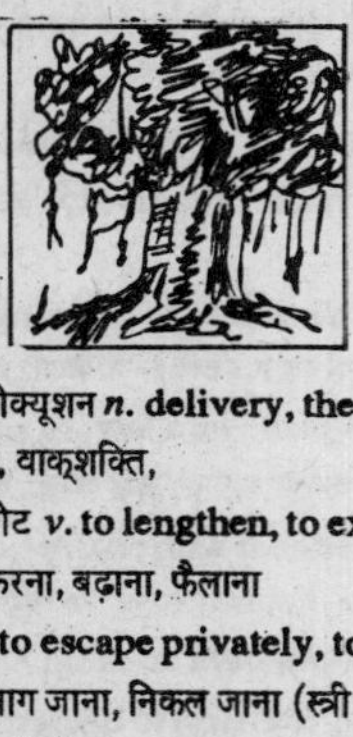

**elocution** एलोक्यूशन *n.* delivery, the art of speaking in public, वाक्शक्ति,

**elongate** इलांगेट *v.* to lengthen, to extend, to stretch out, लंबा करना, बढ़ाना, फैलाना

**elope** इलोप *v.* to escape privately, to run away with a lover, भाग जाना, निकल जाना (स्त्री का)

**eloquence** एलोक्वैन्स *n.* the art of speaking with fluency, apt speech, oratory, धाराप्रवाह रूप से बोलने की कला, वाक्शक्ति, वक्तृता

**else** ऐल्स *adv.* otherwise, besides, अन्य, दूसरा, नहीं तो

**elucidate** एलूसिडेट *v.* to make clear, to explain, to illustrate, स्पष्ट करना, व्याख्या करना, समझाना,

**elucidation** (-शन) *n.* the act of throwing light on the subject, व्याख्या

**elude** एल्यूड *v.* to avoid, to dodge, to shun, to escape, टरकाना, धोखा देना, टालना, खिसकना

**elusion** (-ल्यूजन) *n.* deception, छल, धोखा, बहाना

**emanate** एमेनेट *v.* to flow from, to issue, to proceed, निकलना, जारी करना, उत्पन्न होना, बढ़ना

**emanation-** (-शन) *n.* act of emanating, निकास

**emancipate** इमैन्सिपेट *v.* to liberate, to set free, enfranchise, मुक्त करना, छोड़ना, निस्तार करना

**emancipation** (-शन) *n.* liberation, मुक्ति, छुटकारा

**embalm** एम्बाम *v.* to preserve a dead body, to perfume, to preserve from decay, मुर्दे में मसाला भरकर सड़ाँद से बचाना, सुगन्धित करना

**embankment** एम्बेंकमेंट *n.* a strong earthen bank built to hold back water etc, a bank for defense, a mound to shut in water, बाँध, बँध

**embargo** एम्बार्गो *n.* a prohibition, an order by authority prohibiting the departure of vessels from a port, जहाजों के बन्दरगाह में आने व जाने की रुकावट

**embark** एम्बार्क *v.* to go on board a ship or aeroplane, to venture, to invest, जहाज पर रखना या चढ़ाना, किसी व्यवसाय में लगाना

**embarrass** एम्बेरेस *v.* to confuse, to make to feel uncomfortable, to hinder, to distress, व्याकुल करना, व्यंग करना, रोकना, परेशान करना

**embassy** एम्बैसी *n.* an ambassador's residence, duties entrusted to an ambassador, दूत का निवास, दूत का कर्म, वकालत, दौत्य

**embed** एम्बैड *v.* to fix firmly, to lay firmly in surrounding mass, गाड़ना, दबाना

**embellish** एम्बैलिश *v.* to beautify, to adorn, add ornament to, सुन्दर बनाना, सजाना, गहने पहनाना

**embellishment** (-मैन्ट) *n.* that which adds beauty, अलंकार श्रृंगार

**ember** ऐम्बर *n.* smouldering coal, ashes of a dying fire, अंगारा, चिनगारी

**embezzle** एम्बैजल *v.* to steal from one who trusts you, to use in a wrong way, to misappropriate money, छल से दूसरे का धन अपनाना

**embezzlement** (-मैंट) *n.* misappropriation of money, छल से अपहरण, गबन

**embitter** एम्बिटर *v.* to make bitter, to arouse bitter feelings in, to aggravate, कटु बनाना, तीता करना, बदतमजगी पैदा करना

**emblem** ऐम्बलम *n.* symbol, badge, device that represents something, लक्षण, चिह्न, चित्र, निशान

**embody** एम्बाडी *v.* to include, to give form to ideas, to clothe with a body, शामिल करना, विचारों को साकार करना, सशरीर करना

**embodiment** (-मैंट) *n.* personification, मूर्तिमत्ता

**embolden** एम्बोल्डन *v.* to make bold, to encourage, to give confidence to, वीर बनाना, उत्साह देना, विश्वास बँधाना

**embrace** एम्ब्रेस *n.* clasp, आलिंगन

**embrace** ऐम्ब्रेस *v.* to hug, to hold in the arms, to press to the bosom with affection, आलिंगन करना, छाती से लगाना, ह्दय से लगाना

**embroider** ऐम्ब्राएडर *v.* to ornament with needle work, चिकन का काम करना

**embroidery** ऐम्ब्राएडरी *n.* embellishment, कसीदा करना, चिकन का काम

**embroil** ऐंब्राएल *v.* to draw into a quarrel, to entangle, to mix up, उलझाना, फँसाना, व्यग्र करना

**embryo** ऐम्ब्रायो *n.* the first stage, beginning, the first germ of an organism, भ्रूण, गर्भ, अपरिपक्व अवस्था

**emend** इमैंड *v.* to correct, to reform, to alter, शुद्ध करना, सुधारना

**emerald** ऐमराल्ड *n.* a green gem, a variety of beryl, पन्ना, मरकतमणि, हरिन्मणि

**emerge** एमर्ज *v.* to appear, to come out, to rise up, to come forth, प्रकट होना, निकलना, उमड़ आना, आगे निकलना

**emigrate** ऐमिग्रेट *v.* to settle in another country after leaving one's country, to go away to another country to settle there, अपना देश छोड़ दूसरे देश में बसना

**emigration** (-शन) *n.* act of emigrating, स्वदेश त्याग, परदेश में वास

**eminent** एमिनैंट *adj.* celebrated, famous, exalted, distinguished, प्रसिद्ध, विख्यात, पद में विशिष्ट

**eminence** (-नैंस) *n.* fame, renown, प्रसिद्धि, ख्याति

**emit** ऐमिट *v.* to give off, to send out, to issue as an order, फेंकना, छोड़ना, निकालना, आदेश जारी करना

**emolument** इमालूमैंट *n.* salary, payment, profit, income, वेतन, प्रप्ति, लाभ, आय

**emotion** इमोशन *n.* passion, excited feeling, feeling of joy, pity etc, चित्तक्षोभ, अन्तर्वेग, तरंग, खुशी व दया का भाव इत्यादि

**emperor** एम्परर *n.* the sovereign of an empire, the ruler of an empire, अधीश्वर, राजाधिराज, मण्डलेश्वर

**emphasis** एम्फेसिस *n.* special force of language, a particular stress of the voice, an added stress given to the voice, विशिष्ट उच्चारण, विशिष्ट शब्दों पर दबाव, बल

**emphasize** (-साइज) *v.* to bring into prominence, महत्व देना, बल देना

**employ** ऐम्प्लाए *v.* to keep busy, to exercise, to provide occupation to, to make use of, व्यस्त रखना, अभ्यास करना, नौकरी देना, लाभ उठाना

**employment** (-मैंट) *n.* occupation, व्यापार, व्यवसाय, पेशा, नौकरी

**emporium** ऐम्पोरियम *n.* a large shop, a place of trade, a store, a mart, वाणिज्य स्थान, मण्डी

**empower** ऐम्पावर *v.* to enable, to authorize, to give power to, योग्य बनाना, अधिकार देना, नियुक्त करना

**empty** ऐम्पटी *adj.* containing nothing, vague, vacant, fasting, खाली, अस्पष्ट, शून्य, व्रती

**emu** एमू *n.* a large Australian ostrich like bird, आस्ट्रेलिया देश की एक बड़ी चिड़िया

**emulate** एमूलेट *v.* to rival, to vie with, to strive to excel, किसी के समान बनने का यत्न करना, स्पर्धा करना, दूसरे से आगे निकलने का यत्न करना

**emultion** इमूल्शन *n.* any liquid preparation resembling milks, rivalry, दूध का सा तरल पदार्थ, प्रतिस्पर्धा

**enable** एनेबल *v.* to make able, to strengthen, to give ability to, समर्थ बनाना, सशक्त करना, योग्यता प्रदान करना

**enact** इनैक्ट *v.* to make into law, to act the part of, to perform, कानून बनाना, अदा करना, कार्य पूरा करना

**enamel** एनेमल *v.* to coat with enamel, to adorn with various hues, मीनाकारी करना, रँग बिरंगे चित्र बनाना

**enamel** *n.* a smooth hard coating, मीने का काम

**enamour** एनेमूर *v.* to charm to inspire, to captivate, to kindle with love, लुभाना, प्रेरित करना, आकर्षित करना

**encamp** एनकैम्प *v.* to pitch tents, to form a camp, to halt on the march, to settle in a camp, तंबू गाड़ना, शिविर लगाना, पड़ाव डालना, कैम्प में रुकना

**encase** एनकेस *v.* to cover, to put into a case, ढ़कना, डब्बे में रखना

**encash** एनकैश *v.* to convert into cash, to pay in cash, नकद रुपया देना, चैक भुनाना

**enchant** ऐनचांट *v.* to charm, to bewitch, to fill with delight, लुभाना, जादू करना, मगन करना,

**enchantment** *n.* delight, खुशी, इन्द्रजाल, माया

**encircle** ऐनसर्कल *v.* to embrace, to surround, to enclasp, to enfold, घेरा डालना, घेरना, चिपकना, लपेटना

**enclave** एनक्लेव *n.* territory within the boundary of another, विदेशी अन्तःक्षेत्र

**enclose** ऐनक्लोज् *v.* to wrap in, to fence in, to put into the same envelope, shut up, लपेटना, घेरना, एक ही लिफाफे में जोड़ना

**encompass** एनकम्पास *v.* to encircle, to surround, to envelope, to comprise, घेरना, लपेटना

**encounter** ऐनकाउँटर *n.* conflict, battle, a meeting in conflict, मुठभेड़, लड़ाई, संग्राम

**encounter** ऐनकाउँटर *v.* to meet face to face, to come upon suddenly, to meet in combat, आमने सामने जुटना, लड़ाई के लिए आगे आना

**encourage** ऐनकरेज *v.* to stimulate, to inspire with courage, to embolden, to assist, बढ़ावा देना, प्रेरित करना, हौंसला बढ़ाना, सहायता देना

**encouragement** (-मैंट) *n.* incentive, प्रोत्साहन

**encroach** ऐनक्रोच *v.* to infringe, to invade gradually, to intrude, to trespass अवैध हस्पेक्ष करना (encroachment-n-intrusion) बिना आज्ञा से हस्तपेक्ष करना, दखल देना

**encroachment** (-मैंट) *n.* intrusion, अतिक्रमण, ज्यादती

**encumber** एनकम्बर *v.* to clog, to retard, to obstruct to impede, रोड़ा अटकाना, रोकना, भार डालना

**encyclopaedia** ऐनसाइक्लोपीडिआ *n.* a comprehensive summary of knowledge, a dictionary of the science, arts and literature, विश्वकोश, सार संग्रह, विद्याचक्र कोश

**end** ऐन्ड *n.* the extreme limit, purpose, design, death, अवधि, सीमा, लक्ष्य, मृत्यु

**end** *v.* to finish, to die, to put to death, खत्म करना, मरना, जान से मारना

**endanger** एन्डेन्जर *v.* to hazard, to expose to danger, आपत्ति में डालना, खतरे में पाना

**endear** ऐनडीयर *v.* to make dear, to attach to one's self, to render dear प्रिय पात्र बनाना, अपने पर आकर्षित होना, दूसरों से प्यार लगाना, लाडला बनाना

**endeavour** ऐनडैवर *v.* to strive, to attempt, to try to achieve, प्रयास करना, हिम्मत बॉधनां, पाने की चेष्टा करना

**endeavour** *n.* an effort, an attempt, exertion, परिश्रम, प्रयत्न, प्रयास

**endorse** ऐन्डोर्स *v.* to write on the back of, to approve, to sanction, to confirm, लेख के पृष्ठ भाग पर लिखना, हस्ताक्षर करना, दृढ़ करना

**endow** एन्डौ *v.* to bestow income upon, to settle upon, to furnish with a gift, दहेज देना, दानपुण्य करना, देना

**endowment** (-मैंट) *n.* the act of settling a fund, talents, दान, चतुरता

**endure** एनड्योअर *v.* to hold out, to bear, to put up with, to remain in, to harden, भुगतान, सहना, बना रहना

**endurance** (-रैन्स) *n.* forbearance, fortitude, सहनशीलता, टिकाव

**enema** एनिमा *n.* an injection thrown into the rectum as a medicine, बस्ति, गुदा द्वारा औषधि पेट में चढ़ाना

**enemy** ऐनीमी *n.* an adversary, a foe, antagonist, one hostile to another, प्रतिपक्षी, बैरी, विरोधी, शत्रु

**energy** एनर्जी *n.* power, vigour, emphasis, capacity for performing work, शक्ति, तेज, बल, योग्यता

**energize** एनराइज *v.* to give energy to, act with force, शक्ति देना, बल से काम करना

**enfeeble** ऐनफीबल*v.* to tire, to weaken, to relax थकाना, दुर्बल करना, शक्तिहीन करना

**enfold** ऐनफोल्ड *v.* to wrap up, to embrace, to clasp, to fold, लपेटना, आलिंगन करना, पकड़ना, तह करना

**enforce** ऐनफोर्स *v.* to compel to do, to make clear, to put into execution, to impose, मजबूर करना, स्पष्ट करना, कार्यान्वित करना, लाचार करना

**enforcement** (मैंट) *n.* compulsion, sanction मजबूरी, प्रेरणा

**enfranchise** एनफ्रन्चाइज *v.* to set free, to give the right to vote, to make free of a state or corporation मुक्त करना, मताधिकार देना, नागरिक, अधिकार देना

**enfranchisement** (-मैंट) *n.* releasing from slavery, बन्धन से मुक्ति

**engage** एन्गेज *v.* to begin to fight, to employ, to undertake, to pledge by oath, भिड़ना, कामपर लगाना

**engagement** (-मैंट) *n.* betrothel, occupation, battle, सगाई, व्यस्तता, संग्रम

**engender** ऐन्जैंडर *v.* to excite, to beget, to come into existence, उकसाना, प्राप्त करना, अस्तित्व में आना

**engine** इन्जन *n.* a machine which produces power, यन्त्र, कल, इंजन

**engineer** इन्जीनिअर *n.* one who desings an engine, यन्त्र-कार, इन्जीनियर

**English** इंग्लिश *adj. n.* pertaining to the language or the people of England, the English people and the language spoken by them, अंग्रेजी भाषा संबन्धी, अंग्रजों से संबंधित, अंग्रेजी भाषा

**engrave** एन्ग्रेव *v.* to cut a design in a metal plate or in glass, to impress deeply or indelibly, खोदना, नकाशी करना

**engross** ऐन्ग्रस *v.* to take one's whole attention, to write a document in legal form, to purchase in bulk, दत्तचित्त होना, कानूनी दस्तावेज लिखना, पूरा माल के खरीदना

**engulf** ऐन्गल्फ *v.* to overwhelm, to swallow up, to draw down into an abyss, जाना, निगलना, घेरा डालना, खाई में धकेलना

**enhance** ऐन्हास *v.* to raise higher, to grow in value, to advance, to highten in value, ऊँचा उठाना, दाम बढ़ाना, पग उठाना

**enigma** एनिग्मा *n.* a problem, a puzzle, a riddle, समस्या, गूढ़ प्रश्न, पहेली

**enjoin** ऐनजाइन *v.* to direct with authority, to enforce, to prohibit, to command, अधिकार देना, लागू करना, प्रतिबन्ध लगाना, आज्ञा देना

**enjoy** ऐन्जाए *v.* to possess, to like, to get pleasure, to take delight in, उपभोग करना, चाहना, आनन्द लेना, खुशी प्राप्त करना

**enjoyment** (-मैंट) happiness, आनन्द, रंगरलियां

**enlarge** ऐन्लार्ज *v.* to magnitfy, to make larger, to amplify, to widen, फैलाना, वृद्धि करना, फैलाना, विस्तार करना

**enlargement** (-मैंट) *n.* expansion, विस्तार

**enlighten** ऐनलाइटन *v.* to teach, to give light, to illuminate, to elevate, सिखाना, प्रकाश देना, रोशनी करना, उपदेश देना

**enlightenment** (-मैंट) *n.* the act of enlightening, प्रबोधन

**enlist** ऐनलिस्ट *v.* to join the army, to gain the support of, to register, सेना में भर्ती होना, मिला लेना, सूची बनाना

**enliven** ऐनलिवन *v.* to excite, to rouse, to make active, to inspirit उत्तेजित करना, जगाना, स्फूर्ति देना, प्रेरण देना

**enmasse** ऐनमास *adv.* collectively, altogether, इकटठे, सारे मिलकर

**enmity** ऐनमिटी *n.* hatred, ill-will, animosity, hostility, घृणा, दुर्भाव, शत्रुता, विरोध

**ennoble** एनोबल *v.* to make noble, to create a peer, to dignify, to exalt, नेक बनाना, कुलीनपद पर पहुँचाना, प्रतिष्ठा बढ़ाना

**enormous** ईनार्मस *adj.* vast, huge, immense, very great, विस्तृत, बड़ा, वृहत्, भारी, बहुत बड़ा

**enough** एनफ *adj. adv. interj* ample, sufficient, very quite, fully, पर्याप्त, काफी, बहुत, बिल्कुल, पूरी तरह से

**enquire** ऐनक्वायर *v.* to inquire, to ask, to demand, पूछताछ करना, प्रश्न करना, अन्वेषण करना

**enquiry** (-री) *n.* पूछताछ, अन्वेषण

**enrage** ऐनरेज *v.* to anger, to infuriarate, to throw into a rage, क्रुद्ध करना, रुठाना, भड़काना

**enrapture** ऐनरेप्चर *v.* to fill with joy, to charm, to please intensely, खुशी से भरना, आकर्षित करना, अतिहर्षित करना

**enrich** ऐनरिच *v.* to make rich, to adorn, to make fertile, to flavour, धनी बनाना, सजाना, उपजाऊ बनाना, स्वादिष्ट करना

**enrol** ऐनरोल *v.* to write or enter in a register,to join as class or society to record, दर्ज करना, श्रेणी व समाज में भरती होना, नाम लिखना

**enrolment** (-मैंट) *n.* act of registering, भरती

**enroute** ऐनरूट *adv.* on the way, राह में, मार्ग में

**enshrine** ऐनश्राइन *v.* to treasure, to regard as sacred, to keep secret, to keep in a shrine, संजोना, पवित्र समझना, गुप्त रखना

**enshroud** ऐनश्रौड *v.* to cover completely, to conceal, to shroud, पूरी तरह ढाँकना, छिपाना, दफनाना

**enslave** ऐनस्लेव *v.* to bring into slavery, to make slave, to enthrall, दास बनाना, बश में करना

**ensnare** ऐनस्नेयर *v.* to trap, to catch in, to allure, to take by craft, जाल में फँसाना, पकड़ना,

**ensue** ऐनश्यू *v.* to result, to follow what has been done, to succeed, to follow as a consequence, परिणाम होना, बाद में होना, पीछा करना

**ensure** ऐनश्योअर *v.* to make sure, to guarantee to secure, निश्चित करना, गांरटी देना, पक्का करना

**entangle** ऐनटैंगल *v.* to tie in knots, to mix up, to involve, to perplex, जाल में फसाना, उलझन, में डालना, लपेटना, परेशान करना

**enter** ऐनट्र *v.* to go into, to record in a book, to begin, to penetrate, अन्दर जाना, दरज करना, शुरू करना, गहराई में जाना

**enterprise** ऐन्टरप्राइज *n.* bold venture, readiness to take risk, boldness, energy and invention, साहसिक कार्य, तत्परता, साहस, हिम्मत

**enterprising** (-प्राइजिंग) *adj.* bold, adventurous, साहसी, उद्योगी

**entertain** ऐनटरटेन् *v.* to amuse, to maintain as a guest, to receive guests, to keep in mind, मनोरंजन करना, अतिथि सत्कार करना

**entertainment** (-मैंट) *n.* amusement, मनोरंजन, दावत, आवोभगत

**enthrall** ऐनथ्राल *v.* to delight, to enslave, to thrill, **entral** खुश करना, दास बनाना, कँप-कँपी पैदा करना

**enthrone** ऐनथ्रोन *v.* to place on the throne, give a high place to, to invest with severeign power and authority, सिंहासन पर बैठाना, राजा बनाना

**enthusiasm** ऐनथ्यूजिआज्म *n.* zeal, eagerness, strong feeling of interest, fervent zeal, जोश, उतावलापन, उत्साह, अति अनुराग

**entice** ऐनटाइस *v.* to lure, to tempt, to persuade, to attract, आकर्षित करना, मनाना, खींचना

**enticement** (-मैंट) *n.* temptation, बहकाव, प्रलोभन

**entire** ऐनटायर *adj.* complete, total, whole, undivided, पूर्ण, पूरा, समस्त, अमिश्रित

**entirely** (-ली) *adv.* wholly, solely, completely, सर्वथा, अशेष, पूर्ण रूप से

**entitle** ऐनटाइटल *v.* to allow, to give a title, to style, to give a right to, अधिकार देना, पद देना, स्वामी करना, अख्तियार देना

**entity** ऐनटिटी *n.* a thing's existence, being, anything that exists, सत्व, सत्ता, अस्तित्व

**entomology** एन्टोमालोजी *n.* the study of insects, that branch of zoology which treats of insects and their habits, कृमि अध्ययन शास्त्र

**entourage** एनट्रेज *n.* all those accompanying an important person, associates, surroundings, प्रसिद्ध व्यक्ति के साथ चलने वाले लोग, संगी, घेरा

**entrain** *v.* to put into train, to despatch troops by train, गाड़ी में सवार करना, गाड़ी द्वारा सैन्यदल भेजना

**entrance** एनट्रैन्स *n.* the gate way, opening, passage, coming or going in, right of entering, रास्ता, मार्ग, द्वार, आवागमन, प्रवेश, अधिकार

**entrap** ऐनट्रैप *v.* to trap, to embrace, to take in, फँसाना, जाल में फाँसना, धोखा धड़ी करना

**entreat** ऐनट्रीट *v.* to implore, to beg, to ask earnestly, to beseach, विनम्र करना, हाथ जोड़ना, प्रार्थना करना

**entrench** ऐनट्रैंच *v.* to establish in fortified position with trenches. to trespass, खाई से घेरना, खाई खोदना

**entrust** ऐनट्रस्ट *v.* to place in another's care, to commit, to charge with, to deliver in trust, सौपना, वचन देना, हवाले करना, विश्वास में देना

**entry** ऐनट्री *n.* an entrance, an item written in a book, admission, passage, द्वार, लिखावट, अन्दराज, प्रवेश, मार्ग

**enumerate** इन्यूमरेट *v.* to count, to number, to reckon singly, गिनती करना, संख्या बनाना, गणना करना

**enumeration** (-रेशन) *n.* counting, reckoning, गणना, गिनती

**enunciate** इनन्शियेट *v.* to pronounce, to speak, to proclaim, to utter, to express, उच्चारण करना, बोलना, घोषणा करना, कहना, व्याख्या करना

**enunciation** (-शन) *n.* statement, विज्ञापन, दावा

**envelop** ऐनवैल्प *v.* to enclose, to wrap up, लपेटना, लिफाफे में बंद करना

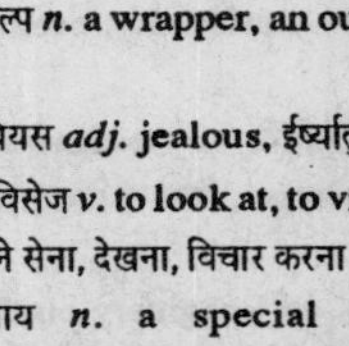

**envelop** ऐनवैल्प *n.* a wrapper, an outer case, लिफाफा, ढक्कन

**envious** ऐनवियस *adj.* jealous, ईर्ष्यालु

**envisage** एनविसेज *v.* to look at, to view, to visualise आमने सामने सेना, देखना, विचार करना

**envoy** ऐनवाय *n.* a special representative, messenger, a diplomatic representative, दूत, राज प्रतिनिधि

**envy** ऐनवी *v.* to grudge, to feel jealous of , to feel displeasure at, to envy, ईर्ष्या करना, डाह करना

**envy** *n.* illwill, malice, द्वेष, ईर्ष्या, डाह

**phemeral** एफीमरल *adj.* short lived, transient, existing only for a day, अस्थाई, क्षमिण, दिनभर का

**pic** ऐपिक *n.* a poem describing a heroic deed, narrative, said of a poem, वीरगाथा काव्य, महाकाव्य, वीरचरित्र वर्णन, आल्हा

**pidemic** ऐपिडेमिक *n.* a quickly spreading outbreak of disease, attacking many at the same time, महामारी, व्यापक रोग, देश व्यापी रोग, उड़नी बीमारी

**pilepsy** ऐपीलैप्सी *n.* disease of brain causing fits and convulsions, अपस्मार, मिरगी का रोग

**epilogue** एपिलाग *n.* a speech ending a play, a short speech at end of play, पुस्तक का परिशिष्ट भाग, नाटक का उपसंहार

**episode** ऐपिसाड *n.* an event, an accident, series of events, or digression, उपकथा, घटनाक्रम, प्रासंगिक वार्त्ता

**epitaph** ऐपिटाफ *n.* words inscribed on a tomb, memorial inscription on tomb, स्मरण लेख, समाधि के पत्थर पर खुदा लेख

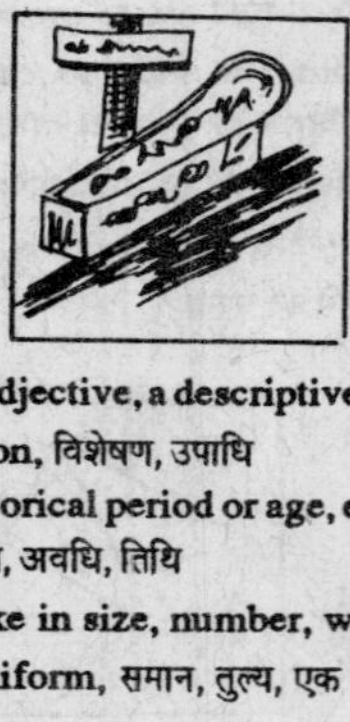

**epithet** ऐपिथट *n.* an adjective, a descriptive word or name, appellation, विशेषण, उपाधि

**epoch** ऐपक *n.* an historical period or age, era, date, ऐतिहासिक, युग, काल, अवधि, तिथि

**equal** ईक्वल *adj.* alike in size, number, worth etc, just parallel, uniform, समान, तुल्य, एक सा, बराबर, सदृश

**equality** (-क्लेटी) *n.* uniformity, evenness, समानता, बराबरी

**equanimity** इक्वैनिमिटी *n.* steadiness, calmness, evenness of temper, चित्त की स्थिरता, शान्ति, स्वभाव में समानता

**equator** इक्वेटर *n.* an imaginery circle round the earth, भूमध्य रेखा, निरक्ष

**equilibrium** इक्वलिब्रिअम *n.* steadiness, balance, equipoise, स्थिरता, तुल्य, तुल्य भारता, हमबजनी

**equip** इक्विप *v.* to provide all required, to furnish, to prepare, सजाना, सँवारना, तैयार करना, सुसज्जित करना

**equipment** (-मैंट) *n.* the act, of equipping furniture, सजावट, सामग्री

**equity** इक्विटी *n.* fairness, justice, impartiality, न्याय, धर्म, निष्पक्षता

**equivalent** इक्विवेलैंट *adj, n.* equal in value, a thing equal in value, the same in effect, commensurate, बराबर, समान प्रभाव वाला, अनुरूप, मेल खाता हुआ

**era** इरा *n.* an age , a long period of time, the beginning of new geological system, युग, काल, विशिष्ट काल

**eradicate** इरैडिकेट *v.* to destroy, to uproot, to exterminate, नष्ट करना, बरबाद करना, निर्मूल करना, मिटादेना

**erase** इरेज *v.* to rub out, to efface, to blot out, to expunge, मिटाना, साफ करना, खुरचना

**ere** इअर *adv. prep.* sooner than, before, पूर्व में, कुछ दिन पहले

**erect** इरैक्ट *v. adj.* to construct, to straighten, to raise upright, to thrill straight, बनाना, सीधा करना, खड़ा करना

**erection** (-शन) *n.* anything erected, रचना, निर्माण

**erode** इरोड *v.* to wear away, to eat into, to corrode, बहा लेना, घुन लगना, खा जाना

**erosion** (-जन) n. withering, काट, रगड़

**err** ऐर *v.* to do wrong, to make mistake,to wander, भूल करना, गलती करना, आवारागर्दी करना, बहकना

**errand** इरैन्ड *n.* purpose, business, mission of messenger, a message, उद्देश्य, धन्धा, निरर्थक व्यवसाय, सन्देश (दूतकार्य)

**error** ऐरर *n.* a mistake, blunder, an irregularity, भूल, चूक, अनियमितता

**erudite** इरुडाइट *adj.* learned, पण्डित, विद्वान

**erudition** (-डीशन) *n.* knowledge, learning, पाण्डित्य, विद्वत्ता

**erupt** इरप्ट *v.n.* to explode, to burst out, विस्फोट होना, फटना, फोड़ा

**eruption** (-शन) explosion, भड़ाका, विस्फोट

**escape** एस्केप *v.* to free oneself, to avoid danger, to leak, to free from, मुक्त होना, भय से बच निकलना, रिसना, भाग निकलना

**eschew** ऐसच्यु *v.* to shun, to avoid, to abstain from, टालना, त्यागना, घृणा करना

**escort** ऐसकोर्ट *v.* to accompany, a guard, a retinue, रक्षार्थ, साथ चलना, संगति करना

**escort** *n.* an attendant, a guard, अनुचर, रक्षक, रक्षा पुरुष

**Eskimo** ऐस्किमो *n.* people of the Arctic Zone, the people of Greenland, उत्तरी अमेरिका के असभ्य आदिवासी तथा ग्रीनलैंड के निवासी

**espionage** ऐस्पियनेज *n.* spying, use of secret agents, जासूसी, भेदियों का प्रयोग

**esplanade** ऐस्प्लेनेड *n.* a public walk, level space, a levelled trace for public use, आम मार्ग, समप्रदेश, पटरी

**espouse** ऐस्पौज *v.* to support, to uphold, to marry, to embrace, सहायता करना, अपनाना, शादी करना, आलिंगन करना

**espritdecorps** एस्पिरिडकोर *n.* attachment, loyalty to the society, a spirit of common devotion binding together men of the same society, लगाव, समाज के प्रति श्रद्धा, एक ही समाज के प्रति आस्था

**espy** ऐस्पाई *v.* to see, to catch sight of, to discover, देखना, दृष्टि डालना, अन्वेषण करना

**esquire** ऐसक्वायर *n.* title used on letters, often used instead of Mr., महाशय, श्रीमान, जमींदार

**essay** ऐस्से *n. v.* a written composition, to try, a treatise, an attempt, लेख, प्रयत्न करना, निबन्ध, प्रयास

**essence** इसैन्स *n.* the core of a thing, perfume, volatile matter, existence, सार, इत्र, तत्व, अस्तित्व

**establish** ऐस्टेब्लिश *v.* to found, to prove, to set up, to settle स्थापित करना, सिद्ध करना, कायम करना, व्यवस्था करना

**establishment** एस्टैब्लिशमैंट *n.* settlement, confirmation, public institution, स्थापना, व्यवस्था, संस्थान

**estate** ऐस्टेट *n.* one's property, land or rank, class or part of nation, अचल सम्पत्ति, धरती व पद, रियासत, विद्वान पुरुषों की श्रेणी

**esteem,** ऐस्ट्रीम *v.* to value lightly, to regard, to respect, to think highly of, मान करना, प्रतिष्ठा देना, आदर करना, सराहना करना

**esteem** *n.* respect, estimation, favourable opinion, आदर, सम्मान, प्रतिष्ठा

**estimate** ऐस्टिमेट *v.n.* to judge, to calculate, judgement , निर्णय देना, अनुमान लगाना, अनुमान

**estimation** (-शन) *n.* honour, मान

**estrange** ऐस्ट्रेंज *v.* to make infriendly, to put stop to affection, to alienate, अमित्र बनाना, स्नेह समाप्त करना, परकीर्य करना

**estrangement** (मैंट) *n.* alienation, विरह, पृथक भाव

**etcetera** एटसेटरा (etc) इत्यादि

**eternal** इटर्नल *adj.* everlasting, changeless, without beginning or end, अमर, अपरिवर्तनशील, अनादि व अनन्त

**ether** इथर *n.* the clear sky, region above clouds, आकाश, गगन, तेजोवह तत्व

**ethereal** इंथीरिअल *adj.* cetestial, दैवी, आकाश संबंन्धी

**ethic** एथिक *adj.* relating to morals, pertaining to ethics नीतिशास्त्र सम्बन्धी

**ethical** एथिकल

**etiquette** ऐटिकेट *n.* manners, conventional code of good manners, शिष्टाचार, सभ्यसमाज की रीति

**etymology** एटिमालोजी *n.* origin, tracing account of words, शब्द व्युत्पत्ति, स्त्रोत, उद्गम

**eucalyptus** यूक्लिप्टस *n.* Australian gum tree, मह्ँदी की जाति का एक वृक्ष, सफेदे का पेड़

**eulogy** यूलोजी *n.* praise, speech or writing in praise of person, penegyric, प्रशंसा, स्तुति,, गुणवर्णन

**European** यूरोपियन *n.* an inhabitant of Europe, योरूप निवासी

**evacuate** इवैक्वेट *v.* to empty, to leave, to withdraw from, खाली करना, छोड़ना, पीछे हटना

**evade** इवेड *v.* to avoid, to put off, to get out of, to find a way of not doing something, टालना, परे रखना, टालमटौल करना, खिसकना

**evaluate** इवैलुएट *v.* to find out the amount of, to decide the amount of, मूल्यांकन करना, कीमत डालना

**evaluation** (-शन) *n.* finding out the amount of मूल्यांकन

**evaporate** इवैपोरेट *v.* to turn into vapour, to disappear, to remove liquid from a substance, to die, भाप में बदलना, विलीन होना

**evaporation** (-रेशन) *n.* act of evaporating, वाष्पीकरण

**eve** ईव *n.* evening, the period just before an important day, शाम, सन्ध्या, महत्वपूर्ण घटना के पहले का समय

**even** ईवन *n.* level, divisible by two, regular, equal एकसार, दो पर विभाज्य, नियमित, बराबर

**evening** ईवनिंग *n* the close of the day, शाम, संझा

**event** इवैन्ट *n.* a notable happening, fact of a thing happening, outcome, one of the races, प्रमुख, घटना, तथ्य, परिणाम, माजरा, दौड़

**eventful** (-फुल) *adj.* momentous, विख्यात

**ever** ऐवर *adv.* always, at all times, at any time, continuously, सदा, हमेशा, किसी समय, निरन्तर

**every** ऐवरी *adj.* each and all, every and each, number, complete, हरेक, प्रत्येक, संख्या, पूर्ण

**evict** इविक्ट *v.* to dispossess, to expel by legal process, अधिकार से वंचित करना, बेदखल करना

**eviction** इविक्शन *n.* expulsion, बेदखली

**evident** एविडैंट *adj.* plain, clear, obvious, स्पष्ट, साफ, प्रकट

**evidence** (-डैंस) *n.* testimony, a witness, प्रमाण, गवाह,गवाही

**evidently** (-ली) *adv.* obviously, clearly, स्पष्टतः

**evil** ईविल *n. adj.* sin, wrong doing, sinful, wicked, पाप, कुकर्म, पापी, दुष्ट

**evince** इविन्स *v.* to prove, to show, to manifest, to demonstrate, निर्दिष्ट करना, दिखाना, स्पष्ट करना, दर्शाना

**evoke** इवोक *v.* to summon, to call up, to bring out, बुलाना, पुकारना

**evolve** इवाल्व *v.* to develop, to grow slowly, to unfold, विकसित होना, धीरे-धीरे बढ़ना, खोलना

**evolution** एवोल्यूशन *n.* development, विस्तार, क्रमिक उन्नति

**ewe** यू *n.* a female sheep, भेड़ी

**exact** एकजैक्ट *v.* to demand and enforce, to insist, बलपूर्वक मांगना, हठ करना

**exact** ऐक्जैक्ट *adj.* correct, strict, precise, ठीक ठाक, यथार्थ, परम शुद्ध

**exaggerate** ऐकजैजरेट *v.* to magnify, to better, to worse, to stretch, to intensify, बढ़ा चढ़ाकर कहना, तूल देना

**exaggeration** (-रेशन) *n.* amplification, questions अत्युक्ति, अतिशयोक्ति

**examine** ऐगजामिन *v.* to test, to look at care fully, to put questions to सावधानी से देखना, प्रश्न करना,

**examination** *n.* test, परीक्षा, निरीक्षण

**example** ऐक्जाम्पल *n.* model, pattern, fact, specimen, उदाहरण, नमूना, तथ्य, दृष्टान्त

**exemplary** (-टरी) *adj.* serving as an example, अनुकरणीय

**exasperate** ऐक्जास्परेट *v.* to provoke, to vex, to irritate, to anger, भड़काना, परेशान करना, उत्तेजित करना, गुस्सा दिलाना

**excavate** एक्सकेवेट *v.* to dig out, to uncover, to withdraw from, खोदना, पोला करना, हटाना

**excavation** (-वेशन) *n.* a cutting, खुदाई, कटाव

**exceed** ऐक्सीड *v.* to surpass, to be larger, to go beyond, दूसरे से आगे निकलना, अधिक होना, सीमा से बाहर जाना

**exceeding** (-डिंग) *adj.* too much, अत्यधिक

**excel** एक्सैल *v.* to beat, to be better than,to be very good, to surpass, दूसरे को मात करना, दूसरे से बेहतर होना, बहुत बढ़िया होना, आगे निकलना

**excellency** ऐक्सेलैंसी *n.* a title of honour, प्रभु, महाराज

**except** ऐक्सैप्ट *v.prep* to omit, to leave out, not including, apart from the fact that, अलग करना, छोड़ना, शामिल न करके, सिवाए, बिना

**exception** (-शन) *n.* exclusion, not according to rule, अपवाद

**excerpt** ऐक्सर्पट *n.* a selection, an extract from, passage from a book, चुनाव, सत, निचोड़, पुस्तक का अंश

**excess** ऐक्सस *n.* surplus, extravagance, more than, extra, फालतू, फिजूल खर्ची, असयम, जरूरत से अधिक

**excessive** (-सिव) *adj.* extravagant, vehement, अधि क, अत्यन्त

**exchange** ऐस्चेंज *v.n.* to barter, a telephone headquarters, to interchange, to substitute one thing for another, बदलना, बदले में देना

**exchange** ऐक्सचेंज *n.* a telephone headquarters, the giving and taking of money, टेलीफोन एक्सचेंज, मुद्रा का विनिमय

**exchequer** ऐक्सचेकर *n.* a treasury, government department in charge of money, सरकारी खजाना, राज धनागार

**excise** ऐक्साइज *n.* a tax on home manufactured goods, महसूल, चुँगी

**excise** *v.* to force a person to pay tax, जबरन कर वसूलना

**excite** ऐक्साइट *v.* to arouse, to enliven, to stir up, उत्तेजित करना, भड़काना, उभाड़ना

**excitement** (-मैंट) *n.* stimulation, उत्तेजना

**exclaim** ऐक्सक्लेम *v.* to cry out suddenly, to say the words quoted, चिल्लाना, शब्दों को उद्धृत करना

**exclamation** (शन) *n.* clamour, ourcry, घोषणा, चिल्लाहट

**exclude** ऐक्सक्लूड *v.* to leave out, to prevent, to debar, to prohibit, to obstruct, रोकना, अवरोध करना, मना करना, अलगाना

**exclusion** *n.* a shutting out, ejection, निषेध, रोक, मनाही

**excommunicate** ऐक्सकम्युनिकेट *v.* to expel, to exclude, to cut off from the membership and communication of the church, जाति विरादरी से बाहर करना, धर्म संस्था से बहिष्कार करना

**excommunication** (-शन) *n.* exclusion from the church, चर्च से बहिष्कार

**excrete** ऐक्सक्रीट *v.* to discharge waste matter, sweat etc, शरीर से मल निकालना, शौच होना

**excretion** (-शन) *n.* that which is excreted, मल, मल त्याग

**excursion** ऐक्सकर्शन *n.* an outing, a pleasure trip, short journey, a ramble, घुमाई, मनोरंजन के लिए भ्रमण, सैरसपाटा, पर्यटन

**excuse** ऐस्क्सक्यूज *v.* to pardon, (reason for one's fault), to give reasons, to set free from duty, क्षमा करना, तर्क देना, काम से मुक्त करना

**excuse** *n.* a pology, pretext, क्षमा प्रार्थना, बहाना

**execute** ऐक्जीक्यूट *v.* to put to death, to carry out, to give effect, to perform फाँसी देना, पूरा करना, सम्पादन करना

**execution** (-शन) *n.* carrying out, capital punishment, कार्यसम्पन्नता, फाँसी

**exempt** ऐकजैम्ट *v.* to excuse, to free from, not liable to, मुक्त करना, माफ करना, त्यागना

**exemption** (-शन) *n.* immunity, बचाव, छुटकारा, माफी

**exercise** ऐक्सरसाइज *n.* training of the muscles by drill, employment or practice, activity, series of movements, अभ्यास, प्रयोग, गतिविधि

**exercise** *v.* to train muscles by drill, to train, to employ, to perplex, शिक्षा देना, प्रयोग, प्रयत्न करना, शक्ति लगाना, प्रयास करना

**exert** ऐगजर्ट *v.* to strive, to use one's strength, to make an effort, (exertion -n-endeavour) प्रयत्न करना, शक्ति लगाना, प्रयास करना

**exertion** (-शन) *n.* endeavour, चेष्टा, परिश्रम

**exhale** एगज्हेल *v.n.* to breathe out, to be given off, act of exhaling, to omit as vapour, सांस छोड़ना, ,सांस निकालना, उच्छवास

**exhaust** एगजास्ट *v.* to tire, to use up, to make empty, to find out, थकना, शून्य करना, हारना

**exhaustion** (-शन) *n.* the act of exhausting, रिताव थकावट

**exhibit** एगजिबिट *v.* to show, to display, to give clear evidence of, to manifest publicly, दिखलाना, स्पष्ट करना, प्रकट करना, नुमाइश करना

**exhibition** (-शन) *n.* display, a public show, दिखावा, प्रदर्शनी

**exhort** एक्जोर्ट *v.* to urge, to advise, to request earnestly, to caution, प्रेरणा देना, सलाह देना, अनुनय करना, सावधान करना

**exhortation** (-शन) *n.* counsel, परामर्श, प्रोत्साहन

**exigency** ऐगजिजैन्सी *n.adj.* emergency, urgent, exacting, संकट समय, आपतकाल, अति आवश्यक

**exile** ऐगजाइल *n.* banishment, देश निकाना, जलावतनी

**exilement** (-मैंट)

**exile** एगजाइल *v.* to banish, to turn out of country, the condition of living away from one's home, देश से निकालना, बाहर करना, जलावतन करना

**exist** एगजिस्ट *v.* to endure, to live, to be real to continue living, होना, रहना, जीना, जीवित रहना

**existence** (-टैन्स) *n.* continued being, all that exists, स्थिति, अस्तित्व होना

**exit** ऐगजिट *n.* a way out, withdrawal, departure of an actor, बाहर जाने का मार्ग, वापसी, निर्गम, नाटकीय पात्र का प्रस्थान

**exodus** ऐक्सोडस *n.* an emigration, going out, departure, निष्क्रमण, कूच, प्रस्थान

**exonerate** ऐगजोनरेट *v.* to acquit, to free, to clear, to justify, पाप से मुक्त करना, छोड़ना, बरी करना, निर्दोष ठहराना

**exoneration** (-शन) *n.* the act of freeing from imputation, पाप से मुक्ति

**exorbitant** ऐगजार्विटैंट *adj.* excessive, much too high, beyond limit, अत्यधिक, बहुत ऊँचा, अपरिमित

**exorbitantly** (-ली) *adv.* extravagantly, बैठिकाने से

**expand** ऐक्सपांड *v.* to stretch, to widen to open space, to unfold, to enlarge, फैलाना, चौड़ा करना, खुला करना, खोलना, बढ़ाना

**expanse** (-पैन्स) *n.* wide extent, expansion, विस्तार, फैलाव

**expatiate** ऐक्सपैश्यियेट *v.* to write in detail or to speak in detail about, to enlarge in language, व्याख्या करना व विस्तार से कहना, विस्तार पूर्वक वर्णन करना

**expatriate** ऐक्सपैट्रियेट *v.* to leave one's own country to live abroad, to renounce one's citizenship, विदेश में रहने के लिए देश छोड़ना, देश छोड़ना, अपने देश की नागरिकता छोड़ना

**expatriation** (-शन) *n.* renouncing one's citizenship, वनोवास, देश निकाला

**expect** ऐक्सपैक्ट *v.* to await, to look forward to, to wish for and feel confident, आशा करना, बाट देखना, चाहना और विश्वस्त महसूस करना

**expectation** (-शन) *n.* promise, prospect of future good, आशा, चाहना, चाह

**expedient** ऐक्सपीडियेन्ट *adj.* convenient, fit, suitable, proper, सुविधा जनक, उचित, लाभकार, ठीक

**expedience** (येन्स) *n.* fitness, suitableness, योग्यता, औचित्य

**expediency,** (येन्सी)

**expedite** ऐक्सपीडाइट *v.* to hasten, to facilitate, to dispatch, जल्दी करना, सुविधा पैदा करना, शीघ्र भेजना

**expedition** (-डिशन) *n.* haste, speed, dispatch, a voyage of enterprise, शीघ्रता, गति प्रस्थान, साहसिक यात्रा

**expel** ऐक्सपैल *v.* to turn out, to exclude, to drive out, to send away, निकालना, बाहर करना, फेंकना, भेजना

**expend** ऐक्सपैंन्ड *v.* to use, to spend, to lay out, to consume, खर्च करना, प्रयोग करना, व्यय करना, फेंकना

**expense** (-पैन्स) *n.* expenditure, cost, outlay, व्यय, मूल्य, खर्चा

**experience** एक्सपीरिऐंस *n.* a happening in one's own life, test, practice, knowledge gained by trial and practice, अनुभव, परीक्षाज्ञान, अभ्यास, भूलचूक द्वारा ज्ञान प्राप्ति

**experiment** ऐक्सपैरिमैंट v. to try to prove, to search out by trial, सिद्ध करना, अनुभव करना

**experiment** *n.* a test, proof trial, परीक्षा, प्रयोग

**expert** ऐक्सपर्ट *n. adj.* a specialist, trained, adroit, skilful, dexterous, विशेषज्ञ, दीक्षित, चतुर, माहिर, प्रवीण

**expire** ऐक्सपायर *v.* to die, to breathe out from the lungs, to emit, मरना, श्वास लेना, बाहर फेंकना

**explain** एक्सप्लेन *v.* to make clear, to expand or interpret, to make intelligible, स्पष्ट करना, व्याख्या करना, सुबोध बनाना, अर्थस्पष्ट करना

**explanation** (-शन) *n.* act of explaining, व्याख्या, स्पष्टीकरण, भाष्य

**explicable** ऐक्सप्लिकेबल *adj.* that may be explained or interpreted, admitting explanation, व्याख्या योग्य

**explicit** ऐक्सप्लिसिट *adj.* plain, clear, definite, व्यक्त, स्पष्ट, साफ, स्फुट

**explicitly** (-ली) *adv.* clearly, स्पष्ट रूप से

**explode** ऐक्सप्लोड *v.* to blow up, to burst noisly, to collapse, उड़ा देना, धड़ाके से फटना, शक्तिहीन होना

**exploit** ऐक्सप्लाइट *v. n.* to use for selfish end, a brave act, to put to use, to explain at length, to explore in scarch of, अपना उल्लू सीधा करना, स्वार्थहित दूसरे से काम लेना, व्याख्या करना, खोज बीन करना

**exploitation** (-शन) *n.* improvement अन्वेषण, खोज

**explore** ऐक्सप्लोर *v.* to search, to examine, to travel in a country to discover its characteristic features etc. खोज के लिए विदेश यात्रा करना, खोज करना, परीक्षण करना

**exploration** (-शन) *n.* thorough research, अन्वेषण, खोज

**exponent** ऐक्सपोनैंट *n.* one who explains the principles of something, व्याख्या करने वाला, अर्थ प्रदर्शक

**export** एक्सपोर्ट *v.* to send merchandise abroad, परदेश में माल ले जाना या भेजना

**export** *n.* merchandise sent abroad, निर्यात, बाहर विदेश में भेजा गया माल

**expose** ऐक्सपोज *v.* to uncover, to reveal, to lay open, to disclose, पर्दा हटाना, भेद खोलना, नंगा करना, रहस्य बताना

**exposed** (-ड) *adj.* unprotected, उघाड़ा हुआ

**exposition** ऐक्सपोजीशन *n.* uncovering , disclosure, exposure, exhibition, स्पष्टीकरण, रहस्योद्घाटन, व्याख्या, दिखावा

**expound** ऐक्सपाउंड *v.* to make clear, to explain, to set forth, to interpret, स्पष्ट करना, समझाना, विस्तार या व्याख्या करना

**express** ऐक्सप्रैस *v.* to declare, to state, to utter, to squeeze out, घोषणा करना, कहना

**expression** (-शन) *n.* a look, a statement, declaration, चेहरा, भाव, वर्णन, बयान, घोषणा

**expulsion** ऐक्सपल्शन *n.* the act of expelling, निकास, निलंबित

**expunge** ऐक्सपंज *v.* to wipe out, to erase, to blot out, to destroy, निकालना, मिटाना, रगड़ना, नष्ट करना

**exquisite** ऐक्सक्विजिट *adj.* acute, delicate, refined, nice, accurate, विशिष्ट, कोमल, मँजा हुआ, बढ़िया, ठीक

**extant** ऐक्सटेन्ट *adj.* still existing, विद्यमान, वर्तमान, मौजूद

**extempore** ऐक्सटैम्पोर *adj.* without preparation, on the spot, unprepared, without study, off hand, बिना तैयारी किए, एकदम, एकाएक, बिना अध्ययन किए, आकस्मिक

**extend** एक्सटैंड *v.* to spread, to stretch, to enlarge, to amplify, फैलाना, चौड़ा करना, बढ़ाना, विस्तार करना

**extension** (-शन) enlargement, extent, विस्तार, वृद्धि

**exterior** ऐक्सटीरियर *n. adj.* the outside, external, outward, outer surface, बाहरी, बाहर की ओर, बाहरी सतह

**exterminate** ऐक्सटर्मिनेट *v.* to destroy completely, to root out, to annihilate, नष्ट भ्रष्ट करना, जड़ से उखाड़ना, विनाश करना

**extermination** (-शन) *n.* total destruction, उजाड़, नाश

**external** ऐक्सटर्नल *adj.* outside, outward, exterior, objective, foreign, बाहर, बाहरी, बाहर की ओर, बाह्य, विदेशी

**extinct** ऐक्सटिक्ट *adj.* not now existing, put out, quenched, extinguished, लुप्त, बुझा हुआ.मिटा हुआ

**extinguish** ऐक्सटिंग्विश *v.* to quench, to put out, to pay off, to eclipse, मियना, बुझाना, शान्त करना, दबाना

**extol** ऐक्सटाल *v.* to glorify, to praise, to magnify, to laud, to celebrate, प्रशंसा करना, बढ़ा चढ़ाकर कहना, बड़ाई करना, स्तुति करना

**extort** ऐक्सटोर्ट *v.* to take forcibly, to obtain by threat, to practice extortion, जबरदस्ती उगाहना, धमकी से लेना, ऐंठ लेना

**extortion** (-शन) *n.* illegal exaction, लूट, जबर, जोर

**extra** ऐक्सट्रा *adv.* additional, more than necessary, beyond, besides, फालतू, अतिरिक्त, जरूरत से अधिक और

**extract** ऐक्सट्रैक्ट *v.* to pull out, to distil, to deduce, solution, quotation, खींचना, अर्क निकालना, बल पूर्वक निकालना, सार, सत, संग्रह

**extraction** (-शन) *n.* descent, सार, वंश

**extraordinary** ऐक्सट्राआर्ड्नरी *adj.* rare, strange, uncommon, special, unusual, दुलर्भ, अद्‌भुत, असाधारण, विशेष

**extravagant** एक्सट्रेवेगेन्ट *adj.* lavish, wasteful, prodigal, irregular, फिजूल खर्च, अमित व्ययी, लुटाऊ, मुक्तहस्त

**extravagance** *n.* foolish waste, excess, अतिशय, अति, व्यय

**extro-a-vert** ऐक्सट्रोवर्ट *v. n.* to turn in an outward direction, to turn attention to outside things, one chiefly concerned with external matters, बहिर्मुख होना, बाहरी वस्तुओं की ओर उन्मुख होना

**extreme** ऐक्सट्रीम *adj. n.* utmost, the opposite end, final, farthest, most strict, अत्यन्त, उल्यासिरा, अन्तिम, दूरवर्ती, कर्कश

**extremely** (-ली) *adv.* in the utmost degree, अत्यन्त, बहुत

**extricate** ऐक्स्ट्रिकेट *v.* to free, to disentangle, to disembarrass, निरस्तार करना, छुड़ाना, निकालना

**extrication** (-शन) *n.* act of extricating, निस्तार, उद्धार

**exhuberant** एग्ज़्युबरैन्ट*adj.* plenty, overflowing, copious, abounding, प्रचुर, समृद्ध, परिपूर्ण, भरपूर

**exult** ऐगजल्ट *v.* to rejoice in triumph, to be glad above measure, अति प्रसन्न होना, बहुत खुश होना, बाग बाग होना

**eye** आई *n.v.* the organ of sight, a small hole, to view, observation, नेत्र, आँख, दृष्टि, छोटा छिद्र, देखना, दृष्टि

# F

## FABLE-FUTURITY

**F** the sixth letter of the English alphabet, अंग्रेजी वर्णमाला का छठा अक्षर

**fable** फेबल *n.* a legend, a story with a moral, an idle story, कल्पित कथा-कहानी, झूठी कथा, मनघड़न्त कहानी

**fabric** फैब्रिक *n.* a woven material, construction, a building or an edifice, बुना हुआ कपड़ा, निर्माण, घर या ढाँचा

**fabricate** फैब्रिकेट *v.* to construct, to manufacture, निर्माण करना, जाल रचना

**fabrication** (-शन) *n.* construction, forgery, निर्माण, मक्कारी

**fabulous** फैबूलस *adj.* fanciful, unreal, mythical, fictitious, कल्पित, फरजी, मिथ्या, झूठा

**fabulously** (-ली) *adv.* fictitiously, कल्पना से

**face** फेस *n.* the front of the head, to look forward, to oppose firmly dial of a clock, the countenance, चेहरा, घड़ी, का डायल, शक्ल

**face** *v.* to look forward, to oppose firmly, आगे देखना, दृढ़ता से सामना करना

**facet** फेसट *n.* a tiny face, a small surface, नगीन्रे का पहल (रुख) छोटी सतह

**facial** फेशल *adj.* about the face, pertaining to the face, मुख सम्बन्धी

**facilitate** फैसिलिटेट *v.* to help, to make easy, to lessen the labour of, मदद करना, मेहनत कम करना, सुविधा जुटाना

**facilitation** (-शन) *n.* making easy, सुगमता, आसानी

**fascimile** फैसिमाइल *n.* a replica, an exact copy, counterpart, likeness of an original, प्रतिलिपि, ठीक नकल, बिल्कुल असली का सा

**fact** फैक्ट *n.* reality, truth, event, anything that is done, वास्तविकता, सच्चाई, घटना, कृति

**faction** फैक्शन *n.* a dissatisfied group, a group within a party, dissension, turbulence, असंतुष्ट दल, फूट, बलवा, हलचल

**factor** फैक्टर *n.* a partaker, a number which divides into another number exactly, an agent who transacts business for another, any circumstance which produces a result, नियोगी, आढ़ती, भाज्य (खंड)

**factory** फैक्ट्री *n.* buildings in which goods are manufactured, a trading settlement, a manufactory, a workshop, कारखाना, शिल्पशाला

**factual** फैक्चुअल *adj.* real, true, precise, literal, असली, वास्तविक, ठीक, शाब्दिक

**faculty** फैकल्टी *n.* an ability, mental capacity, ease, readiness, the professors and instructors of a university, ज्ञान, मन की शक्ति, तत्परता, विश्व विद्यालय के विद्वान

**fad** फैड *n.* fancy, whim, a pet idea, a passing fashion, मन की उड़ान, बहम, प्रिय विचार, धुन

**fade** फेड *v.* to grow dim, to wither, to languish, to droop, फीका पड़ना, मुरझाना, क्षीण होना, पीला पड़ना, झुकना

**faggot** फैगट *n.* bundle of sticks, a bundle of scrap to be worked over, a withered old moman,

**fagot** लकड़ी का गट्ठा, ईंधन की लकड़ी का बोझ, झुरियों वाली बुढ़िया

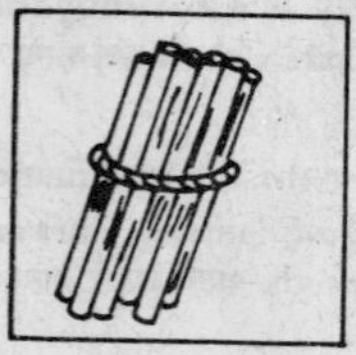

**fahrenheit** फार्नहाइट *n.* a thermometer scale having 32° and 212° marked at the freezing points of water (named from the German physicist, D.G. Fahrenheit), गर्मी सर्दी नापने का एक प्रकार का यन्त्र

**fail** फेल *v.* to miss, to disappoint, to waste away, to fall short, to become bankrupt, to forsake, असफल होना, खोना, निराश करना, नष्ट करना, कम पड़ना, दिवालिया निकालना, छोड़ना

**failure** फेल्यर *n.* non-performance, न्यूनता, असफलता

**faint** फैंट *v.n.adj.* to droop, to swoon, to become feeble, to ,lose consciousness, मुरझाना, गश खाना, सूखना

**faint** *n.* feeble, not bright, कमजोर, धुँधला

**fair** फेअर *adj.n.* right, just, bright, a market with side shows, beautiful, handsome, spotless, the famale sex, शुद्ध, ठीक, उज्जवल, मैला, सुन्दर, बाँका, स्वच्छ, स्त्रीलिंग

**fairy** फेअरी *adj.n.* lovely, an imaginary little person with magic power, an elf, sprite, brownie, प्रिय, कल्पित जादूगर, परी, अप्सरा

**faith** फेथ *n.* trust, belief, honesty, unshaken adherence, a system of tenets, विश्वास, ईमानदारी, निश्चय, धर्म, ईमान

**fake** फेक *v.* to deceive, a sham, to steal, to coil, धोखा देना, छल करना, चोरी करना, लपेटना

**fake** *n.* a sham, hoax, a swindler, ठग, बेईमान, रस्से की गेंडुरी

**falcon** फालकान *n.* a powerful bird of prey, a predatory bird, बाज, शिकारा

**fall** फाल *v.* to descend, to drop, to perish, to sink (fallible *adj.* uncertain), उतरना, गिरना, नष्ट होना, पतन होना

**fall** *n.* descend, drop, destruction, ruin, autumn, पतन, गिरावट, नाश, पतझड़

**fallacy** फैलेसी *n.* an error, a mistake, a false appearance, sophism, अशुद्धि, गलती, भ्रम, हत्वाभास (छल)

**fallow** फैलो *adj.* uncultivated land, left untilled, पड़ता, ऊसर, बंजर

**false** फाल्स *adj.* not real, artificial, disloyal, dishonest, counter-feit, unreliable, नकली, फर्जी, अवज्ञाकारी, बेईमान, खोटा, अविश्वसनीय

**falsify** फाल्सीफाई *v.* to prove to be false, झूठा सिद्ध करना

**falter** फाल्टर *v.* to stumble, to waver, to tremble, to fail in utterance, लड़खड़ाना, डगमगाना, काँपना, हकलाना

**faltering** (-रिंग) *n.* deficiency, कमी, हीनता

**fame** फेम *n.* honour, renown, public rumour, celebrity, मान, ख्याति, अफवाह, प्रसिद्धि

**familiar** फैमिलिअर *adj.* friendly with, well known to, affable, easy, well acquainted, intimate, domestic, परिचित, अच्छा जानकार, सामान्य, सहज, सामान्य, घनिष्ठ

**familiarity** (-रेटी) *n.* close intimacy, घनिष्ठता, मेलजोल

**family** फैमिली *n.* related people, persons, plants of the same kind, household, tribe, class, परिवार, कुटुम्ब,, एक किस्म के पौधे, गृहस्थ, श्रेणी, नस्ल

**famine** फैमिन *n.* extreme scarcity of food, अकाल, दुर्भिक्ष, सूखा

**famish** फैमिश *v.* to hunger, to starve, भूखों मरना, क्षुधा से पीड़ित होना

**famished** (-ड) *adj.* starved, क्षुधा पीड़ित

**famous** फेमस *adj.* well known, celebrated, conspicuous, noted, renowned प्रसिद्ध, विख्यात, मशहूर

**fan** फैन *n.* a winnowing machine, a rotating machine for giving current of air, devotee of a special amusement, पंखा, नाव खेने का यन्त्र, किसी क्षेत्र का, अनन्य अनुरागी

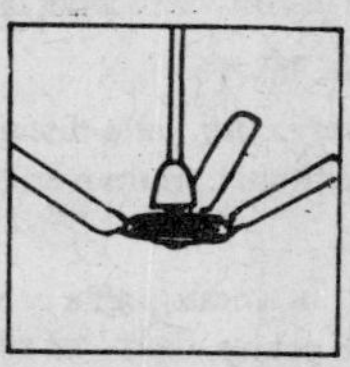

**fan** फैन *v.* to agitate, to cool with a fan, to ventilate, to winnow, भड़काना, हवा देना, पंखे से ठंडक पहुँचाना, बरसाना

**fanatic** फैनेटिक *n.* a zealot, wildly extravagant, a visionary, धर्मोन्मत्त, हठधर्मी, अमितव्ययी, स्वप्नलेने वाला

**fanaticism** फनेटेसिज्म *n.* extravagant zeal धर्मोन्माद

**fancy** फैंसी *v.* to imagine, to take a liking to, to suppose, कल्पना करना, फर्ज करना, चाहना

**fancy** *n.* an idea, imagination, conception, whim, कल्पना करना, भावना, चपलता, तरंग

**fanfare** फैनफेअर *n.* a flourish of trumpets, noisy ostentatious parade, बाजा गाजा, नुमाइशी परेड

**fang** फैंग *n.* a long pointed tooth, the poisonous tooth of a serpent, a tusk, a claw, लंबा दाँत, साँप का विषैला दाँत, शिकारी पशु का दाँत, दाँत की जड़

**fantastic** फैनटास्टिक *adj.* absurd, fanciful, odd, unreal, grotesque, भद्दा, मनमौजी, अजीब, नकली

**fantasy** फैन्टसी *n.* an absurdity, a fantastic idea, a whimsical fancy, भद्दापन, धोखा, बहम, झक

**far** फार *adj.adv* distant, remote, alienated, very much, widely, दूर, दूरवर्ती, परला, अलग, बहुत, विस्तार से

**far-fetched** फ़ारफैच्ड *adj.* unbelievable, forced, unnatural, अविश्वसनीय, ठोंसा हुआ, अप्राकृतिक

**farce** फार्स *n.* ridiculous or empty parade, a short comedy in which actions and qualities are much exaggerated, भद्दा प्रदर्शन, हँसी का नाटक तमाश, मजाक

**fare** फेअर *v.* to journey, to manage (the price of passage) to live, to succeed, to result to be in good or ill state, यात्रा करना, रहना, सफल होना, परिणाम निकलना, स्वस्थ व अस्वस्थ होना

**fare** *n.* the price of passage, entertainment, किराया, मनोरंजन

**farewell** फेअरवैल *n.interj.* leave-taking, an adieu, goodbye विदाई, नमस्कार, भला हो

**farm** फार्म *v.* to cultivate, to till, to let or lease, खेती करना, हल चलाना, पट्टे पर देना, लगान बाँधना

**farm** *n.* a tract of cultivated land, land enclosed for cultivation, पट्टी, चक

**farther** फार्दर *adv, adj.* at a distance, also, more distant, additonal, moreover, दूरवर्ती, तथा, अधिक दूर, अतिरिक्त,

**farthing** फार्दिंग *n.* a coin, half a cent, one fourth of an English penny, सिक्का, पैनी का छोटा भाग

**fascinate** फासिनेट *v.* to charm, to attract, to captivate, to bewitch, लुभाना, आकर्षित करना, खींचना, मोहना

**fascinating** *adj.* charming, attractive, आकर्षक, मनोहारी

**fascination** (-शन) *n.* alluring influence, इन्द्रजाल

**fashion** फैशन *v.* to shape, a style, रूप बनाना, विधान करना, निर्माण करना, ढालना

**fashion** *n.* the make or form of anything, conventional usage in dress, रीति, रिवाज, चालढाल, पहरावा

**fast** फास्ट *v.* to hunger, to abstain from food, to go without food, ब्रत रखना, भोजन न करना, बिना भोजन के रहना

**fast** *n.adj.* rapid, secure, hunger, a period during which little food is taken, abstaining from food, quick, expeditious, तेज, हठ, भूख, व्रत, शीघ्र

**fastidious** फैस्टीडिअस *adj.* particular, overnice, squeamish, विशेष, बढ़िया, नकचढ़ा, नाजुक

**fastidiously** (-ली) *adv.* particularly, नजाकत से, नखरे से

**fat** फैट *adj. n.* plump, greasy substance found in the body, fleshy, broad, sluggish, fertile, unusually extended, माँसल, स्थूल, चर्बी, पोस्ती, उपजाऊ, मोटा

**fatal** फैटल *adj.* deadly, ruinous, causing destruction, मारक, घातक, विनाशकारी

**fatally** (-ली) *adv.* so as to be fatal, संघातिक रीति से

**fatalist** (-लिस्ट) *adj.* believer in fate भाग्यवादी

**fate** फेट *n.* an event bound to happen, luck, ultimate end, destiny, inevitable necessity, भाग्य, प्रारब्ध, भावी, अनिवार्यता

**fateful** (-फुल) *adj.* of fatal power, प्राणहर

**father** फादर *n.* a male parent, founder, पिता, बाप, नींव रखने वाला

**fatherly** (-ली) *adj.* pertaining to a father, पिता सदृश, वात्सल्य

**father-in-law** फादरइन्ला *n.* the father of one's husband or wife, ससुर

**fatherland** फादरलैंड *n.* one's native land, पैतृक भूमि

**fathom** फैथम *n.* a measure, depth, माप, गहराई

**fathom** फैथम *v.* to find the depth, to reach, to ascertain the depth of, गहराई मापना, पहुँचना, गहराई की जाँच करना

**fatigue** फैटीग *v.* to tireout, to harass, to exhaust, थकाना, परेशान करना

**fatigue** *n.* tiredness, exhaustion, weariness, toil थकान, थकावट, परिश्रम

**fatiguing** फैटीगिग *adj.*tiring, थकाने वाला

**fault** फाल्ट *n.* a defect, a flaw, an offence, blamish, omission, नुक्स, दोष, कमी, भूल, लांछन

**faulty** (-टी) *adj.* containing faults, दोषी, अपराधी

**fauna** फाओना *n.* the animals of a region, किसी प्रदेश के पशु वर्ग

**favour** फेवर *n.* a kindness, goodwill, approval, अनुग्रह, स्नेह, अनुमति

**favour** फेवर *v.* to befriend, to prefer, to support to spare, to facilitate, पक्षपात करना, तरजीह देना, पुष्टि करना, माफ करना, सुविधा देना

**favourite** फेवरिट *adj.n.* the best loved, the dearest, preferred, esteemed, प्रिय, अत्यन्त प्यारा, इष्ट, समादृत, चाहिता

**fawn** फॉन *v.* to court servility, to lick the hand of a person, गिड़गिड़ाना, चापलूसी करना, व्यक्ति का हाथ चाटना

**fawn** *n.* a young deer, light yellow colour, हिरन, हल्का फुल्का रंग, चापलूसी

**fear** फीअर *n.* dread, terror, anxiety, reverence, भयभीत करना, भयभीत होना, डरना, डराना, सन्देह करना

**fear** *v.* to dread, to be in fear, to terrify, to doubt, भय, त्रास, चिन्ता, आदर

**feasible** फिजिबल *adj.* possible, believable, practicable, संभव, विश्वसनीय, साध्य

**feasibility** (-विलेटी) *n.* practicability, संभाव्यता

**feast** फीस्ट *n.* a banquet, a sumptuous repast, a festival दावत, जशन

**feast** फीस्ट *v.* to entertain, to enjoy one's self,दावत, जश्न मनाना

**feat** फीट *n.* an exploit, a notable deed or achievement, वीरता कार्य, आश्चर्य कर्म या उपलब्धि, हस्तलाघव, नटविद्या

**feather** फैदर *n.v.* a fringed quilt which grows on a bird, a plume, kind or class, (to cover with feathers), पंख, पर, श्रेणी

**feather** *v.* to cover with feather, पंख भरना, घर भरना

**feature** फीचर *n.* a distinctive part of a face lineament,principal part, characteristic, appearance, चेहरा मोहरा, सूरत, रूप, शक्ल

**February** फैबरुअरी the second month in the year, फरवरी मास

**federal** फैड्रल *adj.* united, confederated, consisting in a union, संयुक्त, राज्यों की परस्पर सन्धि सम्बन्धी

**fee** फी *n.* a payment for service, a gratuity, feud, an inherited estate, शुल्क, वेतन, फीस, पैतृक संपत्ति

**feeble** फीबल *adj.* weak, infirm, wanting in physical or mental vigour, दुर्बल, निर्बल, अल्प शक्ति

**feed** फीड *v.* to nourish, to graze, to furnish with materials, to eat, खिलाना, चराना, पालना, खाना

**feed** फीड *n.* the act of feeding भोजन कराने की क्रिया

**feel** फील *v.* to touch, to be conscious of, to test, to understand, छूना, महसूस करना, स्पर्श का अनुभव करना, परीक्षण करना, समझना

**feeler** फीलर *n.* an insects organ of touch, one who feels, something put forth as a means of gaining information not directly obtainable, कीड़ों के स्पर्श ज्ञान का विशेष अंग, स्पर्श करने वाला, भेदिया

**feeling** फीलिंग *n.adj.* emotion, easily affected, sympathetic, a sense of touch, perception, स्पर्श, बोध, हमदर्द, चेतनायुक्त

**feign** फेन *v.* to pretend, to invent, to counterfeit, बहाना करना, खोज करना, मकर करना

**felicitate** फैलिसिटेट *v.* to congratulate, to make very happy, बधाई देना, बहुत प्रसन्न करना, अभिनन्दन करना

**felicitation** (-शन) *n.* congratulation, बधाई

**fell** फैल *v.* to knock down, to hew, to cut, to cause to fall, पटखना, पछाड़ना, काट देना, गिराना

**fell** *adj.* powerful, cruel, the skin of an animal, a rocky hill क्रूर, जीव की खाल, पथरीली चट्टान

**fellow** फैलो *n.* a companion, an associate, compeer, a graduate member of a college, संगी, साथी, जोड़, विद्यालय का सभासद

**felony** फैलोनी *n.* a serious crime, a crime punishable by death, murderer, महापातक, महाअपराध, हत्यारा

**felt** फैल्ट *n.* cloth made of pressed wool, past tense of feel, नमदा, टोपी, महसूस किया

**female** फीमेल् *n. adj.* a woman or girl, feminine, womanly, स्त्रीलिंग, मादा, स्त्री जाति

**feminine** फैमिनन *adj.n.* concerned with woman, tender, delicate, sensitive, a woman, स्त्रीलिंग, कोमल, भावुक, नारी

**fence** फैन्स *v.* (railing), to enclose, to guard, to defend, inclosure, बाड़ लगाना, बाड़ बनाना, बचाना, रक्षा करना

**fence** *n.* railing, hedge, inclosure, बाड़, चारदीवारी, मेंड़

**fend** फैन्ड *v.* to protect from injury, to ward off, चोट से बचाना, अलग रखना, दूर रखना

**ferment** फर्मेंट *v.* to make sour, (commotion, tumult) to be excited, फेन उत्पन्न करना, हलचल पैदा करना, उत्तेजित करना

**ferment** *n.* commotion, tumult, हलचल, उत्तेजना

**fern** फर्न *n.* a plant having feathery leaves, सुन्दर महीन पत्तियों का एक पौधा

**ferocious** फिरोश्यस *adj.* savage, fierce, rapacious, of cruel nature, जंगली, भयंकर, खूँखार, क्रूर

**ferry** फैरी *n.* a boat which carries across a river, a passage across a river, the place where a ferry boat lands its passengers, पत्तन

**ferry** *v.* to carry over a river, नदी को नाव से पार करना

**fertile** फर्टाइल *adj.* productive, fruitful, producing abundantly, rich in resources, (fertility-n-abundance), उपजाऊ, जरखेज, भूमि

**fertility** फर्टिलेटी *n.* quality of being fertile, उपजाऊपन

**fervent** फर्वेंट *adj.* keen, zealous, earnest, vehement, उत्सुक, तीक्ष्ण, अनुरागी, तीव्र

**fervently** (-ली) *adv.* zealously, उत्सुकता सहित

**fervour** फर्वर *n.* keenness, zeal, warmth, तीव्रता, चाव, उत्साह

**fester** फैस्टर *v.n.* to be filled with poisoness matter, to rankle, to become putrid, an ulcerous sore, विषाक्त करना, फोड़ा, गुल्म

**festival** फैस्टिवल *n.* a feast, a joyful celebration, a seasonal celebration, दावत, जशन, पर्व

**festivity** फैस्टिवेटी *n.* rejoicing festival, उत्सवकाल

**festoon** फैस्टून *v.n.* a hanging garland of flowers, to decorate with garlands, माला, तोरण, माला से सजाना

**fetch** फैच्च *v.* to go and bring, to heave, to fascinate, to reach and get, जाकर लाना, जाना, लुभाना

**fetter** फैटर *n.v.* a chain, to bind with chain, a restraint, a hindrance, to hinder, हथकड़ी, हथकड़ी लगाना, बेड़ी, बन्धन, रुकावट, रोकना

**feud** फ्यूड *n.* a quarrel, enmity, hatred, land held on condition of service, झगड़ा, कलह, घृणा, खिदमती

**feudal** (-ल) *adj.* belonging to a feud, जागीरदारी का

**fever** फीवर *n.* a disease which over heats the blood, a condition of extreme nervous excitement, ज्वर, बुखार, उत्तेजना

**few** फ्यू *adj.* not many, small in number, limited, थोड़े, कम, कुछ, कम संख्या में, सीमित

**fiasco** फिआस्को *n.* a complete failure, a flask of bottle, पूर्ण, असफलता, विशिष्ट असफलता, फ्लास्क

**fibre** फाइबर *n.* filament, raw material which can be separated into threads for making up textile fabrics,

**fiber** तन्तु, सूत्र, रेशा

**fickle** फिक्कल *adj.* inconstant, capricious, changeable, अस्थिर, चंचल, परिवर्तनीय

**fiction** फिक्शन *n.* a story, the act of inventing, a literary production of the imagination in prose form, as a novel, romance etc. कहानी, कल्पना, मिथ्या कथा, उपन्यास

**ficticious** फिक्टिश्यिअस *adj.* invented, false, unreal, pertaining to fiction, घड़ा हुआ, झूठा, बनावटी, काल्पनिक

**fidelity** फाइडिलिटी *n.* loyalty, integrity, honesty, reliability, अनुराग, सच्चाई, ईमानदारी, विश्वसनीयता

**field** फील्ड *n.* a large enclosed piece of land, open country, site of a battle, sphere of action, a wide expanse, क्षेत्र, मैदान, रणभूमि, कर्मक्षेत्र, खुला मैदान

**fiend** फीन्ड *n.* a devil, demon, one who is intensely wicked, पिशाच, प्रेत, परमदुष्ट

**fiendish** (-डिश) *adj.* malicious, पैशाचिक

**fierce** फीअर्स *adj.* savage, violent, merciless, ferocious, जंगली, क्रूर, निर्दय, भयंकर

**fiercely** (-ली) *adv.* cruelly, क्रूरतापूर्वक

**fig** फिग् *n.* the soft pear-shaped fruit of the fig-tree, the fig tree, anything insignificant. अंजीर का फल, अंजीर का पेड़, तुच्छ वस्तु

**fight** फाइट *n.* a battle, a combat, a contest, लड़ाई, युद्ध, द्वन्द्व

**fight** फाइट *v.n.* to battle with, to make war, युद्ध करना, लड़ना, लड़ाना

**fighting** (-टिंग) *n.adj.* to offer resistance, combating, युद्ध, योद्धा

**figure** फिग्गर *n.* a shape, an image, a digit, आकार, वृत्त, चित्र, अंक

**filament** फिलामैंट *n.* a fine thread, the stalk of an another, fibre, तन्तु, सूत्र, रेशा, बिजली के लैम्प का जलने का तार

**filch** फिल्च *v.* to pilfer, to rob, to steal, मूसना, लूटना, चुराना

**file** फाइल *n.v.* steel tool for soothing by rubbing, a wire, a bundle of papers fastened together and endorsed with the date, contents etc. a line of soldiers, to march in a line(to file a case in the court), रेती, तार, नत्थी, फाइल , पंक्ति, में चलना, अभियोग चलाना

**filial** फिलिअल *adj.* relating to a son or a daughter, due to a father, बेटा या बेटी सम्बन्धी

**fill** फिल *v.* to become or make full, (a full supply), to crowd, to engage, to satisfy, to occupy, भरना, भीड़भाड़ लगाना, काम पर लगाना, संतुष्ट करना, पूर्ति करना

**fill** *n.* a full supply, satiety, जी भर, अतितृप्ति

**film** फिल्म *n.* a thin coating or skin, prepared strip on which moving pictures are taken, झिल्ली, चलती तस्वीर

**film** *v.* to prepare a film, फिल्म बनाना

**filter** फिल्टर *n.* a fine meshed strainer, छानने का यन्त्र

**filter** *v.* to purify, साफ करना

**filth** फिल्थ *n.* dirt, foulness, foul matter, defilement धूल,गंदगी, मैला, मलिनता

**final** फाइनल *adj.* last, conclusive,ending, terminating, deciding, अन्तिम, निर्णायक, आखिरी, निर्णीत

**finale** फाइनेल *n.* the end, conclusion, termination, अन्त, परिणाम, समाप्ति, बजाने में अन्तिम गत

**finance** फाइनैंस *v.* to raise money for special object, to manage finacially, आय व्यय का प्रबंध करना

**finance** फाइनैंस *n.* money matters, the public revenue of a state, आर्थिक व्यवस्था, इसका प्रबन्ध

**financial** (-शिअल) *adj.* pertaining to finance, वित्त, सम्बन्धी, पैसे से सम्बन्धित

**find** फाईंड *v.* to discover, to regain, to supply, to succeed, खोजना, पुनः पाना, देना, सफल होना

**find** फाईंड *n.* discovery of something valuable,

**finding** खोज, अन्वेषण

**fine** फाइन *adj.v.* clear, excellent, to refine, to purify, साफ, बढ़िया, साफ करना, शुद्ध करना

**fine** *n.* sum imposed by way of penalty, जुर्माना, अर्थदण्ड

**finger** फिंगर *n.* one of the five divisions of the hand a finger's breadth, उँगली, उँगली गिनना

**finger** *v.* to touch with fingers, उँगलियों से छूना या बाजा बजाना

**finish** फिनिश *n.* a completion, the end, the last work of perfection, समाप्ति, अन्त

**finite** फाइनाइट *adj.* bounded, limited, not infinite, बद्ध, सीमित, मर्यादित

**fir** फर *n.* a fir tree, देवदार, सरों का पेड़

**fire** फायर *n.* flame and heat from burning, conflagration, light, spirit, चिंगारी, भभक, प्रकाश, उत्साह

**fire** *v.* to set on fire, to inspire, to kindle, to explode, आग लगाना, प्रेरणा देना, जलाना, बन्दूक चलाना

**firm** फर्म *adj.n.* steadfast, hard, compact, unyielding, company, दृढ़, कठोर, ठोस, हठी

**firmament** फर्मामैंट *n.* the heavens, sky, स्वर्ग, आकाश, नभ मण्डल

**first** फर्स्ट *n.* chief, most important, प्रमुख, अत्यन्त आवश्यक

**first** *adj. adv.* earliest, in front of all others, सब से पहला, प्रथम

**fiscal** फिसकल *adj.*financial, pertaining to the exchequer or public revenues, आर्थिक, राजकर सम्बन्धी

**fish** फिश *n.* a vertebrate, cold blooded equatic animal furnished with permanent gills, the flesh of fish used as food, मछली, मत्स्य, मछली का माँस

**fish** *v.* to catch fish, मछली पकड़ना

**fishery** फिशरी *n.* the occupation of fishing, धीवरकर्म, झीवर का मछलियों का धन्धा

**fission** फिशन् *n.* the splitting into parts, splitting of an atom, टुकड़ों में अलगाना, प्राण बिन्दुओं का विभाग

**fissure** फिशर *n.* a crevice, a furrow, a cleft, दरार, हलद्वारा किया गड्ढा, फटनी

**fist** फिस्ट *n.* hand tightly closed, मुट्ठी

**fist** *v.* to grip with a fist, घूँसा मारना

**fit** फिट *v.* to adapt, to make suitable, to qualify, अनुकूल बनाना, ठीक बिठाना, योग्य होना या बनाना

**fitting** फिटिंग *adj.* suitable, appropriate, योग्य, उचित

**fittings** (-ग्ज) *n.* fixtures in a room or a shop, सामग्री, कमरे व दुकान का सामान

**five** फाइव *n.* a number one more than four, पांच

**fix** फिक्स *n.* an awkward position, a delimma, a difficulty, समस्या, उलझन, कठिनाई

**fix** *v.* to make firm, to secure, दृढ़ करना, स्थिर करना

**fixture** (-चर) *n.* anything unmovable, the date of a future event, a permanent state स्थिर वस्तु, पैबंद, खेलों की निश्चित तिथि

**flabbergast** फ्लेबरगास्ट *v.* to astonish, to amaze, हक्का बक्का करना, चकित करना, अंचभित होना

**flag** फ्लैग *v.* to signal with a flag, to cause to droop, to hang down, पताका, पत्थर की पटिया, ध्वजा, संकेत

**flag** फ्लैग *n.* a banner, a paving stone, an ensign, signal, पताका, पत्थर की पटिया, ध्वजा, संकेत

**flagrant** फ्लैगरेंट *adj.* notorous, heinous, glaring, openly wicked, कुख्यात, कुत्सित, प्रज्चल, खुला, दुष्ट

**flame** फ्लेम *n.* a blaze, enthusiasm, fire, excitement, चिंगारी, जोश, ज्वाला

**flame** *v.* to blaze, to burn into flame, to be in a rage, जलना, चिंगारी उठना, क्रुद्ध होना

**flank** फ्लैंक *n.* the fleshy side of an animal between the ribs and hip, the side of an army, a fortification, पार्श्व, कुक्षि, सेना का बगली हिस्सा, गढ़

**flank** *v.* to attack, to command the flank of, आक्रमण करना, सेना का किनारा, मजबूत करना

**flannel** फ्लैनल *n.* a soft woollen cloth of loose texture, फलालीन

**flap** फ्लैप *n.* hanging strip, the motion of anything broad and flat, a coat tail, to let fall, to move, लटकती हुई वस्तु,, कोट का लटकता हुआ भाग

**flap** *v.* to let fall, to move, to strike with something, गिरने देना, डोलना, किसी चीज से टकराना

**flare** फ्लैअर *n.* a large unsteady glaring light, झुलमुलाता हुआ प्रकाश

**flare** *v.* to blaze, to cause to bulge, हिलती ज्वाला से चमकना, फूलना

**flash** फ्लैश *n.* a quick gleam of light, sudden outburst, a sudden news report, a body of water driven by violence, चमक, दीप्ति, क्षणिक अवस्था, सहसा देय समाचार उद्वेलित, जल

**flash** *v.* to burst, to pass like a flash, सहसा, प्रकाशित होना, चमकाना

**flat** फ्लैट *adj.n.* level, tasteless, even, smooth, prostrate, समतल, फीका, एकसा, साफ, धरती से लगा हुआ

**flatter** फ्लैटर *v.* to praise insincerely, sooth, to persuade, to raise false hopes, चापलूसी करना, मनाना, झूठी आशा बँधाना

**flavour** फ्लेवर *n.* the taste, a particular smell, स्वाद, सुगंध, महक

**flavour** *v.* to season, स्वादिष्ट करना

**flaw** फ्ला *n.* defect, weakness, blemish, crack, दोष, कमी, धब्बा, छिद्र

**flaw** फ्ला *v.* to crack, to break, छेद करना, तोड़ना

**flawless** (लेस) without flaw, निर्दोष

**flay** फ्ले *v.* to strip off the skin, to torture, खाल उतारना, पीड़ित करना

**fleck** फ्लैक *v.* to mark with spots, to streak, to variegate, चित्रित करना, चित्ती डालना

**fleck** *n.* a spot on skin, धब्बा, दाग

**flee** फ्ली *v.* to run away, to avoid, to scatter, to disappear, भाग निकालना, टालना, फैलाना, गायब होना

**fleece** फ्लीस *n.* wool of sheep, thin fibre, भेड़ का रोवाँ, मुलायम रेशा

**fleece** फ्लीस *v.* (a sheeps coat of wool) to clip, to strip, to plunder by injustice, भेड़ के बाल काटना,, मूँडना, सिर मूँडना, झाड़ लेना

**fleet** फ्लीट *n.adj.* a group of ships, swift, rapid, nimble, an inlet, जहाजी बेड़ा, तेज, तीव्र, चंचल

**fleet** *v.* to move rapidly over, चम्पत होना

**fleeting** फ्लीटिंग *adj.* momentary, passing quickly, transient, क्षणिक, क्षण भंगुर

**flesh** फ्लैश *n.* animal food, pulp of fruit, part underlying the skin, the body, opposed to soul, मांस, शरीर का माँसल भाग, शरीर

**flex** फ्लेक्स *v.* to bend, to curve, मोड़ना, झुकाना

**flexible** (-सिबल) *adj.* pliant, easily bent, मुलायम, लचीला

**flicker** फ्लिकर *v.* to waver, to flutter with the wings, to move with the quick motion, to twinkle, कँपना, तड़फड़ाना, तेजी से हिलना, टिमटिमाना

**flight** *n.* fleeing, an aeroplane journey, the flying of birds, hasty departure, a soaring forth, a series of steps, उड़ान, हवाई यात्रा, पक्षियों का उड़ना, शीघ्र प्रस्थान, सीढ़ियों की श्रृंखला

**flimsy** फ्लिम्जी *adj.* worthless, poor, weak, ineffective, thin, व्यर्थ, निर्बल, शक्तिहीन

**flich** फ्लिच *v.* to shrink from, to draw back as from pain or danger, सिकुड़ना, विमुख होना

**fling** फ्लिंग *v.* to hurl, to throw, to scatter, to cast to the ground, फेंकना, फैलाना, धरती पर पटकना

**fling** *n.* a throw फेंकाव, फंक

**flint** फ्लिन्ट *n.* a hard stone from which steel strikes fire, a variety of quartz, anything proverbially hard, चमकदार पत्थर, चकमाक, कोई ठोस वस्तु

**flirt** फ्लर्ट *v.* to play with, (one who plays at love making), to coquette, a sudden jerk, वेग से हिलना, प्रेम लगाना, छेड़छाड़ करना

**flirt** *n.* one who plays at love making, नखरे बाज, हँसी

**flirtation** (-शन) *n.* given to flirtation, फड़फड़ाना, हवा हो जाना, दूसरी जगह चले जाना

**flit** फ्लोट *v.* to flutter, to remove from one house to another, to fly away, to migrate, पानीकी सतह पर तैरते रहना, बहना, बहा ले जाना, धीरे-धीरे खिसकना

**float** फ्लोट *v.* to rest on the surface of a liquid, to convey without effort or will, to drift about, to move lightly, पानी की सतह पर तैरते रहना, बहना, बहा ले जाना. धीरे-धीरे खिसकना

**flock** फ्लाक *n.v.* a group of sheep or birds, to gather in crowds, a crowd, a congregation, to assemble जानवरों का रेवड़, भीड़ लगाना, भीड़ समूह इकट्ठे होना

**flog** फ्लाग *v.* to stike with rod or whip, to lash. to chastise, कोड़े लगाना, चाबुक मारना

**flood** फ्लड *v.* to overflow, to cover with water, to inundate, उफान आना, बाढ़ आना

**flood** फ्लड *n.* an overflow of water, water, inundation, the deluge, the high tide, the sea उफान, बाढ़, प्रवाह, ज्वारभाटा, समुद्र

**floor** फ्लोर a storey of a building, the part of a house room etc. on which one treads, pavement, any smooth area, भूतल, मंजिल, चौंतरा, घर का खंड

**flop** फ्लाप *v.* to collapse, to lie down suddenly, to stike, to unfold, to fall loosely,(sudden noise caused), बेहोश होना, सहसा गिरना, टकराना, खिलना, ढीला लटकना

**flop** *n.* sudden noise caused by falling on the ground, फड़फड़ाहट

**floral** फ्लोरल *adj.* concerning flowers, consisting of flowers, पुष्प सम्बन्धी, फूलों से निर्मित

**florist** फ्लोरिस्ट *n.* one who sells flowers, फूलमाली, फूलविद्या विशेषज्ञ

**flounder** फ्लाऊंडर *v.* to struggle helplessly, to proceed with difficulty, to hesitate, तड़फड़ाना, कठिनाई से बढ़ना, भूल करना, झिझकना

**flour** फ्लोर *n.* finely ground wheat or meal, आटा, पिसाना

**flourish** फ्लरिश *n.v.* to prosper, to brandish, to thrive, to be vigorous, to embellish, the act of brandishing, ostentatious parade, पनपना, घुमाना, फेंकना, दृढ़ होना, सजाना

**flout** फ्लौट *v.* to treat with contempt, to insult, to jeer, to sneer, to scoff, घृणा करना, अपमान करना, फबती, उड़ान, नाक सिकोड़ना, ताने देना

**flow** फ्लो *v.n.* to move easily as a liquid, to circulate, to glide, to rise, to melt, to issue forth, a current, सहज बहना, फैलाना, उठना, पिघलना, जारी करना, तरंग

**flower** फ्लावर *n.v.* a bloom, blossom, to bloom, to cover with flowers, पुष्प, श्रेष्ठ भाग, सार, खिलना, पुष्पित करना

**fluctuate** फ्लक्चुएट *v.* to rise and fall, to vary, to roll to and fro, to undulate, चढ़ना, उतरना, बदलना, इधर उधर लुढ़कना

**fluctuation** (-शन) *n.* unsteadiness, अस्थिरता

**fluency** फ्लुऐन्सी *n.* readiness of speech, the quality of being fluent, easily flowing, अस्खलित बोलचाल, सहज प्रवाहित होने वाली

**fluent** फ्लूएंट *adj.* flowing, changing, धारावाही, अस्खलित

**fluid** फ्लूड *n.* a liquid, a substance that flows, द्रव, पदार्थ, तरल पदार्थ

**flurry** फ्लरी *v.* to bustle, to agitate, to confuse, to hurry, घबराना, उलझाना, जल्दबाजी करना

**flurry** *n.* a sudden gust, excitement, agitation, झोंका, हड़बड़ी, घबड़ाहट

**flush** फ्लैश *v.n.* to blush, to excite,to clean out with a rush of water, to glow, a sudden impulse, flow of blood to the face, abundant, झेंपना, उकसाना, जल बहाकर साफ करना, चमकना, प्रफुल्लता, चेहरे पर रंगत आना

**flute** फ्ल्यूट *n.v.* to furrow, to sound as a flute, a tubular wind instrument furnished with finger-holes and keys, बँसी, बँसी बजाना

**flutter** फ्लटर *v.n.* to flap the wings without flying, to move rapidly, to throw into confusion, पंख फड़फड़ाना बिना उड़े, तेज चलना, भगदड़ मचाना

**flutter** *n.* vibrartion, agitation of mind, व्यग्रता, फड़फड़ाहट

**fly** फ्लाई *v.n.* to move through the air with wings to pass swifly, to run-away, to shun, a house fly, भाग जाना, कतराना

**fly** *n.* a house fly, मक्खी

**foal** फोल *n.* a young horse, colt, or filly, घोड़े, गधे का बच्चा, बछेरा

**foam** फ्रेम *n.* froth, spume, फेन, झाग

**foam** *v.* to froth, to be filled with foam, फेन से भर जाना, झाग आना

**focal** फोकल *adj.* having a central point, pertaining to a focus, केन्द्र बिन्दु वाला, केन्द्र सम्बन्धी

**focus** फोकस *n.v.* the central point, to regulate a camera to give a clear image, to bring to focus, केन्द्र कैमरे को साफ रूप लाने के लिए केन्द्रित करना

**fodder** फाडर *n.v.* cattle food, to feed with fodder, पशु भोजन, चारा, चारा खिलाना

**foe** फो *n.* an enemy, antagonist, illwisher, शत्रु, विरोधी, बुरा चाहने वाला

**fog** फॉग *n.* dirt-laden mist, winter pasture, bewilderment, धुँध, तुषार, कुहरा, व्यग्रता

**foible** फाएबल *n.* failing, weakness, imperfection in character, त्रुटि, कमी, चरित्र की त्रुटि

**foil** फायल *v.n.* to baffle, a fencing weapon, to defeat, a thin plate or a sheet of metal, व्यग्र करना, बाड़ का यन्त्र, हराना, पतली प्लेट

**foist** फाइस्ट *v.* to place in wrongfully, to palm off slyly, चोरी छिपे रखना, बुरी वस्तु मिलाना

**fold** फोल्ड *v.n.* to enclose, a pen for sheep, to wrap up, to shut up in a pen or fold, a plait, a flock of sheep, घेरना, भेड़ों का बाड़ा, लपेटना, बाड़े में बन्द करना, तह, भेड़ों का रेवड़

**foliage** फोलिएज *n.* the leaves of trees, the artistic representation of leaves, flowers etc. पत्ते, पत्तियों व फूलों का गुच्छा

**folio** फोलिओ *n.* a sheet of paper once folded, a page of printed matter, एक तखते के दो वर्क या पन्ने, छपा हुआ पृष्ठ

**folk** फॉक *n.* people, nation or race, one's relatives, जनता, लोग बाग, कौम, सम्बन्धी

**folklore** फॉकलोर *n.* popular traditions, customs etc. पौराणिक कथा, प्रसिद्ध रीति रिवाजों की कहानी

**folksong** फॉकसांग *n.* an old time song, a popular song or ballad illustrative of the common life of the people प्राचीन ग्रम्य गीत (आल्हा इत्यादि), लोकगीत

**follow** फालो *v.* to come behind, to pursue, to succeed in order, to attend, to accompany, पीछे आना, अनुसरण करना, उत्तराधिकारी बनना, ध्यान देना, संग चलना

**folly** फाली *n.* foolishness, sin, criminal weakness, lack of understanding, मूर्खता, पाप, कमजोरी, अज्ञानता

**foment** फोमेंट *v.* to bathe with hot water, to excite, to stir up, गर्म जल से सेकना, उकसाना, झगड़ा खड़ा करना

**fomentation** (-शन) *n.* instigation, भड़काव, उत्तेजना

**fond** फांड *adj.* affectionate, loving, foolishly indulgent, प्रिय, प्रेमी, अनुरक्त, बावला

**fondle** फांडल *v.* to caress, to handle tenderly, to treat with tenderness, चूमना, लाड करना, पुचकारना

**fondness** फांडनैस the state of being fond अनुराग

**food** फूड *n.* provisions, material, nutriment, आहार, खाने का पदार्थ, पुष्टि देने वाला आहार

**fool** फूल *n.v.* a silly person, idiot, a person devoid of reason, a victim, to make a fool of, मूर्ख, निर्बुद्ध, तर्कहीन, पीड़ित व्यक्ति, मूर्ख बनाना

**foolhardy** फूलहार्डी *adj.* reckless, foolishly bold, daringly rash, प्रमत्त, उजड्ड

**foolproof** फुलप्रूफ *adj.* extremely simple, not complex, capable of being understood, अत्यन्त सादा, बोधगम्य

**foolscap** फुलस्केप *n.* a siz of paper, कागज का माप

**foot** फुट *n.* the end of anything, that part of the leg on which an animal stands or walks, पग, पैर, तल, अधोभाग

**football** फुटबाल *n.* a team game, the inflated leather ball kicked by the layers, फुटबाल की टीम, हवा भरा हुआ चमड़े की खेलने वाली गेन्द

**foothold** फुटहोल्ड *n.* a firm support for the foot, पाँव की टेक, पैर रखने का स्थान

**footing** फुटिंग *n.* foundation, basis, condition, नींव, आधार, स्थिति

**footlights** फुटलाइट्स *n.* lights along the front of a theatre stage, the stage, नाटक शाला के आगे वाले दीपक, मंच

**footnotes** फुटनोट्स *n.* notes placed at the bottom of a page, पृष्ठ के नीचे की टीका, शब्दार्थ इत्यादि

**footprint** फुटप्रिंट *n.* the mark left by the foot on soft soil, चरण चिह्न, पैर का निशान

**for** फार *prep.* toward, instead of, during, on hehalf of, in search of, के लिए, बजाए, बीच में, के पक्ष में, तलाश में

**forbear** फारबेअर *v.* to hold back, to be patient, to excuse, to spare, to be patient, रोकना, रुकना, सब्र करना, माफ करना

**forbearance** (-रैन्स) *n.* patience, सब्र

**forbearing** (-रिंग) *adj.* enduring, सहनशील

**forbid** फारबिड *v.* to tell not to do, to prohibit, to oppose, मना करना, रोकना, विरोध करना

**forbidding** (-ईंग) *adj.* repulsive, raising dislike, घनिष्ठ, घृणास्पद

**force** फोर्स *v.n.* press, to compel, to push compulsion, a body of troops, vigor, energy, violence, दबाना, मजबूर करना, धकेलना, मजबूरी, सेना की टुकड़ी, शक्ति, हिंसा

**forcibly** (-बली) *adv.* in a forceful manner, हठपूर्वक

**forceps** फोरसैप्स *n.* small spincers for removing thorns etc. चिमटा, नेकचोंटी, जर्राही सड़सी

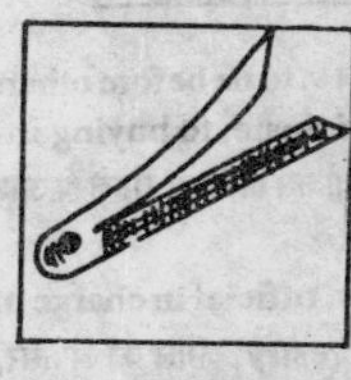

**forcible** फोरसिबल *adj.* done by force, vigorous, violent, प्रबल, शक्तिशाली, जबरदस्त

**ford** फोर्ड *n.v.* place where a river can be crossed on foot, to wade through, पत्तन, नदी का छिछला भाग हो चलकर पार किया जा सकता है, चलकर नदी पार करना

**fore** फोर *n.* the front, before, in front of. आगे, सामने, सम्मुख

**forearm** फोरआर्म *n.* the arm between wrist and elbow, बाँह, कलाई

**forebode** फोरबोड *v.* to predict, to foretell, to presage, भविष्यवाणी करना, ज्योतिष लगाना, शकुन कहना

**preboding** (-ईंग) *n.* act of predicting, भविष्य ज्ञान

**forecast** फोरकास्ट *n.* a statement of what may be expected, foresight, prediction, भविष्य का अनुमान, दूरदर्शिता

**forecast** *v.* to conjecture, अन्दाज लेना, अनुमान लगाना

**forefather** फोरफादर *n.* an ancestor, बुजुर्ग, पुरखा, पूर्वज

**forego** फोरगो *v.* to renounce, to give up, to precede, तजना, छोड़ना, पहले जाना

**forehead** फोरहैड *n.* the face between the hair and eyes, brow, ललाट, मस्तक, माथा

**foreland** फोरलैंड *n.* cape, a headland, खाड़ी, रास

**foreman** फोरमैन *n* an overseer, the spokesman of a jury, दारोगा, पंचों का सरदार, चौधरी

**foremost** फोरमोस्ट *adj.* first, chief, प्रथम, मुखिया

**foresee** फोरसी *n.* to look ahead, to anticipate, to know in advance, पहले सोच लेना, पहले से आशा लगाना

**foresight** फोरसाइड *n.* prudence, पूर्वज्ञान, दूरदृष्टि

**forest** फारैस्ट *n.* a large tract of woodland, an un cultivated tract of land more or less covered with trees, बन, जंगल, कानन

**forestall** फोरस्टाल *v.* to be before others, to be before hand, to anticipate, to buying in advance, पहले से ग्रहण करना, चौकस हो जाना, पहले ही आशा लगाना, पहले से मोल लेना

**forester** फारेस्टर *n.* official in charge of a forest, one skilled in forestry, जंगल का अफसर, वनचर

**forestry** (-री) *n.* wooded country, जंगली प्रदेश

**foretell** फोरटैल *v.* to predict, to prophesy, to forecast, आगे की कहना, ज्योतिष लगाना, आगे का अनुमान लगाना

**foreteller** (-लर) *n.* one who predicts, ज्योतिषी, भावीदर्शक

**forethought** फोरथाट *n.* prudence, premeditation, advance consideration, सूझ, पूर्व चिन्ता, विवेक

**forefeit** फौरफीट *n.* fine or penalty, the article surrendered, दण्ड, जब्ती

**forefeit** *v.* to lose right to, to pay penalty अधिकार खोना, दण्ड भुगतना

**forefeited** *adj.* surrendered, जब्त, दण्डित

**forge** फोर्ज *v.* to hammer into a shape, to invent, to, गाढ़ना, बनाना, छल करना

**forge** *n.* a smithy, furnace, लुहारघर, भट्टी

**forgery** (-री) *n.* crime of forging, जाल, कूट रचना, जालसाजी

**forget** फारगैट *v.* to fail to remember, to neglect, to overlook, (forgetful-adj-unmindful), to slight, भूलना, उपेक्षा करना, नजरअंदाज करना, आनाकानी करना

**forgetful** (-फुल) *adj.* unmindful, neglectful, बेखबर, भुलक्कड़

**forgive** फारगिव *v.* to pardon, to let off, to remit, माफ करना, छोड़ना, बख्शना

**forgiving** (-विंग) *n.adj.* pardon, merciful, माफी, दयालु

**forgo** फोरगो *v.* to omit, to give up, to let go, छोड़ देना, जाने देना, त्याग देना

**fork** फार्क *n.* a tossing, dligging or eating implement having two or more prongs fitted into a handle, काँटा, शूल, पंजा

**forlorn** फारलार्न *adj.* forsaken, miserable, destitute, deserted, hopeless, अनाथ, दुःखी, अशरण, परित्यक्त, निराश

**form** फार्म *v.n.* to shape a figure, an official paper to be filled in, image, likeness, to devise, to create, शक्ल बनाना, सूरत, सरकारी फार्म, परछाई, समानता, घड़ना, बनाना

**formal** फारमल् *adj.* exact, precise, essential, conventional, नियमानुसार, ठीक, अनिवार्य, औपचारिक

**formally** (-ली) *adv.* in a formal way, विधिवत, औपचारिक

**formality** (-लिटी) *n.* precise, तरतीब, दस्तूर

**former** फारमर *adj.* earlier, first mentioned, preceding in time or place, पहला, अगला, समय स्थान की दृष्टि से पहला

**formerly** (-ली) *adv.* in a previous time, पहिले, पूर्वकाल में

**formidable** फारमिडेबल *adj.* mighty, fearful, powerful, exciting dread, शक्तिशाली, भयावह, डरावना

**formule** फारमूला*n.* a recipe, rule, model, a prescription, सूत्र, नियम, नमूना, नुस्खा

**formulate** फारमूलेट *v.* to state clearly, to fix in definite terms, to put into the form of, स्पष्ट बताना, सूत्र रूप में कहना

**forsake** फारसेक *v.* to abandon, to leave, to desert, to part from, त्यागना, छोड़ना, हटाना

**fort** फोर्ट *n.* a stronghold, a castle, a fortress, दुर्ग, किला, गढ़, कोट

**fortify** फोर्टिफाई *v.* to strengthen, to provide means of defence, दृढ़ करना, किलेबन्दी करना

**forth** फोर्थ *adv.* in front, forward, abroad, away, सामने, आगे, परे, इत्यादि

**forthcoming** फोर्थकमिग *adj.* arriving, coming forth, ready to appear, शीघ्र पहुँच रहा, आने वाला, आगामी

**forthwith** फोर्थविद *adv.* immediately, without delay, तुरंत, फौरन, झट से

**fortification** *n.* a fortress, a place that may be fortified, दुर्ग, किला, किलेबन्दी

**fortitude** फार्टिच्यूड *n.* strength, endurance, courage in adversity, बल, सहनशीलता, धैर्य

**fortune** फारचून *n.* fate, wealth, chance, possessions, fortunate-adj-lucky, भाग्य, सम्पत्ति, अवसर

**fortunately** (-नेटली) *adv.* luckily, भाग्यवश, दैवयोग से

**forum** फोरम *n.* a law court, the public place of meeting in ancient Rome, अदालत, प्राचीन रोम में चौपाल

**forward** फारवर्ड *adv.adj.* onward, progressive, bold, well-advanced, अग्रिम, प्रगतिशील, साहसी, अगाड़ी

**fossil** फासिल *n.* remains of plant or animal life dug out of the earth, antequated, पृथ्वी के नीचे गढ़ा पेड़ पौधा या जानवर

**foster** फास्टर *v.* to nourish, to encourage, to cherish, to nurse, to rear up, पोषण करना, धैर्य बँधाना, उन्नत करना

**foster child** (-चाइल्ड) *n.* child nursed by a woman who is not its mother, पोष्यपुत्र

**foul** फाऊल *n.v.adj.* dirty, unfair, impure, to soil, मैला, खराब, अपवित्र, गंदा करना

**fox** फाक्स *n.* a wild animal of the dog family, a cunning person, लोमड़ी, मक्कार, धूर्त्त

**fraction** फ्रैक्शन *n.* a part, act of breaking, the state of being broken, हिस्सा, टुकड़ा, अंश, भिन्न अंक

**fracture** फ्रैक्चर *n.* a snap, separation, तरेड, भंग, हड्डी का टूटना

**fracture** *v.* to break, to separate, तोड़ना, विदारण करना

**fragile** फ्रैजाइल् *adj.* easily broken, delicate, weak, बोदा, भंगुर, कोमल, कमजोर

**fragment** फ्रैगमैंट *n.* a bit, an imperfect part, a part broken off from a whole, खण्ड, अधूरा भाग, अंश

**fragrance** फ्रैगरैन्स *n.* perfume, the smell, सुगन्ध, खुशबू

**fragrant** *adj.* sweet smelling, odorous, सुगन्धित, खुशबूदार

**frail** फ्रेल *adj.* weak, delicate, brittle, infirm, unchaste, दुर्बल, कोमल, भंगुर, व्यभिचारिणी

**frailty, frailness** *n.* infirmity, weakness, दुर्बलता, कमजोरी

**frame** फ्रेम् *v.* to make, to fashion, -that on which anything is held or stretched, to adjust, to invent, ढाँचा बनाना, सँवारना, ढाँचा, ठीक करना, किनारा त्यागना

**franchise** फ्रैन्चाइज *n.* the right to vote in an election, the constitutional right of suffrage, मताधिकार, बोट देने का हक

**frank** फ्रैंक *adj.* straightforward, candid, outspoken, unreserved, खरा, स्पष्ट, स्पष्टवक्ता, उदार

**frantic** फ्रैंटिक *adj.* mad, desperate, frenzied, delirious, पागल, उन्मत्त, उच्छखृंल, तीव्र

**fraternal** फ्रैटरनल *adj.* brotherly, pertaining to, becoming or like brothers, भाई की सी, भाई के समान, भाइयों वाली

**fraternity** *n.* brotherhood, guild, भाईचारा, मातृत्व, बन्धुता

**fratricide** फ्रैट्रीसाइड *n.* onee who kills his brother or sister, भाई या बहन का हत्यारा

**fraud** *n.* फ्रांड deception, a cheat, trick, artifice, दंगा, कपट, फरेब, छल

**fraudulent** फ्राडुलैंट *adj.* dishonest, practising deception, बईमान, कपटी, छली

**fraught** फ्राट *adj.* full, laden, charged, stored, पूर्ण, दबा, हुआ, भारयुक्त

**fray** फ्रे *n.v.* contest, to chafe, quarrel, riot, to wear away, कलह, झगड़ना, दंगा, घिसना

**free** फ्री *adj.v.* loose, frank, costing nothing, ढीला, उदार, मुफ्त

**free** *v.* to liberate, to release, to deliver, मुक्त करना, स्वतन्त्र करना

**freedom** फ्रीडम *n.* personal liberty, frankness, व्यक्तिगत स्वतन्त्रता, स्पष्टता

**freehold** फ्रीहोल्ड *n.* land held free from payments, लगान रहित, भूमि, जागीर

**freeze** फ्रीज *v.* to chill, to kill by cold, to harden into ice, to be at or below 32°F ठंडा, होना, ठंड से मारना, बरफ जमना

**freight** फ्रेट *v.n.* to load, to burden, cargo, goods carried by rail, the sum paid for the conveyance, सामान लादना, बोझ, जहाज का भाड़ा

**frenzied** फ्रैन्जीड *adj.* enraged delirious, affected with freezy, उन्मत्त, क्रुद्ध

**frenzy** *n.* madness, temporary insanity, उन्माद, आवेश, पागलपन,

**frequent** फ्रीक्वैन्ट *adj.v.* happening often, to visit often, to resort to, प्रायः, होने वाला, बाहर जाना, गुजरना

**frequency** फ्रक्वेन्सी *n.* the number of times, recurring often, rapidity, प्रायः होते रहना, तीव्रता

**frequently** फ्रीक्वैन्टली *adv.* commonly, often, बांरबार

**fresh** फ्रैश *adj.* recent, refreshing, lively, inexperienced, अभी-अभी का, ताजा, स्वस्थ, अनुभवहीन

**fret** फ्रैट *v.* to vex, to worry, to corrode, to agitate, परेशन करना, उद्विग्न करना, उत्तेजित करना

**fretful** (-फुल) *adj.* peevish, चिड़चिड़ा, शीघ्र उत्तेजित होने वाला

**friction** (फ्रिक्शन) *n.* disagreement, the act of rubbing, attrition असहमति, रगड़, बिगाड़

**Friday** फ्राइडे *n.* the sixth day of the week, शुक्रवार, (Good Friday, Friday before Easter), ईस्टर के त्योहार के पूर्व का शुक्रवार

**friend** फ्रैंड *n.* a person drawn to another by affection, a helper, a companion, मित्र, सुहृद, सहायक, साथी

**friendship** *n.* attachment to another, an intimate acquaintance, a supporter of a cause, an ally, मित्रता, दोस्ती

**frigate** फ्रीगेट *n.* a small, swift warship, a light sailing vessel, छोटा युद्ध पोत, लड़ाई का जहाज

**fright** फ्राइट *n.* a sudden and violent fear, an alarm, a person with a ridiculous dress or appearance, भय, शंका, त्रास, विचित्र वेश व सूरत वाला व्यक्ति

**frightened** (-टण्ड) *adj.* terrified, संत्रस्त, भयभीत

**frigid** फ्रिजिड *adj.* cold, unwelcoming, stiff, शीत, रूखाा, फीका

**fringe** फ्रिज *n.v.* the edge, margin, any border resembling a fringe, to border with a fringe, छोर, किनारा, धारी, झालर, लगाना

**frisk** फ्रिस्क *v.n.* to frolic, to dance in frolic, a gambol or frolic, फुदकना, क्रीड़ा करना, नाचना, उछलकूद

**fritter** फ्रिटर *v.n.* to waste, to cut up as meat, a small piece of meat, नष्ट करना, बोटी काटना, मांस का टुकड़ा

**frivolity** फ्रिवोलिटी *n.* fun, trifle, levity, चपलता, मजाक, हल्कापन,

**frivolous** *adj.* foolish of little weight, हल्का, तुच्छ

**frock** फ्राक *n.* a woman's or child's gown, dress, monk's habit, a course over garment wom by labourers, बच्चों व स्त्रियों की बण्डी, चोगा, फरगुल

**frog** फ्राग *n.* a small tailless amphibious animal of the genus Rana, section of rail where two rails meet, मेढ़क, दादुर, दो रेल पटरियों का संगम स्थल

**frolic** फ्रालिक *n.v.* to romp, prank, to gambol, merry making, कूदना, कलोल, मौज मारना

**front** फ्रांट *n.* the face, foremost part of anything, battle line or area, forehead, चेहरा, माथा, अग्रभाग, सेनामुख या सेना की अगाड़ी

**frontier** फ्रन्टीअर *n.adj.* the boundary between two countries, pertaining to the boundary of a country, continguous, सीमा प्रदेश, हद

**frost** फ्रास्ट *n.v.* frozen drops of water, dew, minute frozen particles of moisture, hoar-frost, to cover with frost, तुषार, पाला, ठंड, पाला जमना

**froth** फ्राथ *n.* bubbles caused by stirring a liquid, foam, superficial knowledge, vapid eloquence, फन, झाग, व्यर्थ, बकवाद

**frown** फ्राउन *v.n.* to scowl, to discourage, wrinkling ofthe brows, to lower, to contract the brows to indicate displeaasure, त्योरी चढ़ाना, भ्रूभंग, आँख दिखाना, नाराजगी प्रकट करना

**frozen** फ्रोजन *adj.* ice cold, congealed, benumbed, wanting in sympathy, जमा हुआ, अकड़ा हुआ, शुष्क

**fructify** फ्रक्टीफाई *v.* to bear fruit, to fertilize, to make productive, फल उत्पन्न करना, उपजाऊ बनाना

**frugal** फ्रूगल *adj.* economical, thrifty, किफायती, मित व्ययी

**frugality** (-लिटी) *n.* thrift, मितव्ययता, किफायत

**fruit** फ्रूट *n.v.* the produce, crop, result or profit, off spring, to produce fruit, फल, फसल, लाभ, सन्तान, फल

**frustrate** फ्रस्ट्रेट *v.adj.* to defeat, to thwart, to nullify, useless, vain, हराना, भंग करना, हताश करना, व्यर्थ, बेकार

**frustration** (-शन) *n.* defeat, disappointment, पराजय, हार, वैराग्य

**fry** फ्राई *v.n.* to cook in a pan over a fire, to be cooked with fat in a pan, be subject to intense heat, a dish of fried things, भूनना, तलना, छौंकना, पकवान, पकाया हुआ माँस

**fuel** फ्यूल *n.* material which will burn, anything that serves to inflame, ईंधन, समिधा, बालन

**fugitive** फ्यूजिटिव *n.adj.* one who flees, unstable, fleeting not permanent, a deserter, one who takes shelter with another power to escape punishment, भगोड़ा, अस्थिर, भागा हुआ, शरणार्थी

**fulfil** फुलफिल *v.* to accomplish, to perform, to execute, पूरा करना, भरना, निभाना

**fulfilment** (मैंट) execution, पूर्त्ति, सिद्धि

**full** फुल *adj.* complete, having no empty space, well supplied, satiated, plump, expressing much, पूरा, सम्पूर्ण, पूर्ण रूप से सम्पन्न, भरापूरा, मोटा, बहुत

**fumble** फम्बल *v.* to grope, to handle something in an awkward manner, to manage awkwardly, टटोलना, अन्धेरे में लाठी मारना, फूहड़पन से काम करना

**fume** फ्यूम *n.v.* to steam, to rage, vapour, a mental agitation, to emit smoke, to be in a passion, to exhale, भाप बनकर उड़ना, क्रुद्ध होना, वाष्प, मानसिक, तनाव धुआँ छोड़ना

**fun** फन *n.v.* merriment, joke, mirth, sport, to indulge in fun, मौज, मजाक, रंगरलियां, खिलवाड़, मजाक करना

**function** फंक्शन*n.* duty, ceremony, a function, faculty, power, कर्त्तव्य, रस्म, सामार्थ्य, शक्ति

**function** *v.* to perform, to act, to fulfil, पूरा करना, काम करना

**fund** फंड *n.v.* a supply of money to be used or reserved, established capital, a stock in reserve, money set apart for carrying out some permanent or temporary object, to convert into a fund, मूलधन, माया, माल, संचय, माल इकट्ठा करना

**fundamental** फन्डामैंटल *n.* essential, a foundation, anus, the base of the body, primary, original, जड़, मूल, गुदा, नितम्ब, प्रमुख, मौलिक

**funeral** फ्यूनरल*n.adj.* a burial ceremony, the rites preceding a burial, a funeral procession, pertaining to a funeral, sad, अन्त्येष्टि संस्कार, दाहसंस्कार, श्राद्ध, मातमी जलूस, अन्त्येष्टि संस्कार संबन्धी, दुःखी

**fungus** फन्गस *n.* a spongy mushroom like plant, a spongy excrescence, साँप की छतरी, कुकुरमुत्ता

**funnel** फनलं *n.* an instrument for pouring liquid into narrow-necked bottles, the chimney of a steam-ship or steam engine, कीफ, नली, धुवाँकस

**funny** फन्नी *adj.* amusing, strange, ludicrous, queer, strange, curious, मनोरंजक, विचित्र, अनोखा, मजाकिया, खिलवाड़ी

**fur** फर *v.n.* the soft hair of many animals, a coating resembling fur, to cover with fur, महीन बाल, रोंवें, छोटे महीन कोमल बाल, बाल लगाना, कपड़ों में रोवें लगाना

**furbish** फरविश *v.* to polish, to remove rust, चमक लाना, माँजना

**furious** फ्यूरिअस *adj.* ild, raging, frenzied, mad, जंगली, प्रचण्ड, क्रुद्ध, पागल

**furiously** (-ली) *adv.* violently, तीव्रता से

**furl** फर्ल *v.* to roll upand secure to something, to wrap up, to contract, मोड़ना, लपेटना, सिकोड़ना

**furlong** फरलांग *n.* a distance of 220 yards, eighth of mile, मील का आठवां भाग

**furlough** फरलो *n.* leave of absence, बिना आज्ञा लिए छुट्टी , अपने देश जाने के लिए कुछ समय की छुट्टी

**furnace** फरनेस *n.* an intensely hot oven in which metals are melted, closed fire place for heating boiler etc, a chamber for producing heat, severe test, अंगीठी, भट्टी, कठिन परीक्षा

**furnish** फरनिश *v.* to provide, to equip, to fit out, (furnishings-n. fittings), to supply with what is requisite, तैयार करना, सजाना, जरूरी साधन जुटाना

**furniture** फरनिचर *n.* the necessary equipments of a house, ship or a trade, outfit, equipage, अस्बाब, गृहस्थी की साज सज्जा, सामान

**furore** फ्युरर *n.* a great outburst of excitement or enthusiasm, क्रोध, उत्तेजना, जोश

**furrow** फररो *n.v.* a trench cut by a plough, a groove, a wrinkle, to make groove, हल की दराड़, तरेड़, नाली

**further** फरदर *v.adj.adv.* more distant, moreover, also, to promote, आगे, तथा, और भी, बढ़ाना

**furtherance** *n.* promotion, सहायता, बढ़ती, उन्नति

**furthermost** फरदरमोस्ट

**furthest** फरदैस्ट *adj.adv.* the most distant in time or degree, at or to the greatest distance, बहुत दूर का, सब से आगे

**furtive** फरटिव *adj.* sly, secret, stealthy, चुराया हुआ, गुप्त, चोरी किया हुआ

**furtively** (-ली) *adv.* by stealth, steathily, चोरी से, चोरी छुप्पे, से

**fury** फ्यूरी *n.* frenzy, madness, uncontrollable rage, तीव्र क्रोध, पागलपन, बेलगाम गुस्सा

**fuse** फ्यूज *v.n.* to melt with heat, to blend, a small tube filled with an inflamable material used for exploding gun powder, गलना, एक रूप होना, विस्फोट की तार

**fusion** (-जन) *n.* melting, द्रवत्व

**fuss** फस्स *n.v.* bustle, unnecessary activity, confusion, to worry कोलाहल, गड़बड़, गड़बड़ करना, चिन्ता करना

**futile** फ्यूटाइल *adj.* worthless, useless, vain, व्यर्थ, बेकार

**futility** यूटिलेटी *n.* uselessness, असारता, निरर्थकता

**future** फ्यूचर *n.* the time to come hereafter, a tense in grammar, भविष्यकाल, आनै वाला समय

**futurity** फ्यूचरटी *n.* the future time, भावी, भविष्यत

# G

## GABBLE-GYMNAST

**G** जी the seventh letter of the English alphabet, अंग्रेजी वर्णमाला का सातवाँ अक्षर

**gabble** गेबल *v.n.* to clatter, to talk nonsense, silly talk, to talk very quickly, to utter too fast, बड़ बड़ करना, वकवाद करना, बहुत तेज बोलना

**gaberdine** गैवरडीन *n.* a course loose upper garment, a loose cloak, a twill fabric, अंगरखा, चोगा

**gadget** गैजट *n.* a small helpful device, a small object, एक छोटा लाभकारी आविष्कार (उपाय) मामूली वस्तु

**gag** गैग *v.n.* to silence with a gag, to stop mouth forcibly, anything thrust into the mouth to enforce silence, डट्टे से मुँह बन्द करना, मुँह में ठूँसना, डट्टा

**gaiety** गैइटी *n.* merriment, mirth, amusement, mery making, रँगरली, मस्ती, खुशी, प्रमोद

**gaily** गेली *adv.* gleefully, in a gay or lively manner, खुशी से, प्रसन्नता से

**gain** गेन् *v.n.* to profit, to reach, profit, to earn, to acquire, improvement, advance, लाभ उठाना, पाना, लाभ, कमाना

**gainsay** गेनसे *v.* to dispute, to contradict, to deny, झगड़ा करना, विरोध करना, इनकार करना

**gait** गेट् *n.* a step, a pace, manner of walking, पग, डग, चाल

**gaiter** गेटर *n.* cloth covering over legs and ankles, पैर ढाँकने की पट्टी, मोजा

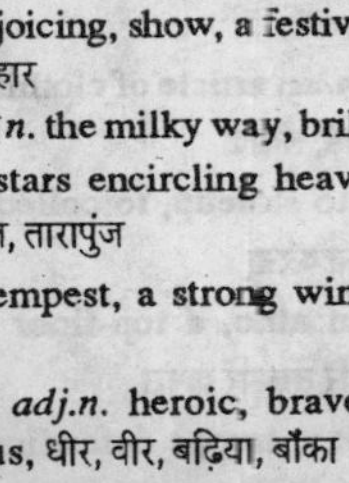

**gala** गैला *n.* rejoicing, show, a festive occasion, खुशी, आडंबर, त्योहार

**galaxy** गैलक्सी *n.* the milky way, brilliant company, band of stars encircling heavens, आकाश गंगा, बढ़िया संगीत, तारापुंज

**gale** गेल *n.* tempest, a strong wind, squall, आँधी, तूफान

**gallant** गैलंट *adj.n.* heroic, brave, fine, stately, chivalrous, धीर, वीर, बढ़िया, बाँका

**gallantry** गैलन्ट्री *n.* bravery, show, nobleness, वीरता, आडंबर, शूरता

**gallery** गैलरी *n.* a long corridor, upper floor of scale in church, theatre etc, passage in wall, rooms for showing works of art, दहलीज, चर्च व नाट्यशाला की ऊपरी सीढ़ी, बरामदा, चित्रशाला

**gallon** गैलन *n.* liquid measure of eight pints, तीन सेर, दस छटाँक की तरह पदार्थ की माप

**gallop** गैलप *v.n.* run fast, to go at gallop, horse's fastest pace, तेज दौड़ना, सरपट दौड़ना

**gallop** *n.* घोड़े की सरपट चाल, दुलकी

**gallows** गैलोज *n.* structure for hanging criminals, फाँसी देने की टिकटी, फाँसी का तख्ता या लक्कड़

**galore** गैलोर *adv.n.* abundantly, in plenty, in abundance, बहुतायत से, अधिकता

**galvanize** गैलवेनाइज *n.* to give an electric shock, to rouse by shock, to coat sheet iron with zinc बिजली की शक्ति उत्पन्न करना या धातु चढ़ाना

**gamble** गैम्बल *v*, to bet, to take risks, to speculate wildly जुआ खेलना, दाव पर लगाना

**gambol** गैम्बोल *v.* to frisk, to capert, to leap about कूद फाँद करना, कलोल करना, नाचना

**game** गेम् *n.* leaping about in frolic क्रीड़ा, समय यापन, शिकार

**gamut** गैमंट The whole series of musical notes, the whole course or extent of thing राग, पूर्ण, विस्तार

**gander** गैंडर *n.* a male goose, a fool हंस, मूर्ख

**gangrene** गैंगरीन *n,* food poisoning, mortification विषाक्त भोजन, माँस का सड़ाव

**gangster** गैन्गस्टर *n.* a member of a criminal gang, notorious criminal गुंडों के दल का मैम्बर, कुख्यात अपराधी

**gangway** गैंगवे *n.* a passage between two rows of seats, a bridge from ship to shore, anything similar दो पंक्तियों का मध्यम मार्ग, जेहाज पर चलने का तंग मार्ग

**gaol** जेल *n.* jail, a prison, a building for confinement of criminals जेल, बन्दीगृह

**gaoler** *n.* a prison warder जेल या कारागार का अध्यक्ष

**gap** गैप *n.* a break, an opening, breach, interval, empty space छिद्र, दरार, अन्तर, खाई

**gape** गैप *v.* to stare at open mouthed, to yawn, to open the mouth wide मुँह फाड़कर देखना, जँभाई लेना

**garage** गैरेज *n.* building to house cars, refuelling and repair centre for cars मोटर गाड़ियों के रखने का भवन, कारों के ईंधन , व मरम्मत की जिस स्थान पर व्यवस्था हो

**garb** गार्ब *n.* dress, fashion of dress, वस्त्र, पहनावा

**garb** *v.* clothe, to dress, वस्त्र पहनना

**garbage** गारबेज *n.* refuse, rubbish, offal जूठन, मल, विष्ठा

**garden** गार्डन *n.* ground for growing fruit or vegetables etc. बाग, वाटिका, फुलवारी

**gardener** गार्डनर *n.* one who cultivates a garden माली

**gardening** गार्डनिंग - बाग लगाने का कर्म, उद्यानकर्म

**gargle** गारगल् *v n.* to wash the throat, act of washing throat with liquid kept moving by the breath, preparation for this purpose गला साफ करना, गरारे करना, कुल्ला करना, गलगला

**garish** गैरिश *adj.* gaudy, showy भड़कीला, दिखावटी

**garland** गारलैंड *n, v.* wreath of flowers, to decorate with garlands फूल माला, हार, माला पहनाना

**garlic** गारलिक *n.* plant with strong smell and taste used in cooking and seasoning लहसुन, सीर

**garment** गारमैन्ट *n.* an article of clothing, article of dress वस्त्र, कपड़े, लबादा

**garner** गारनर *v.* to storeup, to collect, अन्न से खत्ती भरना, अनाज जमा करना

**garret** गैरट *n.* an attic, a top-floor room अटारी, अट्टालिका, सर्वोपरि छत्त पर कमरा

**garrison** गैरिजन *n,v.* troops defending a fortress, troops stationed in town, fort etc. दुर्ग रक्षक, नगर व गढ़, की रक्षार्थ तैनात सेना

**garrulity** गैरूलिटी *n.* wordiness, loquacity वाचालता, वकवाद

**garrulous** गैरूलस *adj.* talkative, loquacity वाचाल, वकवादी

**garter** गारटर *n.* a narrow elastic band for holding up a stocking, band worn near knee to keep stocking up जुराबे या मोजा बाँधने का तस्मा

**gas** गैस *n, v.* any air-like vapour, elastic fluid as air at ordinary temperatures, such fluids used as poison in warfare, boasting, to talk boastfully वायु रूप द्रव्य, युद्ध में प्रयुक्त विषैली गैस, गैस से विषैला बनाना, घमण्ड से बात करना

**gash** गैश *n.v.* a deep cut, slash, gaping wound, to cut deep. गहरा घाव, फटन, गहरा घाव करना

**gasoline** गैसोलीन *n.* name for petrol, पैट्रोल का नाम

**gasp** गास्प *v.n.* to catch breath with open mouth, convulsive catching of breath, हाँपना, दम लेना, श्वास, दम

**gastric** गैस्ट्रिक *adj.* concerning the stomach, of stomach, पेट सम्बन्धी, पेट की

**gate** गेट *n.* a hinged barrier across an entrance, sluice, any entrance or way out, passage, way, mountain pass, कपाट, फाटक, द्वार, मार्ग, दर्रा

**gateway** गेटवे *n.* an entrance, a passage, द्वार पथ, तोरण

**gatekeeper** गेटकीपर *n.* द्वार पाल

**gather** गैदर *v.* to assemble, to collect, to come together, to deduce, इकट्ठा करना, बटोरना, एकत्रित होना, निर्णय निकालना

**gathering** *n.* an assemblage, भीड़, सभा

**gaudiness** गाडीनैस *n.* finery, भड़कीलापन

**gaudy** गाडी *adj.* gay, showy, vulgarily bright, भड़कीला, दिखावटी

**gauge** गाज *n.v.* a measure, a measuring device, an instrument measuring rainfall or force of wind, the distance between the rails of a railway line, to measure, to estimate, पैमाना, हवा वर्षा के नापने का यन्त्र, रेल पटरी का अन्तर, मापना

**gauze** गॉज *n.* a thin transparent fabric, महीन, रेशमी कपड़ा, महीन तार की जाली

**gay** गे *adj.* cheerful, merry, bright, lively, प्रसन्न, प्रफल्लित, चमकीला

**gaze** गेज *v.* to look at intently, to look fixedly, look, ध्यान से देखना, टकटकी लगाकर देखना

**gaze** *n.* a fixed look, look of admiration, निर्निमेष दृष्टि प्रशंसापूर्ण दृष्टि

**gazelle** गजेला *n.* a small antelope with beautiful dark eyes, छोटा सुन्दर मृग

**gazette** गजट *n.v.* a journal, a newspaper especially an official one publishing government appointments, legal notices etc. सरकारी समाचार पत्र जिसमें नियुक्तियां इत्यादि प्रकाशित होती है

**gear** गेअर *n.* tools, equipment, harness, clothes, any moving part or system of parts for passing on motion, यन्त्र, औजार, वस्त्र, घोड़ो का सामान, चलाने वाले इंजन का अन्य पुरजों से मिलान

**gear** *v.* to put machinery in gear, दाँतेदार पहिये को यन्त्र के पुरजे पर धरना

**gem** जैम *n.* a jewel, a precious stone, anything admirable, हीरा, कीमती पत्थर, रत्न, मणि, प्रशंसनीय वस्तु

**gender** जैन्डर *n.* in grammar one of three classes, masculine, feminine, or neauter, व्याकरण का जाति विभाग, पुल्लिंग, स्त्रीलिंग, नपुँसक लिंग

**general** जनरल *adj.n.* relating to a whole class, including or dealing with a number of different things, common, wide spread commander of an army, जाति से सम्बन्धित, विस्तृत, सामान्य, स्पष्ट

**generate** जनरेट *v.* to produce, to make, to bring into being, पैदा करना, बनाना, अस्तित्व में लाना

**generation** जनरेशन *n.* production, the people of the same age or period, a single stage in natural descent, उत्पादन, पुरखा, उपज, सन्तान, वंश

**generator** जनरेटर *n.* a machine which makes electricity, producer, a machine for producing gas, विद्युत उत्पन्न करने वाला उपकरण, जन्मदाता

**generosity** जैनरासिटी *n.* liberality, nobleness, munificence, उदारता, सज्जनता, दानपुण्य

**generous** *adj.* open minded, honourable, उदार, माननीय

**genial** जीनिअल *adj.* pleasant, jovial, cheering, kindly, सुखप्रद, आनन्दी, खुश, दयालु

**genius** जीनिअस *n.* talent, a highly intelligent person, a natural ability, मेधावी, अपूर्व बुद्धि, पिशाच

**genocide** जैनासाइड *n.* deliberate extermination of a race or people, कौम व नस्ल की निकासी

**genteel** जैन्टील *adj.* well bred, too refined in manners, fashionable, elegant, खाता पीता, सभ्य, सुशील, उम्दा

**gentle** जैन्टल *adj.* mild, merciful, well born, soft, low, विनीत, दयालु, शरीफ, खानदानी, भला, गरीब

**gentleman** (-मैन) *n.* a man of good birth, a well-bred man, कुलीन, भद्र, सज्जन

**genuine** जैनूइन *adj.* true, real, not artificial, sincere, सच्चा, यथार्थ, अकृत्रिम, खरा

**genus** जीनस *n.* a race or class, a group of related animals or plants, जाति, पशु पौधों का वर्ग, गण, किस्म

**geography** ज्योग्रफी *n.* the science concerned with the earth's surface, a book containing such description, भूगोल, भूगोल शास्त्र, जुगराफिया

**geology** जिआलोजी *n.* the science of studying earth's structure, भूगर्भ शास्त्र, भूतत्व विद्या

**geologist** ज्योलोजिस्ट *adj.* specialist in geology, धरती, विद्या विशेषज्ञ

**geometry** ज्योमैट्री *n.* branch of mathematics dealing with lines, angles, figures etc, text book on this, रेखागणित, ज्यामिति

**germ** जर्म *n.* a microbe which causes disease, the tiny beginning of anything, बीज, मूल, अँकुर

**germicide** जर्मीसाइड *n.* anything that destroys disease germs, अंकुर को नष्ट करने की शक्तिवाला

**germinate** जर्मीनेट *v.* to sprout, to begin to grow, to shoot up, to develop, कली फूटना, उगना, अँकुर फूटना

**germination** (-शन) *n.* the time when seeds vegetate, फटाओ

**gesticulate** जैस्टिकुलेट *v.* to gesture, to signal with the hands,

**gerund** जीरंड *n.* English verbal nouns ending in 'ing', अंग्रेजी भाषा के क्रियापद में 'ing' प्रत्यय लगी हुई संज्ञा

**gesture** जैस्चर *n.* an act of courtesy or tact, a movement of the body expressing emotion, चेष्टा, भाव, संकेत

**gesture** *v.* to accompany with gesture, संकेत करना, हावभाव दिखलाना

**get** गैट *v.* to obtain, to arrive, to capture, to fetch, to receive, पाना, पहुँचना, अधिकार करना, लाना, प्राप्त करना

**geyser** गेजर *n.* hot water spring, a heater for bath water, गर्म जल का स्त्रोत, गर्म चश्मा, कुण्ड, पानी गर्म करने का उपकरण

**ghastly** घास्टली *adj.* supernatural, death-like, terrible pale, अप्राकृतिक, मुर्दे का सा, भयानक, भूत

**ghost** घोस्ट *n.* a spirit, an apparition, a faint suggestion, प्रेत, भूत, धुंधली योजना

**giant** जाइँट *n.* a man of unusual strength, a person of great ability, a huge being in old stories, दैत्य, अत्यन्त शक्तिशाली मनुष्य, विकट शरीर धारी

**giddiness** गिड्डीनैस *n.* dizziness, levity, सिर चकराना, चपलता

**giddy** गिड्डी *adj.* unsteady, dizzy, whirling, अस्थिर, घूमता हुआ, चक्कर खा रहा

**gift** गिफ्ट *n.v.* a present, a bribe, thing given, भेंट, घूस, सौगात

**gift** *v.* to present, to bestow, भेंट देना, उपहार देना

**gifted** गिफटिड *adj.* talented, intelligent, endowed with intellectual gifts, मेधावी, विशेष बुद्धि वाला

**gigantic** जाइगैंटिक *adj.* enormous, huge, very great, mighty, विशाल, बड़ा, बहुत भारी

**giggle** गिग्गल *v.* to laugh in a silly way, to have suppressed laughter, फूहड़पने से हँसना, खिसियाना

**giggle** *n.* a silly laugh, खीस

**gild** गिल्ड *v.* to cover with gold leaf or gold paint, to give a false appearance to, सोने का पानी चढ़ाना, नकली रूप देना

**gilt** गिल्ट *n.* gold laid on the surface, परत पर चढ़ा सोना

**gin** जिंन *n.* a trap, a snare, a spirit distilled from grain and flavoured with juniper berries etc, a machine for separating cotton from its seeds, जाल जौ की शराब, चरखी, विनौला निकालने का यन्त्र

**gipsy** जिप्सी *n.* a member of a wandering clan, a dark skinned person, घुमक्कड़ नस्ल का व्यक्ति, कंजर जाति, हब्शी

**giraffe** जिराफ *n.* a long-necked African animal अफ्रीका का चौपाया, लकड़हरना

**gird** गर्ड *v.* to encircle,to make fast by binding, to surround, to clothe, घेरा डालना, लपेटना, सजाना, वस्त्र पहनाना

**girder** गर्डर *n.* a steel beam supporting a floor, that which girds, शहतीर, धन्नी,

**girdle** गर्डल *n.* belt or waist band, bony support, a ring round a tree, कटिसूत्र, मेखला, पेड़ के चौगिर्द खाई

**girdle** *v.* to bind with a girdle, to enclose, कमरबन्द बाँधना, खाई खोदना

**girl** गर्ल *n.* female child, a young woman, daughter, कन्या, युवती, लड़की, पुत्री

**girlish** *adj.* like a girl कन्यावत. लकड़ी का सा

**girth** गर्थ *n.* measurement round anything, a band tightened round the body of a horse, गोल पदार्थ की नाप, घोड़े के साज की पेटी

**gist** जिस्ट *n.* main point or points, substance or pith of a matter, निष्कर्ष, निचोड़, भाव

**give** गिव *v.* to hand over, to present, to pay, to yield, देना, सौपना, निपटाना, हार मानना

**glacier** ग्लेशियअर *n.* slow-moving river of ice, a mass of ice creeping downhill, बर्फ का खिसकता हुआ पहाड़

**glad** ग्लैड *adj.* pleased, happy, giving pleasure, cheerful, प्रसन्न, खुश, हर्षित, आनन्दित

**gladden** (-डन) *v.* to make happy, to please, खुश करना

**gladly** (-ली) *adv.* with pleasure, खुशी से, प्रसन्नता पूर्वक

**glamour** ग्लैमर *n.* attraction, charm, fascination, magic, आकर्षण, जादू टोना

**glamorous** (-रस) *adj.* filled with glamour, जादूपूर्ण

**glance** ग्लांस *n.v.* a glimpse, a quick look, to look quickly, a hurried look, to gleam, दृष्टिपात, झलक, निगाह डालना, चमकना

**gland** ग्लैंड *n.* a bodily organ able to take and store substance from the blood गाँठ, गिल्टी, ग्रन्थी

**glare** ग्लेअर *n. v.* a dazzling light, an angry look, piercing look, shine, to shine with dazzling light चमक, चौध, धुरी, चकाचौंध, गहरी नजर

**glare** *v.* to look fiercely, to shine with dazzling light, to shine कड़ी नजर से देखना,

**glass** ग्लास *n.* a mirror, a drinking vessel, an article made of glass, a hard material through which light can pass कॉंच की बनी चीजें, शीशे के बरतन

**glassware** ग्लासवेयर *n.* articles or utensils made of glass कॉंच की बनी चीजें, शीशे के बरतन

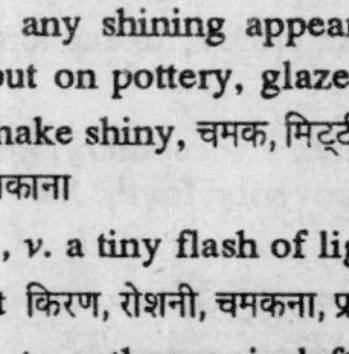

**glaze** ग्लेज *n.* any shining appearance, a glassy coating put on pottery, glaze (v) to fit with glass to make shiny, चमक, मिट्टी, के बरतनों पर शीशें की परत, चमकाना

**gleam** ग्लीम *n, v.* a tiny flash of light, to shine, to give light किरण, रोशनी, चमकना, प्रकाश देना

**glean** ग्लीन *v.* to gather grain left by reapers, to collect with patient and minute labour चुनना, जमा करना, इकट्ठा करना

**gleaner** (-नर) *adj.* one who gather grain बीनने वाला

**glee** ग्ली *n.* merriment, joy, pleasure, delight, gaiety, खुशी, आनन्द, रंगरलिया, आमोद

**glen** ग्लैन *n.* a dale, a narrow valley, a depression among hills, घाटी, दर्रा, पहाड़ों के बीच का गर्त्त

**glide** ग्लाइड् *v, n.* to move gently and smoothly, to flow gently, to travel by glider, act of gliding, फिसलना, आसानी से चलना, बिना इंजन की उड़ने वाली मशीन

**glider** (-डर) *n, an.* engineless aeroplane बिना इंजन का हवाई जहाज

**glimmer** ग्लिम्मर *v. n,* to shine faintly and steadily, a faint unsteady light, टिमटिमाना, धुँधली चमक,धीमा, जगमगाना, मंद प्रकाश

**glimpse** ग्लिम्स *n. v,* a quick look, a glance, to get a very brief view of, a sudden flash झलक, क्षणदृष्टि, चमक, झलक पड़ना, झलक पाना

**glint** *n.* a sparkle, shine, a flash चमक, झलक

**glisten** ग्लिसन *v.* to glitter, to gleam, to sparkle, to shine faintly चमकना, दमकना, टिमटिमाना

**glistening** (-निंग) *adj.* shining, sparkling प्रकाशयुक्त, चमकीला

**glitter** ग्लिटर *n.* to gleam, to sparkle, to be showy चमकना, प्रकाश फेंकना

**glitter** *n.* lustre, brilliancy चमक, दमक

**glittering** (ईंग) *adj.* shining चमकता हुआ

**globe** ग्लोब *n.* a ball, sphere, the earth, a lamp glass गोल, गोल पदार्थ,पृथ्वी, लैम्प का शीशा

**gloom** ग्लूम *n.* sadness, dimness, lowness of spirit, dejection उदासी, अन्धकार, निराशा

**gloomy** ग्लूमी *adj.* dejected, dim, dismal, निराश,मद्धम, मलिन

**glorify** ग्लोरिफाई *v.* to honour, to praise, to make glorious, to exalt, आदर करना, प्रशंसा करना, भव्य बनाना, स्तुति करना

**glorious** ग्लोरिअस *adj.* brilliant, distinguished, noble, splendid, delightful, तेजस्वी, प्रतिष्ठित, सज्जन, भव्य, आनन्दित

**gloss** ग्लास *n.* a shiny surface on paint or varnish, comment, explanation, चमक, व्याख्या, टीका

**gloss** *v.* to make glossy, to explain, चमकाना, व्याख्या करना

**glossary** ग्लोसरी *n.* a vocabulary, शब्द कोष, लुगात

**glove** ग्लव *n.* a covering for the hand, दस्ताना, हस्तत्राण, हाथ का मौजा

**glove** *v.* to cover with glove, दस्ताना पहनना

**glow** ग्लो *v.n.* to spread light and heat, to be eager, to tingle with warmth or emotion, a steady light, eagerness, प्रकाश व गर्मी फैलाना, उत्सुक होना, जोश में आना, समान प्रकाश, उत्सुकता

**glow-worm** ग्लोवर्म *n.* a beetle whose larvae and wingless females give out light, खद्योत, जुगनू

**glucose** ग्लूकोज *n.* grape sugar, अँगूर से निकाली हुई शक्कर

**glue** ग्लू *n.* very sticky substance, an impure gelatine got by boiling animal refuse, used as an adhesive, सरेश

**glue** *v.* to join with glue, सरेश जोड़ना या चिपकाना

**glum** ग्लम *adj.* dejected, down cast, sullen, gloomy, निराश, उदास, मलिन मुख, दुःखी

**glutton** ग्लटन *n.* one who eats too much, an excessive eater a person with great appetite, पेट्टू, खाऊ, भुक्कड़,

**glycerine** ग्लीसरीन *n.* a thick, sweet, colourless, liquid, तेल व चर्बी से निकाला हुआ सत्व

**gnarl** नार्ल *n.v.* a snag, a knot in wood, twisted, knotty, गुर्राना, गर्जना, लकड़ी में गाँठ, ऐंठी हुई, गंठीली

**gnash** नेश *v.* to grind the teeth, to strike together, दांतों का कटकटाना, दाँत पीसना

**gnat** नैट *n.* a tiny two winged insect, मच्छर, कुटकी, पिस्सू

**gnaw** नाँ *v.* to wear away by biting, to torment, to torture, दाँत से काटना, कष्ट देना, पीड़ित करना

**gnome** नोम *n.* a goblin, an underground dwarf, maxim, परी, बौना, सिद्धान्त, सूत्र वाक्य

**go** गो *v.n.* to move from one place to another, to be in motion, to turn out, to happen. जाना, चलना, घूमना, होना, चाल

**goad** गोड *n.v.* a spur, something that drives a person to action, to torment, to annoy, चाबुक, अँकुश, उकसाव, परेशान करना

**goal** गोल *n.* aim, objective, the winning post, end, two upright posts between which the ball is sent in some games, गन्तव्य, लक्ष्य, अन्त, पाला, सीमास्थान

**goal keeper** (-कीपर) one who guards the goal, पाल का रक्षक

**goat** गोट् *n.* a horned animal of the sheep family, बकरी, अज

**gobble** गाबल *v.* to gulp, to swallow quickly, to make a noise in the throat, मुँह में ठूँसना, जल्दी जल्दी निगलना

**goblin** गाबलिन *n.* a gnome, a mischievous fairy, भूत, पिशाच, जिन, प्रेत

**God** गाड *n.* the creator, supreme being, स्रष्टा, ईश्वर

**godliness** *n.* piety (god-father one who at a child's baptism guarantees that the child will receive religious education,) धर्मपिता

**godspeed** गाडस्पीड् *n.* used to wish one succeed or to wish that God may speed on a safe journey, सफलता

**goggles** गागल्ज् *n.v.* large spectacles which protect the eyes, to stare, to bulge, चश्मा, धूप का रंगीन चश्मा, टकटकी लगाकर देखना, आँखें फाड़कर देखना

**gold** गोल्ड *n.* a heavy yellow precious metal सोना, धन, सम्पत्ति

**golden** गोल्डन *adj.* made of gold, shining, valuable स्वर्णिम, चमकीला, कीमती

**gold smith** गोल्डस्मिथ *n.* a skilled craftsman in gold, one who works in gold सोनार, स्वर्णकार

**golf** गाल्फ *n.* outdoor game in which small hard ball is struck with clubs into a succession of holes गेंद और डंडे का खेल

**gondola** गंडोला *n.* a long narrow Venetian boat, a kind of light boat एक प्रकार की हल्की नाव

**gong** गांग *n.* a metal plate for giving a booming sound when struck, anything used thusघंटा, घड़ियाल

**good** गुड *adj, n.* true, profitable right, excellent, safe, kind, sound, virtuous, खरा, लाभप्रद, ठीक, बढ़िया, ठोस, गुणवान

**goodbye** गुडबई farewell चलते समय का प्रणाम

**goodness** गुडनैस *n.* honesty, kindness, excellence, ईमानदारी, दया, श्रेष्ठता

**goods** गुड्स *n.* possessions, merchandise, movable property, wares सम्पत्ति, चल सम्पत्ति, असबाब, सामान

**good will** गुडबिल *n.* friendliness, heartiness, a kindly feeling प्रीति, उत्साह, सदभावना

**goose** गूज *n.* a large, webfooted, farm-yard bird, a tailors' smoothing iron कलहंस, दरजी का इस्त्री करने का लोहा

**goose berry** गूजबैरी *n.* a thorny garden shrub and its fruit, a kind of edible fruit झरबेरी, करौंदा

**gore** गोर *n, v.* blood, to pierce with horns, a triangular piece inserted to shape garments रक्त, सींगो से फाड़ना, तिकोना कपड़ा

**garge** गार्ज *v.* to swallow greedily लालची की तरह निगलना

**gorge** गार्ज *n.* a narrow mountain pass, the throat, ravine, तंग दर्रा, गला, घाटी

**gorgeous** गोरजस *adj.* magnificent, brilliant, showy भव्य, चमकीला, भड़कीला

**gorilla** गोरिल्ला *n.* an ape अफ्रीका का बड़ा बन्दर, वनमानुष

**gory** गोरी *adj.* blood stained, covered with gore रक्त से तरबतर, लहूलुहान, खूनी

**gosling** गास्लिग *n.* a young goose हंस का बच्चा, बतखा

**gospel** गास्पल *n.* the teaching of Christ, absolute truth, a narrative of the life of Christ, glad tidings ईसा मसीह की शिक्षा, सत्य, इंजील, खुश खबरी

**gossip** गासिप *n.* talk, a tale bearer, idle talk about others, a tattler प्रलाप, गप्पी, बकवादी

**gossip** गासिप *v.* to chat, to talk much, to prate बकना, गप हाँकना

**gout** गाउट् *n.* a painful malady in joints and toes, a disease with inflammation in the smaller joints, बातरोग, गंठिया

**govern** गवर्न *v.* to command, to rule, to control, to direct,(governess-n, governor-n), शासन करना, राज करना, निर्देश देना, हुकूमत करना

**governor** ग्वर्नर *n.* one who governs, a ruler, शासक, राज्याधिकारी, राज्यपाल

**government** ग्वर्नमैंट *n.* administration, a system of governing, control, शासन, सरकार, शासन पद्धति, नियन्त्रण

**gown** गउन् *n.* a woman's loose upper garment, a long robe, official uniform, चोगा, लहँगा, जामा

**grab** ग्रैब् *v.* to clutch, to seize, to take possession of illegally, झपटना, पकड़ना, अवैध रूप से अधिकार करना

**grace** ग्रेस *v.n.* to adorn, to dignify, blessing, kindness, mercy, an ease and elegance in the shape of a living creature, सुशोभित करना, सम्मानित करना, आशीष, दया, अनुग्रह, देवी वरदान

**grade** ग्रेड *n.v.* degree, step, a class in a school, a slope, to arrange according to size, क्रम, श्रेणी, वर्ग, पग, क्लास, ढलवान, क्रमबद्ध करना

**gradual** ग्रेजुअल *adj.* by degrees, advancing or happening slowly, progressive, क्रमिक, सहज आगे बढ़ने वाला, उत्तरोत्तर

**gradually** (-ली) *adv.* progressively, क्रमशः, उत्तरोत्तर

**graduate** ग्रैजुएट *n.v.* one who has a university degree, to mark, to arrange in grades, विश्वविद्यालय का स्नातक, विश्व विद्यालय की उपाधि लेना, क्रमशः परिवर्तन होना या चिन्हित करना

**graduation** (-शन) a regular progression, क्रमिक वृद्धि

**graft** ग्राफ्ट *v.n.* to transplant, to put skin from one part of the body on another part, transferring a shoot of one plant to another so that it unites with it and grows, कलम लगाना, शरीर के एक अंग से चमड़ी उखाड़ कर दूसरे में लगानी, पेबन्द लगाना, कलम

**grain** ग्रेन *n.* a particle, corn, a single, small hard seed, weight, अन्न कण, अन्न, टुकड़ा, दाना, डेढ़ रत्ती का वजन

**gram** ग्रैम *n.* a kind of cereal, चना

**grammar** ग्रामर *n.* rules which enable one to speak and write a language correctly, the study of correct use of words in speaking and writing, the science of the right use of a language, भाषा सिखाने वाले नियम, व्याकरण, शब्दशास्त्र

**gramme** ग्राम *n.* a metric unit of mass, मेट्रिक माप में एक तोल

**gramophone** ग्रामोफोन *n.* an instrument for recording the human voice and other sounds, ग्रमोफोन, रिकर्ड बाला बाजा

**granary** ग्रैनरी *n.* a grain storehouse, rich grain growing region, अनाजघर, खलियान, खत्ती

**grand** ग्रैंड *adj.* splendid, magnificent, noble dignified, बढ़िया, भव्य, सज्जन, प्रतिष्ठित

**grand child** *n.* child of one's son or daughter, पोता, पोती, नाती

**grandfather** ग्रैंडफादर a father's or mother's father, दादा, नाना

**grandeur** ग्रैंड्योअर *n.* magnificence, loftiness, sublimity, splendour of appearance.शान, बुजुर्गी, ऐश्वर्य, प्रभाव

**grandiose** ग्रैन्डेआइस *adj.* impressive, grand, pompous, प्रभावशाली, भव्य, बड़प्पन दिखाने की चेष्ठा करने वाला

**grandparent** ग्रैन्डपेरेंट *n.* a parent of one's father or mother, बुजुर्ग, माता पिता के माता पिता

**grandsire** ग्रैन्डसायर *n.* one's grandfather, parent's parent, दादा, पुरखा

**granite** ग्रैनाइट *n.* a very hard building stone, a crystalline rock used for building, इमारतों में लगने वाला कड़ा पत्थर

**granny** ग्रैनी *n.* grandmother, दादी, नानी

**grant** ग्रांट *v.n.* to allow, to give, to bestow, to gift, an allowance, आज्ञा देना, अर्पित करना, उपहार, भत्ता

**grape** ग्रेप *n.* the fruit of the vine, sub. tropical citrus fruit, अँगूर, दाख,

**graph** ग्राफ *n.* a diagram in which a line shows the changes in a variable quantity, रेखओं द्वारा गणित अथवा रसायनशास्त्र के सम्बन्धों को दरसाने की विधि

**graphic** ग्राफिक *adj.* vivid, of writing, describing or picturing,

**graphical** सुचित्रित, सुलिखित, स्पष्ट

**graphite** ग्रैफाइट *n.* black lead, a mineral, a form of carbon used in pencils, a kind of carbon, पैंसिल में प्रयुक्त होने वाला सिक्का

**grapple** ग्रैपल *v.* to clash, to take hold of, to seize to struggle, पकड़ना, बाँधना, छीन लेना, हाथापाई करना

**grasp** ग्रास्प *n.* possession, grip of the hand, hold, reach, mental power, पकड़, पहुँच, समझ

**grasp** ग्रास्प *v.n.* to clasp, to understand, to try to seize, to hold, पकड़ना, समझना, छीनने का यत्न करना, थामना

**grasping** *adj.* greedy, लालची, लोलुप, समझने वाला

**grass** ग्रास *n.* plants with long, narrow leaves and tubular stem and the plants on which cattle graze, herbage, any plant used for fodder, घास, ग्रास, तृण, चारे वाला कोई भी पौधा

**grasshopper** ग्रसहापर *n.* a small jumping insect that feeds on plants, chirping by rubbing its wings, a straight-winged insect of the locust family, झींगुर, शलभ, टिड्डा

**grate** ग्रेट *n.v.* a framework of ironbars for holding a fire, to rub, to wear away, to irritate, अँगीठी की जाली

**grateful** *adj.* thankful, appreciative, pleasing, आभारी, कृतज्ञ, सुखकर

**gratification** ग्रैटिफिकेशन *n.* delight, satisfaction, आनन्द, संतोष, कृतज्ञता की भावना

**gratis** ग्रेटिस *adv.* freely, for nothing, without payment, gratuitously, मुफ्त, बिना दाम

**gratitude** ग्रैटिच्यूड *n.* gratefulness, thankfulness, sense of being thankful for favour, आनन्द, संतोष कृतज्ञता, कृतज्ञता की भावना

**gratuitous** ग्रैचुटस *adj.* baseless, uncalled for, without excuse, done or given for nothing, given free, voluntary, निर्मूल्य, अकारण

**gratuity** ग्रैच्युटी *n.* a gift, a money gift in return for service, a tip, a lumpsum given on discharge, a bounty to soldiers, इनाम, सेवा के उपलक्ष्य में प्राप्त राशि, सेनामुक्ति पर प्राप्त इकटठे पैसे

**grave** ग्रेव *n.v.adj.* a burial place, to cut into, to carve, serious solemn, critical, important, समाधि, श्मशान, समाधि का पत्थर, गंभीर, शान्त, शोचनीय, महत्वपूर्ण, पत्थर घड़ना

**gravel** ग्रेवल *n.v.* tiny pebbles, to cover with pebbles, to cover completely, urinary crystals, कंकर, बजरी, रोड़ी, मूत्ररोग (पथरी)

**gravely** ग्रेवली *adv.* seriously, solemly, deeply, गंभीरता से, संजीदगी से, गहराई से

**gravitation** ग्रैविटेशन *n.* the attraction due to gravity, the tendency of matter to attract and be attracted,the force of attraction, आकर्षण, केन्द्र की ओर खिंचाव

**gravity** ग्रैवेटी *n.* seriousness, graveness, seriousness, solemnity, गंभीरता, गाँभीर्य, भाव बड़ाई

**graze** ग्रेज *v.* to eat grass, to rub gently, to feed on, to supply food to animals, घास खाना, रगड़ना, घास चराना, चारा महय्या करना

**grease** ग्रीज *n.* a thick, soft, fatty substance, चरबी, चिकनाई

**grease** ग्रीज *v.* to bribe, to lubricate, घूँस देना, तेल लगाना

**great** ग्रेट *adj.* big, gifted, very large, very powerful, of high rank etc, highly gifted, noble, बड़ा, महान

**greatness** (-नेस) dignity, सज्जनता, बड़प्पन

**greed** ग्रीड *n.* avarice, too great appetite or desire, अतिलोभ, लोलुपता, लालसा, भारी भूख

**greedy** (-डी) *adj.* intensely desirous, ravenous, gluttonous, लालची, बहुभक्षक, अतिलोभी

**Greek** ग्रीक *adj.* a native of Greece, the language of Greece यूनानी, यूनानी भाषा

**green** ग्रीन् *adj.n.* green-coloured, fresh, unripe, young, (greenery-n. foliage), हरा, रंगीन, ताजा, कच्चा, नया

**greenery** ग्रीनरी *n.* foliage, green vegetables, vegetation, हरियावल, हरियाली, हरी सब्जियां, हरा भरा क्षेत्र, सब्जी

**greengrocer** ग्रीनग्रासर *n.* one who sells vegetables, a dealer in vegetables, सब्जी फरोश, कुँजड़ा, तरकारी वाला

**greet** ग्रीट *n.* to salute, to welcome, to meet, to hail, (greeting-n. welcome, salutation, a friendly message), नमस्कार करना, अभिवादन करना, स्वागत करना, नमस्ते करना

**greeting** (-टिंग) *n.* welcome, salutation, friendly message, स्वागत, नमस्कार, मुबारिकवादी

**gregarious** ग्रीगेरिअस् *adj.* sociable, fond of company, living in flocks, समाज में रहने वाला, संगति का शौकीन, झुंड में चरने वाला

**grenade** ग्रेनेड *n.* a hand-thrown bomb, explosive shell or bomb, thrown by hand or shot from rifle, सेल का गोला, हाथ या बन्दूक से छोड़ा गया गोला

**grey** ग्रे *adj.n.* dull, ash coloured, dismal, a grey colour, mixture of black and white, शुष्क, भूरा, उदास, काला और सफेद मिला हुआ

**greybeard** *n.* an elderly person, सफेद बालों वाला, वृद्ध

**greyhound** ग्रेहाउंड् *n.* a tall slender dog, with great speed and keen sight, a kind of dog for hunting hares, खरगोश का शिकार करने वाला कुत्ता

**grid** ग्रिड *n.* a grating, a frame of bars, छड़ लगा हुआ ढाँचा

**grief** ग्रीफ *n.* sorrow, misery, sadness, mourning, दुःख, दर्द, उदासी, विलाप

**grieve** ग्रीव *v.* to mourn, to lament, to feel pain, to cause grief, विलाप करना, पश्चाताप करना, दुःखी होना, पीड़ा देना

**grievance** ग्रीवैंस *n.* real or imaginary ground of complaint, injury, hardship, शिकायत, गिला, चोट, कठिनाई

**grievous** ग्रीवस् *adj.* painful, causing sorrow, injurious, heinous, दुखदायी, पीड़ाकर, हानिकारक, घृणित

**griffin** ग्रिफिन *n.* an imaginary animal, with lions body and eagle's beak and wings, आधा शेर और आधा बाज, गीध

**grim** ग्रिम *adj.* sinister, cruel, unrelenting, unpleasant, भयानक, क्रूर, निर्दय, घिनौना

**grimly** (-ली) *adv.* fiercely, उग्र रूप से

**grin** ग्रिन *v.n.* to smile broadly showing teeth, दाँत फाड़कर हँसना, खीस, हँसी

**grind** ग्राइंड *v.* to crush to powder, to wear down, to sharpen, to oppress, to study hard, पीसना, घिसना, पैना करना, दबाना, खूब पढ़ना

**grindstone** ग्राइँडस्टोन *n.* a circular revolving stone for grinding tools, सान

**grip** ग्रिप *n.v.* a secure hold, way of grasping, to hold the attention or interest of, मजबूत पकड़, पकड़ने का ढँग, ध्यान खींचना

**gripe** ग्राइप *v.* to cause a sharp bowl pain, to hold fast, to grasp, to oppress, to pinch, पेट की दर्द पैदा करना, कसकर पकड़ना, दबाना, चिकोटी काटना

**grisly** ग्रिजली *adj.* horrible, frightful, hideous, ghastly, भयानक, डरावना, क्रूर, विकट

**grit** ग्रिट *n.* dust, courage, spirit, firmness of mind, course meal, गर्द, धैर्य, दृढ़ता, मोटा आटा (छान)

**grizzly** ग्रिजली *n.* a fierce bear, somewhat grey, एक भयानक भालू, भूरा

**groan** ग्रोन *v.n.* to moan, to utter a deep sound of distress, a deep moan, कराहना, करुण भरा शब्द कहना, कराह

**grocer** ग्रोसर *n.* one who sells provisions, a dealer in spices, dried fruits etc. बनिया, पंसारी

**grocery** (-री) *n.* a grocer's store, किराना, मसाला

**groom** ग्रूम *n.v.* a bride groom, one who has charge of horses, to clean, to make smart and neat, दुलहा, अश्वपालक, साईस, घोड़े को खिलाना और चुस्त बनाना

**groove** ग्रूव् *n.* a rut, a furrow, a fixed routine, नाली, किसी औजार से बनाया हुआ गड्ढा

**grope** ग्रॉप *v.* to feel in the dark, to search for by feeling, अँधेरे में टटोलना, टोहना, जाँचना

**gross** ग्रॉस *adj.* bulky, vulgar, very fat, coarse, twelve dozen, बारह दर्जन, घना, अशिष्ट, बहुत मोटा, खुरदरा

**grotesque** ग्राटस्क *adj.* curiously shaped, absurd, very ugly, very fantastic, विचित्र, भ्रष्ट, बहुत भद्दा, झक्की

**grotto** ग्राटो *n.* a cave, picturesque cave, a place of retreat, कन्दरा, कुटी

**ground** ग्राउँड *n.v.* the earth's surface, land, soil, foundation, sufficient reason, to attach, to bring to the ground, धरती, भूमि, मिट्टी, नींव, खेल का मैदान, उचित कारण, जोड़ना, धरती पर उतारना

**groundwork** ग्राउँडवर्क *n.* the preparatory work, the foundation, the first stages of anything, प्रधान, आधार प्रारंभिक कार्य, आधार, किसी कार्य की पहली मंजिलें

**group** ग्रुप *n.v.* a cluster, a school or party, to form into a group, class, assembly, समुदाय, स्कूल व दल, सभा, श्रेणी, दलबन्दी करना, इकटठे करना

**grouse** ग्राउज *v.n.* to grumble, to complain, a grumble, गिला करना, शिकायत करना, गिला, शिकायत

**grove** ग्रोव *n.* a cluster of trees, a small wood, an avenue, a small shaddy wood, पेड़ों का झुंड, छोटा जंगल, कुन्ज, छायादार वन

**grow** ग्रो *v.* to sprout, to cultivate, to develop, to have life, to become larger, उगना, बोना, बढ़ना, उत्पन्न होना

**growth** ग्रोथ *n.* increase, production, development, वृद्धि,, उपज, विकास

**grown** *adj.* mature, advanced, वयस्क, बढ़ा हुआ

**growl** ग्राउल् *v.n.* to snarl, to grumble in a surly way, to murmur in anger, गर्राना, गराना, टर्राना

**grub** ग्रब *v.* to uproot, to dig in the dirt, to eat, to toil, उखाड़ना, खोदना, खा जाना, परिश्रम करना

**grub** *n.* a caterpillar, food, कीड़ा, भोजन

**grudge** ग्रज *v.n.* to envy, to have illwill, to be unwilling, to suffer unwillingly, a feeling of resentment, secret enmity, ईर्ष्या करना, घृणा करना, अनिच्छा दिखलाना, घृणा , गुप्त शत्रुता

**gruel** ग्रुअल *n.* a thin food made by boiling oat meal in water or milk, a severe punishment, माँड, कठोर दण्ड,

**gruelling** *adj.* difficult, a severe punishment, कठिन दण्ड

**gruesome** ग्रुसम *adj.* causing horror, horror, horrible, भीषण, भयानक

**gruff** ग्रफ *adj.* surly, rough in manner or sound, harsh, कर्कश, निठुर, कठोर

**grumble** ग्रम्बल *v.*to complain, to growl, to rumble, to murmur, शिकायत करना, गुनगुनाना, टटोलना, फुसफुसाना

**grumbling** (-लिंग) *n.* in a grumbling manner, विषाद, असंतोष

**grumpy** ग्रम्पी *adj.* surly, cross, नीच स्वभाव वाला, क्रोधी

**grunt** ग्रन्ट *v.n.* to express discontent, to make a sound like a pig, to utter a harsh sound, discontentment, असंतोष प्रकट करना, सुअर की तरह गुर्राना, कर्कश आवाज निकालना, असंतोष

**guarantee** (गारंटी) *v.n.* to promise faithfully, to undertake as surety for another, to answer for, thing given as security, वचन देना, दूसरे की जमानत देना, उत्तरदायी होना, जमानत

**guarantor** (-टर) *n.* one who guarantees, गारंटी लेना वाला

**guard** गार्ड *v.n.* to protect, to save, to defend, a protector, a bus or train conductor, watch, बचाना, रक्षा करना, चौकीदारी करना, संरक्षक बस व गाड़ी का संवाहक

**guardian** गार्डियन *n.* one who takes care or protects, a defender रक्षक

**gudgeon** गजिअन *n.* a small fresh-water fish, a bait, a pivot of a wheel, पहिए का धुरा, छोटी मछली, काँटा

**guess** गैस्स *v.n.* to estimate, to surmise, to judge, to form an opinion, an estimate, अनुमान लगाना, निर्णय देना, राय बनाना, अनुमान, कल्पना

**guest** गैस्ट *n.* a visitor in one's house, a visitor received and entertained, a person lodging at a hotel, महमान, पाहुन, होटल इत्यादि में ठहरने वाला

**guide** गाइड *v.* to guard, to instruct, to advise, to lead, राय देना, रास्ता दिखाना

**guide** *n.* a leader, one who directs the way, a condutctor, an adviser, a book of information, नेता, मार्ग दर्शक, सहायक, उपदेशक, सूचना देना, रास्ता दिखाना

**guild** गिल्ड *n.* society, an association for mutual aid, समाज, संघ, मण्डली

**guile** गाइल *n.* deception, cunning, deceipt, artifice, कपट, धूर्तता, वंचना, छल

**guillotine** गिलोटीन *n.* a machine for beheading or trimming papers, फाँसी, सिर काटने का यन्त्र, कागज काटने की मशीन

**guilt** गिल्ट *n.* sin, crime, the state of having done wrong, criminality, पाप, अपराध, कुकर्म

**guinea** गिनी *n.* an English coin, twenty one shillings, गिन्नी, इक्कीस शिलिंग का स्वर्ण का सिक्का

**guise** गाइज *n.* dress, a false appearance, pretence, वेश भूषा, नकली आकृति, बहाना

**guitar** गिटार *n.* a musical instrument, बीणा, सारंगी, सितार

**gulf** गल्फ *n.* cheft, a deep chasm with six strings,a large deep bay, a deep hollow, खाड़ी, गहरा गड्ढा

**gull** गल् *v.n.* to cheat, to dupe, to deceive, a sea bird, to befool, धोखा देना, ठगना, समुद्री पक्षी, मूर्ख बनाना

**gullet** गल्लैट *n.* the food passage inside the throat, the throat, नरेटी, गला

**gullible** गलिबल *adj.* easily cheated or deceived, जिसे सहज ठगा जा सके

**gully** गली *n.* a deep channel worn by a swift stream, a ravine, जलमार्गी, नाली

**gulp** गंल्प् *v.n.* to swallow greedily, choke, to garb, जल्दी से निगलना, हाँपना, घुटन

**gum** गम *n.* the flesh containing the teeth, a plant gum, a substance that is given out from certain plants and hardens on the surface, मसूढ़ा, दँतमास, गोंद

**gummy** गमी *adj.* the nature of gum, viscous, चिपचिपा, लिसलिसा

**gun** गन *n.* a fire arm, a canon, a rifle, a musket, तोप या बन्दूक

**gunnery** *n.* science of operating guns or artillery, अग्न्यास्त्र विद्या, अग्न्यास्त्र, चलाने का अभ्यास

**gunsmith** गनस्मिथ *n.* a maker or seller of small guns, बन्दूक बनाने वाला या बेचने वाला

**gurgle** गर्गल *n.v.* noise of bubbling or boiling water, to flow with a bubbling sound, गलगल करना, गरारे करना, गड़गड़ाकर कुल्ला करना, गलगला करने का शब्द

**gush** गश्श *n.v.* an outrush of water, to make a show of affection,to flow out suddenly, to rush forth, बहाव, वेग, से बहना, स्नेह का प्रदर्शन, बह उठना

**gust** गस्ट *n.* a squall, a blast of wind, burst of rain, a violent burst of passion, प्रचण्ड वायु, वायु का झौंका, वर्षा का झौंका

**gutted** गटिड *adj.v.* completely burnt out, to reduce to a shell, पूरा जला हुआ, जलाकर राख करना

**gutter** गटर *n.v.* a channel for carrying off rain-water, to run down in drops, a groove, नाली, जलमार्ग, परनाला

**guttural** गटरल *adj.n.* hoarse, formed in the throat, of the throat, a letter pronounced in the throat, भराई या फटी आवाज, गले का, कण्ठ्य

**guy** गाए *v.* to attach tent by ropes, to exhibit in effigy, to ridicule, गाए फाक्स का बुत जलाना

**guy** *n.* effigy of Guy Fawkes to be burnt on Nov 5th ridiculously dressed person, गाई फाक्स का नवम्बर को बुत जलाना, विचित्र पोशाक वाला व्यक्ति

**gymkhana** जिमखाना *n.* athletic sports and the place where they are held, a meeting for athletic contests, खेलें व व्यायाम शाला, खेलों के निमित्त बैठक

**gymnasium** जिमनास्जिअम *n.* a hall, building or school for gymnastics, अखाड़ा, व्यायामशाला

**gymnastics** जिमनास्टिक्स *n.* athletics, feats of agility exercises to strenthen the body, exercises for the development of muscles, व्यायाम विद्या, कसरत, शरीर गठन के लिए व्यायाम

**gymnast** जिमनास्ट *n.* one skilled in physical training or exercise, one who is expert in gymnastics, कसरती, पहलवान

# H

## HABEAS CORPUS-HYSTERICALLY

**H** ऐच the eighth, letter of the English alphabet अंग्रेजी वर्णमाला का आठवां अक्षर

**Habeas Corpus** हैबिअस कारपस *n* a writ requiring a jailer to produce a prisoner and state the reason for his being in prison. जेलर को अदालत में या जज के सामने लाने की आज्ञा

**habit** हैबिट *n.* behaviour, custom, practice, a tendency to act in a particular way, mental or bodily constitution. स्वभाव, रस्म, अभ्यास, प्रकृति

**habitable** हैबिटेबल *n* adj. fit to be lived in, that can be inhabited, habitation, *n*- dwelling, a place of abode. निवास योग्य

**habitual** हैबिच्युअल *adj.* customary, given to habit स्वाभाविक, स्वभाव वाला

**hack** हैक् *v. n.* cut, to chop clumsily, to kick, a gash, a crack in the skin, a horse which is let on hire टुकड़े करना, नोचना, सामान्य गति से घुड़सवारी करना, घाव, प्रहार, आघात, किराए का टट्टू

**hackney** हैंकनी *n.* a writer ready to do any kind of literary work for money, a horse of middle size for riding. धन लेकर लेखन कार्य के लिए उद्यत लेखक, भाड़े का टट्टू

**hackneyed** हैक्नीड used too much, trite सामान्य, जीर्ण

**haemoglobin** हैमाग्लबिन the red oxygen carrying pigment in red blood cells, colouring matter of red- blood corpusles रक्त के कणों के लाल परमाणु

**haemorrhage** हैमरेज *n* a discharge of blood from damaged blood vessels, bleeding रुधिर का स्राव, रक्त का बहना

**haft** हैफ्ट *n, v.a* handle of a knife, to fit with a handle. चाकू, कटार आदि की मूठ, दस्ता

**hag** हैग *n* an ugly old woman, witch. कुरूप, बूढ़ी स्त्री, डाइन

**haggard** हैगर्ड very thin, hollow-eyed, wild looking, care worn. बहुत दुबला, खोखले नेत्रों वाला, डरावना, चिन्तामग्न

**haggle** हैगल *v.* to argue over a price, to cut unskilfully, to dispute, to wrangle. मोल तोल पर झगड़ना, झगड़ा करना, वाद विवाद करना

**hail** हेल् *n, v* greeting, to call from a distance, to welcome, particles of ice falling from the clouds, a shower of missiles. अभिवादन, ओले, प्रक्षेपणास्त्रों की बौछाड़

**hail** *v.* to callfrom a distance, to welcome to comedown violently, belong to a place, दूर से बुलाना, स्वागत करना, स्थान विशेष से सम्बन्ध रखना

**hair** हेअर *n* filament growing from the skin बाल, रोआँ

**hale** हेल् *adj. v.* healthy, robust, strong, to drag. स्वस्थ, पुष्ट, हट्टा कट्टा, घसीटना

**hale** *v*, to drag, to draw घसीटना, खीचना

**half** हाफ् *n*, one of the two equal parts आधा

**hall** हाल् *n* the main room in a house, a public room in a house, a large room, entrance passage, court of justice. बड़ा कमरा, दालान, सभा मंडप

**hallelujah** हैलिल्यूजा a song in praise of God ईश्वर स्तुति, ईश्वर का धन्यवाद

**halloo** हैलू *v.* to shout out, ध्यान खींचना, अभिवादन करना,

**hallow** हैलो *n, a* holy person or saint साधु, सन्त

**hallow** *v.* to make holy, to conscerate, to chase with shouts पवित्र करना, चिल्लाकर पीछा करना

**hallucinate** हैलूसिनेट *v* to have a vision, to produce a false impression on the mind मन पर मिथ्या प्रभाव डालना, मति भ्रम

**hallucination** *n.* deluded mind, a false impression on the mind, illusion मन पर मिथ्या प्रभाव, मति भ्रम

**halo** हेलो *n* a ring of light round the head of a saint, circle of light round moon, sun etc, ideal glory attaching to person सन्त के चेहरे पर प्रभामंडल, सूर्य, चाँद का प्रकाश मण्डल, व्यक्ति की अपूर्व शोभा

**halt** हाल्ट *v*, to stop for a time to stop in marching, to limp, to be defective थोड़ा रुकना, चलते-चलते रुकना, लँगड़ाना

**halt** हाल्ट *n*-a stopping place, a temporary stoppage पड़ाव, टिकना

**halve** हाव् *v.* to cut in to two parts, to share to divide into two equal shares. दो भागों में काटना, हिस्से करना, आधा आधा बाँटना

**halyard** हाल्यार्ड *n*, a rope for hoisting or lowering a sail , yard or flag. पाल उठाने या नीचे करने का रस्सा

**halycon** हैलीकन *n, adj*, the kingfisher, happy, calm. राम चिड़िया, प्रसन्न, शान्त

**ham** हैम *n*, the back of the thing, hollow of knee, hog's thigh salted and dried जड़ा, कूल्हा, रान, सुअर का सुखाया हुआ माँस

**hamlet** हैमलेट् *n* a small village पुरी, खेड़ा, छोटा गाँव

**hammer** हैमर *v*. to beat or forge with a hammer हथौड़े से पीटना

**hammer** हैमर *n*, a tool for beating or breaking hard substances , an auctioneer's wooden mallet, हथौड़ा (घन) नीलाम करने वाले की मुँगरी

**hammock** हैमक् *n* a netting hung by the ends to be used for lying on, bed of convas hung on cords, a hanging bed in ships. झूलन, खटोला, जहाज के कमरे की झूले की खटिया

**hamper** हैम्पर *v* to obstruct, to hinder, to impede, to perplex, बाधा डालना, रोकना, विघ्न डालना, परेशान करना

**hand** हैंड् *n v*, the part of the arm below the wrist, pointer, a helper, share, to deliver. हाथ, अधिकार, हाथ से देना, कठिन बनाना

**handicap** हैंडिकेप *v*, *n*, to make difficult, to make start at a disadvantage in competition. मुकाबले में अड़चन डालना

**handicraft** हैंडीक्रैफ्ट *n* occupation in which thing are made by hand. शिल्प, हस्तकारी

**handkerchief** हैंकरचिफ *n*, a piece of material for wiping the nose दस्ती, रूमाल

**handle** हैंडल् *n v*, to use to manage, to deal in, to deal, part of thing to hold it by प्रयोग करना, प्रबन्ध करना, व्यवस्था करना, हाथ से पकड़ना, मुठिया, दस्ता

**handsome** हैंडसम् *adj*. good looking, ample, generous, of fine appearance मनोहर, काफी, उदार, सुन्दर

**handsomely** *adv*. (-ली) in a niceway

**hang** हैंग *v* to suspend, to support from above to be put to death by suspending by the neck. लटकाना, टांगना, फाँसी देना लटका कर

**hang** *n* droop or bend झुकाव

**hangar** हैंगर *n*, a shed for aircraft हवाई जहाज रखने का घर

**hanger** हैंगर *n* that on which a thing is hung खूँटी, अर्गनी

**hank** हैंक *n*, a loop, coil धागे का लच्छा, पेंचक

**hanker** हैंकर *v*, to have a longing, to yearn, to crave to desire earnestly इच्छा रखना, चाहना, लालसा प्रकट करना, अत्यन्त उत्सुक होना

**hanky panky** हैंकी पिंकी an underhand dealing, trickery, jugglery छल, कपट, जाल, जादू

**hap** हैप् *n*, chance, lot दैवयोग, घटना

**happen** *v*, to take place घटित होना

**haphazard** हैपहैजर्ड *n* accident, mere chance, random आकस्मिक घटना, दैवयोग, बिना विचारा हुआ

**hapless** हैपलैस unlucky, unfortunate निर्भाग, भाग्यहीन

**happy** हैप्पी *adj*. lucky, glad, pleased, content भाग्यशाली, सुखी, प्रसन्न, संतुष्ट

**happen** हैपन *v*, to come to pass, to chance आपड़ना, संयोगवश होना

**happening** हैंपनिंग *n*, event occurrence, circumstance, घटना, परिस्थिति

**hara kiri** हराकिरी *n*, ceremonial suicide common in Japan जापानियों की प्रतिष्ठित ढँग से की जाने वाली आत्म हत्या

**harangue** हैरेन्ग् *n* , a loud pompous speech, tirade, a vehement speech लच्छेदार भाषण, निन्दा वचन, जबरदस्त भाषण

**harangue** *v* to, address in a vehement way जोर शेर से भाषण देना, बाँग देना

**harass** हैरास् *v*, to pester, to annoy, to trouble, to worry, to torment क्लेश देना, नाराज करना, पीड़ा देना, पेरशान करना, चिन्ता में डालना

**harbinger** हारबिंजर *n*, *a* forerunner, herald अग्रवर्ती, हरकारा, सन्देश वाहक

**harbinger** *v* to proceed as a harbinger सन्देश वाहक का काम करना

**harbour** हारबर *n*, v a port for ships, shelter, to give protection, to entertain बन्दरगाह, शरण, शरण देना, ग्रहण करना

**hard** हार्ड *adj*, stiff, difficult, severe, painful. कठोर, कठिन, सख्त, कष्टदायक

**harden** हार्डन *v*, to make hard, to become hard, to injure कठोर बनना, कठोर बनना, चोट पहुँचाना

**hardy** हार्डी *adj*. brave, daring, robust, vigorous वीर, साहसी, दृढ़ांग, पुष्ट

**hare** हेअर *n* a swift rodent with long ears, short tail noted for speed. खरगोश, खरहा, शशंक

**haram**

**harem** हैरम् *n*, the part of the Muslim house occupied by the women, the apartment in a dwelling house which is alloted to women, अन्तःपुर, जनान खाना

**hark** हार्क *to listen, to hear* v, interj. सुनना, सुनो

**harot** हारलट् *n*, whore, prostitute वेश्या, रण्डी

**harm** हार्म *v*. to cause injury, to injure, to wrong, to damage. चोट पहुँचाना, प्रतिष्ठा कम करना

**harm,** *n* injury, damage, hurt, moral wrong, चोट, हानि, दोष

**harmony** हारमनी *n* combination, friendly state, concord, peace, agreement समरसता, एक रूपता, सामंजस्य, शान्ति, सन्धि

**harmonious** हारमोनियस *adj.*, sweet sounding, forming a consistent whole सुरीला, समरस

**harness** हारनैस *v*. to equip a horse, to make use of, to utilise, to put on harness घोड़ा जोतना, काम में लाना, उपयोग करना

**harness** *n* the equipment of a horse or other animal घोड़े या अन्य पशु का साज

**harp** हारप *v*, a musical instrument, to play on the harp, to a boring extent, to dwell on continuously बीन, बीणा, बीणा बजाना, एक ही बात की रट लगाना

**harpoon** हारपून *n*, a barbed dart, to strike with the harpoon, to catch, to kill with this ह्वेल मछली पकड़ने की रस्सा बँधी बर्छी, बर्छी से मारना

**harrow** हैरो *n*, *v*, toothed frame for breaking up clods, to draw harrow over, to trouble जोते हुए खेत में ढेले तोड़ने का यन्त्र, हैंगी, हेंगा चलाना, कष्ट देना

**harrowing** हैरोइँग *adj.* lacerating, hair splitting मर्मभेदी

**harry** हैरी *v*. to plunder, to harass, to ravage. लूटना, दिक करना, नाश करना

**harsh** हार्श *adj.* rough, jarring, cruel, severe, unfeeling भद्दा, कर्कश, अत्याचारी, कड़ा, निर्मोही

**hart** हार्ट *n*, a male deer. मृग, हिरन

**hartal** हड़ताल *n*, strike, stopping of work, boycott. बँध, कार्य का स्थगन, बहिष्कार

**harvest** हारवैस्ट *n*, *v*, the crops gathered in, fruits, to gather a crop, gathering फसल, फल, फसल इकटठी करना, (लवन) काटने का समय

**hash** हैश् *v*, *n*, to chop small to mince. छोटे-छोटे टुकड़े करना, कीमा बनाना

**hash** *n* small pieces छोटे-छोटे टुकड़े

**hashish** हशीश *n* intoxicating leaves of hemp, Indian hemp गाँजा

**hassock** हैसक *n*, a tuft of grass, a cushion for kneeling घुटना टेकने का आसन, घनी घास का गुच्छा

**haste** हेस्ट *n*, *v* rash speed, hurry urgency, to hurry, to hasten. वेग, गति, जल्दबाजी, शीघ्रता, आग्रह, जल्दी करना, तेजी दिखाना

**hat** हैट *n*, a covering for the head टोपी

**hatch** हैच *n*, lower half of divided door opening in wallor door, youngones of birds द्वार का निचला भाग, ताख, शावक, अंडे से बच्चा निकालना

**hatch** *v*, to engrave lines on a surface, to bring forth youngones from egg, to develop नक्काशी करना, अंडे से बच्चा निकालना, उन्नति करना

**hatchet** हैचट *n*, a small axe, (to burn the hatchest to make peace) a short - handled light axe कुल्हाड़ी, वसूला

**hate** हेट *v*, to dislike to bear malice towards नापसंद करना, घृणा करना, द्वेष रखना

**hatred** *n*, a great disliking नापसंदगी, घृणा

**hateful** (-फुल) *adj.* one who hates घृणा करने वाला

**haughty** हाटी *adj.* arrogant, proud, insolent उद्दण्ड, घमंडी, ढीठ

**haul** हाल *v* quantity obtained at onetime, to drag, to pull, to turn a ship's course खींचना, एक समय पर प्राप्त करना, घसीटना, जहाज का मार्ग बदलना

**haul** *n* a pull, झटके का खिंचाव

**haunch** हांच *n*, the hip with buttocks, part of body between ribs and thighs, leg and loin of venison जंघा, कमर, कूल्हा

**haunt** हांट *v*, *n*, to visit very often, to live as a ghost, place haunted by ghosts etc. प्रायः दौरा लगाना, प्रेतग्रस्त

**have** हैव *v*, to possess to own, to give birth to, to hold in the mind रखना, जन्म देना

**haven** हैवन *r*., a harbour, any place of safety, a place of refuge बन्दरगाह, शरणस्थल, आश्रय लेने की जगह

**haversack** हैवरसैक a bag for a travellers' food etc, a soldier's canvas ration-bag यात्री की खुर्जी, सैनिक का राशन का थैला

**havoc** हैवक् *n*, very great destruction, pillage, ruin devastation विनाश, विघ्वंस, बरबादी, विप्लव

**haw** हा *n* the fruit of the hawthorn, sound expressive of hesitation नागफनी का फल, आश्चर्यसूचक आवाज

**hawk** हाक *n*, a bird of prey, to hunt birds with trained hawks, to carry goods for sale श्येन पक्षी, बाज से शिकार करवाना, फेरी लगाकर माल बेचना

**hawker** हाकर *n* one who goes about selling goods, one who carries wares for sale. फेरी करके माल बेचना, व्यापारी

**hay** हे *n* dried grass for fodder चारे के लिए सूखी घास

**hay stack** हेस्टैक *n* a pile of stacked hay, hay rick सूखी घास का ढेर

**hazard** हैजर्ड *n*, chance, risk, accident, danger. संकट, शक, देवगति, खतरा

**hazard** *v*, to expose to danger, to run the risk संकट में डालना

**hazardous** (-डस) *adj*. risky, dangerous सन्देह युक्त, आपत्तिजनक

**haze** हेज *n*, *a* vapour of mist, obscurity, mistiness, mental confusion धुँध, अस्पष्टता, धुँधलापन, मानसिक, भ्रान्ति

**hazy** हैजी *adj*., hazy, obscure, indistinct धुँधला, अस्पष्ट

**hazel** हैजल् *n*, *adj*, bush bearing nuts जैतून के प्रकार का वृक्ष, तामड़े रंग का

**he** ही pron. refers to the male already named (this person masculine pronoun), वह पुरुष, पुल्लिंग

**head** हैड *n*, the foremost part of an animal's body, the brain, leader सिर, दिमाग, नेता, मेधावी

**heal** हील *v*, to restore or be restored to health, to cure. स्वस्थ बनाना, इलाज करना, चँगा करना, घाव भरना

**health** हैल्थ *n*, soundness of body and mind, toast drunk in some one's honour स्वास्थ्य, आरोग्य, किसी का आदर करने के लिए मदिरापान

**healthy** हैल्दी *adj*. in a soundstate, स्वस्थ

**heap** हीप *n* a mound, a great quantity, a pile of things lying one on another, collection ढेर, परिमाण, एकत्रित वस्तुएं

**heap** *v*, to accumulate, to lay in a heap ढेर लगाना, इकट्ठा करना

**hear** हीअर *v*, to be told, to perceive by the ear, to heed, listen to try (case) सुनना, ध्यान देना, गौर करना, मुकदमा सुनना

**hearing** (-रिंग) *n*, judicial trial पेशी, मुकदमे की सुनवाई

**hearken** हार्कन *v*, to listen attentively, to hark कान लगाकर सुनना, ध्यान देना

**hearse** हर्स *n*, a funeral carriage for the deadbody, a car to carry a coffin to the grave मुर्दा ले जाने की गाड़ी, टिकठी

**heart** हार्ट *n*, a core, the most important part, organ which makes blood circulate, courage, seat of emotions and affections छोर, ह्दय, दिल, रक्त स्त्राव का अंग, धैर्य, स्नेह का स्थान

**hearth** हर्थ *n*, the fire side, the house itself अग्निकुण्ड, अँगीठी, गृहस्थ, घरघाट

**heat** हीट *n*, a high temperature, sensation of great warmth, hotness, sexual excitement in animals गर्मी, ताप, पशुओं में वासनात्मक उत्तेजना

**heath** हीथ *n*, a barren open country, shrubs found here, waste plot of land which is covered with shrubs वनभूमि, झाड़ीदार भूमि

**heathen** हीथन *n*, an uncivilized person, pagan, barbarous असभ्य, मूर्त्तिपूजक, जंगली

**heather** *n* kinds of heath (bush) एक प्रकार की झाड़ी

**heave** हीव *v*, *n* to throw, to rise and fall like waves, to sigh, an upward efffort, उठना, आह भरना, साँस लेने को तड़पना

**heave** होव *n* an upward effort निश्वास, उभाड़

**heaven** हैवन *n* the dwelling place of God, sky, place of bliss स्वर्ग, भगवान, आकाश, मोक्ष

**heavenly** (-ली) *adj.* pertaining to heaven, supremely excellent अत्युत्तम, स्वर्गीय

**heavy** हैवी *adj.* oppressive, difficult to carry, weighty, sluggish, severe, dull, sorrowful भारी, प्रचण्ड, वजनदार, मन्द, सख्त, शुष्क, दुःखी

**hackle**

**heckle** हैकल *v.*, to askawkward questions, to separate to tear asunder ऊटपटांग प्रश्न करना, सन साफ करना, अलग करना, चीरना, छीलना

**hecto** हैक्टो word used to show multiplication by 100 सौ अर्थ सूचक उपसर्ग (जैसे hectograph)

**hector** हैक्टर *v*, to annoy, to bully, to bluster, to torment नाराज करना, शेखी मारना, बकवाद करना, कष्ट देना

**hedge** हैज *n v*, a barrier, fence of bushes, to make hedges, to shift मेड़, झाड़ियों की बाड़ लगाना, टट्टी से घेरना

**hedonism** हैडोनिजम *n* doctrine that pleasure is the chief good सिद्धान्त जिसमें जीवन का लक्ष्य ही आनन्द माना जाता है

**heed** हीड *v*, to pay attention ,to take notice of, to take care for, ध्यान देना, मन लगाना, सावधानी बरतना

**heed** *n* attention, notice, care ध्यान, सावधानी

**heel** हील *n v*. the part of the foot sticking out behind, hinder part of foot, to supply with heel एड़ी, टखना, पैर का पिछला भाग, नाचना, दुलत्ती मारना

**hefty** हैफ्टी *adj.* vigorous, muscular, bulky, weighty प्रबल, हृष्ट पुष्ट, बलवान, मोटा ताजा

**hegemony** हैजिमानी *n*, domination, political leadership. प्रभुत्व,, नेतृत्व

**heifer** हीफर *n*, a young cow that has not calved बछिया

**height** हाइट *n*, the state of being -high, elevation] the top, high point ऊँचाई, शिखर, चोटी

**heighten** (-न) *v* to make higher, to elevate ऊँचा करना, प्रबल बनाना

**heinous** हीनस् *adj.* very wicked, detestable, hateful atrocious अति दुष्ट, घृणा के योग्य, निन्द्य, अति दृष्ट

**heir** एअर *n*, a first born son, person entitled to inherit property or rank, a successor जेठा पुत्र, उत्तराधिकारी

**heir loom** एअरलूस *n*- thing that has been in family for generations पुश्तों से संभाली हुई वस्तु, जंगम द्रव्य

**held** हैल्ड see hold past tense of hold ; kept in grip tightly पक्की तरह पकड़ा

**helicopter** हैलीकाप्टर *n*, aeroplane made to rise in the air by a power-driven screw or screws turning on a vertical axis हैलीकाप्टर

**hell** हैल् *n* the place or state of punishment after death, the abode of condemned spirits. नरक, यमलोक

**Hellenic** हैलेनिक Greek, यूनानी

**hello, hullo, hallo, halloa** हेलो interj expressing surprise, etc. used in calling attention as a greeting आश्चर्य सूचक शब्द, ध्यान दिलाने के लिए शब्द

**helm** हैल्म *n*, the apparatus by which a ship is steered. cloud over mountain during storm आँधी के समय पर्वत पर बादल, पतवार

**helmet** हैल्मेट *n*, a protective covering for the head शिरस्त्राण, लोहे का टोप, कवच

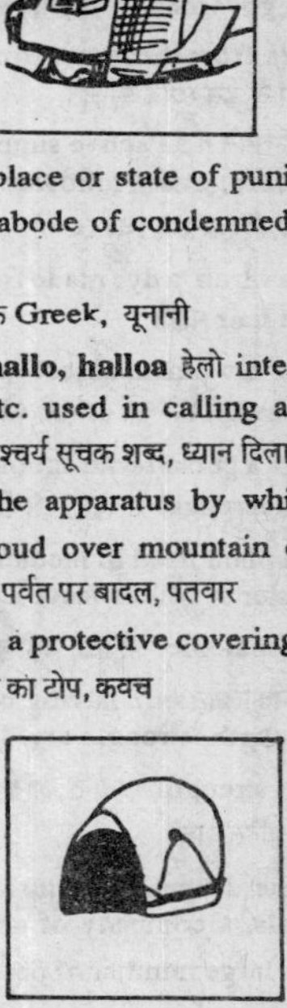

**help** हैल्प् *v*, *n* to assist, to aid, assistance, remedy, relief मदद करना, सहायता, इलाज, आराम

**helpful** (-फुल) *adj. adj. n.* who helps सहायक, उपकारक

**helter** हैल्टर् skelter *adj*, *n*, in haste and confusion घबड़ाहट में, जल्दी में

**hem** हैम् *n*, *v*, the border of a garment doubled up and sewed; to sew, to form an edge on कपड़े का छोर, मगजी व गोट लगाना

**hemisphere** हैमिसफिअर *n*, a half-sphere, half of the earth, half of celestial sphere गोलार्ध

**hemispheric** (cal) containing half a sphere गोलार्ध सम्बन्धी

**hemlock** हैमलाक् *n* poisonous plant, poison extracted from it एक विषैली वनस्पति, उससे निकाला हुआ विष

**hemorrhage** same as haemorrhage, profuse bleeding रक्तस्त्राव, खून का बहना

**hemp** हैम्प *n* the drug known as hashish, marijuana etc. पटुआ, गांजा

**hen** हैन *n*, the female of any bird esp, the domestic fowl the female of cocks मुर्गी

**hen-** pecked governed by one's wife भार्याशाषित

**hence** हैन्स *adj.* from this time, from this place. जब से, इस समय से, इस स्थान से, अतः

**henchman** हैन्चमैन *n* an active supporter, a servant, page, square, trusty follower सक्रिय पोषक, नौकर, प्रधान सेवक, विश्वस्त अनुचर

**henna** हेना *n* a shrub, a dye made from its leaves for nails and hair महँदी

**her** हर that of a woman, objective and possessive case of she उस स्त्री का, उस स्त्री को

**herald** हैरल्ड *n* a person who announces something envoy, messenger राजदूत, एलची, अग्रदूत

**herb** हरब् *n* a plant used in medicine, a plant with slender stems whose leaves etc are used for food or medicine औषधि, जड़ी बूटी

**herculean** हरकुलियन *adj*, having or requiring very great strength, strong, very difficult, of extra ordinary strength अत्यन्त शक्तिशाली, बहुत कठिन, असाधारण शक्ति वाला

**herd** हर्ड *n, v* herdsman, one who looks after a herd of animals, a company of animals, to drive, together, large number of people, to tend, one who tends animals पशु, पशु चराना, चरवाहां, हाँकना, गडरिया

**here** हिअर *adv.* in or to this place, in this matter इधर यहां, इस स्थान पर, इस मामले में

**heredity** हैरेडेटी *n*, tendency of organism to transmit its nature to its descendents, tendency transmitted from one generation to another वंशत्परंपरा-प्राप्त गुण

**hereditary** हैरेडेटरी *adj.* handed down from ancestors, holding office by inheritance बापदादा से प्राप्त, खानदानी, पैतृक

**heresy** हेअरसी *n* opinion contrary to orthodox belief पाखण्ड धर्म, नास्तिकता, रूढ़िगत, विश्वास से विरूद्ध

**heritable** हैरिटेबल *adj.* that may be inherited, capable of being inherited वंश परम्परा से प्राप्त होने योग्य, जिसे बुजुर्गो से ग्रहण किया जा सके

**hermit** हरमिट *n* one who shuns the company of others, one living in solitude, a recluse सन्यासी, एकान्तवासी

**hernia** हरनिअ *n* rupture अण्डकोष में आँत उतरने का रोग, या जल भर जाने का रोग

**hero** हीरो *n* very brave man, the principal male character in a book or play, chief man in poem, play or story demigod शूरवीर, नाटक का कविता व कहानी का नायक या प्रमुख पात्र, देव पुत्र

**heroin** हरोइन *n* a habit forming drug obtained from opium, trade name for morphine अफीम, चरस

**heron** हैरन *n* a large wading bird, with long legs and neck सारस, बगुला

**herring** हैरिंग *n* a common small sea fish एक प्रकार की समुद्री मछली

**hesitate** हैजिटेट *v* to stammer, to pause unwilling, to hold back, to show indecision, to waver झिझकना, अटकना, हिचकिचाना, डगमगाना

**heterogeneous** हैटरोजिनस *adj.* composed of diverse elements, of diverse character, made up of parts of individuals of very different kinds विभिन्न तत्वों से बना, बेमेल, विभिन्न जातियों का

**hew** ह्यू *v.* cut with axe, to shape, to chop, to deal cuts, कुल्हाड़े. से काटना, घढ़ना, टुकड़े करना

**hide** हाइड *v* to conceal, to keep out of sight, to keep secret, छिपाना, दृष्टि से ओझल करना, गुप्त रखना

**hide** हाइड *n* the skin of an animal पशु का चमड़ा, खाल

**hideous** हीडिअस *adj.* horrible, frightful, repulsive revolting भयानक, डरावना, निर्दय, विद्रोही

**hierarchy** हाइरोर्की *n*, authority in sacred things, graded priesthood, the order of angels, priestly government पवित्र सरकार, देवदूतों का समूह, पादरियों का प्रमुख

**higgle** (See haggle) to chaffer, to dispute about terms, फेरी करके बेचना, सौदे बाजी में झगड़ना

**high** हाइ *adj.* lofty, tall, great, chief, noble उच्च, वंश, महान, प्रमुख, सज्जन

**highland** हाईलैंड *n.* hilly country, mountainous country इग्लैंड का पश्चिमी पहाड़ी प्रदेश, पर्वती प्रदेश, पहाड़ी प्रदेश

**highness** हाईनैस *n.* quality of being high, title of princes and princesses

**high-handed** हाईहैंडिड *adj.* taking power or authority to one self, done without considering the views of others, violent, domineerings उच्छृखल, उद्धत, अत्याचारी

**high jack** हाई जैक *v*, to rob smuggler of his goods जबरन उड़ा ले जाना, तस्कर का माल छीन ले जाना

**highlight** हाईलाइट *n, v, a* bright spot in a picture or outstanding feature, to draw the attention towards, to emphasis, photograph a striking point of an experience, to emphasise विशेष लक्षण, उल्लेखनीय गुण, उभारना, बल देना

**high time** हाई टाइम quite time (that something was done, full time ठीक समय, पूर्णकाल, ऐन मौका

**highway** हाईवे *n.* a public or main road, ordinary route, much frequented road प्रधान सड़क, सर्वसामान्य के आने जाने का मार्ग

**highwayman** हाईवेमैन *n*, a robber, one who robs on the public road, a robber who attacks travellers on the road डाकू, लुटेरा

**hike** हाइक *v*, to travel on foot with equipment on back पीठ पर सामान उठाए पैदल यात्रा, घुमाई

**hilarious** हिलेरिअस *adj.* very merry, cheerful, mirthful gay, अतिखुश, प्रफुल्लित, आनन्दमय, प्रसन्न

**hill** हिल् *n* a high mass of land less than a mountain, a mound, an elevation of the earth's surface पर्वत, पहाड़ी, टीला,

**hilly** हिल्ली *adj.* abounding with hills पर्वतीय, पर्वतमय

**hilt** हिल्ट *n* the handle of a sword or dagger तलवार या कटार की मूठ, मुठिया

**hind** हाईंड *n* a female deer, a farm servant, situated at the back (adj.) a steward हिरनी, देहाती, पिछवाड़े स्थित, परिचारक

**hinder** हाईंडर *v* to keep back, to stop, to prevent progress of,to retard रोकना, अटकाना, विघ्न डालना

**Hindi** हिन्दी *n* national language of India भारतवर्ष की राष्ट्रभाषा हिन्दी

**hinge** हिंज *n v.* the hook or joint on which a door or lid turns to hang, to depend (on) movable joint, to turn कब्जा, चूल, लटकाना, निर्भर होना, मुड़ना

**hint** हिन्ट *n, v. a* helpful suggestion. to make hint, to give hint, a suggestion संकेत, संकेत करना, संकेत देना, सूचना

**hinterland** हिन्टरलैंड *n* a region lying inland from a port district lying behind coast बन्दरगाह की पृष्ठभूमि, तट के पीछे का भूमि खण्ड

**hip** हिप् *n*, the fruit of the wild rose, projecting part of thigh, the thigh joint चूतड़, कूल्हा

**hippopotamous** हिप्पोपोटेमस *n, a* large African animal with very thick skin, living in or near water, the river horse दरियाई घोड़ा

**hire** हायर *n, v* giving someone the use of something for payment, to engage for wages, to bribe, wages किराया, भाड़ा, भाड़े पर रखना

**hireling** हायरलिंग *n* a hired servant, one engaged on hire किराए का मजदूर, ठेकेदार

**hirsute** हिरशूट *adj.* shaggy, hairy, rough with hair रोवें से भरा हुआ, रूखा

**hiss** हिस्स *v*, to make a sound like that of a serpent, to express disapproval to make a sharp hissing sound साँप की तरह फुँकारना, असहमति प्रकट करना

**history** हिस्ट्री *n* an account of events, study of past events, course of life or existence, train of events घटनाओं का वर्णन, बीती घटनाएं

**historical** (-कल) *adj.* pertaining to history ऐतिहासिक

**hit** हिट् *v n*, to strike, to find by chance, a stroke, a lucky chance, a success चोट मारना, पाजाना, चोट, संयोग, सफलता

**hitch** हिच्च *v, n* to move jerkily, to fasten, to hook, a jerk, a knot झटके से हटाना, फँदा बाँधना. झटका, उलझन

**hither** हिदर *adv.* to this place, towards this place इस ओर, इधर

(hitherto - upto this time, hither and thither-in various directions इधर-उधर, अब तक, भिन्न दिशाओं में

**hive** हाइव *n* box in which bees are housed place swarming with busy occupants मधुमक्खी का छत्ता, व्यस्त मालिकों का स्थान

**hoar** होर *adj.* white with age or frost, venerable, gray haired बुर्जुग, आदरणीय, सफेद बालों वाला

**hoard** होर्ड *n v* a stone, a hidden stock, to store, to amass, to hide away. गोदाम, छिपा माल, जमा करना, संग्रह करना, छिपाना

**hoarding** होर्डिंग *n* a screen board used for display of bills पूँजी, जखीरा

**hoarse** होर्स *adj.* having a rough husky voice, rough, having a rough sound रूखी आवाज, रूखा

**hoax** होक्स *n, v* a trick, a practical joke, to trick for fun, to deceive दिल्लगी, मजाक के लिए छलना, धोखा देना

**hob** हाब् *n* a surface beside a fireplace, rustic, elf अँगीठी का उभाड़, देहाती, परी

**hobble** हाब्ल् *v, n* to limp, to walk with difficulty, limping an awkward situation लँगड़ाना, कठिनाइ से चलना, पशुओं का भागना, रोकने के लिए टांग बाँधना, भद्दी स्थिति

**hobby** हॉबी *n* a favourite occupation as pastime, a favourite occupation apart from one's main business प्रिय व्यापार, शुगल, शौक

**hobgoblin** हाँबगाब्लिन् *n* a mischievous fairy, a bugbear, an apparition भूत, हौआ

**hobnob** हॉबनॉब *v* to drink together, to be friendly (with); to be familiar with, to have familiar intercourse संग मदिरापान करना, अधिक परिचित होना

**hockey** हॉकी *n* a game played with a ball and sticks curved at one end हॉकी और गेंद से टीम द्वारा खेला जाने वाला खेल, हाकी

**hoe** हो *n,* v a tool for scraping up weeds and loosening the earth, to scrap with a hoe to dig with a hoe कुदाली, फोड़े से खोदना

**hog** हॉग् *n, v,* a pig a bear or sow, a greedy person, a coarse person, to eat or seize greedily सूअर, रीछ, लोभी, फूहड़, लोभ की दृष्टि से खाना व पकड़ना

**hoist** हॉइस्ट *v, n,* to rouse, to heave up a lift for heavy goods उठाना, उभाड़ना, फहराना, लिफ्ट

**hold** होल्ड *v, n* to grasp, to possess, to have, to defend, to grip something, to grasp, means of controlling पकड़ना, अधिकार में करना, लेना, बचाना, पकड़, नियन्त्रण, काबू, नियन्त्रण का साधन

**holding** होल्डिंग *n* property, land held from a larger landowner खेती बाड़ी, ठेके की जमीन

**hole** होल *n, v* a hollow place, an opening through something or pit, an animal's burrow, a difficulty to make whole गुफा, छेद, गड्ढा, बिल, कठिनाई, छेद करना

**holiday** हालिडे n a time of freedom from work, vacation, a day or recreation of festival छुट्टी का दिन, अवकाश, त्योहार, इत्यादि

**hollow** हॉलो *n,* adj, an empty space, not solid, sunken, dull deep, insincere, worth little, cavity, to excavate (vb) रिक्त स्थान, धँसा हुआ, शुष्क गहरा, झूठा, बेकार, गडढ़ा करना

**holocaust** हॉलोकास्ट *n* a great destruction of life, great slaughter, a disastrous fire विनाश, रक्तपात, प्रचण्ड अग्नि

**holster** हॉल्स्टर् *n* a pistol case on saddle or belt घोड़े की काठी में लगा हुआ चमड़े का बैग

**holy** होली *adj.* religious, pure in heart, set apart for a sacred use, pious, perfect धार्मिक, पवित्र हृदय, पवित्र काम के लिए निश्चित, पवित्र, पूर्ण

**homage** होमेज *n* great respect service due to, tribute, reverence आदर, सेवा, श्रृद्धाजंलि, उपासना

**home** होम *n* a place where one lives, native country a private hospital ,an institution घर, मातृभूमि, निजी अस्पताल, संस्था

**homely** होम्ली *adj.* plain simple like a home domestic सादा, साधारण, घर का सा, घरेलू

**home sick** होमसिक *adj.* pining for home, depressed by absence from home, sorry for being absent from home उदास, घर से बाहर रहने से खिन्न

**homicide** होमिसाइड् *n* manslaughter, one who kills another, killer मनुष्य घातक, दूसरे की हत्या करने वाला, घातक

**homogeneous** होमोजिनिअस *adj.* of the samekind, uniform,, similarly, formed of uniform parts समान जाति का, एक प्रकार का

**honest** आनेस्ट् *adj.* sincere, upright, truthful, dealing fairly सच्चा, स्पष्ट, निष्कपट

**honesty** (-टी) *n* sincerity, integrity, uprightness ईमानदारी, खरापन

**honey** हनी *n* sweet thick fluid made by bees from the nectar of flowers शहद, मधु

**honeycomb** हनीकोम्ब *n*, a mass of wax in which bees place honey wax etc, wax structure in which bees collect honey शहद की मक्खी का छत्ता,, मधु कोष

**honeymoon** हनीमून *n* holidays spent in the first few weeks after marriage, month after marriage विवाह के बाद दम्पत्ति का आनन्दमास

**honk** हांक् *n v* the noise of a motor car, the cry of the wild goose, to make a noise कार के भोंपू का शब्द, शोर करना

**honor arium** आनेरेरिअम *n* a fee paid for services for which no fixed price is asked, a fee सेवाओं के लिए व्यवसाय, शुल्क, शुकराना

**honour** ऑनर *n* glory, fame rank, title, a source of credit शोभा, मान, पद, श्रेय का स्त्रोत

**honour** ऑनर *vn.* to respect, to venerate to confer honour on शोभा, मान; पद, श्रेय का स्त्रोत

**honorary** आनरेसी *adj.* given as a honour, either without duties or without payment, serving without pay अवैतनिक मान, प्रतिष्ठा देने वाला मानमात्र दायी

**hood** हुड्ड *n, v,* a limp covering for the head and neck, a collapsible cover, part of a motor car etc, an ornamental fold worn hanging at the back of an academic gown, to cover with hood or with blind सिर ढाँपने का वस्त्र, विश्व विद्यालय का उपाधि सूचक चोगा

**hoof** हूफ *n* horny substance of horse's foot etc. खुर

**hoof** *v* to walk as cattle, खुर मारना, पशु की तरह चलना

**hook** हुक् *n* v a curved cutting tool, bent piece of metal for catching, to hold, to grasp, to catch, a snare कुलाबा, मछली पकड़ने का काँटा, जाल व वँसी, मछली पकड़ना

**hookah** हुक्का *n,* the tobacco pipe हुक्का

**hooligan** हुलिगन् *n,* a street rough, one of band of street roughs, a cruel ruffian. गुण्डा, बदमाश

**hoop** हूप् *n* v a large ring used as a toy, a band holding together the staves of casks, to jump through, to encircle चक्राकार खिलौना, घेरा, गोल पट्टा, बीच में से कूदना, पट्टे से बाँधना

**hoot** हूट् *v, n* to cry like an owl, to shout in contempt (sound of a motor horn or siren etc), a cry, उल्लू की सी आवाज निकालना, धिक्कारना, भोंपू की आवाज, शोर

**hop** हॉप् *v, n* to leap on one leg, to jump, a climbing plant, a leap एक टांग पर फुदकना, कूदना, एक प्रकार की लता, फाँद

**hope** होप *v, n* to desire and expect a desire confidence in the future, anticipation इच्छा ओर आशा करना, इच्छा, भरोसा, पहले देखना

**horde** होर्ड *n* a very large number, a wandering tribe, gang, rabble, गिरोह, घुमक्कड़ जाति, झुंड, भीड़भाड़

**horizon** होराइजन *n* lines where earth and sky seem to meet, boundary of mental outlook, experience, limit क्षितिज, दृष्टिकोण, परिधि (सीमा)

**hormone** हारमोन *n* substance secreted by certain glands which stimulates organs of the body शरीर के भीतर का पुष्टिकर एक रासायनिक तत्व

**horn** हॉर्न *n* a hooter, a siren, a hard outgrowth on the head of an animal भौंपू, सींग, बारूद रखने का डिब्बा

**hornet** होरनेट *n* a large kind of wasp, a large insect of wasp family, भिड़, बर्रा, हड्डा

**horoscope** हॉरोस्कोप *n.* observation of planets etc at given moment esp birth by which character and ability of individual are predicted जन्म पत्रिका, जन्म कुण्डली

**horror** हॉरर *n* very great fear,a cause of such feeling terror, loathing भारी भय, भय का कारण, आतंक, अतिघृणा

**horrid** *adj.* upleasant, shocking, dreadful, frightful अप्रिय, धक्का पहुँचाने वाला, भयानक, डरावना

**horse** हार्स *n* a solid hoofed animal used to draw vehicles etc, cavalry vaulting block घोड़ा, अश्व, घुड़सवार, कुदान

**horsepower** हॉर्सपावर *n,* the power a horse can exert, unit of power यन्त्र की वह शक्ति जिसके द्वारा एक सेकंड में ५५० पाउँड का भार एक फुट में उठ सकता है

**horticulture** हार्टिकल्चर *n* the art of cultivating gardens, gardening बागबानी, उद्यानविद्या

**hose** होज *v* to water with hose नली से पानी देना

**hose** होज *n,* to water with hose मौजा, पौधों पर पानी छिड़कने की नली

**hose** होज *n, v* stockings, socks (hosiery-knitted goods) flexible tube for conveying water मौजा, पौधों पर पानी छिड़कने की नली

**hosiery** होजिअरी *n,* a manufactory of hoses, a collective word for knitted garments मौजा बनियान इत्यादि की बुनाई, धन्धा या कारखाना

**hospitable** हास्पिटेबल् *adj.* giving a generous welcome to guests, welcoming, kindly अतिथि सत्कार करने वाला, आतिथ्यकारी, स्वागत करने वाला, दयालु

**hospital** हास्पिटल् *n v* a building for housing or treating patients, institution for care of sick, charitable institution for care of sick, charitable institution, to place for care in a hospital अस्पताल, चिकित्सालय, लोक कल्याण संस्था

**host** होस्ट *n a* person who entertains someone, a very large number, in keeper, army आतिथ्य करने वाला, समुदाय, मटियारा, सेना

**host** *v* to entertain अतिथि सत्कार करना

**hostage** होस्टेज *n* person taken or given as pledge, a person delived as a pledge to the enemy शरीर बन्धक

**hostel** होस्टल *n* an inn, a residence for students सराए, विद्यार्थियों के ठहरने का स्थान, धर्मशाला

**hostile** होस्टाइल *adj.* unfriendly, war like, of an enemy, opposed (hostility n enmity) विरुद्ध, बैरी, विपरीत

**hot** हॉट् *adj.* very warm, sharp in taste, passionate, of high temperature, angry, severe बहुत गर्म, तीखा, तीव्र, ऊष्ण, क्रुद्ध, प्रचण्ड

**hot headed** हाटहैडिड् *adj.* easily made angry, inclined to act rashly in hot water, in trouble, hasty person शीघ्र क्रुद्ध होने वाला, उतावला, परेशान

**hotchpotch** हाचपाच *n*, a confused,. mass of things, jumble, medley, गड़बड़ झाला, खिचड़ी, मिलावट

**hotel** होटेल *n.* large or superior inn, an inn, a house for traveller, धर्मशाला, भोजनालय, होटल

**hound** हाउँड *n.v.* a hunting dog, a mean scoundrel, to pursue, to hunt, शिकारी कुत्ता, दुष्ट, पीछा करना, शिकार करना

**hour** आवर *n.* sixty minutes, a time or occasion, time of day, appointed time, साठ मिनट, थोड़ा समय, दिन का समय, निश्चित समय

(at the eleventh hour, at the last possible moment) अन्तिम क्षण में

**house** हाऊस *n.v.* a building for living in,an inn, a family, a legislative body, घर, निवास, परिवार, गृहस्थी, वश, व्यवस्थापिका

**household** हाउसहोल्ड *n.* inmates of house collectively, कुटुम्ब, परिवार

**house holder** हाउस होल्डर *n.* occupier of a house, head of house hold, गृह स्वामी

**hovel** होबल् *n.* a small or a wretched dwelling, an open shade for sheltering cattle, an out house, a cottage, तुच्छ निवास, पशुओं का छप्पर, कुटी

**hover** होवर *v.* to hang in the air, to loiter ,be in state of indecision, हवा में लटकना, आवारा घूमना, अनिर्णय की अवस्था

**how** हऊ *adv.* in what manner, to what extent, by what means, कैसे, किस सीमा तक, किन साधनों से

**howdah** होंडा *n.* seat on an elephant's back, हौदा, हाथी पर बैठने की काठी

**howl** हऊल *v.n.* to utter a long cry, such cry, to roar, to cry like a dog or wolf, लंबी चिल्लाहट, गर्जना, कुत्ते या भेड़िए का गुर्राना

**hub** हब् *n.* the centre of a wheel, धुरा, पहिए की नाभि

**hubbub** हबब् *n.* an uproar, confused sound, शोरगुल, हल्लागुल्ला, शोर शराबा

**huckster** हक्सटर् *n.* a hawker, a mean fellow, mercenary person to haggle, फेरी वाला, बिसाती

**huckster** *v.* to sell in small quantities, फुटकर माल बेचना

**huddle** हड्डल *n.v.* to throw together in disorder, to put hastily, to crouch, to crowd in confusion, heap, crowd, गड़बड़ी करना, बेढँगा रखना, झुकना, भीड़, शोरगुल

**hue** ह्यू *n.* colour, a shouting, complexion, tint,(a hue and cry, रंग, शोर, छवि, हल्का रंग

**huff** हफ् *n.v.* a fit of anger, to swell, to give an offence, to bully, क्रोध, फुलाना, नाराज करना, शेखी मारना

**hug** हग् *v.n.* to clasp close with the arms, to delight in, to cling, to hold fast,a close embrace बाहों में भरना, आनन्द लेना, चिपकाना, गाढ़ आलिंगन

**huge** ह्यूज *adj.* very large, very big, immense, enormous, बहुत बड़ा, बहुत भारी, वृहत्

**hull** हल् *n.v.* a husk, the frame or body of a ship, to separate from the hull, छिलका, जहाज का ढाँचा, जहाज में गोला मारना

**hullabaloo** हुलाबैलू *n.* an uproar, row, clamour, शोरगुल, कोलाहल

**hum** हम् *v.n.* to make a sound like bees, to sing with closed lips, low dull noise, humming sound, मधुमक्खी का भिनभिनाना, बन्द होंठों से गाना, धीमा शुष्क शोर, भनभनाना

**human** ह्यूमेन् *adj.* belonging to mankind, having the qualities of man, of man, pertaining to man, मानवीय, मनुष्यत्व, मनुष्य से सम्बन्धित

**humane** ह्यूमेन *adj.* merciful, kind, sympathetic, benevolent, हमदर्द, परोपकारी, दयालु

**humanity** ह्यूमैनिटी *n.* mankind, generosity, kindness, benevolence, मानवता, उदारता, दया परोपकारिता

**humble** हम्बल् *adj..* modest, lowly, low, meek, विनीत, दीन, गर्वरहित

**humble** *v.* to defeat, to lower, to abase, नीचा दिखाना, हराना

**humblepie** हम्बलपाई to suffer humiliation (to eat humble pie), अपमान सहन करना

**humility** ह्यूमिलिटी *n.* the quality of being humble, meekness, नम्रता

**humbleness**

**humbug** हमबग् *n.v.* fraud, trick, nonsense, deception, कपट, छल, बकवास, धोखा

**humbug** *v.* to hoax, to deceive, छल करना, धोखा देना

**humdrum** हमड्रम *adj.* without variety, dull, common place, monotonous, trite, नीरस, शुष्क, सामान्य

**humid** ह्यूमिड *adj.* moist, damp (humidity.n) गीला, तर

**humidity** (-डेटी) *n.* moisture, dampness, आर्द्रता, तरी

**humiliate** ह्यूमिलियेट् *v.* to humble, to wound the dignity of, to abase, to mortify, नीचा दिखाना, प्रतिष्ठा भंग करना, दबाना

**humiliation** (-शन) *n.* mortification, दवाब

**hummock** हम्मक् *n.* a small hillock, low knell, a rising ground, छोटी पहाड़ी, टीला, टिब्बा

**humour** ह्यूमर *n.* state of mind, mood, temperament, fancy, whim मनस्थिति, चित्त वृत्ति, प्रवृत्ति,

**humour** *v.* to please, to comply, to gratify, प्रसन्न करना, पूरा करना, संतुष्ट करना

**hump** हम्प *n.v.* a knoll, a lump on the back, hillock, to make hump shaped, घंटे का शब्द, कूबड़, चोटी, चिढ़ाना, कूबड़ की शक्ल का बनाना

**hunch** हन्च *n.v.* a lump, a hump, to bend, to thrust, कूबड़, मुड़ना, हाथ का धक्का, धकेलना, घोंपना

**hundred** हन्ड्रड *n.* ten times ten, the number next above ninety nine, सौ, सैकड़ा

**hunger** हन्गर *n.v.* any strong desire, a desire for, or lack of food, to desire food, to long for, उत्कृष्ट इच्छा, कमी, भोजन की लालसा, चाहना

**hunt** हन्ट *v.* to chase, to hunt for prey, to hound, to search for, शिकार करना, आखेट करना, पीछा करना, ढूँढना

**hunt** *n.* a search, a body of huntsmen, a chase of wild animals, शिकार, आखेट, शिकारियों का दल

**hurdle** हर्डल *n.* a barrier, an obstacle, wooden, sticks woven together for temporary frame, रुकावट, टट्टर, बाधा

**hurdle** *v.* to cover with hurdles, बंद करना, टट्टी लगाना

**hurl** हरल् *v.n.* to throw violently, to utter in uncontrolled anger, to dash with force, to whirl, जोर से फेंकना, अत्यन्त क्रोध में बोलना, उछालना, चक्कर देना

**hurl** *n.* tumult, a violent throw, झगड़ा, बबाल

**hurly-burly** हरली बरली *n.* tumult, loud confusion, commotion, a bustle, खलबली, हुल्लड़, हल्ला गुल्ला

**hurrah** हुर्रा *intej.* a shout of joy or applause, जय जय, वाह, वाह, शाबाश, खुशी की चिल्लाहट

**hurricane** हरिकेन *n.* a violent tropical storm, anything violent, tempest, अँधड़, तूफान, झंझावात

**hurry** हरि *v.* to move quickly, to cause, to move with speed, to hasten, जल्दी करना, जल्दी मचाना, घबरा देना

**hurry** हरि *n* eagerness, undue haste, confusion, घबड़ाना, हड़बड़ाना, खलबली

**hurt** हर्ट *v.* to damage, to wound the feelings of, to injure, to harm हानि पहुँचाना, दिल दुःखाना, घाव करना

**hurt** हर्ट *n.* an injury, a wound, harm, चोट, घाव, हानि

**hurtle** हरट्ल *v.* to move rapidly, to dash, to brandish, to rush violently, तेजी से चलना, टकराना, वेग से घुमाना

**husband** हस्बैंड *n.v.* married man, to economise, पति, दुलहा, किफायत करना

**husbandry-farming** to till, the occupation of a farmer, खेती बाड़ी करना, कृषि कार्य, किसानी

**hush** हश् *v.n.* to quieten, to silence, stillness, silence, to calm, शान्त करना, चुप कराना, मुँह बन्द करना

**hush** *n.* stillness, silence, calm, शान्ति, निस्तब्धता, चुप्पी

**husk** हस्क *n.v.* covering of certain seeds and fruits, worthless outside part, to remove husk from, to strip husk from, फलों, बीजों का छिलका, भूसा, छिलका या भूसी हटाना

**husky** हस्की *adj.* rough and sound, big and strong, dry as husk, dry in the throat, hoarse, भूसा भरा हुआ, बड़ा और दृढ़, भूसे की तरह सूखा, रूखा

**hussar** हुजार *n.* a light armed cavalry soldier, घुड़सवार सिपाही

**hustings** हस्टिंग्ज *n.* electioneering platform, proceedings of an election, guild hall court, चुनाव मंच, चुनाव का कार्यक्रम, सभा भवन

**hustle** हसल् *v.* to push together, to push roughly, to thrust, घकेलना, धक्का देना, धकापेल करना

**hustle** *n.* a great activity, hurry, bustle, भारी हलचल, जल्दबाजी, शोरगुल

**hut** हट् *n.* a small dwelling, a temporary wooden house, any small wooden building, a cottage, कुटी, झोंपड़ी, कुटिया

**hut** *v.* to place or lodge in huts, छप्परों में रखना

**hutch** हच्च *n.* a box like pen for rabbits, chest, hut, a coop, खरहे का पिंजड़ा, सन्दूकची, कुटी, खरगोश का घर

**hybrid** हाइब्रिड *n.* mongrel, off spring of two plants or animals of different breeds etc, heterogeneous, जानवरों की सन्तति, दोगला जानवर, वर्णसंकर

**hydrant** हाइड्रैन्ट *n.* waterpipe with nozzle for hose, पानी निकालने का बम्बा

**hydroelectricity** हाइड्रोइलैक्ट्रसिटी *n.* electricity produced by means of water-driven turbines, electricity generated by a strong current of water, जल-धारा से उत्पन्न बिजली, बिजली की शक्ति

**hydrogen** हाइड्रोजन *n.* a colourless gas which combines with oxygen to form water, the lightest colourless gas, सबसे हल्का वायु रूप तत्व

**hyena, hyaena** हाइना *n.* a wild animal related to dog, a carnivorous animal, लक्कड़ बग्घा, तरक्ष, चर्ग

**hygiene** हाइजिअन् *n.* sanitary science, principles of health, science of health, आरोग्य शास्त्र, स्वास्थ्य विज्ञान

**hygienic** हाईजीनिक *adj.* pertaining to hygiene आरोग्य सम्बन्धी

**gygienical**

**hymn** हिम् *n.* a song of praise, a praise in song, a song of praise to God, स्तुति गीत, भजन

**hyomn** *v.* to praise in song, ईश्वर का भजन करना

**hyper** हाइपर *prefix* beyond, over, in excess, above, 'अधिक' अर्थ का उपसर्ग

**hypertension** हाइपरटैन्शन *n.* high blood pressure, उच्च रक्तचाप

**hyphen** हाइफन *n.* a short line indicating that two words or syllables are to be connected, दो शब्दों व शब्द खण्डों को जोड़ने वाला चिह्न

**hypnosis** ह्पिनोसिस *n.* a sleeplike state brought on by an operator in which the subject acts on external suggestion, मोहावस्था, कृत्रिम निद्रा, मोह निद्रा

**hypnotise(-ze)** (-टाइज) *v.* to induce artificial sleep, कृत्रिम, निद्रा बुलाना

**hypnotism** हिपनोटिज्म *n.* the science of hypnosis, an artificially induced steep, कृत्रिम, निद्रा, मोह निद्रा

**hypotenuse** हाइपाटेन्यूज *n.* the side of a right-angle triangle opposite to the right angle, त्रिभुज में समकोण

**hypothesise-ze** (-साइज) *v.* to form assumptions, कल्पना करना

**hypothesis** हिपोथीसिस *n.* a suggestion, something assumed for the sake of argument, a supposition, प्रस्ताव, अनुमान, तर्क का आधार, कल्पना (अनुमान)

**hysteria** हिस्टीरिया *n.* sleep walking, disturbance of mental faculties, a nervous disorder characterised by anaesthesia, convulsions, निद्रा में चलना, मूर्च्छा, बद्होशी, वातोन्माद, अकड़न

**hysterical** हिस्टीरिकल *adj.* pertaining to hysteria,

**hysteric** मूर्च्छा सम्बन्धी, गश की स्थिति में

**hysterically** (-ली) *adv.* in a hysterical manner, मूर्च्छा से

# I



**I** the ninth letter of the English alphabet, अंग्रेजी वर्णमाला का नवां अक्षर

**I** आई *pron* the word used for the speaker or writer in mentioning himself or herself, objective me, possessive my, मैं, लेखक या वक्ता के अपने लिए प्रयुक्त शब्द

**ice** आइस *n.* water made solid by freezing, ice cream, frozen water or other fluid, a frozen confection, जमा हुआ जल, आईस क्रीम, इत्यादि

**Icelander** आइसलैन्डर *n.* a native of Iceland, आईसलैंड का निवासी

**icon** आइकान् *n.* an image, a figure of Christ or a saint, a sacred picture, statue, मूर्त्ति, महात्मा ईसा व सन्त की प्रतिमा

**idea** आइडिया *n.* an image in the mind, a plan, an opinion, belief, an abstract principle, conception of what ought to be, कल्पना, योजना, ध ारणा, राय, विश्वास

**ideal** आइड्यिल *adj.* intellectual, perfect, visionary, बौद्धिक, पूर्ण, आदर्श, भावना

**identify** आईडैन्टीफाई *v.* to prove to be the same, to recognise, to establish identify of, समीकरण करना, तुल्य सिद्ध करना

**identification** *n.* recognition, समीकरण, एकरूपता

**ideology** आईडिआलोजी *n.* beliefs, a theory of government or social order, the science of ideas, abstract speculation, विचार, विज्ञान, सिद्धान्त

**idiom** इंडिअम् *n.* an expression belonging to a particular language or dialect an expression that has become fixed in form, a distinctive characteristics of a language, language of a people, मुहावरा, लोकभाषा, बोली, वाग्व्यवहार

**idiomatic** इडिओमेटिक *adj.* marked by the use of idioms, peculiar to a language also idiomatical, टकसाली, मुहावरेदार, लोक व्यावहारिक

**idiosyncrasy** आइडिओसिन्क्रेसी *n.* an eccentricity, a characteristic peculiar to an individual, peculiarity of mental constitution, विक्षिप्तता, जाति स्वभाव

**idiot** ईडिअट *n.* a foolish person, a very feeble minded person, person too deficient in mind, a perfect fool, मूर्ख, निबुर्द्धि, जड़मति, दीवाना

**idle** आइड्ल *adj. v.* not working, doing nothing, having no effect, empty, un occupied, vain useless, futile, lazy, to be inactive, to waste time, आलसी, निकम्मा, पोस्ती, निरुद्योगी, बेकार, सुस्त बनाना, समय गँवाना

**idleness** (-नैस) *n.* absence of work, inaction, आलस्य

**idol** आइडल् *n.* an image worshipped as representing a god, a person too much honoured, object of devotion, आराध्य, दुष्ट, प्रतिष्ठित व्यक्ति, देवता की प्रतिमा

**idolater** आइडलेटर *n.* a great admirer, a worshipper of idols, one who loves a person or thing to excess, मूर्त्तिपूजक

**idoltory** आइडलेटरी *n.* the worship of idols, मूर्त्तिपूजा, बुतपरस्ती

**if** इफ् *conj* whether, supposing that, in case that, although, on the condition, यदि, कल्पना कीजिए, यद्यपि, मानो, इस शर्त पर

**igloo** इगूल *n.* a narrowhut, a temporary shelter (formerly used by Eskimo), कुटीर, कुटी, बर्फ का घर

**ignite** इगनाइट् *v.* to set on fire, to take fire, to subject to the action of intense heat,t o glow with heat, आग लगाना, आग सुलगाना, बहुत गर्म करना जलाना

**ignition** *n.* act of igniting, आग का लगना, ज्वलन

**ignoble** इग्नोबल् *adj.* of poor quality, of low birth, dishonourable, of little value, of mean character or quality, निम्न स्तर का, नीच, अप्रतिष्ठित, दुष्चरित्र

**ignominy** इग्नॉमिनी *n.* public disgrace, base conduct, cause or source of disgrace, loss of one's good name, बदनामी, अपयश, कलंक

**ignorance** इग्नोरेंस *n.* lack of knowledge, want of knowledge, अज्ञान, अबोधता

**ignore** इग्नोर *v.* to discard, to reject, to set aside, ध्यान न देना, उपेक्षा करना, ध्यान न देना

**ignorant** *adj.* without knowledge, illiterate, uninstructed, अज्ञानी, अनभिज्ञ, अबोध

**ill** इल *adj.n.* sick, not well, bad, unlucky, unfriendly, not proper, vicious, evil, harm, misfortune, disease, रोगी, अस्वस्थ, बुरा, निर्भाग, हानि, रोग

**ill** *adj.* not honestly gained, छल से प्राप्त

**illegal** इल्लीगल *adj.* against the law, unlawful, contrary to law, वर्जित, गैरकानूनी, अवैध

**illegible** इल्लेजिबल् *adj.* not legible, impossible to read, difficult to decipher, indistinct, अस्पष्ट, अपठनीय, जो पढ़ा न जा सके, गिचपिच ।

**illegitimate** इल्लिजिटिमेट *adj.v.* born of unmarried parents, not according to law, not according to sound reasoning, born of wed lock, to render illegitimate, अवैध, शास्त्र, विरूद्ध, हरामी

**illicit** इल्लिसिट् *adj.* unlawful, not permitted, unlicensed, unauthorized, अवैध, निषिद्ध, व्यवहार विरुद्ध,, अशुद्ध

**illiteracy** इल्लिटरेसी *n.* want of learning, ignorance, निरक्षरता, अज्ञानता

**illiterate** इल्लिटरेट् *adj.* uneducated, unable to read or write, ignorant, अनपढ़, अशिक्षित, अज्ञानी

**illness** इलनैस् *n.* the state of being sick, disease, sickness, illhealth, रोग, बीमारी, रुग्नता, अस्वस्थता

**illogical** इल्लोजिकल् *adj.* not logical, not showing sound reasoning, contrary to the rules of logic, अताकिर्क, न्याय विरुद्ध, तर्कहीन

**illuminate** इल्यूमिनेट् *v.* to light up, to decorate, to throw light on, to enlighten, to throw light upon, to adorn, to make plain, to display lights, प्रकाशमान करना, सजाना, प्रकाश डालना, जागृत करना, स्पष्ट करना, दीप जलाना

**illumination** *n.* decoration, inspiration, splendour, brightness, सुसज्जा, ज्योति, चमक, द्युति, चमकदमक

**illusion** इल्यूजन् *n.* a false impression, false show, a deceptive appearance, hallucination, conjuring trick, धोखा, छल-कपट, माया, इन्द्रजाल

**illusive** *adj.* deceptive, illusory, deceiving by false show, fallacious, मायावी, छली, कपट-पूर्ण

**illustrate** इलस्ट्रेट *v.* to adore with pictures, to make clearer by giving examples, चित्रों द्वारा स्पष्ट करना, दृष्टान्तों द्वारा स्पष्ट करना, व्याख्या करना, प्रख्यात, प्रसिद्धि

**illustrious** *adj.* distinguished, renowned, विख्यात

**illustration** *n.* example स्पष्टीकरण, पुस्तक में बने हुए चित्र

**image** इमिज *n.* a copy, an idol, a likeness, a statute, a simile, नकल, प्रतिमा, उपमान, समता

**image** *v.* a counterpart, conception, to form an image of, to imagine, to portrary, to reflect, आकृति

**imagery** इमैजिरी *n.* images, figurative illustration, carving, an appearance, आकृति पुँज, रूपक

**imaginary** *adj.* not real, utopian, existing only in imagination, काल्पनिक, निराधार, अमूलक

**imagination** इमैजिनेशन् *n.* power of imagining, creative ability of a writer, a conception of idea, invention, fancy, mental images, कल्पना, कवि की काल्पनिक शक्ति, भावना

**imagine** *v.* to conceive, to form a mental image of, suppose, कल्पना करना, सोचना, विचारना

**imam** इमाम् *n.* muslim priest, a ruler or caliph of a Mohammedam country

**imbecile** इम्बिसाइल् *adj.* a feeble-minded person, without strength, idiotic, stupid, मंदबुद्धि, मूढ़, अशक्त, दुर्बल

**imbecility** (-सिलेटी) *n.* feebleness of mind, or body, मूढ़ता, दुर्बलता

**imbibe** इम्बाइब् *v.* to drink in, to receive into the mind, to absorb, to absorb moisture, सोख लेना, चूस लेना, ग्रहण करना

**imbroglio** इम्ब्राग्लिओ *n.* misunderstanding, strife, entanglement, perplexity, complicated plot, confused mass of things, भ्रान्ति, झगड़ा, तकरार, जटिल स्थिति, बेतुका ढेर

**imbue** इम्ब्यू *v.* to saturate with, to inspire with, to fill, to cause to absorb, to tincture deeply, तर करना, प्रेरणा देना, भरना, प्रभाव डालना, गहरा रंग चढ़ाना

**imitate** इमिटेट् *v.* to be like, to produce a semblance of, to use as a model, to take example by, to copy, to counterfeit, नकल करना, अनुकरण करना, जालसाजी करना

**imitation** copy, counterfeit, not genuine, resemblance, नकल, अनुकरण

**immanent** इम्मेनेन्ट् *adj.* inherent in, indwelling, आभ्यन्तरिक, भीतरी, अन्दरूनी

**immaterial** इमैटिरिअल् *adj.* spiritual, not material, not important, disembodied, आध्यात्मिक, अमूर्त, निराकार

**immature** इम्मैच्योअर *adj.* not ripe, not fully grown, not mature, crude, अपरिपक्व, कच्चा, अधूरा, पकने से पहले

**immeasurable** इम्मअरेबल् *adj.* very great, which cannot be measured, vast, immense, limitless, असीम, अपरिमित, बहुत बड़ा, विस्तृत

**immediate** ईमिडियेट् *adj.* with nothing coming between, wihout delay, direct, next, approximate, nearest, instant, तुरन्त, शीघ्र, अविलंब, अति समीप का,

**immemorial** इम्मैमोरिअल् *adj.* going back beyond memory, of distant past, from time out of mind, as immemorial custom, अति प्राचीन, स्मरण तीत, भूतकाल का, अविस्मरणीय

**immense** इम्मेन्स् *adj. n.* vast, very great, boundless, very fine, immensity, infinite space, विस्तृत, बहुत बड़ा, बढ़िया, विशालता, असीमता

**immerse** इम्मर्स *v.* to plunge wholly in a liquid, to give one's whole attention to, to take up the attention of, to sink, to dip, to baptize by immersion, डूबना, तल्लीन होना, डुबकी लगाना, जल में डुबोना

**immersion** *n.* absorption in thought, गोता, तत्परता

**immigrate** इम्मिग्रेट *v.* to come into a country to settle,to go to another country as settler, remove into a country, किसी देश में आ बसना, देशान्तर में बसना या बसाना

**immigration** (-ग्रेशन) *n.* the act of immigrating, प्रवास , परदेशवास

**imminence** इम्मिनेन्स *n.* a threatening, nearness, भयानकता, समीपता,

**imminent** इम्मिनेट् *adj.* likely to happen very soon,said especially of peril or misfortune, threatening, impending, शीघ्र संभाव्य, निकट, भयावह, सिर पर आया हुआ

**immobile** इम्मोबाइल *adj.* motionless, not able to move, fixed, अचल, निश्चल, स्थिर

**immobility** (-लेटी) *n.* fixedness, immovability, स्थिरता

**immoderate** इम्मॉडरेट् *adj.* excessive, going much beyond normal, not moderate, extravagant, intemperate, अत्यधिक, अपरिमित, उग्र, अमितव्ययी, असंयमी

**immodest** इम्माडैस्ट *adj.* shameless, not modest, forward, arrogant, indelicate, unchaste, निर्लज्ज, असंयमी, धृष्ट, कर्कश

**immodesty** (-टी) *n.* shamelessness, want of delicacy, निर्लज्जता, असंयम

**immolate** इम्मोलेट् *v.* to offer in sacrifice, to make a sacrifice of, to kill as a sacrificial victim, बलि देना, बलिदान देना

**immolation** (-शन) *n.* sacrifice, बलिदान

**immoral** इम्मॉरल *adj.* not moral, vicious, dishonest, dissolute, unprincipled, contrary to the public good, अनैतिक, पापी, बेईमान, दुराचारी

**immorality** इम्मोरेलिटी *n.* dissolution, an immoral conduct, अनैतिकता

**immortal** इम्मार्टल् *adj.n.* never ending, everlasting, one who lives forever, imperishable, अमर, अजर, अविनाशी

**immortality** *n.* lasting fame, state of living for ever, exemption from death, अमर ख्याति, अमरत्व, अनश्वरता

**immovability** ईम्मूवेविलेटी *n.* fixedness, steadfasteness, स्थिरता, अटलता

**immovable** इम्मूवेबल् *adj.* impossible to move, fixed, stead fast, unfeeling, unchanging, स्थिर, दृढ़, शुष्क, अपरिवर्तनीय, अचल सम्पति

**immune** इम्यून *adj.* exempt, protected against infection or feeling etc. secure against attack, free, मुक्त, बीमारी से मुक्त

**immunity** *n.* freedom, being proof against contagion, मुक्ति, छुटकारा

**immutability** इम्यूटिविलेटी *n.* permanence, स्थिरता, नित्यता

**immutable** इम्युटेबल् *adj.* unalterable, unchangeable permanent, invariable, अपरिवर्तनीय, स्थायी, परिवर्तनरहित

**imp** इम्प् *n.* a mischievous child, a little wicked spirit, an off shoot from a tree, a hobgoblin, शैतान, शरारती बच्चा, टहनी, भूत

**impact** इम्पैक्ट *n.* influence, collision, strong impression, प्रभाव, टकराव, मजबूत छाप

**impact** *v.* to press, to influence, to collide, दबाना, प्रभाव डालना, टकराना, जकड़ना

**impair** इम्पेअर् *v.* to injure, to weaken, to make less good, to become worse, to deteriorate, चोट मारना, कमजोर करना, कम करना, बिगाड़ना, अधिक खराब होना

**impalpability** इम्पेलबिलेटी *n.* the quality of being intangible, अस्पृश्यता

**impalpable** इम्पैलपेबल् *adj.* not easily grasped by the mind, not able to be perceived by touch, not material, incorporeal, unreal, intangible, अग्राह्य, दुर्बोध, अस्पृश्य, बारीक

**impart** इम्पार्ट *v.* to make known to some one, to give, to communicate, to give a share, समझाना, देना, समाचार, भाग देना

**impartial** *n.* unprejudiced, fair, निष्पक्ष, स्वच्छ, न्यायी

**impartiality** इम्पार्शियालेटी *n.* equitableness, निष्पक्षता, इन्साफ

**impassable** इम्पासेबल *adj.* that cannot be passed through or over, not admitting passage, impervious, बन्द, कठिन, अलंघ्य, अगम्य

**impassableness** (-नैस) *n.* the state of being impassable अगम्यता

**impasse** इम्पास् *n.* a difficult situation, a position from which there is no escape, a blind alley, deadlock, कठिन स्थिति, बन्द गली, गत्यावरोध

**impassion** इम्पैशन *v.* to excite the passions strongly, to excite deeply, उत्तेजित करना, वासना, जागृत करना

**impassioned** इम्पैशन्ड् *adj.* moved by or showing a very strong feeling, animated, excited, deeply moved, उत्तेजित, उत्कंठित

**impassive** इम्पैसिव् *adj.* not showing or not feeling emotion, unmoved, apathetic, not exhibiting feeling, वासना रहित, मनोविकार शून्य, उदासीन

**impatience** इम्पेशशैन्स *n.* want of patience, अधीरता, वेसब्री

**impatient** इम्पेशैन्ट *adj.* irritable, not patient, in tolerant, restessly eager, व्यग्र, अधीर, असहनशील, व्याकुल

**impeach** इम्पीच् *v.* to charge with treason, to accuse, to call in question, to challenge the validity of, अभियोग लगाना, दोषी ठहराना, अपराधी ठहराना

**impeachment** (-मेंट) *n.* the act of impeaching an officer of state, राज्याधिकारी पर इल्जाम

**impeccable** इम्पेकेबल् *adj.* guitless, not liable to sin, पवित्र, निष्पाप, बेगुनाह

**impede** इम्पीड् *v.* to obstruct, to hinder, to retard, रोकना, प्रतिबन्ध करना, अवरुद्ध करना

**impediment** *n.* hindrance, obstruction, अवरोध, प्रतिबन्ध, रुकावट

**impel** इम्पैल् *v.* to propel, to drive to action, to action, to constrain, to any kind of motion, to incite, उत्तेजित करना, प्रवृत्त करना, उकसाना

**impend** इम्पैन्ड् *v.* to threaten, to be about to happen, to hang over, to be ready to fall, to be at hand, धमकाना, लटकाना, गिरने को होना, समीप आ जाना

**impending** (-डिंग) *adj.* approaching, imminent, threatening, उपस्थित, समीप, सिर पर

**impenetrable** इम्पैनिट्रेबल *adj.* that cannot be passed through, not admitting entrance, impervious, कट्टर, जो तोबा न करे, पश्चाताप हीन, घोर पापी

**impenetrate** *v.* to penetrate deeply, गहराई में जाना

**impenitent** इम्पैनिटैन्ट *adj. n.* not repenting, not sorry, not contrite, obdurate, a hardened sinner, कट्टर जो तोबा न करे, पश्चाताप हीन, घोर पापी

**impenitence** (-टैन्स) absence of penitence, पश्चाताप का अभाव

**imperative** इम्पैरिटिव *adj. n.* urgent, expressing a command, peremptory, obligatory, that mood of a verb that expresses command, entreaty etc, अनिवार्य, आदेश सूचक, जरूरी, आज्ञा विनय इत्यादि की निर्देशक क्रिया का रूप

**imperceptible** इम्परसेप्टिबल् *adj.* too small to be seen or apprehended, not perceptible, subtle, very slight, अति सूक्ष्म, क्षीण, बहुत महीन

**imperfect** इम्परफैक्ट *adj.* not perfect, having, a defect, wanting in excellence, faulty, incomplete, defective, अपूर्ण, अधूरा, दोषपूर्ण

**imperfection** *n.* fault, blemish, incompleteness, दोष, धब्बा, न्यूनता, कमी

**imperial** इम्पीरिअल् *adj.* connected with empire , emperor, commanding, royal, severeign, शाही, शाही ठाठ वाला, सर्वोच्च

**imperialism** *n* rule of an emperor, belief in value of colonies & dependencies, साम्राज्यवाद, सम्राट का शासन

**imperil** इम्पैरिल् *v.* to put in danger, to put in peril., to jeopardize, to endanger, खतरे में डालना, अपत्ति में डालना

**imperious** इम्परिअस *adj.* urgent, haughty, commanding, domineering, dictatorial, urgent, imperative, overbearing, घमंडी, उग्र, मगरूर, हेकड़ी बाज

**imperishable** इम्पैरिशेबल् *adj.* lasting for ever, not perishable, not subject to decay, indestructible, permanently enduring, अविनाशी, अजीर्ण, स्थायी, अमर

**impersonal** इम्परस्नल् *adj.* not involving a person, wanting personality, having no personality or personal reference, व्यक्तिहीन, अकर्तृक, अन्य पुरुष एक वचन में

**impersonate** इम्परस्नेट *v.* to personify, to act, to play the part of, to represent a person on the stage, व्यक्तित्व प्रदान करना, रूप बनाना

**impertinence** *n.* irrelevance, rudeness, निष्पक्षता, शेखी

**impertinency**

**impertinent** इम्पर्टिनैन्ट् *adj.n.* rude, meddling, impudent, not pertinent, not to the point, uncivil, offensive, a forward or ill-manered person, असभ्य, ढीठ, अक्खड़, अशिष्ट

**imperturbable** इम्परट्रबेबल् *adj.* always calm, not easily perturbed, cool calm, self-contained, शान्त, अडोल, दृढ़, स्थिर,

**impetuosity** इम्पैच्युओसिटी *n.* fury, furiousness of temper, vehemence, dash, प्रचण्डता, तीव्रता

**impetuous** इम्पैट्यूअस *adj.* impulsive, acting with sudden rashnass, precipitate, vehement in feeling, rushing with force and violence, तेज, जल्दबाज, भावुक, प्रबल, तीव्र

**impetus** इम्पैट्स *n.* a moving force, stimulus, impulse, momentum, impulsion, प्रेरणा, बल, गति, चालन शक्ति

**impiety** इम्पाइटी *n.* want of piety, ungodliness, an act of irreverence, violation of natural dury towards others, अपवित्रता, अधर्म, पाप, नापाकी, अशिष्टता

**implacable** इम्प्लेकेबल् *adj.* not to be appeased, relentless, constant in anger or enmity, inexorable, कठोर, निर्दय, क्रोधी

**implant** इम्प्लांट् *v.* to insert, to fix in the mind, to infix for growth, to ingraft, to cause to take root, जमाना, मन में बिठाना, लगाना, कलम लगाना

**implement** इम्प्लीमेन्ट् *n.v.* tool or instrument, to carry out, to fulfil, to fill up, औजार, यन्त्र, कार्यान्वित करना, पूरा करना

**implementation** (-टेशन) *n.* कार्यान्वनयन

**implicate** इम्प्लीकेट् *v.* to involve in a crime, to infold, to entangle, उलझाना, फँसाना,

**implication** *n.* involvement, झंझट, लपेट

**implicit** इम्प्लिसिट् *adj.* meant but not put into actual words, implied, resting on inference, blind, tacit, submissive, unreserved, उपलक्षित, (ध्वनित), एतबारी, विश्वासिया

**implore** इम्प्लोर् *v.* to entreat, to ask earnestly for, to beg, to cry, to supplicate, याचना करना, अनुनय करना, भिक्षा मांगना

**implied** इम्प्लाइड *adj.* understood, having implication, छिपा हुआ, उपलक्षित

**imply** इमप्लाई *v.* to mean, to hint at, to involve, to signify by fair inference, to insinuate, to express indirectly, अर्थ रखना, संकेत करना, समझा जाना, प्रतीत करना

**impolite** इम्पोलाइट् *adj.* rude, arrogant, not polite, boorish, coarse, अभद्र, अशिष्ट, फूहड़, गँवार

**impolitely** (-ली) *adv.* rudely, arrogantly, नादानी से,

**import** इम्पोर्ट *v.* to bring in goods from abroad, meaning, importance, सामान आयात करना, भाव, महत्व

**importance** *n.* dignity, significance, weight, pompousness, शोभा, मान, महत्व, प्रताप, आडंबर

**importune** इम्पोरचून *v.* to solicit pressingly, to beg urgently, to harass with perpetual demands, दुराग्रह करना, अड़ना

**impose** इम्पोज *v.* to make compulsory, to thrust, to force, to inflict, to place upon, to lay upon, to obtrude upon, to place a tax, उत्तरदायित्व देना, डालना, प्रभाव डालना, सिर पर रखना, थोपना

**imposition** *n.* burdensome, unjustified demand, a punishment task, अन्यायिक मांग, छल, दण्ड, कर

**impossibility** इम्पेसिबिलिटी *n.* state of being impossible, state that can't be endured, असंभव बात असाध्य, असहनीय स्थिति

**impossible** इम्पोसिबल् *adj.* that cannot be done, inconceivable, असम्भव, अनहोनी, दुष्कर

**impost** इम्पोस्ट् *n.* duty, tax (e.g. on imported goods), the upper portion of a pillar, राज्यकर, चुंगी कर, खम्भे का ऊपरी भाग

**impostor** इम्पोस्टर् *n.* a deceiver, one who assumes false character, one who imposes upon others false pretentions छली व्यक्ति, धोखे बाज, बहुरूपिया

**imposture** इम्पोस्चर *n.* act of deception by an impostor, fraud, deception, पाखण्डी द्वारा धोखा, कपट, छल

**impotent** इम्पोटेन्ट् *adj.* without strength, weak, deficient in capacity, unable to beget, lacking self-restraint, अशक्ता, दुर्बल, ढीला

**impotence,impotency** इम्पोटेन्स,-सी *n.* state of being impotent, lacking in sexual power, दुर्बलता, नपुँसकता

**impound** इम्पाउँड *v.* to confine, to shutin, to take legal possession of, to hold in custody of a court, बाड़े में बद करना, कैद करना, जब्त करना

**impoverish** इम्पॉवरिश् *v.* to make poor, to reduce to poverty, to cause to dereriorarte in quality or productiveness, to exhaust, निर्धन बनाना, क्षीण करना, निस्सार करना

**impracticability** *n.* impossibility, अशक्यता, असाध्यता

**impracticableness** *n.*

**impracticable** इम्प्रैक्टिकेबल् *adj.* impassable, not able to be put into practice, not easily dealt with, unmanageable, impossible, intractable, असाध्य, दुष्कर, अशक्य, दुलंघ्य, दुर्गम

**impregnable** इम्प्रैग्नेबल् *ajd.* that cannot be taken by attack, not to be captured, not to be overcome as a virtue, invincible, दुर्जय, अजेय, दृढ़, दुर्गम

**impregnate** इम्प्रैगनेट् *v.* to saturate with, to make pregnant, to fertilize, to imbue, गर्भिनी करना, पूरित करना, सन्चित करना

**impregnation** इम्प्रैगनेशन् *n.* the act of impregnating, infusion, गर्भाधान, संचरण

**impress** इम्प्रैस *v.n.* to fix, to forces, to urge, to arouse feelings, to mark, to stamp, to imprint, to inculcate, मोहर या छाप लगाना, चिन्हित करना, प्रभाव डालना

**impress, impression** *n.* an idea, a figure, an image, stamp, an impression, अंक, छाप, प्रभाव

**impression** इम्प्रैशन *n.* mark, a strong effect on the mind, अंक, छाप, प्रभाव

**impressive** इम्प्रैसिव *adj.* capable of making an impression on the mind, प्रभावशाली, ह्रदयंगम

**imprint** इम्प्रिन्ट् *v.n.* to fix in the mind, to place, to mark by pressure, to stamp, to print, to impress deeply, an impression, stamp, चिन्हित करना, छापना, गहरा प्रभाव डालना, छाप, चिन्ह

**imprison** इम्प्रिजन् *v.* to shut up, to put in prison, to detain in custody, to restrain, to incarcerate, बंद करना, कैद करना, रोकना

**imprisonment** *n.* confinement in prison, being in prison, कारावास, कैद

**improbable** इम्प्राबेबल् *adj.* unlikely, not to be expected, not likely to true, दुर्घट, न होने लायक, कठिन, आशातीत

**impromptu** इम्प्राम्प्टयू *adj.adv.* made or done without preparation before band, off-hand, an extempore, extemporaneous, अयत्न, बिना पूर्व तैयारी किये *n.* musical composition that seems to have been improvised, रचना या भाषण, तात्कालिक भाषण

**improper** इम्प्रापर *adj.* indecent, not suitable, not correct, erroneous, not according to usage, unseemingly, अप्रचलित, अभद्र, अनुचित, अशुद्ध, गलत

**improve** इम्प्रूव *v.* to make or become better, to intensity, to turn to account, to produce something better, उन्नति करना, सुधारना, अच्छा उपयोग करना

**improvement** इम्प्रूवमैंट *n.* advancement, act of improving, usefulness, प्रगति, सुधार, सदुपयोग

**improvise** इम्प्रोवाइज *v.* to make a substitute for from materials at hand, to compose and perform without preparation, to devise on the spur of the moment, to do a thing in an off hand manner, compose verse while reciting, व्याख्यान देना, समय पर गीत बना लेना

**imprudent** इम्प्रूडैन्ट् *adj.* unwise, not showing caution, wanting prudence, अविवेकी असभ्य, असावधान

**impudence** इम्प्यूडैंस *n.* the quality of being shamelessly insolent, धृष्टता, निर्लज्जता

**impudent** इम्पूडैन्ट् *adj.* shamlessly bold, insolent, immodest, offensively forward, intentionally disrespectful, निर्लज्ज, धृष्ट, ढीठ, असभ्य

**impulse** इम्पल्स् *n.* a sudden desire, an urge, a driving force, motion, a drive to action, the result of an impelling force, a sudden determination प्रवृत्ति, प्रोत्साहन, चाल, प्रेरणा, धक्का

**impure** इम्प्योअर *adj.* not morally pure, mixed with something else, unchaste, anclean, dirty, not accurate, कुत्सित, अपवित्र, अशुद्ध, अनिर्मल, पापी

**imputation** इम्प्यूटेशन् *n.* act of imputing, accusation a or suggestion of wrong- doing, दोषारोपण, इल्जाम

**impute** इम्प्यूट् *v.* to consider to be caused, to charge, to attribute, to ascribe, दोषी ठहराना, कलंकित करना, संबंध करना

**in** इन् *prefix* no, नहीं, ना

**in** इन् *prep.* inside, not out, towards the inside, within, into, में, भीतर, कारण से, द्वारा, बीच

**inability** इनएबिलिटी *n.* lack of power or means, incapacity, disability, अयोग्यता, अशक्ति, असामर्थ्य

**inaccessible** इनूएक्सेसेबल् *adj.* not to be approached or obtained, unapproachable, unobtainable, दुर्लभ, अगम, असम्भव, पहुँच से बाहर

**inaccuracy** इनऐक्यूरेसी *n.* want of accuracy, error, a mistake, inaccurateness, अशुद्धता, भूल, गलती

**inaccurate** इन्एक्यूरेट *adj.* not accurate, unsure, failing in precision, slovenly-minded, अशुद्ध, अनिश्चित, अगम, अशिष्ट

**inactive** इन्एक्टिव *adj.* making no effort, not active, out of use, inert, आलसी, सुस्त, अप्रयुक्त, पोस्ती

**inadequate** इनएडिक्वेट *adj.* not suitable, not able to deal with the situation, not sufficient, incapable, अयोग्य, अपर्याप्त, निकम्मा

**inadmissible** इनएडिबिजेवल् *adj.* not allowable, not permissible, not proper, that cannot be allowed, अग्राह्य, अनुचित

**inadvertent** इनएड्बरटैन्ट *adj.* not deliberate, in attentive, headless, careless, unconscious, बेखबर, असावधान

**inadvisable** इनएड्बिजेबल् *adj.* unwise, मूर्ख, अनुचित

**inalienable** इन्एलियनेबल् *adj.* that cannot be taken or given away, that should not be alienated, surrounded or transferred, जो अलग न हो सके, अविच्छेद्य

**inanimate** इन्एनिमेट् *adj.* dull, lifeless, dead, spiritless, not animate, without animal life, बेजान, निर्जीव, मृतक, प्राणहीन

**inappeasable** *adj.* that can't be pacified or appeased शान्त न होने योग्य, संतुष्ट न होने योग्य

**inapplicable** इन्ऐप्लिकेबल् *adj.* not applicable, not suitable, अयोग्य, अनुचित

**in-apt** इनएप्ट *adj.* unfit, unskilful, not bearing on the subject, अप्रवीण, अप्रासिंगक

**inappropriate** इन्ऐप्रोप्रिएट *adj.* not appropriate, not suitable, असंगत, बेमेल

**inarticulate** इनआर्टिकुलेट् *adj.* uttered indistinctly, incapable of speech, not articulated, not jointed, अस्पष्ट, गूँगा, साफ न बोलने वाला, जैसे पशु की बोली

**inattentive** इनअटैन्टिव *adj.* not paying attention, careless, not giving due heed, असावधान, उपेक्षा करने वाला, ध्यान न देने वाला

**inaudibility** इनआडिबिलिटी *n.* state of being inaudible, अश्रव्यता

**inaudible** इन्आडिबल *adj.* not able to be heard, अकर्ण गोचर, जो सुन ना पड़े ।

**inaugurate** इनआग्रेट *v.* to open formally to the public, to install formally in office, to consecrate, to make a formal beginning of, to initiate, विधिवत आरम्भ करना, प्रदर्शन करना

**inauguration** (-शन) *n.* opening of an exhibition press building with formalities, प्रतिष्ठापन, संस्कार

**inauspicious** इनआस्पिशस *adj.* unlucky, unfortunate, unfavourable, ill-omened, अभाग्यसूचक, अमंलकारी, अशुभ

**inboard** इनबोर्ड *adv.* in the deck or board, near the centre of a ship, जहाज के मध्य पटरे की ओर

**inborn** इन्बार्न *adj.* natural, inherent, innate, possessed at birth, स्वाभाविक, जन्मसिद्ध, प्राकृतिक, जन्मजात

**inbred** इनब्रेड *adj.* inborn, natural, innate, स्वाभाविक, नैसर्गिक

**incalculable** इनकेल्क्युलेबल *adj.* that cannot be counted, very great, beyond calculation, that can't be reckoned before hand, अनगिनत, असंख्य, अगम्य

**incandescent** इन्कैन्डिसन्ट् *adj.* glowing with heat, able to give out light when heated, तेजी से चमकने वाला, गर्म हाने पर प्रकाश देने वाला ।

**incantation** इनकैन्टेशन् *n.* words used in magic, charm or spell, enchantment, मंत्र, जादू टोना ।

**incapable** इनकैपेबल् *adj.* unfit, incompetent, not capable, lacking in ordinary powers, असमर्थ, अयोग्य

**incapacious** इनकैपेशस् *adj.* of small content, narrow, छोटा संकुचित, तंग

**incapacitate** इन्कैपेसिटेट् *v.* to deprive of capacity, to render unfit, to disqualify, to disable, to make incapable, अयोग्य करना, नाकाबिल करना, विवश करना, बेबस करना,

**incarnate** इनन्कार्नेट *v.adj.* to clothe with flesh, to embody in flesh, flesh coloured, in bodily human form, मूर्तिमान, शरीर धारी, शारीरिक

**incarnation** (शन) -n.embodiment in human form, the act of incarnating, अवतार, शरीर धारण, शरीरित्व

**incendiary** इनसिडिअरी *adj. n.* pertaining to arson, tending to excite passion, seditious, inflammatory, one who excites violence, आग लगाने वाला, उपद्रव, या झगड़ा उठाने वाला

**incense** इन्सेन्स् *v.n.* to inflame with anger, to fire, to irritate, to provoke, to perfume with incense, homage, order of spices and gums burned in religious rites, क्रुध करना, उत्तेजित्त करना, झड़काना, धूप देना, श्रद्धा, प्रशंसा

**incentive** इनसेन्टिव् *adj.n.* encouraging, inciting, spur, motive, stimulus, encouragement, उत्साहवर्धक, प्रवर्त्तक, प्रबोधन, लक्ष्य

**inception** इन्सैप्शन् *n.* beginning, reception, start, प्रारम्भ, शुरूआत, शुरू

**incesssant** इनसैन्ट् *adj.* continuous, ceaseless, unceasing, uninterrupted, often repeated, नित्य, सतत्, अविच्छन, निरन्तर

**incessantly** -ली *adv.* in an unceasing manner, without break लगातार, निरन्तर

**inch** इन्च *n.v.* 1/12th of a foot, a small degree, to move slowly, ईंच, शनैः, शनैः

**incident** इन्सीडैन्ट *adj. n.* apt to occur, casual, subordinate, occuring accidently, occurrence, episode, accident, event, आकस्मिक, दैवयोग, घटना, प्रसंग, अनावश्यक

**incise** इन्साइज *v.* make a cut in, to cut into, to engrave, to scribe, तराशना, नक्काशी करना

**incision** इन्सीजन *n.* cutting, कटाव, छेद

**incite** इन्साइट् *v.* to stir up, to move to action, to impel, to encourage, to spur on, rouse, उत्तेजित करना, उकसाना, भड़काना

**incitement** -मैंट *n.* motive, stimulant, प्रेरणा, उत्तेजना, बढ़ावा

**inclement** इन्क्लीमैन्ट *adj.* rough, stormy, temptuous, unmerciful, severe, cold, कठोर, तीव्र, प्रचण्ड, खराब

**inclemency** इन्क्वीमैन्सी *n.* rough, रुक्षता, कठोरता, खराबी

**incline** इन्क्लाइन *v.n.* to deviate, to bow, to lean, to have a tendency, to direct, to turn, a slope, विपथ होना, झुकाना, इच्छा करना, ढालुआँ स्थान, ढलवान

**include** इन्क्लूड *v.* to hold, to inclose, to confine within something, to comprehend, to comprise, to contain, अन्तर्गत करना, शामिल करना, संयुक्त करना, मिलाना

**including** इन्क्लूडिंग *adv.* accompanying, सहित, साथ

**incognito** इन्काग्निटो *adj. adv.* disguised, in disguise, under an assumed name, state of being unrecognized, unknown, प्रच्छन्न, गुप्त, भेष बदले हुए

**incognizable** इन्काग्निजेबल् *adj.* that can't be recognised by senses or intellect, इन्द्रियागोचर

**incoherent** इनकाहरेन्ट् *adj.* incongruous, without coherence, inconsecutive, inconsistent, unconnected, असंगत, बेमेल

**incoherently** (-ली) *adv.* in an inconsistent manner, बिना मेल के

**income** इन्कम् *n.* the gain which proceeds from labour, annual receipts of a person, आय, आमदनी

**incommensurate** इन्कमैंश्यूरेट *adj.* not comparable, inadequate, अतुल्य, असमान

**incommunicable** इनकम्युनिकेबल *adj.* which cannot be communicated or told, अकथनीय, अवर्णनीय

**incomparable** इन्कम्पेरेबल् *adj.* peerless, not admitting of comparison, unequalled, transcendent, matchless, अपूर्व, अनुपम, अनोखा

**incompatible** इन्कम्पैटिबल् *dj.* incapable of harmonious combination, incongruous, inconsistent, persons or things not agreeing with each other, असंगत, बेमेल, बेसुरा

**incompetent** इनकम्पीटेन्ट् *adj.* inadequate, wanting fitness, inadmissible, incapacitated, असमर्थ, अयोग्य, अधूरा

**incompetence** *n.* inability, inadequacy, अयोग्ता, असामर्थ्य

**incomplete** इन्कमप्लीट् *adj.* defective, imperfect, not fully developed, unfinished, अपूर्ण, दोष पूण, अधूरा, खण्डित

**incomprehensible** इनकम्प्रिहेनेसिबल् *adj.* not to be understood by the mind, inconceivable, illimitable, boundless, दुर्बोध, अचिन्त्य, अगम्य

**inconceivable** इन्कनसीवेबल् *adj.* incredible, incapable of being imagined, incomprehensible, अकल्पनीय, अचिन्त्य,

**inconclusive** इनकनक्लुजिव *adj.* leading, to no conclusion, un-convincing, inefficient, in effective, अधूरा, अनिर्णीत

**incongruous** इनकाँग्रुअस् *adj.* inharmonious, inappropriate, unsuited to oneanother, abused, inconsistent, out of place, अनुचित, असंबद्ध, बेमेल

**inconsequent** इनकान्सिक्वैन्ट् *adj.* illogical, irrelevant, out of proper relation, disconnected, अयुक्तिसिद्ध, असंगत, बेजोड़

**inconsiderable** इन्कानसिड्रेबल् *adj.* unimportant, not deserving consideration, of small value, महत्वहीन, मामूली, कम मूल्य का

**inconsiderate** इन्कानसिड्रेट् *adj.* thoughtless, without consideration, rash, careless, अविविकी, प्रमत्त, असावधान, लापरवाह

**inconsistent** इनकानसिस्टैंन्ट् *adj.* lacking uniformity, incongruous, self-contradicting, lacking coherence, असंगत, असम्बद्ध

**inconsistently** (-ली) *adv.* in an incongruous manner, विरोध से

**inconsolable** इनकान्सोलेबल् *adj.* not to be comforted, असन्तोषनीय, शोकाकुल

**inconspicuous** इन्कान्सपिकुअस् *adj.* hardly discernable, not easily perceived, so small as to escape notice, अप्रत्यक्ष, ध्यान में न आने योग्य

**inconstant** इन्कान्टस्टैन्ट *adj.* subject to change, variable, unstable, परिवर्तनीय, अस्थिर, चपल

**incontestable; incontestible** इनकन्टैन्टिबल *adj.* incontrovertible, not admitting of dispute, not disputable, निर्विवाद, बे-मीन-मेख।

**incontrovertible** इन्कन्ट्रोवरटिवल *adj.* indisputable, not admitting of controversy, संशय रहित, बिना सन्देह

**inconvenient** इनकनवीनियैंट *adj.* unfit, disadvantageous, inopportune, inexpedient, causing discomfort, शरीरी बनाना, एक शरीर में मिलाना, अनुचित, कष्टप्रद, असुविधा जनक

**incorporate** इनकारपोरेट *v.adj.* to give a body to, to embody, to combine into one body, to associate, to unite, to blend,to assinilate, incorporated, गलत, अनुचित, अनियमित

**incorrect** इन्कोरेक्ट् *adj.* faulty, inaccurate, improper, not according to rule, गलत, अनुचित, अनियमित

**incorrigible** इनकोरिजबल् *adj.* beyond correction, irreclaimable, bad, depraved, अशोध्य, जिसे सुधारा न जा सके

**incorruptible** इनकोरप्टीबल् *adj.* not liable to moral perversion, incapable of physical corruption, always upright and just, that cannot be bribed, अशोधनीय, अविनाशी, साफ, खरा

**increase** इन्क्रीज *v.n.* to multiply, to augment, to grow, to enhance, to aggravate, to enlarge, in crement, profit, produce, बढ़ाना, विस्तार करना, फैलाना, उन्नति करना, पैदाइश, बढोत्तरी

**incredible** इनक्रैडिबल् *adj.* hard to believe, unimaginable, surpassing belief, inconceivable, अविश्सनीय, अविश्वस्त, अप्रमाणभूत

**incriminate** इनक्रिमिनेट *v.* to accuse, to criminate, to charge with a crime, to involve in accusation, दोषी ठहराना, अभियुक्त करना

**incubate** इन्क्यबेट् *v.* to hatch out, to brood, to sit upon eggs, अण्डे सेना

**inculcate** इनकल्केट् *v.* to impress upon mind, to inforce, to teach by frequent repetitions, शिक्षा देना, समझाना

**inculcation** (-शन) *n.* the act of inculcating, उपदेश, शिक्षा

**incumbent** इन्कम्बैन्ट् *adj. n.* imposed as a duty, lying upon, occupying an office, the holder of an office, resting as a duty, आश्रित, अवलम्बी, वृत्ति-भोगी

**incur** इन्कर *v.* to become liable to, to contract as a debt, to bring upon one self by one's actions, अपने ऊपर लेना, ऋणि होना, लगाना, ओटना

**incurable** इनक्योरेबल् *adj.n.* beyond cure, irremediable, incorrigible, not liable to be corrected, a person who is incurable, असाध्य, निरूपाय, लाइलाज

**incursion** इनकर्शन् *n.* raid, invasion, a hostile entry, an inroad, आक्रमण, चढ़ाई, हमला

**indebted** इन्डेटिड् *adj.* being in debt, lying under an obligation, owing money under obligation, obliged, ऋणी, कृतज्ञ, देनदार

**indecent** इन्डिसैन्ट् *adj.* indelicate, obscene, vulgar, unbecoming, common, अशिष्ट, अश्लील, भद्दा

**indecision** इनडिसिशन् *n.* irresolution, want of decision, a wavering of the mind, hesitation, अनिर्णय, दुविधा, डाँवाडोल

**indeed** इन्डीड् *adj.* in truth, infact, really, certainly, वास्तव में ठीक, निश्चय ही

**indefatigable** इनडिफैटिगेबल् *adj.* not yielding to fatigue, not to be wearied out, not tired out, unremitting, अनथक, अशिथिल, अश्रान्त

**indefensible** इन्डिफैन्सिबल् *adv.* so as to admit of no defence, untenable, अरक्षणीय, न बचाने योग्य

**indefinable** इनडिफाइनेबल् *adj.* that cannot be defined, जिसकी पभिाषा न की जा सके, जो वर्णन न किया जा सके

**indefinite** इनडिफिनेट् *adj.* not definite, vague, not precise, having no particular limit, अनिश्चित, अस्पष्ट, असीम

**indelible** इनडैलिबल् *adj.* that cannot be effaced or blotted out or erased, permanent, जो मिटाया न जा सके, पक्का

**indent** इनडैन्ट् *v.n.* to make a dent in, to cut into, to dent, to notch, a notch, a covenant, दाँते डालना, काटना, टेढ़ा होना दाँता, गड्ढा, दाँता

**independence** इन्डीपैंडेंस *n.* self-support, स्वाधीतना, आजादी

**independent** इन्डीपैन्डैन्ट् *adj.* n. not dependent, free, irrespective, having a competency, one who supports men independently of any organized party, स्वाधीन, अनाश्रित, स्वतन्त्र, निर्दलीय

**indescribable** इनडेस्क्राइबेबल् *adj.* that cannot be described, vague, indefinite, अवर्णनीय, अकथनीय, अस्पष्ट

**indestructable** इन्डेस्ट्रिक्टिबल् *adj.* not to be destroyed, अविनाशी, जिसका नाश न हो सके

**index** इनडेक्स् *n.v.* that which indicates, the exponent, an alphabetical table of the contents of a book, a guiding principle, चिह्न, सूचीपत्र, प्रदर्शक सिद्धान्त

**Indian** इन्डिअन *adj.n.* pertaining to India, the East or West Indies, or to the American Indians, a native of India, भारतीय, पूर्वी पश्चिमी द्वीप समूह से सम्बन्धित

**indicate** इन्डीकेट् *v.* to hint, to paint out, to show, to suggest, संकेत करना, प्रकट करना, निर्देश देना

**indict (indit)** इन्डाइट् *v.* to charge with a crime, to accuse, दोष लगाना, अपराधी ठहराना

**indifferent** इनडिफरैन्ट् *adj.* unconcerned, unimportant, regardless, neutral, impartial, तटस्थ, अनावश्यक, अपक्षपाती, उदासीन

**indigenous** इनडिजिनस् *adj.* native, produced in a country, innate, inherent, not exotic, स्वदेशी, स्वदेशोत्पन्न

**indigestion** इनडाइजैश्शन् *n.* difficulty in digesting food, dyspepsia, want of digestion, अजीर्ण, मन्दाग्नि, अपच

**indignant** इन्डिग्नैन्ट् *adj.* affected with indignation, angry, angered by injustice, a sense of injury, कुपित, रोषयुक्त

**indigo** इन्डिगो *n.* blue dye obtained from plant, the plant, नील का पौधा, उनसे निकला हुआ रंग

**Indirect** इन्डाइरैक्ट *adj.* not straight, not straight forward, not direct, circuitous, वक्र, टेढ़ा, पेंचदार

**indirectly** (-ली) *adv.* in an indirect manner, कुटिल रीति से

**indiscreet** इन्डिस्क्रीट *adj.* imprudent, wanting in discretion, injudicious, showing poor judgment,not cautious, अविवेकी, अदूरदर्शी, असावधन

**indiscriminate** इन्डिस्क्रिमिनेट् *adj.* undistinguishing, promiscuous not making any distinction, confused, अविवेकी, बतमीज, अलग न पहचानने वाला

**indiscriminately** (-ली) *afv.* without distinction, अविवेक से

**indispensable** इन्डिसपेसेबल् *adj.* absolutely necessary, that cannot be dispensed with, that cannot be neglected, अत्यावश्यक

**indisposed** इन्डिस्पोज्ड् *adj.* disinclined, slightly ill in health, averse, unwell, विमुख, प्रतिकूल, अस्वस्थ

**indisputable** इन्डिस्प्यूटेबल् *adj.* unquestionable, incontestable, too evident to admit of dispute, निर्विवाद, निश्चित

**indissoluble** इन्डिसोल्यूबल् *adj.* not dissolvable, that cannot be terminated, always binding, not violable, अभेद्य, स्थिर

**indistinct** इनडिस्टिन्क्ट् *adj.* undefined, not distinct, confused, indefinite, अस्पष्ट, धुंधला, संकीर्ण

**indistinguishable** *adj.* that cannot be distinguished, अविवेच्य, न पहचाना जाने योग्य

**individual** इनडिविज्वल् *adv.n.* not existing as a single indivisible entity, particualr, a single person, animal or thing, व्यवित, अकेला, एक व्यक्ति

**individuality** *n.* the qualities that distinguish one person from another,

**individualism** व्यक्तित्त्व, आत्माभिमान

**indivisible** इनडिविजिबल् *adj.n.* separable into parts, very small element, assumed to admit of no further division, that which is indivisible, अविभाज्य, जिसका टुकड़ा न हो सके

**indoctrinate** इन्डाक्ट्रिनेट् *v.* to imbue with learning doctrines, to instruct in principles, to teach, to fill, to inspire, सिद्धान्त की शिक्षा देना, प्रेरित करना

**indolent** इन्डोलैन्ट *adj.* lazy, indulging in ease, avoiding labour, careless, slothful, आलसी, कामचोर, उत्साहहीन,

**indolence** *n.* laziness, supineness, आलस्य, प्रमाद

**indomitable** इन्डामिटेबल् *adj.* invincible, untamable, irrepressible, not yielding, stubborn, दुर्जय, हठी, न दबने वाला

**indoor** इन्डोर् *adj.* performed within doors, within the house, घर के भीतर होने वाला, घर के अन्दर

**indubitable** इनड्यूबिटैबल् *adj.* unquestionable, too evident to be doubted, certain, beyond doubt, निश्चित, पक्का, सन्देह से परे

**induce** इन्ड्यूस *v.* to influence, to lead on, to cause, to prevail upon, to bring on, प्रभाव डालना, उकसाना, मानना

**induct** इनडक्ट *n.* to introduce, to install in an office, to initiate, act of inducting, परिचय दिलाना, नकल करना, नियुक्त करना

**induction** इन्डक्शन *n.* introduction, परिचय, नियुक्ति

**indulge** इनइल्ज् *v.* to gratify one self, to humour, to give free course to, to be kind to, to pamper, to spoil, अपने को खुश करना, आदत डालना, वासना में फँसना

**industrial** इन्डस्ट्रियल *adj.* pertaining to industry, व्यवसाय सम्बन्धी

**industry** इन्डस्टरी *n.* trade, hardwork, manufacture, diligence, व्यापार, परिश्रम, उद्योग

**inedible** इनऐडिबल् *adj.* unfit for food, not eatable, not suitable for food, न खाने योग्य, अखाद्य

**ineffable** इनएफेबल् *adj.* too great for words, beyond description, unspeakable, unutterable, अवर्णनीय, अकथनीय

**ineffective** इनइफैक्टिव *adj.* having no effect, useless, inefficient, not producing the effect desired, प्रभावहीन, व्यर्थ, नाकारा

**inefficient** इनऐफिशैंट् *adj.* not efficient, in effective, not well qualified, नाकारा, अयोग्य

**inefficiency** *n.* lack of efficiency, असामर्थ्य, योग्यता की कमी, नालायकी

**ineligible** इनएलिजिबल् *adj.* incapable of being elected to office, unsuitable, unworthy of choice; legally disqualified for choice, न चुने जाने योग्य, अग्राह्य

**inept** इनएप्ट् *adj.* out of place, clumsy, absurd, unfitted, unsuitable, inappropriate, अयोग्य, कुत्सित, अनुचित

**inequality** इनइक्वेलिटी *n.* difference, unevenness, inadequacy, changeableness, भिन्नता, असमानता, विषमता

**inert** इनर्ट *adj.* slow, sluggish, without resistence, lifeless, गतिहीन, आलसी, निष्प्राण

**inertia** इनरशिआ *n.* inactivity, unwillingness to move, आलस्य, निश्चलता, अप्रवृत्ति

**inescapable** इनएस्केपेबल् *adj.* to be escaped, न भागने योग्य, जिस से बचा न जा सके

**inestimable** इनऐस्टिमेबल् *adj.* too great to be estimated, intense, invaluable, beyond measure, incalculable, अनमोल, अमूल्य

**inevitable** इनैविटेबल् *adj.* not to be escaped, unavoidable, not to be evaded, sure to happen, अवश्य होने वाला, जिसे टाला न जा सके, अवश्यम्भावी, अटल

**inexcusable** इनऐक्सक्युजेबल् *adj.* that cannot be justified, unparadonable, incapable of being excused, अक्षम्य, न क्षमा करने योग्य

**inexhaustible** इनऐग्जास्टिबल् *adj.* unwearied, unfailing, not to be spent, अनथक, अचूक, अविंध्वसी, जो खत्म न हो

**inexpensive** इनऐक्सपेसिव् *adj.* cheap,not costly, सस्ता, थोड़े मूल्य का

**inexplicable** इनऐक्सप्लिकेबल् *adj.* that cannot be explained, not to be interpreted, impossible to explain or understand, अवर्णनीय, दुर्बोध, गूढ़

**inextinguishable** इनएक्सटिंविशेबल् *adj.* that cannot be extinguished or put out, not quenchable, that cannot be suppressed, जो बुझाया न जा सके, जो दबाया न जा सके

**inextricable** इनऐक्सट्रिकेबल् *adj.* that cannot be solved or disentangled, from which it is impossible to get free, न सुलझाने योग्य, उलझा हुआ

**infallible** इनफालिबल् *adj.* not liable to fall, sure, unerring, certain, not capable of error, अभ्रान्त, अचूक

**infamous** इन्फेमस् *adj.* of ill fame, bad, shameless, notorious, disgraceful, बदनाम, कुत्सित, निन्दा पूर्ण

**infamy** *n.* evil reputation, public disgrace, अपकीर्ति, कलंक

**infancy** इनफैन्सी *n.* early childhood, early period of existence, बाल्यावस्था, शैशव काल

**infant** इनफैन्ट् *n.* minor, child under seven, a babe, बालक, शिशु

**infantry** इनफैन्ट्री *n.* foot soldiers, पैदल-सेना, पैदल सिपाहा

**infatuate** इन्फैचुएट् *v.* to affect to foolish passion, to make foolish, to excite with passion, to make extravagantly foolish, उत्तेजित करना, मोहित करना

**infatuation** (-शन) *n.* foolishness, folly, संम्मोहन, मूढ़ता

**infect** इनफैक्ट *v.* to taint, to affect with disease, to imbue, to fill with a disease, रोग लगाना, भ्रष्ट करना

**infection** इन्‌फैक्शन् *n.* a thing which infects, छूत की बीमारी, संक्रामक रोग

**infer** इनफर् *v.* to conclude, to deduce, to imply, to derive by induction or deduction,to accept as a fact, अनुमान करना, तर्क करना,

**inference** *n.* conclusion, deduction निर्णय, तर्क, अनुमान

**inferior** इन्‌फिरिअर् *adj.n.* of poor quality, lower, secondary, one lower in rank, न्यून, अल्पपद, घटिया, हीन जाति का

**inferiority** (-रिटी) *n.* the state of being inferior, repression, न्यूनता, हीनता

**infernal** इन्‌फरनल् *adj.* hellish, devilish, pertaining to the regions of the dead fiendish, नारकीय, आसुरी, राक्षसी

**inferno** इनफरनो *n.* hell, eternal condemnation, नर्क, पाताल

**infertile** इन्‌फरटाइल् *adj.* barren, not productive, अनुपजाऊ, बीरान, ऊसर, बंजड़

**infest** इन्‌फैस्ट *v.* to plague, to haunt, to swarm in large numbers to harass, पीड़ा देना, परेशान करना, कष्ट देना

**infidel** इन्‌फिडल् *n.adj.* unbeliever, unbelieving, a sceptic, one who does not hold the faith of the speaker, धर्म-निन्दक, नास्तिक

**infidelity** *n.* unfaithfulness, adultery, अनीश्वरवाद, बेवफाई

**infiltrate** इन्‌फिल्‌टेट् *v.* to trickle through,to percolate, to gain access, to enter gradually with the purpose of influencing a political party's decisions, घुसना, प्रवेश करना, रिसना

**infinite** इन्‌फिनिट् *adj.* boundless, extremely great, very great, अनन्त, अपरिमित, निस्सीम

**infinity** *n.* unlimited and endless extent, असीमता, अनन्तता

**infinitive** इन्‌फिनिटव् *adj.* in grammar, in mood expressing notion of verb without limitation by any particular subject, अपरिमित

**infirm** इन्‌फर्म *adj.* irresolute, physically weak, mentally weak, vacillating, precarious, दुर्बल, अस्थिर

**inflame** इनफ्लेम् *v.* to set alight, raise to excitement, to catch fire, to become excited, आग लगाना, भड़काना, उत्तेजित करना

**inflamable** (-एबल) *adj.* easily set on fire, easily excited, शीघ्र जलने योग्य, शीघ्र उत्तेजित होने योग्य, शीघ्र जलने योग्य

**inflate** इनफ्लेट् *v.* to blow up with air or gas, to raise price artificially, to increase currency abnormally, फुलाना, हवा भरना, उन्मत करना

**inflated** (-इड) *adj.* distended with air,turgid, proud, फूला हुआ, उन्मत्त, घमण्डी

**inflexible** इनफ्लैक्सिबल् *adj.* incapable of being bent, rigid, stiff, inexorable, stubbom, दृढ़, कड़ा, अटल

**inflict** इनफ्लिक्ट् *v.* to deliver forcibly, to impose, to cause to be borne, to lay on, दण्ड देना, डालना, लगाना, प्रयुक्त करना

**influence** इन्‌फ्लूएन्स *n.v.* action working invisibly, moral power, to induce, to sway, to affect, प्रभाव, सामर्थ्य, प्रतिष्ठा, माहात्म्य, प्रभाव डालना

**influenza** इन्‌फ्लुऐन्जा *n.* a kind of catagious feverish catarrhal illness, शीतप्रधान, संक्रामक ज्वर

**influx** इन्‌फ्लेक्स् *n.* inflow, flowing in, infusion, continuous importation, a coming into a place in a large number, रेल-पेल, अन्दर घुसना, अंतःप्रवेश

**inform** इन्‌फार्म *v.* to tell, to animate, to bring charge against, to mould, to apprise, सूचित करना, संदेश देना

**informal** इन्‌फारमल् *adj.* not according to rule, as form or custom, irregular, unceremonious, नियम विरुद्ध, अनौपचारिक

**infra-red** इनफ्रारैड् *adj.* denotes rays below red end of visible spectrum, प्रकाश में दिखाई दिने वाले लाल रंग के नीचे की झांकी

**infrequent** इन्‌फ्रिक्वैन्ट् *adj.* rare, not frequent, seldom occurring, अनित्य, विरल, कभी-कभी होने वाला

**infringe** इनफ्रिन्ज *v.* to break, to transgress, to encroach, to trespass on another's rights, तोड़ना, उल्लघंन करना, नियम भंग करना

**infuriate** इन्‌फ्यूरिएट् *v.* to enrage, to madden, to fill with fury, to make very angry, क्रुद्ध करना, गुस्सा दिलाना

**infuse** इन्‌फ्यूज *v.* to instil, to pour in, to steep in order to extract soluble properties, to introduce, डालना, अर्क या पानी में भिगोना, बैठना, भावना भरना

**ingenious** इन्‌जिनिअस् *adj.* cleverly contrived, clever at contriving, चतुर, प्रवीण, कुशल

**ingenuous** इन्‌जिनिअस् *adj.* frank, innocent, clever, skilful, निष्कपट, सरल प्रकृति, दयालु

**inglorious** इन्‌जिनुअस् *adj.* shameful, ignominious, disgraceful, without glory, निर्लज्ज, कलंकित, निन्दनीय

**ingrain** इनग्रेन् *v.* to dye with grain, to dye with any lasting colour, to impregnate deeply, पक्का रंग रंगना, डुबोना

**ingratitude** इनग्रैटिच्यूड *n.* unthankfulness, ungratefulness, absence of gratitude, insensibility to kindness, अकृतज्ञता

**ingredient** इनग्रीडिएन्ट् *n.* component part of a mixture, a component part of a compound body, अंग, अंश

**inhabit** इन्हैविट् *v.* to dwell in, to live,to reside, to remain, निवास करना, बसना

**inhabitant** (-ऐन्ट) *adj.* he who resides in a place, निवासी

**inhale** इन्हेल् *v.* to breathe in, to breathe in air, to draw into the lungs, श्वास लेना, साँस, वायु से भरना

**inherent** (इनहेरेन्ट्) *adj.* innate, inseparable, प्राकृतिक असली

**inherit** इन्हैरिट् *v.* to derive from parents, to take as heir to, पैतृक सम्पत्ति पाना

**inheritance** (एन्स) *n.* anything inherited, to possess as handed down from previous generations, दाय, पैतृक, धन

**inhibit** इनहिविट् *v.* to restrain, to forbid, to hinder, to hold back, to check, रोकना, मना करना

**inhospitable** इन्हास्पिटेबल् *adj.* not hospitable, not affording shelter to strangers, barren, carerless, अहितकारी, आतिथ्यविमुख

**inhuman** इन-ह्यूमन् *adj.* brutal, cruel, unfeeling, barbarous, क्रूर, निर्दय, जंगली

**inimical** इनिमिकल *adj.* hostile, unfriendly, unfavourable, adverse, प्रतिकूल, विरोधी

**iniquity** इन्इक्विटी *n.* sin, wickedness, gross injustice, crime, evil, पाप, दुष्टता, घोर अन्याय

**initial** इनिशिअल् *n.adj.v.* initial letter, of the beginning, to sign with one's initials, incipient, occurring at the beginning, प्राथमिक, आदि, मनुष्य के नाम का पहला अक्षर

**initiate** इनिश्येट् *v.* to begin, to admit, to set on foot, too originate, आरंभ करना, अभिमन्त्रित करना, चालू करना, संस्कार करना, शुरूआत करना

**initiative** इनिश्येटिव् *n.* lead first step, power of acting independently, energy or self-reliance in starting something,

**introductory** *adj.* आरंभिक

**inject** इन्जैक्ट् *v.* to force in, to cast in, to introduce as a liquid,to force medicine into the body by means of a syringe, पिचकारी द्वारा शरीर में औषधि को प्रविष्ट करना, सूआ लगाना, प्रेरणा भरना

**injudicious** इनजुडिशस् *adj.* unwise, indiscreet, not judicious, ill-judged, अविवेकी, विचारशून्य

**injunction** *n.* authoritative order, judicial order to restrain, the act of enjoining, command, आज्ञा, आदेश

**injure** इन्जर *v.* to do harm, to damage, to hurt, to wrong, चोट पहुंचाना, नुकसान करना, बुरा करना

**injury** (-री) *n.* damage, harm, हानि, चोट

**injustice** इनजस्टिस् *n.* wrong, unjust act, injury, violation of other's rights, अन्याय, अधर्म, दूसरों के अधिकार का उल्लंघन

**ink** इन्क *n.v.* fluid used for writing or printing, to mark with ink, to smear, रोशनाई, स्याही लगाना

**inkling** इन्कलिंग *n.* slight knowledge, hint, suspicion, an intimation, संकेत, इशारा, सन्देह, सूचना

**inland** इन्लैन्ड् *n.adj.* interior of a country, within a country, remote from the sea, not foreign, देश का भीतरी भाग, देश के भीतर

**inmate** इन्मेट *n.* inhabitant, an occupant, lodger,one of those who live in an institution, निवासी, घर में रहने वाला

**inn** इन*n.* a public house, a small hotel, a house providing food, lodging for travellers, धर्मशाला, होटल, सराए, पथिकों के लिए आश्रम

**innate** इन्नेट् *adj.* inherent, inborn, native, natural, जन्मजात, स्वाभाविक, सहज

**innings** इनिंग्ज *n.* turn, in games players turn of batting, a spell of power to act, बारी, खेल (क्रिकेट में एक बारी), काम की प्रेरणा

**innocent** इन्नोसैंट् *adj.n.* harmless, pure, guileless, young child (innocence-n. harmlessness, perfect moral purity), निर्दोषता, भोला भाला, मासूम, पवित्र, निष्कपट

**innovate** इन्नोवेट *v.* to introduce changes, to make alterations, to introduce new things (innovation-n.a novelty), नवीनता लाना, परिवर्तन लाना, नया सम्प्रदाय स्थापित करना

**innumerable** इन्युमरेबल् *adj.* very numerous, countless, that cannot be counted, बहुत ज्यादा, अनगिनत, असंख्य

**inoculate** इन्नाकुलेट् *v.* to treat with disease germs, to implant, to impregnate germs of disease in a person, किसी रोग का टीका लगाना, बैठाना

**inoffensive** इन्ओफैन्सिव् *adj.* giving no offence, harmless, not objectionable, अहानिकर, आपत्तिरहित

**inoperative** इन्ओपरेटिव् *adj.* no longer applicable, not operative, producing no result, not in action, अकार्यसाधक, न कारगर

**inopportune** इम्आपरचून् *adj.* untimely, unseasonable, inappropriate, illtimed, inconvenient, असमयोचित, बेमौका, असुविधा जनक

**inordinate** इनआर्डनेट *adj.* excessive, immoderate, unreasonably great, disorderly, बेहद, अमर्यादित, अस्त व्यस्त

**inorganic** इन्आरगैनिक् *adj.* of substances without carbon, devoid of organic structures, निर्जीव, अप्राणी

**inquire** इन्क्वायर *v.* to ask, to be told, to seek information, to enquire, make a search into, to examine, पूछना, सूचना, प्राप्त करना, अन्वेषण करना

**insane** इनसेन् *adj.* senseless, lunatic, unsound in mind, mad, deranged in mind, विक्षिप्त मन वाला, पागल, दीवाना

**insanitary** इन्सैनिटरी *adj.* filthy, dirty, unclean, unhealthy, dangerous to health, गंदा, खराब, अस्वच्छ, रोगी, अस्वास्थ्यकर

**insatiable** इनसेटिएबल् *adj.* that cannot be satisfied, very greedy, अतृप्त, अतिलोलुप, असंतोष्य

**inscribe** इन्सक्राइब *v.* to mark, to write, to trace, to dedicate, निशान करना, किसी के नाम पर लिखना

**inscription** इन्सक्रिप्शन *n.* words inscribed on monuments etc.

**inscrutable** इनस्क्रुटेबल *adj.* mysterious, impenetrable, affording no explanation, incomprehensible, रहस्यपूर्ण, अप्रवेश्य, अगाध, दुर्बोध

**insect** इन्सैक्ट *n.* an insignificant creature, a small invertebrate creeping or flying animal, कीड़ा, मकोड़ी, कृमि

**insecticide** इन्सैक्टीसाइड *n.* preparation for killing insects, कृमि हत्या

**insecure** इन्सिक्योअर *adj.* not safe, not secure, liable to give way, not well-fastened, असुरक्षित, खतरे में पड़ा हुआ, कच्चा

**insecurity** इन्सीक्योरिटी *n.* fear, uncertainty, भय, असुरक्षा

**insensible** इन्सैन्सिबल् *adj.* not aware, unconscious, without feeling, not perceptible, बेखबर, कठोर, चेतना हीन

**insensitive** इनसैन्सिटव् *adj.* not sensitive, unfeeling, अचेतन, स्पर्श का अनुभव न रखने वाला

**inseparable** इन्सैपेरेबल् *adj.* that cannot be separated, not to be parted, जो पृथक न हो सके, साथ ही जुड़ा हुआ

**insert** इन्सर्ट् *v.* to introduce into, to thrust in, to fit one thing into another, to place in or among, एक पदार्थ में दूसरा बैठाना, भरना, लिख डालना, शामिल करना

**inside** इन्साइड *adj.* interior, inner portion, situated within, भीतर, अन्दर

**insight** इन्साइट् *n.* discernment, mental penetration, intuition, an imaginative view, भीतरी नजर, परख परिज्ञान, निरीक्षण

**insigina** इनसिग्निआ *n.* badges, emblems of honour or office, distinguishing marks, तमगा, अधिकार चिह्न, पहचान चिह्न

**insignificant** इन्सिगनिफिकैंट *adj.* unimportant, trifling, meaningless, trivial, contemptible, तुच्छ, मामूली, निरर्थक, हेच, घृणास्पद

**insincere** इन्सिन्सीअर् *adj.* not sincere, hypocritical, deceitful, unsound, not to be trusted, छलिया, ढोंगी, कपटी, खोखला, अविश्वसनीय

**insinuate** इनसिनूएट *v.* to instil, to introduce gradually, to hint indirectly, to ingratiate, घुसेड़ना, दिल में बिठाना, संकेत करना, दिल में घर करना

**insipid** इन्सिपिड *adj.* dull, tasteless, spiritless, lifeles, not interesting, शुष्क, अस्वादिष्ट, निस्तेज, अरोचक

**insist** इनसिस्ट् *v.* to urge, to maintain, to emphasise, to demand persistently, आग्रह करना, बल देना, हठ करना

**insolent** इन्सोलैन्ट *adj.* rude, insulting, overbearing, haughty, उद्धत, अपमान करने वाला, घमंडी, अक्खड़

**insoluble** इनसोल्युबल *adj.* which cannot be dissolved in a fluid, inexplicable, insolvable, न घुलने या गलने वाला, कठिन

**insolvent** इन्साल्वैन्ट *n.* a debtor who is unable to pay off this debts, bankrupt, दिवालिया, निर्धन

**insomnia** इन्सोम्निआ *n.* sleeplessness, निद्रा का अभाव, नींद न हाने का रोग

**inspect** इनपैक्ट *v.* to examine closely, to superintend, to test officially, to look upon, निरीक्षण करना, परखना, नजर रखना

**inspector** (-टर) *adj.* one who inspects, a superintendent, निरीक्षक

**inspire** इन्स्पायर *v.* to inhale, to breathe in, to infuse thought into, to arouse feeling (inspiration-n. divine inspiration), दम लेन, दिल में फूँकना, प्रेरणा देना

**inspirit** इनसपिरिट् *v.* to invigorate, to encourage, to put life into, to cheer, to animate, to exhilarate, तेज लाना, उत्साहित करना

**instability** इनस्टेबिलिटी *n.* fickleness, want of stability, inconstancy, lack of steadiness, चंचलता, अस्थिरता, अदृढ़ता

**install** इनस्टाल् *v.* to place in office, to establish, to put in, to set in a seat, अधिकार पर नियुक्त करना, स्थापित करना, गद्दी पर बिठाना

**instalment** *n.* payment made at one time, one part of a serial story, ऋण भाग, किश्त

**instance** इन्सटांस् *n.v.* example, request, particular case, place in series, to cite, उदाहरण, अनुनय, मुकद्दमा, श्रृंखला, उदाहरण देना

**instant** इन्सटैन्ट *adj.* urgent, immediate, belonging to current month, passing, current, point of duration, तुरन्त, वर्तमान, मास, चल रहा

**instead** इन्स्टैड् *adv.* as a substitute, in place of, equivalent, जगह के बराबर

**instigate** इनस्टीगेट् *v.* to urge on, to incite, to bring about, to provoke for a crime, उकसाना, भड़काना, अपराध के लिए बहकाना

**instil** इन्सटिल् *v.* to implant, to inculcate, to put in by drops, to put slowly into the mind, डालना, चित्त में बिठाना, टपकाना

**instinct** इनसटिन्क्ट *n.* inborn impulse, intuition, unconscious skill, a tendency, जन्मजात भावना, स्वाभाविक ज्ञान, अन्तःप्रेरणा

**institute** इनस्टीच्यूट *v.n.* to found, to appoint, to set going, society, (institution-n.an institute, an established custom), नींव डालना, नियुक्त करना, सभा

**instruct** इन्सट्रक्ट *v.* to teach, to direct, to inform, to educate, पढ़ाना, आज्ञा देना, सूचना देना, हिदायत करना

**instruction** *n.* direction, teaching, order, आज्ञा, उपदेश, हिदायत

**instrument** इन्सट्रूमेंट *n.* tool, implement, means, person or thing made use of, legal document, यन्त्र, औजार, निमित्त, लेख

**insubordinate** इनसबार्डिनेट *adj.* mutinous, not submissive, rebellious, disobedient, विद्रोही, अविनीत, अवज्ञाकारी

**insufficient** इन्सफिश्यन्ट *adj.* not sufficient, inadequate, not enough, lacking in sufficiency, wanting in quality or quantity, अपर्याप्त, अयोग्य, अनुचित

**insulin** इन्सुलीन*n.* an extract from a digestive gland in animals used in treatment of diabetes etc, शूगर के रोग, के लिए पशुओं की ग्रंथि से तैयार सत

**insult** इनसल्ट *v.n.* to assail with abuse, affront, scornful abuse, indignity, to treat with contempt, तिरस्कार करना, सामना करना, अपमान, गाली

**insuperable** इन्सुपरेबल् *adj.* unconquerable, that cannot be got over, invincible, not to be overcome, अजेय, उल्लंघ्य, दुस्तर

**insurance** इन्श्योरेन्स *n.* security against loss by the payment of a certain periodical amount, नाश के निवारण हित बीमा करना

**insure** इनश्योअर् *v.* to make certain, to make safe,to secure payment of sum in event of loss or death (insurance-n), नाश के निवारण हित बीमा करना

**insurgent** इन्सर्जैंट*adj.n.* in revolt, rebel, rising against constituted authority, राजद्रोही, बलबाई,सरकार के विरुद्ध बलवा

**intact** इनटैक्ट् *adj.* uninjured, untouched, entire, whole, undamaged, ठीक ठाक, अछूता, समस्त, बिना टूटा फूटा

**integrate** इनटैग्रेट *v*, to combine into whole, to bring together the parts of, to give sum total of, पूर्ण सख्या में करना, जोड़ लगाना

**integrity** *n.* honesty, uprightness, ईमानदारी, जोड़

**intellect** इन्टेलैक *n.* faculty of thinking and reasoning, the mind or understanding, superior intelligence, acquired knowledge, अक्ल, बुद्धि

**intelligence** *n.* mental brightness, department of state dealing with secret information, बुद्धि, ज्ञान, चतुराई, राज्य का गुप्तचर विभाग

**intelligible** इन्टेलेजिबल् *adj.* understandable, clear, comprehensible, सुबोध, समझने योग्य

**intemperate** इन्टैम्परेट् *adj.* immoderate, unrestrained, violent, excessive, असंयमी, अति भोगी, सख्त, शराबी

**intend** इनटैन्ड् *v.* to design, to have a purpose, to desire, to mean, अभिप्राय होना, उद्देश्य रखना, चाहना

**intention** *n.* plan, purpose, aim, योजना, लक्ष्य, मनशा

**intense** इनटैन्स् *adj.* acute, emotional, forced, ardent, vehement, प्रचण्ड, तीव्र, अत्यन्त

**intercede** इन्टरसीड् *v.* to mediate, to plead in favour of, to interpose, to try to act as peace maker, मध्यस्थता करना, पक्ष लेना, बीच बचाव करना

**interchange** इन्टरचेन्ज *v.* to exchange places, to alternate, to exchange, to occur in succession, to put each in place of the other, परिवर्तन करना, बदलना, अदला, बदली करना

**intercom** इन्टरकोम् *n.* internal telephonic system, आन्तरिक टेलीफोन प्रणाली

**intercourse** इन्टर्कोर्स *n.* communication, connection, commerce, mutual dealing, fellowship, वार्त्तालाप, सम्बन्ध, व्यापार, मेल मिलाप

**interdependent** इन्टर्डिपैन्डैन्ट *v. adj.* mutually dependent, अन्योन्याश्रित, एक दूसरे पर निर्भर

**interest** इन्ट्रैस्ट *n.v.* concern, curiosity, money paid for use of borrowed money, personal influence, चिंता, उत्सुकता, शौक, ब्याज, व्यक्तिगत प्रभाव

**interfere** इन्टरफिअर *v.* to meddle, to intervene, to clash, to act reciprocally, दखल देना, टांग अड़ाना, टकराना, बदले की भावना से काम करना

**interim** इन्टरिम् *n.* meantime, temporary, intervening time, मध्यकाल, बीच का समय, अन्तर

**interior** इन्टीरिअर *adj.n.* inland, inner, inside, भीतरी हिस्सा, देश का भीतरी भाग

**interject** इन्टरजैक्ट *v.* to utter abruptly, to exclaim, बीच में दाखिल करना, आश्चर्य से कहना

**interlock** इन्टरलाक *v.* to entangle firmly, to fit into each other so as to work together, मजबूती से जकड़ना, एक दूसरे में घुल मिल जाना

**interlude** इन्टरल्यूड् *n.* a short intertainment given between acts of a play, something filling it, an interval, संगीत व नाटक के बीच का विराम ताकि अगले स्वांग की तैयारी हो सके

**intermediate** इन्टरमीडिएट् *adj.* placed or occurring between, intervening, existing in the middle, interposed, दरमियानी, मध्यवर्ती, बीच का

**interminable** इन्टरमिनेबल् *adj.* endless, without limit, boundless, lasting a long time, wearisomely long, असीम, अनन्त, सीमारहित, दीर्घकालीन

**intern** इन्टर्न *v.* to confine within, to place under arrest, to compel to live within a certain area, assistant surgeon, बाँधना, कैद करना, प्रतिबन्ध लगाना

**internal** इन्टर्नल् *adj.* inward, interior, not foreign, domestic, in one's mind or soul, भीतरी, आन्तरिक, स्वदेशी, घरेलु, अपने मन का

**international** इन्टरनेशनल् *adj.n.* pertaining to two or more nations in common, between or among difficult nations, game or match between teams of different countries, अन्तर्राष्ट्रीय, विभिन्न राष्ट्रों के बीच में संबंध

**interplanetary** इन्टरप्लेनेटरी *adj.* among the planets, नक्षत्रों के बीच का

**interpret** इन्टरप्रैट *v.* to expound, to construe, to translate orally, to explain the meaning of, समझाना, व्याख्या करना, अनुवाद करना

**interpretation** (-टेशन) *n.* explanation, व्याख्या

**interrogate** इन्टैरोगेट् *v.* to question, to ask questions, पूछना, प्रश्न करना

**interrupt** इन्टरप्ट *v.* to hinder, to break the continuity of, to end suddenly, to stop the course of, रोकना, बाधा डालना, ताँता तोड़ना, राह रोकना

**intersect** इन्टरसैक्ट *v.* to cut or divide, to cross each other, to meet and cross, काटना, चीरना, बीच में से दो करना

**interval** इन्टरबल् *n.* pause, break, intervening time, difference of pitch, विराम, ठहराव, बीच का समय, अन्तर

**intervene** इन्टरबीन् *v.* to happen in meantime, to interfere, to interpose, to come between, to be between two places, बीच में होना, हस्तक्षेप करना, बीच में पड़ना

**interview** इन्टरव्यु *n.* meeting fomally arranged, visit of journalist to get person's views, a personal conference or meeting, to have interview with, भेंट, साक्षात्कार, पत्रकारों का साक्षात्कार के निमित्त, व्योरा, व्यक्तिगत सम्मेलन

**intestine** इन्टैस्टाइन् *adj.n.* internal, domestic, within a country, bowels, lower part of alimentary canal, आन्तरिक, घरेलु, स्वदेशी, अन्तड़ियां

**intimate** इन्टीमेट् *v.n.* to announce, to make known, सूचना देना, मशहूर करना, परिचित, घनिष्ट

**intimate friend** *adj.* familiar, inmost familiar, close, घनिष्ठ मित्र

**intimidate** इन्टिमिडेट् *v.* to frighten, to force by threat, to make afraid, to strike fear into, धमकाना, डराना, भयभीत करना

**into** इनटू *pep*, within, भीतर, बाहर से अन्दर

**intolerable** इन्टाल्रेबल् *adj.* that cannot be endured, unbearable, असह्य, दुस्सह, न सहने योग्य

**intoxicate** इनटाक्सिकेट् *v.* to excite to excess, to make drunk, to excite unduly, to excite with strong feelings, मदहोश करना, मतवाला करना, बेहोश करना

**intransigent** इन्ट्राजिजेन्ट् *adj.* uncompromising in politics, refusing to compromise, राजनीति में बेमेल

**intransitive** इन्ट्रोजिटिव् *adj.* (of verb) that does not have an object, अकमर्क क्रिया, जिस क्रिया का कर्म न हो

**intrepid** इन्ट्रैपिड् *adj.* undaunted, fearless, bold, निडर, निर्भीक क्रिया,

**intricate** इन्ट्रीकेट् *adj.* involved, puzzlingly entangled, difficult to understand, having many details, उलझा हुआ, पेंचदार

**intrigue** इन्ट्रीग् *n.v.* secret love, affair, underhand plot, to carry on intrigue, to engage in illicit love affairs, to beguile, to stir interest, गुप्त प्यार, हास विलास, षड्यन्त्र, षड्यन्त्र रचना, अनुचित सम्बन्ध रखना, धोखा देना

**intrinsic** इनट्रिन्जिक् *adj.* essential, inherent, genuine, real, अनिवार्य, स्वाभाविक, जाती, असली

**introduce** इनट्रोड्यूस् *v.* to bring forward, to bring in, to insert, to bring into practice, to make known formally, लाना, परिचय कराना, कार्यान्वित करना, प्रकट करना

**introduction** (-शन) *n.* preliminary matter, परिचय, प्रस्तावना

**introspection** इन्ट्रासैक्शन् *n.* examination of one's own thoughts, the keen vision of one's own personality, looking into one's self, आत्म विश्लेषण, आत्म मनन

**introvert** इनट्रोवर्ट *v.n.* to turn inwards, introspective person, one inclined to introversion अन्दर को मोड़ना, अन्तःप्रवृत्त, अपने में मस्त

**intrude** इनट्रूड *v.* to thrust in uninvited, to force in, to thrust, बिना बुलाए अपने को दूसरे पर ठोंसना

**intruder** (-डर) *adj.* one who thrusts in uninvited, गैर, अजनबी, जबरदस्ती, घुसने वाला

**intuition** इन्ट्युशन् *n.* immediate insight, immediate mental apprehension, the power of seeing the truth directly without reasoning, सहज ज्ञान, अन्तर्ज्ञान

**inundate** इन्डेट *v.* to overflow, to flood, to overwhelm with something in very great quantity, बाढ़ आना, उफान आना, डुबो देना

**inundation** *n.* flood, बाढ़, तूफान, रेल पेल

**invade** इन्वेड् *v.* to attack, to assail, to enter with hostile intent, to encroach on, धावा बोलना, हमला करना, आक्रमण करना

**invasion** (-जन) *n.* a raid, encroachment, धावा, हस्तपेक्ष

**invalid** इन्वेलिड् *adj.n.* ill, enfeebled by injury or sickness, not valid, weak, one who is disabled, बीमार, कमजोर, अपांग, विकलांग

**invaluable** इन्वैल्युएबल *adj.* priceless, of value too great to be estimated, अनमोल, अमूल्य

**invariable** इन्बेरिएबल् *adj.* always uniform, constant, not changing, always the same, सदैव एक सा, अपरिवर्तनीय

**invent** इनवैन्ट् *v.* to originate, to devise, to find out by original study to make up, to make or use for the first time, ईजादकरना

**inventory** इनवैन्टरी *n.* detailed list of goods, catalogue, account, सामान की सूची, फर्द

**invert** इन्वर्ट *v.* to reverse position, to turn upside down, to transpose, to change the order of, पलटना, औधा करना, क्रम बदलना

**invertebrate** इनवर्टेब्रेट *n.* a spineless, weak-willed, having no backbone, having no force of character, कमजोर, भीरू, चरित्र हीन

**invest** इनवैस्ट् *v.* to lay out money, to endow, to clothe, to lay siege to, सूद पर या व्यवसाय के लिए धन लगाना, वस्त्र पहनना, घेरा डालना

**investment** *n.* stocks and shares bought, व्यवसाय या धन्धे में लगाई गई राशि

**investigate** इन्वैस्टिगेट *v.* to examine, to inquire into, to search, to ascertain by careful enquiry, ढूँढना, जाँचना, खोज करना

**investigation** *n.* inquiry, खोज, जाँच

**invigilate** इन्विजिलेट् *v.* to supervise, पर्यवेक्षण करना, देखभाल करना

**invigorate** इन्विगोरेट *v.* to strengthen, to give vigour to, to give energy to, बल बढ़ाना, शक्ति देना, पुष्टि करना

**invincible** इनविन्सिबल् *adj.* unconquerable, that cannot be defeated, that cannot be surmounted, अजेय, अपराजेय, अलंध्य

**invisible** इन्विजिबल् *adj.* not visible, not able to be seen, that cannot be seen, अदृश्य, लुप्त, अलक्ष्य

**invite** इनवाइट् *v.* to ask to come, to ask for, to solicit invitation or summon, निमन्त्रण देना, बुलाना, फुसलाना

**Invitation** *n.* polite solicitation निमन्त्रण, बुलावा, न्योता, दावत

**invoice** इनवाइस् *n.v.* a document announcing the despatch of goods with their prices, to state in an invoice, list of goods sent, बीजक, सूची, चालान

**invoke** इनवोक *v.* to address in prayer, to ask for help, to solicit, to call on, to appeal to summon, बुलाना, स्मरण करना, प्रार्थना करना

**invocation** *n.* the act of invoking, प्रार्थना, बुलावा

**involuntary** इन्वालन्टरी *adj.* unintentional, not done from choice, not under control of the will, not spontaneous, बेबस, बिना, विचार या अभिलाषा, स्वतः मन से स्फुटित न होने वाला

**involve** इन्वाल्व् *v.* to wrap up, to make complicated, to lead into difficulty, to entangle, to surround, to embroil, उलझाना, फँसाना, गिरफ्तार करना, घेरना

**invulnerable** इनवल्नरेबल् *adj.* that cannot be wounded or injured, without any weakpoint, अभेद्य, बज्रांगी, अकट

**inward** इन्वर्ड् *adj.adv.* in the mind or soul, being within, interior, towards the centre, भीतर, अन्दर की ओर, भीतरी

**iota** अयोटा *n.* a very small quantity, anything insignificant, दाना, तिलभर

**Irish** आएरिश् *adj.n.* of Ireland, the Celtic language of Ireland, आयरलैंड का निवासी या उसकी भाषा

**irk** अरक् *v.* adj. to trouble, to weary, tiresome, कष्ट देना, थकाना, थकाने वाला

**iron** आयरन् *n.* metal much used for tools, anything hard, fetters, to smooth with iron, लोहा, हथकड़ी, इस्त्री

**irony** आएरनी *n.* subtle sarcasm, a mode of speech conveying the opposite of what is meant, a way of ridiculing one's hearers, words used with inner meaning, लोहे का , बोली ठोली, व्याजोक्ति, विपरीत लक्षणा

**irradiate** इरैडिएट् *v.* to illuminate, to brighten, to shed light upon, to emit rays of light, रोशनी करना, प्रकाश डालना, उजाला करना

**irrational** इरैश्नल् *adj.* absurd, not reasonable, destitute of reason, असभ्य, तर्करहित, अनजान

**irreconcilable** इर्रिकान्सिलेबल् *adj.* implacable, not to be reconciled, that cannot both be true, मेल न करने वाला, विरूद्ध, असंगत

**irrecoverable** इरिकवरेबल् *adj.* that cannot be recovered or regained, अप्राप्य, गया गुजरा, जो पुनः प्राप्त न हो सके

**irrefutable** इरिफ्युटेबल् *adj.* that cannot be proved false or cannot be refuted, जिसे झूठा न सिद्ध किया जा सके

**irregular** इर्रेगुलर् *adj.* uneven, not regular, not variable, not according to regulation, असमान, अनियमित, बेतरतीव

**irregularity** (-रेटी) *n.* unevenness, अनियमितता, बेतरतीबी

**irrelevant** इर्रलेवेन्ट् *adj.* not relevant, not having to do anything with the subject under discusstion, not connected with subject in hand, असम्बद्ध, असंगत, विषयेतर, बेमौका

**irreligious** इररिलिजस *adj.* impious, not religious, अपवित्र, अधार्मिक, बेदीन

**irremediable** इरिमेडिएबल् *adj.* that cannot be remedied, अचल, अटल, निश्चेष्ट

**irremovable** इररिमूवेबल *adj.* that cannot be removed, जिसकी मरम्मत न हो सके, जिसकी पूर्ति न हो सके

**irreparable** इररिपेरेवल *adj.* that cannot be repaired not reparable, that cannot be remedied, जिसकी मरम्मत न हो सके, जिसकी पूर्ति न हो सके

**irresistible** इर्रिजिस्टीबल *adj.* that cannot be resisted, extremely charming, not to be opposed successfully, जिसको रोका न जा सके, अत्यन्त रोचक

**irresolute** इर्रेजोल्यूट *adj.* hesitating, not firm in purpose, अस्थिर, डाँवाडोल

**irrespective** इर्रेस्पेटिव् without regard to, not taking into account, regardless, बिना अपेक्षा का, पृथक,

**irresponsible** इर्रिस्पोन्सिबल् *adj.* not responsible, not showing sense of duty, not answerable, अनुत्तरदायी, अकर्त्तव्य परायण

**irretrievable** इररिट्रीवेबल् *adj.* something that cannot be recovered, that cannot be made up for, असाध्य, बिना उपाय का

**irrevocable** इर्रिवोकेबल् *adj.* that cannot betaken back, not alterable, अखण्डनीय, अनपलट, अटल

**irrigate** इरिगेट् *v.* to supply with water, to water land by means of canals, to water by channels or streams, पानी देना, खेती आदि में पानी देना

**irrigation** *n.* supply of water सिंचाई, आबपाशी

**irritate** इरिटेट् *v.* to make angry, to make red by rubbing, to excite heat and redness in, inflame, stimulate, गुस्सा दिलाना, रुसाना, खिसियाना, चिढ़ाना, कुढ़ाना

**Islam** इस्लाम् *n.* the Mohammedan religion इस्लाम धर्म, मुसलमानों का मजहब

**island** आइलैंड *n.* land surrounded by water द्वीप

**isle** आइल् *n.* an island, टापू, द्वीप

**isolate** आइसोलेट् *v.* to separate from, to set apart, to insulate, to place alone, to place in a detached, situation, अलग रखना, विच्छेद करना, अलगाना

**isolation** . *n.* the state of being isolated,पृथकत्व, अलगाव, सूनापन

**isosceles** आइसोसेलेज् *adj.* (of a triangle) having two sides equal, समद्विबाहु त्रिभुज सम्बन्धी

**Israeli** इज्राइली *adj.n.* of modern Israel, a native of Israel, आधुनिक इसराईल का, इसराईल निवासी

**issue** इश्यु *n.* discharge, flux, publication, offspring, essential points in debate, to send out, to publish, to arise, to pass out, निकाय, सुदूर भेजना, प्रकाशन, सन्तति, जारी करना, झगड़ा

**it** इट् personal pron. 3rd person, neuter gender, वह, यह

**Italian** इटैलियन् *adj.* pertaining to Italy, इटली सम्बंन्धी

**itch** इच् *v.* to have a restless desire, to feel irritation in the skin, खाज करना, बैचेनी होना

**item** आइटम् *n.* a separate article, any of list of things, detail, भिन्न भाग, मद

**ivory** आइवरी *n.* hard white substance of the tusks of elphants etc. हाथी दाँत का बना हुआ

**ivy** आइवी *n.* climbing evergreen plant, सिरेपेचें की लता

# J

## JAB--JUXTAPOSITION

**J** जे the tenth letter of English alphabet, अंग्रेजी भाषा की वर्णमाला का दसवाँ अक्षर निर्दयता से (छुरा इत्यादि), घोंपना

**jab** जैब् *v.* to poke roughly, to stab, नुकीले पदार्थ से कोंचना

**jab** *n.* a sudden thrust, stabbing with some pointed weapon, रुक्षता से भोंकना

**jabber** जैबर *v.* to talk rapidly, to chatter, to utter thus, बकबक करना, बड़बड़ाना, असपष्ट बोलना

**jabber** *n.* chattering, बकवास, गाली, झक

**jack** जैक् *n.v.* a pike, the male of some animals, the knave in cards, small flag, various appliances, to lift with a jack,(jack of all trades, one who can turn his hand to any job), जहाज का झंडा, नर पशु ताश में गुलाम, भारी बोझ उठाने वाला यन्त्र

**jackal** जैकाल् *n.* a wild gregarious animal closely allied to dog, an animal of the dog species, one who does the dirty work for others, गीदड़, सियार, श्रृगाल, गंदा कार्यकर्त्ता

**jackdaw** जैक्डॉ *n.* a kind of small crow, एक प्रकार का छोटा कौआ

**jacket** जैकट् *n.v.* a short coat, a covering, outer casing, outer garment to heat, कमरी, बँडी, उपरि परिधान, छोटी बाँह वाला कोट, गर्म करना

**jacobite** जैकोबाइट् *n.* adherent of Stuarts after abdication of James II of England and his descendents, इग्लैंड में राजा द्वितीय का अनुयायी, इसाइयों का एक मत

**jade** जेड् *n.v.* a tired horse, a vicious woman, to wear out, a green stone, थका हुआ घोड़ा, रण्डी, घिसना, थकाना, एक प्रकार का पत्थर

**jag** जैग् *n.v.* a notch, a projecting point, a small load, the sharp point of a rock, दाँता, कटाव, नुकीला भाग, गठरी, चट्टान का नुकीला भाग

**jag** *v.* to prick, to tear, चुभाना, फाड़ना, टेढ़ा मेढ़ा काटना

**jagged** जैग्ड् *adj.* rough edged, notched, भद्दी, नुकीनी चट्टान, दाँतदार, दँतीला

**jaguar** जैगोर् *n.* the American tiger, large South American spetted animal of cat tribe, अमरीकन हिंसक पशु (चीता)

**jail, gad** जेल् *n.* a lockup, a prison, कैदखाना, कारागार

**jam** जैम *v.* to press in tightly, to block up by crowding, भींचना, रौंदना, भीड़भाड़ से मार्ग रोकना

**jam** जैम् *n.v.* a squeeze, block, crush, a conserve of fruit boiled in sugar, मुरब्बा, जाम, मीठा अचार

**jamboree** जम्बोरी *n.* a carouse, a noisy frolic, large gathering or rally of Boy Scouts, स्काउट सम्मेलन

**jangle** जैन्गल् *v.n.* to quarrel, to sound discordantly, to sound harshly as bell, to cause a feeling of irritation, झगड़ना, बेसुरा बजाना, झुंझलाना

**jangle** *n.* a quarrel, altercation, wrangle, झगड़ा, तकरार, विवाद

**janitor** जनिटर *n.* caretaker, door keeper, one incharge of a public building, द्वारपाल, चौकीदार, दरबान

**January** जैनवरी *n.* the first month of the year (from Roman god Janus), अंग्रेजी वर्ष का पहला महीना, जनवरी

**Japanese** जैपानीज् *adj.* pertaining to Japan, its inhabitants and language, जापान देश का निवासी, जापानी भाषा, जापानी

**jar** जार् *n.v.* vessel or an earthenware pot, jolt, hard sound, a shock, बरतन, झटका, धक्का, कर्कश शब्द

**jar** *v.* to jolt, to clash, to emit a harsh sound, झटका मारना, झगड़ना, खड़खड़ाना

**jargon** जारगान् *n.* confused talk, mixture of two or more languages, gibberish, distorted language, अनर्गल वाक्य, भाषाओं की खिचड़ी, टूटी फूटी भाषा

**jasmine** जैस्मिन् *n.* flowering shrub, a shrub with white flagrant flowers, चमेली, माधवी, मल्लिका (के फूल)

**jaundice** जांडिस् *n.* diseased state which causes yellowness of eyes and skin, disease marked by yellowness of skin, पाण्डु रोग, कामला रोग, पीलिआ

**jaunt** जान्ट् *n.* a short excursion or ramble, a tour, भ्रमण, पर्यटन, बिहार

**jaunt** *v.* to ramble for pleasure,to make a journey, आनन्द के लिए भ्रमण करना,

**javelin** जैवलिन् *n.* a light spear for throwing, बर्छी, नेजा, भाला

**jaw** जॉं *v.* to abuse, to lecture, गाली देना, उपदेश देना

**jaw** जॉं *n.* one of the bones in which teeth are set, abuse, the narrow mouth of a valley, जबड़ा, दाँत जड़ी मुँह की हड्डियां, घाटी का दर्रा, यन्त्र का पकड़ने वाला भाग

**jealous** जैलस् *adj.* given up to jealousy, envious, suspicious, fearing rivalry, guarding anxiously, ईष्यालु, द्वेषी, शक्की, चिन्तित

**jean** जीन् *n.* twilled undressed cloth, over all trousers बटे हुए सूत का कपड़ा, जीन

**jeep** जीप् *n.* s small motor vehicle used for transport of goods and men,

**jeer** जीअर् *v. n.* to scoff, to deride, to taunt, to mock, to sneer मजाक उड़ाना, ताने देना, मुँह चिढ़ाना

**jeer** *n.* mockery मजाक

**jelly** जैली *n.* the juice of a fruit boiled in sugar, soft food, लप्सी, मीठी चटनी, मुरब्बा

**jeopardy** जेओपार्डी *n.* danger, peril, hazard, खतरा, भय, संकट

**jerk** जर्क *v.* to throw suddenly, to move with a jerk, फेंकना, झटका देना

**jerk** जर्क् *n.* a sharp movement, sharp pull, twitch, हचकोला, झटका, खिंचाव

**jersey** जरसी *n.* close-fitting knitted jumper, a sweater of fine quality, a knitted wollen or silken material, breed of cow, ऊनी बंडी, या कुर्त्ती, जर्सी गाय

**jest** जैस्ट् *n. v.* joke, fun, a laughing stock to joke, to sport मजाक, खिल्ली, हंसी उड़ाना, ठठोली करना

**jesus** जीजस् *n.* the name of Christ, the founder of Christianity हजरत ईसा मसीह

**jet** जैट् *n.v.* stream of liquid gas, the small hole, the spout, nozzle, aircraft, to throw out, to shoot forth, hard black stone तरल गैस, फव्वारा, टोंटी, काला पत्थर

**jettison** जैटिसन् *v.* to abandon, to throw overboard त्यागना, फेकना, जहाज से बोझ उतारना

**jetty** जैटी *n.* wharf, a small pier, a projection of a building, structure built out into a body of water as a break water or as landing place for ships or boats, जहाज और नाव का ठहराव स्थल, भवन का छज्जा

**Jew** जिऊ *n.* Hebrew, an Israelite यहूदी

**jewel** ज्यूअल् *n.* gem, a valuable ornament, a precious stone, any thing of great value or dear to one. मूल्यवान गहने, आभूषण, कीमती पत्थर

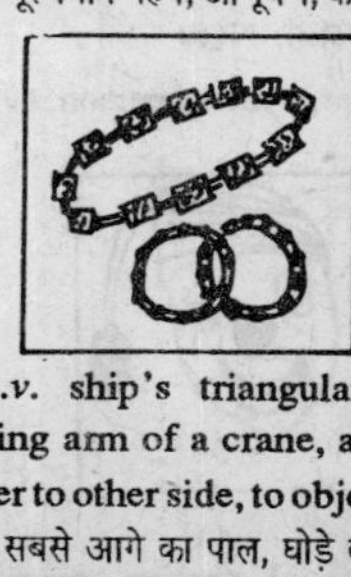

**jib** जिब *n.v.* ship's triangular stay sail, the projecting arm of a crane, a jibbing horse to pull over to other side, to object to proceeding, जहाज में सबसे आगे का पाल, घोड़े का अड़ना, पीछे हटना, कार्यवाही का विरोध करना

**jig** जिग् *n.v.* lively dance, music for it, a particular kind of fish-hook, a pattern used in a machine shop, to dance, to move rapidly, एक प्रकार का नृत्य,

**jilt** जिल्ट*n.v.* flirt, woman who discards her lover, to discard, झूठा प्रेम दिखाना, नखरेबाज स्त्री, तिरस्कार करना

**jingle** जिंगल् *n.v.* a sharp tinkling metallic sound, a little bell, a clinking sound, to sound with a jingle, छनछन, झण्कार, छनछनाना, झंकारना

**jinn** जिन्न *n.* spirits in Mohammedan stories, जिन्न, भूत,

**jitter** जिट्टर *v.* to be nervous, घबराना

**job** जाब् *n.v.* post, piece of work, work one is bound to do, any event, a situation, temporary or permanent employment, to let out for hire, to perform job, work, नौकरी, कार्य, काम-काज, धन्धा

**jockey** जॉकी *n.v.* a professional rider in horse-races, a man who rides in a horse race, to cheat,to trick, चतुर सवार, घोड़ों का सौदागर, छलिया, दंगा करना, ठगना

**jocular** जाकुलर *adj.* making jokes, nirthful, sportive, humorous, परिहासक, रसिक, दिल्लगीबाज

**jog** जॉग् *n.v.* to shake slightly, to stimulate, to push with jerk, to ride slowly, slow trot, stimulant, झटके से हिलना, ऊपर-नीचे होना, धक्का देना, झूमना, धीमी चाल से सैर, धक्का

**John Bull** जोह्नबुल् *n.* a typical Englishman, अंग्रेज विशेष

**join** जॉइन *v.n.* to unite, to fasten, to put together, joining, place of joining, मिलाना, बाँधना, इकट्ठा करना, मिलने की जगह।

**joke** जोक् *n.v.* something said to excite mirth, something not in earnest, to banter, to make jokes, मजाक, ठठोली, उपहास करना

**joker** -र *adj.* a jester, a merry person, मजाक करने वाला, मसखरा

**jolly** जॉली *adj.* jovial, festive, merry, comely, delightful, प्रसन्नहृदय, विनोदी, रसिक

**jolt** जॉल्ट् *v.n.* to shake with a sudden jerk, to bump, to move a sudden jerk, an unpleasant surprise, झटका देकर हिलाना, हिलाना

**jostle** जासल् *v.* to elbow, to push against, धकेलना, कोहनी मारना

**journal** जरनल् *n.* diary, a record of news or events, daily newspaper or other periodicals, बही खाता, दैनिक पत्र, समाचार पत्र

**journey** जर्नी *n.* a voyage, distance travelled, a travel from one place to another, excursion, v. to travel, देशभ्रमण, यात्रा, देशाटन, यात्रा करना

**jovial** जोविअल् *adj.* gay, merry, convivial, joyous, प्रसन्न, हँसमुख

**joy** जॉय् *n.v.* delight, pleasure, gladness, gaiety, to rejoice, आनन्द, प्रसन्नता, खुशी

**jubilant** जुबिलैन्ट् *adj.* triumphant, expressing exultation, rejoicing, shouting triumphantly, exultant, प्रफल्लित, आनन्दी, प्रसन्न

**jubilee** जुबिली *n.* a season of great rejoicing, public festivity and joy fiftieth anniversary, time of rejoicing, महोत्सव, 25, 50 व 60 वें वर्ष मनाए जाने वाला महोत्सव

**judge** जज् *n.v.* one who judges, one who has been appointed to try accused persons, arbiter, umpire, to try, to estimate, to decide,(judgment, judgement, n.act of judging), न्यायाधीश, न्यायाध्यक्ष, जज, न्याय करना, निर्णय करना, निश्चय करना

**judo** जूडो *n.* a form of wrestling popular in Japan, जापान का प्रसिद्ध कुश्ती का खेल

**jug** जग् *n.v.* vessel for liquids with handle and small spout, its contents, to boil in a jar, जग, मुँह वाला तरल पदार्थ डालने वाला बरतन

**juggle** जग्गल् *n.v.* play conjuring tricks, to perform feats of skill, to give a false idea of, तमाशा करना, हस्तलाघव दिखाना, मदारी का खेल दिखाना

**juggler** *n.* a conjurer, मदारी

**juice** जूस*n.* the fluid part of animal bodies, the sap of vegetables or fruits, essence, liquid part of vegetable or meat, रस, अर्क, पानी

**July** जुलाई *n.* the seventh month, वर्ष का सातवाँ महीना, 'जुलाई'

**jumble** जम्बल् *v.* to mingle, to mix in confusion to move about in disorder, बिना काम के हटाना, मिलावट करना, गड़बड़ करना

**jumble** *n.* muddle, confused heap, मिश्रण, गड़बड़ी

**jump** जम्प *v.n.* to leap, to spring, to pass by jumping, to spring up-ward or forward, the space jumped, a spring or bound, act of jumping, उछलना, कूदना, झटके से उठना, छलाँग, कूद, एकदम दाम में बढोतरी

**jumper** जम्पर् *n.* sailor's lose jacket, womans' jersey slipped over head and reaching to hips, one who jumps, स्त्रियों का ढीला कुत्ता, कूदने वाला

**junction** जंकशन् *n.* place of joining, joining, railway station where lines join, union, joint (juncture-n.state of affairs), संगम, मिलने का स्थान, संधि ।

**June** जून् *n.* sixth month, वर्ष का छठा महीना 'जून'

**jungle** जंगल *n.* tangled mass, tangled vegetation, land covered with forest trees, वन

**junior** जूनियर् *adj.n.* of lower standing, younger, in a lower class or rank, आयु अथवा पद में छोटा, अल्पवयस्क

**junk** जंक् *n.v.* lump, waste material, rubbish in general, pieces of old rope, worthless articles, salt meat, narcotic drugs, a Chinese boat to throw away, रद्दी, कूड़ा, करकट, फेंकना

**junto** जुन्टो *n.* a number of men joining together for a purpose, a clique, गुप्तमण्डली, गूढ़ समाज

**Jupiter** जुपिटर् *n.* the chief god of the Romans, the largest and the second brightest planet, इन्द्रदेव, बृहस्पति ग्रह

**jurisdiction** जूरिस्डिक्शन् *n.* legal authority or power, administration of justice, authority, territory covered by it, न्यायप्रभुत्व, अधिकार

**jury** ज्यूरी *n.* body of judges in competitions, a committee of experts selected to award prizes, जूरी, पंच,

**just** जस्ट्*adj.* upright ,exact, impartial, faithful, fair, *adv*, nearly almost, धार्मिक, सच्चा, निष्पक्षपाती, उचित, अति निकट, समीप, प्रायः

**jut** जट् *v.n.* to protrude, to shoot, a projecting point, आगे बढ़ना, कोना निकलना, बढ़ा हुआ कोना

**jute** जूट् *n.* the fibre of an Indian plant used for ropes, जूट, पटुआ

**juvenile** जुवेनाइल् *adj.n.* youthful, childish, puerile, a young person, तरुण, यौवन-संबंधी, बालकपन का

**juxtapose** जक्स्टापोज् *v.* to place side by side पास-पास रखना ।

**juxtaposition** जक्सटापोजिशन् *n.* closeness, nearness, adjacency, a placing side by side, निकटता, सान्निध्य, समीपता

# K



**K** के the eleventh letter of the English alphabet, a symbol for potassium in chemistry, अंग्रेजी वर्णमाला का ग्यारहवाँ अक्षर, रसायनशास्त्र में पोटॉश के लिए सांकेतिक चिन्ह

**kaiser** काइजर् *n.* the title of the Emperor of Germany or Austria, जर्मनी या आस्ट्रिया के सम्राट की उपाधि

**kangaroo** कंगारु *n.* a large pouched quadruped of Australia with short forelegs and bigger hind legs, आस्ट्रेलिया के चार पैरों वाले जानवर का नाम 'कंगारु'

**karate** कैराटे *n.* a Japanese sport, Japanese method of unarmed combat using blows, एक तरह की बिना हथियार बचाव करने का जापानी तरीका

**kayak** कायक *n.* an Eskimo seal-skin canoe, लकड़ी व सील की खाल से बनी एस्किमो नाव

**kedgeree** कैजिरी *n.* dish of fish cooked with rice, eggs etc, मछली, अण्डे व चावलों से बना पकवान ।

**keel** कील् *n.v.* the principal longitudinal timber in a ship,steady, calm, a flat bottomed barge used for coaling ships, to furnish with a keel, to navigate, जहाज की पेंदी की सबसे लम्बी (बड़ी) शहतीर, शान्त, उलटना, जहाज चलाना

**keen** कीन् *adj.* biting, eager, anxious, enthusiastic, acute, sharp, कटु, उत्सुक, उत्कट, तीखा, तीक्ष्ण

**keenness** (-नेस्) *n.* the quality of being keen, eagerness, तीखापन, उत्सुकता

**keep** कीप् *v.n.* to guard, to preserve, to celebrate, to retain possession of, to protect, care, maintenance, रक्षा करना, बचाना, मनाना, कब्जा रखना, पालन पोषण

**keeper** (-र) *n.* one who keeps, one who retains in custody, warden, guard. रखने वाले रक्षक, रखवाली करने वाला

**keg** कैग् *n.* a small barrel, small cask, पीपा, कठरा ।

**kennel** कैनल् *n.v.* a house for a dog, lair of a fox, street gutter, vile lodging, to put into kennel, कुत्ते को रखने का घर, जलमार्ग

**kerb** करब् *n.* the edge of pavement, a fender at a fireside, फर्श के पत्थर का किनारा

**kerchief** करचिफ *n.* a hanker chief, a square piece of cloth to cover the head, neck etc, रूमाल, सिर ढॉकने का चौकोर कपड़ा

**kernel** कैनल् *n.* a grain or seed, essence, central essential part, inner soft part of nut or fruit stone, गुद्दा, गिरी, बीज, तत्व, सार

**kerosene** कैरोसीन् *n.* distilled petroleum, paraffin oil, साफ किया हुआ मिट्‌टी का तेल,

**ketch up** कैट्चप *n.* a kind of sauce, एक प्रकार की चटनी

**kettle** कैटल् *n.* a metallic vessel for boiling liquids, a vessel for boiling water, पतीली, डेगची

**key** की *n.* instrument for moving bolt of a lock, fundamental tone of a musical composition, information leading to a solution, literal translation, a small island, चाबी, कुन्जी, ताली, व्याख्या टीका, सुर, टापू

**key** *v.* to fasten with a key, फन्नी लगाना

**khaki** खाकी *adj.* dull yellowish brown, खाकी रंग ।

**khan** खन् *n.* an Asiatic prince, a prince, chief or governor, the title of the rulers of Afghanistan, अफगानिस्तान के राजा की उपाधि, पठान

**kick** किक् *n.* a blow with the foot, a recoil, foot blow, लत्ती की मार, ठोकर,

**kick** किक् *n.* to strike with the foot, to show dislike, ठोकर मारना, घृणा दिखलाना

**kid** किड् *n.v.* a young goat, leather from the skin of a kid, a child, to give birth to young, a small wooden tub, बकरी का बच्चा व उसका चमड़ा

**kidnap** किडनैप् *v.* to steal, to abduct a person, to get forcible possession, चोरी करना, अपहरण करना, जबरदस्ती या बरबर उठा ले जाना ।

**kidney** किडनी *n.* one of the pair of glands in the abdomen which secrete the urine, nature, kind, गुर्दा, प्रकार, भांति

**kill** किल् *v.* to destroy, to deprive of life, to slay, to stop, to put an end to, बध करना, मारना, खत्म करना

**kill** *n.* act of killing by a hunter, animal so killed, मारने की क्रिया, मारा हुआ पशु ।

**kiln** किल्न, किल् *n.* oven, furnace, pile for burning, a large oven in which bricks, hops etc are dried, भटठी, आवाँ,

**kilo** किलो *n.prefix.* kilogram, weight of 1000 grammes, नाप में हजार के लिए (उपसर्ग) ।

**kin** किन् *n.* relationship, family, relatives, kindred (kith and kin-friends and relatives), सम्बन्ध, सम्बन्धी, नातेदार

**kind** काइन्ड् *adj.n.* benevolent, sympathetic, good, considerate, class, sort, genus, उदार, हमदर्द, नेक, विचारशील, श्रेणी, वर्ग

**kindergarten** किंडरगार्टन् *n.* infant school teaching by games, object lessons etc, a school for young children, who learn through games toys, handicrafts etc, खिलौने-खेल इत्यादि द्वारा बच्चों को शिक्षा देने का स्कूल।

**kindle** किंडल् *v.* to ignite, to set fire to, to inflame, to light, to excite to action, to provoke,to animate, प्रज्वलित करना, जलाना, आग लगाना, चमकना, क्रुद्ध करना।

**kindred** किन्ड्रेड *n.adj.* relationship by blood, relatives, connected, similar, allied, संबंधी, संबंध, सजातीय, कुटुम्बी

**kine** काइन् *n.* plural of cow, गाय का बहुवचन 'गऊएं'

**king** किंग् *n.* a male sovereign or ruler, monarch, piece in game of chess (kingdom-n. realm), नरपति, राजा, भूपाल, राज्य प्रभुत्व, जाति वर्ग

**king** किंग् *v.* to reign over, to rule, राज्य करना

**kingfisher** किंगफिशर् *n.* a small bird of bright plumage which dives for fish, रामचिरैया

**kinsfolk** किन्जफोंक *n.* relations by blood भाई बन्धु

**kiosk** कियॉस्क् *n.* a public telephone booth, roofed stall, a small open pavillion, सार्वजनिक दूरभाष केन्द्र, विविध वस्तुओं की बिक्री के लिए, गोलाकार ढाँचा।

**kirk** कर्क् *n.* church (Scot), स्काटलैण्ड का गिरजाघर

**kirtle** -कटल- *n.* woman's gown or outer petticoat, man's tunic, घाघरा

**kismet** किज्मैट् *n.* fate, destiny, भाग्य, किस्मत्

**kiss** किस्*v.n.* to caress with the lips, to touch slightly, to touch gently as a sign of affection, a slight touch, a caress with the lips , चूमना, चुम्बन करना, चुम्बन

**kit** किट् *n.v.* a small wooden tub, a small violin, outfit of a soldier, set, a large bottle, to producer kittens, लकड़ी का पीपा, कठौता, सिपाही का झोला, सारंगी, बिल्ली के बच्चे पैदा करना

**kitchen** किचन् *n.* room used for cooking, a place where food is cooked, पाकशाला, रसोईघर

**kite** काइट् *n.* a bird of prey, a light-papered frame flown in wind, चील, लोभी, पतंग की तरह उड़ना।

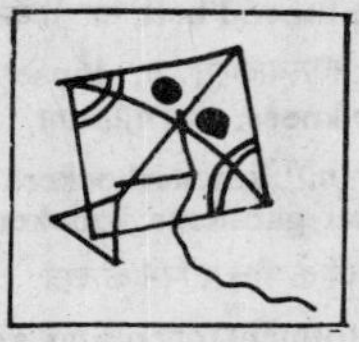

**kith** किथ् *n.* kindred, acquaintance (used only as kith and kin), relative, संबंधी, जानकार, परिचित मनुष्य

**kitten** किटन् *n.* young cat, बिल्ली का बच्चा, बिलौटा, बिलोकड़ा

**kitty** किट्टी *n.* a pet name for kitten, money put aside for a purpose, or the box etc. containing it, बिल्ली का बच्चा, सामूहिक फण्ड (राशि)

**kiwi** किवी *n.* a wingless bird of Newzealand, किवी, पंखरहित या अविकसित पंखों वाला पक्षी जो न्यूजीलैंड में पाया जाता है।

**knack** नैक् *n.* dexterity, adroitness, trick, habit, कुशलता, चतुराई, युक्ति, काम करने या बोलने का ढंग।

**knacker** नैकर *n.* buyer of worn-out horses etc. for killing, वृद्ध घोड़ा को मारने के लिए खरीदने वाला मनुष्य।

**knapsack** नैपसैक *n.* soldier's or traveller's bag to strap to the back, rucksack, चमड़े या टाट का बैग

**knave** नेव् *n.* rogue, a dishonest person, a jack, lowest court card, a villain, a rascal, पाजी, शठ

**knavery** (-री) *n.* dishonesty, villainy, बेईमानी, शठता।

**knead** नीड् *v.* to work up flour into dough,to work, to massage, to paste, to blend together, आटा गूँथना, सानना

**knee** नी *n.v.* the joint between the lower leg and thigh, part of garment covering knee, to touch with knee, उरु सन्धि, घुटना, घुटने की टोपी, घुटने से छूना

**kneel** नील् *v.* go down on the knees, fall on the knees, घुटनों के बल प्रणाम करना या झुकना

**knell** नैल् *n.* sound of a bell esp at funeral or death, portent of doom, an ill omen, a warning of the end or failure of something, अर्थी के साथ बजने वाले घंटे का स्वर, मातमी घंटा

**knell** *v.* to sound a funeral bell, मातमी घंटा बजना

**knickerbockers** निकरबाकर्स् *n.* loose breeches gathered at the knees, ढीला पायजामा,

**knickers** निकरस् *n.* knickerbockers (plural) womans's under garments, knicker bockers, ढीला पायजामा, स्त्रियों के नीचे पहनने के वस्त्र

**knife** नाइफ् *n.* an instrument for cutting, a surgeon's instrument, a weapon with a blade, दूरी, सर्जन का यंत्र, चाकू

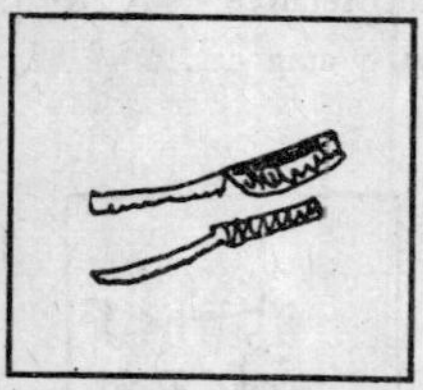

**knight** नाइट् *n.v.* a title in war, champion, one of the pieces in chess, to confer the honour of nighthood upon, योद्धा, शूरवीर, अंग्रेजों की उपाधि, शतरंज के खेल में बजीर

**knit** निट् *v.* to unite, to tie, weave together by needles, to contract, जोड़ना, बाँधना, सुई से बुनना, ठेका लेना

**knob** नॉब् *n.* the rounded handle of a door etc, a hard swelling or a lump, a hard protuberance, द्वार की मूठ, पिंड, गाँठ

**knock** नॉक् *n.* a rap, a sudden strcke, ठोकर, ठेस, धक्का

**knock** नॉक *v.* to criticise severely, to give a blow to, खटखटाना, मारना, खटकना, आलोचना करना

**knoll** नॉल् *n.v.* hill-top, a rounded hillock, note of a bell, to ring a bell, पहाड़ की चोटी, गोलाकार का पहाड़, घंटी की आवाज, घंटी बजाना

**knot** नॉट् *n.* interwining of parts of two or more strings, ropes etc, difficulty, entanglement, a nautical mile, group, गांठ, कठिनाई, समुद्री नाप

**knot** *v.* to unite firmly, to make knots, to tie in a knot, परिवार को गांठना, गांठना, गुथना

**know** नो *v.* to be aware of, to recognise, to understand, to ،ave experience, to perceive clearly (knowledge-n-learning), जानना, पहचानना, समझना

**knowledge** नालेज् *n.* learning, instruction, cognition, acquaintance, information, बोध, विद्या, परिचय, सन्देश

**knuckle** नक्कल् *n.* the projecting joint of the fingers, knee joint of calf or pig, अँगुली का जोड़, पोर

**knuckle** *v.* to strike with knuckles, to press with knuckles, अँगुली से दबाना

**koala** कोआला *n.* an Australian bear whose flesh is eaten by the Australians, आस्ट्रेलिया का भालू जिसका वे लोग माँस खाते हैं

**Koran** कुरान् *n.* sacred book of the Mohammedans, मुसलमानों का धार्मिक ग्रन्थ कुरान शरीफ

**kowtow, kotow** कोटौ *n.v.* a Chinese form of salutation, submission, to prostrate oneself, to fawn on, चीनियों का अभिवादन, अधीनता, साष्टांग प्रणाम करना, चापलूसी करना

**kraal** कराल् *n.* African village with fence, corral, अफ्रीका का गाँव

**kremlin** कम्लिन् *n.* a Russian citadel especially that of Moscow, रूसी दुर्ग

**krone** क्रोन् *n.* a coin current in Teatonic lands and Scandanavia, स्कंडेनेविआ का एक सिक्का

**kudos** कुडोज *n.* fame, credit, शोभा, श्रेय

**kukri** कुक्करी *n.* heavy curved Gurkha Knife, गोरखों की खुखरी, छुरी

**kulak** कुलक् *n.* a prosperous Russian peasant, सम्पन्न रूसी कृषक

**kultur** कुलटूर *n.* German civilization or culture, जर्मन सभ्यता

# L

## LAAGER-LYRIC

**L** एल् the twelfth letter of the English alphabet, a symbol for 50 in Roman numerals, अंग्रेजी वर्णमाला का बारहवाँ अक्षर, रोमन संख्या में 50 का संकेत

**laager, lager** लागर *n.* an encampment, डेरा, पड़ाव

**label** लेबल् *n.v.* a small slip of paper etc attached to anything to state its nature, ownership etc, to mark, to attach a label to, चिप्पी, टिकट, निशान लगाना, लेखपत्र चिपकाना

**laboratory** लैबोरेटॅरी *n.* a place where scientific experiments and operations are carried on, a place where drugs etc are prepared, प्रयोगशाला, रसायनशाला

**labour** लेबर् *n.v.* task, exertion of body or mind, pains of child birth, labourers, artisans etc, to take pains, to work hard, काम, शरीररिक व मानसिक श्रम, प्रसव पीड़ा, मजदूर, कारीगर इत्यादि

**labyrinth** लैबिरिन्थ maze, perplexity, inexplicable difficulty, an intricate arrangement, भँवर जाल, भूल भुलैया, अधिक कठिनाई

**lac** लाक *n.* dye, a dark red resin, a resinous substance, रंगने की लाख

**lac, lakh** लाक, लाख*n.* one hundred thousand,

**lace** लेस् *n.v.* a cord or ship of leather for fastening, and to draw edges together to tighten shoes, ornamental braid, to fasten with a string, to adom with a lace, फीता, गोटा, लैंस, फीता बाँधना

**lacerate** लैसरेट् *v.* to tear or rend,to distress, to mangle, to wound, फाड़ना, पीड़ा देना, चोट पहुँचाना

**lack** लैक*n.v.* want, deficiency, need, insufficiency, to have little of, to have none of, कमी, जरूरत, कमी होना, रहित होना

**lackey** लैकी *n.v.* a man-servant, a foot man, a servile, a menial, attendant, to wait upon, दास, अनुचर, टहलुआ, हाजिरी बजाना

**lacuna** लैक्यूना *n.* gap, a missing or empty part, the cavity in a bone पोला हिस्सा, हड्डी का पोला भाग

**lad** लैड् *n.* a young fellow, a boy, a youth, बालक, छोकरा, युवक

**ladder** लैडर् *n.* a frame with steps (rungs) for ascending a building, means of rising, सीढ़ी, निसेनी, चढ़ने का साधन

**lade** लेड् *v.* to load, to throw in or out, to put cargo on a ship, लादना, अन्दर बाहर फेंकना, जहाज पर लादना

**ladle** लैडल् *n.v.* spoon with long handle and large bowl, container used for conveying molten metal, to lift and carry, बड़ा चम्मच, करछुला, करछुल से उठाना

**lady** लेडी *n.* (feminine of lord) the mistress of a house, a gentle woman, title of woman of rank, गृहिणी, स्वामिनी, कुलस्त्री

**lag** लैग् *n.v.* act of falling behind or amount of that fall, to go too slow, to loiter, to cause to be arrested, पीछे रहना, आवारा घूमना, ठमकना, गिरफ्तार करवाना

**lagoon** लैगून् *n.* marsh, fen, a shallow lake formed at the mouth of a river, a shallow pond into which the sea flows, दलदल, छिछली झील

**lair** लेअर् *n.* the den of a wild beast, resting place, the covert of a wild beast, पशुओं का वास स्थान, बाड़ा

**lake** लेक् *n.* a large body of water within land, large expanse of inland water, a reddish colouring matter, सरोबर, झील, एक प्रकार का गुलाबी रंग

**lama** लामा *n.* Budhist priest in Tibet or Mongolia, तिब्बत या मंगोलिया का बौद्ध भिक्षु

**lamb** लेम् *n.v.* young of the sheep, its meat, innocent or helpless creature, to give birth to a lamb, भेड़ का बच्चा, मेमना, बच्चा देना

**lame** लेम् *adv.v.* crippled in a limb, not smooth, hobbling, imperfect, unsatisfactory, to cripple, पंगु, लंगड़ा, असंतोषदायक, अपूर्ण, पंगु बनाना

**lament** लेमेंट *v.* to mourn, to wail, to regret, to express grief, शोक करना, विलाप करना, रोना, शोक प्रकट करना

**lament** *n.* sorrow, a show of grief, a sorrowful song, दु:ख, शोक, रुलाई

**lamp** लैम्प *n.* a glass covered light, a vessel for burning oil etc. with a wick, various appliances as sources of light, दीपक, लैम्प

**lampoon** लैम्पून् *n.v.* venomous satire on individual, a low abusive satire against a person, to satirize by a lampoon, विषैला व्यंग्य, आक्षेप, निन्दा लेख

**lance** लॉस् *n.v.* horseman's spear, a long shaft of wood with a spear head, a thrust with a lance, pointed two edged surgical knife, to pierce with lance or lancet, बर्छी, भाला बल्लम, भाला भोंकना

**lancet** लान्सेट *n.* a surgical instrument (knife), नश्तर, चीरने फाड़ने की छुरी

**land** लैन्ड् *n.v.* solid part of earth's surface, soil, ground, country, an estate, to come ashore, to come down on land, to come by chance, भूमि, मिट्टी, मैदान, देहात, देश, पहुँचना, तीर पर उतरना, जहाजों का भूमि को छूना

**land mark** an event of great importance mark for designing boundary, सीमा चिह्न

**landau** लैन्डो *n.* four-wheeled carriage with folding top, a kind of carriage with a top that may be opened in the middle and thrown back, लैंडो गाड़ी

**landscape** लैंण्डस्केप् *n.v.* inland seenery, prospect, the general aspect of a country, to design and produce a landscape of, नयनगोचर प्रदेश, दृश्य प्रदेश, दृश्य का चित्र

**lane** लेन् *n.* narrow road, street or passage, a regular course for ships, तंग मार्ग या गली, जहाजों का नियमित पथ

**language** लैग्वेज् *n.* human speech, a distinct variety of speech, manner of expression, tongue of a people, भाषा, वाग्व्यवहार, बोली

**languid** लैंग्विड् a dull, weak, faint, spiritless, शुष्क, कमजोर, धुँधला, निस्तेज

**languish** लैंग्विश् *v.* to pine, to loose strength, to wear an impression of melancholy, to droop, मुरझाना, क्षीण होना, शक्तिहीन होना, आलसी बनना

**lank** लैंन्क् a lean and tall, long and limp, straight and limp, दुबला और लंबा, मुर्दा सा, ढीला

**lanky** लैन्की a lean, tall and ungainly, दुबला, लंबा, कुरूप

**lantern** लैन्टरन् *n.* a case for holding or carrying a light, लालटैन, फानूस

**lap** लैप् *v.n.* to lick up with the tongue, to wash or flow against, to drink greedily, to beat softly, a fold, the part from waist to knees of a person sitting, जीभ से चाटना, लपेटना, धीरे-धीरे थपेड़ना, गोद

**lapel** लैपल् *n.* part of a coat which laps over, part of a coat folded back, continuing the collar, कोट की गले पर की तह

**lapse** लैप्स् *v.n.* to slip, to pass into disuse, to slid slowly away, to fail in duty, fall anew into sin, a slight fault, a failure, बीतना, चूकना, बिगड़ना, बहाव, चूक, खोट

**larboard** लारबोर्ड् *n.* term formerly used for the left side of a ship, जहाज का एक बायाँ भाग

**larch** लार्च् comiferous tree, एक प्रकार का देवदार

**lard** लारड् *n.v.* prepared pigs fat, the melted fat of the pig, to smear with lard, to mix freely, सुअर की चर्बी, सुअर की चर्बी का भरना, मोटा ताजा करना

**larder** लाबोर्ड्*n.* a place where food is kept, भण्डार, कुठयार

**large** लार्ज् great in size or quantity, pompous, broad in range, liberal, generous, विपुल, चौड़ा, उदार

**lariat** लारियट् *n.* picketing rope, lasso, पशुओं को पकड़ने वाला रस्सा

**lark** लार्क् *n.* a family of singing birds, sky lark, a noted song bird of the genus Alauda, a frolic, चंडूल, लवा पक्षी, भारद्वाज पक्षी, गाने वाला पक्षी, रंगरलियां

**larva** लार्वा *n.* insect in an immature but active stage, the caterpillar of a butterfly, एक कीड़ा, कीड़े की पहली अवस्था

**lash** लैश् *n.v.* a thong or a cord esp of a whip, an eyelash, a stroke with a whip,to kick out, to strike with whip, to dash against, कोड़ा, कोड़े का तस्मा, कोड़े की चोट, आँख के बाल, कोड़े मारना, झिड़कना, टकराना

**lass** लैस् *n.* girl, sweet heart, a young woman, लड़की, छोकरी, लोंडिया

**lassitude** लैसीच्यूड् *n.* weariness, languor, थकान, आलस, दुबर्लता

**lasso** लैस्सो *n.* a rope with a noose used for catching wild animals and horses, पशुओं को पकड़ने का फंदा

**last** लास्ट् *n.v.* a shoe maker's model of foot, to endure, to continue, to hold out, to remain alive, last person or thing, coming at the end, जूता बनाने का कलबूत, नाप, जारी रखना, या रहना, बने रहना, अन्तिम

**latch** लॉच *v.n.* small lock with spring action, a door catch, to secure or fasten with a latch, बिल्ली, फिरकी, जाल, चटकनी लगाना, फाँसना

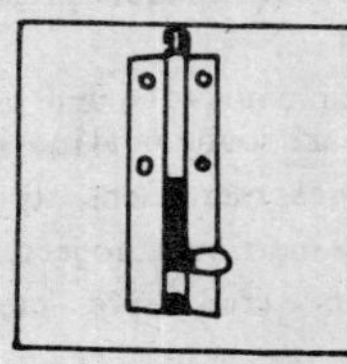

**late** लेट् *adj.* after the expected or usual time, backward, delayed, recently dead, recent in date, देर करके, पिछड़ा हुआ, मृतक, अभी अभी का

**latent** लेटैन्ट् a hidden, undeveloped but capable of development, concaled, invisible, प्रच्छन्न, गुप्त, अविकसित पर विकासोन्मुख, भीतरी, अदृश्य

**lateral** लेटरल *adj.* of, at, from the side, बगल का, एक तर्फी

**lathe** लेथ् *n.* machine for spinning object while it is being shaped, potters wheel, खराद, कुम्हार का चक्कर

**lather** लैदर *n.v.* froth made by soap and water, to spread over with lather, साबुन का झाग या फेन, साबुन की फेन से भरना, फेनदार करना

**Latin** लेटिन् *a.n.* pertaining to the Ancient Romans, the old Roman language, प्राचीन रोमन-सम्बन्धी, प्रचीन रोमन लिपि

**lattitude** लैटिच्युड् *n.* breadth, full extent, freedom from restriction, scope, an angular distance from the equator, laxity, range, चौड़ाई, विस्तार, उदारता, अक्ष, घेरा

**latrine** लैट्रीन *n.* a urinal or place of easement, privy, water closet, टट्टी, पायखाना, सण्डास

**latter** लेटर् *adj.* the second of two things previously mentioned,recent, modern, later, पिछला, हाल का, उत्तरोक्त

**lattice** लैटिस् *n.* a crossed open work of metal or wood, an interlaced work of wood or metal made by inter crossing bars, लकड़ी या धातु की जाली, झझरी, जलमार्ग

**laud** लॉड् *n.v.* praise, eulogy, hymn, to extol, to worship, प्रशंसा, स्तुति, प्रशंसा करना या स्तुति करना।

**laudable** लॉडेबल् *adj.* commendable, praiseworthy, स्तुति योग्य, सराहनीय

**laugh** लॉफ् *n.v.* a convulsive sound caused by merriment, to make sounds and movements of face so as to express merriment, expression of mirth, to express merriment, to jeer, to appear gay (laughter-n- convulsive movement), हँस-हँस कर दोहरा होना, मुस्कराहराहट

**launch** लान्च् *v.* to send, to set going, to set afloat, to initiate, to dart, to plunge, to put to sea, छोड़ना, फेंकना, धन उड़ाना, प्रस्थान करना, साहसिक कार्य में लगना, पानी में खिसकाना।

**launch** लान्च् *n.* the act of putting a vessel into the sea, the largest boat of a man in war, नए जहाज या नाव को पानी में उतारना, युद्ध पोत की सबसे बड़ी नाव

**launder** लाण्डर् *v.* to wash and iron (laundry-n-a place where clothes are washed), धोना व इस्त्री करना कपड़े धोने का स्थान, या घर

**laureate** लॉरिएट् *n.* worthy of laurels, a writer of verse appointed by a king, सम्मान योग्य, राजकवि

**laurel** लॉरल् *n.* an evergreen shrub, crown or wreath of laurel, the bay tree, honours gained, emblem of victory चमकदार पत्ती वाला एक पौधा।

**lava** लावा *n.* molten volcanic matter, fluid matter thrown out by volcanoes, solidifying as it cools, ज्वालामुखी पर्वत से निकला पदार्थ,

**lavatory** लैवाटरी *n.* a place for washing hands or face, retiring room, place for water, closets etc, हाथ-मुँह धोने का स्थान

**lavender** लैवंडर *n.v.* a thrub with aromatic leaves and flowers, a pale lilac-colour, एक सुगन्धित पौधा, हल्का पीला रंग, उस से वस्त्र रंगना

**lavish** लेविश् *adj.v.* extravagant, profuse, wasteful, prodigal, unrestrained, to waste,to squander, to expend very freely, अतिव्ययी, उड़ाऊ, फिजूल खर्च

**law** लॉ *n.* statute, custom, edict, act of a legislative body, regulating principle, the rules of a state, धर्म-शास्त्र, कानून, स्मृति

**lawn** लॉन् *n.* a plot of grass kept closely mown, a grass-covered land, a kind of fine linen, the office of a bishop, घास का मैदान, बारीक मलमल

**lawyer** -लायर-*n.* one versed in law, a man of the legal profession, न्याय, निपुण, वकील,

**lax** लैक्स् *a.* vague, weak, loose, slack, negligent, शिथिल, असावधान, अस्पष्ट।

**lay** ले *n.adj.v.* minstrel's song, a short poem telling a story, not professional, (layman-n-ordinary person), to set, to cause to lie, to calm, to settle, to deposit, to impose, to produce eggs, छोटा गायन, उद्देश्य स्थापित करना, बैठना, क्रम में रखना, जमा करना, गाड़ना

**lazy** लेजी *adj.* indolent, slothful, idle, sluggish, averse to work, आलसी, मंद, अनुपयोगी।

**lea** ली *n.* piece of meadow or open ground, a tract of grass land, a measure of yarn, चरागाह, सूत की लम्बान की नाप।

**lead** लैड् *v.n.* to guide, to direct, to conduct,to persuade, to allure guidance, precedence, the right to play first, *n.* soft heavy gray metal, graphite.a sheet of lead, (leader-n-one who leads), अगुआ, मार्ग दिखाना, आगे चलना, ललचाना, सीसा, धातु, नायक, मार्ग दर्शक

**leaf** लीफ् *n.* one of the thin flat parts of a plant, part of a book containing two pages, a very thin plate of metal, पत्ती, पत्ता, वर्क, पन्नी

**league** लीग् *n.v.* three geographical miles, confederacy, an alliance for mutual interests, federation of clubs, to form an alliance, संघटन, संधि, तीन मील की माप

**leak** लीक् *n.v.* hole through which liquid may pass, an escape of gas, electric current or secret information etc, to let water in or out through a crack, संधि-छेद, दरार, छेद में से रसना, टपकना

**lean** लीन् *v. adj.* to incline, to tend, to bend, to cause to lean (against), to rest, thin, sterile (leaning-n-inclination), झुकना, सहारा देना, आश्रित होना, टेक लगाना

**leap** लीप् *v.n.* to jump, to spring, to rush eagerly, to jump over act of leaping, space passed by leaping, कूदना, उछलना, उछाल, कूद

**leap-year** लीप इयर *n.* every fourth year-having February of 29 days, फरवरी के उनतीस दिन वाला हर चौथावर्ष

**learn** लरन् *v.* to gain skill, to acquire knowledge of, to fix in the mind (learning-n-knowledge acquired), ज्ञान, विद्या पढ़ना, अभ्यास करना, सीखना

**learned** लर्नेड *adj.* deeply read, much informed, erudite, प्रकाण्ड पण्डित, विद्वान

**lease** लीज् *n.v.* a written contract for the letting of land or tenements for stated time, to grant or take under lease, पट्टा, पट्टा देना।

**leather** लैदर् *n.v.* prepared skin of animal, anything made of leather, a cricket ball, a football to thrash, कमाया हुआ चमड़ा, चमड़े से बनी वस्तुएं।

**leave** लीव् *v.n.* to go away from, to depart from, to deposit, to allow to remain, to abandon, to bequeath, formal parting, permission, permission to be absent, period covered by this, अनुमति, आज्ञा, विदाई, चले जाना, त्यागना, छोड़ना

**leaven** लीवन् *n.v.* ferment dough खमीर, खमीर उठाना

**lecherous** लेचरस् a lustful, lewd, provoking lust, lascivious, कामुक, व्यसनी।

**lechery** *n.* lustfulness, lewdness, कामुकता

**lecture** लैक्चर् *n.v.* formal discourse on any subject, reprimand, speech of reproof, a व्याख्यान, उपदेश, सूचित करना, भाषण देना

**ledge** लैज *n.* narrow shell sticking out from wall, cliff etc, ridge, rock below surface of sea,shelf like projection, दीवार या पहाड़ का निकला हुआ भाग, तह, परत, शिलाफलक

**ledger** लैजर् *n.* the principal accout book of a mercantile house, book of debt and credit accounts, flat stone, बही-खाता, चपटा पत्थर

**lee** ली *n.* shelter, side of anything esp. ship away from wind ओर की जगह, पर्वत की दूसरी ओर

**leeward** *a* on leeside, ओट की जगह, पहाड़ की दूसरी तरफ

**leech** लीच् *n.* species of blood-sucking worm (formerlyphysician), edge of a sail, जोंक, वैद्य, पाल का खड़ा भाग

**left** लैफ्ट् *adj.n.* opposed to the right, the left hand or part, advanced or radical party, बायाँ हिस्सा, विरूद्ध पक्ष (सरकार के)

**leg** लैग् *n.* walking limb, a long slender support of a table, a definite portion of a journey, टाँग, पैर, आश्रय

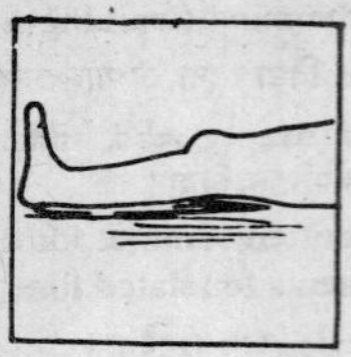

**legacy** लैगेसी *n.* bequeath, anything left by will, anything handed down by a predecessor, उत्तरदान, मृत्यु पत्र द्वारा प्राप्त धन, वसीयत।

**legal** लीगल् *n.* legitimate, permitted by law, based on law, कानूनी, वैध, जायज, हलाल।

**legend** लैगण्ड *n.* a myth, a traditional or romantic story, fable, inscription, traditional, literature, (legendary-a) पौराणिक कथा, अपूर्व कहानी, किस्सा।

**legible** लैजिबल् a easily read, clear enough to be read, clear, distinct, apparent, स्पष्ट अक्षर का, स्पष्ट पढ़ा जाने वाला

**legion** लिजन् *n.* a military force, a division of the ancient Roman army, a great number, host, a body of soldiers, सेना, सैन्यदल

**legislate** लैजिस्लेट् *v.* to make laws, to effect by legislation, कानून बनाना, व्यवस्था करना

**legislature** लेजिस्लेचर् *n.* a legislative body, व्यवस्थापिका सभा, कानून बनाने की सभा

**legitimate** लेजिटिमेट् *adj.* lawful, regular, fairly reduced, logical, reasonable, born in wedlock, नियम के अनुसार, न्याय-युक्त, खरा

**leisure** लेजर *n.* unoccupied time, free time, free from business, अवकाश, विश्राम, छुट्टी, फुरसत।

**lemon** लैमन् *n.* pale yellow acid fruit, tree bearing it, its colour, खट्टा, नींबू

**lemonade** लेमनेड् *n.* a drink consisting of lemon juice, sugar and water, मीठे नींबू का शर्बत।

**lend** लैन्ड् *v.* to give on loan, to give for hire, to grant, to bestow, to add to something or some one, ऋण देना, किराए पर देना या उधार देना।

**length** लैंग्थ् *n.* extent duration, reach, the extent of a thing from end to end, लम्बाई विस्तार, सीमा, दूरी

**lengthen** लैग्थन् *v.* to extend, to elongate, to grow longer, बढ़ाना, लम्बा करना।

**leniency** लीलिएन्सी *n.* clemency, quality of being mild, दयालुता।

**lenient** लीनियैन्ट् *adj.* gentle, mild, tolerant, relaxing, merciful, दयालु, कोमल, मृदु

**Lent** लैन्ट् *n.* an annual fast of forty days from Ash Wednesday to Easter Eve, ईसाइयों का 40 दिन का व्रत।

**lentil** लैन्टिन् *n.* edible seed of leguminous plant, मसूर

**leopard** लेपर्ड् *n.* a large cat like beast of prey, with a beautiful spotted skin, a large spotted carnivorous animal like panther, तेंदुआ, चीता।

**leper** लैपर् *n.* a person affected with leprosy, one suffering from leprosy, कुष्ठरोगी, कोढ़ी

**leprosy** लैप्रोसी *n.* a chronic skin disease characterized by ulcers and white scaly scrabs, a loathsome endemic disease, कुष्ठ, कोढ़, अपरस।

**lesion** लिजन् *n.* injury, injurious change in action of organ of the body, पीड़ा, चोट

**less** लैस् *adj.n.* suffix, not so much, a smaller quantity, without, adv-in a smaller degree (lessee-a person to whom a lease is granted न्यून, अल्प, कम *v.* lessen कम करना

**lesson** लैस्सन् *n.* exercise, precept, a portion of scripture read in church, something to be learnt by a pupil, experience that teaches, admonition, पाठ, शिक्षा, उपदेश, उदाहरण

**lest** लैस्ट् *conj* so that not, for fear that, कदाचित्, नहीं तो ऐसा न हो कि

**let** लैट् *v.n.* to hinder, to permit, to grant to a tenant, to lease, to give out on contract, to be hired, in imperative mood to denote entreaty, command, permission etc, an obstacle, अनुमति देना, आज्ञा देना, किराए पर देना, अनुमति, आज्ञा, बाधा।

**lethal** लिथल् *adj.* deadly, fatal, causing death, मृत्युकर, प्राणघातक, कातिल।

**lethargy** लिथार्जी *n.* morbid drowsiness, dull, stupor, apathy, want of energy or interest, heavy unnatural sleep, सुस्ती, भारी, बेपरवाही।

**letter** लैटर् *n.v.* symbol of a sound, a written message, printing type, to mark with letters, अक्षर, वर्ण, पत्र, चिट्ठी, लेख।

**lettered** (-ड)*adj.* learned person, पढ़ा-लिखा, विद्वान।

**lettuce** लेटूस् *n.* a vegetable with crisp leaves plant grown for use in salad, चुकन्दर, सलाद में प्रयोग लाने वाला पौधा।

**level** लैवल् *n.adj.v.* an instrument for ascertaining the level of spot, standard, uniform, flat, horizonal even in surface, to make even or smooth, to aim, बराबर, समतल, एक समान भू भाग, निशाना लगाना

**lever** लीवर् *n.v.* a bar of metal etc turning on a support for raising a weight, anything that exerts influence, to make level, डँडी, उत्तोलन दण्ड

**levity** लैविटी *n.* frivolity, inconsistency, trifling gaiety, lightness of weight, ओछापन, चपलता, लघुता

**levy** लैवी *v.n.* to raise or collect tax, to enrol troops, to impose by compulsion, the act of collecting, the act of enrolling men favour, कर लगाना, टिकट लगाना, लश्कर

**lewd** ल्युड *adj.* indecent, lustful, not chaste, profligate, licentious, बद, कामुक, अपवित्र, विलासी।

**lexicon** लैक्सिकन् *n.* a word book, a dictionary **lexicographer** *n.* कोश, शब्दकोश

**liable** लायाबल् *adj.* subject to, answerable to, exposed to, apt to happen, legally responsible, जिम्मेदार, उत्तरदाता, अप्रिय, योग्य।

**liaison** लिआजन् *n.* contact, communication, secret intimacy between man and woman, co-operation, स्त्री-पुरूष का अनुचित संबंध, संयोग, दोस्ती

**libel** लिबल् *n.v.* statement damaging to a person's reputation, an unflattering portrait, to defame the character, अप्रतिष्ठा, निन्दा

**liberal** लिबरल् *adj n.* generous, plentiful, munificent, free from narrowness, an opponent of conservatism, दयालु, उत्साही, उदार, पक्षपातहीन

**liberate** लिबरेट् *v.* to set free, to set at liberty, to release from bondage, मुक्त करना, छोड़ना, बंधन से छुटकारा देना, आजाद करना।

**library** लाइब्ररी *n.* collection of books, where books are kept, पुस्तक संग्रह, पुस्तकालय, किताबघर (librarian-n-keeper of library), पुस्तकालय का अध्यक्ष

**licence** लाइसैंस *n.* leave, permission, licentiousness, writer's transgression of rules, आज्ञा, अधिकार, दुराचार, सनद, लेखक का अनियम

**license** *v.* to authorise, to allow complete freedom, आज्ञा देना, अनुमति देना, सनद देना

**lichen** लाइचेन्, लिशएन, नाइकन *n.* a kind of fungus, एक प्रकार की वनस्पति जो, दीवारों, वृक्षों व चट्टानों पर उगती है ।

**lick** लिक् *v.n.* to pass the tongue over, to taste, to lap, to beat, to overcome, a slight smear, passing over the the tongue, a blow, चाटना, जीभ से चट्-चट करना, ठोकना, पीटना, धूल चाटना

**lid** लिड् *n.* a cover of a container the cover of the eye, ढक्कन, पलक।

**lie** लाई *v.* to utter falsehood, to deceive, to rest, to remain in a prostrate position, to abide, to view, to be in grave,

**lie** लाई *n.* an untrue statement, a fiction, falsehood, एक असत्य बात, किस्सा, झूठ

**lied** लाइड् a German song or lyric, जर्मन गाना

**lieu** ल्यू *n.* place, instead of, in lieu of, जगह, स्थान

**lieutenant** लैफ्टिनैंट् *n.* deputy, a rank below captain, a commissioned officer in the army or navy, केपटन से नीचे पद का अधिकारी, लेफ्टेनेन्ट

**life** लाइफ् *n.* the period between birth and death, a series of experiences, manner of living, liveliness, living things, the story of a life, जीवन, जीने का ढंग, जिन्दगी, चेतना।

**life-belt** लाइफबेल्ट् *n.* a belt made of pith or cork to float the body on water, जल में तैरने की पेटी

**life-long** लाइफ-लौंग*adv.* throughout life, जीवन पर्यन्त

**lift** लिफ्ट् *v.n.* to bring to a higher position, to raise from the ground, to elevate, to take and carry away, to rise, to disappear, upward movement, an elevator, conveyance in one's car, उठाना, उभाड़ना, उठना, हट जाना, इमारत में ऊपर-नीचे लाने वाला यन्त्र

**ligament** लिगामैंट् *n.* band of tissue joining bones, bond or tie, a fibrous tissue which binds together bones, अस्थि-बंधन, पट्टी, पट्ठा, नस।

**light** लाइट् *n.v.* a natural agent by which things are visible, mental vision, daylight, candle, eminent person, to give light, to set fire to, to become light or bright, bearing little weight, gentle, easy in light manner-lighten(vb) to reduce load, ज्योति, उजाला, प्रकाश, चमक।रोशनी करना या देना, आग लगाना, संयोगवश हो जाना। चमकना, खुलना, बोझ कम करना

**like** लाइक् *affix.adj.v.* similar, resembling, to love, to enjoy, to find agreeable, likelihood-n-brobability, भांति, के समान, तरह, ऐसा, सानी, दूसरा, पसन्द करना, चाहना, इच्छा करना, संभावना, सूरत।

**liken** (-न) *v.* to compare, to find similarity in, उपमा देना, मिलाना, सदृश करना

**lilac** लिलक् *n.* shrub bearing pale mauve or white flowers pale mauve colour, सफेद फूलों वाला पौधा।

**lilt** लिल्ट् *v.n.* to sing merrily, to move lightly, a cheerful song, a springy movement, लय या सुर में गाना, लय

**lily** लिली *n.* a bulbous flowering plant,water-lily, कुमुदिनी, नरगिस

**limb** लिम्ब् *n.* an arm, leg or wing, a branch, a projecting part, अंग, जोड़, टहना

**lime** लाइम् *n.v.* tree, small acid fruit like lemon, sticky substance used for catching birds, alkaline earth from which mortar is made, to smear with lime, to apply lime to (in the lime light-attracting public attention), जंबीरी या नींबू, कलई, चूने से जोड़ना, चूना लगाना, लासा लगाकर चिड़िया फासना

**limerich** लिमोरिक् *n.* meaningless verse, humorous verse in a five-line stanza निरर्थक पद, पाँच पक्तियों की हास्य कविता।

**limit** लिमिट् *n.v.* boundary, utmost extent,border, restriction, largest extent, to restrict, to bound, to restrain, सीमा, हद, छोर, कैर करना, सीमित करना।

**limited** लिमिटिड *v.* small, narrow, restricted, परिमित, संकुचित

**limp** लिम्प् *v.n.* to walk lamely, to halt, to move along with difficulty, limping gait, flexible, flaccid, लंगड़ा कर चलना, ठमकना, लचीला।

**limpid** लिम्पिड् *adj.* not turbid, pure, clear, translucent, स्वच्छ, विमल

**line** लाइन् *n.v.* a series of points joined together, series, outline, a row, rail road, direction, wire, verse, to cover inside, mark with lines, पंक्ति, पतली रेखा, आकार, दिशा, तार, वंश, रेल की पटरी, कविता की पंक्ति।

**linen** लिनन् *n.adj.* cloth made of flax, linen, articles, under wear, made of flax, सन का बना हुआ वस्त्र।

**linger** लिंगर् *v.* to tarry, to loiter, to remain for a long time, to delay, to stop departure, विलम्ब करना, देर तक ठहरना।

**lingua franca** लिग्वा फ्रैन्का *n.* a mixture of several languages, any language simplified in use by people of different nationalities, अनेक भाषाओं की खिचड़ी

**lingual** लिंग्वल् *adj.* of the tongue or language, मूर्धन्य, जीभे से उच्चरित होने वाला शब्द

**linguist** लिग्विस्ट् *adj.* a person who is skilled in many languages, अनेक भाषाओं को जानने वाला, भाषा प्रवीण, बहु विज्ञ

**link** लिंक् *n.v.* one ring of a chain, bend in a river, connection, a land measure, to be connected, कड़ी, संधि, नदी का मोड़, उल्का

**linseed** लिनसीड् *n.* seed of flax from which linseed oil is expressed, अलसी, बीज कला, अतसी

**lint** लिन्ट् *n.* soft material for dressing wounds सन, सूफ, घाव व पट्टी बाँधने का मुलायम वस्त्र

**linnet** लिन्नट् *n.* a kind of song bird, एक प्रकार की गाने वाली चिड़िया।

**lion** लाइऑन् *n.* a large powerful fierce beast of prey, a large animal of cat family, person of importance, a very brave man, शेर, सिंह, महत्वशाली, धीर

**lip** लिप् *n.* either edge of the mouth, edge or margin, one of the fleshy edges of the mouth, ओठ, किनारा

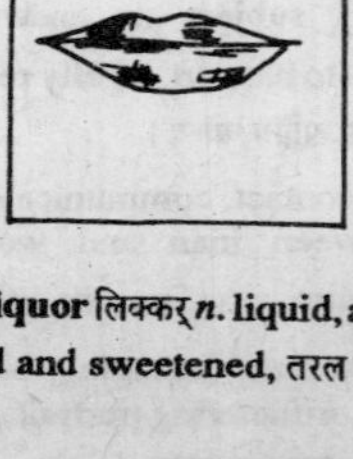

**liqueur see liquor** लिक्कर् *n.* liquid, alcoholic liquor flavoured and sweetened, तरल पदार्थ, सुरा, मदिरा।

**liquid** लिक्विड् *n.adj.* liquid substance, fluid, not solid or gaseous, flowing smoothly, तरलता, द्रवरूप

**liquidate** लिक्विडेट् *v.* to pay debt, to settle accounts, to adjust as the affairs of a bankrupt, ऋण चुकाना, हिसाब साफ करना।

**liquidation** *n.* the act of liquidating, ऋण निस्तार, हिसाब-किताब की चुकती

**lisp** लिस्प् *v.n.* to speak imperfectly, to speak with a lisp, to speak falteringly, to speak as a small child does, the act or habit of lisping, अस्पष्ट बोलना, तुतलाना, तुतलाहट, जल का मंद शब्द

**list** लिस्ट् *n.v.* the ship or edge of cloth, enclosing ground inventory, scene of contest, catalogue, to enlist, to desire, to listen, वस्त्र का किनारा, बाड़ा, आलसी, सूची बनाना, अखाडे में घुसना, सुनना, जहाज का एक ओर झुकना

**listen** लिस्सन् *v.* to hear with attention, to hearken, to follow advice, to obey, ध्यान देना, ध्यान से सुनना, सलाह मानना, स्वीकार करना।

**listless** सिस्टलेस् *adj.* careless, indifferent, disinterested, लापरवाह, असावधान, उदासीन, निश्चिन्त

**literacy** लिटरेसी *n.* ability to read and write, state of being literate, साक्षरता, पढ़ने-लिखने की योग्यता।

**literal** लिटरल् *adj.* expressed by letters, of letters, exact, plain unimaginative, शब्दानुसार, शब्दिक, अक्षरी, मूलार्थक

**literary** *adj.* of literature or learning साहित्य संबंधी।

**lithograph** लिथोग्राफ् *n.* lithographic print, printing from stone, making of drawings on stone for printing, lithography-n. पत्थर के छापे की प्रति

**litigate** लिटिगेट् *v.* to go to law, to contestat law, to engage in a law suit, to carry on a law suit, मुकदमा करना, दावा करना

**litre** लिटर् *n.* a unit of capacity in the metric systen, प्रायः 35 औंस की तोल

**litter** लिट्टर् *n.v.* a carriage for carrying the sick, a portable couch, a stretcher, a heap of straw for animals to lie on, objects lying scattered about, a number of animals born at one birth, to supply with straw, to bring forth young, डोली, टिखटी, पशु के बच्चे, पशुओं के घास-फूस का बिछौना, पशु का बिछौना डालना, बच्चे पैदा करना

**little** लिटल् *adj.n.adv.* small, insignificant, not much, young, mean, small amount, in a small degree, अल्प, छोटा, तुच्छ, थोड़ा

**live** लिव् *v.* to have life, to pass one's life, to dwell, to endure, to subsist,

**live** लाइव् *adj.adv.* having life, quick, effective, ignite, energetic, सप्राण, प्रभावशाली, चुस्त

**livelihood** लाइबलीहड *n.* means of living, अजीविका, रोजी

**liver** लिवर् *n.* the organ of the body which secrets the bile, one who lives, a large gland carrying out several important functions in the life of the body, यकृत, कलेजा, जिगर।

**livery** लिवरी *n.* provision of food, uniform worn by women servants, allowance of food for horses, वर्दी, चिह्न, घोड़ो की रसद

**livid** लिविड् *adj.* of bluish colour, very pale anger, सीसे के रंग का, चोट से पीला पड़ा हुआ, गुस्से से पीला पड़ा हुआ

**lizard** लिजर्ड *n.* a kind of reptile, a four-footed scaly reptile, छिपकली, गुहेरा, बम्हनी

**llama** लामा *n.* an American ruminant used for carrying burden, a South American quadruped, अमेरिका में बोझ ढ़ोने का पशु

**load** लोड् *n.* burden, weight, cargo, resistance of machinery, बोझ, भार, मशीन का दबाब

**load** *v.* to put load on, to charge gun, to weigh down, बोझ डालना, बंदूक में बारूद भरना, बोझना

**loaf** लोफ *n.v.* piece of baked bread, conical mass of sugar, lump sugar, to spend time idly, नान, पाव रोटी, पेड़ा, बन्द का डला, समय गँवाना

**loafer** *n.* an idle person, आवारागर्द, लफंगा

**loan** लोन् *n.v.* anything lent, anything borrowed, उधार, ऋण

**loan** *v.* to lend, उधार लेना, अन्य भाषा से शब्द उधार लेना

**loathe** लोथ् *v.* to hate, to detest, to regard with disgust, to abhor, घृणा करना, निन्दा करना

**lob** लॉब् *v.n.* to move clumsily, to run lazily, to bowl, a dull or sluggish person, lout, underhand ball at cricket etc, भद्दी तरह हिलाना, मन्द मंद दौड़ना, गेंद फेंकना, आलसी, लंपट

**lobby** लॉबी *n.v.* a hall, ante chambers, corridor, a passage serving as an entrance to several rooms, to frequent the lobby of a legislative chamber, ढालान, ड्योढ़ी, सभामंडप का आँगन, सभा भवन के चक्कर काटना

**lobe** लॉब *n.* the round fatty projecting part of an organ, a sub division of an organ, किसी अंग का गोल फूला हुआ भाग

**lobster** लाबस्टर् *n.* a ten-footed marine fish, फेफड़े इत्यादि का गोल टुकड़ा, कान की लौ

**local** लोकल् *adj.* pertaining to a specified place, restricted to a particular place, मुल्की, मौके का, स्थानीय, किसी विशिष्ट स्थान का

**locate** *v.* location-n. relative position, to settle or establish in a place, स्थापना करना, निर्धारित करना, धरना

**lock** लॉक *n.* an appliance for fastening doors etc, part of a gun by which it is discharged, an enclosure in a canal, a tuft of hair, ताला, बन्दूक का घोड़ा, बाँध, लट, जुल्फ, हवालात

**lock** *v.* to fasten with a lock and key, बन्द करना, मूंदना

**locomotive** लोकोमोटिव् *a.n.* pertaining to motion, not stationary, a steam engine for drawing railway cars, चलनशील, चलता, रेल का इंजन

**locus** लॉकस् *n.* exact place or locality, the line formed by taking all portions of a point that satisfy a given condition, बिन्दुपथ

**locust** लोकस्ट् *n.* a migratory winged insect, शलभी, टिड्डी

**lodge** लॉज् *n.v.* a small house, a house occupied during hunting season, gate keeper's cottage, a wild beast's den, to settle, to harbour, to provide lodging, to reside on payment in someone else's house, छोटा घर, नौकरों के रहने की कुटिया, वन्य जन्तुओं की माँद, ठहराना

**lodging** *n.* a temporary habitation, अस्थायी बसेरा

**loft** लाफ्ट् *n.v.* an attic, a pigeon house, to throw a ball upward, अटारी, मचान, टाँड, कोठा, छल, बाल ऊपर फेंकना

**log** लॉग् *n.* unhewn bulky timber, लट्ठा, लकड़ी का कुण्डा, कड़ी

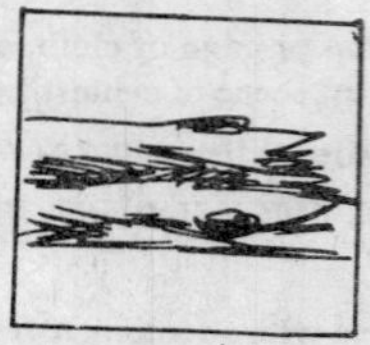

**logic** लाजिक् *n.* the science of reasoning, the process of argument, तर्कशास्त्र, न्यायशास्त्र, तर्कवितर्क, युक्ति

**loin** लॉयन् *n.* the lower part of the back, the back of a beast cut for food, (loin cloth), लुंगी, कोपीन, लंगोट, कमर, कूल्हा

**loin-cloth** (-क्लाथ) a piece of cloth for wearing round the lions, तहमद, लंगोट

**loiter** लॉयट्र *v.* to linger, to hang about, to roam about, to work slowly, अवारागर्दी करना, मटर गश्ती करना, मारे मारे फिरना

**loll** लॉल् *v.* to hang out the tongue, to lounge at ease, to lie lazily about, जीभ निकालना, लपलपाना, लोटना

**lollipop** लॉलीपाप *n.* a large sweet meat on a stick, any sweet meat, चूसनी, चूसने वाली मिठाई

**lone** लोन् *adj.* solitary, uninhabited, companionless, unfrequented, अकेला, निर्जन, उजाड़, वीरान

**loneliness** *n.* lonesomeness, निर्जनता, असहायता

**long** लांग् *adj.n.* protracted, lingering, slow in coming, lengthy, far reaching, लंबा, दीर्घ, दूरका, चिरकाल

**longevity** *n.* great length of life, दीर्घायु

**longitude** लंग्च्यिूड् *n.* length, distance east or west from standard meridian, भूमध्य रेखा से पूर्व व पश्चिम की दूरी, रेखांश, देशान्तर, लंबाई

**look** लुक् *v.n.* to use one's sight, to direct the eyes with attention, to seem, to face, to examine, to consider, glance at a thing, appearance, aspect, देखना, गौर से देखना, प्रतीत होना, सामना करना, निरीक्षण करना, सोचना, दृष्टि, शक्ल, पक्ष

**loom** लूम् *n.v.* a machine for weaving, inner part of an oar, a haze, करघा, डाँडे का भीतरी भाग, अस्पष्ट दर्शन

**loop** लूप् *n.v.* a noose, a loophole, a curve, a u shaped bend, to fasten with a loop, फँदा, दरार, मोड़, फंदे में बाँधना

**loophole** लूपहोल् *n.* a slit in a wall etc, means of escape, a narrow aperture for defense, छिद्र, निकास, भागने का गुप्त मार्ग

**loose** लूज् *adj.v.* free, not tight, inexact, vague, dissolute, lax, to shoot, to free, to slacken, ढीला, अस्पष्ट, दुराचारी, गोली दागना, मुक्त करना, ढीला करना

**loot** लूट् *v.n.* booty, goods snatched from the enemy, plunder, to plunder, to ransack, लूट का माल, लूट, लूटना

**lop** लॉप् *v.* to cut off twig, to hang down losely, डाल काटना, कलम करना, ढीला लटकना व लटकाना

**lope** लोप् *v.n.* to run with a long bouncing stride, a half cantering walk, लंबे लंबे डग भरते हुए दौड़ना, भागना

**lord** लार्ड *n.* master, ruler, superior, husband, used as a part of various official titles, God, स्वामी, शासक, बढ़िया, पति, सरकारी पद के लिए उपयुक्त शब्द, भगवान

**lore** लोर् *n.* learning, body of facts and traditions, wisdom, scholarship, erudition, विद्या, परंपरा, ज्ञान, विद्वत्ता

**lorry** लॉरी *n.* a long heavy four-wheeled wagon or truck, लारी, मोटर गाड़ी

**lose** लूज् *v.* to suffer loss, to cease to have, to waste, to miss, to fail, to ruin, खोना, वंचित होना, नष्ट करना, असफल होना

**loss** लॉस् *n.* damage, waste, disadvantage, ruin, हानि, बरबादी, घाटा, नाश

**lot** लॉट् *n.* destiny, chance, choice, a separate portion, a large number or quantity, भाग्य, अवसर, चुनाव, अलग भाग, बड़ी संख्या या परिमाण

**lotion** लोशन् *n.* a wash, a liquid for washing wounds, धोने की दवाई

**lottery** लाट्री *n.* arrangement for distributing prizes by lot, लाट्री या चिट्ठी या चिट डालकर इनाम बाँटने की रीति

**lotus** लोटस् *n.* the water-lily, कमल, पद्म, मृणाल

**loud** लाउड् *adj.* noisy, clamorous, showy and in bad taste, ऊँचा, शोर वाला, तीव्र, दिखावटी तथा बेस्वाद

**lounge** लाउन्ज् *v.n.* to spend time lazily, to recline idly, to loll, to move about without energy, a low backed couch, समय गँवाना, सुस्ती से पड़े रहना, पीठवाला सोफा

**louse** लाउज् *n.* a parasitic insect, लीख, जूँ, छिल्लर

**lout** लाउट् *n.* an awkward fellow, a clown, a bumpkin, भद्दा, फूहड़, गँवार

**love** लव् *v.n.* to be in love with, to admire, to delight in, a great fondness, strong attachment with sexual feeling, the object of affection, प्यार करना, प्रेम करना, सराहना, चाहना, चाह, अनुराग, प्रेमपात्र

**low** लो *adj.adv.* not high, not lying far up, not loud, weak, small, feeble, vulgar, coarse, indecent, not loudly, cheaply, नीचे का, मन्द, धीमा, क्षुद्र, ओछा, सस्ता सा

**loyal** लायल् *adj.* faithful, obedient, true to allegiance, सच्चा, आज्ञाकारी, श्रद्धालु, राजभक्त

**lubber** लब्बर् *adj.* a lout, a stupid fellow, a clumsy fellow, लम्पट्, मूर्ख, फूहड, गँवार

**lubricate** लुब्रिकेट् *v.* to make smooth by applying oil or grease, चिकना करना, तेल देना, रगड़, दूर करना,

**lucid** ल्यूसिड् *adj.* bright, clear, easily understood, sane, चमकीला, स्पष्ट, साफ अर्थ वाला, बुद्धिमान

**luck** लक् *n.* fate, fortune, chance, lot, भाग्य, संयोग, दैवयोग

**lucrative** ल्यूक्रेटिव् *adj.* profitable, yielding profit, लाभदायक, फलदायक

**ludicrous** लूडिक्रुस् *adj.* absurd, ridiculous, laughable, droll, comical, भद्दा, फूहड़, मजाकिया

**ludo** लुडो *n.* a game played with counters on a board, साँप सीढ़ी का खेल

**lug** लग् *v.* to pull hard, to drag heavy load with effort, जोर से खींचना, घसीटना

**luggage** लगेज *n.* a passenger's baggage, यात्रा सामग्री, गठरी, सामान

**lukewarm** ल्यूकवॉर्म् *adj.* moderately warm, indifferent, not enthusiastic, नीम गर्म, गुनगुना, लापरवाह, सुस्त

**lull** लल् *v.n.* to sleep by caresses, to lessen, to soothe, to quiet, an interval of calm, लोरी, लोरी देकर सुलाना, शान्त करना, खामोशी

**lullay** *n.* a lulling song, लोरी

**lumber** लम्बर् *v.n.* to move clumsily, to obstruct, anything no longer in use, timber sawed, भद्दी चाल चलना, रुकावट डालना, काठ-कवाड़, चिरी हुई लकड़ी

**luminary** ल्यूमिनरी *n.* a heavenly body emitting light, one who enlightens, a very eminent person, आकाशीय नक्षत्र, अपूर्व बुद्धि का मनुष्य, प्रकाश फैलाने वाला

**lump** लम्प् *n.v.* swelling, a shapeless piece of mass, large sum, to throw together in one mass, ढेला, ढेर, पिण्ड, स्थूल भाग, ढेर लगाना

**lunacy** लुनेसी *n.* insanity, derangement of mind, mental unsoundness, पागलपन, मानसिक विक्षिप्ता जनून, दीवानगी

**lunatic** *a.* one who is insane, बावला, पागल

**lunar** लूनर् *adj.* of the moon, relating to the moon चन्द्रमा सम्बन्धी, चाँद का, चाँद सा

**lunch (luncheon-sh)** लन्च *n.v.* light refreshment between breakfast and dinner, midday meal, to take lunch, मध्यान्ह का भोजन, भोजन करना

**lung** लन्ग *n.* one of the organs of respiration, one of the organs of breathing, फेफड़ा, फुफ्फुस, शुश

**lunge** लण्ज् *n.v.* a sudden thrust, a horse breaker's long rope, to thrust with a sword, अचानक झोंक, घोड़ा सिधाने वाले का रस्सा, तलवार भोंकना

**lurch** लरच् *n.v.* sudden roll to one side, to leave in the lurch, to leave in difficulties, एक ओर झुकना, संकट में छोड़ना, फुसलाना

**lure** ल्येर् *n.v.* anything used as an enticement, bait, to entice, to tempt away, प्रलोभन, ललचाने का पदार्थ, लुभाना, फुसलाना

**lurid** ल्यूरिड् *adj.* pale, ghastly, glaring, gloomy, unnatural, terrible, फीका, भयानक, सष्ट, उदास, कृत्रिम

**lurk** लरक् *v.n.* to lie in wait, to be concealed, to escape notice, a swindle, a gross fraud, छिपे रहना, घात में बैंठना

**lush** लश्् *adj.n.* green and luxurious, fresh, in toxicating drink, हरा स्वादिष्ट, रसीला, ताजा, मदिरा

**lust** लस्ट् *n.v.* eager desire, desire for sexual indulgence, to have carnal desire, तीव्र लालसा, विषय भोग की इच्छा, मैथुन की अभिलाषा करना

**lustre** लस्टर् *n.* brightness, brilliance, fame, splendour, renown, चमक, दमक, ख्याति, नूर, भव्यता, कीर्ति

**lute** ल्यूट, लूट *n.* an old stringed instrument of the guitar family shaped like a half pear, बीणा तम्बूर, बीन, सारंगी

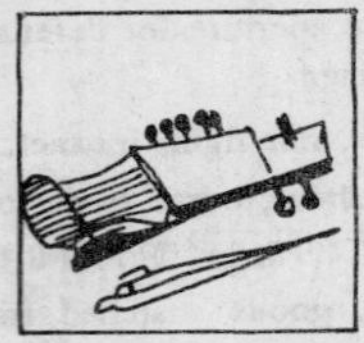

**luxury** लक्शरी, लगज्री *n.* free indulgence in costly pleasures, anything rare and delightful, enjoyable but not necessary, a dainty, उन्मुक्त विलासिता, विषय सुख, विशिष्ट भोजन

**lymph** लिम्फ् *n.* a colourless or yellowish fluid in animal bodies, a vaccine, पंछा, बेरंग पानी जो पशुओं की बाज नसों में होता है

**lynch** लिन्च्, लिश् *v.* to put to death without trial, to inflict punishment illegally, मारपीट करना, अवैध रूप से दंड देना

**lynx** लिन्कस् *n.* animal of cat tribe noted for keen sight, a wild quadruped of the cat family, वन विलाव, जंगली, बिल्ला

**lyre** लायर् *n.* a musical instrument like harp वीणा, बीन, सरोद

**lyrical** *a.* meant to be sung, expressing individual emotions of the poet, गीत, नगमा, गेय

**lyric** लिरिक् *n.adj.* lyric poem, words for song, गायन रूप की कविता, गेय कविता, सरोदी

# M

## MACABRE-MYTHOLOGY

**macabre** मैकेबर *a.* gruesome, ghastly, funereal, horrible, भयंकर, भयावह, मातमी।

**mace** मेस् *n.* a staff used as a mark of authority, a metal war club, staff of office, spice made of the husk of the nutmeg, भारी गदा, जावित्री

**machination** मेकिनेशन् *n.* intrigue, plotting, artifice, scheme, maneuver, कूट-प्रतिबंध, चाल, साजिश

**machine** मैशीन् *n.v.* an apparatus for applying mechanical energy, one who acts with intelligence, a bicycle, an engine, machinery-n-machines, पुर्जा, कल, यंत्र, मशीन।

**mackerel** मैकरल् *n.* an edible marine fish, एक प्रकार की खाद्य मछली।

**mackintosh** मैकिनटाश् *n.* water proof material, a water-proof overcoat, बरसाती कपड़ा।

**mad** मैड् *adj.* insane, suffering from mental disease, mentally disordered, infatuated, inflamed with anger, पागल, उन्मत्त, भ्रांत चित।

**madam** मेडम् *n.* (mesdames-pl) polite form of address to woman madams, महाश्या, साहिबा, बीबी

**Madonna** मैडोना *n.* a picture of the Virgin Mary, usually with the infant child, बीबी, साहिबा, मरियम का चित्र

**maelstrom** मेल्स्ट्रोम् *n.* turmoil, whirpool, any place of confusion or struggle भँवर, उथल-पुथल

**magazine** मैग्ज़ीन *n.* periodical with stories and articles by different writers, store house for explosives, chamber in a gun गोदाम, गोला, बारूद, खाना, पत्रिका।

**maggot** मैगट् *n.* grub, larva, whim कृमि, झक।

**Magi** माजी priests of ancient Persia, the wise men from the East at the Nativity, जादूगर, विद्वान, तीन विद्वान जो शिशु ईसा मसीह के लिए भेंट लेकर गए थे।

**magic** मैजिक् *n.* witchcraft, sorcery, enchantment, conjuring, (magician-n-one skilled in magic), जादू, तिलिस्म, मंत्र-जाल, जादूगर, ओझा

**magistrate** मैजिस्ट्रेट *n.* civil officer administring law, one who has the power to put the laws into force, न्यायाध्यक्ष

**Magna Corta (charta)** मैगना कार्टा *n.* the Great English Charter of 1215, 1215 सन् का इंग्लैंड देश का प्रसिद्ध राजकीय आज्ञा पत्र

**magnanimity** मैगनेनिमिटी *n.* generosity, nobleness of nature, greatness of mind (magnanimous-adj-high-souled), उदारता, महानुभावता, सज्जनता।

**magnate** मैगनेट् *n.* a man of rank or wealth, or of power, an eminent personage, लोह कान्तमणि, उच्च पदाधिकारी, संभ्रान्त व्यक्ति, रईस

**magnesia** मैगनेशिआ *n.* a white magnesium salt used as a medicine, दवाई की तरह प्रयुक्त होने वाला सफेद मैगनीशियम नमक

**magnet** मैगनेट् *n.* a piece of iron which has the property of attracting other pieces of iron, anything, person, having strong attraction, चुम्बक, चुम्बक, चुम्बक पत्थर, मकनातीस।

**magnificence** मैगनिफिसैन्स् *n.* splendour of appearance, pomp, grandeur, (magnificent-a-sublime, splendid), रौनक, ठाठ-बाट, महिमा, तेजस्वी, प्रतापी

**magpie** मैगपाई *n.* a chattering bird of the crow genus, a chattering bird with long tail black and white plumes, नीलकण्ठ (पक्षी)

**magus** see Magi,

**maharaja** महाराजा *n.* title of some Indian Princes. भारतीय राजाओं की पदवी, 'महाराजा'

**Mohammedan** मोहमेडन् *n.* belonging to Islam, Muslim, मुसलमान, इस्लाम धर्म के अनुयायी।

**mahout** महौत *n.* an elephant driver, महावत, हाथी का संचालक

**maid** मेड् *n.* a young girl, virgin, a female servant, an unmarried girl, कन्या, अविवाहित लड़की, दासी या नौकरानी

**mail** मेल् *n.v.* an armour of chain work, a bag for the conveyance of letters, the postal system, to send letters by post, कवच, डाक का थैला, डाक, कवच पहनना, डाक में भेजना

**maim** मेम् *v.n.* to deprive of the use of limb, to cripple, to damage, to disfigure, mutilation, अंगहीन करना, काटना, *n.* लंगड़ा, अपाहिज।

**main** मेन् *a.n.* chief, principal, most important, sheer, the high sea, absolute, प्रमुख, सबसे महत्वपूर्ण, बढ़ा हुआ समुद्र, आवश्यक

**maintain** मेनटेन् *v.* to sustain, to defend, to support, to affirm, to continue-maintenance-n-sustenance, कायम रखना, अधिकार रखना, प्रतिपादन करना, निर्वाह करना संभालना, सहारा, पालन

**maize** मेज् *n.* Indian corn, मक्की, ज्वार, भुट्टा

**maizena** मेजेना *n.* maize starch, मक्की का आटा

**majestic** मेजेस्टिक *adj.* showing majesty, noble, sublime, प्रभावशाली, ऐश्वर्यपूर्ण

**majesty** मेजेस्टी *n.* nobility, grandeur, sublimity, impressive dignity, a title of monarchs, महिमा, वैभव, गौरव, प्रभाव, शान, सम्राट का पद।

**major** मेजर *a.n.* greater in quality, a person of full legal age, an army officer, बड़ा, वयस्क, सेना का अधिकारी (केप्टन से बड़ा पद)

**majority** मेजोरिटी *n.* greater number, full-age, अधिक संख्या, वयस्कता

**make** मेक् *v.n.* to construct, to perform, to carry out, to approach, to reach, form, texture, brand, बनाना, रचना, निर्माण करना, तैयार करना, लाचार करना पहुँचना, शक्ल, ढंग, डौल, बनावट, प्रकार

**mal** मैल् *prefix*, badly, बुरे अर्थ लिए उपसर्ग

**maladministration** मालएडमिनिस्ट्रेशन *n.* bad management, कुप्रबन्ध, कुशासन

**malady** मैलेडी *n.* disease, an illness, रोग, व्याधि।

**malaria** मैलेरिया*n.* fever due to mosquito bites, मलेरिया, ज्वर

**malcontent** मालकन्टैन्ट् *a* rebellious, discontented person, अतृप्त, असंतुष्ट, मनुष्य, विद्रोही

**male** मेल् *n.a.* a male animal or plant, masculine, pertaining to men or male animals, नर पशु या वनस्पति, पुरुष संबंधी, पुल्लिंग

**malice** मैलिस् *n.* spite, ill-will, wrongful intention, deliberate mischief, द्वेष, ईर्ष्या, डाह

**malign** मेलाइन *v.* to slander, to misrepresent, to defame, to speak ill of, to regard with hatred, कलंकित करना, बदनाम करना, दूषित करना, घृणा करना, ईर्ष्यालु

**malinger** मैलिंगर *v.* to pretend to be sick to escape from duty, बीमारी का बहाना करना, काम से जी चुराना

**mallet** मैलट् *n.* a wooden hammer, मुंगरी, लकड़ी की हथौड़ी

**mal-nutrition** मॉल्न्यूट्रिशन *n.* insufficient diet, अपर्याप्त पोषण, कुपोषण

**melodorous** मैल्लोडॉरस *a* foul smelling, evil smelling, दुर्गन्ध युक्त, बदबूदार

**malpractice** मॉलप्रैक्टिस् *n.* evil practice, wrong doing, illegal practice, दुराचार, कुचरित्र, बुरी चाल, भ्रष्टाचार

**maltreat** मॉलट्रीट् *v.* to abuse, to treat badly, to use roughly, to treat unkindly, दुर्व्यवहार करना, गाली देना

**mamma, mama, mammy,** मामा, मम्मी *n.* familiar name for mother, mother, माँ,, माता, अम्मा, मैया।

**mammal** मैमल् *n.* animal that suckles its young, any type of animal that suckles its young, दूध पिलाने वाला प्राणी, स्तनपान कराने वाला जन्तु

**mammoth** मैमथ् *n.a.* a large elephant of a kind no longer found living, extinct animal like elephant, colossal, very large, बहुत बड़े आकार वाली अब अप्राप्य प्राणी, महान, बहुत बड़ा

**man** मैन् *n.v.* person, human being, human race, a grown up human male, a valet, a husband, piece used in chess, to supply with men, to fortify, व्यक्ति, आदमी, युवक, वयस्क, पर्स, पति, भरती करना, स्थिर करना

**manacle** मैनेकल् *n.v.* fetter, hand cuff, to shackle, to handcuff, जंजीर, बंदी, *v.* हथकड़ी, लगाना, बाँधना

**manage** मैनेज् *v.* to conduct, to guide by the hand, to handle, to contrive, to persuade, चलाना, प्रबंध करना, व्यवस्था करना, घोड़ा सिधाना

**nandarin** मैन्डरीन् *n.* an official of the high rank, a Chinese person with position and influence, an orange, standard language, चीनी नारंगी, चीन का एक उच्चाधिकारी, चीन की स्तरीय भाषा

**mandate** मैन्डेट् *n.v.* judicial command or order, instruction from electorate to, represent, to give a territory etc into the charge of a nation, आदेश, आज्ञा पत्र, प्रतिनिधित्व करना, राष्ट्र को एक प्रदेश सौंपना

**mane** मेन् *n.* long hair on neck of horse, lion etc, पशुओं की गर्दन के लम्बे बाल, अयाल,

**manes** मेनज् *n.* souls of the departed ancestors, पितर लोग, प्रेतात्मा

**manganese** मैगनीज् *n.* a hard brittle greyish-white metal, मैंगनीज, एक प्रकार की धातु

**manger** मैनजर् *n.* a trough in which food is laid for horses and cattle, a box from which farm-animals feed, नाँद, चरनी

**mangle** मैंगल् *v.n.* to rend, to fear, to squeeze to press, to hack, a machine with rollers for smoothing linen, क्षत विक्षत करना, फाड़ना, निचोड़ना, दबाना, भद्दे ढंग से काटना

**mango** मैंगो *n.* a tree of India or its oblong fruit आम, आम्र

**manhandle** मैन्हैन्डल् *v.* to ill-treat, to handle roughly, to misbehave, दुर्व्यवहार करना, अपमान करना, थपेड़ना

**mania** मैनिआ *n.* madness, unreasonable desire, delirious, a prevailing craze, उन्माद, अनुचित इच्छा, झक

**manifest** मनिफैस्ट् *adj. v.* easily seen by the eye, plain, evident, to show, to reveal apparent to the mind or senses, सहज, दृष्टिगोचर, स्पष्ट, प्रकट, व्यक्त

**manifest** *v.* to show, to revcal, prove, display, दिखाना, प्रकट करना, प्रदर्शित करना, सिद्ध करना

**manifestion** (-शन) *n.* the act of revealing, स्पष्टीकरण

**manifesto** मैनिफस्टो *n.* a public written declaration of the intention of a party, proclamation, दल का घोषणा पत्र, नीति घोषणा

**manifold** मैनिफोल्ड् *a.* many and varied, एक समय में अनेक कार्यों में उपयोग, विविध

**manikin** मैनिकिन् *n.* dwarf, a little fellow, बौना, छोटा आदमी

**manipulate** मैनिपुलेट् *v.* to handle with skill, to manage with cunning, to give a false appearance, to operate, चतुराई से संभालना या मक्कारी से प्रबन्ध करना, छल योजना करना, क्रियान्वित करना

**manipulation** (-शन) *n.* act of manipulation, हस्तकौशल

**manner** मैनर् *n.* way, personal style of speaking or behaving, method, bearing, a mode, fashion, रीति, व्यक्तिगत व्यवहार का ढंग, चालढाल, फैशन

**mannerly** (-ली) *adj.* polite, well-mannered, नम्र, शिष्ट

**manoeuvre** मैनुअर् *n.v.* a movement of troops, a well planned action, a clever movement, a trick, (to scheme, to manage cunningly) युद्धाभ्यास, सुनियोजित कार्यवाई, चतुर चाल

**manor** मैनर् *n.* land belonging to a lord, जागीर, जमीदारी

**mansion** मैन्शन् *n.* a large house, विशाल प्रासाद.विशाल भवन

**mantel** मैन्टल् *n.* a shelf above a fire place, the chimney piece, अँगीठी, अंगीठी के आस पास का ढाँचा

**mantilla** मैन्टिला *n.* a kind of veil covering the head and falling down on the shoulders, small cape, बुर्का, ओढ़नी, छोटा बिना आस्तीन का चोगा

**mantis** मैनिटस् *n.* an insect rather like a locust, मकड़ी की तरह का कीड़ा

**mantle** मैन्टल् *n.v.* loose cloak, a covering, a net work round a gas burner to give a white light, लबादा, आवरण, गैस बत्ती की ऊपर की जाली

**manual** मैन्युअल् *adj.n.* anything done by the hands, of the hand, using the lands, हाथ से बनाई कोई वस्तु, श्रम साध्य

**mannual** *n.* small text book, गुटका, छोटी सी पुस्तक

**manufacture** मैनूफैक्चर् *v.n.* to make, to construct, to make by machinery, बनाना, रचना करना, तैयार करना

**manufacture** *n.* anything manufactured, उत्पादन, निर्माण, दस्तकारी

**manure** मैन्योअर् *n.* a fertilizer, a substance which enriches the soil, something that makes the land give better crops, खाद, उर्वरक

**manuscript** मैनूस्क्रिप्ट् *n.* a book written by hand, hand written, an author's copy of a work in writing or type script, पाण्डु लिपि, हस्तलिपि, हस्तलिखित

**many** मैनी *n.* numerous, large in number, the crowd, multitude, अनेक, बहुत, भीड़, बहुसंख्या

**Maori** माओरी *n.* member of the brown race of New Zealand, language of this race, न्यूजीलैंड की एक जाति तथा उस नस्ल की भाषा

**map** मैप् *n.* a drawing showing features of the earth's surface, नक्शा, मानचित्र

**mar** मार *v.* to spoil, to impair, to damage, to ruin, खराब करना, बिगाड़ना, हानि पहुँचाना, नष्ट करना

**marathon** माराथान् *n.* a long distance foot race, any contest that requires great endurance, लंबी, दौड़

**maraud** माराड् *v.* to rob, to plunder, to roam about in search of plunder, go about pilfering, लूटना, लूटमार करना, हमला करना, चोरी करते फिरना

**marble** मार्बल् *n. adj.* small stone, work of art made of marble, a little hard, ball used by boys in play, hard and cold, composed of marble, संगमरमर

**March** मार्च *n.* third month of year, a movement onword, the distance traversed,

**march** *v.* to move in order at a steady pace, स्थिरचाल से गति करना

**mare** मेअर् *n.* a female horse घोड़ी

**margarin** मारगेरीन् *n.* a butter substitute, a butter-like substitute made chiefly of vegetable fats, मारगरीन, नकली मक्खन

**margin** मार्जन् *n.* an edge, extra amount over and above the necessary, brink, a border, हाशिया, किनारा, गुँजायश

**marginal** (-जिनल) *adj.* written in the margin, close to the limit, हाशिए में मुद्रित, गुँजायश सम्बन्धी

**marigold** मैरिगोल्ड् *n.* plant bearing yellow flowers, a plant of the daisy type, गेंदे का फूल, सदबर्ग

**marijuana** मैरिजुआना *n.* dried flowers and leaves of hemp smoked in cigarettes for their temporarily exciting effect, अधिक मादक, प्रभावशाली बूटी

**marine** मैरीन् *adj.* having to do with the sea, used at sea, living in the sea, a soldier serving on a ship, समुद्रीय, नौचालन संबंधी, समुद्र निवासी, समुद्र, जहाज का सैनिक, मल्लाह

**mariner** मैरीनर् *n.* sailor, sea man, captain of merchant ship, नाविक, जहाज चालक

**marital** मैरिटल् *a.* having to do with a husband or with marriage, पति विषयक, विवाह सम्बन्धी, दम्पति सम्बन्धी

**maritime** मैरिटाइम् *adj.* relating to the sea, having a navy or sea trade, connected with the sea, सागर सम्बन्धी, सागर के निकट का निवासी, समुद्री व्यापार वाला

**mark** मार्क *n.v.* sign, label, imprint, target, fame, to observe, to regard,up to mark, perfect according to a certain standard, चिह्न, छाप, निशाना, लकीर, पदक, सिक्का, निरीक्षण करना, निशान लगाना, ध्यान करना

**market** मार्केट् *n.v.* a public buying and selling place, demand, place where there is a chance of selling, to sell, to put on sale, क्रय विक्रय स्थान, हाट, बाजार, मांग, बेचना

**marmot** मारमोट् *n.* a squirrel like rodent, a burrowing rodent, ground hog, एक प्रकार की गिलहरी

**maroon** मैरून् *v.n.* to abandon in an uninhabited land, to leave in a helpless position, a dark brownish red, a load warning fire work, निर्जन स्थान पर छोड़ना, असहाय अवस्था में छोड़ना, आतिशबाजी

**marquis** मारक्विस् *n.* noble man next above an earl, a title next below that of duke, इग्लैंड के अमीरों की एक पदवी

**marrow** मैरो *n.* soft substance found in bones, a large pulpy vegetable, the best part of anything, मज्जा, मगज, सार, तत्व

**marriage** मैरिज *n.* wedlock, matrimony, विवाह संस्कार, शादी

**marry** मैरी *v.* to become husband and wife, to wed, to perform the marriage ceremony, दांपत्य रूप में बँधना, शादी करना, पाणि ग्रहण करना

**mars** मार्ज *n.* planet with two moons lying between Earth and Jupiter, the Roman God of War, the planet next after the earth in the order of distance from the sun, मंगलग्रह, लड़ाई का देवता

**marsh** मार्श *n.* swamp, bog, a piece of low wet land, दल दल, कच्छ भूमि

**marshal** मार्शल् *n.v.* an army or airforce officer of highest rank, high official who directs royal ceremonies, a civil officer with certain legal duties, to usher, to arrange in order, सेना, का सर्वोच्च अधिकारी, सजाना, क्रम में रखना

**mart** मार्ट *n.* a market, a place of trade, हाट, बाजार

**martial** मार्शल *adj.* war like, soldierly, suitable for war, सेना सम्बन्धी, फौजी

**Martian** मारशिअन् *n.* an imagined inhabitant of Mars, मंगल ग्रह का काल्पनिक निवासी

**martin** मारटिन् *n.* a type of swallow, bird of swallow family, एक प्रकार की अबाबील चिड़िया

**martyr** मारटर् *n.v.* one who suffers death for what he believes, one who continually suffers from a disease, one who dies for his cause, शहीद, हुतात्मा, स्थायी रोगी, किसी लक्ष्यार्थ मर मिटने वाला

**marvel** मारवल् *n.v.* anything astonishing or wonderful, something strange or surprising, to wander at, to astonish at, to be amazed, आश्चर्यजनक वस्तु, हैरान होना, विस्मित होना

**marvellous** मारवलस *adj.* exciting wonder, astonishing, अद्‌भुद, अनोखा

**Marxist** मार्कसिस्ट् *n.* a follower of Marx, of the socialist Carl Marx or his theories, कार्ल मार्क्स के अनुयायी

**masculine** मैस्कुलिन् *adj.* belonging to the male sex or man, mannish, male, concerning men, पुल्लिंग, मर्दाना, वीरता का, पुष्ट

**mask** मास्क् *n.v.* something for hiding the face, a face that expresses nothing, a likeness of a face in clay, घूँघट, नकाब, मुखौटा, स्वाँग, बहाना

**mason** मेसन् *n.* a skilled worker or builder in stone, a free mason, थवई, राज, फ्रीमेसन

**masquerade** मैक्सकेरेड् *n.v.* a masked ball, a social gathering, acting or living under false pretences, to pretend to be, स्वाँग का जलसा, विडम्बना, क्रीड़ा, स्वाँग बनना

**mass** मास् *n.v.* a lump of matter, the bulk, a large quantity or number, size, principal part, measure of quantity of matter in any object, to bring together in a large number, पिंड, ढेला, ढेर, बड़ा भाग, इकट्ठा करना

**massive,** bulky and heavy, भारी भरकम

**massacre** मैसेकर् *n.v.* mass killing, the killing of a large number of people, a great slaughter, to kill cruelly, to slay many, रक्तपात, मनुष्य-सँहार, खून खराबा, सर्वसँहार

**massage** मसॉज् *n.v.* rubbing, kneading, to treat by massage, treatment of ailments by rubbing and kneading, to rub and knead, बदन की मालिश, मालिश द्वारा इलाज करना

**mast** मास्ट् *n.* a pole supporting a ship's sails, across, a long upright pole for carrying the sails of a ship, जहाज आदि का मस्तूल, कूपदंड

**master** मास्टर् *n.* man incharge, an employer, head of a house hold, an owner, one who commands, one very skilled in an art, science etc, a degree given by universities, a painting by a great artist (mastery-n-control), साईं, अधिपति, स्वामी, सरदार, कला में प्रवीण, विश्वविद्यालय की पदवी

**masticate** मैस्टीकेट् *v.* to chew thoroughly, चबाना, चाबना, चबाना, जुगाली करना

**mastiff** मैस्टिफ् *n.* a large powerful hound, एक प्रकार का बड़ा कुत्ता

**mastoid** मैस्टायड् *n.* an inflammation of the mastoid process, a bone projection behind the ear, स्त्री के स्तन के आकार का, कान के पीछे की हड्डी

**mat** मैट् *n.v.* a rug for foot-wiping, a thin pad to protect a surface, a piece of material for wiping shoes on, to make or become thickly tangled, चटाई, बिछाना, आसन, चटाई बनाना, पायदान, गहरा, उलझना

**matador (re)** मैटाडोर् *n.* the man who kills the bull in a bull fight, बैलों की लड़ाई में बैल को मारने वाला

**match** मैच् *n.v.* a wood splinter heated to give a flame, an equal, a marriage, a games contest, to equal,to agree, to fit in, to be suitable, to join in marriage, माचस, समान, शादी, खेल का मुकाबला, बराबरी करना, मानना, अनुकूल होना

**mate** मेट् *n.* a wife or husband, a pal, a friend, ships officer, an animal, to marry, to wed, to pair, पति पत्नी, मित्र, संगी, जहाज का अफसर, नर या मादा पशु, शादी करना

**mater** मैटर् *n.* mother, माँ

**material** मैटिरिअल् *n.adj.* substance of which a thing is made, real, actual, personal, worldly, essential, bodily, not-spiritual, द्रव्य, पदार्थ, वस्तु, वास्तविक, भौतिक, सांसारिक

**mathematics** मैथिमैटिक्स् *n.* science dealing with numbers and measurements, गणित-शास्त्र, गणित विद्या

**matins** *n.* morning service in a church, morning song of birds, चर्च में प्रातः की प्रार्थना, पक्षियों का प्रातः चहचहाना

**matinee** मैटिनी *n.* a public entertainment held in the day time, usually in the afternoon, दिन का मनोरंजन का गायन या शो

**matriarchy** मैट्रिआरकी *n.* government by a mother or mothers, शासन जिस में माता गृहस्थी की स्वामिनी समझी जाती है

**matriculate** मैट्रिकुलेट् *v.* to admit to university membership, प्रावेशिक परीक्षा, पास करना

**matriculation** *n.* the act of matriculating, विश्वविद्यालय में प्रवेश

**matrimony** मैट्रिमोनी *n.* marriage, state of being married विवाह संस्कार, ब्याह, गठबंधन

**matrimonial** *adj.* विवाह संबन्धी

**matrimonious** pertaining to or conected with marriage विवाह सम्बन्धी

**matron** मैट्रन् *n.* an elderly married woman, the woman head of a hospital, house-keeper in a boarding school, बड़ी बूढ़ी, अस्पताल की निरीक्षिका

**matter** मैटर *n.* any substance, pus, an event, a subject, physical substance, material, wrong, difficulty, पदार्थ, पीप, घटना, बात, विषय, द्रव, क्लेश

**mattock** मैटक् *n.* a kind of pickaxe with broad end for breaking the soil, कुल्हाड़ी, फावड़ा

**mattress** मैट्रेस् *n.* a large, flat bag stuffed with soft material to form a bed, तोशक, गद्दा, बिछावन

**mature** मैच्योअर् *ajd.* ripe full-grown, completely worked out, due, पक्का हुआ, बालिग, पूरा सम्पन्न

**mature** *v.* to become mature, to cause tobe, बालिग होना, पकना, तैयार करना

**maturity** (-रिटी) *n.* perfection, ripeness, पूर्णता, परिपक्वता

**maudlin** मॉडलिन *adj.* tearful, sentimental, half-drunk, उन्मत्त, मृत्तप्राय

**maul** मॉल् *v.n.* to beat or handle roughly, a heavy wooden hammer, मॉंगरे से पीटना, धुनना, ठोंकना

**maunder** माण्डर् *v.* to talk in a rambling manner, to move or act without energy, बकना, लापरवाही से घूमना

**mausoleum** मासोलियम् *n.* a splendid tomb, a very nice monument, बढ़िया कब्र, रौजा, मकबरा

**mawkish** मॉकिश् *adj.* sickening, weak and sentimental, पीड़ित, दुर्बल, रसिक

**maxim** मैक्सिम् *n.* a proverb, a wise saying, an expression of a truth or a rule esp one serving as a guide to conduct, कहावत, नियम, सिद्धान्त, सूत्रवाक्य

**maximum** मैक्सिमम् *adj.* greatest, the greatest number or quantity, the highest point or degree, utmost, परम संख्या, चर्म बिन्दु, अधिक से अधिक

**may** मे *v.* generally used with another verb to express permission, possibility and wish etc, सकना, आज्ञा पाना, हो, इच्छा, आदि का द्योतक

**May** मे *n.* the fifth month of the year, मई का महीना

**Mayor** मेओर्, मेअर् *n.* the chief public official of the city, town or borough etc, chief magistrate of a city, नगर का अध्यक्ष, कोतवाल, शहर का बड़ा अफसर

**maze** मेज् *n.v.* a labrynth, a place full of windings, a state of not knowing what to do or think, to puzzle, to confuse, to perplex, नगर का अध्यक्ष, कोतवाल, शहर का बड़ा अफसर

**mead** मीड् *n.* an alcoholic drink made from honey and water, a meadow, शहद की मदिरा, चरागाह

**meadow** मीडो a field of grass to be mown, a rich pasture-ground, शहद की मदिरा, चरागाह

**meagre** मीगर् *adj.* lean, poor in quality, scanty, not enough, small, स्वल्प, क्षीण, थोड़ा, अपर्याप्त, छोटा

**meal** मील् *n.* the food taken at one time, grain or seed ground to powder, repast, भोजन, आटा, पिसान, नाशता, खुराक

**mean** मीन् *adj.v.* low rank or birth, of little worth, humble, selfish, shabby, petty, stingy, not generous with money, vulgar, vile, the average, to intend, to purpose, नीच, तुच्छ, विनम्र, कंजूस, फूहड़, दुराचारी, चाहना, अर्थ रखता

**meander** मीन्‌डर *n.v.* loop of a river, winding course,flowing in a winding course, to wander about aimlessly, नदी का कुटिल मार्ग, घुमौवा रास्ता, घूमते हुए बहना, व्यर्थ व निरूद्देश्य घूमना

**measles** मीजल्ज् *adj.* an infectious fever with red spots on the skin, शीतला रोग, चेचक

**measure** मेजर् *n.v.* the dimension, size, an instrument for measuring, a certain amount, a system of measuring, a dance, plan of action, a bill brought before parliament, to take measurement, to be of certain size, माप, आकार, पैमाना, विशेष राशि, एक नृत्य, गतिविध, संसद का बिल, मापना, माप विशेष का होना

**meat** मीट् *n.* the flesh of animals used as food, anything eaten as food, a meal माँस, खाना, भाजी

**mechanic** मकेनिक् *n.* a skilled worker with tools or machines, शिल्पकार, कारीगर

**mechanism** *n.* mechanical working, the parts of a machine taken as a whole, यन्त्ररचना, यन्त्रकला, कल-पुर्जे की बनावट

**medal** मैडल् *n.* a reward of merit, a piece of metal in the form of a coin with a figure stamped on it, तमगा, मुद्रा

**meddle** मैडल् *v.* to interfere, to try to play a part, to temper, to busy ourself with, हस्तक्षेप करना, भाग लेने का यत्न करना, विघ्न करना, बीच में पड़ना

**mediaeval, medieval** मैडिवल् a concerning the middle ages 5th to 15 th century, मध्यकाल युग सम्बन्धी ( 5 वीं से 15 वीं शताब्दी से संबद्ध)

**mediate** मैडिएट् *v.* to try to settle disputes, to help opponents to agree, to bring about a settlement, मध्यस्थता करना, बीच में पड़ना, आधा करना -

**medical** मैडिकल् *adj.* concerning doctors and healing, having to do with doctors and medicines (medicine -n- substance used to cure) बैद्यक या औषधि सम्बन्धी, चिकित्स्य

**mediocre** मिडिऑकर् *adj.* middling, neither good nor bad, ordinary, मध्यम श्रेणी का, अच्छा न बुरा, सामान्य

**meditate** मैडिटेट् *v.* to think deeply, to consider, to plan, to ponder, गंभीर चिन्तन करना, समाधी लगाना, एकाग्रता, समाधी

**meditation** (-टेशन) *n.* concentration, एकाग्रता, समाधी

**Mediterranean** मैडिट्रेनिअन् *adj.* having to do with the mediterranean sea or its shore. great, almost in land, sea lying between southern Europe and Northern Africa, भूमि से चारों ओर घिरा हुआ

**medium** मीडियम् *adj.n.* in between, moderate, middle in size or quality, way, means a middle condition, something through which an effect is produced, बीचवाला, मध्यम आकार का, मार्ग, साधन

**medley** मैडले *n.* mixture, jumble, a piece of music put together from a number of other pieces, मिलावट, अनेक भिन्न द्रव्यों का समूह

**meek** मीक् *adj.* gentle, humble, सज्जन, नम्र, धीर, संतोषी

**meet** मीट् *v.n.* to encounter, to come face to face, to assemble, to fulfil, as assembly of huntsmen (meeting-n-encounter) सामना करना, इकट्ठे होना, पूरा करना, शिकारियों की सभा

**melancholy** मैलंकली *n.adj.* sadness, unhappiness, lowness of spirits, dismal, depressing, low-spirited, उदासीनता, अप्रसन्नता, खिन्नता, गमगीन, उदास

**melee** मैले *n.* a confused fight between two groups of people, संकुल, संग्राम, लड़ाई, दंगा

**meliorate** मीलिअरेट् *v.* to grow better, to make better, to improve, उन्नति करना, सुधारना

**mellow** मैलो *adj.v.* ripe juicy, cordial, sweet, soft,not harsh, to ripen, to mature, पका हुआ, सरस, मधुर, कोमल, पकाना, मधुर करना

**melodious** मैलोडिअस् *adj.* tuneful, sweet sounding, pleasing to the ear, सुरीला, सुनने में मीठा, मधुर स्वर का

**melodrama** मैलोड्रामा *n.* a thrilling play, a sensational drama, चौंकाने वाला नाटक, भावों को जगाने वाला नाटक

**melody** मैलोडी *n.* tune, harmony, a musical air, sweet music, राग, रसीला, तराना, लय, स्वर की मधुरता

**melon** मैलन् *n.* a large juicy fruit, तरबूज, खरबूजा, फूट

**melt** मैल्ट् *v.* to change from solid to liquid, to soften hard feelings, to mollify, to dissolve, to feel very hot, to disappear almost unnoticed, to relent, to soften in feeling, पिघलना, नरम होना, घुलना, अदृश्य होना, पछताना

**member** मैम्बर् *n.* a limb of the body, one who belongs to a society, one who belongs to a law-making body, (membership -n-the state of being a member), शरीरांग, सभासद

**membrane** मैम्ब्रेन् *n.* thin layer of skin or tissue, झिल्ली, खाल

**memento** मर्मेटो *n.* something kept as a reminder, souvenir, keepsake, स्मारक, यादगार, स्मरणार्थ चिह्न

**memo** मैमो abbreviation of memorandum *n.* a note to help one to remember, स्मारक, यादगार

**memoir** मैम्वार् *n.* a record of events, a biography, an autobiography, a journal इतिहास, चरित्र रचना, आत्मकथा, पत्रिका

**memorial** मैमोरिअल् *n.* anything recalling a person or event to memory,a monument, a written statement of facts, something which honours events, persons,of the part स्मारक, स्मरण चिह्न, प्रार्थना पत्रिका

**menace** मिनेस् *v.n.* to threaten, to alarm, threat, something likely to cause injury, धमकी देना, डराना, धमकी, चेतावनी, डरावनी

**menagerie** मिनेजरी *n.* a place for keeping wild animals for exhibition a collection of such animals, पशुस्थान

**mend** मैण्ड् *v.* to repair, to put in good shape, to correct, to improve one's manners, to grow better, मरम्मत करना, ठीक करना, सुधारना, बेहतर बनना

**mendicant** मैन्डीकैन्ट् *n.* a beggar, भिक्षुक, भिखारी

**menial** मिनिअल् *n.adj.* a household servant, one doing humble jobs, humble, mean, नौकर, विनम्र, तुच्छ

**menses** मैन्सिज् *n.* the monthly flow from the outer layer of uterus, स्त्रियों का मासिक धर्म, आर्तव

**mensurable** मैन्शूरेबल् *adj.* meaurable, नापने योग्य, जिसे नाप सकें

**mental** मैन्टल् *adj.* of the mind, happening in mind, suffering from an illness of the mind, for those who are ill in mind, मानसिक, दिमागी, बुद्धि-संबंधी।

**mentality** मैन्टिलिटी *n.* intellect, brain power, outlook, way of thinking, मानसिक शक्ति या अवस्था।

**mention** मैनशन् *v.n.* to name, to speak of, to remark, to refer to *n.* a brief reference, चर्चा करना, निर्देश करना, नाप लेना, जिक्र करना, चर्चा, कथन, निर्देश।

**mentor** मैण्टर *n.* a wise giver of advice, an adviser, a counsellor, विश्वसनीय मंत्री, सलाहकार

**menu** मेनू *n.* a list of dishes served, a bill of fare, भोजन-तालिका, किराए या भोजन का पुर्जा

**mercantile** मरकेन्टाइल् *adj.* commercial, concerned with trade, having to do with merchants, व्यापारी, सौदागरी, व्यवसायी

**mercenary** मरसेनूरी *adj.* money loving, avaricious, hired soldier in foreign service, hired for money, परदेशी सेना के हाथों बिका हुआ, स्वार्थी, भाड़े पर काम करने वाला।

**merchandise** मर्कैन्डाइज *n.* goods, wares, सौदा, माल, सौदागिरी

**merchant** मर्चैन्ट् *n.* a trader, buyer and seller of goods, a shopkeeper, व्यापारी, सौदागर

**mercury** मर्करी *n.* heavy liquid metal, quick silver (Mercury planet nearest to the earth), god (Roman Myth), मूर्ति पूजकों का एक देवता, पारा, बुद्ध ग्रह

**mercy** मर्सी *n.* forgiveness, leniency, an act of pity, willingness not to harm a person, दया, क्षमा, कृपा, रहम, किसी को न दुखाने की इच्छा

**mere** मिअर् *n.adj.* a pool or lake, no more or better than, only, झील, सीमा, न अधिक न बेहतर, केवल

**merge** मर्ज *v.* to combine, to unite, to be absorbed, to cause to be swallowed up, एक करना या होना, डूबना, निगल जाना

**meridian** मैरीडिअन् *n.* noon, midday, the top, any imaginary circle passing through the North and South Poles, दुपहर, मध्यान्ह, पराकाष्ठा, काल्पनिक रेखा जो उत्तरी और दक्षिणी ध्रवों को मिलाती है।

**merit** मैरिट् *n.v.* worth, excellence, value, to deserve as reward or punishment, योग्यता, गुण, खूबी, श्रेष्ठता, योग्य होना

**mermaid** मरमेड् *n.* an imaginary sea-creature, woman to the waist with a fish's tail, a fabled sea-animal, partly woman, partly fish, मत्स्यांगना, दरयाई मर्द

**merry** मैरि *adj.* happy, gay, cheerful, slightly drunk,(merriment-n-mirth, jollity) प्रसन्नचित, प्रमुदित, मगन्, हंसमुख, प्रसन्नता, खुशी

**mesdames** मैसडेम्स् madam स्त्रियों के लिए आदरसूचक शब्द, महाशया, श्रीमती

**mesh** मैश *n.v.* the opening between the threads of a net, work, net, means of catching, a snare, to catch in a net, to become engaged with eachother, झंझरी, जाल में फँसना, जाल, जाली, जाली में का छेद

**mesmerise** मैसमेराइज *v.* to hypnotise, to control the will, मूर्छित करना, अचेत करना, सम्मोहित करना,

**mess** मैस् *n.v.* a meal taken with others, a number of person who take meals together, the place where they eat together, disorder, middle, dirtiness, to dirty, to soil, to eat with others, सह-भोज, मिश्रण, गंदगी, पंगत, इकट्ठे खाना, गंदा करना

**message** मैसेज् *n.* information sent from one person to another, communication, the teaching of a poet, prophet or wise man (messenger one who carries message) संदेश, समाचार, खबर, संदेशवाहक, दूत, हरकारा

**Messiah** मसीआ *n.* Christ, an expected deliverer, the deliver God promised to the Jews, whom Christians believe to be Jesus, ईसा-मसीह, मुक्ति दाता

**messrs** मैसर्ज *n.* English form of monsieur, महाशय लोग, साहिबान, सभ्यगण

**metabolism** मैटेबोलिज्म् *n.* the chemical changes in the cells of a living body which provide energy for living processes and activities, शरीर की क्रिया जिससे भोजन जीवित पदार्थो में बदल जाता है

**metal** मैटल् *n.* a substance smelted from ore, broken stones used for making roads, धातु, रेलगाड़ी की पटरी, रोड़ी

**metaphor** मैटाफर् *n.* a comparison in which one person or thing is described as being another, रूपक, लक्षणा

**metaphysics** मैटाफिसिक्स् *n.* philosophy, अध्यात्मविद्या, आत्मत्व ज्ञान

**mete** मीट् *v.n.* to give out punishment, reward, to measure, to allot, a measure, boundary, मापना, दण्ड या इनाम देना, सीमा, परिधि

**meteor** मेटिउर् *n.* a shooting, anything brilliant which does not lost long, (meteorology-n-study of weather or climate), उल्कापात, टूटता तारा

**meter** मीटर् *n.* an instrument for measuring, esp. the quality of electricity, gas water etc used, पैमाना, नापने का यंत्र

**method** मैथड् *n.* a way or manner of doing something, orderliness, system, arrangement according to a plan (methodical-adj-systematic), रीति, ढंग, विधि, विधिपूर्वक, यथाक्रम

**Methodist** मैथॅडिस्ट् *n.* a believer in methodism, one of a sect of Christians founded by John Wesley. नियामानुसार काम करने वाला, ईसाईयों के एक विशेष मत का नेता

**methylated spirits (s)** मैथिलेटिड स्पिरिट्स *n.* spirit of wine mixed with crude wood-alcohol to make it unfit for drinking, जलाने वाला पदार्थ जिसमें वनस्पति की मदिरा मिली हो

**meticulous** मैटिकुलस् *adj* too careful, very careful about small details, सावधान, सूझवाला, सतर्क

**metre** मीटर् *n.* a metric unit of length, the rhythm or swing of a verse, छंद, वृत्त

**metropolis** मैट्रोपोलिस् *n.* chief city of a country, the capital, a chief centre, राजधानी, मुख्य नगर

**mettle** मैटल् *n.* courage, spirit, pluck, उत्साह, तेज, प्रकृति

**mew** म्यु *n.v.* a cat's cry, a sea-gull, to cage, to confine, to cry as a cat, बिल्ली की बोली, अश्वशाला, कैद करना, म्याऊं म्याऊं करना

**miaow** मिआउ *v.n.* to cry as a cat, cry of a cat, म्याऊँ, बिल्ली की तरह बोलना।

**mica** माइका *n.* a mineral which splits into thin sheets, अभ्रक, अबरक

**micro** माइक्रो *n.* very small, one millionth part, अल्पार्थक अथवा दस लाखवाँ भाग-सूचक (उपसर्ग)

**mecrobe** माइक्रोब् *n.* a very tiny living thing, a germ, सूक्ष्म जीव, जीवाणु

**microscope** माइक्रोस्कोप् *n.* a magnifying instrument, सूक्ष्मदर्शी यंत्र, छोटी वस्तु को बड़ी देखने का यंत्र

**mid** मिड् *n.adj.prep* the middle, amid, among, मध्य का, बीच का

**middle** मिडल् *adj.n.* equally distant from both ends, coming between, midst, waist, control portion, मध्यभाग, मध्य, बीच

**middle East** मिडल्ईस्ट् *n.* the countries to the west of India (including India), मध्य एशिया, भारत व उसके पश्चिमी भाग में स्थित देश।

**middleman** मिडलमैन् *n.* trader between producer and consumer, a go-between or agent, मध्यस्थ, पंच, विचौला

**midriff** मिड्रिफ *n.* diaphragm or middle of the body, just above the stomach, छाती और पेडू के बीच का पर्दा

**midwife** मिडवाइफ् *n.* woman who assists at child birth (midwifery-n-art of a mid wife), दायी, प्रसवकारिणी

**mien** मीन् *n.* a person's bearing, demeanour or appearance, manner, expression of the face, ढंग, छवि, आकृति

**might** माइट् *n.* power, strength, (past tene of may), शक्ति, बल, पराक्रम (mighty-adj-very large, of great power), शक्तिशाली, प्रबल

**migrate** माइग्रेट *v.* move from one place to another, to pass regularly from one region to another, देशान्तर गमन करना, एक खण्ड से दूसरे खंड में जाना

**migration** *n.* number moving together, जन समूह की देशान्तर की घुमाई, प्रवास

**mikado** मिकैडो *n.* a title of the Emperor of Japan, जापान के सम्राट की उपाधि

**mild** माइल्ड् *n.* merciful, gentle, not strong, calm, not severe, neither cold not hot very, दयालु, सज्जन, नरम, शान्त, कोमल, न गर्म न ठंडा

**mile** माइल् *n.* a length of 1760 yards, मील (mileage-n-distance in miles), चलती हुई दूरी, प्रतिमील खर्च

**milieu** मीली *n.* social surroundings, setting in place and time, environment, condition in life, वातावरण, जीवन की स्थिति

**militant** मिलिटैन्ट् *n. adj.* soldiers, the army, of or for soldiers, having to do with soldiers or with war fare, युद्ध में लगा हुआ, युद्धरत

**military** मिलिट्री *n.* combative, engaged in warfare, fighting, warlike सैनिक, सेना, युद्ध सम्बन्धी

**militia** मिलिशिआ *n.* body of soldiers trained to fight as soldiers, but liable only for home service, युद्ध के लिए दीक्षित योद्धा, देश रक्षक सेना

**milk** मिल्क *n.v.* a white liquid produced by female animals as food for their young, to squeeze, to draw milk, to force information, दूध, दूध दुहना

**milch** मिल्च् *a* giving of kept for milk, दूध देने वाली, दुधारगाय

**milkman** मिल्कमैन् *n.* a man who sells or delivers milk, अहीर, ग्वाला

**milkyway** *n.* the galaxy, a luminous band of heavenly stars, आकाश गंगा, असंख्य तारों की चमकती हुठ पंक्ति

**mill** मिल् *n.v.* machinery for grinding corn etc, building containing this, factory, various manufacturing machines, to grind, to press, to box, to move round and round in a group, चक्की, कारखाना, पीसना, टप्पा करना, कपड़े में माँडी लगाना

**millenium** मिलीनिअम् *n.* period of a thousand years, a coming golden age, a period during which it was prophesied Christ will live again on earth, एक हजार वर्ष का काल, आगाममी सुनहरी युग, ईसा मसीह के अवतरण का युग

**millet** मिल्लेट् *n.* small grain of Indian cereal, the plant, a grain used for food, बाजरा, जुआर, जोंधरी

**million** मिलिअन् *n.* a thousand thousand, 1000 thousands, ten lakhs, a very great number, दस, लाख, भारी संख्या

**mimic** मिमिक् *v.n.adj.* to imitate, to mock, to shame, one who imitates, mocking, imitative, भाँड, बहुरूपिया, स्वाँग, अनुकरण

**mimicry** मिमिक्री *n.* act of mimicking, स्वाँग, अनुकरण

**mimosa** मिमोसा *n.* a tree with bunches of yellow, scented flowers, लजाधुर नाम का पौधा, छुई मुई

**minaret** मिनरेट् *n.* a slender tower on a mosque from which the call to prayer is sounded, मीनार, जहाँ, से मस्जिद में अजां पढ़ी जाती है।

**mince** मिन्स् *v.* to cut into small pieces, to walk with short steps, to speak in an affected manner, छोटे छोटे टुकड़े करना (बोटी बोटी करना) मटक मटक कर चलना, बनाकर बोलना

**mind** माइण्ड् *n.v.* the intellect, understanding, the power with which we think etc, intention, inclination, frank opinion, to take care, to look after, to obey, to watch out for, to object to, मन, बुद्धि, समझ, चिन्तन शक्ति, मनशा, ध्यान देना, देख रेख करना, बुरा मानना

**mine** माइन् *n.v.* a pit from which minerals are dug, an explosive placed under ground or water, to dig in the earth (see I also-my or belonging to me), खान, सुरंग, सुरंग बिछाना

**mineral** मिनरल् *n.v.adj.* any substance obtained by mining-metal, having to do with minerals, खनिज पदार्थ, धातु

**mingle** मिंगल् *v.* to blend, to mix, to go about among, आपस में मिलना, मिलना, एकत्र होना

**mini** मिन्नी *adj.* small, छोटा

**minibus** मिन्निबस *n.* a small bus, एक छोटी बस

**miniature** मिनिएचर् *adj.n.* small, tiny, minute, done on a very small scale, disminative, a very small painting, छोटा, बारीक, छोटे पैमाने पर किया गया एक छोटी कलाकृति

**minimum** मिनिमम् *n.adj.* the least amount, trifle, the least quantity, least possible, smallest, कम से कम राशि, क्षुद्र, अन्यन्त छोटा

**minion** मिनिअन् *n.* dependent, favourite, servile, an adored one, drop, a musical note, निर्भर, चाहीता, भृत्य, बिन्दु, तान

**minister** मिनिस्टर् *n.v.* a clergyman, a pastor, one trusted by a sovereign to assist the government, agent to serve,to be helpful, to supply, to contribute, मन्त्री, राजदूत, पुरोहित, सहायता देना, प्रवन्ध करना

**ministry** *n.* the cabinet, ministers of state collectively, मन्त्री मंडल, बजारत

**minor** माइनर् *adj.n.* under age, lesser, less, smaller, inconsiderate, one under 21 years of age, अल्प वयस्क, कम, छोटा, अल्पायु, नाबालिग्

**minster** मिन्स्टर् *n.* a cathedral, an abbey, बड़ा गिरजाघर

**minstrel** मिन्स्ट्रल् *n.* a poet, a comedy performer, singer and harper, a bard, कवि, गवैया, भाट

**mint** मिनट् *n.adj.v.* the place where money is coined, source of unlimited supply, place of invention, strong smelling herb, new, unused, to coin or stamp money, टकसाल, नोट छापने का कारखाना, पोदीना

**minus** माइनस् *n.* the sign(-) of subtraction, न्यून, कम, घटा का चिह्न्

**minute** मिनट् *n.* 1-60th part of an hour, an official note, memorandum, मिनट, घंटे का साठवां भाग, स्मरणार्थ लेख

**minute** माइन्यूट् *a* very small, precise, infinitesimal, exact, सूक्ष्म, क्षुद्र, व्योरेवार

**minx** मिन्क्स् *n.* hussy, pert girl ढीट लड़की, अविनीत स्त्री

**miracle** मिरेकल् *n.* wonder, marvel, a supernatural act, something beyond human powers, आश्चर्य, अचंभा, चमत्कार, अलौकिक

**miraculous** *adj.* amazing, अद्‌भुत, चमत्कारी

**mirage** मिरेज् *n.* deceptive image in the atmosphere, an optical atmospheric illusion of which the image of a distant object is seen as if inverted, मृग तृष्णा, मरुस्थल में जल का आभास

**mire** मायर् *n.v.* deep mud, wet clayey earth, swampy ground, to stick in, to dirty with mud, कीचड़, दलदल, आपत्ति में पड़ जाना, कीचड़ में फँसना

**mirror** मिरर् *n.v.* a looking glass, spectrum, pattern, an example, to reflect, to copy, दर्पण, आइना, दर्पण में प्रतिबिम्ब होना

**mirth** मर्थ् *n.* noisy gaiety, jollity, social merriment, hilarity, आनन्द, हँसी

**misadventure** मिस्‌एडवेन्चर् *n.* an unlucky accident, misfortune, mishap, दुघर्टना, दुर्भाग्य, दुर्गति

**misanthrope** मिसएन्थ्राप् *n.* a hater of man kind, rejection of human society, मनुष्य द्रोही, समाज विद्रोही, लोक शत्रु

**misapprehend** मिसएप्रिहैन्ड् *v.* to misunderstand, to misconceive, to mistake, मिथ्या ग्रहण करना, उलटा समझना, भूल करना

**misappropriate** मिसऐप्रोप्रिएट् *v.* to apply to a wrong use or purpose, दुरोपयोग करना, दूसरे का माल खा जाना

**misappropriation** *n.* wrong use of money, दुरुपयोग, गबन

**misbehave** मिसविहेव् *v.* to behave badly, दुर्व्यवहार करना, बुरा सुलूक करना

**miscalculate** मिस्कैलेट् *v.* to under estimate, to reckon wrongly, मिथ्या गणना करना, गलत अनुमान लगाना

**miscarriage** मिस्कैरेज् *n.* failure, misbehaviour, abortion, untimely birth, असफलता, दुर्व्यवहार, गर्भपात, गर्भस्राव

**miscellaneous** मिसलेनिअस् *adj.* of mixed character, mingled, of several kinds, varied, अनेक प्रकार का, मिश्रित, अनेक जाति का

**mischief** मिस्चिफ् *n.* childish misdoing, damage done on purpose, injury, source of harm, बचगाना, शरारत, घाव, हानि

**mischievous** *adj.* inclined to mischief, शरारती

**misconduct** मिस्कण्डक्ट् *n.v.* improper conduct, ill behavious, mismanagement, to conduct badly, अनुचित व्यवहार, दुर्व्यवहार, कुप्रबन्ध, कुप्रबन्ध करना

**misconstrue** मिसकन्सट्रचू *v.* to make a mistake, to interpret wrongly, भूल करना, गलत अर्थ लेना

**miscreant** मिसक्रियैन्ट् *n.adj.* vile wretch, an unscrupulous villain, scamp, rascal unscrupulous, दुष्ट, गुंडा, दुरात्मा, पापी, कुकर्मी

**misdeed** मिस्डीड् *n.* a sin, an offence, a fault, a wrong deed, कुकर्म, अपराध, दोष

**misdemeanour** मिस्डेमेनर् *n.* an evil conduct, a crime less than a felony, a wrong, offence, evil conduct, दुराचार, अपराध, कुचाल

**misdirect** मिसडाइरैक्ट् *v.* to direct wrongly, to mislead, बुरा मार्ग दिखलाना, कुमार्ग दर्शाना

**miser** माइजर् *n.* an avaricious person, close-fisted, one who saves money and lives wretchedly (misery-n-distress, misfortune, extreme pain), कृपण, कंजूस

**miserable** मिजरेबल् *adj.* wretched, worthless, very unhappy, very mean, despicable, दुर्भागा, तुच्छ, गमगीन, घृणा के योग्य

**misfire** मिस्फायर् *v.n.* to fail to ignite, failure to explode, आग न पकड़ना, बन्दूक इत्यादि का न दगना

**misfit** मिस्फिट् *n.v.* garment not fitting the person for whom it is made, non-fitting clothing, a person unfitted for the position he occupies, not to fit properly, वस्त्र का शरीर पर ठीक न बैठना, काम के अयोग्य व्यक्ति

**misfortune** मिस्फारचून् *n.* failure, disaster, bad luck, ill luck, असफलता, विपत्ति, दुर्भाग्य

**misgiving** मिस्गिविंग् *n.* disbelief, mistrust, doubt, uncertainty, अविश्वास, सन्देह

**misguide** मिस्गाइड् *v.* to mislead, to lead into an error, to deceive,to delude, to lead astray,

**mishandle** मिस्हैण्डल् *v.* to mismanage, to maltreat, to handle roughly, कुप्रबन्ध करना, दुर्व्यवहार करना

**mishap** मिसहैप् *n.* misfortune, an unlucky chance mischance, an accident, (mishappen v to happen ill) दुर्भाग्य, दुर्घटना, दैव, बुरा होना

**misinform** मिस्इन्फार्म *v.* to give wrong information, to mislead, to inform wrongly, गलत सूचना देना, गलत मार्ग दिखाना

**misinterpret** मिसइन्टरप्रैट् *v.* to interpret in a wrong manner, गलत अर्थ निकालना

**misinterpretation** *n.* wrong interpretatation, अशुद्ध अर्थ अनुमान

**mislead** मिसलीड् *v.* to deceive, to lead astray, to cause to go wrong, धोखा देना, पथ भ्रष्ट करना, गलत राह दर्शाना

**misnomer** मिसनोमर् *n.* a wrong use of a name, the misnaming of a person, मिथ्या नाम या संज्ञा का प्रयोग

**misplace** मिस्प्लेस् *v.* to put in a wrong place, to place on an improper object, कुठौर में रखना, खो देना, गलत जगत रखना

**misprint** मिस्प्रिन्ट् *n.v.* a mistake in printing, to make a mistake in printing, छापने की अशुद्धि, अशुद्ध छापना

**misrepresent** मिस्रिप्रिजैन्ट् *v.* to represent falsely, to give a wrong account of, गलत प्रतिनिधित्व करना, मिथ्या वर्णन करना

**misrule** मिस्रूल *n.v.* a bad government, to rule badly, कुशासन, बुरा राज्य, बुरा शासन करना

**miss** मिस् *n.v.* a young girl, a title of address prefixed to the name of an unmarried lady, failure to hit, perceive or obtain, to fail to hit, कुमारी, भूल, हानि, निशाना चूकना

**missile** मिसाइल् *n.* a weapon tobe thrown to do damage, a machine, प्रक्षेपास्त्र, फेंककर मारने का अस्त्र

**mission** मिशन् *n.* sending or being sent on some service, delegation, calling in life, embassy, commission, दूत कर्म, शिष्ट मंडल, जीवन का घंधा

**misspell** मिस्पैल् *v.* to spell incorrectly, गलत हिज्जे बताना, अशुद्ध जोड़ करना

**mist** मिस्ट् *n.v.* fine water-vapour filling the air, fog, anything that dims the vision, filmy appearance before eyes, rain in very fine drops, धुँध, कुहरा, नेत्रों के आगे आने वाली झिल्ली, बूंदाबादी

**mistake** मिस्टेक् *n.v.* error, fault, misconception, not to understand, take for another, to err, to blunder, भूल, दोष, गलत धारणा, न समझ पाना, एक दूसरा समझना, भूल करना

**mister** मिस्टर् (abbr Mr) title of courtesy to man, महाशय

**mistress** मिसट्रैस *n.* woman teacher, woman with control, object of man's illicit love, sweet heart, courtesy title given to married women, गृहिणी, प्रेमिका, रखैल, अध्यापिका

**mistrust** मिसट्रस्ट् *v.n.* to suspect, to have no confidence in, to doubt, to distrust, want of confidence, शक करना, विश्वास न करना, विश्वास का अभाव

**misunderstand** मिस्अण्डरस्टैण्ड् *v.* to mistake, to misinterpret, to misconceive, to take in a wrong sense, गलत समझना, अशुद्ध व्याख्या करना

**misuse** मिस्यूज् *n.v.* bad treatment, wrong use, to maltreat, to abuse, दुर्व्यवहार, गलत प्रयोग, दुर्व्यवहार करना, गाली देना

**mite** माइट् *n.* a trifle, nothing, a tiny insect, a small child, a small coin, तुच्छ, नाचीज, कृमि, शिशु, छोटा सिक्का

**mitigate** मिटिगेट् *v.* to ease, to make lighter, to soothe, to appease, to alleviate, आराम देना, हलका करना, शान्त करना, कम करना

**mix** मिक्स *n.* the state of being mixed, मेल, सम्बद्धता

**mix** मिक्स् *v.* to blend, to mingle, to put together, to associate, to combine, मिलाना, इकट्ठा करना, सम्बन्ध जोड़ना, एक करना

**moan** मोन् *n.v.* low murmur of pain, lamentation, groan, to lament, to groan, विलाप, सिसकान, पश्चाताप,रुदन, कराहना, विलाप करना

**moat** मोट् *n.v.* deep ditch round a castle, to surround with a moat, दुर्ग के गिर्द खड्ड, खाई से घेरना

**mob** मॉब् *n.v.* a disorderly crowd, a rabble, the low people, the populace, riotous assembly, to attack in mob, to hustle, जमघट, भीड़, निम्न वर्ग, आबादी, विद्रोहियों की भीड़, भीड़ करना

**mobile** मोबाइल् *adj.* easily moved,capable of movement, movable,changing, अस्थिर, चन्चल, हिलने-डोलने वाली

**mock** मॉक् *v.adj.n.* to make fun of, to deride, to ridicule, tantalize, false, imitation, derision (mockery-n-ridicule) विडम्बना, फबती उड़ाना, चिढ़ाना, झूठा, नकली।

**mode** मोड् *n.* way, style, custom, manner, method, fashion, ढँग, तरीका, रीति, फैशन्

**model** मॉडल् *n.* pattern, an example, a small copy, design, a figure in clay, नमूना, उदाहरण, प्रतिरूप, प्रतिमा

**moderate** मॉडरेट् *v.adj.* to soothe, to make less violent, to restrain, to render less intense, temperate, not excessive, avoiding extremes कोमल करना, बराबर करना, कम होना या करना, हलका करना, हलका, मध्यमश्रेणी का

**moderation** *n.* temperance, संयम, समभाव, किफायत

**modern** मॉडर्न् *adj.* not ancient, of the present times, new, current, अर्वाचीन, आजकल का, नवीन, आधुनिक

**modest** मॉडैस्ट् *adj.* unassuming, retiring, chaste, reasonable, bashful,(modesty-n-chastity) लज्जावान, संतोषी, संयमी, उचित

**modesty** (-टी) *n.* chastity, संयम, हलीमी

**modify** मॉडिफाई *v.* to change slightly, to tone down, to qualify, to moderate, रूप बदलना, कम करना, सुधारना

**modification** *n.* an alteration, रूपान्तर, रूप भेद

**modulate** माड्यूलेट् *v.* to regulate, to adjust, to bring into tune, to harmonize, to vary in tone, आवश्यकता अनुसार घटाना बढ़ाना, स्वर ऊँचा नीचा करना

**modulation** (-लेशन) *n.* melody, लय, उतार, चढ़ाव(स्वरमें)

**Mohammedan** मोहमेडन् *a.* of Mohammed or his religion, मुसलमान, इस्लाम धर्म का

**moist** मायस्ट *adj.* damp, slightly wet, rainy, humid, containing water, नम, कुछ भीगा हुआ, तर

**moisture** *n.* slight wetness, नमी

**mole** मोल् *n.* a spot on human skin, a small burrowing animal, an artificial harbour, a petty pier, तिल, मसा, छूछँदर, कृत्रिम बंदरगाह, घाट

**molecule** मॉलक्यूल् *n.* tiny particle, the smallest quantity of an element or compound which can exist separately, परमाणु, कण

**molest** मॉलैस्ट् *v.* to vex, to annoy, to interfere with, to trouble, छेड़ना, नाराज करना, हस्तपेक्ष करना, तंग करना

**mollify** मॉलिफाई *v.* to soften, to calm, to assuage, to soothe, to pacify, नरम करना, शान्त करना, घटाना

**moment** मोमैन्ट् *n.* an instant, importance, a very short space of time, क्षण, महत्व, पल

**momentum** (-टम) *n.* impetus gained by a body in motion, वेग, गति, चाल

**monarch** मोनार्क *n.* ruler, sovereign, the chief of the class or clan, शासक, सम्राट, जाति व वर्ग का मुखिया

**monarch** *n.* state ruled by sovereign, राजतन्त्र देश, राज्य

**monastery** मोनेस्ट्री *n.* a home for religious retirement for men, buildings in which monks live, an abbey, a convent, मठ, आश्रम

**Monday** मन्डे *n.* the second day of the week (named after the Moon-Monday), सोमवार

**money** मनी *n.* coin, gold, wealth, silver, banknotes, riches, सिक्का, सोना, धन, चाँदी, नोट, दौलत

**mongoose** मॉंगूज *n.* a rat like snake killing animal, सांप का शत्रु नेवला

**mongrel** मॉंगरल् *adj.n.* of a mixed breed, anything of mixed breed or kind,as a dog etc, दोगला, संकर जाति का कुत्ता

**monition** मोनिशन् *n.* warning, admonition, notice, an instruction, चेतावनी, फटकार, भय सूचना, हिदायत

**monk** मॉंक् *n.* a recluse, man who lives a religious life in monastry, जोगी, वैरागी, तपस्वी

**monkey** मन्की *n.* long tailed mammal, primate, imitative child, a small ape, बन्दर, वानर, नकलची बालक

**mono** मोनो *prefix* meaning one, single, alone, (उपसर्ग) अकेले के अर्थ में उपयुक्त

**monologue** मोनोलॉग् *n.* soliloquy, a dramatic performance in which all the parts are taken by one person, entertainment by a single performer, a recitation, स्वगत भाषण, कविता व नाटक में पात्र का अपने आप अभिनय करना

**monopoly** मॉनोपोली *n.* exclusive or sole possession of some commodity or the exclusive right of selling it, एकाधिकार, स्वतन्त्र अधिकार

**Monotype** मोनाटाइप् *n.* a type setting machine that casts single letters instead of whole lines, टाइप ढालने के साथ-साथ कम्पोज करने का एक प्रकार का यन्त्र

**monseigneur** मानसेयर् *n.* a French man, sir, a French title of courtesy (My lord), फ्रांसीसी, महाशय, शिष्टाचार पूर्ण फ्रांसीसी अभिवादन

**monsoon** मानसून् *n.* a periodical wind which blows before the rainy season, वर्षाकालिक वायु, वर्षाकाल

**monster** मान्स्टर् *adj.n.* an animal of huge size, unnatural production, prodigy, very large, दैत्य, राक्षस, असाधारण आकार का

**month** मन्थ् *n.* one of the year's twelve divisions, मास, महीना, वर्ष का बारहवां भाग

**monument** मानूमैन्ट् *n.* anything that perpetuates the memory of a person or event, a memorial, a written record, स्मारक, मीनार, यादगार

**mood** मूड् *n.* state of mind and feelings, mode, disposition of mind, style, manners, forms indicating function of verb, स्वभाव, क्रोध, ढँग, क्रियापद की अवस्था बताने वाला रूप

**moon** मून् *n.v.* the satellite of the earth revolving round it, any secondary planet, to wander about, to idle, चन्द्रमा, चाँद, राशि

**moor** मूर् *v.* to fasten ships with chains or ropes, an open waste ground, a heath, a negro, घाट पर नाव व जहाज बाँधना, उजाड़ भूमि, दल दल, हब्शी

**moose** मूज *n.* an American elk, एक अमरीकी बारहसिंगा

**moot** मूट् *n.* van assembly of law students, to debate, to raise discussions, शास्त्रार्थ करने वाली मँडली, विवाद करना, तर्क करना

**map** मॉप् *n.v.* an implement for cleaning floors, untidy mass of hair to rub with a mop, to make grimaces, कूँची, झाड़ू, गंदे बाल, झाड़ू लगाना, मुँह बनाना

**mope** माप् *v.* to be drowsy, to be listless, to be silent or dull, to be depressed, उदास करना, बेहोश करना, सुस्त होना

**moral** मॉरल् *adj.n.* knowing right conduct and duty, well-conducted, comformed to right, virtuous, inner meaning, practical lesson (morality-n-virtue) नेक, कर्त्तव्य सम्बन्धी, गुणी, आचरण, धर्मानुरूप, उपदेश

**morale** मौरेल् *n.* mental or moral condition, मानसिक या नैतिक अवस्था

**morbid** मारबिड् *adj.* sickly, unwholesome, unhealthy, diseased, अस्वस्थ, बीमार, रोगी

**moreover** मोरोवर *adv.* besides, in addition to, also, तथा, अतिरिक्त, और भी

**morgue** मार्ग् *n.* mortuary where unknown bodies await identification, haughty temper, पहचान से पूर्व शव रखने का स्थान, क्रोधी प्रकृति

**moriband** मोरिबंड् *adj.* dying, मरणासन्न, मर रहा

**morn** मार्न् **morning** *n.* the first part of the day until noon, forenoon, सवेरा, प्रभाव, पूर्वाह्न

**morose** मोरोस् *adj.* surly, gruff, sullen, gloomy, austere, ill-humoured, रूखा, चिड़चिड़ा, उदास, संयमी

**morphia** मारफिआ *n.* an extract of opium, narcotic part of opium, drug used to induce sleep and deaden pain, अफीम का सत्व, नींद लाने वाली अथवा दर्द बंद करने वाली दवाई

**morrow** मॉरो *n.* next day, tomorrow, कल, आने वाला दिन

**morse** मोरस् *n.* telegraphic code, walrus, sea-horse, समुद्री घोड़ा, दरियाई घोड़ा

**morsel** मार्सल् *n.* a small piece, a mouthful, fragment, a bit, कौर, ग्रास, टुकड़ा

**mortal** मार्टल् *adj.n.* subject to death, causing death, fatal, deadly, extreme, man, a human being, मर्त्य, मरणधर्मा, घातक, मनुष्य

**mortar** मारटर् *n.* cement, a bowl in which substances are finely ground, a short wide mouthed cannon, सीमेंट, चूना, खरल, तोप

**mortgage** मार्टगेज् *n.v.* a pledge, property given in security for money, property laid by a debtor as security, to pledge a property, शपथ, गिरवी, गहने, रहन रखना, बन्धक रखना

**mortify** मारटिफाई *v.* to decay, to humiliate, to subdue by self-denial, to humble, मन मारना, ढीला करना, आम्मत्याग करना, इन्द्रियों को वश में करना

**mortuary** मार्चरी *a* for burial, place where dead bodies are received to await burial or identification, building for the dead pending burial, मरघट, कब्रस्तान, श्मशानभूमि

**mosaic** मोजेक् *n.v.* a design made with small pieces of glass or stone, to adorn with mosaic, पच्चीकारी, जड़तकारी, जड़ाव करना

**Moslem** मुस्लिम् *n.* a believer in the teachings of Mohammed, मुस्लिम, मुसलमान, इस्लाम धर्म का अनुयायी

**mosque** मास्क् *n.* a Muslim place of worship, a Mohammedan temple, मस्जिद, मुसलमानों का पूजा का स्थान

**mosquito** मास्किटों *n.* various kinds of biting gnat, a nat whose bite infects with fever, a stinging gnat, मच्छर, मस

**moss** मास् *n.* tiny plant growing in marshy soil. bog, swamp, a soft peaty moorland, a wet soil कीचड़, काई, दलदल

**mote** मोट् *n.* a spot, a speck, particle of dust, a popular assembly for the discussion and management of affairs, दाग, धब्बा, कण, पंचायत

**moth** माथ् *n.* a night-flying insect, a winged insect, insect like butterfly, पतंगा, परवाना, कपड़े का कीड़ा, पंखी

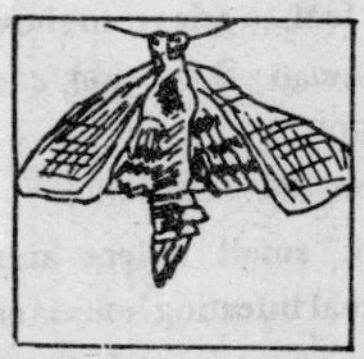

**mother** मदर *n.* female parent, head of convent, origin or source, producer, माता, जननी, मा, स्रोत

**motif** मॉटिफ् *n.* subject, dominating theme, विषय, प्रमुख विचार, लक्ष्य

**motion** मोशन् *n.* movement, action, proposal, process of moving, impulse, desire, passion, evacuation of bowels, गति, कार्य, गति विधि, वासना, मलत्याग

**motley** मॉटले *adj.* varied, checkered, miscellaneous, jester's dress, an incongruous mixture, रंगारंग, मिश्रण, विचित्र रंग का, खिचड़ी

**motor** मोटर *n.v.* that which imparts movement, machine to supply motive power, motorcar, an automobile, to travel by motor-car, गति देने वाला यन्त्र, मोटरकार से यात्रा करना

**motto** मॉटो *n.* a wise saying, maxim, short inscribed sentence, a quotation, आदर्श वाक्स, कहावत, मसला

**mould** मोल्ड *n.v.* to shape, to cast, loose earth, a pattern, a case, घढ़ना, ढालना, साँचा बनाना, सौंचा

**moulder** (-टर) *n.v.* ढालने वाला, सड़ना, नष्ट होना

**mound** माउँड् *n.* small hill, heap of earth or stones, hillock, an elevation of earth, टीला, छोटी पहाड़ी, दूहा

**mount** माउँट् *n.v.* hill, horse, that on which thing is supported, a rocky moss, a mound for defense or attack, rampart, border of a picture, to ascend, to climb, to get on a horse, to prepare specimens for display, पहाड़ी घोड़ा, चित्र चिपकाने की दफ्ती, चढ़ना, ऊपर को जाना, घुड़सवारी करना

**mountain** (-टेन) *n.* high hill, something large, पर्वत, वृहत्

**mourn** मारन् *n.* to feel, to grieve, to show sorrow, to lament, to bewail विलाप करना, दुःख व्यक्त करना, पछताना, रोना धोना

**mourning** *n.* woe, शोक, संतोप, विलाप

**mouse** माउस् *n.v.* small rodent animal, small gnawing animal infesting houses and fields, to catch mice, to tear, to watch, चूहा, चूहे का पकड़ना, फाड़ना, देखभाल करना

**moustache, mustache** मस्टाश् *n.* hair on both sides of man's upper lip, मूँछे

**mouth** माउथ् *n.v.* the opening between the lips opening in anything hollow, outfall of river, exit, instrument of speaking, grimace, to make grimaces, मुँह, छेद, रास्ता, मुहाना, स्पष्ट बोलना, मुँह से पकड़ना या खाना

**move** मूव् *v.n.* to change a position, to act, to agitate, to incite, to propose for consideration, a motion, an action, movement, scheme (movement-n-agitation), हिलना, हटाना, उकसाना, प्रस्ताव करना, गति, चाल

**mow** मो *v.n.* to cut down with a scythe, to cut down in great numbers, pile of hay, दरांती से काटना, भारी संख्या में काटना, सूखी घास का ढेर

**much** मच् *adj.n.adv.* existing in quantity, a great deal, a large amount, an important matter, nearly, परिमाण में , काफी, बड़ी संख्या, महत्वपूर्ण विषय, लगभग

**muck** मक् *n.v.* cattle dung, unclean refuse, dirt, to make filthy, पशुओं का गोबर, गोबर की मांद, मल, धूल, गँदा करना

**mucus** म्युकस् *n.* a slimy substance secreted by an organ of the body, इन्द्रियमल, श्लेष्मा

**mud** मड् *n.* mire, water-soaked earth, to bury under earth, कीचड़, दलदल, धरती में गाड़ना

**muddy** *adj.* impure, खराब मैला

**mud-guard** a shield guard the wheels from mud, कीचड़ से बचाने वाली पंखी

**muddle** मैंडल् *v.n.* to mix up, to confuse, to make a mess, to cloud, to bewilder, disorder, a confused state, व्याकुल करना, धूमिल करना, गड़बड़ी

**muff** मफ् *v.n.* to spoil, to bungle, to miss, to handle awkwardly, duffer, bungler, खराब करना, मिलाना, खोना, भद्दे ढँग से सुलझाना, भद्दा मनुष्य

**muffle** मफल् *v.* to deaden, to wrap up, to stifle, to speak indistinctly, शब्द बंद करना, लपेटना, बुड़बुड़ाना

**muffler** (-र) मफलर *n.* a wrapper, a cover for the face, गुलुबन्द, रूमाल

**mufti** मुफ्ती *n.* a doctor of Mohammedan Law, civilian dress worm by a naval or a military officer when off duty, इस्लामी कानून दान, सैनिक की असैनिक पोशाक

**mug** मग् a drinking cup, a drinking vessel, जलपात्र, लोटा, गिलास

**mulberry** मलबेरी *n.* tree on whose leaves silk worms feed, and its fruit, dark purple, शहतूत, शहतूत का पेड़

**mule** म्यूल् *n.* offspring of the horse and ass, obstinate person, a thread spinning machine, खच्चर, उद्दण्ड व्यक्ति, चरखा

**mullet** मलेट् *n.* an edible marine fish, एक खाद्य समुद्री मछली

**multi** मल्टी *n.* prefix forms compounds with the meaning of many, अनेक अर्थ का उपसर्ग

**multiple** मल्टिपल् *adj.n.* many fold, having many parts, the product of two or more numbers multiplied together, गुणा, गुणनफल

**multiply** मल्टिप्लाई *v.* to increase, to make more by natural generation, गुणा करना, बढ़ाना

**multiplication** *n.* process of multiplying, गुणन क्रिया

**multitude** मल्टिच्यूड *n.* a crowd, a throng, a great number, a large gathering, समूह, भीड़, झुंड

**mum** मम् *adj.n.v.* silent, silence, to mime or to act in a dumb show, शान्त, शान्ति, बंद मुँह से तमाशा करना

**mumble** मम्बल *v.* to speak indistinctly, to mutter, to chew gently with closed lips, to bite, बुड़बुड़ाना, धीरे से चबाना, कुतरना

**mummy** मम्मी *n.* embalmed body, a kind of wax used in grafting trees, मसाले द्वारा सुरक्षित मुर्दा, चिपकाने वाला मोम

**munch** मंच *v.* to chew with an audible crunching noise, आवाज करके चबाना (जैसे गन्ना चूसना इत्यादि)

**mundane** मंडेन् *adj.* earthly, wordly, matter of fact, belonging to this world, सांसारिक, इस लोक का

**municipal** म्युनिसिपल् *adj.* pertaining to a city, belonging to affairs of town city or (municipality n governing body of a town), नगरपालिका, नगर पालिनी सभा

**munificence** म्युनिफिसैन्स् *n.* liberality, generosity, bounty, उदारता, दानशीलता

**munition** म्युनिशन् *n.* supplies, war materials, military stores, implements of wax, युद्ध सामग्री, लड़ाई का सामान

**mural** म्यूरल् *adj.n.* like or on a wall, resembling a wall, a painting on a wall, भीत संबन्धी, दीवार पर का, भीत पर चित्रकारी

**murder** मर्डर् *n.v.* an unlawful intentional killing, homicide, to kill a person, to spoil, हत्या, कत्ल, वध, हिंसा, हत्या करना

**murky** मर्कीadj. gloomy, morose, dark, obscure, misty, उदास, धुँधला, अस्पष्ट

**murmur** मर्मर् *n.v.* a low sound, grumbling, complaint, to complain, to make low sound, मंद ध्वनि, बुडबुड़, शिकायत, फुसफसाहट, शिकायत करना, बुडबुड़ाना

**muscle** मस्सल् *n.* any movement-causing organ in the body, system of muscles, muscular strength, माँस-पेशी, पुट्ठा

**muse** म्यूज *v.* to ponder, to consider meditatively, to be lost in thought, to study in silence, चिन्ता करना, ध्यान करना, विचार में डूबना, ध्यान लगाना, शान्त अध्ययन करना

**Muse** म्यूज *n.* one of the nine goddesses inspiring learning and art, सरस्वती, विद्यादेवी

**museum** म्यमजिअम् *n.* a collection of works of art, the building containing such a collection, कौतुक भण्डार, अजायबघर, अंद्भुतालय

**mushroom** मश्रूम् *n.* an eatable fungus which grows in a night, an edible fungus, an upstart, खुम्बी, साँप की टोपी, छत्रक, कुक्कुरमुत्ता

**music** म्यूजिक *n.* melody, a pleasing arrangement of sounds, pleasant sounds, rhythmic order, art and science of harmonious sounds, संगीत, राग, सुर, गान विद्या

**musk** मस्क् *n.* a fragrant perfume, scent obtained from gland of musk deer, मृगमद, कस्तूरी

**musky** *adj.* having the odour of musk, कस्तूरी के गन्ध की

**musket** मस्कैट् *n.* an infantry man's gun, a hand-gun (musketry n firearm practice), फौजी सिपाही की बन्दूक, तुफंग

**muslin** मस्लिन् *n.* fine cotton fabric, मल मल, तंजब

**must** मस्ट *n.v.* new wine, something one must do, to make sour, to be obliged morally or physically, मदिरा, अवश्य चाहिए, होना, नैतिक व शारीरिक रूप से आभारी होना

**mustard** मस्टई *n.* a plant with oily pungent seeds, सरसों

**muster** मस्टर् *v.n.* to assemble, to meet, to rally, to collect for inspection, assembly, एकत्रित करना, इकट्ठा होना, संग्रह, जमाव

**mutation** म्युटेशन् *n.* change, alteration, succession, परिवर्तन, स्थिति भेद, उत्तराधिकार

**mute** म्यूट् *adj.n.* dumb, silent, a dumb person, मौन, गूँगा, गूंगा व्यक्ति

**mutilate** म्युटिलेट् *v.* to slash, to cut, to disfigure, to cripple, to damage, to deface, to deprive of a limb,, अंगभंग करना, अंग काटना, विकलांग करना

**mutiny** म्युटिनी *n.* a revolt of soldiers or sailors, insurrection of soldiers, a rise against constituted authority, to revolt, बलवा, गदर, सैन्य विद्रोह, बगावत

**mutter** मट्टर *v.n.* to grumble, to speak indistinctly, to murmur, murmur, बुडबुड़ाना, असपष्ट बोलना, असपष्ट उच्चारण

**mutton** मटन् *n.* the flesh of sheep, भेड़ का माँस

**mutual** मूच्वल् *adj.* common to both, reciprocal, given and received, परस्पर, आपस का, दोनों ओर का

**muzzle** मजल् *n.* mouth and nose of animal, snout, open end of gun, a net or guard fixed to an animal's mouth, पशु का मुँह (थोथनी)

**myopia** मायोपिआ *n.* short-sightedness, अल्पदृष्टि, दूर के पदार्थ न देख पड़ना

**myriad** मिरिअड् *n.* ten thousand, a very large number, an endless number, दस हजार, भारी संख्या

**mystery** मिस्ट्री *n.* something secret, obscure, that which is beyond human comprehension, anything strange, an enigma,(mysterious n obscure) रहस्य, दुर्बोध, विचित्र वस्तु, भेद

**mysterious** मिस्टीरिअस *adj.* obscure, secret, अस्पष्ट, रहस्य

**myth** मिथ् *n.* a tale with super natural characters, invented story, a legend, a poetic fiction, a creation of the mind, पुराण कथा, कल्पित कथा, गप्प, मन घढन्त

**mythology** माइथेलोजी *n.* myths collectively, study of them, a treatise on myths, पौराणिक कथा, देवी देवता की कहानियां

# N

## NAB-NYMPH

**N** ऐन the fourteenth letter of the English alphabet, अंग्रेजी वर्णमाला का चौदहवं अक्षर

**nab** नैब् *v.* to arrest, to catch suddenly, to grab, कैद करना, अचानक गिरफ्तार करना, दबोचना

**nag** नैग् *v.n.* to worry, to find fault with, to distress, to pester, to give no peace, a pony, कष्ट देना, दोष निकालना, परेशान करना, टट्टू

**naive** नेव् *adj.* unaffected, artless, simple in thought, speech or manner, अकृत्रिम, सरल, सीधा सादा

**nail** नेल् *n.v.* horny growth on finger tips and toes, small metal spike, the claw of a bird or other animal, to fasten with nails, नाखून, पन्जा, कील, जड़ना, स्थिर करना

**naked** नेकड् *adj.* without clothes, without the natural or usual covering, bare, unclothed, plain, nude, undisguised, नग्न, वस्त्रहीन, स्पष्ट, उघाड़ा

**name** नेम् *n.* word by which a person or thing is won, reputation, character, celebrity, fame, नाम, ख्याति, चरित्र, कीर्ति

**named** नेम्ड *adj.* with the name, नाम वाला, नामक

**namesake** नेमसेक *n.* one having the same name as another, नामराशि, समान नाम का, एक ही नाम का

**nap** नैप् *n.* a short sleep, a doze, woolly surface on fabrics, झपकी, अल्पनिद्रा, ऊँघ, कपड़े पर का रोवाँ

**nap** नेप *v.* to have a short sleep, to doze, झपकी लेना, ऊँघना

**napkin** नेपकिन् *n.* a small cloth or towel, अँगोछा, रूमाल

**narcissus** नारसिसस् *n.* daffodil, other bulbed plants like this, a plant bearing sweet-scented flowers, नरगिस का फूल

**narcotic** नारकोटिक् *n.* a drug that eases pain and causes sleep, निद्राकारी, बेहोश करने वाली दवा

**narrate** नैरेट् *v.* to tell, to relate, to recite, बयान करना, वर्णन करना, बताना

**narrative** नैरेटिव *n.* narration, वृत्तान्त, चरित्र

**narration** नैरेशन् *n.* the telling of a story, the act of relating, कहानी, वर्णन, कथा

**narrow** नैरो *adj.v.* of little breadth, prejudiced, not wide, narrow-minded, not liberal, constricted, तंग, संकीर्ण, संकरा, संगदिल, अनुदार

**narrow minded** नैरो माइन्डिड् *a.* having fixed ideas, prejudiced, not having liberal views, कृपण बुद्धि वाला, पक्षपाती, संकुचित विचार वाला

**nasal** नेजल् *adj.* relating to the nose, spoken partly through the nose, sounded through the nose, नासिका सम्बन्धी, अनुनासिक, नाक से बोला जाने वाला

**nastiness** नैस्टीनैस *n.* dirtiness, unpleasantness, obsenity, filthiness, मलिनता, अपवित्रता, गंदगी

**nasty** नेस्टी *adj.* dirty, unclean, unpleasant, disagreeable, difficult to deal with, foul, obscene, गंदा, अपवित्र, घिनौना, कठोर, भद्दा

**nation** नेशन् *n.* a distinct race, people living under one government, whole body of people who are citizens of the same country, नस्ल, एक देश या राज्य के लोग, जाति

**nationality** नेश्नेलिटी *n.* citizenship, membership of a particular nation, a people or nation, patriotic sentiment, नागरिकता, देश भक्त स्वाभिमान

**nationalize** नैश्नलाइज *v.* to make a thing national property, to make into a nation, राष्ट्रीकरण करना, एक जाति बनाना

**nstionalization** *n.* राष्ट्रीयकरण

**native** नेटिव् *adj.n.* in born, belonging to by birth, as found in nature, anything indigenous, one domiciled in a place, देश वासी, देशज, देश की उत्पन्न वस्तु, जन्मजात

**natural** नेच्रल् *adj.n.* occurring in nature, inborn, usual, regular, simple, unaffected, normal, instinctive, प्राकृतिक, जन्म से, नैसर्गिक, सहज, स्वाभाविक

**naturally** नेचरली *adv.* of course, as might be expected, spontaneously, according to nature, स्वभाव से, स्वतः, आशय

**nature** नेचर (नेट्युर) *n.* the world around us, human nature, the character and qualities of living beings and things, disposition, kind, sort, प्रकृति, भूमण्डल, मानव स्वभाव, गुण, धर्म

**naught** नॉट् *adj. adv.n.* nothing, a cipher, worthless, in no degree, कुछ नहीं, शून्य, वयर्थ, तुच्छरूप

**naughty** नॉटी *adj.* mischievous, wicked, indecent, badly-behaved, शरारती, दुष्ट, अभद्र, उपद्रवी

**nauseate** नाशिएट *v.* to be affected with disgust, to reject food with loathing, to sicken, घृणा उत्पन्न करना, वमन करना

**nautical** नॉटिकल् *adj.* concerning ships and navigation, having to do with ships and sailors, maritime, naval, जहाजी, नाविक

**naval** नेवल् *adj.* relating to the navy and shipping, of ships, maritime, जहाजी, समुद्री

**navigable** नेविगेबल् *adj.* suitable for ships to sail on, able to be used by ships, affording passage by ships or boats, जहाज या नाव ले जाने योग्य, जहां से जहाज गुजर सके

**navigation** नेविगेशन् *n.* the art of navigating art of directing ships etc, seamanship, नौ विद्या, जहाजी विद्या

**navvy** नेवी *n.* a labourer, a digging machine (short for navigator), भूमि या नहर खोदने वाला मजदूर

**navy** नेवी *n.* a nation's fighting ships, the men who belong to these, a fleet of ships, a nation's war vessels, राष्ट्र के यृद्धपोत, नाविक, समुद्री जहाजों का बेड़ा

**nay** ने *n.adj.n.* the negative answer to question, not only so, ना, अस्वीकार

**neaptides** नीप्टाइड्स *n.* the lowest tides, soon after new and full moon, सब से नीचे का, धारा का उतार, भाटा

**near** नीअर् *adv.* to or at a little distance, closely related, miserly, mean, almost, within easy access, पास, निकट सम्बन्धी, कंजूस, कमीना, लगभग

**nearly** निअरली *adv.* closely, almost, stingily, पास पास, लगभग, कंजूसी से

**neat** नीट् *adj.* tidy, trim, skilful, well put, pure, deft, unmixed with water, साफ सुथरा, चतुर, सुव्यवस्थित, पवित्र, स्वच्छ

**nebula** नेब्यूला *n.* a cloudy light-patch in the sky, a cluster of stars, आकाश में धुँधला प्रकाश, धुँध, सितारों का समूह

**necessary** नेससरी *adj.n.* needful, something that cannot be done without, an essential, जरूरी, अनिवार्य, आवश्यक

**necessitate** नैसेटिटेट् *v.* to make necessary, to compel, to force, विवश करना, विश करना

**neck** नैक् *n* . the part between head and body, any narrow connecting part, a long narrow tract of land, गर्दन, नाड़, ग्रीवा, भाग को जोड़ने वाला कोई तंग हिस्सा, भूडमरूमध्य

**necklace** नैक्लेस *n.* a string of precious stones or beads worn round the neck, कण्ठाभरण, हार, स्वर्णहार, माला, कंठी

**necktie** नैक्टाई *n.* a scarf or tie for the neck, गुलूबन्द, नेकटाई

**nectar** नेक्टर् *n.* the drink of the ancient Greek gods, a delicious drink, a sweet liquid from flowers used by bees to make honey, अमृत, सुधा, अमूल्य वस्तु

**need** नीड् *n.v.* necessity, difficulty, want, poverty, distress, a lack, to want, to require, जरुरत, कठिनाई कमी, निर्धनता, इच्छा करना, आवश्यक होना

**needful** नीडफुल् *adj.* necessary, requisite, needy, poor, आवश्यक, जो चाहिए, जरूरतमंद, निर्धन

**needle** नीडल् *n.v.* a small instrument for sewing and knitting, a compass magnet, any pointed instrument, सुई, कांटा, कुतुबनुमा की सुई

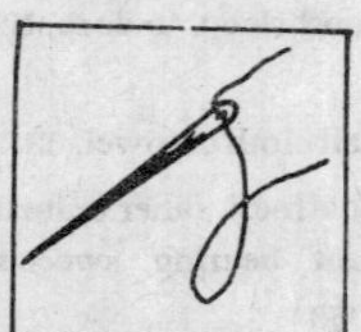

**needy** नीडी *adj.* poor, in need, necessitous, जरूरतमंद, मोहताज, कंगाल

**nefarious** निफेरिअस् *a.* wicked, villainous, अतिदुष्ट, पापी, अधर्मी

**negation** निगेशन् *n.* denial, refusal, अस्वीकृति, इनकार, मनाही

**negative** नेगेटिव् *adj.* denying, refusing, implying absence, वर्जित, निषेध, निवंधात्मक

**neglect** निग्लैक्ट *v.n.* to treat carelessly, to fail, to disregard, to leave uncared for, उपेक्षा करना, असफल होना, अनादर करना, तिरस्कार करना, उपेक्षा

**negligence** निग्लिजैन्स् *n.* slackness, want of proper care, carelessness, लापरवाही, असावधानी

**negligent** निग्लिजैन्ट् *adj.* careless, heedless, असावधान, लापरवाह

**negligible** नेग्लिजिबल् *adj.* trifling, not worth noticing, very small , not worth considering, that may be neglect महत्वहीन, उपेक्षणीय, तुच्छ

**negotiate** *.v.* to bargain to exchange, to transfer, to discuss a subject, to arrange a treaty to get past an obstacle, (negotiation-n, the transaction of business -सौदा) सौदा करना, अदलाबदली करना, बहस करना, सन्धि करना

**Negro** नीग्रो *n.* a member of an African race, a black skinned native of Africa, काले रंग का, अफ्रीका का हब्शी

**neigh** ने *v.n.* to whinny, to utter the cry of a house, the cry of a horse, घोड़े का हिनहिनाना, हिनहिनाहट

**neighbour** नेबर् *n.* one who lives near another, one who lives in the adjacent house in the same lane, (neighbour hood adjoining place), समीप रहने वाला, पड़ोसी

**neighbouring** नेबरिंग *adj.* near, adjoining, living near, निकटवर्ती, पास रहने वाला, पास का

**neighbourly** नेबरली *adj.* friendly, obliging, kind, state of being neighbour, मित्रभाव का, उदार, दयालु, नेक

**neither** (नाइदर, नीदर) *adv.* not either, not the one or the other, न यह न वह

**nephew** नेफ्यु, नेव्यु *n.* the son of a brother or sister, भतीजा, भानजा

**Neptune** नेप्चून् *n.* Roman god of the sea, a distant planet, समुद्र देवता, वरूण तारा

**nerve** नर्व् *n.* the organ of sensation and motion in animals,sinew, vigour, energy, strength, fortitude, courage, शिरा, धमनी, शक्ति, धैर्य, स्फूर्ति

**nervous** नर्वस् *adj.* excitable, timid, connected with the nerves, muscular, उत्तेजित होने वाला, भीरू, नसों से संबंधित, बलिष्ठ

**nest** नैस्ट् *n.v.* a bird's home, a snug resting place, the occupants of a nest, to build or occupy a nest, नीड़, घोंसला, आनन्दगृह, वासा, नीड़ बनाना

**nestle** नैसल् *v.* to snuggle, to lie closely and warmly, स्थिर होना, या करना, प्रेम से दबाना, शरण लेना

**nestling** नास्लिग् *n.* a young bird in the nest, पक्षी का बच्चा, शावक

**net** नैट् *adj.n.v.* wine knotted into meshes, a snare, difficult, inextricable, to capture in a net, actual, without deduction, फँदा, जाल, धोखा, खर्चा इत्यादि निकाल देने बाद की बच्चत

**net-work** नैटवर्क् *n.* net like system of roads, railways etc, anything resembling a net, जाली का काम

**neurotic** न्युरोटिक् *adj.* suffering from disordered nerves, nervous, affecting the nervous system, वात विकार से पीड़ित, नाड़ी सम्बन्धी

**neuter** नयुटर *adj.* neutral, of neither sex, neither male nor female, indifferent,

**neutral** न्युट्रल *adj.n.* impartial, neither for nor against, not taking sides, तटस्थ, नपुँसक, निष्पक्ष, निराला

**neutralize** न्यूट्रालाइज् *v.* to balance, to make in active, to make neutral, एक सा करना, सुस्त बनाना, अपक्षपाती करना

**neutron** न्युट्रोन *n.* an atom particle which has no electricity, विद्युत हीन अणु

**never** नेवर् *adv.* not ever, surely not, not at any time, कभी भी नहीं, बिल्कुल नहीं

**nevertheless** नेवरदलैस् *conj.* all the same, for all that, inspite of that, not withstanding, इसपर भी, परन्तु, इसके साथ

**new** न्यु *adj.adv.* recent, not before seen or known, fresh, changed, just arrived, unused, unfamiliar, strange, नया, ताजा, अप्रयुक्त, अपरिचित

**news** न्यूज *n.* fresh or additional information, a report of a recent event, fresh account, ताजा खबर, सन्देश, वार्त्ता

**newspaper** न्यूजपेपर् *n.* a printed paper containing news, समाचार पत्र, अखबार

**newsvendor** न्यूजवेन्डर् *n.* a seller of newspapers, समाचार पत्र बेचने वाला

**next** नैक्स्ट *adj.* nearest, immediately following, almost, अगला, बाद का, लगभग

**nib** निब् *n.* point of a pen, point of a tool, the bill of a bird, पेन की निब, पक्षी की चोंच

**nibble** निब्बल् *v.n.* to take tiny bites, to bite at bait, to carp at, to criticise, a little bite, कुतरना, दोष निकालना, कुतरन , कटाव

**nice** नाइस् *adj.* delicious, exact, fine, delicate dainty, attractive, fastidious, स्वादिष्ट, ठीक, बढ़िया, कोमल, बाँका, मोहक

**nicety** नाइस्टी *n.* precision, delicacy, minute accuracy, exact detail, सूक्ष्मता, कोमलता, यथार्थता

**niche** निच् *n.v.* a recess in a wall, a suitable place in life, to fix an idol in a niche, ताखा, आला, जीवन में उचित स्थान, आले में मूर्ति बैठाना

**nickel** निक्कल् *n.* a hard, white metal, an American coin, निक्कल, गिलट

**nickname** निकनेम् *n.* a popular or friendly name, an added name given in fun, or contempt or admiration, a by - name, उपनाम, कल्पित नाम, चिढ़ाने का नाम

**nicotine** निकोटिन् *n.* an extract of tobacco, a poisonous substance present in tobacco, तम्बाकू में विषैला पदार्थ

**niece** नीस् *n.* daughter of a sister or brother, भानजी, भतीजी

**niggard** निग्गर्ड *n.* one who dislikes spending or giving, a mean person, a miser, a stingy, covetous, कृपण, सूम, कंजूस

**nigh** नाई *prep, adv.* next, near, almost, अगला, समीप, लगभग

**night** नाइट् *n.* between sunset and sunrise, darkness रात, रात्रि, अन्धकार

**nightingale** नाइटिगेल् *n.* bird that sings sweetly at night as well as by day, बुलबुल

**nightmare** नाइट्मेअर *n.* a bad horrible dream, दुःस्वप्न, बुरा सपना

**nil** निल् *n.* nothing, कोई संख्या नहीं, नहीं

**nimble** निम्बल् *adj.* quick in movement, sprightly, quick-witted, ready tongued, clever, agile, active, चपल, क्षिप्रगति, हाजिर जवाब, चतुर, फुर्तीला

**nincompoop** निन्कम्पूप् *n.* a block head, a simpleton, a fool, बुदधू, बुद्धिहीन, मूर्ख

**nine** नाइन् *n.* a the figure 9, one more than eight, नव, नौ

**nip** निप् *v.n.* to pinch, to bite, to vex, to cut, to damage, to check growth of, a biting, a pinch with nails or teeth, कतरना, काटना, हानि पहुँचाना, वृद्धि रोकना, चोटकी, कटाव

**nipple** निप्पल् *n.* the teat on a woman's breast, teat of feeding bottle, चूचक, स्तन का अगला भाग, दूध की बोतल का मुँह

**nippers** निप्परस् *n.* something that nips, pincers, pliers, सँडसी, कतरनी

**nitrogen** नाइट्रोजन् *n.* a kind of gas forming nearly four-fifth of the air, नाइट्रोजन नामक वायुरूप तत्व विशेष

**no** नो *adj.adv.n.* not any, not at all, a refusal, कोई भी नहीं, बिल्कुल नहीं, अस्वीकृति

**nobility** नोबिलिटी *n.* nobleness, dignity of mind, excellence, greatness, the whole body of nobles and peers, सज्जनता, महत्व, महिमा, सुप्रतिष्ठित

**noble** नोबल् *n.a.* a lord, peer, lordly, distinguished, eminent, brave, कुलीन, महानुभाव, प्रतिष्ठित, विख्यात, धीर

**nobody** नोबॉडी *n.* no one, no person, a person of no importance, कोई भी नहीं, नाचीज, साधारण

**nocturnal** नॉकटरनल् *adj.* happening at night, active at night, night-loving, रात्रि सम्बन्धी, रात को किया हुआ, रात्रि प्रेमी

**nod** नॉड् *v.n.* to bend the head in greeting, to signify by a nod, to be drowsy, अभिवादन के लिए सिर झुकाना, सिर हिलाकर संकेत करना, ऊँघना

**nodule** नाड्यूल *n.* a small knot, a lump, a small rounded swelling, छोटी ग्रन्थि या गुल्म, डली, गांठ, गिरह

**noise** नॉइज् *n.v.* clamour, shouting, load sound, din of voices, to make a loud sound, to spread rumours, शोरगुल, चिल्लाहट, हल्लागुल्ला, शोर मचाना, अफवाह फैलाना

**noisy** नाइजी *adj.* loud, clamorous, violent, full of noise, ऊँचा, कोलाहल करने वाला, हिंसक

**nomad** नोमेड् *n.* a wanderer, roamer, घूमनेवाला, बन्जारा

**noman's-land** नौमैन्सलैंड *n.* unclaimed territory, waste land which no one owns, अनिधिकृत क्षेत्र, बंजड़ भूमि बिना मालिक

**nominal** नामिनल् *a.* trivial, existing only in name, not real, not important, नाम को, नाम मात्र, कल्पित, महत्वहीन

**nominate** नामिनेट् *v.* to name, to appoint, to propose some one by name, to designate, नाम लेना, नियुक्त करना, नाम ठहराना

**nomination** नामिनेशन् *n.* proposal, recommendation, the act of nominating, नियुक्ति, प्रतिष्ठापन, सिफारिश

**nominee** नामिनी *n.* the one named, recommended, a person designated, नियुक्त पुरुष, प्रतिष्ठित, नामांकित व्यक्ति

**nonagenarian** नानेजिनेरिअन् n. one who is ninety years old, नव्वे वर्षीय

**nonchalant** नानचेलेन्ट् *adj.* calm, unconcerned, unmoved, indifferent, शान्त, उदासीन, असपष्ट, अचल

**nonconformist** नान्कन्फरमिस्ट् *a* protestant who is not a member of the Church of England, प्रचलित ईसाई धर्म का विरोधी, विरोधी

**none** नन् *n.pro.adv.* not one, not any, not at all, नहीं, कोई नहीं, निर्जन

**nonplus** नानप्लस् *v.* to puzzle, to dumbfound, to bewilder, to confound, परेशान करना, व्याकुल करना, निरुत्तर करना

**nonsense** नानसैन्स् *n.* foolish talk, silliness, words that have no sense, अनर्थक अनुप्रलाप, बकवास, असंगत वार्त्ता

**noodle** नूडल् *n.* a simpleton, a foolish person, preparation of paste with flour & water, or eggs in long strips used with sauce, मूढ, मूर्ख, चीन का खाना

**nook** नुक् *n.* corner, recess, a secluded place, कोना, निर्जन स्थान

**noon** नून् *n.* midday, twelve o'clock in the day, मध्यान्ह, दोपहर

**noose** नूज् *n.v.* a loop with a running knot, a snare, to tie or catch in a noose, सरकने वाला फंदा, कमंद फाँसना, फंदे में डालना

**norm** नार्म् *n.* pattern, type, model, a rule, typical example, a standard to judge by, नमूना, आदर्श, सिद्धान्त

**normal** नार्मल् *a* according to the rule, usual, ordinary, perpendicular,(normality n regularity), natural state, यथाक्रम, ठीक, सीधा

**Norse** नार्स् *adj.* concerning ancient Scandinavia, the Norwegian language, नॉर्वे की भाषा, प्राचीन स्कंडेनेविआ से संबंधित

**north** नार्थ् *adj.* the direction opposite to the south, उत्तर, उत्तरायण, उत्तर दिशा

**nose** नोज् *n.v.* the organ of smell, the jutting forward part, sense of smell, नासिका, घ्राणेन्द्रिय, नाक, सूंघने की शक्ति सूंघ कर पता लगाना

**nostalgia** नॉसटेल्जिआ *n.* home-sickness, longing for past times, घर पर पड़े रहने की बीमारी, घर की उदासी या याद।

**nostril** नास्ट्रिल् *n.* one of the openings of the nose, either of the apertures in a nose, नासिका, छिद्र, नथूना, नाँसे

**not** नॉट् *adv.* expressing refusal or denial, नहीं, मत, न।

**notable** नोटेबल् *adj.n.* famous, renowned, memorable, important, striking, conspicuous, capable, an eminent person, a person or thing worthy of note, लिखने योग्य, स्मरणीय, प्रसिद्ध

**notch** नॉच् *n.v.* a cut, a nick , dent, to nick, to dent, दाँता, कटाव, दाँतेदार बनाना

**note** नोट् *n.v.* a letter, ideas set down in short form, a short explanation, fame, renown, a comment, memorandum, a single musical sound, to take notes, to observe, चिन्ह, टीका, लाच्छंन, लेख, स्वर, टिप्पणी करना, ध्यान देना तिखना, विचारना

**noted** नाटिड् *adj.* well-known, distinguished, famous, प्रसिद्ध, नामी

**noteworthy** नोट्वर्दी *adj.* remarkable, memorable, notable, worthy of observation, विचार करने योग्य, विख्यात

**nothing** नथिंग् *n. adv.* not anything, a non entity, in no degree, not at all, कुछ भी नहीं, अभाव, शून्य, तुच्छ वस्तु

**notice** नोटिस् *v.n.* to observe, to see, to take note of, to mention, a warning, attention, देखना, राय देना, ध्यान देना, *n.* सावधानी, उल्लेख, विज्ञापन, सत्कार, विचार

**notification** नोटिफिकेशन् *n.* a telling, a giving notice, सूचना, विज्ञापन

**notion** नोशन् *n.* an idea, a fancy, opinion, view, conception, thought, कल्पना, भाव, विचार, राय, अभिप्राय, मत

**notoriety** नोटोराएटी *n.* a being known to all as discreditable, notoriousness, प्रसिद्धि, बदनामी, दुर्नाम।

**notorious** नोटोरिअस् *adj.* infamous, known to have a bad name, well-known in a bad way, बदनाम, नक्कू

**notwithstanding** नाट्‌विद्‌स्टैंडिंग् *conj.prep.* however, never the less, inspite of, तथापि, तो भी, यद्यपि, ऐसा होते हुए

**noun** नाउन् *n.* a part of speech, the name of a thing, नाम, संज्ञा

**nourish** नरिश् *v.* to feed, to care for, to encourage growth of, to cherish, to nurture, to support (nourishment n food), पालना, भरोसा देना

**novel** नावल् *n.adj.* a fictitious tale, a work of fiction, a story, new and strange, original (novelty n a new thing), नया, नवीन, अनूठा, अनोखा, कहानी, उपन्यास

**November** नोवेम्बर *n.* the eleventh month, वर्ष का, ग्यारहवां महीना नवम्बर

**novice** नोविस् *n.* a beginner, learner, an in experienced person, a tiro, a probationer, नवछात्र, अनभ्सस्त, नव-सिखुआ, बच्चा

**now** नाउ *adv.n.* at the present time the present time, immediately, as things are, आजकल, अब

**now-a-days** नाउऐडेज *adv.* in the present day, during there days, आजकल, इन दिनों।

**nowhere** नावेअर् *adv.* in no place, not anywhere (no, where), कहीं नहीं

**noxious** नाक्शस् *adj.* injurious, harmful, poisonous, pernicious, विषैला, हानिकारक

**nozzle** नोजल् *n.* the end piece of a hose, the nose, an outlet tube. नाक, थोयनी, फव्वारे का अग्र भाग

**nuclear** न्युक्अिर् न्यूक्लिअस *adj.* pertaining to a nucleus, बीज-संबंधी

**nucleus** न्यूक्लिअस् *n.* kernel, the central part of a thing, the core,the centre round which something gathers, बीज, गरी

**nude** न्यूड् *adj.* unclothed, naked, नंगा, निर्वस्त्र

**nudge** नज् *v.n.* to push, to poke, a gentle push with the elbow, कोहनी मारना, धकेलना

**nuisance** न्युसेन्स् *n.* anything offensive, annoying action, something disagreeable, a pest, हानिकारक वस्तु, अड़ने वाला, बाधा, कंटक

**nullify** नलिफाई *v.* to render void, to annul, to neutralize, to cancel, to extinguish, to undo the effect of, झूठा करना, विरूद्ध करना, विफल करना, निरर्थक करना

**numb** नम्ब *adj.v.* deprived of feeling, stupefied, without motion, dulled, to deaden, to make numb, स्तब्ध, चैतन्य-शून्य, गति शून्य, सुन्न करना

**number** नम्बर् *n.v.* a numeral, unit, sum, multitude, aggregate, verse, figure, to count, अंक, गिनती, बहुत, वचन

**numbness** नम्बनैस् *n* . loss of feeling, state of being numb, जड़ता, चैतन्य नाश

**numeral** न्युमरल् *adj.n.* pertaining to number, expressing number, a figure, a digit, संख्या के अनुसार, अंकसंबंधी

**numerate** न्युमरेट् *v.* to count, to number, गिनना, नम्बर लगाना

**numerator** न्यूमरेटर् *n.* a person who numbers, the number above the line in a vulgar fraction, गिनने वाला, साधारण भिन्न का अंश

**numerical** न्युमेरिकल *adj.* संख्यासूचक

**numerous** न्युमरस् *adj.* abundant, many, comprising of several units, बहुत, अनेक

**nun** नन् *n.* a woman leading a religious and secluded life, तपस्विनी, संयासिनी, मठ-वासिनी

**nunnery** ननरी *n.* a house for nuns, a convent, सन्यास आश्रम, वैरागिन की कुटी, सन्यासिनी का मठ

**nurse** नर्स् *n.v.* one trained to tend children and the sick, to look after invalids, to suckle, to hold in the arms, to manage with care, धाय, पालिका, पालने वाली, परिचारिका, दूध पिलाना, पालना, सेवा करना, पालन पोषण करना

**nursery** नरसरी नं. a room for children, a plot of ground for rearing of plants, बच्चें का कमरा या झुण्ड, दाया का कमरा, पौधा-घर (जखीरा)

**nurture** नरचर *n.v.* training, upbringing, food, to nourish, to tend, पालने वाला, भोजन, सभ्यता, पालना

**nut** नट् *n.* seed within a hard shell, the adjusting screw for a bolt, कड़े छिलके वाला फल, सुपारी, ढिबरी

**nutritious** न्युट्रीशस् *a*, nourishing, wholesome, strengthening, पुष्टि कर, पौष्टिक, शक्तिवर्धक

**nylon** नाइलोन् *n.* a strong fibre made from artificial plastic material नायलॉन वस्त्र

**nymph** निम्फ् *n.* a semi-divine being, a lovely young girl, a damsel, a fabled sea, wood or river goddess, परी, समुद्र और जंगल की देवी, अप्सरा, सुंदर स्त्री

# O

## OAK-OYSTER

**O** ओ the fifteenth letter of the alphabet, symbol of oxygen in chemistry, अंग्रेजी वर्णमाला का पंद्रहवा अक्षर रसायन शास्त्र में आक्सीजन

**oak** ओक *n.* the acorn bearing tree, a tree related to the beech, its hard wood, सिन्दूर वृक्ष, बलूत का पेड,

**oar** ओर *n.v.* flat bladed instrument for rowing beats, an oarsman, a pole with a blade attached at one end used in propelling boats, to impel by rowing, नौका दण्ड, नाव का डांडा, डंडे से नाव चलाना, चप्पू

**oasis** ओएसिस*n.* a fertile green spot in a sandy desert, a fertile place in a desert, नखलिस्तान, हरियाली, मरूस्थल में उपजाउ स्थान, शार्दूस्थान।

**oath** ओथ *n.* a solemn promise made in God's name speak truth, a swear word, profanity, शपथ, सौगन्ध

**oatmeal** ओटमील् *n.* meal made by grinding oat grains, ground oats (a cereal) used in making porridge, जई का आटा

**obdurate** ओब्ड्युरेट्*adj.* hardened, unyielding, stubborn, hard-hearted, impenitent (obduracy n stubbornness of conduct), कठोर हृदयता, दुराग्रही, कठिन, हठी, रूखा

**obedient** आबिडियेन्ट्*adj.* submissive, yielding, dutiful, compliant, willing to obey (obedience *n* submission आज्ञा पालन) अधीन, आज्ञाकारी, विनयग्राही

**obeisance** ओवेसेन्स्*n.* a bow, homage, courtesy, salutation, नमस्कार, प्रणाम, अभिवादन

**obesity** ओबेसिटी *n.* fatness, corpulence, स्थूलता, मोटापा

**obey** उबे*v.* to do what one is told to do, to follow the guidance of, to execute a command, to submit, आज्ञापालन करना, बात मानना,

**object** आब्जैक्ट*n.v.* a material thing, end, purpose, a thing, an article, aim, a noun governed by a transitive verb or a preposition, to protest, to oppose, to disapprove, वस्तु, तुच्छ व्यक्ति, उद्देश्य, प्रयोजन, कर्म (व्याकरण) रोकना, आपत्ति करना

**objection** आब्जैक्शन्*n.* act of objecting, feeling of disapproval, adverse statement, protest, opposition, तर्क, आपेक्ष, विरोध, आपत्ति

**objective** आब्जैक्टिव*adj.* fair, outside the mind, not prejudiced, impartial, actual, real, वस्तुका, मन से बाहर, निष्पक्ष, वास्तविक

**oblation** आबलेशन्*n.* an offering, a sacrifice, बलि, भोग, आहुति, नैवेद्य

**obligation** आब्लिगेशन्*n.* duty, a binding promise, debt of gratitude for a favour received, favour, written bond, constraining power, धर्म, बन्धन, कर्त्तव्यता, प्रतिज्ञा, वचन, कृपा

**obligatory** आब्लिगेट्री *adj.* required, binding, compulsory, commanded, not a matter of choice, उचित, कर्त्तव्य,

**oblige** ऑब्लाइज *v.* bind morally or legally to do service to, to compel, to help, to please, to force, बाधित करना, कृतज्ञ करना, प्रसन्न करना, विवश करना

**oblique** आब्लीक *adj.* slanting, indirect, inclined, notparallel, notstraight, or direct, कुटिल, वक्र, तिरछा, झुका हुआ

**obliterate** आब्लिटरेट्*v.* to blot out, to efface, to destroy completely, to erase, पोंछना, मिटाना, नाश करना, घिसना

**oblivion** आब्लिविजन्*n.* forgetting or being forgotten, forgetfulness, disregard (oblivious a forgetful, भुलाने वाला) भूल, विस्मरण, क्षमा,

**oblong** आब्लांग *adj.*n. rectangular, a figure longer than broad, having greater length than breadth, दीर्घाकार, आयात

**obnoxious** आब्नाक्शस्*adj.* offensive, disliked, odious, objectionable, hateful,nasty, बुरा, अप्रिय, घृणित, तिरस्कार योग्य

**obscene** आब्सीन्*adj.* indecent, repulsive, lewd, unclean, disgusting, loathsome, filthy, ill-omened, निर्लज्ज, गंदा, मलिन, फूहड़

**obscenity** आब्सिनिटि *n.* obsceneness, an obscene remark, coarseness, foul language, निर्लज्जता, अश्लीलता, फूहड़पन,

**obsceneness** *n.*

**obscure** आब्स्क्योर् *adj.v.* dark, not distinct, not clear, unknown, to fame, humble, dim, unexplained, hidden, full of doubts, to conceal, to darken, अस्पष्ट, दुर्बोध, गूढ, बंधकार पूर्ण, व्याख्या रहित, अप्रसिद्ध

**obsequies** आब्सीक्वीज *n.* funeral rites or ceremonies, अन्त्येष्टि क्रिया, प्रेत कर्म

**obsequious** आब्सीक्विअस् *adj.* obedient, dutiful, servile fawning, cringing, flattering, trying to win favour, आज्ञाकारी, विनीत, चापलूस

**observance** आब्जरवैन्स् *n.* paying attention, keeping, careful notice, a religious rule or ceremony, a customary rite, विघटन, व्यवहार, रीति

**observation** आब्जरवेशन् *n.* action, habit of observing, noticing remark, study, comment, perception, accurately viewing, निरीक्षण, सावधानी, सोच, प्रतिज्ञा, विचार

**observatory** आब्जरवेटरी *n.* place for watching stars etc, a building where astronomical observations are made, ग्रह, इत्यादि के निरीक्षण करने वेध शाला का स्थान

**observe** आब्जर्व *v.* to follow, to keep, to watch, to notice, to remark, to note systematically, to examine, to adhere to, ध्यान देना, देखना, परीक्षण करना, मानना

**obsess** आब्सैस् *v.* to haunt, to fill the mind, to harass, to trouble, पीडा, देना

**obsession** असबसैसन् *n.* a thought which overcome all others, fixed idea, delusion by an evil spirit, पीड़ा, बाधा

**obsolete** आब्सोलिट् *adj.* disused, out of data, old, fashioned, discarded, extinct, अप्रचलित, लुप्त प्राय, पुरानी रीति का

**obstacle** आब्स्टेकल् *n.* hindrance, obstruction, barrier, impediment, प्रतिबंध, विघ्न, बाधा, रोड़ा

**obstinate** आब्स्टिनेट् *adj.* self willed, stubborn, unyielding, hard to cure, refractory, head strong, (obstinacy n mulishness), हठी, दुस्साध्य, मचला

**obstruct** आब्स्टक्ट *v.* to hinder to block up, to retard, to impede, to bar, to close, to shut off, to keep from passing (obstruction *n* an obstacle), रुकावट, विघ्न, डालना, रोकना, रोडा अटकाना

**obtain** अब्टेन् *v.* to acquire, to get, to procure by effort, to exist, to be in general use, to get possession of, पकड़ना, प्राप्त करना, हासिल करना

**obtrude** अबट्रयूड *v.* to thrust forward unduly, to urge importunately, to push out, to push oneself forward when not welcome, हठपूर्वक प्रवेश करना, घुस जाना

**obtuse** आब्ट्यूस *adj.* blunt, not pointed, stupid, not very sensitive, dull, of an angle greater than a right angle, बेनोक, नकटा, चपटा, मूर्ख, जड, अधिक कोण

**obviate** आब्वियेट *v.* to prevent, to clear away, to remove, to get rid of, to neutralize, रोकना, हटाना, निवृति करना, छुटकारा पाना

**obvious** आब्विअस *adj.* clear, evident, wanting in subtlety, palpable, easily seen, unmistakable, स्पष्ट, प्रत्यक्ष, प्रकट, सामने

**occasion** ओकेजन *n.v.* a particular time, a special event, function, an opportunity, the reason, occurrence, ground, need, justification, to produce, to influence, घटना, अवसर, हेतु, आवश्यकता, प्रसंग

**occult** ओकल्ट *adj.* mysterious, magical, supernatural, ghostly, secret, mystic, निगूढ, गुप्त, जादू का, छिपा हुआ

**occupy** आकूपायी *v.* to seize, to live in a house, to hold, to fill, to employ, to take up, to busy (occupation *n* possession), अधिकार व्यवसाय) अधिकार करना, भरना, बसना, ध्यान देना, जगह घेरना

**occur** अक्कर *v.* to happen, to appear, to be found, to come into the mind, (occurrance *n* event), वृतान्त, घटना) होना, मिलना, याद आना, मन में आना, आ पडना

**ocean** ओशन् *n.* the sea, great body of water, the deep, the body of water surrounding the globe, सागर, समुद्र, अगम, अथाह

**ochre** आकर् *n.* various earths used as yellow or brown pigments, a kind of clay, a yellow or red earth, पीली मिट्टी, गेरुआ रंग का

**octagon** आक्टेगन *n.* plane figure with eight angles, अष्टभुज

**October** आक्टोवर *n.* the tenth month, अंग्रेजी वर्ष का दसवां माह अक्टूबर

**octogenarian** आक्टोजेनेरिअन् *n.* an eighty-year-old person, aged between eighty and ninety, one of such age, अस्सीवर्ष का

**odd** ओड *n.* not even, not part of a set, strange, queer, singular, incalculable, unconnected, असम्बद्ध, असाधारण, अनोखा, विचित्र, बेमेल

**ode** ओड *n.* a poem which is intended to be sung, lyric poem of lofty style, a poem written to a person or thing, a short poem or song, छोटा गीत, गाना

**odour** आडर् *n.* smell, fragrance, perfume, scent, सुगन्धि, बास, बू

**Odyssey** ओडीसी*n.* a Greek poem written by Homer describing Odyssey's return from Troy, any long adventurous journey, wanderings, होमर की लिखी ट्राय से वापसी संबंधी कविता, साहस पूर्णयात्रा

**of** आफ *adv.prep*, below, from, showing cause, showing possession, about,denotes removel, separation, का, में, पर, विषय में लिए वास्ते

**off** आफ *adv.prep, adj.* away, away from, distant, (off spring n children, issue,सन्तान) दूर का, बढ़ा हुआ, दूर, ओर, लुप्त, अभागा

**offence** आफेन्स *n.* injury, crime, sin, displeasure, aggressive action, annoyance, दोष, अपराध, असंतोष, क्रोध,

**offend** ओफैन्ड् *v.* to make angry, to displease, to hurt the feelings of, to be disagreeable to, to sin, to act wrongly in face of a law, to transgress, खिजाना, हाथ डालना, विरूद्ध चलना, नाराज करना

**offer** आफर *v.n.* to hold out, to give, to say that one is willing, to attempt, to proffer, to sacrifice, to present offering, bid, पेश करना, प्रस्ताव करना, दाव लगाना, बलि देना, कहना, पारितोषिक, राय, मूल्य

**office** आफिस् *n.* service, duty, official position, place for doing business (officer n an official अफसर, अधिकारी), दफ्तर, कार्य, व्यापार, पद, कर्त्तव्य

**officiate** आफिशिएट् *v.* to perform service, to perform duties of office, to act in some official capacity, पदाधिकारी के स्थान पर काम करना, स्थानापन्न होना, दूसरे की जगह काम करना

**officious** आफिशस् *adj.* interfering, meddlesome, offering unwanted help, over-kind, obliging, informal, दयालु, टांग अड़ाने वाली, धृष्ट, हस्तक्षेप करने वाला

**offing** आफिंग *n.* more distant part of the sea visible to observer, place or time, किनारे से दिखने वाला समुद्र का का दूर का भाग

**oft, often** (आफन) आफ्टv *adv.* many times, frequently, बहुधा, प्रायः, कई बार,

**ogre** आगर् *n.* man-eating giant, monster, a fairy tale giant, देव, दैत्य, राक्षस

**oil** आइल् *n.v.* a liquid fat, a liquid mineral, a greasy liquid, the juice from the fruit of the olive tree, to smear or supply with oil, तेल, फुलेल, तेल मलना

**ointment** आइंट्मैंट् *n.* a greasy substance put on the skin to heal injuries etc. an unguent, an unctuous preparation used to beautify the skin, मलहम, उबटन, लेप

**O.K. okay** ओके *v.n. adj.adv.* all right, ठीक, सही

**old** ओल्ड *n.* aged, lived long, belonging to earlier period, having a certain age, not new, ancient, worn, decayed, जीर्ण, पुराना, वृद्ध, अनुभवी, प्राचीन, सड़ा हुआ

**oligarchy** ओलिगार्की*n.* government by a few, अल्पजन से शासित राज्य

**olive** ओलइव्*n.* evergreen tree, its oil-yielding fruit, its wood, colour, जैतून का वृक्ष, जलपाई, जैतूनी रगं

**omen** ओमन शकुन, लक्षण*n.* (sign of something good or bad

**Olympus** ओलिम्पिस् *n.* a mountain in Greece where the gods were thought to live, यूनानी पर्वत जहां देवताओं का वास माना जाता है

**Olympic games** ओलिम्पिक गेम्स *n.* atheletic contests held every four years, originally held at Olympia in Greece, यूनानी खेल, प्रतिद्वंद्विता जो हर चार वर्ष में होती है।

**omelet (tte)** आमलेट् *n.* beaten eggs fried and folded over, उबले अण्डे का खाद्य

**omen** ओमेन *n.* sign of a future event, an augury, presage, the occurrence foreboding good or evil (ominous adj inauspicious शकुन), शकुन, चिन्ह, लक्षण

**omit** ओमिट *v.* to exclude, to leave undone, to fail to do, to neglect, छोडना, अधूरा छोड़ना, भूल जाना, उपेक्षा करना

**omni** ओम्नी (as part of a word) all, सब प्रकार से

**omnibus** ओमनीबस *n.* a large four-wheeled public vehicle for many passengers, book containing several works, किराए की मोटर गाडी, कई कृतियों वाली पुस्तक

**omnipotent** ओमनीपोटैन्ट *adj.* powerful, almighty, सर्व शक्मिान

**omnipresent** ओमनीप्रजैन्ट् *adj.* present every where, present in all places and at all times, सर्व व्यापक, विश्व में व्यापक, सर्वत्र विद्यमान

**omniscient** ओमनीशइन्ट् a knowing everything, all knowing, सर्वज्ञ, त्रिकालदर्शी

**omnivorous** ओमनीवअवरस् *adj.* devouring all foods, not fastidious, feeding on plants as well as on animals, सर्वभक्षी, वनस्पति तथा मांस खाने वाला

**on** आन् *prep* upon, at, near, in consequence of, showing position in time, touching the upper surface of, पर, उपर, पास, समय को बताने वाला, सतह को छू रहा

**once** वन्स *adv.* a single time, at a time in the past, at any one time, एक बार, एक दफा, किसी भी समय

**oncoming** आनकमिंग् *n.adj.* approach, advancing, approaching, पहुंच, बढ़ रहा, पहुंच रहा

**one** वन् *adj.n. pron* single in number some or any, undivided, an individual, a singe person, एक, कोई, अविभक्त, एक व्यक्ति

**onerous** आनरस् a weighty, heavy, burdensome, requiring much effort, भारी, बोझीला, दूरस्थ, कष्ट साध्य

**onion** अनिजन *n.* a plant of the lily family, an edible bulbous root, an edible bulb with pungent flavour, प्याज

**onlooker** आनलुकर *n.* witness, a spectator, गवाह, दर्शक

**only** ओन्लीadj.adv.conj being the one specimen, merely, solely, exclusively, but then, excepting that, नमूना भर, केवल, मात्र, सिवाय, न केवल

**onset** आन्सैट् *n.* violent attack, assault, beginning, आक्रमण, धावा

**onslaught** आनस्लाट् *n.* attack, a murderous assault, onset, धावा, भयंकर आक्रमण, चढ़ाई

**oze** उज *n.n.* wet mud, slime, sluggish flow, to pass slowly out, exude, कीचड़, गारा, रिसना, टपकना

**opal** ओपल् *n.* precious stone which changes colour as light falls on it, a precious stone of milky hue exhibiting a play of various colours, दूधिया पत्थर, पोलकी

**opaque** ओपेक् *adj.* dense, not transparent, not allowing the passage of light, obscure, dull, अपारदर्शक, गंदला, रूखा

**open** ओपन् *adj.v.* unshut, unhidden, undefended, sincere, frank, to unfasten, to disclose, to reveal, to sell, खुला, उघाडा, असुरक्षित, खोलना, प्रकट करना, आरम्भ करना

**opera** ओपेरा *adj.* dramatic performance accompanied by music, a musical drama. संगीत नाटक, नाचघर

**operation** ओपरेशन *n.* way things work, working, scope, act of surgery, troop manoeuvres, a performance, पूरा करना, काम करना, प्रभाव डालना, अपरेशन करना, प्रबन्ध करना, क्रय विक्रय करना

**opine** ओपाइन् *v.* to think, to hold an opinion, to suppose, to be of opinion, विचारना, मत रखना, राय देना, कल्पना करना

**opinion** ओपिनिअन् *n.* belief, judgement, what one thinks about something, views, estimation, sentiment, विश्वास, निर्णय, धारणा, अनुमान

**opium** ओपिअम् *n.* a sleep-causing drug, sedative narcotic drug made form poppy, अफीम, नींद लाने वाली औषधी

**opportune** आपरचून् *adj.* well-timed, seasonable, convenient, coming at the right moment, just, right, suitable, well chosen, अनुकूल, मौके का, आरामप्रद, ठीक, उचित,

**opportunity** अपरचूनिटी *n.* convenient time, good chance, an opening, अनुकूल अवसर, शुभ अवसर, मार्ग

**opposite** आपोजिट *adj.n.* in a position face to face, not side by side, opposed, as different as possible, contrary to, adverse, that which is opposed, आमने सामने, विरूद्ध, प्रतिकूल, अभिमुख

**opposition** आपोजिशन् *n.* the antagonism, party of opponents, contrast, the political party opposed to the party in power, resistance, hostility, विरोधी दल, विमुखता, वैर

**oppress** ओप्रैस् *v.* to treat severely, to over burden, to govem harshly, to depress, to weigh down, to keep under subjection (appression n hardship, कठोरता, सताना, दबाना, अधीन करना

**optitian** आपटिशिअन् *n.* one who is skilled in optics, one who sells optical instruments, नेत्र विशेषज्ञ, ऐनकें बेचने वाला

**optimism** ऑपटिमिजम् *n* the doctrine that good ultimately prevails over evil, a hopeful view of things, disposition to look on the bright side, hopefulness, आशावाद का सिद्धानृत, उत्तमता का सिद्धान्त

**optimist** आपटिमिस्ट् *adj.* one who looks on the bright side, one who is always hopeful, one who thinks that all is for the best, आशावादी, उत्तमता के सिद्धानृत वाला

**option** ऑपशन् *n.* choice, preference, thing chosen, act of choosing, चुनाव, रुचि, पसंद, अभिलाषा

**opulent** आपुलैन्ट *adj.* rich, copious, wealthy, costly, looking, luxurious, abundant, धनी, अमीर, सम्पन्न, मूल्यवान, विलासी

**or** ऑर् *conj.* introduces alternatives, if not, before, each of the two, न, या, अथवा, न की

**oral** ओरल् *adj.n.* verbal, spoken or written, examination by question, मौखिक बोला हुआ प्रश्न द्वारा परीक्षा

**orange** ओरेंज् *n.* bright reddish-yellow round fruit, tree bearing it, fruit's colour, a juicy gold-coloured fruit, नांरगी, संतरा, संगतरे का पेड़

**orator** आरेटर् *n.* maker of speech, skilful speaker, a public speaker an eloquent speaker, सुवक्ता, प्रवीण वक्ता, धारा प्रवाह रूप से बोलने वाला

**orb** आरब् *n.* a globe, sphere, a symbol of sovereignty, the eye, a heavenly body, गोला, प्रभुत्व का चिह्न, नेत्र, आकाशीय पिण्ड

**orbit** आरबिट् *n.v.* eye-socket, track of heavenly body, track of artificial earth-satellite, to circle, to go round in orbit, काटना, नेत्र को गोल चक्र, सितारों का मार्ग, कृत्रिम उपग्रह का मार्ग, धरती का चक्कर

**orchard** ऑरचर्ड् *n.* a garden of fruit trees, enclosure containing fruit trees, a fruit-garden, बगीचा, बाड़ी, फल, वाटिका

**orchestra** ऑरकैस्ट्रा *n.* a band of musicians, their place in a theatre, a group of musicians playing together under a conductor, a part of theatre where concert is performed, बजाने वालों का नाटक में समूह, थियेटर वालों का गिरोह, बजन्त्री स्थान

**ordain** आर्‌डेन् *v.* to make a law, rule or decision, to destine, to enact, to admit to holy orders, to decree, कानून बनाना, ठहरना, फैसला करना, निर्दिष्ट करना, पादरी बनना

**ordinance** आरडिनैन्स् *n.* decree, ceremony, rule, rite, law, direction, अध्यादेश, नियुक्ति, कानून, शासन, निर्देश

**ordeal** आर्‌डिअल् *n.* a severe trial or experience, a painful experience, a severe test, a trial by fire or water, सख्त परीक्षा व अनुभव, निर्दोष सिद्ध करने की कठिन परीक्षा

**order** आर्‌डेन् *n.v.* a command, a method, rule, a grade, rank, sequence, regulation, arrangement, mode of procedure, instruction, to arrange, to command, to require, आज्ञा, ढँग, आदेश, स्तर, पद क्रम, प्रबन्ध, प्रबन्ध करना, आज्ञा देना

**orderly** आर्डरली *adj.n.* methodical, tidy, well-arranged, well-behaved, quiet, a servant, व्यवस्थित, सुथरा, शान्ति प्रिय, अरदली

**order of the day** आर्डर आफ द डे *n.* business setdown for the day, दिन का निर्धारित व्यवसाय का काम

**out of order** आउट आफ आर्डर not correct procedure, not working properly, गलत विधि, ठीक से काम न कर रहा

**ordinal** आर्‌डिनल् *adj.n.* showing position in a series, an ordinal number (e.g. first, second, third etc), पदवी प्रकट करने वाला

**ordinary** आर्‌डिनरी *adj.* usual, common, plain, homely, regular, customary, not specially good, मामूली, साधारण, ऐसा वैसा, प्रचलित

**ordnance** आर्डनैन्स् *n.* weapons of warfare, guns, artillery, military stores, तोपखाना, युद्ध सामग्री, फौजी सामान

**ore** ओर् n. a mineral, native mineral which yields metal, naturally occurring rock or mineral from which metals etc can be obtained, कच्ची ध ातु, धातु तथा अन्य वस्तुओं से मिश्रित

**organ** ऑरगन् *n.* a part that plays special job, a means of spreading information or opinions (e.g. newspaper), musical instrument, इन्द्रिय, अंग, वास्ता, शरीर का अवयव, बाजा

**organise** आरगेनाइज् *v.* to arrange, to plan, to get up, to put into working order, to unite in a society, to furnish with organs, प्रबन्ध करना, योजना बनाना, व्यवस्था करना, मिलाना

**organisation** आर्‌गेजनाइजेशन् *n.* plan of work, a system, a society, business, act of organising, a body of people, organic structure, योजना, ढंग, समाज, व्यवसाय, प्रबन्ध, जनसमूह, संस्था, संगठन

**orgy** ऑर्‌जी *n.* licentious revelry by night, drunken or licentious revel, debuch, a riotous merry making, noisy or drunken feast, great indulgence in, रात्रि-उत्सव, आमोद प्रमोद, भोग विलास, शराबियों का हुल्लड़

**oriel** ऑरिअल् *n.* a projecting upper window, a window in a recess built out from a wall, दीवार से बहारी ओर बनी हुई बड़ी खिड़की

**orient** आरिऐन्ट् *n.v.* East, lust of best pearls, the easten part of the sky, to set facing east ward, to come to understand new surroundings and way of life, पूर्व दिशा, कीमती मोतियों की आभा, पूर्वी आकाश मण्डल

**oriental** आरियैन्टल् *adj.n.* eastern, in or from the East, a native of the East a native of the East, पूर्व देशीय, प्राचीन

**orientate** ऑरियैन्टेट् *v.* to orient, to bring into clearly understood relations, to determine one's position, पूर्व की ओर बनाना

**origin** ओरिजन् *n.* source, beginning, root, cause, patentage, स्रोत, श्रीगणेश, मूल, कारण, उद्गम्

**original** ओरिजनल् *adj.n.* first, new, earliest, not copied, thinking or acting for oneself, eccentric, the first copy, the source, pattern, प्रथम, नया, प्राचीनतम्, असली, मौलिक विचार, काल्पनिक

**oriole** ओरिअल् *n.* a tropical thrush-like bird, a golden-yellow bird, a bird with black and yellow plumes, एक विलायती पक्षी

**ornament** ऑरनमैन्ट् *n.v.* decoration, adornment, anything that adds beauty, a person who brings honour or credit, embellishment, गहना, सजावट, सौन्दर्य वर्धक, वंश का दीपक, श्रृंगार

**ornithology** आर्निथॉलोजी *n.* science of birds, पक्षी विद्या

**orphan** आरफन् *n.* a child who has lost one or both parents, a child bereft of father and mother, अनाथ, मातृ-पितृहीन बालक, यतीम,

**orphanage** *n.* home for orphans, अनाथालय

**orthodox** आरथाडाक्स् *adj.* thinking or behaving as most people do, holding accepted views, conventional, proper, holding correct opinions on religious beliefs (orthodoxy n accepted doctrines) धर्मपरायण, शास्त्रानुसारी, धर्मपरायण, सच्चा

**orthopaedics** ऑरयापैडिक्स् *n.* correction or prevention of bodily deformities, शारीरिक कुरूपता का शुद्धिकरण

**oscillate** ऑसिलेट् *v.* to swing to and fro, to vibrate, to swing backwards and forwards, झूमना, कॉपना, इधर-उधर डोलना

**ostensible** ऑसटैन्सिबल् *adj.* seemingly, pretended, professed, apparent, claimed, showy, manifest, not concealed, प्रकट, स्पष्ट, प्रसिद्ध, सुप्रकाशित

**ostentatious** ऑस्टैंटशस् *adj.* fond of show, showy, fond of display, आडम्बरी, दिखाऊ

**ostrich** आस्ट्रिच् *n.* swift-running African bird, a large swift-running flightless bird whose feathers are valuable, शुतुमुर्ग

**other** अदर् *adj. pron* not the same, different, alternative, not this, other person or thing, अन्य, दूसरा, भिन्न, विकल्प, यह नहीं

**otherwise** अदरवाइज *adv, conj* in a different way, under other condtions in other respects, else, if not, the other day, अन्यथा, नहीं तो, तथा, यदि नहीं

**otter** ऑटर् *n.* fish-eating mammal, furry aquatic fish-eating animal, ऊदबिलाव

**ottoman** ओटोमैन् *adj.n.* Turkish, Turk, cushioned, backless seat, तुर्की, तुर्क, गद्देदार, बिना पिछवाई की पटरी

**ought** ऑट् *v.* expressing duty or obligation, to be bound, should, to be morally necessary, चाहिए, नैतिक बन्धन का द्योतक

**ounce** आउँस् *n.* a weight, a mountain panther, पाउँड का बारहवाँ भाग, तेन्दुआ

**our** आवर *pron* belonging to us, ours, हमारा

**oust** आउस्ट् *v.* to eject, to turn out, to put out, to expel, to deprive of possession, to drive out, निकालना, हटाना, बाहर करना, अधिकार छीन लेना

**out** आउट् *adv.* not at home or inside, in bloom, not in office, not infashion, finished, away, बाहर, विकसित, अप्रचलित, प्रकट, भेद खुलना

**out and out** आउट ऐंड आउट् thoroughly, completely (out-end-out-thorough,complete), डाकू, लूटेरा, न्याय रक्षण से बाहर

**outlaw** आउट्ला *adj.* a robber, bandit, exile, डाकू, लुटेरा, न्याय रक्षण से बाहर

**outward** आउट्वर्ड् *adj.* external, superficial, on the surface, exterior, बाहरी, कृत्रिम, ऊपरी, बाह्य

**outbid** आउटबिड् *v.* to offer more than any other, to offer a higher price than, अधिक बोली देना, दूसरे से बढ़कर मूल्य देना

**outbreak** आउटब्रेक् *n.* a sudden bursting out, beginning, an eruption, a disturbance of peace, फूट पड़ना, आरंभ, गड़बड़, शान्ति भंग

**outcast** *n.* an exile, a vagabond, expelled from caste, pariah, one who is driven away from society or home, जाति, भ्रष्ट, पतित, घर या बिरादरी से निष्कासित

**outcaste** *n.*

**outcome** आउट्गम् *n. adj.* result, consequence, परिणाम, नतीजा

**outdated** आउटडेटिड् *adj.* out of date, जिसकी अवधि समाप्त हो गई हो

**outdo** आउटडू *v.* to excel, to surpass, to exceed, दूसरे से आगे निकलना, बढ़ना, पिछाड़ना

**outdoor** आउट्डोर् *adj.* in the open air, outside the door or the house, घर से बाहर किया हुआ, खुले मैदान में का

**outfit** आउटफिट् *n.* fitting out, equipment, clothes and accessories, things required for a journey, यात्रा सामग्री, सामान

**outflank** आउट्फ्लैन्क् *v.* to get the better of, to pass round the side of and get behind or beyond (an enemy force etc), बेहतर होना, शत्रु सेना को चक्कर में डालना

**outgoing** आउटगोइन्ग् *n.adj.* expenditure, the act or state of going out, a going out, extreme limit, व्यय, आगे को बढ़ना, जा रहा, चर्म सीमा

**outgrow** आउट्ग्रो *v.* to surpass in growth, to become too old or too large for, आगे निकलना, कद व उम्र में आगे बढ़ना

**outlay** आउट्ले *n.v.* the cost, expenditure, money paid out, a spending, disbursement, to spread or lay out, to make an expenditure, मूल्या, खर्च, व्यय, बँटवारा, व्यय करना

**outlet** आउटलैट् *n.* a way out, an exit, a passage outwards, means off letting something out, a means of release, द्वार, निर्गम स्थान, मुक्ति का रास्ता

**outline** आउट्लाइन् *n.v.* lines enclosing visible figure, rough sketch, general plan, a sketch showing only the main lines, first sketch, to sketch out, to tell the main points off, बाहरी रेखा, ढाँचा, खाका, आकार, योजना बनाना

**outlive** आउटलिव् *v.* to live longer than, to survive, to encumber, to live down, अधिक जीना या ठहरना

**outlook** आउटलुक् *n.* the view, looking out, watch, a prospect, a vigilant watch, दृष्टिकोण, चौकसी, दृश्य, रक्षा

**output** आउटपुट् *n.* the quanity of goods made, the production, the amount of material produced in any field, जितना माल एक साथ तैयार हो, घानी

**outrage** आउटरेंज् *n.v.* open and excessive violence, wanted abuse, a shocking crime, a wicked wind violent act, indignity, to rape, to treat with violence, to offend, to shock, बलात्कार, अत्याचार, दंगा, अपहरण, करना, दुर्व्यवहार करना

**outright** आउट्राइट् *adv.* completely, atonce, undisputed, downright, positive, immediately, पूर्णतया, एकदम, स्पष्ट, निर्विवाद, बिल्कुल, तुरंत

**outrun** आउट्रन् *v.* to run faster than, to go beyond, to become greater than, to exceed in running, to escape by running, आगे निकलना, आगे बढ़ना

**outset** आउट्सैट् *n.* the beginning, आरंभ

**outside** आउट्साइड् *n.adj.adv.prep* the outer part, exterior, the surface, the farthest, limit, the superficial part, immediate unbounded space, on the outside remote, not within, not in, beyond, बाहरी भाग, बाहरी, सतह, बहुत दूर परे

**outsider** आउट्साइडर् *n.* person outside specific group, an un initiated person, समुदाय से बाहर का व्यक्ति,

**outskirts** आउटस्कर्ट्स् *n.* suburbs, the outerborder, सरहद, सीमा प्रान्त

**outspoken** आउटस्पोकन् *adj.* frankly or boldly spoken, candid, expressing thoughts frankly, स्पष्ट वक्ता, साफ साफ कह देने वाला

**outstanding** आउटस्टैन्डिन्ग् *adj.* prominent, unpaid, striking, excellent, great, still to be done, विख्यात, बकाया, उल्लेखनीय, बढ़िया

**outstretch** आउटस्ट्रैच *v.* to spread out, to extend, to stretch beyond, फैलाना, विस्तार करना

**outweigh** आउटवे *v.* to exceed in weight or importance,to be heavier than, भार या महत्व में बढ़ाना

**ovation** आवेशन् *n.* demonstration of popular applause, a welcome, enthusiastic burst of applause, an outburst of cheering and applause, जय ध्वनि, जय जयकार, भव्यस्वागत

**oven** ओवन् *n.* a receptacle for baking bread, a place or apparatus for baking, a small furnace, a closed space for baking, heating or drying, चूल्हा, तंदूर, भट्टी

**over** ओवर् *prepadv.adj.n.* higher than, across, on the far side of, on, about, outward, at an end, fixed number of balls bowled at one end before change to the other side, ऊपर, आर पार, सामने, तथा, बढ़कर

**overact** आवरऐक्ट् *v.* to act more than necessary, to over do, to exaggerate, आवश्यकता से अधिक करना, जरूरत से ज्यादा कर दिखाना

**overall** ओवरआल् *n.adj.* a protective garment worn over ordinary clothes, total, ऊपर ओढ़ने का वस्त्र, समुच्चय

**overboard** ओवरबोर्ड *adv.* over the side of a ship or boat, out of a ship, जहाज व नाव की छत पर, जहाज व नाव के बाहर

**overburden** ओवरबर्डन् *v.* to burden to excess, to load with too much weight or work, अधिक लाद देना

**overcast** ओवरकास्ट् *adj.v.* to cloud, to become dull, to cover over, to overthrow, covered with clouds, cloudy, अँधेरा करना, धुँधला होना, छाना, बादल घिरने, मेघाच्छन्न

**overcoat** ओवर्कोट् *n.* a coat worn on ordinary dress, an outdoor coat worn over all other clothes, लबादा, वस्त्र के ऊपर ओढ़ने का कोट

**overcome** ओवरकम् *v.* to defeat, to get the better of, to be victorious, to win, to conquer, हराना, आगे निकलना, जीतना, विजयी होना

**overconfident** ओवरकंफिडैंट *adj.* too sure of oneself, too hopeful, अत्यधिक आत्म विश्वास वाला, बहुत ज्यादा आशावान्

**overdo** ओवरडू *v.* to tax one's strength to excess, to do more than what is proper to do, to carry too far, to harass, to over act, to cook too long, अधिक करना, थका मारना, कष्ट देना

**overdue** ओवरड्यू *adj.* past the time fixed for arrival, payment etc, late, not paid at the right time, unpaid after the date set for payment, मिति बिताया हुआ, समय बीता हुआ

**overestimate** ओवर्ऐस्टिमेट् *v.* to judge greater than what really is, to think too highly of, to estimate highly, अत्यधिक अनुमान लगाना, अधिक आंकना

**overflow** ओवर्फ्लो *n.v.* to flood, to flow over, to flow over the edges, to inundate, the flood, in undation, the excess, superabundance, उफान आना, बाढ़ आना, डुबो देना

**overhaul** ओवर्हाल् *v.* to overtake, to examine and repair, to gain upon, to catch up with, देखाभाली करना, जाँचना, परीक्षा करना

**overhear** ओवर्हीअर् *v.* to hear by accident or intention what was not meant to be heard, to hear stealthily, सुन पाना, कान पड़ना, छिप कर सुनना

**overjoyed** ओवर्जाएड् *adj.v.* extremely pleased, अति प्रसन्न, अतिप्रसन्न करना, बाग बाग होना

**overlap** ओवरलैप् *v.* to overhang, to hang over, to jut out over, to lap over, to go over and beyond the edge of, एक के ऊपर दूसरे का किनारा रखना

**overload** ओवरलोड् *v.* to load or fill too much, to load to excess, बोझल करना, बहुत लादना

**overlook** ओवरलुक *v.* to superintend, to pass by, to pardon, to view from above, to examine, to supervise, to ignore, to fail to notice, ऊपर से देखना, ध्यान न करना, क्षमा करना, उपेक्षा करना

**overnight** ओवरनाइट् *adv.adj.* throughout the night, done during the night, lasting for one night, रात भर, रात को किया हुआ, रात भर रहने वाला

**overt** ओवर्ट् *adj.* open, public, unconcealed, not hidden, खुला, उघाड़ा, सार्वजनिक, प्रत्यक्ष

**overtake** ओवरटेक *v.* to come up, to discover, to take by surprise to catch up to come upon unexpectedly, पहुँच जाना, पता लगाना, सहसा पहुँच जाना

**overthrow** ओवरथ्रो *v.n.* to destroy, to ruin, to throw down, to upset, to defeat completely, to demolish, to vanquish, नष्ट भ्रष्ट करना, अपदस्त करना, बिगाड़ना, परास्त करना, गिराना, हराना

**overtime** ओवर्टाइम् *n.* time at work outside normal working hours, wages paid for this time, extra time allowed in match when result at full normal time is a draw, निश्चित समय से अधिक कार्य

**overture** ओवरचर् *n.* an act or proposal intended to open discussions, opening of negotiations of opera etc, orchestral introduction, formal offer, प्रस्ताव, निवेदन, प्रार्थना

**overwhelm** ओवरहैल्म् *v.* to crush, to beat down, to overcome, to conquer, to defeat, to flood, to sweep away, to make helpless (overwhelmed adj agitated), दबा देना, कुचलना, डुबोना

**overwork** ओवरवर्क् *v.n.* to work beyond strength, to work too much, to use too often, शक्ति से बाहर काम करना, अत्यन्त काम करना

**overwrought** ओवर्राट् *adj.* excited, overworked, nervous, wearied by having worked too hard, decorated all over, अधिक परिश्रम किया हुआ, अधिक सजा हुआ

**ovum** ओवम् *n.* a cell produced in ovary, an egg, female germ of animals, स्त्रियों का अण्ड-रज

**owe** ओ *v.* to be in debt, to be under obligation to, be obliged to pay, to be indebted to, ऋणी होना, कृतज्ञ होना

**owl** आउल् *n.* night bird of prey, a nocturnal bird of prey, a raptorial nocturnal bird characterized by its hoot, (owlet n young one), उल्लू, उलूक, चुगल

**own** ओन् *adj.v.* to possess, to admit, to confess, to acknowledge to recognize, belonging to oneself, रखना, भूल स्वीकार करना, अपनाना, अंगीकार करना, अपना

**owner** ओनर् *n.* one who owns or possesses, मालिक, स्वामी, रखने वाला

**ox** आक्स् *n.* the male of cattle, bull or cow, the male of bovine quadrupeds, a castrated bull, the male of the cow used for drawing loads,(pl.oxen), बैल, वृषभ, बलिवर्द

**oxide** ऑक्साइड् *n.* a compound of oxygen and another element, a compound of oxygen and a base, इत्र, सार

**oxygen** ऑक्सीजन् *n.* the life supporting gas in air, a colourless and scentless gas which is essential for animal and plant life , gas in atmosphere essential to life combustion, प्राणवायु

**oyster** ऑइस्टर् *n.* shellfish esteemed as food, a kind of shell fish, a shellfish with shell in two parts used as food, an edible shellfish, सीप का कीड़ा, कस्तूरा मछली, सीप, घोघा, शुक्ति

# P



**P** पी the sixteenth letter of the English alphabet, अंग्रेजी वर्णमाला का सोलहवां अक्षर

**pace** पेस् *v.n.* to walk step by step, to measure by steps, to walk slowly, to walk backwards and forwards, to cross, step, its length, walk, gait, rate of movement, धीरे धीरे चलना, कदमों से नापना, क्रम से चलना, पग, गतिक्रम, चाल

**pacify** पैसिफाई *v.* to calm, to establish peace, to soothe, to tranquillize, to appease, शान्त करना, संतुष्ट करना

**Pacific Ocean** पैसिफिक ओशिअन् ocean so named because Megellan, the first Europeaon to sail on it, found it in calm weather, प्रशान्त महासागर

**pack** पैक्ट् *n.* a pedlar's bundle, act or method of packing, a number of animals of the same kind kept together, a set of cards, mass of floating ice, to compress, to crowd together, make into a bundle, गठरी, मण्डली, ताश की गड्डी, शिकारी कुत्ते या जानवर, जकडना, ठूंसना, तह जम जाना, हवा होना

**pact** पैक्ट् *n.* covenant, an agreement, treaty, compact, contract, बंधन, संधि, नियम

**pad** पैड *n.v.* a piece of soft stuff used as a cushion, a shin guard, block of sheets of paper, foot or sole of various animals, a high way man, an easy paced horse, a rocket launching platform, to stuff with anything soft, to fill in, to protect, प्रसन्न घोड़ा, पायदान, बटमार, गदेला, स्याही चूंस, चलना, भरना, बचाना

**paddle** पैडल *n.v.* a short ear with broad blade at one or each end, short wide-bladed oar, to wade, to row gently, to propel with a paddle, छोटा डांडा, नाव चलाना, पानी में चलना

**paddock** पैडक् *n.* small grass field or enclosure, a small enclosed in field, a small field, a small pasture, a frog, मेंढक, छोटा खेत

**padlock** पैडलॉक *n.v.* a detachable lock for a staple, a lock with a link to pass through a staple or eye, to fasten with a padlock, ताला, ताला लगाना

**paddy** पाडी *n.* growing rice, rice in the husk, छिलका सहित चावल, धान

**padre** पाड्रे *n.* a clergyman or a chaplain, father, a title given to priests, पादरी

**pagan** पैगन् *n.* a civilised heathen, one who does not believe in any religion, barbarian, idolator, प्रतिमा या मूर्तिपूजक, किसी भी धर्म में विश्वास न करने वाली

**page** पेज *n.v.* a boy servant or attendant, one side of a book leaf, a hoy in livery, episode, to summon, to number pages of, to make up into pages, नौकर, पन्ना, घटना, अंक डालना, बुलाना

**pageant** पेजैन्ट् *n.* show of persons in costume in procession, dramatic scene etc., brilliant show, emptyshow, anything merely showy, a colourful parade, झांकी, तमाशा, आडम्बर, दिखावा

**pagoda** पैगोडा *n.* pyramidal temple, Chinese sacred temple, a Budhist temple, an idol, मंदिर, चीनी व बौद्ध मंदिर

**pail** पेल *n.* a bucket, a vessel for carrying liquids, an open vessel of wood or metal furnished with a handle for carrying water etc, पात्र, घड़ा, बाल्टी

**pain** पेन *n.v.* suffering, threat of punishment, trouble, exertion, penalty, bodily distress, to render uneasy, to cause suffering, दर्द, पीडा देना क्लेश, दण्ड

**painstaking** पेन्सटेकिंग् *n.adj.* taking pains, determined in the exact performance of a task, diligent, careful, taking great care, done with careful attention, कष्ट, सहिष्णुता, परिश्रमी

**paint** पेन्ट *n.v.* oily liquid for colouring, a colouring substance, to portray in colour, to cover with colour (painting n a picture in paint चित्रविद्या) रंग चित्र, खीचना, रंगना

**pair** पेअर् *n.v.* a set of two similar things which form one article, a husband and wife, two together, to write in couples, to be joined in pairs, युगल, जोडा, जोडा मिलाना

**Pakistani** *adj.* of or having to do with Pakistan a native of Pakistan, पाकिस्तान निवासी

**pal** पाल् *n.* a mate, partner, chum,a friend, a companion, accomplice, मित्र, सहचर

**palace** पैलेस् *n.* residence of king, bishop etc, stately mansion, a magnificent house, a royal house, (palatial adj royal) शाही प्रासाद, राजभवन, महल

**palate** पैलेट् *n.* taste, liking, roof of mouth, sense of taste, relish, (palatable adj delicious स्वादिष्ट), तालु, स्वाद, चाह

**pale** पेल् *adj.n.v.* dim, whitish, wan, colourless, fence, boundary, to turn pale, to make pale, धुँधला, फीका, पीला, बाढ, बाडा, पीला पडना

**pall** पाल् *n.* a cloth spread over a coffin, a priestly or royal mantle, a cloak, a curtain or haze of smoke, a pallium, to lose strength, to become insipid, to grow wearisome (pall-bearer अर्थी उठाने वाला), पहिए की उल्टी चाल, रोक, कफन से ढकना, शाही चोगा, फैलाना, मालिश, थकना

**pallet** पैलट् *n.* a bed of straw, a mattress, a potter's wooden blade, a small rough bed, चटाई, खटिया, कुम्हार की पट्टी

**pallid** पैलिड् *adj.* pale, colourless, wan, sickly, dim, पीला, धुंधला, फीका

**palm** पाम् *n.* the inner part of the hand, tropical tree, leaf of the tree as symbol of victory, supreme excellence, to conceal in palm, to pass off by trickery, (palmistry n telling fortunes by reading the lines of the palm), हथेली, ताड़ का वृक्ष, महत्व, विजय चिन्ह, खजूर, टीका करना

**palpable** पैल्पेबल् *adj.* able to be touched or felt, obvious, easily noticed by the senses, certain, actual, real, स्पर्श योग्य, प्रत्यक्ष, वास्तविक

**palpitate** पैलपिटेट् *v.* to throb, to pulsate violently, to tremble, to beat rapidly, धड़कना, कांपना, उछलना,

**palsy** पाल्सी *n.* numbness, paralysis, पक्षाघात, लकवा

**paltry** पाल्ट्री *adj.* worthless, trifling, trashy, mean, not worth considering, contemptible, तुच्छ, क्षुद्र, नीच

**pamper** पैम्पर् *v.* to indulge too much, to spoil, to feed to the full, to glut, to over indulge, to satiate, to feed luxuriously, ठूस-ठूस कर भरना, पेट भरना

**pamphlet** पैम्फ्लैट् *n.* a small book stitched together but not bound, a thin book unbound usually on some topical subject, लघु पुस्तक, पत्रिका

**pan** पैन् *prefix.n.* universal, all, a broad shallow vessel, anything of a similar shape, the god of nature, to wash ore or gold in pan, तसला, कड़ाही, तवा, सार्वजनिक, सभी, प्याला

**panacea** पेनेशिआ *n.* universal remedy or medicine, a cure for all things, cure for all ills or all complaints, रामबाण औषधि, अकसीर महौषधि

**panama** पानामा *n.* a straw hat, सीँक की टोपी

**panda** पाण्डा *n.* a flesh-eating animal of the Himalayas or giant panda, a larger animal of Tibet, तिब्बत व हिमालय का माँसाहारी जानवर (भालू की शक्ल का)

**pandemonium** पैन्डेमोनिअम् *n.* a noisy meeting, an uproar, a place of lawlessness, utter confusion, a place of general disorder, scene of din and uproar, विप्लव, खलबली, बड़ा उपद्रव

**pander** पाण्डर *n.* a procurer, one who helps in evil designs, an agent for the gratification of an other's passion, to minister to, to help in debauchery, भड़वा, कमीना, नीच, लम्पटता में सहायता देना

**pane** पेन् *n.* a plate of glass, a single piece of glass in a window, a sheet of glass, a square of glass, काँच का टुकड़ा, खिड़की का काँच

**panegric** पैनिजिरिक् *n.* an eulogy, an encomium, speech praising highly some person or event, स्तुति, प्रशंसा

**panel** पैनल् *n.v.* compartment of a wainscot, a kind of saddle, a strip of parchment, list of jury, a thin board on which a picture is painted, to form with panels, चौखट, काठी, जूरी लोगों की सूची, चित्रकारी के लिए पटल

**pang** पैंग् *n.* a sudden, brief, sharp pain in body, compunction, sharp twinge, agony, mental or physical, दुःख, पीड़ा, बेदना

**panic** पैनिक् *n.* a sudden and infectious fear, extreme fright, unreasoning terror, wild fear, a kind of millet, violently alarming, अचानक डर, त्रास, एका-एकी भय, आतंक

**panorama** पैनोरामा *n.* picture arranged round spectator, wide or complete view, complete view in every direction, चित्रों की लम्बी पंक्ति, विश्वदृश्य

**pansy** पैन्सी *n.* a type of flower like the violet, एक प्रकार का बनूफशा, बैगनी रंग का फूल

**pant** पैन्ट् *n.v.* to gasp for breath, to yearn, to long, to throb, gasp, हाँपना, फड़कना, हृदय की धड़कन

**pantaloon** पैन्टेलून् *n.* wide trousers, man's drawers, an aged doting man, पतलून, पजामा, भांड

**pants** *n.*

**pantheon** पैथिअन् *n.* a temple of all the gods, a building containing the tombs of many of a country's famous men, देवालय, सब देवताओं का मंदिर

**panther** पैन्थर् *n.* variety of leopard, a large leopard, a fierce feline, चीता, तेंदुआ

**pants** पैन्ट्स *n.* plural short form of pantaloons, trousers, (बहुवचन) पतलून

**papa** पापा *n.* a word of endearment for father, पिता-सूचक शब्द, अब्बा, बाबू

**papal** पैपल् *adj.* having to do with the pope or the papacy, पोप संबंधी

**papaw, papaya** पापा, पैपेया *n.* tree bearing melon-shaped fruit, its fruit, पपीता

**paper** पेपर *n.* material used for writing or printing on, printed sheet of paper, a newspaper, an essay written to be read to e.g, society, a set of examination papers, written instrument, bank-notes, कागज पत्र, अखबार, समाचार पत्र, लेख, हुंडी

**par** पार *n.* the normal level, the standard, equal in value, बराबरी, समता

**para** पैरा *prefix,* beside, beyond, alongside of, abnormal out of door, बाहर या अतिरिक्त अर्थ में प्रयुक्त उपसर्ग

**para military** पैरा मिलिट्री a used as an addition to the regular army, अतिरिक्त सेना।

**parable** पैराबल् *n.* allegory, story with a moral lesson, a comparison, दृष्टान्त, उपमा, कहावत

**parachute** पैराशूट् *n.v.* an appliance for descending from an aeroplane in flight, an umbrella-shaped apparatus for descending from air craft, to drop by means of a parachute, हवाई छाता, हवाई छाते से उतरना

**parade** पैरेड् *n.v.* display, muster of troops, parade ground, public walk, to exhibit, to march with display, आडम्बर, भारी शोभा, युद्धाभ्यास, शस्त्र शिक्षा का मैदान, नुमाइंश करना, अभ्यास करना

**paradise** पैराडाइस *n.* the Garden of Eden, Heaven, state of bliss, happiness, a park, स्वर्ग, बैकुण्ठ, इन्द्रपुरी, आनन्द

**paradox** पैरॉडाक्स् *n.* something incredible yet true, a tenet contrary to received opinions, a statement that really contradicts itself and infact, false असत्याभास, विरोधाभास, आत्मविरोध की उक्ति

**paragfin** पैराफिन् *n.* wax or oil got from shale, wood etc. मोम या तेल

**paragon** *n.,v.* something of ordinary excellence, model of perfection, perfect example उत्कृष्टता, बढ़िया नमूना

**paragraph** पैराग्राफ *n.* a distinct passage in any book or writing, a newspaper item, a small subdivision of a connected discourse, a short passage, a reference mark, वाक्य खण्ड, प्रकरण, परिच्छेद

**parakeet** पैराकीट् *n.* a small type of parrot commonly having a long tail shaped like a fan, छोटा तोता, सुग्गा

**parallel** पैरालल् *adj.v.n.* like, similar, equidistant, going in the same direction and never meeting, precisely corresponding, to compare, thing exactly like another, समानान्तर, एक अन्तर पर, तुल्य करना

**paralysis** पैरालिसस् *n.* palsy, a loss of power of motion or feeling in any part of the body, malady causing inability to speak or move, पक्षाघात, लकवा

**paramount** पैरामौंउट *adj.n.* above all others in rank or power, the very greatest chief, eminent, pre-eminent, the highest in rank or authority, बड़ा, महा, प्रधान, विशिष्ट

**paramour** पैरामूर *n.* a lover esp of a married person, mistress, illicit lover, यार, उप-पति या उपस्त्री

**parapet** पैरॉपट् *n.* a low wall, breast-high defence, mount along front of trench, a rampart to protect troops from the fire of an enemy, दीवार, खाई के पास की दीवार, सुरक्षा-प्राचीर

**paraphernalia** पैरॉफरनेलिआ *n.pl.* the apparel, property, jewels etc, of a wife which she possesses over and above her dowry, equipment, ornaments of dress generally, personal belongings of all kinds, निजी सामग्री, सामान, आभूषण, मालमता

**paraphrase** पैराफेरेज् *n.v.* expression of the same thing in other words, free translation, a hymn based on some scriptural passage, to make a paragraph to explain in many words, सविस्तार व्याख्या, टीका, अन्यशब्दों में विवरण, विस्तृत व्याख्या करना

**parasite** पैरॉसाइट् *n.* animal or plant living in or on another, self interested hanger on, one who lives at the expense of someone else, परान्न भोजी, दूसरों के टुकड़ों पर जीवन यापन करने वाला

**parasol** पैरासोल् *n.* a sunshade, a lady's sunshade, स्त्रियों का छोटा छाता

**paratroops** पैराट्रप्स् *n.pl.* troops carried by air to be dropped by parachute, troops trained to descend by parachute, soldiers landed by parachutes from aeroplanes for some definite action, छातों से उतरने में प्रशिक्षित सेना

**parcel** पार्सल *n.v.* packet of goods, bundle, quantity dealt with at one time, a part, a set, a pack, to wrap up, to divide into parts, पोटली, गट्ठर, पारा पोटली बनाना, भाग करना

**parch** पार्च् *v.* to dry by heating, to roast slightly, to scorch, to shrivel, to make thirsty, to dry to excess (parched a excessively thirsty), भुनना, झुलसाना, सूखना, सेंकना

**parchment** पार्चमैन्ट् *n.* skin, dried and prepared for writing on, manuscript of this, paper resembling this, a dead, चर्म पत्र, भेड़-बकरी का चमड़ा (चमड़े का कागज)

**pardon** पार्डन् *v.n.* to forgive, to excuse, to set free, to free from punishment, to absolve, forgiveness, absolution, official remission of a penalty, क्षमा करना, माफ करना *n.* क्षमा, माफी, बखशीश

**pare** पेअर् *v.* to trim, to cut off a little, to cut edge of, to reduce or diminish, to peel, कतरना, टुकड़ा करना, छीलना

**parent** पैरेन्ट् *n.* father or mother, a forefather, a plant or animal which produces others, author, source (parentage n) माता-पिता, जड़, मूल

**parenthesis** पैरेन्थिसिस् *n.* a word or group of words that interrupts a sentence giving an explanation, comment etc, निक्षेप वाक्य, ब्रैकेट ( ) का चिन्ह

**parexcellence** पॉरएक्सलैन्स् above all others, श्रेष्ठ, सर्वोत्तम

**pariah** पैरिआह *n.* an outcaste, a vagabond, a wandering dog, बहिष्कृत, जाति से निकाला हुआ, आवारा कुत्ता

**parish** पैरिश् *n.* a local government district, the people of a parish, a district having its own church and clergyman, पादरी का प्रदेश

**parity** पैरिटी *n.* equality, likeness, बराबरी, समानता, समता

**park** पार्क् *n.v.* a place for storing motor cars and other vehicles, a large enclosed piece of ground surrounding a mansion, a piece of ground for public recreation, a piece of country kept in its natural condition as a nature reserve, to put in a parking place, खेल-उद्यान, चौक, क्रीड़ा-स्थल *v.* क्रीड़ा वन बनाना, गाड़ी खड़ी करना

**parky** पार्की *adj.* chilly, सीला, शीतल

**parley** पार्ले *n.v.* a meeting to discuss a dispute, meeting between leaders of opposing forces to discuss terms, to hold a conference with an enemy, बैठक, विरोधी दलों में शर्तें तय करने के लिए सभा, शत्रु से विचार विनिमय करना

**parliament** पारलिआमैन्ट् *n.* a law-making body, a supreme law-making council (parliamentarian *a* a skilled debater in parliament), कानून बनाने वाली सभा, संसद, सब से बड़ी प्रतिनिधि सभा

**parlour** पार्लर् *n.* reception room, drawing room, family sitting room, a room used for entertaining guests, स्वागत कक्ष, बैठक, अतिथि गृह

**parochial** पैरोकिअल् *adj.* of or relating to a parish, narrow, interested only in local affairs, provincial, ग्राम्य, देहात का

**parody** पैराडी *n.v.* a comical imitation, a burlesque, travesty, a burlesque imitation of a serious poem, to convert into a parody, अनुकारण काव्य, ग्रन्थकर्ता के शब्दों को उलट पुलट करना

**parole** पैराल् *n.v.* a word of honour, unbreakable promise, a pass-word at a camp, a conditional release, to release on parade, वचन, प्रतिज्ञा, सेना का गुप्त शब्द, शर्त पर जमानत, जमानत पर छोड़ना

**parrot** पैरट् *n.v.* gay feathered bird able to talk, a bird of warm region with bright feathers and hooked bell, a good imitator of human speech, unintelligent imitator, तोता, तोता रटन्त

**parry** पैरी *v.* to keep off, to turn aside, to ward off, to evade, टालना, रोकना, दूर हटाना

**parse** पारस् *v.* to describe word, to analyse sentence in terms of grammar, to name the parts of speech of a word to show its relation in a sentence to other words, पदच्छेद करना, पद भंजन करना

**parsimony** पर्सिमनी *n.* meanness, frugality, stinginess, economy, niggardliness, तुच्छता, फिजूल खर्ची, मितव्ययता

**parson** पारसन् *n.* a clergyman, the incumbent of a parish, a rector, any minister of religion, पादरी, मुल्ला

**part** पार्ट *v.n.* to separate, to divide, to distribute, portion, section, share, division, duty, actor's role, interest, अलग करना, बाँटना, भाग, टुकड़ा, विभाजन, कर्त्तव्य, काम, नाटक के पात्र का हिस्सा

**partake** पार्टेक *v.* to take part in, to share, to take food or drink, भाग लेना, हिस्सा बाँटना, हिस्सेदार होना

**partial** पार्शल् *adj.* biased, inclined to favour one side, unfair, incomplete, fond of, (partiality n favouritism) पक्षपाती, पक्ष लेने वाला, अपूर्ण, अनुरागी

**participate** पार्टिसिपेट् *v.* to share, to partake, to have something of, (participation -n- हिस्सेदारी ) हिस्सा लेना, साझी होना

**participle** पार्टिसिपल *n.* a verbal adjective which qualifies a noun, an adjective formed from a verb, ending in ing or ed. as acting and acted, कृदन्त, जो क्रिया विशेषण बनकर प्रयुक्त हो

**partisan** पार्टिजन *n.* biased in favour of a party, an adherent of a party, guerilla, member of resistance movement, a devoted follower, a disciple, a kind of spear, साझी, साथी, पक्का अनुयायी, पक्षी, एक प्रकार का भाला

**partition** पार्टिशन् *n.v.* separation, distribution, a dividing wall, part where separation is made, act of dividing, a screen, to divide into shares, पृथकता, बँटवारा, बटवारें की रेखा, पर्दा, भागों में बाँटना

**partner** पार्टनर् *n.* an associate, a sharer, wife or husband, companion, one that dances with another, person who shares another's work, साँझीदार, साथी, पति व पत्नी, साथी नृतक, जोट

**partridge** पार्ट्रिज् *n.* game bird of the grouse family, a kind of game bird, a grey game-bird, तीतर, चकोर

**party** पार्टी *n.* faction, a select company, a social gathering, one concerned in an affair, cause or side, a company of person joined for a cause, a merry-making, पक्ष, साझी, पंचायत, वादी प्रतिवादी मनोरंजन

**pass** पास् *v.n.* to go by, beyond, through etc, to exceed, to spend, to disregard, to elapse, to be successful in an examination, & passage through mountain, an admission-ticket, आगे बढ़ना, बीतना, स्वीकृत होना, सफल होना, दर्रा, प्रवेशपत्र

**passage** पैसेज् *n.* the act of passing, course or journey, entrance or exit, right of passing, portion of a book, encounter, corridor, a sum paid for a voyage, चाल, मार्ग, निकास, पुस्तक का अंश, बरामदा, भाड़ा

**passing** पासिंग् *adj.adv.n.* departing, exceedingly, the act of going by, transit, death, गुजर रहा, चलता जाने वाला, मार्ग, मृत्यु

**passenger** पैसन्जर् *n.* a traveller in a public vehicle, ship etc, पथिक, यात्री, बटोही, राही

**passion** पैशन् *n.* suffering, strong feeling, wrath, intense desire, excitement, strong love, great liking, emotion, पीड़ा, क्रोध, उत्कंठा, जोश, कामुकता, अनुराग

**passive** पैसिव् *adj.* not acting, submissive, quiescent, unresisting, not showing energy, of a form of the verb used when the subject is acted upon, निष्क्रिय, सुस्त, सहनशील, कर्मप्रधान क्रिया

**passport** पासपोर्ट् *n.* a license to travel in a foreign country, an official document granting permission to pass, travel abroad etc, विदेश में यात्रा करने का आज्ञा पत्र, अभय पत्र

**past** पास्ट् *adj.n.* gone by, completed, ended, elapsed, hygone times, (adv.by, along, prep-beyond,after) गुजरा हुआ, समाप्त, बीता समय

**paste** पेस्ट् *n.v.* soft composition as of flour and water, adhesive, fine glass to imitate gems, dough for pies, a clay-mixture for making china, to fasten with paste, आटा की लेई, गारा, चिपकने वाला, लेई से जोड़ना

**pastry** पेस्ट्री *n.* articles of food made chiefly of paste or dough, small, rich frosted cakes, food made of flour paste, समोसा, कचौरी, मठरी

**pasteurise** पास्ट्यूराइज् *v.* to sterilize milk etc, to make milk free from certain germs, and less apt to sour, by heating to a given temperature for a given time, दूध के कृमियों को मारकर शुद्ध किया हुआ दूध

**pastime** पास्टाइम् *n.* recreation, diversion, sport, amusement, मनोरंजन, क्रीड़ा, विनोद

**pastor** पासटर *n.* the minister of a church, a clegyman, गिरजाघर का अध्यक्ष, पादरी

**pasture** पास्ट्यूर *n.v.* grass for grazing,ground on which cattle graze, herbage for cattle, grass-land, to graze cattle, चरु भूमि, चरागाह तृणमय भूमि, चारा

**pat** पैट *n.v.* light quick blow with the hand, to flatten, a gentle tap, a light sound, a lump of butter, to strike gently, थपकी, चपटा करना, धीमी आवाज, मक्खन की टिकिया

**patch** पैच् *n.v.* a piece applied to cover a hole, spot, plot of ground, protecting pad for the eye, a scrap of material, to mend with a patch, to mend clumsily, चिप्पड़, जोड़, टुकड़ा, जगह, धरती का टुकड़ा, मलमल की पट्टी

**pate** पेट् *n.* the head, top of head, crown of the head pie, patty, मस्तक, खोपड़ी

**patella** पटेला *n.* the knee-cap small vase, limpet, knee-pan, घुटने की चक्की, छोटा बर्तन

**patent** पैटेन्ट् *adj.n.v.* open, evident, manifest, open to public perusal, spreading widely, a right for an invention, to obtain patent for, खुला, स्पष्ट, प्रकट, विशिष्ट अधिकार पत्र, आविष्कारक को किसी प्रकार की सनद देना

**pater** पैटर् *n.* father, पिता, बाप

**paternal** पेटरनल् *adj.* of a father, fatherly, related through one's father, hereditary, on father's side family, पैतृक, पिता द्वारा संबंधित, पिता के परिवार के मारूसी

**patricide** पैट्रिसाइड् *n.* the murder of one's father, one, who murders his father, पितृहत्या

**path** पाथ् *n.* way or track, course of action, foot way, a road, मार्ग, रास्ता, पगडंडी, ढँग, रीति

**pathetic** पैथिटिक् *adj.* touching, causing pity or sorrow, excitig pity, affecting the feelings or the emotions, कारुणिक, ह्दय स्पर्शी, चित्त को छूने वाला

**pathology** पैथॅलोजी *n.* science of diseases, the study of diseases, रोग निदान (Pathalogist-a-specialist in diseases चिकित्सक)

**patience** पैशेन्स् *n.* quality of enduring, calm endurance, forbearance, perseverance, ability to wait quietly, सब्र, सहनशीलता, धीरता, धीरज, संतोष

**patriarch** पैट्रिआर्क् *n.* the father and ruler of family,the founder of a family, an aged man, a bishap, the head of the Greek Orthodox Church etc, कुल पति, वृद्ध तथा परिवार का मुखिया, पादरी

**patrimony** पैट्रिमानी *n.* property inherited from ancestors, an ecclesiastical estate, ancestral inheritance, property handed down from father or ancestors, पैतृक सम्पति, वाप दादा से मिला धन, बपौती सम्पत्ति

**patriot** पैट्रिऑट *n.* one who truly loves and serves his country, one who loves, and is devoted to, his native country and its welfare, देशभक्त, देश हित प्राण देने वाला

**patrol** पैट्रोल् *n.v.* marching round of a guard, a mounted policeman, a detachment of troops, a small group of scouts or girl guides, पहरुआ, रात को पहरा देने वाला, सैन्यदल या सिपाही, स्काउट व गाइड दल

**patron** पैट्रन् *n.* a protector, a guardian, a regualr customer, one who has the gift of a benefice, a supporter, one who encourages or supports another (patronise v to encourage), आश्रय दाता, संरक्षक, सहायक

**patter** *v.n.* to strike against something with quick taps, to mumble, to talk rapidly,to pray, to chatter, glib talk, sound of raindrops or running feet, many words sung or spoken very rapidly, chatter, टर-टर करना, पटपटाना, बड़बड़ाना, किसी जाति या व्यवसाय के सांकेतिक शब्द, पटपटाहट

**pattern** पैटर्न् *n.* modelspecimen, design, sample, decorative design, an example of excellence, a person or thing suitable to copy, नमूना, साँचा, आकार, नकल के योग्य व्यक्ति

**patty** पैटी *n.* a little pie, पाई,एक छोटा सिक्का (पैसे का तीसरा हिस्सा) चिड़िया

**paucity** पॉसिटी *n.* scarcity, smallness of number, fewness, scantiness, कमी, अल्पसंख्या, लघुता

**paunch** पान्च्*n.v.* belly, stomach, a pot-belly, पेट, झोली, उदर, (तोंद)

**pauper** पॉपर् *n.* a beggar, one who is supported by the public, a destitute person, one who is supported by charity, a poor person, कंगाल, दरिद्र, भिक्षुक

**pause** पॉज् *n.v.* rest, interval, suspense, cessation, hesitation caused by doubt, to stop, to rest for a time, विश्राम, विराम, रुकावट, रुकना, सुस्ताना, दम लेना, विचार करना

**pave** पेव् *v.* to cover with stone or brick, to prepare the way for, to make easy and smooth in any way, to form surface with stone or brick, to prepare, फर्श बाँधना, मार्ग ढूंढना, आसान करना to smoothe, (pavement n a paved surface), पटरी

**pave** *n.* a setting of jewels, रत्न जड़ना

**pavillion** पैविलिअन् *n.* a tent, a light building for spectators, a covering like a tent, summer house, a temporary movable habitation, an ornamental building, a club-house, मण्डप, तम्बू, डेरा, खेमा , कान का बाहरी भाग

**paw** पॉ *v.n.* the foot of a beast, a person's hand writing, to scrape with the forefoot, to maul, to handle clumsily, पंजा, हस्तलेख, पंजे से खुरचना, झाड़ना,- रुक्षता से पकड़ना

**pawn** पॉन् *n.* the smallest piece in chess, a person left in another's custody, a pledge, deposit as security for money borrowed, शतरंज का प्यादा गिरवी, बंधक, बाजी

**pawn** *v.* to place something for money, गहने रखना, बंधक रखना

**pay** पे *n.v.* payment, wages, salary, money-given for service rendered, to rid oneself of debt, to give money for goods or services, to give, to reward, to punish, to be profitable, वेतन मूल्य, दाम, वेतन देना, ऋण चुकाना, बदला देना

**pea** पी *n.* (pear-pl)a plant whose seeds are used as food, मटर

**peace** पीस् *n.* freedom from war, harmony, tranquility, a state of quiet, ease, treaty that ends a war, repose, शांति, संधि, मेल, सुख

**peach** पीच् *n.v.* a sweet fruit with a yellow skin, its tree, a stone fruit of delicate flavour, a pretty girl, velvety-skinned fruit with a stone in the centre, to make a display of, सतालू, आड़ू, सुन्दर लड़की

**peacock** पीकॉक् *n.* a large bird noted for gay-coloured feathers esp in the tail, bird with fan-like tail, brilliantly coloured, मोर, मयूर

**peak** पीक् *n.v* . brim of a cap, pointed summit of a mountain, point, the highest point, the brim of a hat that juts out, a hill's sharp top, to waste away, टोपी का छज्जा, शिखर, नोक, चोटी, क्षीण होना

**peal** पील् *n.v.* loud ringing of bells, a loud sound, set of bells rung together, to clang, to thunder, to roll, घंटियों का बजना, ध्वनि, गर्जन, घंटियों की पंक्ति

**peanut** पीनट् *n.* a ground nut, monkey nut, मूँगफली

**pear** पीअर् *n.* a fleshy sweet fruit tapering towards the stock, tree yielding sweet juicy, fruit, the juicy edible fruit of the pear tree, नाशपाती

**pearl** पर्ल् *n.* a white globular concretion formed within the shell of an oyster, smooth, round gem made by an oyster, मोती, मुक्ताफल

**peasant** पेजैन्ट् *n.* a rustic, a country man, rural labourer one who works and lives on the land (peasantry n the body of peasants) कृषक वर्ग, किसान, खेतीहर, गंवार

**pebble** पेबल् *n.* a tiny round stone, pale transparent rock-crystal, colourless quartz. कंकड़, रोड़ी, बिल्लौर,

**peck** पैक् *n.v.* dry measure of two gallons, one-fourth of a bushel, quick sharp stroke with the beak, to pick up with the beak, to eat little, खोदना, चोंच से उठाना, दाना चुगना

**peculiar** पक्युलिअर *adj.n.* particualer, special, strange, one's own, singular, un usual, odd, characteristic of only one person or country, विचित्र, अनोखा, निजी, अनूठा

**pecuniary** पिक्युनिअरी *adj.* relating to money, consisting of money, monetary, having to do with money, रुपए का, अर्थ संबंधी, धन संबधी

**pedagogue** पैडागॉग् *n.* school master with technical knowledge of many subjects, a teacher, pedant, अध्यापक, बाल-शिक्षक

**pedagogy** पैडागॉगी *n.* अध्यापन विद्या, आरंभिक शिक्षा

**pedal** पैडल् *n.v.* the foot-lever of an instrument, something to transmit motion from foot, having to do with the foot, bar or lever pressed by the foot to use pedal, to work the pedals of, पावदान, पैडल, पैर से यंत्र को चलाना

**pedant** पेडेन्ट् *n.* a conceited fellow, one who overvalues his learning, lover of extreme accuracy, one who makes a great display of learning, दम्भी, अभियानी मनुष्य, ज्ञान पर गर्व करने वाला

**peddle** पेड्डल् *v.* to sell in retail, to busy oneself in trifling objects, to hawk wares, to go about selling goods (pedlar, peddlar n a hawker), खोंमेचे वाला, फेरी में बेचना, छोटी बातों में लगना

**pedestal** पेडस्टल् *n.* a stand at the base of a column or statue foundation, (padestrian n a foot passsenger), पैदल यात्री, क्षुद्र, कुर्सी चौकी खम्भे या मूर्ति का आधार

**pedigree** पैडिग्री *n.* ancient descent, geneological table, lineage, register of ancestors, पीढ़ी, वंशावली, नसल

**pedlar** पैड्लर् *n.* a travelling salesman, travelling vender of small wares, one who goes about with a pack of goods for sale, a hawker, फेरी वाला, खौंमचे वाला, घूम-घूम कर बेचने वाला

**peel** पील् *n.v.* to strip off the rind esp. that of oranges, lemons etc. a fortified tower, छिलका उतारना, छीलना, उधेड़ना, छिलका

**peep** पीप् *v.n.* to look slyly or quickly, to chirp as young birds, to look through a hiding place, to begin to appear, a sly look, a glimpse, a first appearance, झाँकना, चीं-चीं करना, चोरी से देखना, झाँकी, मुर्गी या चिड़िया के बच्चों की आवाज

**peer** पीअर् *n.v.* a noble man, one of the same rank, associate, an equal, a member of the House of Lords, to look at intently, to look searchingly, सज्जन, अमीर, साथी, रईस, बराबर होना, झाँकना

**peevish** पीविश् *adj.* quarrelsome, fretful, cross, ill-natured, querulous, झगड़ालू, चिढ़चिढ़ा, अप्रसन्न, कड़वा

**peg** पैग् *n.v.* a pin of wood or metal, a drink of wine, whisky or sodawater, a piece of wood serving as a nail, a wooden spike,a clothe's clip, to mark or fasten with a peg, खूँटी, कीला, शराबपीना, पानी मिली शराब

**pelf** पैल्फ् *n.* wealth, money, riches (in bad sense), धन, सम्पत्ति, कौड़ी

**pelican** पेलिकान् *n.* a kind of large water-fowl, a large fish-eating water-fowl with enormous pouch beneath its bill, एक प्रकार की बड़ी बतख, हवा सील

**pellet** पैलेट् *n.v.* a small bell or pill, a little ball, a ball of shot, to hit with a pellet, गोली, गुलेल, छोटी गोली से मारना

**pell-mell** पेल्मेल् *adv.* in utter confusion, headlong, recklessly, disorderly, helter skelter, व्याकुल, बिना क्रम के, हड़बड़ी में

**pelt** पेल्ट् *n.v.* raw skin of sheep, a blow from something thrown, to fall heavily, to strike with missiles, to fall persistently, to rush, भेड़ का चमड़ा, ढेला फेंकना, गोली से मारना

**pelvis** पैलविस् *n.* bony cavity at base of human trunk, the bony cavity forming the lower part of the abdomen, बस्ति प्रदेश, पेडू

**pen** पैन् *n.v.* an instrument for writing with ink,a small enclosure for cattle, to write, to keep in a pen (pen-name-n name assumed by author), लेखनी, कलम, पशुओं का बाड़ा (घेर) लेखक का उपनाम

**penal** पीनॉल् *adj.* relating to punishment, inflicting punishment having to do with punishement, punitive, (penalty n a fine), दण्डनीय, सजा देने वाला, दण्ड-विषयक

**penance** पेनान्स् *n.* repentance, the act of self-mortification, punishment suffered to gain forgiveness,a willingly undergone punishment for wrongdoing, self imposed suffering, प्रायश्चित, तपस्या

**pencil** पेन्सिल् *n.v.* a pointed instrument used for drawing or writing, any stick of similar shape, a number of rays coming to a point, to write or draw with a pencil, कूंची और सुरमे की लेखनी, पैंसिल, किरणों की रेखा जो एक बिंदु पर मिलती है।

**pendant** पेन्डैन्ट् *n.* a hanging ornament, an ear-ring, anything that hangs, not yet decided, a bracelet, a pennant, लोलक, लटकन, झुमका (pending a, prep, awaiting a decision, awaiting, until) विचाराधीन

**penetrate** पैनिट्रेट *v.* to force a way into, to pierce, to reach the mind or feeling of, to see into, to understand, to pass though, to perforate, प्रवेश करना, घुसना, छेदना, अर्थ समझन, बींधना

**penguin** पेंग्विन् *n.* a kind of sea fowl, a large sea-fowl with rudimentary wings, a large ses-bird of Antarctica regions, बड़ी व बर्फीली प्रदेश की चिड़िया (पेंग्विन)

**pencillin** पेनूसलिन् *n.* a drug which quickly kills the germs of many diseases, drug obtained from mould, which inhabits growth of certain disease becteria, कीटाणुनाशक औषधि

**peninsula** पेनिनसुला *n.* portion of land nearly surrounded by water, piece of land almost an island, a portion of jutting land nearly surrounded by water, प्रायःद्वीप, प्रायः चारों से ओर से जल से घिरा प्रदेश

**penis** पेनिस् *n.* the male copulatory organ, शिश्न, लिंग, उपस्थ

**penitent** पेनिटैन्ट् *adj.n.* a repentant, one who repents, affected by sense of guilt, one that repents of sin, sorry for sin (penitence n sorry for sin), पछताने वाला, प्रायश्चित करने वाला

**penny** पेनी *n.* copper coin, looth part of a pound, a coin worth one-twelfth of a shilling, (penniless a poor), अंग्रेजी सिक्का (शिलिंग का बारहवाँ भाग) दाम

**pension** पेन्शन् *n* . payment made in consideration of past services, a stated allowance paid for past services, money paid instead of tithes, a sum of money given regularly to a person because of past services or old age सेवावृत्ति, मासिक, सेवानिवृत्त होने पर मासिक आय

**pensive** पेन्सिव् *adj.* thoughful, meditative, melancholy, sad, wistful, dreamy, उदास, चिन्ताग्रस्त, गमगीन

**pent** पेन्ट् *adj.* closely shut up, shut in, बंद

**penultimate** पेनल्टिमेट् *adj.* last but one, next before the last, अन्त से ठीक पहला अक्षर

**penury** पेन्युअरी *n.* poverty, scarcity, destitution, want of necessities of life, need, निर्धनता, दरिद्रता, गरीबी

**peon** पीअन् *n.* an office servant, a day labourer, lowest grade soldier, a pawn at chess, चपरासी, नौकर, प्यादा, सामान्यसिपाही

**people** पीपल् *n.v.* persons of a community, in habitants, retinue, persons in general, race, family, a nation, human beings, followers, servants, to fill, to habit, जाति प्रजा, लोग सामान्य मनुष्य, बसना, मनुष्य से पूर्ण करना

**pep** पेप् *n.* energy, vigour, स्फूर्ति, शक्ति

**pepper** पेप्पर् *n.v.* an aromatic pungent spice, its plant, a seasoning made from the dried berries of a pepper plant, plant whose seeds are ground into a hot spice, to season with pepper, काली-मिर्च, काली मिर्च का पौधा

**per** पर *prep* forms compounds with meaning of through' 'thoroughly' as imperfect, percent etc, very, से, द्वारा, प्रति

**perambulate** पैरेम्बुलेट् *v.* to walk about, to travel through, to walk over, to stroll, to traverse, भ्रमण करना, इधर-उधर चलना, देखना

**perceive** परसीव् *v.* to oberve, to understand, to obtain knowledge of through senses, to see, to become aware of something through the sense to discern, देखना, समझना, जानना, इन्द्रियों से ग्रहण करना

**perch** परच् *n.v.* a fresh water fish, anything on which birds sit or roost, a bird's rest-bar, an imperial measure of land, any high seat, to rest on a perch, एक प्रकार की मछली, डंडा, बाँस, साढ़े पाँच गज लम्बा क्षेत्र, अड्डा, पक्षियों का बैठना, ऊँचे पर रखना

**perchance** परचांस् *adv.* by chance, perhaps, possibly, संयोगवश, कदाचित, संभवतय:

**percolate** परकोलेट् *v.* to filter, to strain through, to pass through holes, to permeate, निथरना, बूंद-बूंद करके टपकना, चुभाना, रसना

**percussion** परकशॅन् *n.* striking of one body against another, result of violent collision, impact, vibratory shock, impression of sound on the car, टक्कर, ठोकर, प्रतिघात, ठेस

**perdition** पर्‌डिशन् *n.* ruin, future misery, lasting punishment, damnation, total destruction, utter loss of the soul in future state, eternal death, विनाश, सत्यानाश, अध:पतन

**peremptory** पेरेम्पटरी *adj.* positive, final, decisive, precluding, *adj.*discussion, imperious, authoritative, commanding, dictatorial निर्णीत, अटल, रोबदार, अनन्य

**perennial** पिरिनिअल् *adj.n.* perpetual, unfailing, lasting through the years, living long, lasting for ever, never drying up, continual, an ever green plant, स्थायी, पक्का, दीर्घ जीवी, सदा बहने वाला, बारहमासी पौधा

**perfect** पर्‌फैक्ट् *adj.n.v.* complete, thorough, exact, precise, without fault, accurate, finished, whole, unspoiled, excellent, tense denoting a complete act, to improve, to finish, (perfection n faultlessness), पूर्ण, निर्दोष, अखण्ड, निपुण, परिपूर्ण करना, ठीक, अच्छा या बेहतर बनाना

**perfidious** परफीडिअस् *adj.* untrustworthy, false, treacherous, faithless, disloyal, अविश्वसनीय, झूठा, कपटी, विश्वासघाती

**perforate** परफोरेट् *v.* to penetrate,to bore hole through,to make an opening into, to pierce, to punch, प्रवेश करना, भेदना, छेदना

**perform** परफार्म् *v.* to bring to completion, to fulfil, to accomplish, to carryout, to execute, to act a part, to play on musical instrument, सम्पन्न करना, पूरा करना, निभाना, अभिनय करना, बाजा बजाना

**perfume** परफ्यूम् *n.v.* fragrance, agreeable scent, pleasing smell, fluid essence of flowers, odorous fumes of a burning substance, to scent, इत्र, सुगन्ध, खुशबू, धूप, धूप देना, सुगन्धित करना

**perfunctory** परफन्कट्री *adj.* hasty, superficial, done indifferently acting without interest, done mechanically, negligent, easy going, careless, जल्दबाज, कृत्रिम, वेमन किया हुआ स्वतः किया हुआ, लापरवाह, आराम तलब

**perhaps** परहैप्स् *adv.* possibly, may be, by chance, कदाचित, संयोग से, शायद

**peril** पेरिल् *n.v.* danger, risk, exposure to loss, jeopardy, to expose to risk, भय, खतरा, संकट, संदेह, संदेह में डालना

**perimeter** पेरिमीटर *n.* outer boundary of a plane figure, the circumference, the sum of the sides of a figure, परिधि, किसी क्षेत्रफल की भुजाओं का योगफल

**period** पिरिअड् *n.* portion of time, round of time, stated number of years, a division of time, a stage of history, . end, a fullstop, a circuit (periodical a periodic magazine that appears at regular, intervals सामयिक, नियमित पत्रिका), समय, काल, अवधि, युग, पूर्णविराम

**periphery** पैरिफरी *n.* external boundary, surface, the circumference of a circle, outside, परिधि, घेरा

**perish** पैरिश् *v.* to decay, to rot, to be destroyed, to die, to come to an end, to wither, to expire, to waste away, नाश होना, मुर्झाना, सड़ना, मरना

**perjure** पेरज्यूर *v.* to swear falsely, to tell a lie when one has sworn to tell the truth, to give false evidence on oath, to forswear, to bear false witness, (perjury `n oath breaking), झूठी कसम खाना, झूठी साक्षी देना, झूठ बोलना

**perk** पर्क् *v.* to smart up, to recover energy, to become lively, to trim, to push the head forward saucily, to peer,, ऐंठना, स्फूर्ति पाना, जोश आना, अकड़ना

**permanent** परमानैन्ट् *adj.* durabe, lasting indefinitely, not temporary, enduring, continuing in same state, चलने वाला, स्थायी, दृढ़, एक रस रहने वाला, नित्य, स्थिर

**permeate** परमीट् *v.* to penetrate, to saturate, to pass through the holes, to pervade, to soak into, प्रवेश करना,पैठना, छेद करना

**permit** परमिट् *v.n.* to allow, to admit, to afford means, to give consent, to make possible, to let, to give leave to, to tolerate, permission, a written order, आज्ञा देना, स्वीकृति देना, संभव बनाना, छुट्टी देना, सहन करना, लिखित आदेश, आज्ञा

**pernicious** परनीशिअस् *adj.* ruinous, injurious, destructive, very bad, extremely hurtful, wicked, विनाशकारी, हानिकारक, बहुत बुरा, दुष्ट

**peroxide** पेरोक्साइड् *n.* an oxide with a large amount of oxygen, hydrogen peroxide, a colourless oily liquid,

**perpendicular** पर्पैन्डिक्युलर् *adj.n.* erect, upright, at right angles to a plane, vertical, a perpendicular line, सीधा, लाम्बिक, खड़े बल का, लम्ब, सीधी खड़ी लकीर

**perpetrate** परपैट्रेट् *v.* to commit a crime, blunder, sin or error, to perform (in a bad sense), to be guilty, to do unlawfully, पाप करना, भूल करना, पापी होना, अवैध ढँग से करना

**perpetual** परपैट्युअल् *adj.* never ceasing, very frequent, lasting for ever, eternal, permanent, not temporary, unending, continuous, नित्य, प्रायः, स्थायी, अमर, अनन्त, निरन्तर

**perplex** परप्लैक्स *v.* to puzzle, to entangle, to confuse, to bewilder, to make complicated, to make anxious, to make difficult to be understood, परेशान करना, चक्कर में डालना, फँसाना, हैरान करना, उलझाना, पेचीदा करना

**persecute** परसिक्यूट *v.* to harass, to worry, to persue with enmity, to cause to suffer or die, to torment, to ill-treat esp for religious opinions, annoy with importunity, oppress for holding of opinion (persecution n oppression), पीड़ा, पीड़ा देना, तंग करना, सितम ढाना

**persevere** परसीवीअर *v.* to continue, to persist, to strive, to maintain effort, to persist in any enterprise (perseverence n persistence) डटे रहना, हठ करना, हठ

**Persian** परशिअन् *adj.n.* pertaining to Persia or her language, native or language of Persia, फारस संबन्धी, व फारसी भाषा संबंधी

**persist** परसिस्ट् *v.* to persevere, to continue obstinately, to continue to exist, to be insistent in repeating, to last, to continue firmly in any course commenced, डटे रहना, हठ करना, रहना, जमे रहना

**person** परसन् *n.* human being, an individual, character in a story, the living body, character represented, a living soul, one's self, in grammar classification (personlilty n distinctive character), व्यक्तित्व), मानव, मनुष्य, जन शरीर, पात्र, जीवित प्राणी, व्याकरण में तीन पुरुष (प्रथम, मध्यम, अन्य)

**personnel** परसॉनेअल् *n.* the body of persons engaged in public service, the persons employed in any service or institution, the employees of an organization, सार्वजनिक सेवा में रत लोग, संस्था व संगठन के कार्यकर्त्ता

**perspective** पर्सपैक्टिव *n.* prospect, view, mental, drawing in perspective, art of drawing on flat surface to give effect of solidity and relative distances and sizes, दृश्य, स्वरूप, ठोस पदार्थों का कागज इत्यादि का चित्र बनाने की कला, किसी मुख्य स्थान से देखे जाने वाले पदार्थ

**perspire** पर्सपायर *v.* to sweat through the pores of the body, to give off fluid through the pores of the body, to excrete by the pores of the skin (perspiration n sweating), पसीना छूटना, पसीना होकर निकलना

**persuade** परसुएड् *v.* to convince, to induce, to influence by advice, to argument, to sway, to lead another to agree with oneself, to charm, to exhort, to prevail upon (persuation n settled opinion), प्रोत्साहन), विश्वास दिलाना, प्रेरित करना, उकसाना, तर्क करना, मनाना

**pert** परट् *adj.* forward, smart, saucy, cheeky, free in speech, impudent, अविनीत, चुस्त, चपल, ढीठ

**pertain** पर्टेन् *v.* to belong to, to have reference to, to have to do with, to be part of, to relate, to concern, सम्बन्ध रखना, सम्बन्धी होना, वास्ता होना

**pertinacious** परटिनेशस् *adj.* obstinate, stubborn, persistent holding firmly to an opinion or purpose, unshakable, unyielding, tenacious, resolute, उद्दण्ड, ढीठ, दृढ़संकल्प, पक्का

**perturb** परटर्ब् *v.* to disturb, to throw into confusion, to agitate, to make anxious, to trouble, to upset, to disquiet, to alarm, ध्यान से घबड़ाना, व्याकुल करना, व्यग्र करना

**peruse** पर्रयूस *v.* to read very carefully, to study, to examine, ध्यान से पढ़ना, अध्ययन करना, बाँधना

**pervade** परवेड् *v.* to saturate, to permeate, to spread thoroughly, to fill, to be rife among, to penetrate, to extend, व्याप्त करना, फैलाना, भरना

**perverse** परवर्स् *adj.* obstinate, peevish, turned aside from right or truth, wilful, unreasonable, naughty, wayward, headstrong, untractable, petulant, उद्दण्ड, चिड़चिड़ा, तर्क हीन, शोख, टेढ़ा, जिद्दी

**pessimism** पैसिमिज्म् *n.* looking at the worst side of a thing, the belief that the world is rather bad than good, hopelessness, theory that everything turns to evil, the tendency to exaggerate in thought the evils of life, अन्धेरे पक्ष को ही देखना, विश्व में केवल बुरे पक्ष को ही देखना, निराशावाद

**pest** पैस्ट् *n.* a destructive thing, a fatal disease, a troublesome person, a nuisance, an annoyance, plague, anything very injurious, विनाशकारी वस्तु, भयानक रोग, बला, नाराजगी, अत्यन्त हानिकारक

**pester** पेस्टर् *v.* to trouble, to annoy, to worry, to vex persistently, to harass, पीड़ा देना, तंग करना, बराबर परेशान करना

**pestle** पेस्टल् *n.v.* a chemist's tool for grinding things to powder in a mortar, to pound with a pestle, सोटा, मूसला,लोढ़ा

**pet** पैट् *n.v.* an animal tamed and kept as a favourite, a darling, ill-humour, a favourite person, animal or person kept or regarded with affecton, fit of ill-temper, पालतू पशु, प्यारा, दुलारा, चिड़चिड़ाहट

**petal** पेटल् *n.* a corolla of a flower, one of the leaves forming a flower, white or coloured flower leaf, पँखड़ी, फूल की पत्ती

**peter** पीटर् *v.* to dwindle away to nothing, to become exhausted, to lose power gradually, to disappear, थकना, चूरा होना, शक्ति क्षीण होना, विलीन होना

**petition** नैट्रिशन *n.v.* a request, a prayer, formal supplication, a written request signed by several persons, entreaty, to solicit earnestly, to present a petition to, आवेदन, प्रार्थना, सामूहिक प्रार्थना, अनुनय, प्रार्थना करना, निवेदन करना

**petrify** पैट्रिफाई *v.* to convert into stone, to become stone, to stiffen or deprive of vitality, to make motionless with fear, make dumb with amazement, पत्थर में बदलना, भय से निष्प्राण होना, स्तब्ध रहना

**petticoat** पेटीकोट् *n.* underskirt, a woman's undergarment, लहँगा, घाघरा

**petty** पैटी *adj.* trivial, inferior, of small importance, mean, small-minded, narrow, unimportant, on a small seale, inconsiderable, contemptible, छोटा, घटिया, तुच्छ, संकीर्ण विचार का, महत्वहीन, घृणास्पद

**petulant** पेटुलैन्ट् *adj.* peevish, perverse, irritable, showing irritation, impatient, given to small fits of temper, capricious, चिड़चिड़ा, सनकी, अधीर, दुश्शील

**petunia** पेट्यूनिया *n.* a garden flowering plant, a south American plant with funnel shaped flowers, related to tobacco, deep violet colour, तुरही के आकार का रंग-बिरंगे फलों का पौधा

**pew** प्यू *n.* an enclosed space in a church, an enclosed compartment or fixed bench with back in a church, seat, गिरजाघर में बैठने का घिरा हुआ स्थान

**pewter** प्यूटर् *n.* an alloy of tin and lead in various proportions, utensils or dishes made of pewter, काँस्य, काँसा

**phantasy** फैन्टसी *n.* a ghost, apparition, a vision, appearance without reality,

**phantom** *n.* फैटम, फैन्टसी पिशाच, भूत प्रेत, स्वप्न, छाया

**Fantasy** *n.*

**Pharao** फेअरओ *n.* a title of the ancient Egytian Kings, the ancient Egyptian, monarchs, प्राचीन मिश्र राजाओं की एक पदवी, प्राचीन मिश्र निवासी

**pharmaceutical** फारमेस्युटिकल् *adj.n.* of pharmacy, pertaining to the art of preparing medicines, औषधि बनाने के सम्बन्ध का

**pharmicist** फारमसिस्ट् *n.* one who prepares medicines, a druggist, a chemist, औषधि बनाने वाला

**phase** फेज*n.* aspect, appearance, state of change, aspect of moon or planet, a stage in development, रूप, परिवर्तन की स्थिति, चन्द्रपक्ष विकास की गति

**pheasant** फैजन्ट् *n.* a game-bird, the bird as food, a woodland game, bird with white plumes, तीतर पक्षी, दुशान

**phenomenon** फिनामिनॉन् *(pl.phenomena)* thing perceived, anything remarkable, occurrence, immediate object of perception, anything observed by the senses, a marvel, a rare event, घटना, अछ्भुत चातुरी, दृष्टि विषय, गोचर पदार्थ

**phial** फिअल् *n.* a small glass bottle, esp for holding medicines, vial, छोटी कुप्पी, शीशी

**philistine** फिलिस्टिन् *n.* an outsider, an uncultured person, a person who cares nothing for literature, art etc, a narrow-minded person, a prosaic, an ancient inhabitant of Palestine, बाहरी मनुष्य, अशिक्षित मनुष्य, तंगदिल, फिलस्तीन का प्राचीन निवासी

**philanthropy** फिलान्थ्रापी *n.* practical benevolence towards mankind, love of mankind, विश्व प्रेम, परोपकार, दानशीलता, मानव प्रेम

**philately** फिलेटली *n.* stamp collecting, the study and collection of postage stamps, टिकट-संग्रह, टिकटों का अध्ययन

**philology** फिलालोजी *n.* the science of language, the science which deals with words and their history, the study of language, their nature and history, भाषा विज्ञान, शब्द व्युत्पत्ति शास्त्र

**philosophy** फिलासॉफी *n.* the study of the world of nature, love of wisdom and knowledge, pursuit of wisdom, study of realities and general principles, calmness of mind as of philosophers, calmness of temper, the knowledge of the causes of all phenomena both of mind and matter, विद्या का प्रम, दर्शन शास्त्र, तत्व ज्ञान, आत्मा, परमात्मा, जीव, माया, प्रकृति संबंधी ज्ञान

**phlegm** फ्लैम् *n.* a viscid fluid secreted by mucous membrance, calmness, the thick slimy matter brought up from the throat by coughing, sluggishness, coldness, कफ, बलगम, सर्दी

**phlox** फ्लाक्स *n.* a garden plant with flat-shaped flowers often bluish-red, flowering plant, a genus of North American bright-coloured flowering plants, एक प्रकार का पौधा, पदुआ

**phobia** फॉबिआ *n.* morbid fear or aversion, unreasoning dislike, a hatred, a pathological terror, भय, उपेक्षा, नापसंदगी, घृणा, चिकित्सकीय भय

**phoenix** फॉनिक्स् *n.* mythical bird, paragon, an emblem of everlasting life, a fabled bird which burnt itself to ashes and rose again to a new life, unique thing, एक पोराणिक पक्षी, अनोखी वस्तु

**phone** फोन् *n.v.* short for telephone, दूरभाषा, टेलीफोन

**phonetics** फॉनिटिक्स् *n.* the science of sounds of speech, स्वरशास्त्र

**phonograph** फोनोग्राफ् *n.* an instrument for automatically recording and reproducing sound, बोलने वाला बाजा

**phosphorus** फॉस्फोरस *n.* a non metallic substance which appears luminous in the dark, एक जलने वाला तत्व जो अन्धेरे में चमकता है

**phosphate** फॉस्फेट् *n.* a salt or salts containing phosphorus used as fertilizer, a salt of phosphoric acid, नमक का तेजाब

**photo** फोटो *n.* a photograph, आलोक चित्र, फोटो

**photostat** फोटोस्टेट् *n.* a trade mark for a device for making drawings, maps etc. directly on a prepared paper, without a reversed image, चित्रों तथा दस्तावेजों का चित्र लेना

**phrase** फ्रेज् *n.v.* a group of words, part of sentence, an idiomatic expression, mode of speech, a group of notes, to express in words, मुहावरा, कहावत, शैली

**phrenology** फ्रेनालोजी *n.* the study of the shape of the skull, supposed to show a persons's mental powers कपाल विद्या, खोपड़ी की शक्ल का अध्ययन, मस्तिष्क विज्ञान,

**physic** फिसिक् *n.v.* to give medicine to, to dose with medicine, medicine, science of properties of matter and energy, दवाई देना, औषधि, चिकित्सा, वैद्य विद्या

**physician** फिजिशिअन् *n.* a qualified medical practitioner, one who practises the art of healing, a healer or healing influence, one who decides on treatment or medicine, but does not perform operations, doctor, one legally qualified to prescribe remedies for diseases, चिकित्सक, वैद्य

**physicist** पिज़िसिस्ट *n.* student of physics, a specialist in physics, a student of natural science, पदार्थ विज्ञान का छात्र

**physics** फिजिक्स *n.* the science which treats of the properties of matter, a branch of science studying facts and laws of mechanics, heat, sound, light, magnetism, electricity and the structure of the atom, the study of natural forces, पदार्थ विज्ञान

**physiognomy** फिजिऑग्नॉमी *n.* face, judging character by face, the art of discerning character from the feature of face, outward appearance, चेहरा, मुख, सूरत, चेहरे का स्वभाव आँकना, चेहरा मोहरा

**physiography** फिजिओग्राफी *n.* physical geography, description and history of earth's surface, science of the earth's surface, प्राकृतिक भूगोल

**physiology** फिजिओलोजी *n.* science of normal function of living things, the science with living process in animals and plants, शरीर व्यापार शास्त्र, शरीर धर्म विज्ञान

**physiotherapy** फिसिओथेरपी *n.* treatment of disease without drugs, using fresh air, massage etc, बिना औषधि या प्रकृतिक साधनों (वायु, मालिश इत्यादि) द्वारा रोगों का निदान

**physique** फिसिक् *n.* the build or structure of one's body, bodily structure, constitution and development, a person's body build and fitness, physical organization, शरीर गठन, शरीर और विकास, डीलडौल, शरीर की बनावट

**pianist** पिआनिस्ट् *n.* one who plays on a piano, a piano player, a performer on the piano, पियानों बाजा बजाने वाला

**picador** पिकाडोर *n.* mounted lance-fighter, a mounted bull-fighter with a lance, बर्छी वाला घुड़सवार, बैल से भिड़न्त करने वाला

**pick** पिक् *n.v.* a tool for breaking up hard ground, selection, any instrument for picking, the best, the best part of, a portion picked, choice,to choose, to select, to pluck, to peck, to use a pick, axe, फाबड़ा, गेन्ती, चुनाव, चुनना, चोंच मारना

**pick-pocket** पिक्पाकेट् *n.* one who steals from the pocket of another जेबकतरा

**pickaxe** पिकैक्स *n.* a kind of curved axe, a pick, a tool used in picking, कुदाली

**picket** पिकेट् *n.v.* a sharp-pointed stake, a body of troops, persons dissuading strikers, a guard, sentry, pale of a fence, to tie to a stake, to post as picket, खूंटा, मेख, कटहरा, सेनादल, हड़तालियों को रोकने वाले , सन्तरी, खूंटे से बाँधना, हड़तालियों को रोकने की क्रिया, धरना देना

**pickle** पिक्कल् *n.v.* a liquid preserving vegetables etc, a solution of salt and water, a michievous child, a liquid in which food is preserved, vegetables preserved in vinegar, an unpleasant situation, sorry plight, to preserve in pickle, अचार, मुरब्बा, खारा जल, दुष्ट बालक

**picnic** पिकनिक् *n.v.* a pleasure party out of doors, pleasure excursion including meal out of doors, a very informal meal, an easy or pleasant experience, to have a picnic, जलसा, बन भोजन, घर के बाहर, मनोरंजन

**pictorial** पिक्टोरिअल् *adj.* having to do with painting and drawing, filled with pictures, of pictures, illustrated, चित्र सहित, सचित्र, चित्रमय

**picture** पिक्चर् *n.v.* drawing or painting, mental image, beautiful object, a portrait, a symbol, a film show, the cinema, a vivid description, a photograph, चित्र, तस्वीर, कल्पना, सुन्दर वस्तु, चिह्न, फिल्मशो, सिनेमा, विविध व्याख्या या वर्णन

**picturesque** पिक्चरेस्क् *adj.* such as would be effective in picture, vivid, striking, colourful rather than matter of fact, beautiful like a picture, graphic, wild and beautiful, romantic, सुन्दर, अपूर्व चित्र, आकर्षक, चित्रवत

**pie** पाई *n.* the smallest copper coin, a magpie, a fruit crust covered with paste and baked, a chatterer, wood-pecker, baked dish of meat-fruit etc. covered with paste, सबसे से छोटा सिक्का, कठफोड़ा, चिड़िया, समोसा

**piebeld** पाइबाल्ड *adj.* irregularly marked with black and white, motley, of black and white colours, streaked, having patches of different colours, रंग बिरंगा, चितकबरा

**piece** पीस् *n.* fragment, portion of thing, detached portion, example, literary or artistic composition, a picture, a single article, टुकड़ा,, अंश, खंड, उदाहरण, लेख चित्र, एक अदद

**pier** पिअर् *n.* masonry, a structure in water used as a landing stage, a break water, a bridge or arch support, timber of a bridge or other building, mole, wharf, स्तंभ, खंभा, सेतुबन्ध, घाट

**pierce** पियर्स् *v.* to penetrate, to make hole in, to thrust into, explore, to affect deeply, to enter, to dive into, to touch the emotions of, छेदना, घुसना, घुसाना, खोजना, गोता लगाना, प्रभाव करना

**piety** पाइटी *n.* reverence for God, duty of reverence, the quality of being pious, devoutness, a religious act, reverence to parents, पवित्रता, आदर, शुद्धता, धार्मिक कृत्य, माता-पिता के प्रति श्रद्धा

**piffle** पिफ्फल *v.n.* to talk feebly, nonsense, trash, rubbish, धीरे-धीरे बोलना, बुरा, बेहूदा, कूड़ा करकट

**pig** पिग् *n.v.* a swine, hog, a young boar or sow, molten metal, animal from which we get bacon, pork etc, greedy, dirty person, to produce litter, सुअर, सुअर का बच्चा, ढाला धातु, लालची, गंदा, सूरी का ब्याना

**pigeon** पिजन् *n.* a dove-like bird of several colours, a bird, esp domesticated of the dove family, कबूतर, फाख्ता, कपोत

**pigment** पिगमैंट् *n.* colouring matter used as a paint, any substance used for colouring, a substance in plants or animals that gives colour to skin, paint or dye, रंग, रंगने का पदार्थ

**pigmy, pygmy** पिगमी *n.* a dwarf, one of a race of very small human beings, बौना, ठिगुना

**pike** पाइक् *n.v.* spike or lane, a spear, a kind of fish, a sharp pointed hill, to thrust through, भाला, बर्छा, मछली, तीखे कोने वाली पहाड़ी, भोंकना

**pile** पाइल् *n.v.* a pointed post, a heap, support of bridge, soft hair, a tall or large building, a raised surface on certain cloths, a fortune, to heap up, to collect in a mass, to accumulate, खूंटा, ढेर, पुल के खम्भे, बड़ा मकान, सौभाग्य, ढेर लगाना, इकट्ठा करना

**pilfer** पिल्फर् *v.* to steal in small quantities, to filch,to steal trifles, छोटी मोटी चोरी करना, उठा लेना

**pilgrim** पिलग्रिम् *n.* one who makes journey to sacred places, a traveller, person who visits a holy place or shrine, wanderer, way farer, (pilgrimage n journey to sacred places), तीर्थ यात्रा हज), तीर्थ यात्री, तीर्थ सेवी

**pill** पिल् *n.* medicine in the form of a little ball, anything unpleasant which must be accepted, pellet, दवाई की गोली, कोई कड़वी वस्तु, गोली

**pillage** पिलेज् *n.v.* booty, the act of plundering, the plunder taken, seizure of goods, spoil, to plunder, to loot, to strip money, लूटमार, लूटखसोट, धन छीनना

**pillar** पिल्लर *n.* a post, a column, anything used as support, a column, a shaft like this as a monument, खंभा, स्तम्भ, आधार

**pillion** पिलिअन् *n.* a cushion attached to the backside of a saddle, a light saddle for a woman, a seat for baggage or passenger on a motor cycle, a soft low saddle, काठी की पिछली गद्दी, एक कोमल छोटी गद्दी

**pillory** पिलारी *n.v.* wooden frame having holes to hold the head and hands of a wrong-doer, लकड़ी का कटघरा, अपराधी का जकड़ने वाला कटघरा

**pillow** पिल्लो *n.v.* a cushion used as a support for the head, a cushion for a sleeper's head, any support used for a similar purpose, to rest on a pillow, तकिया, तकिया लगाना

**pilot** पायलॅट् *n.* one who steers a ship, one who navigates an aeroplane, a guide, one who actually operates the flying controls of an aircraft, a mechanism that regulates another, a device for directing aeroplane, ship, a leader, one qualified to fly an aeroplane, पायलट, हवाई जहाज व समुद्री का चालक, कर्णधार

**pimple** पिम्पल् *n.* a small tumour on the skin, a small pointed swelling on the skin, a small pustule, फुँसी, मुहाँसा

**pin** पिन् *n.v.* a needle, a peg of wood, a short, pointed piece of wire for fastening papers etc, anything of a little value, peg, to hold fast, to fasten with a pin, पिन, सुई, आलपिन, तुच्छ वस्तु, जकड़ना, पिन लगाना

**pincers** पिन्सर्स *n.* a gripping tool like pliers with short jaws, a gripping tool for drawing out nails, पकड़ने की सँडसी, चिमटा, मोचना

**pinch** पिन्च *n.v.* to nip between tips of fingers and thumb, to extort money, to urge to rob, to hurt by tightness, to give pain, to limit too much, an act of pinching, emergency, pressure, a very small amount, दबाना, चोटकी भरना, धन ऐंठना, लूटना

**pine** पाइन् *n.v.* a cone-bearing evergreen tree with needle-shaped leaves, timber of the pine, to long for, to yearn, to waste away, to languish सनोवर, चीड़ का पेड़, देवदार, उत्कट इच्छा रखना, सूख जाना

**pingpong** पिंगपाँग् *n.* a trade mark for table tennis, टेबल टेनिस्

**pinion** पिनिआन् *n.v.* the end of a wing, a small wheel connected with a big one, a bird's wing, a feather, to cut the wings of a bird, डैने की नोक, बड़े पहिए से मिला हुआ पहिया, छोटा पक्षी का पर कतरना

**pink** पिंक् *n.v.* a plant with fragrant flowers, light rosey colour, a scarlet hunting coat, a person wearing it, perfect condition, to wound slightly, to decorate, to make a tinkling noise, एक सुगन्धित फूल, गुलाबी रंग, घाव करना, सजाना, घंटी की आवाज

**pinnace** पिन्नेस् *n.* a warships' boat, a light sailing ship, लड़ाई के जहाज की नाव, एक हल्का चल रहा जहाज

**pinnacle** पिननेकल् *n.* an arnamental turret, a slender turret, a high pointed rock, the highest point, a spire, summit, अटारी, बुर्जी, शिखर, मीनार, चोटी

**pint** पिन्ट् *n.* half a quart, a measure of quantity for liquids, one-eighth of a gallon, प्रायः डेढ़ पाव की नाप

**pioneer** पाइओनियर् *n.v.* an original explorer, a soldier who builds road, one who tries a new method, originator, early settler, to act as pioneer or leader, मौलिक, अन्वेषक, अग्रसर, मार्ग, दर्शन, आदि वासी, पहल करना

**pip** पिप् *n.v.* each spot on playing cards, seed of certain fruits, to cry like a chicken or small bird, ताश के पत्ते में की चित्ती, विशेष फलों का बीच, चूँ-चूं करना चूजे की तरह

**pipe** पाइप् *n.v.* a tube, a musical wind instrument, song of a bird, a cask of wine, a high voice, a tube with a bowl at the end for smoking, to play on a pipe, to utter shrilly, नाली, बाह्ययन्त्र, पक्षी का गान, मदिरा का पीपा, बाँसुरी बजाना, चीखना

**piquant** पिक्वैन्ट् *adj.* sharp, pungent, agreeable, stimulating, arousing the interest, tart, witty, sparkling, तेज, तीखा, चटपटा, उत्तेजक, समझदार, चमकीला

**pique** पीक् *n.v.* resentment, feeling of injury, offence, ill-will, wounded pride, to pride, to arouse, to wound the pride of, घृणा, रोष, जुर्म, मान भंग, घमंड करना, उत्तेजित करना

**pirate** पाइरेट् *n.v.* a sea robber, a buccaneer, publisher, one who seizes rights of another, to rob on the sea, समुद्री लुटेरे, दूसरे के अधिकार को छीनने वाला

**pistachio** पिस्टेशो *n.* a tree which yields rut with green kernel, पिस्ताः

**pistol** पिस्टल् *n.* a small firearm, a small hand gun, पिस्तौल

**piston** पिस्टन् *n.* a closely fitting disk of a pump, plug fitting a cylinder and working up and down e.g. in a steam-engine, पिचकारी का डट्टा

**pit** पिट् *n.v.* deep hole in ground, mine or its shaft, depression, the grave, a trap for wild beasts, a covered heap, scar left by small pox, the ground floor of a theatre behind the stalls, to store in a pit, to make pits, गड्ढा, दवाब, कब्र, वन्य जन्तुओं के लिए फँदा, बंद ढेर, गड्ढा भरना

**pitch** पिच् *n.v.* resin from pine trees, dark sticky substance obtained from tar or turpentine, a throw, the field for certain games, the ground between the wickets (cricket), the height or depth of a note, a point, to throw, to set up, to deliver the ball to the batsman, to encamp, राल, धूना, फेंकना, उतरना, क्रिकेट का गड़ढा

**pitcher** पिच्चर् *n.* a large jug, an urn-shaped vessel, a bowler, an earthen ware vessel to hold liquids, a street vendor, घड़ा, कलश, फेरी वाला

**pith** पिथ् *adj.n.* soft spongy tissue in plants, the essential part, energy, strength, force, full of meaning, full of pith, मज्जा, सार, बल, शक्ति, सार्थक

**pittance** पिट्टेन्स् *n.* an allowance or remuneration, a small quantity, inadequate wages, a dole, a very small income, पारिश्रमिक, अल्प परिमाण, अपर्याप्त मजदूरी, बहुत कम आय

**pity** पिटी *n.v.* a feeling of tenderness, compassion, sympathy, a cause of grief, feeling for the suffering of others, to feel pity for, दया भाव, दया, करुणा, गम खाना, दया करना

**pivot** पिवट् *n.v.* a pin on which something revolves, the central point, that on which anything depends, to hinge on one, to furnish with pivot, धुरा, केन्द्र, प्रधान आधार, चूल, चूल लगाना

**pixy,pixie** पिक्सी *adj.* similar to a fairy, fairy, a small fairy, परी, परी सदृश

**pizza** पित्ज़ा *n.* a large flat tart of bread dough spread with tomato etc, and baked in a hot oven, गीले आटे में टमाटर को मिलाकर पकाया हुआ भोजन

**placable** प्लेकेबल् *adj.* what might be easily appeased, mild, willing to forgive, can be soothed, शीघ्र, शान्त किया जाने वाला, नरम, क्षमाशील, सहज मुलायम हो जाने वाला

**placate** प्लैकेट् *v.* to appease, to conciliate, to pacify, to soothe, शान्त करना, सान्त्वना करना, मनाना, प्रसन्न करना

**placard** प्लैकार्ड *n.v.* a paster, a printed paper for posting up, a poster placed on a wall, to stick placards on, विज्ञापन पत्र, इश्तहार, विज्ञापन चिपकाना

**place** प्लेस् *n.v.* locality, part of space, grade, city or town, dwelling, building, calling, residence, occupation, to fix, to put in a particualr place, स्थान, जगह, पद, नगर व कस्बा, निवास, भवन, नौकरी, लगाना, रखना, स्थिर करना

**placid** प्लेसिड् *adj.* calm, equable, mild, gentle, serene, unruffled (placidity n calmness), शान्ति), नरम, सज्जन, गंभीर,

**plague** प्लेग् *n.v.* a fatal infectious disease, a divine punishment, pestilence, trouble, vexation, nuisance, affliction, to trouble to annoy, महामारी, दैवीकोप, उत्पात, कंटक, कष्ट देना, नाराज करना

**plain** प्लेन् *adj.n.* flat, unobstructed, level, not intricate, clear, obvious, simple, ordinary, easily understood, not beautiful tract of level country, स्पष्ट, चिकना, समतल, साधारण, सुबोध, मैदान

**plaint** प्लेन्ट् *n.* statement of complaint in law court, lament, accusation, charge, (plaintiff n one who sues in law court), वादी), अभियोग, नालिश, शिकायत

**plait** प्लेट् *n.v.* a fold or crease in cloth, braid of hair, straw etc, twined hair, pigtail, to braid hair, कपड़े की तह, चौरस, चुनन, चोटी

**plan** प्लैन् *n.v.* diagram, map, scheme, design, project, way of proceeding, to make a plan of, to decide on, ढाँचा, नक्शा, उपाय, ढँग, योजना बनाना, निर्णय लेना

**plane** प्लेन् *n.v.* a tree with broad leaves, wing of aeroplane, aeroplane, smooth surface, a level, carpenter's tool for smoothing wood, to glide in aeroplane, to make smooth, बड़े पत्तों वाला पेड़, हवाई जहाज के पंख, चिकनी सतह, रंदा, हवाई जहाज से यात्रा करना, रंदा करना

**planet** प्लैनट् *n.* a heavenly body revolving round the sun, ग्रह

**plank** प्लैन्क *n.v.* long flat piece of sawn timber, one of the aims that forms the programme of a political party, a wide flat length of timber, to cover with planks, तख्ता, पटरा, काष्ठ फलक

**plankton** प्लैन्कटन् *n.* minute animal and vegetable organisms floating in ocean, समुद्र मैं तैरने वाले छोटे-छोटे जीव

**plant** प्लांट् *n.v.* a vegetable organism, implements, machinery, a factory, building and equipment for manufacturing purposes, to grow, to support, to set in ground, to establish, to implant, to found, to settle (plantation n a place planted, a colony), खेती, बस्ती), वनस्पति, कारखाना, यन्त्र, पुष्टि करना, नींव रखना

**plantain** प्लैन्टेन् *n.* tropical plant like banana, its fruit, केला, केले का पेड़ अथवा फल

**plaque** प्लेक् *n.* plate of clasp or brooch, tablet, ornamental plate, a thin tablet of metal used for ornament, नक्काशी की हुई प्लेट, सजावट के लिए रखी हुई प्लेट

**plasma** प्लाज़्मा *n.* a formless matter, protoplasm, the liquid part of blood, lymph and milk, a very hot gas, जीवाणु, रक्त का तरल भाग

**plaster** प्लास्टर् *n.v.* a curative application spread on paper or cloth, a plastic mixture for spreading on walls, strip of linen treated with a healing substance, to coat with plaster, पलस्तर, लेप, दीवार पर लगने वाला मसाला, लीपना, पलस्तर करना

**plastic** प्लास्टिक् *adj.n.* produced by moulding, pliant, concerned with modelling objects, easily moulded, a substance that can be moulded, ढ़ालने योग्य, बनाने योग्य, जो सहज ढल जाय

**plate** प्लेट् *n.v.* a flat shreet of metal, an engraved piece of metal, shallow round dish, utensils of gold or silver, the part of false teeth that fits to the mouth, to cover with plates, प्लेट, रिकाबी, थाली, शीशे का टट्टी, नकली दाँतों का भाग, पत्तर चढ़ाना, चद्दर बैठाना

**plateau** प्लैटो *n.* a tableland, a broad level stretch of high land, समस्थल, चौरस भूमि, पठार, ऊँची समतल भूमि

**platform** प्लेटफार्म् *n.v.* a raised level surface, stage, dais, a position for mounting a gun, a piece of flooring at the entrance of a bus etc, the plan made public by a political party, ऊँची समतल, भूमि, मंच, छत, बसद्वार का पायदान, राजनीतिक दल द्वारा प्रसारित योजना

**platinum** प्लेटिनम् *n.* a kind of precious white metal, white heavy malleable metal, heavy, silvery, rare metal, बहूमूल्य सफेद धातु

**platitude** प्लेटिच्यूड् *n.* a common place remark, triteness, insipidity, dullness, a trite remark, सामान्य अनर्थक वार्त्ता, तुच्छता, शुष्कता, घटिया, टिप्पणी

**platonic** प्लेटोनिक *adj.* pertaining to Plato or to his philosophy, pure and untainted with carnal desires, तत्व ज्ञान संबंधी, आध्यात्मिक, अफलातूनी

**platoon** प्लेटून् *n.* two files of soldiers forming a subdivision, a small detachment of soldiers, सैन्यदल

**platter** प्लैटर् *n.* a large flat dish or plate, बड़ा थाल

**platypus** प्लैटिपस् *n.* a small water animal of Australia and Tasmania, आस्ट्रेलिया तथा तस्मानिया का एक जल प्राणी

**plausible** प्लाजिबल् *adj.* specious, superficious credible, glib, persuasive, fair-spoken, apparently fair, सत्याभासक, सहज मानने वाला, देखने में सुन्दर

**play** प्ले *v.n.* to join in games, to act a part, to perform on a musical instrument, to flutter about, to frolic, to sport, brisk movement, jest, recreation, a dramatic piece, gambling, खेलना, छेड़ना, बजाना, चलना, खिलवाड़ करना, तेज गति, मजाक

**plea** प्ली *n.* a formal statement of a defendant, excuse, justification, entreaty, urgent, request, दलील, तर्क, अभियोग, बहाना, औचित्य, अनुनय

**please** प्लीज *v.* to gratify, to delight, to like, to be willing, to give pleasure to, to satisfy, to choose (pleasure n delight), प्रसन्नता), खुश करना, चाहना, राजी होना, संतुष्ट करना, चुनना, कृपा करके

**plebiscite** प्लैबिसाइट् *n.* decision by direct voting of whole people, a vote on a special matter by all electors, a direct vote of the whole nation on a special point, मताधिकार, मतदाताओं द्वारा स्वेच्छा से मतदान

**pledge** प्लैज *n.v.* thing given over as security, toast, promise, bond, to pawn, to drink to the health of, गिरवी रखना, वचन देना, बन्धक, रहन, बन्धक रखना

**plenary** प्लीनरी *adj.* entire, absolute, full, complete, without limitation, fully attended, समग्र, समस्त, पूर्ण, भरपूर, असीम

**plenitude** प्लेनिट्यूड *n.* entirety, abundance, completeness, पूर्णता, प्रचुरता, पूर्ण

**plenty** प्लैन्टी *n.* quite enough, abundance, copiousness, full supply, प्रचुरता, बहुतायत

**pleurisy** प्ल्युरिसी *n.* inflammation of the pleura, inflammation of membrance covering the lung, पार्श्वशूल, फुफ्फस के आवरण में सूजन

**plight** प्लाइट् *n.v.* state, situation, condition, predicament, pledge, promise, to pledge, स्थिति, हालत, समस्या, प्रण, प्रतिज्ञा, प्रतिज्ञा करना

**plod** प्लॉड् *v.* to toil, to travel laboriously, to study closely, to trudge, to work doggedly, मेहनत करना, कठिन यात्रा करना, गंभीर अध्ययन करना, धीरे-धीरे चलना

**plop** प्लॉप् *n.v.* sound made by the fall of a smooth object on water, to make the sound of a plop, जल में छपाके का शब्द, या शब्द करना

**plot** प्लॉट् *n.v.* a piece of ground, plan of a poem or story, a secret design, an allotment, conspiracy, to scheme, to conspire, धरती का टुकड़ा, कविता व कहानी की योजना या रूप रेखा, षड्यन्त्र, बटवारा, चाल चलना

**plough** प्लोउ *n.v.* farm implement for cutting and turning soil, to furrow, to turn up with plough, हल, जोत, खेती, हल चलाना

**plover** प्लुवर् *n.* the lapwing or the related bird, a wading bird of various species, एक का प्रकार की चिड़िया

**pluck** प्लक् *n.* the twitch, heart, lever and lungs, failure in examination, courage, bravery, daring, spirit, to tug, to fail,to pull out or off, दम, धैर्य, हृदय व फेफड़े, परीक्षा में असफलता, जुर्रत, झटका देना, असफल होना, उखाड़ना

**plug** प्लग् *n.v.* piece of wood fitting into a hole, a stopper, flushing apparatus in water-closet, device for easy connecting of a circuit, to stop with plug, डट्ट, ठेपी, डट्टा लगाना, छिद्र बन्द करना

**plum** प्लम् *n.* tree and its pulpy, stoned fruit, a raisin when used in cake or pudding, a good thing, बेर अलूचा, आलू बुखारा, दाख, सूखा अँगूर

**plumb** प्लम्ब *adj.n.v.* upright, vertical, lead attached to string used for sounding, finding the perpendicular etc, perpendicular (plumber n worker who attends to water and sewage systems), सीधा, लम्ब, साहुल

**plume** प्ल्यूम् *n.v.* feather, ornament of feathers, to furnish with plumes, to boast, पंख, पँख के आभूषण, पंखों से सजाना, इतराना

**plummet** प्लम्मेट् *n.* obstructive weight, plumb, a small lead weight, पनसाल, शाकूल, रोकने वाला भार

**plump** प्लम्प *adj. v.adv.* fat, fleshy, full, chubby, to dive to fatten with a sudden fall, मोटा, भरा हुआ, स्थूल, गोता मारना, मोटा होना, गद से गिरना

**plunder** प्लंडर *n.v.* booty, pillage, spoils, to ravage, to rob लूट का माल, लूट, चोरी, डाका डालना, लूटना

**plunge** प्लंज् *v.n.* to put forcibly into, to throw oneself into, to enter, to rush with violence, to thrust under water, a dive, immersion, जबरदस्ती अन्दर डालना, घुसना, प्रवेश करना, गोता, डुबकी, गोता

**plural** प्लूरल् *adj.n.* consisting of more than one, more than one in number, एक से अधिक, अनेक, बहुवचन

**plus** प्लस् *prep* with addition of, to be added, positive, sign of addition, जमा का चिह्न, अधिक, जोड़ना

**plush** प्लश् *n.* cloth of cotton, silk etc. with long pile, एक प्रकार का कोमल वस्त्र

**plutocracy** प्लूटोक्रेसी *n.* government by the rich, a ruling body of rich men, rule of wealthy men, अमीरों की सरकार, धनी व्यक्तियों का शासन

**ply** प्लाई *v.n.* to fold in layers, to use vigorously, to attend regularly, to work persistently, to bend, a fold, a layer, a strand of rope, तह करना, खूब बर्तना, बराबर ध्यान देना, परिश्रम करना, झुकना, तह, अनेक तहों का तख्ता

**pneumatic** न्यूमैटिक *adj.* filled with air, moved by air, acting by air, of air, वायु से भरा हुआ, हवा से चलने वाला, हवा संबन्धी

**pneumonia** न्योमोनिआ *n.* a disease in which the lungs become inflammed, inflammation of one or both the lungs, फेफड़ों का सूजन, फेफड़े का घाव

**poach** पोच् *v.* to trespass, to intrude, to trample, to pierce, to try to play a ball one'spartner should play, to seek game without a licence, to cook an egg by breaking it into boiling water, हस्तपेक्ष करना, बिना आज्ञा प्रवेश करना, झोंकना, अवैध शिकार करना, अंडा पकाना

**pock** पॉक् *n.* a small blister on the skin, as in smallpox, फुन्सी, छाला, चेचक का सा दाग

**pocket** पाकेट् *n.v.* a small bag attached to a garment for carrying purse, one's money or resources, hollow, a small quantity, to put into the pocket, to steal, जेब, खलीता, थैली, जेब में डालना

**pod** पॉड् *n.* the long seed caseor shell in peas, beans etc, बोड़ी, फली, बीजकोष

**podgy** पॉजी *adj.* short and fat, छोटा ओर मोटा व्यक्ति

**poem** पोइम् *n.* a metrical composition, imaginative composition in verse, a poetic conception (poet n author of a poem), कवि), कविता, छन्द, पद्य काब्य, श्लोक

**poignant** पाएग्नैन्ट् *adj.* sharp, very painful, very keen, acute, pungent, piercing, तीखा, अत्यन्त कष्टप्रद, सख्त, चटपटा, मर्मभेदी

**point** पॉयन्ट् *n.v.* a sharp end, a tip, purpose, a place, cape, idea, a dot, a mark of punctuation,a mark in scoring a competition game or test, the force of a story, to aim, to give a poin to, to draw attention to, बिन्दु, विराम, उद्देश्य, स्थान, भाव, विराम चिह्न, खेल में पाईंट, लक्ष्य रखना, ध्यान दिलाना

**point blank** पायंट्ब्लैन्क् *adj.* fired levelly, from close range, direct, plain, निकट से गोली मारना, सीधा, स्पष्ट, समतल

**poise** पॉइज *v.n.* to balance evenly, to hold ready to throw or drop, carriage of body, the state of balance, dignity and self-confidence, बोलना, समभार करना, बराबर किए रखना, शरीर की काठी, महत्व और आत्मविश्वास

**poison** पॉइजन् *n.v.* venom, substance that kills living things, anything harmful, to kill with poison, to infect, विष, जहर, हानिकारक पदार्थ, विष देकर मारना

**poke** पोक् *v.n.* to prod, to thrust with a finger or rod, to push, to stir, to feel, to go searching, prod, a look, search, झोंकना, घुसाना, नजर, खोज

**poker** पोकर *n.* a gambling card game, ताश का जुए का खेल

**pole** पोल् *n.* a wooden rod, measure of length, the North or South of the earth's axis, बाँस, गज, नॉपने का यंत्र, उत्तरी ध्रुव, दक्षिणी ध्रुव

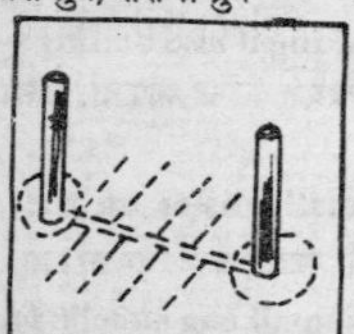

**polestar** पोलस्टार् *n.* a star fixed almost directly above the North Pole, a guide, ध्रुव तारा, अगुआ, नेता

**pole-cat** पोल्केट् *n.* small animal of weasel family, एक प्रकार की बिल्ली, गन्ध मार्जार

**polemic** पोलमिक *adj.n.* controversial, war of words, argument, विवादास्पद, झगड़े वाला, शाब्दिक लड़ाई, तर्क-वितर्क

**police** पुलिस *n.* the civil force which maintains public order, पुलिस, नगर रक्षक

**policy** पॉलिसी *n.* a settled plan, a method of procedure, an insurance agreement, cunning, prudence, नीति, ढंग, बीमे का प्रमाण पत्र, मक्कारी, चातुर्य

**polio** पोलिओ *n.* short for poliomyelitis inflammation of the grey matter of the spinal cord, infantile paralysis, आर्द्धांग का रोग

**polish** पालिश् *n.v.* to make smooth and shiny by rubbing, to improve, refinement, gloss, a substance used to produce a smooth surface, रोगन से चमकाना, चमकाना, चिकना बनाना

**polite** पोलाइट *adj.* courteous, showing good manners, well-bred, polished, civil, cultured, शिष्ट, सभ्य, कुलीन, मिष्टभाषी

**politic** पोलिटिक् *adj.* wise, shrewd, cunning, sagacious, expedient, बुद्धिमान, विवेकी, चालबाज, चतुर

**politician** पॉलिटिशिअन् *n.* one engaged in politics, one skilled in the ways of party politics (often used in a bad sense), राजनीतिज्ञ, राज्य कार्य में कुशल

**politics** पॉलिटिक्स् *n.* the science of government, राजनीति, राज्य शासन पद्धति, राज्य शासन विद्या

**polka** पोल्का *n.* a lively dance, एक जोशीला नाच

**poll** पोल् *n.v.* the head, an individual, a counting of voters, a place of voting, total number of votes, to cut, to sheer, to vote at an election, सिर, व्यक्ति, वोटों की गिनती, मतदान केन्द्र, कुल केन्द्र, काटना

**pollard** पोलर्ड *n.* a tree having the top cut off, an animal which has had its horns taken off, गटा, वृक्ष, बिना सींग बारह सिंगा

**pollen** पोलन् *n.* the fertilising powder in flowers, पराग, पुष्परज

**pollute** पाल्यूट् *v.* to make filthy, to contaminate, to use (something sacred) without respect (pollution n प्रदूषण ), मलिन करना, दूषित करना, भ्रष्ट करना

**polo** पोलो *n.* a game like hockey played on horse back, घोड़े पर चढ़ कर गेंद व हॉकी से खेलने वाला खेल

**poly** पोली *pref* in the sense of many, अनेक, अर्थ का उपसर्ग

**polygamy** पोलिगैमी *n.* the practice of having more than one living wife or husband at the same time, अनेक स्त्रियाँ या पति रखने की प्रथा

**polyglot** पॉलिग्लॉट् *a.n.* using many languages, one who speaks or writes many languages, बहु भाषी, अनेक भाषा जानने वाला

**polygon** पॉलिगान् *n.* a plane rectilineal figure having more than four sides and angles, बहुभुज क्षेत्र, बहुकोणीया

**polytechnic** पॉलिटटैक्निक् *adj.* devoted to various arts, a school in which various technical subjects are taught, अनेक कला संबंधी

**polytheism** पालिथिइज्म् *n.* a belief in many gods, अनेक देवताओं में विश्वास

**pomegranate** पामिग्रेनेट् *n.* a large fruit with a thick rind and many seeds, the fruit of a tree with golden rind and many seeds, अनार, दाडिम, अनार का वृक्ष

**pomp** पॉम्प *n.* a splendid display, splendour, great ceremony, grandeur, parade, आडम्बर, वैभव, धूमधाम, दिखावा

**pond** पॉन्ड् *n.* a small pool for water, a small lake, जौहड़, सरोवर, तालाब

**ponder** पॉनडर् *n.* to weigh in the mind, to think over consider, विचार करना, सोचना, चिन्तन करना

**poniard** पॉनिअर्ड् *n.* a small dagger, खंजर, खन्जर, छुरी

**pontiff** पॉनटिफ् *n.* a bishop, esp, the pope, रोम का प्रधाम पादरी, खलीफा

**pontoon or ponton** पानटून् *n.* a flat-bottomed boat, a float, such a boat to support a bridge, समतल नाव या पीपे का पुल

**pony** पॉनी *n.* a small horse, छोटा घोड़ा, टट्टू

**poodle** पूडल् *n.* a kind of pet dog with clipped hairs, बाल कतरा हुआ छोटा कुत्ता, कुत्ते के बाल काटना

**pooh** पूह् *interj.* expressing impatience and contempt, तिरस्कार तथा अधैर्य सूचक अवयय

**pool** पूल *n.v.* a pond, small patch of water, a small body of stagnant water, to put into a joint fund or stock, कुण्ड, छोटा तालाब, पुष्कर, तालाब बनाना, धन जोड़ना

**poop** पूप् *n.* the stem of a ship, a high deck in the stem or back, जहाज का सबसे पिछला भाग, दुम वाला

**poor** पुअर् *adj.* having little money or few possessions, inferior, unsatisfactory, to be pitied (pl. the poor, n those with little money), कंगाल, निर्धन, धनहीन, दुबला, ओछा, असंतोषी, अभागा, दया का पात्र

**pop** पोप् *n.v.* a sharp, quick sound as of drawing a cork a shot, to fire a gun, to put a question, तीखी आवाज, बन्दूक से गोली चलाना

**popcorn** पॉपकार्न् *n.* a kind of maize which bursts when heated, भुना हुआ व खिला हुआ भुट्टा

**pope** पोप् *n.* the head of the Roman Catholic Church, the bishop of Rome, रोम का बड़ा पादरी

**poplar** पॉपलर् *n.* a spire-shaped tree, tall and quick-growing, चिनार (का वृक्ष), लम्बा और जल्दी उगने वाला

**poplin** पॉपलिन् *n.* a strong dress material ribbed crosswise, एक प्रकार का रेशमी कपड़ा, पॉपलीन

**poppy** पॉपी *n.* comfield flower of showy colours, usu. red, a related plant from which opium is obtained, पोस्त, कोकनार, खसखस

**populace** पॉपुलेस् *n.* the common people, mob or rabble, multitude, the masses, सामान्य जन, साधारण जन, प्रजा

**popular** पापुलर् *adj.* liked by many, favourite, finding general favour, of, by the people (population n inhabitants), सर्वप्रिय, प्रचलित, लौकिक लोक सम्मत

**porch** पोरच् *n.* a portico, covered entrance to a doorway, a veranda, a building forming an enclosure for a doorway, ड्योढ़ी, ओसारी

**porcupine** पारक्युपाइन् *n.* kind of giant rat covered with long spines, rodent covered with long, pointed quills, सेह, साही, शल्यक

**pore** पोर् *n.v.* minute opening in the skin, a tiny opening esp. that of a sweat gland, to meditate, to read attentively, रोमकूप, रन्ध्र, छेद, ध्यान में लीन होना, विचार करना, ध्यान से पढ़ना

**pork** पॉर्क् *n.* flesh of swine used as food, सुअर का मांस

**porpoise** पारपस् *n.* sea-hog, a blunt nosed sea animal like the dolphin, एक प्रकार की मछली, शिशु मार, सुईस

**porridge** पॉरिज् *n.* oatmeal boiled in water, soft food of oat-meal etc. boiled in water, दलिया, हलवा, लपसी, शोरबा, फलूदा

**port** पोर्ट् *n.v.* harbour, haven, town with harbour, the left side of a ship, a dark-red wine, to turn left, behaviour, to carry rifle slanting up ward in front of the body, बन्दरगाह, लाल रंग की मदिरा, चालढाल, जहाज का बाँया भाग

**portal** पोरटल् *n.* an entrance door or gate, a large door way or imposing gate, द्वार, प्रवेशद्वार, दरवाजा

**portend** पोर्टैन्ड् *v.* to give warning of, foretell, an evil sign, omen, of ill-fortune (portent n omen), शकुन, चेतावनी देना, भविष्यवाणी करना अपशकुन

**porter** पोर्टर् *n.* door-keeper, a gate-keeper, a carrier, one who handles luggage, द्वारपाल, बोझ ढोने वाला, चौकीदार, कुली

**portfolio** पोर्टफालिओ *n.* small, folding case for carrying documents, a portable case for loose papers, drawings etc, a collection of such papers, the post of a minister of state, सरकारी कागज व अन्य कागज रखने का बस्ता, उच्च अधिकारी

**portico** पोर्टिको *n.* a covered porch, covered walk, collonade, a columned porch, बरामदा, ड्योढ़ी, बरसाती

**portion** पोर्शन् *n.v.* part, share, allotment, dowry, destiny, dividend, to divide into portions, भाग, हिस्सा, बाँट, दहेज, बाँटना

**portly** पोर्टली *adj.* dignified in manner, stately, bulky, stout, corpulent, शानदार, शाही, मोटा, स्थूल

**portrait** पोरट्रेट् *n.* likeness, a description in words of a person or place, likeness of a living being made either by photographic process or by drawing, समानता, व्यक्ति व जगह का वर्णन, फोटो व चित्र, द्वारा बनाया हुआ रूप या खाका व चित्र

**Portuguese** पार्चुगीज् *adj.n.* having to do with Portugal, a native of or the language of Portugal, पुर्तगाल सम्बन्धी, पुर्तगाली भाषा व नागरिक

**pose** पोज् *n.v.* a position, or attitude, assumed for effect, a pretence, posture, to pretend, to assume attitude, to puzzle, to claim to be what one is not (posh a elegant), भव्य, स्थिति, रवैया, ढँग, खड़ा कर देना, विशिष्ट स्थिति, धारण करना

**position** पोजिशन् *n.* situation, place, posture, job, official employment, place in society, location, स्थिति, जगह, हालत, काम, सरकारी नौकरी, समाज में स्थान, प्रतिष्ठा

**positive** पॉजिटिव् *adj.n.* definite, absolute, unquestionable, over-confident, not negative, utter, downright, sure, certain, a photograph, पक्का, पूर्ण, निर्विवाद, आत्मविश्वासी, बिल्कुल, चित्र

**posse** पॉसी *n.* a company of constables, a force or group of police, सिपाहियों का दल या जत्था

**possess** पॉजेस् *v.* to have, to own, to have control of one's mind, to occupy, to maintain, to accomplish, to have mastery of (possession n), अधिकार, रखना, मन पर काबू करना, संभालना, पूरा करना

**possible** पॉसिबल् *adj.* that can or may be, exist, happen or be done, worthy of consideration, not unlikely,that may come to pass, tolerable (possibility n contingency), संभावना) संभव, हो सकने वाला, होना, विचारणीय, सह्य

**post** पोस्ट् *n.v.* a heavy beam, stake, fixed place, a job, mail, a store, to station, to give over to the post office for carrying, to transfer to the ledger, to supply with necessary information, (postage *n.* charge for carrying letter), डाक महसूल, खंभा, खूटा, निश्चित स्थान, नौकरी, डाक, रखना, पत्र डालना, लेजर में चढ़ाना, सूचना देना,

**postman** पोस्टमैन् *n.* man who collects or delivers post, डाकिया, हरकारा

**post-haste** पोस्टहेस्ट् *adv* at great speed, without delay, तेजी से, अविलम्ब

**post-graduate** *adj.* carried on after graduation, स्नातकोत्तर अध्ययन

**posterior** पोस्टिरिअर् *adj.n.* later, hinder, behind, coming after, hinder part of the body, buttocks, बाद में, पीछे, बाद वाला, पीठ, चूतड़, नितम्ब

**posthumous** पास्थ्युमस् *adj.* after father's death, occurring after death, published after author's death, पिता की मृत्यु के बाद जन्मा बेटा, मरणोपरान्त, लेखक की मृत्यु के बाद प्रकाशित

**postilion** पास्टिलिअन् *n.* a man who rides one of a pair of horses drawing a carriage, गाड़ी में जुते हुए घोड़े पर का सवार

**post-mortem** पोस्टमार्टम् *n.adj.* medical examination of dead body, after death, मुर्दे की चीरफाड़

**postpone** पोस्टपोन् *v.* to delay, to put off to a future time, to defer, टालना, भविष्य के लिए स्थगित करना, आगे को सरकाना

**postscript** पोस्टसक्रिप्ट *n.* addition to letter or book, अनुलेख, लेख जो पत्र समाप्त करने के बाद लिखा जाए

**postulate** पोस्ट्युलेट् *v.* to assume or take for granted, to assume as true, to stipulate, to lay down as self-evident, स्वीकृत पक्ष, स्वयं सिद्ध प्रमाण, स्वयं सिद्ध मान लेना

**posture** पोस्टयूर *n.v.* the position of body, attitude, carriage of the body, to pose, शरीर की स्थिति या रुख, रवैया, शरीर की काठी, शरीर को विशेष स्थिति में घुमाना

**posy** पाजी *n.* a bunch of flowers, a motto as on a ring, a nosegay, फूलों का गुच्छा, कहावत

**pot** पॉट *n.* a round vessel, a cooking vessel, a deep bowl or jar, a drinking vessel, a vessel for plants a hole filled with water, to plant or preserve in pots, पात्र, बर्तन, पौधों का गमला, गमलों में पौधें लगाना

**potash** पोटाश *n.* alkali used in soap etc, crude potassium carbonate, other potassium salts used as fertilisers, क्षार, पोटास, सज्जी

**potato** पोटैटो *n.* plant, and its edible, ball-like roots, plant with tubers grown for food, आलू

**potent** पोटेन्ट् *adj.* powerful, strong, efficient, mighty, having great influence, (potency, n. strength), बलवान, मजबूत, प्रवीण, प्रभावशाली

**pottage** पॉटेज *n.* a thick soup of meat and vegetables, गाढ़ा रसा, लप्सी

**potter** पॉटर् *n.v.* one who makes articles of baked clay, one who makes earthen-ware vessels, to dawdle, to loiter, to trifle, कुम्हार, कुँभकार, मटकना, व्यर्थ घूमना, लापरवाही से काम करना

**pouch** पाउच् *n.v.* a small bag or pocket, a bag-like cavity, protuberant belly, cartidge-box, to form a pouch, to pocket, छोटी थैली या जेब, थैली जैसी वस्तु, तोंद, तोसदान, थैली में रखना

**poulterer** पोलटरर् *n.* one who deals in poultry, मुर्गा बेचने वाला

**poultice** पोल्टइस् *n.v.* a cataplasm, soft mass of healing substance put on a sore place, a soft mixture spread on a cloth and put on sores etc, to put a poultice on, पुल्टिस, प्रलेप, पुल्टिस लगाना

**pounce** पाँउन्स् *n.v.* a sudden seizing, the claw of a bird, a sudden spring or swoop, to spring, to seize, to attack, झपट, आक्रमण, पक्षी का पंजा, झपटना, आक्रमण करना, अधिकार करना

**pound** पाउँड् *n.v.* a pen in which stray animals are put, a unit of weight, a unit of money (16 ounces), twenty shillings, (abbreviation for), पशुओं को बंद करने का बाड़ा, वजन

**pour** पोर् *v.n.* to cause to flow, to empty a thing out of any vessel,to run in a crowd, to issue in a stream, to discharge in a continuous flow, to rain heavily, heavy downpour of rain, धार गिरना, उड़ेलना, जोर की वर्षा होना, मूसलाधार वर्षा

**pout** पाउट् *n.v.* a poult, a thrusting out of the lips, fit of sullenness, a kind of codfish, to push out the lips crossly in displeasure, होंठ लटकना, मुँह फुलाना, एक प्रकार की मछली

**poverty** पॉवरटी*n.* need, scarcity, necessity, indigence, penury, deficiency, जरूरत, कमी, निर्धनता, न्यूनता

**powder** पाउडर *n.v.* any dry substance in fine particles, gun-powder, face-powder, a medicinal preparation, to apply powder to reduce to powder, बूरा, चूर्ण, बन्दूक का मसाला, चेहरे का पाउडर, पाउडर मलना

**power** पावर् *n.* ability to do, strength, energy, control, mastry, magnifying strength of a lens, force, rule, dominion, government, influence, legal authority,,सामर्थ्य, शक्ति, नियन्त्रण, अधिकार शीशे की शक्ति, कानूनी अधिकार

**pox** पाक्स् *(pl of pock)* *n.* a disease with eruptions or pimples on the skin e.g. small-pox, chicken-pox, गर्मी, सूजाक, उपदंश

**practice** प्रैक्टिस् *n.* a habit, a repeated exercise, actual doing, a professional man's business, customary action, (practise v to do repeatedly, to perform, to exercise as a profession to form a habit), स्वभाव, पुनरावृत्ति, प्रयोग, बर्ताव, चतुराई, काम, अभ्यास करना, सीखना

**pragmatical** प्रैगमेटिकल् *adj.* practical, matter-of-fact, meddlesome, too busy in the affairs of others, forward (pragmatism n pedantry), धृष्ट, पाँव अड़ाने वाला, बिना अधिकार के टाँग अड़ाने वाला

**prairie** परेरी *n.* an extensive treeless tract of grass-land, a tree less plain, covered naturally with grass, immense stretch of grassland, बिना वृक्ष का घास लगा बड़ा मैदान

**praise** प्रेज *v.n.* to speak well of, to commend, to extol, to speak highly of, to glorify, to applaud, to admire, worship, approval, admiration, approbation, commendation, renown, applause (praise worthy a laudable) प्रशंसनीय, बड़ाई करना, प्रशंसा करना, पूजना, शाबाशी देना, प्रशंसा

**pram** प्रैम् *n.* a child's hand-cart, perambulator, बच्चा गाड़ी, पटेला, नाव

**prance** प्रान्स् *v.* to spring on hindlegs, to behave in an arrogant manner, to go with a dancing movement, to swagger, to strut, कूदना, ऐंठ कर चलना, धृष्टता से व्यवहार करना

**prank** प्रैन्क् *n.v.* a mischievous trick, a frolic, a practical joke, शरारत, खेलकूद, मजाक, सजाना escapade, to adorn, to rig out showily,

**prate** *v.n.* to chatter, to talk idly, to utter without sense, to talk foolishly, to talk too much, useless talk, बक बक करना, टें टें करना, गप्प मारना, बेकार की बातें

**pray** प्रे *v.* to entreat, to beg, to petition, to ask earnestly, to speak and tell one's desire to God, to supplicate (prayer n thanksgiving to God), प्रार्थना) अनुनय करना, भिक्षा मांगना, प्रार्थना करना

**preach** प्रीच् *v.* to deliver a sermon publicly, to give moral advice, to proclaim, to give a public speech on sacred subjects, to give advice in an offensive manner, to advocate, (preacher n one who preaches), उपदेशक), उपदेश करना, धार्मिक विषयों पर सार्वजनिक भाषण झाड़ना, वकालत करना

**preamble** प्रेऑमबल् *n.* preliminary statement, preface, introduction, foreward, introductory part of story etc. प्रस्तावना, भूमिका

**prearrange** प्रिअरेंज् *v.* to arrange before hand, to plan, पूर्व प्रबन्ध करना, योजना बनाना

**precarious** प्रिकेरिअस् *ajd.* insecure, unstable, perilous, uncertain, depending on chance, risky, अनिश्चित, अस्थिर, भयपूर्ण, जोखों वाला

**precaution** प्रिकाशन् *n.v.* forethought, care taken before hand, preventive measure, to prevent or avoid accident, caution taken before hand (precautious a prudent सावधान ), चौकसी, सावधानी, पूर्व चिन्ता, निवारण का उपाय

**precede** प्रिसीड *v.* to go before in rank or importance, to go before in time, place, rank or importance, to go before (precedence n advantage, नेतृत्व), पहले जाना, आगे चलना, पूर्व में लेना

**precept** प्रिसैप्ट *n.* a command, rule of action, maxim, written mandate, rule of action or moral conduct, आज्ञा, नियम, मर्यादा, आज्ञा पत्र

**precinct** प्रिसिन्कट् *n.* boundary, limit, environs of a district etc, the parts immediately round any place, an enclosure round a building, esp. a church, सीमा, परिधि, हद, परगणा

**precious** प्रैशस् *adj.* of great price or worth, highly valued, costly, loved, prized, कीमती, मूल्यवान, प्रिय, अनमोल

**precipice** प्रैसिपिस् *n.* a steep cliff, an abrupt descent, a steep face of a rock, (precipitate v to force), ठूँसना, भड़काना, ढलवान, ढाल, टीला, चट्टान की खड़ी दीवार

**precis** प्रैसी *n.* summary of a writing, summary or abstract, सार, संक्षेप

**precise** प्रिसाइस् *adj.* definite, exact, accurate, particular, prim in manner, striclty worded, formal, punctilious, fine, ठीक, निश्चित , यथार्थ, विशेष विधि पूर्वक

**preclude** प्रिक्लूड् *v.* to prevent a person from, to exclude, to shut off, to hinder from access, obviate, to make impossible, रोकना, प्रतिबन्ध करना, असंभव, बनाना

**precocious** प्रिकाशस् *adj.* developing prematurely, early in reaching a stage of development, developed, matured too soon, too forward, समय से पूर्व पकने वाला, अकाल प्रौढ़

**preconceive** प्रिकन्सीव् *v.* to anticipate, to form idea before hand पहले से सोचना, आशा करना, समय से पूर्व विचार बनाना

**predate** प्रिडेट् *n.* a bird or animal living by prey, a creature that plunders (predatory a plundering), लुटेरा, शिकारी पक्षी व पशु

**predecessor** प्रिडिसैसूसर् *n.* one who holds an office previously, one who precedes another in an office or position, person whose place one takes, an ancestor, पूर्वाधिकारी, पूर्वज, पहला

**predestine** प्रिडसटिन् *v.* to determine before hand, to decide, decree before hand, foreordain, समय से पूर्व निर्णय करना, पहले से लिख देना

**predeterminate** प्रिडिटरमिनेट् *adj.* determined beforhand, पूर्व निश्चित, पहले तय शुदा

**predicament** प्रिडिकामैन्ट् *n.* a thing predicated, a category, an unpleasant situation, an unfortunate position, plight, a difficulty, समस्या, उलझन, खराब स्थिति, कठिनाई

**predicate** प्रेडिकेट् *n.v.* what is stated about the subject, that which is predicated, to affirm, to assert, विशेषण, उद्देश्य के विषय से जो कुछ कहा जाए, सूचना, विधेय, (Vb-to predict) विधान करना

**predilection** प्रैडिलैक्शन् *n.* preference, liking, partiality, love before hand, pre-possession, तरजीह, चाह, पक्षपात, पूर्व स्नेह

**predispose** प्रिडिस्पोज *v.* to incline before hand, adapt previously, to make liable, to render fit before hand खींच लेना, पहले से प्रवृत्त करना, पहले ही ठीक ठाक कर लेना

**predominate** प्रिडामिनेट् *v.* to prevail, to be ascendant, to be master, to control, to have the greater authority, to be superior to, to preponderate, प्रबल होना, प्रभाव रखना, नियन्त्रण करना, महत्व रखना

**pre-eminent** प्रिएमिनेन्ट् *adj.* outstanding, excelling all others above all, supreme, passing others, सर्वप्रधान, सर्वोत्तम, सबसे आगे

**preen** प्रीन् *v.* to trim feathers with beak, to plume, to smarten oneself, to cleanse with the beak, चोंच से पंख सँवारना, पर निकलना, चुस्त बनाना

**pre-establish** प्रिएस्टैब्लिश . to establish decide or prove before hand, पूर्व स्थापित करना, पहले से निर्णय करना, पूर्व स्थिर करना

**pre-exist** प्रिएक्सिस्ट् *v.* to exist before hand or previously, पूर्व स्थित, पहले से होना

**prefabricated** प्रिफेब्रिकेटिड् *adj.* made of parts manufactured before-hand and ready to be fitted, पहले से तैयार ढाँचा

**preface** प्रिफेस् *n.v.* introduction to a book, preliminary part of a speech, preamable, a prologue, भूमिका, प्रस्तावना, मुखबंध, प्राक्कथन, भूमिका लिखना

**prefect** प्रिफैक्ट् *n.* person put in authority, Roman official, school by with responsibility for maintaining discipline, in a school a pupil with certain powers, in France, the governor of a department, राज्य पद का अधिकारी, हाकिम, कक्षा में नियम-पालन कराने वाला प्रमुख विद्यार्थी

**prefer** प्रफर् *v.* to like better, to regard with greater favour, to promote, to present, to place in advance, to raise, to choose rather, to bring forward, अच्छा समझना, अधिक आदर करना, बढ़ाना, प्रशंसा करना

**prefix** प्रिफिक्स *n.v.* a particle or word placed before a word, syllable or word put before another word to alter its meaning in some way, preposition put at the beginning of word or title, to place at the beginning, उपसर्ग, शब्द के पहले लगाना, पुस्तक के पहले भूमिका लगाना, पूर्व-निशचित

**pregnant** प्रैगनैन्ट् *adj.* full of meaning, being with child, inventive, fertile, having a child in the womb, fruitful, imaginative, आशा से पूर्ण, गर्भवती, परिपूर्ण, कल्पना युक्त

**prehensile** प्रिहैन्साइल *adj.* capable of grasping, to be able to hold on to something, that may be seized, पकड़ने योग्य, पकड़ रखने योग्य

**prehistoric** प्रिहिस्टोरिक् *adj.* of a time before history was written, very early, prior to period in which history begins, प्रागैतिहासिक, प्राचीन, लिखित इतिहास से पूर्व काल का

**prejudice** प्रेजुडिज *n.v.* bias partiality, preconceived opinion, pre-possession, an opinion formed in the mind beforehand, to be unfair, to spoil, to damage, to spoil the mind of, हठ, पक्षपात करना, हानि पहुँचाना

**preliminary** प्रिलिमिनरी *adj.n.* introductory, preparing the way, preparatory a trial effort, an introduction, आरम्भिक, शुरू का, प्रथम

**prelude** प्रिल्यूड *n.v.* introductory movement, a short piece, preface, music played before the main performance, to introduce, प्रस्तावना, आरम्भ, आलापना, आरम्भ करना

**premature** प्रिमेचर *adj.* happening too soon, happening done before proper time, ripe before the proper time, untimely, coming, born etc. before the right time, असामयिक, अधूरा, समय से पूर्व होने वाला

**premeditate** प्रिमैडिट्रेट *v.* to think out beforehand, to plan, to intend, to design beforehand, (premeditation *n.* previous deliberation, पूर्व संकल्प) पहले से विचार करना

**premier** प्रिमिअर् *adj.n.* first, chief, leader, foremost, earliest, Prime Minister, प्रधान, मुख्य, पुराना, मुख्यमंत्री

**premise** प्रेमिस् *n.* a building and its ground, the house, to explain previously, अहाता, अभियोग, कहना, पूर्व पक्ष कहना

**premium** प्रिमिअम् *n.* prize, a reward, money paid for insurance, the fee paid for training, bonus, excess over nominal value, पारितोषिक, लाभ, बढ़ोत्तरी

**premonition** प्रिमानिशन् *n.* foreboding, presentiment, a forewarning, a feeling, previous information, चेतावनी, पूर्व सूचना

**preoccupy** प्रिआक्युपाई *v.* to fill the mind of, to take the attention of, to occupy to the exclusion of other things, to occupy before hand (preoccupation n absorption), एकाग्रता, पूर्व ग्रहण) पहले से ग्रहण करना, पहले से मन में स्थिर होना,

**prepare** प्रिपेअर *v.* to equip, to make ready, to prepare, to make fit to bear a shock, to adapt, to plan, (preparation n. a readiness), तैयारी), तैयारी करना, ठीक करना, भेजना

**preponderate** प्रिपान्डरेट् *v.* to outweigh, to be heavier than, to have greater sway over others, to exceed in power or influence, to incline to one side, भार में बढ़ना, भारी करना, दूसरों पर अधिक प्रभाव डालना

**preposition** प्रिपोजिशन *n.* part of speech, word marking relation between two other words, a word placed before a noun or pronoun to indicate its relation to some other word in the sentence, विभक्ति या संबंध-सूचक अव्यय, उपसर्ग, जड़

**prepossess** प्रिपोजैस् *v.* to fill the mind before hand with a feeling or opinion, to occupy before hand, to prejudice, पहले से अधिकार करना, पहले से ले लेना, चित्ताकर्षित करना

**preposterous** प्रिपॉस्ट्रस *adj.* contrary to nature or reason, ridiculous, absurd, foolish against commonsense, उल्टा, अनर्थक, असंगत

**prerequisite** प्रिरिक्विजिट् *n.* something that must be done before something can happen, required previously, पूर्वाकांक्षित, आवश्यक

**prerogative** प्रैरोगैटिव् *n.* peculiar power or right esp. as vested in sovereign, a special right, a privilege, a special right or previlege belonging to a person because of his rank etc. राजा का असाधारण अधिकार, उचित, ठीक, अधिकार

**presage** प्रिसेज् *n.* omen, indication of something to come, to warm, to foretell, to forebade, to predict, a feeling of what is going to happen, शकुन, पूर्व-सूचना, भविष्यवाणी

**presbyter** प्रेसबिटर् *n.* a church elder, a clergyman ranking below a bishop, priest, पुरोहित, पादरी

**prescribe** प्रेसक्राइब् *v.* to order the use of a medicine, to set out rules for, to give directions, to give law, to appoint, to assert, (prescription n ), डाक्टर का नुस्खा) आज्ञा देना, व्यवस्था करना, नुस्खा लिखना ठहराना

**presence** प्रैजैन्स *n.* the state of being present, a place where a person is, appearance, deportment, society, mien, उपस्थिति, दरबार, आकृति, समक्षता, उपस्थित जन, चेहरा

**present** प्रेजैन्ट *adj.n.v.* existing now, being in question, ready at hand, gift, attentive, to introduce to others, to introduce at court, to give, to put on the stage (presentation *n.* प्रस्तुति, भेंट), उपस्थित, वर्तमान, तैयार, भेंट, उपस्थित करना, पेश करना, सौंपना, चढ़ाना

**preserve** प्रिजर्व् *n.v.* jam, a secluded place for game, something preserved, to keep safe, to conserve, to delay decay, (preservation n the act of preserving बचाव ), मुरब्बा, रक्षास्थान, रक्षा करना, मुरब्बा या अचार डालना

**preside** प्रिजाइड् *v.* to exercise control over, to occupy the chair of authority, to superintend, to be chairman, to sit in the chief seat, to be incharge, अध्यक्ष होना, प्रधान बनना, देखभाल करना

**press** प्रैस *v.n.* to push against, to weigh down, to squeeze, to thrust, to urge strongly, to harass with dangers, to insist on, to crowd, a crowd, a stress, an act of pressing, a printing machine, printing house, the journalistic profession, निचोड़ना, पेलना, कुचलना, इस्त्री करना, लिपटना, छापाखाना, जनसमुदाय, इस्त्री

**prestige** प्रैस्टीज *n.* influence derived from past achievements, fascination, imposture, reputation, प्रतिष्ठा, गौरव, नेकनामी, धोखा

**presto** प्रैस्टो *adv.* quickly, at once, quick movement, शीघ्र, तुरन्त, अभी

**presume** प्रिज्यूम् *v.* to infer, to assume, to take for granted, to take as true without proof, to venture without right, to take advantage of, to suppose, to give an opinion unasked, अनुमान लगाना, मान लेना, सोचना, तर्क करना, गर्व करना

**presuppose** प्रिसपोज *v.* to assume before hand, to require as necessity, imply as antecedent, पूर्व कल्पना करना, पहले से मान लेना

**pretend** प्रिटैन्ड् *v.* to feign, to make believe, to make a false show of, to lay claim, to sham, to assert, बहाना करना, झूठा अधिकार दिखाना, दावा करना

**preternatural** प्रिटरनेचुरल् *adj.* beyond what is natural, abnormal, out of ordinary way of nature, supernatural, आदत के विरूद्ध, अमानुषी, विलक्षण

**pretext** प्रिटेक्सट् *n.* an excuse, pretence, false show, ostensible reason, छल, बहाना, हीला, मिथ्या

**pretty** प्रैटी *adj.adv.* fine, attractive, beautiful, pleasing, attractive but not grand or beautiful, fairly large, nice, trim, very, moderately, सुन्दर, लुभावना, आह्लादायक, काफी बड़ा, बढ़िया

**prevail** प्रिवेल् *v.* to gain mastery over, to be victorious, to persuade, to be prominent, to succeed, to win, to overcome, छाजाना, विजयी होना, मशहूर होना, सफल होना

**prevent** प्रिवैन्ड् *v.* to hinder, to impede, to obstruct, to make impossible, to keep from happening, to stop to check, रोकना, रोड़ा अटकाना, असंभव बनाना

**previous** प्रीविजस् *adj.* prior to, former, coming before, preceding, hasty, earlier, quick, पूर्व, पहला, शीघ्र, अगला

**prey** प्रे *n.v.* victim, spoil, an animal hunted, plunder, the quarry, to plunder, to hunt down and seize, to worry, शिकार, खाद्य, लूट का माल, लूटना, शिकार करना

**price** प्राइस् *n.v.* value, the cost, reward, what one suffers to gain something, to fix the price of, मूल्य, दाम, इनाम, कीमत लगाना

**prick** प्रिक् *n.v.* that which pricks, sharp point, sting, remorse, act of piercing with a small, sharp point e.g. of needle, to puncture, to spur, चुभने वाला, अंकुश, काँटा, पश्चाताप, घोंपना, सुई चुभोना, एड़ी लगाना

**pride** प्राइड् *n.v.* self-esteem, feeling of elation or great satisfaction, arrogance, hautiness, splendid show, ostentation, to take pride (proud a haughty), घमंडी), आत्म सम्मान, अभिमान, आत्मतुष्टि, दृष्टता, दिखावा

**priest** प्रीस्ट् *n.* clergyman, a religious minister, one who performs sacrifices or sacred rites, पुरोहित, पादरी

**prig** प्रिग् *n.* a conceited person, a smug, a self-righteous person, prim, a know-all, वंचक, चोर, बाँका, दम्भी

**prim** प्रिम् *adj.v.* very restrained, formally prudish, precise, formally neat, to assume a prim air, अविनीत, अतिसूक्ष्म, ऊपर से सुथरा दीखने वाला

**prime** प्राइम् *adj,n.v.* first in time, quality etc, original, foremost, spring, youth, full health and vigour, first, to supply with power, to prepare for paint with preliminary of oil, size etc, आरंभ, पूर्वभाग, मौलिक, यौवन, शक्ति देना, रोगन करना

**primer** प्राइमर् *n.* an elementary school book for children, a first reading book, a simple introduction to any subject, a manual of elementary instruction, a small prayer book, बच्चों की प्रथम पुस्तक, किसी विषय का सामान्य परिचय, वर्णमाला की पुस्तक

**primrose** प्रिमरोज *n.* a plant which bears beautiful yellow flowers, वासन्ति गुलाब, पुष्प

**prince** प्रिन्स् *n.* sovereign, ruler, son or grandson of a king, a nobleman, monarch, one of the most important members of a class, छत्रपति, कुँवर, युवराज, राजकुमार, सरदार

**principal** प्रिन्सिपल् *n.* chief, the head of a school, college or university, chief in importance, leader, master, sum of money lent and yielding interest, मुखिया, स्कूल व कालेज के प्रधानाचार्य, मूलधन

**print** प्रिन्ट् *v.n.* to publish, to impress, to produce pictures from negatives, to stamp, printed lettering, an engraving, a printed cotton cloth, छापना, निशान डालना, छाप, पुस्तक छापना, छापे वाला सूती वस्त्र

**prior** प्रायर् *adj.adv.n.* former, previous, earlier in importance, antecedent, previously, a superior office of an bbey, पहला पूर्व, प्रधान, आदिका, महन्त, मठधारी

**prism** प्रिज्म् *n.* a piece of solid glass with triangular ends, a solid figure whose ends are similar, equal and parallel, क्रकच, मन्शूर, छेद्रित घन क्षेत्र

**prison** प्रिजन् *n.v.* a jail, a place where a criminal is confined, gaol, a place of confinement for offenders (prisoner a. captive) कैद, कारागार, जेल, बन्दीगृह

**privacy** प्राइवेसी *n.* a state of retirement, place of seclusion, secrecy, solitude, retreat, state of being away from company (private. a. personal, secret), निजी गुप्त), ओट, भेद, एकान्त, एकान्तता, गुप्तता

**privation** प्राइवेशन् *n.*absence of a quality, want of comforts of life, poverty, hardship, destitution, पतन, तंगी, निर्धनता, कठिनाई, अभाव

**privilege** प्रिविलिज् *n.* an advantage or favour granted to, or enjoyed by, only one person or a few, peculiar advantage, prerogative, monopoly, a special benefit, a favour, an advantage, पदवी, अधिकार, छोड़ना, अधिकार देना

**privy** प्रिवी *adj.* private, personal, confidential, secretly cognisant, admitted to knowledgs of secret, hidden, secluded, clandestine, विशेष अपना, गुप्त, एकान्त का, जानकार, भेदिया, गूढ़

**prize** प्राइज *n.v.* thing won, reward for excellence, any valuable possession, property seized in war, a valued possession, to force, to value bighly, पारितोषिक, गुप्त, एकान्त का, जानकार, भेदिया, गूढ़

**pro** प्रो *pref.* with the meaning of "for", instead of before, in front, वास्ते, पहले, सामने, आगे

**probable** प्रोबबल् *adj.* likely, may be, perhaps, that may be expected, to happen, होनहार, संभाव्य, शायद, जिसके होने की आशा हो

**probate** प्रोवेद् *n.* the official proof of wills, proving of will, certificate of this, वसीयत नामा, मृत लेख का प्रमाण

**probation** प्रोबेशन् *n.* an act of testing, period of trial, testing, proof, evidence, moral trial, novitiate, testing of candidate before admission to full membership (probationer n learner नवसिख), परख, जॉंच, आरंभ काल

**probe** प्रॉब् *n.v.* a surgical instrument for examining wounds, an investigation, scrutiny, to examine, to search, to examine searchingly, घाव की परीक्षा करने का डाक्टरी यन्त्र, खोज करना, तह तक पहुँचना

**probity** प्रॉबिटी *n.* honesty, integrity, sincerity, uprightness, ईमानदारी, सत्यता, धर्म

**problem** प्रोबलम् *n.* question set for solution, puzzle, a matter requiring solution, anything hard to decide, a thing difficult to understand, a person difficult to deal with, कठिन प्रश्न, समस्या, उलझन, उलझा हुआ मनुष्य

**proboscis** प्रोबोसिस् *n.* trunk or long snout the trunk of an elephant, the projected portion of month is same animals or insects सूंड, पशुओं व कीड़ों के मुख के आगे की ओर बढ़ा हुआ हिस्सा

**proceed** प्रोसीड् *v.* to move forward, to act, to begin, to continue, to be carried on, to go to law, to arise, to say in continuation of what one has said, आगे बढ़ना, कार्यवाही करना, काम करना, शुरु करना, नालिश करना, आना

**proclaim** फ्रेक्लेम *v.* to declare, to announce publicly, to publish, to prohibit by declaration, to cry aloud, to declare officially (proclamation n an official announcement), ढ़िढोरा), घोषणा करना, प्रकाशित करना, प्रकट करना, ऊँचा चिल्लाना, ऐलान करना

**proclivity** प्रॉक्लिविटी *n.* tendemcy, an inclination, a leaning, aptitude, झुकाव, प्रवृत्ति, रुझान

**procrastinate** प्रोक्रैस्टिनेट् *v.* to delay, to postpone from day to day, to put off action, to be very slow to act, to defer, to be dilatory, विलंब करना, आगे को टालते जाना, टालना, टाल मटोल करना

**procreate** प्रोक्रिएट् *v.* to begin, to generate, to bring into being, to produce, to beget, शुरु करना, उपजाना, पैदा करना

**preocure** प्रोक्योअर् *v.* to obtain, to acquire, to provide, to bring about, to act as a procurer, to cause, प्राप्त करना, उपार्जन करना, परिश्रम से प्राप्त करना

**prod** प्रॉड् *v.n.* to poke with the end of a stick, to urge into action, to prick, to goad, awl, pointed instrument, भौंकना, प्रेरित करना, चुभोना, आरी

**prodigal** प्रोडिगल् *adj.n.* wasteful, spend thrift, extravagant, lavish, giving very freely, a waster, उजाड़ू, मुक्त हस्त, अतिव्ययी

**prodigy** प्रोडिजी *n.*a miracle, portent, anything wonderful, a marvellous thing, a person endowded with surprising qualities, a person of unusual genius, कौतुक, अद्‌भुत विषय, अनोखा, विलक्षण गुण संपन्न मनुष्य

**produce** प्राड्यूस *v.n.* to create, to show, to make, to yield crops, to exhibit, to extend, to manufacture, result, crops, product, amount produced, पैदा करना, दिखाना, बनाना, उत्पन्न करना, फैलाना, फसल

**profane** प्रोफेन *adj.v.* not sacred, showing hatred for holy things, impure, unholy, secular, irreverent, irreligious, blasphemous, to desecrate, to violate, to treat with no reverence, अशुद्ध, अपवित्र, धृष्ट, निन्दा करना, बिगाड़ना

**profess** प्रोफैस् *v.* to make open declaration, to pretend, to claim knowledge of, to perform the duties of, to acknowledge, to affirm belief in, to assert, to teach as professor (profession n occupation धन्धा ), घोषित करना, बहाना करना, प्रकाश करना, प्रतिज्ञा करना

**professor** प्रोफैसर् *n.* one who makes a profession, a public teacher in a university, a learned teacher, स्वीकार करने वाला, विश्वविद्यालय का अध्यापक, विद्वान

**proffer** प्रोफर् *v.n.* to offer a gift, to offer for acceptance, to tender, to volunteer, भेंट देना, देना, नजर देना, सेवा अर्पित करना

**proficient** प्रोफिशेन्ट् *adj.n.* an expert, well-skilled, qualified, an adept, (proficiency n प्रवीणता ), प्रवीण, निपुण, दक्ष

**profile** प्रोफाइल् *n.v.* the outline of an object, a short sketch of character and career, the side-view of an object, brief biographical sketch, to draw in profile, रूप रेखा, चरित्र चित्रण, एक ओर का चित्र, संक्षिप्त जीवन वृत्त, चित्र खींचना

**profit** प्रॉफिट् *n.v.* pecuniary gain, benefit or advantage, emolument, gain, money gains, to gain, to benefit, to get advantage, आर्थिक लाभ, लाभ, फल प्राप्त करना, लाभदायक होना, उन्नति करना

**profligate** प्रोफ्लिगेट् *adj.n.* dissolute, vicious, corrupt, reckless, abandoned to vice, extravagant, lecentious, one who is depraved, विषयी, कामी, लम्पट, फिजूलखर्च, व्यसनी, भोगी

**profound** प्रोफाउँड् *adj.* very deep, deeply felt, difficult to understand, showing great knowledge and understanding, intense, far-reaching, abstruse, गंभीर, दुर्बोध, गहन, गुप्त, विद्वान, समुद्र

**profuse** प्रोफ्यूज *adj.* exuberant, liberal to excess, abundant, prodigal, excessive, extravagant, bountiful, unstinting, विपुल, लुटाऊ, अतिव्ययी

**progenitor** प्रोजेनिटर् *n.* forefather, an ancestor, पुरखा, पूर्व पुरूष

**prognosticate** प्रॉगनास्टिकेट् *v.* to foretell, to indicate the future by present signs, to forecast, भविष्यवाणी करना, आगे को संकेत करना, आगे की कहना

**programme** प्रैगैम् *n.v.* proceedings, a descriptive outline of a series of events, the items of an entertainment etc, a scheme or plan, a list of events, a course of action prepared before hand, to make a definite plan, कार्यक्रम, सविस्तार वर्णन

**progress** प्रोग्रैस् *n.v.* moving forward, advancement, proficiency, journey forward, to continue, to advance, to improve, प्रगति, प्रवीणता, वृद्धि, विकास, यात्रा, कार्यवाही, बढ़ना, उन्नति करना, प्रगति करना

**prohibit** प्रॉहिबिट् *v.* to forbid, to interdict, to debar, to prevent, to hinder, to stop (prohition n the act of prohibiting निषेध ), मना करना, प्रतिबन्ध लगाना, पाबन्दी लगाना, रोकना, निषिद्ध करना

**project** प्रोजैक्ट् *n.v.* plan, scheme, contrivance, a design, a task, to propose, to plan, to protrude, योजना, युक्ति, कल्पना, आशय, विचारना, योजना बनाना

**proletarian** प्रोलिटेरिजन *n.* a man of the labouring class, the lowest class of community, the lower wage-earning class, low, vulgar, a workman, नीच जाति का मनुष्य, अधम समाज, फूहड़, कर्मी

**proliferate** प्रोलिफ्रेट *v.* to reproduce by process of budding or cell division, to grow, to increase much and rapidly, to grow rapidly by producing new parts, उगना, बढ़ना, उत्पन्न होना या करना

**prolix** प्रोलिक्स *adj.* lengthy, tedious, long and wordy, speaking and writing thus, लंबा, विस्तृत, प्रपंची, अजीर्ण, भारी, लंबा व शाब्दिक

**prologue** प्रोलॉग् *n.v.* a foreword, introduction to a book or a play, preface, an introduction to a discourse or play, to write an introduction, प्राक्कथन, प्रस्तावना, भूमिका

**prolong** प्रोलांग् *v.* to extend, to lengthen, to make longer, to protract, विस्तार करना, लंबा करना, बढ़ाना

**promenade** प्रामिनेड् *n.v.* leisurely walk, place made for this, a paved road suitable for a walk, a public walk, an esplanade, to walk publicly in a leisurely way, विहारार्थ भ्रमण करना, सैर के लिए बना मार्ग, पटरी, सैर

**prominent** प्रामिनैन्ट् *adj.* principal, eminent, distinguished, conspicuous, jutting out, clearly seen, outstanding, famous, प्रधान, विख्यात उन्नत, ऊँचा, बड़ा, मुख्य

**promiscuous** प्रॉमिस्क्युअस् *adj.* mingled, indiscriminate, mixed in kind, confused, not restricted to any particular person, मिश्रित, अनेक प्रकार का, उलझा हुआ, आम

**promise** प्रामिस् *n.v.* an insurance given to a person, pledge, declaration, expectation, a sign, indication of future excellence, the thing promised, undertaking to do or not to do something, to make a promise (promising adj hopeful) वचन, शपथ, वादा, घोषणा, आशा, चिह्न, शुभलक्षण, प्रतिज्ञा करना, आशा दिलाना

**promontory** प्रॉमान्टरी *n.* headland, a high cape, a point of land jutting into the sea, भूनासिका, अन्तरीप

**promote** प्रोमोट् *v.* to help forward, to move upto higher rank or position, to encourage, to help the growth of, to help to arrange, to elevate, to excite, to advance forward (promotion n), पदोन्नत करना, तरक्की देना, बढ़ावा देना, वृद्धि करना, ऊँचा करना

**prompt** प्रॉम्पट् *adj.v.* immediate, ready to act as occasion demands, done without delay, acting with alacrity, ready in action, to inspire, to move to action, उद्यत, फुर्तीला, उद्योगी, प्रेरणा देना, याद दिलाना

**promulgate** प्रॅमल्गेट् *v.* to proclaim, to make known to the public, to publish (promulgation n publication घोषणा ), घोषणा करना, लागू करना

**prone** प्रोन् *adj.* bending downward, lying flat, inclined, prostrate, having a liking for, disposed, not erect, झुका हुआ, उन्मुख, अधोमुख, चाह रखना, तैयार, ढलवान

**prong** प्रांग् *n.* a sharp-pointed instrument, the spike of a fork, to pierce, काँटा, सीख, सूल काँटा भोंकना

**pronoun** प्रोनाउन् *n.* a word used in place of a noun, a word used instead of a noun to show without naming, सर्वनाम, नाम की जगह प्रयुक्त शब्द

**pronounce** प्रोनाउन्स् *v.* to utter, to declare, to articulate, to pass judgement, to make a declaration, to speak distinctly, to affirm, (pronunciation n way of saying a word उच्चारण) pronouncement n a statement बयान ), घोषणा करना, प्रसारण करना, निर्णय देना, स्पष्ट कहना, पक्का करना

**proof** प्रूफ *n.* testimony, test, reason, argument, demonstration, प्रमाण, परीक्षण, कारण, तर्क, प्रदर्शन

**prop** प्राप् *n.v.* a strong support, a stay, to prevent from falling, ठोस आधार, खम्भा, गिरने से रोकना

**propagate** प्रोपेगेट् to extend, to impel forward, to beget, to generate, to defuse, to multiply, to spead from one to another, (propaganda n an organized scheme कल्पना), विस्तार करना, प्रचार करना, आगे को उलझाना, पैदा करना, गुणा करना, फैलाना

**propel** प्रॉपेल् *v.* to drive forward, to urge onward, to drive forward, to cause to move forward, to push forward (propeller n a shaft with blades for driving a ship, aeroplanes etc. जहाज व हवाई जहाज को आगे बढ़ाने वाला पंखा, ढकेला,) प्रेरित करना, आगे को बढ़ाना, ठेलना, चलना

**propensity** प्रॉपैन्सिटी *n.* inclination, tendency, bent of mind, a natural leaning, a liking for certain things, disposition, झुकाव, मनोवृत्ति, इच्छा, रुचि, चाह, लत

**proper** प्रॉपर् *adj.* right, special, correct, personal, peculiar, one's own, genuine, real, decent, fitting, suitable, ठीक, विशेष, शुद्ध, व्यक्तिगत (निजी), विचित्र, अपना

**property** प्रॉपर्टी *n.* thing owned, nature, ownership, attribute, quality, estate, जायदाद, अधिकार माल, सम्पत्ति, स्वभाव, गुण

**prophecy** प्रॉफेसी *n.* forecast, prediction, foretelling, revelation, thing foretold, (prophesy v to reveal), भविष्यवाणी, ज्योतिष, इलहाम, भविष्य सूचना

**propinquity** प्रॉपिन्कुटी *n.* nearness in place, time, blood relationship, समय की व स्थान की समीपता, समय, सगोत्रता

**propitiate** प्रापिशिएट् *v.* to calm the anger of, to gain the favour of, to pacify, to make friendly, to appease, to tranquillize, to conciliate, to atone, शमन करना, शान्त करना, मित्र बनाना, मनाना, प्रायश्चित करना

**proportion** प्रोपोर्शन् *n.v.* share, relation, comparion, relative size of number, fair share, quantity of one thing considered alongside another, balance in importance, strength etc, to make in correct proportion to, to divide fairly, भाग, रिश्ता, तुलना, अपेक्षा, परिमाण, अनुरूप करना

**propose** प्रोपोज् *v.* to offer, to suggest, to intend, to offer marriage, to nominate for election, to plan (proposal n an offer), पेश करना, प्रस्ताव रखना, चाहना, शादी का प्रस्ताव रखना, चुनाव के लिए चुनना

**proposition** प्रॉपओजीशन् *n.* an assurance, a formal statement, a proposal, a scheme, a theorem or problem for solution, assertion, प्रतिज्ञा, कर्त्तव्य, कर्त्तव्य-निर्देश, प्रस्तावना, साध्य

**propound** प्रोपाउँड् *v.* to put forward for solution, to propose, to offer for consideration,to state, to set as a question, प्रतिपादन करना, निवेदन करना, कहना, प्रश्न रखना

**proprietor** प्रोपाइटर् *adj.* owner, one who has a legal right to anything, स्वामी, मलिक, पक्का मालिक

**propriety** प्रोपाइटी *n.* fitness, accuracy, rightness, suitableness, justness, correct behaviour, योग्यता, औचित्य, उपादेयता, शुद्धि, सदव्यवहार, सुचरित्र

**prorogue** प्रोराग् *v.* to postpone a meeting without dissolving it, to bring the meeting of parliament to an end for a time, to terminate a session of, to dismiss the parliament at end of session without dissolution, बैठक स्थगित करना, सत्र के बाद संसद भंग करना (बिना तोड़े कुछ काल के लिए)

**prosaic** प्रोजेक् *adj.* dull, wearisome, common place, romantic, like prose, uninteresting, lacking in beauty, matter of fact, नीरस, गद्य रूप, साधारण अरोचक, शुष्क, गद्य सम्बन्धी

**proscribe** प्रॉसक्राइब *v.* to reject, to exile, to banish, to probibit, to outlaw, to interdict, to condemn, छोड़ देना, देश निकाला देना, प्रतिबन्ध लगाना, विरादरी से बाहर करना, फाँसी देना

**prose** प्रोज *n.v.* speech or writing not verse, not written in verse, speech written as it is spoken, ordinary spoken and written language, गद्य, गद्य लिखना, आम भाषा, गद्य में वार्ता करना

**prosecute** प्रॉसिक्यूट *v.* to follow up, to continue, to carry on, to pursue, to institute legal proceedings against, to summon, नालिश करना, पीछा करना, अभियोग शुरु करना, गिरफ्तार करना, अनुसरण करना

**prospect** प्रॉस्पैक्ट् *n.v.* landscape, an expectation, a hope, view, an outlook, a mental scene, likely result, to make a search, दृश्य, आशा, दृष्टिकोण, कल्पना, नक्शा, पहले भाँपना, खोज

**prosper** प्रॉस्पर *v.* to thrive, to be successful, to turn out well, to succeed, to do well, to favour, पनपना, सफल होना, समृद्ध होना

**prostitute** प्रास्टिट्यूट् *n.v.* a harlot, a lewd woman, a woman who offers herself to many men for money, to offer or sell for evil use, वेश्या, रंडी, कुल्य स्त्री, वेश्या वृत्ति करना, मान मर्यादा का बुरा उपयोग करना

**prostrate** प्रॉसट्रेट *adj.v.* worn out, exhausted, thrownforward on the ground, reduced to helplessness, overthrown, crushed, submissive, to throw flat on ground, औंधा करना, बिछा देना, दण्डवत करना, नाक रगड़ना

**protagonist** प्रोटैगोनिस्ट् *n.* chief actor or character, champion, the chief person in a story, principal actor, leading character, मुख्य पात्र, पहलवान, कथा या नाटक का प्रधान पात्र

**protect** प्रोटैक्ट *v.* to guard, to keep safr, to patronize, to defend, to shield, to shelter, to support, to cover over (protection-safety सुरक्षित), बचाना, सुरक्षित रखना, शरण देना, सहारा देना

**protege** प्रोटेज *n.* one under another's care, protection or patronage, one having help from an important person in making his career, शरणागत, दूसरे की रक्षा में, उपजीवी

**protein** प्रोटीन् *n.* albuminoid, kinds of organic compound which form most essential part of food of living creatures, any of a large number of substances essential as part of the diet of human beings and animals, एक रासायनिक सत्व

**protest** प्रोटैस्ट *v.n.* to assert formally, to object, to make declaration, to aver, to affirm solemnly, to remonstrate, a solemn declaration of opinion against something (protestant n a member of one of the western Christian Churches founded at the Reformation, न मानना, विरोध करना, हुज्जत करना, प्रतिज्ञा करना, आपत्ति

**proto** प्रोटो *n.* a Greek prefix meaning first, प्रथम, पहला

**protocol** प्रोटोकल् *n.* diplomatic etiquette, the rough draft of a treaty, diplomatic despatch etc. a body of rules, etiquette for diplomatic ceremonies, मूल लिपि, आदि लेख,, नियमावली, राजनयिक, औपचारिक

**proton** प्रॉटोन् *n.* positively charged particle in nucleus of atom, the smallest quantity of positive electricity which exists in a free state, बिजली की अल्पतम मात्रा

**protoplasm** प्रोटोप्लैज्म् *n.* a colourless semi-fluid substance which forms the essence of life in plants and animals, वनस्पति तथा प्राणियों के जीवन का आधार तत्व

**prototype** प्रोटोटाइप *n.* the original of a copy, imitation, pattern improved forms, the original from which others are copied, आदर्श, मूल रूप, प्रतिमा, नमूना

**protract** प्रोट्रैक्ट *v.* to lengthen, to prolong, to delay, to draw to scale, to defer, बढ़ाना, फैलाना, बिलम्ब करना, खींचना

**protrude** प्रोटूरयूड *v.* to thrust forward, to project, to obtrude, to push forward, to shoot forward, to stick out, आगे को बढ़ाना, ठेलना, धकेलना, फैलाना, उभाड़ना

**protuberance** प्रोट्यूबैरन्स् *n.* a swelling, a tumour, a prominence, a bulging out, सूजन, गूमड़ी, फोड़ा, फूला हुआ, उन्नत (ऊँचा)

**proud** प्राउड् *adj.* arrogant, haughty, spirited, pleased, grand, gratified, घमंडी, अभिमानी, अहंकारी, प्रसन्न, भव्य

**prove** प्रूव *v.* to ascertain by test, to establish by evidence, to ascertain the genuineness of, to endure, to try by suffering, सिद्ध करना, निश्चित करना, सहन करना, अनुभव द्वारा सिद्ध करना, शोध करना

**proverb** प्रॉवर्ब *n.* a wise saying, an adage, short pithy traditional saying in common use, a maxim, saying, a short familiar sentence expressing a moral lesson or something supposed to be true, लोकोक्ति, कहावत, जनप्रवाद, मसला, संभावित सत्य को बताने वाली नैतिक शिक्षा

**provide** प्रोवाइड् *v.* to furnish, to make ready before hand, to procure supplies, to make supplies, to store, to arrange, to prepare, महय्या करना, सामग्री उपस्थित करना, पहले से तैयारी करना, नियुक्त करना, जमा करना, प्रबन्ध करना, तैयार करना, जुटाना

**providence** प्रॉविडैन्स *n.* God's care, foresight, care, economy, prudence, timely care, God exercising his providence, God, thrift, divine superintendence, प्रभु संरक्षण, दूरदर्शिता, सावधानी, मितव्ययता, प्रभु, खुदाई

**province** प्रॉविन्स *n.* a division of a country, the limit of a person's duty or authority, business, sphere of action, territory, portion of an empire, प्रान्त, सूबा, राज्य, देश, इलाका

**provoke** प्रोवोक् *v.* to cause, to irritate, to arouse, to excite, to incense, to instigate, to offend, to allure, to exasperate, ललकारना, उत्तेजित करना, भड़काना, लुभाना, उकसाना

**provost** प्रोवोस्ट *n.* the head of a college, the head of a municipality, the head of cathedral, the chief magistrate of a burgh, superintendent, कालेज का अध्यक्ष, हाकिम, नगर-रक्षक, मैजिस्ट्रेट, निरीक्षक

**prow** प्राऊ *adj.* gallant, worthy, वीर, सूरमा, योग्य

**prow** प्राउ *n.* the fore part of a ship, the bow of a ship, the front part of a ship, जहाज का अगला भाग, नाव

**proximity** प्राक्सिमिटी *n.* nearness, immediate nearness in place, or blood nearness in space or time, निकटता, समीपता

**proxy** प्रॉक्सी *n.* a authorised agent or substitute, writing authorising this, deputy, repesentative, one who acts or votes for another प्रतिनिधि, वकालत, स्थानापन्न, दूसरे की जगह काम करने व वोट देने वाला

**prude** प्रूड् *n.* woman who is extremely proper in behaviour or speech, woman who affects excessive modesty or propriety, अति विनीत या पाखंडी स्त्री, मक्कार, विदुषी

**prudent** *adj.* farseeing, wary, careful, sensible, discreet, cautious, frugal, sagacious, judicious, worldly-wise चतुर, विवेकी, सावधान, चौकस, दुनियादार

**prune** प्रून *n.v.* a dried plum, to trim, to cut off, to take out, to delete parts of, to cut superficial branches or twigs from, सूखी हुई बेर वा जामुन, छाँटना, फालतु टहनियाँ काटना

**prurient** प्रूरिएन्ट *adj.* finding pleasure in indecent thoughts, having eager desire for lewdness, itching, कामी, नीच वृत्ति वाला, बेकरार

**pry** प्राई *v.n.* to peer, to look curiously, to make furtive enquiries, to inspect closely, to inspect impertinently, to try to find out about other people's affairs, a narrow inspection, भेद लेना, निहारना, झाँकना, धृष्टता से निरीक्षण करना, दूसरों के मामलें में टाँग अड़ाना

**psalm** साम् *n.* a sacred song, hymn, भंजन, स्तोत्र, धार्मिक गीत

**preudo** स्युडो *pref* forms compounds with meaning of sham, false, fake, उपसर्ग जिसका अर्थ मिथ्या, कपट, छल होता है

**psyche** साइके *n.* the soul, mind, spirit, (psychiatrist n one who treats diseases of the mind मानसिक रोगों का विशेषज्ञ) आत्मा, मन, ब्रह्म

**puberty** प्युबर्टी *n.* sexual maturity, the age at which the generative powers begin to be developed, functional capability of procreation, यौवन, तरूण अवस्था, वयस्कता, बालिगपन

**public** पब्लिक् *adj.n.* concerning the people, open, well-known, common, not private, shared by the people, the people, community, लोक-संबधी, सामान्य, प्रचलित, सार्वजनिक, आम, सरकारी, प्रसिद्ध, प्रजा, जनता, दुनिया

**puce** प्यूस *adj.* brownish-purple, dark-brownish-purple, बैगनी, जामुन के रंग का

**pucker** पक्कर *v.n.* to wrinkle, to crease, a fold, सिकोड़ना, झुरी पड़ना, झुरी, तह

**pudding** पडिंग *n.* one of several kinds of sausage, a soft mode of sugar, milks, eggs etc, खीर, पूड़ा, विशेष पकवान

**puddle** पड्डल *n.v.* small muddy pool, to dubble in mud, to make a dirty stir, पोखरी, गड़ही, छोटा गंदा, जोहड़, गंदा करना

**puerile** प्युराइल् *adj.* childish, trivial, trifling, silly, boyish, juvenile, बचगाना, साधारण, मूर्खतापूण्र, बच्चों वाली, तुच्छ, ओछा

**puff** पफ् *n.v.* a short, quick blast, sudden forcible breath, anything light and swollen, a light kind of tart, exaggerated praise, protuberant mass of hair, to blow, to inflate, to breathe heavily, फूत्कार, हवा के झकोरा, हल्की और फूली हुई वस्तु, चापलूसी, अत्याधिक बड़ाई करना, घमंड से फूलना, बालों का गुच्छा

**puffin** पफिन् *n.* a type of sea bird with a short thick beak, एक समुद्री पक्षी

**pug** पग् *n.* a monkey, a kind of dog, prepared clay for brick-making, बंदर, एक प्रकार का कुत्ता, ईंटे बनाने की तैयार चिकनी मिट्टी

**pugnacious** पगनेशस् *adj.* quarrelsome, disposed to fight, fond of fighting, given to fighting, झगड़ालू, लड़ने को उद्यत, लड़ाई का शौकीन, कलह प्रिय

**puissant** प्यूइजेन्ट् *adj.* mighty, forcible, powerful, strong, मजबूत, प्रबल, शक्तिशाली

**puke** प्यूक *v.* to vomit, वमन करना, उल्टी करना

**pule** प्यूल् *v.* to whine, to cry in a low tone, to whimper, धीरे से चिल्लाना, कराहना

**pull** पुल *v.n.* to draw towards oneself, to exert force, to haul, to pluck, to strain, to tug, a tug, a haul, खींचना, जोर लगाना, उठान, तोड़ना, झटका देना, झटका

**pullet** पुल्लेट् *n.* a young fowl, a young hen, छोटा मुर्गी या मुर्गी

**pulley** पुली *n.* a grooved wheel turning on a pin in a block, wheel having a grooved rim in which a rope runs, घिरनी, चरखी, गिरड़ी

**pulp** पल्प *n.v.* soft, moist, vegetable or animal matter, flesh of fruit, marrow, a shapeless form, the soft fleshy part of bodies, the soft mass which is made into paper, to reduce to pulp, गूदा, नरम चीज, मगज, मज्जा, वसा, गूदा निकालना, कचूमर निकालना

**pulpit** पुलपिट् *n.* enclosed platform for preacher, preachers or preaching, a raised structure in a church occupied by a preacher, उपदेश देने का मंच, मंच, सिंहासन, उपदेशक का व्यवसाय

**pulsale** पल्सेट् *v.* to beat, to throb, to vibrate, to quiver धड़कना, फड़कना, उछलना, काँपना

**pulse** पल्स् *n.v.* a rhythmical throbbing of arteries, an edible seed of some plants, vibration, any regular beat, to quiver, to throb, नाड़ी, नब्ज की गति, दाल

**pulverise (ze)** पल्वाइरज *v.* to reduce to dust, to crush into fine powder, smash or demolish, to grind to powder, धूल में मिलाना, चूरा करना, बारीक पीसना, नष्ट करना

**puma** प्यूमा *n.* a large S.American carnivorous animal, a wild cat-like animal found in America, दक्षिण अफ्रीका का बड़ा माँसाहारी जन्तु, अमरीका का बिल्ली जैसा जीव

**pump** पम्प *n.v.* light shoe, a machine for raising water or other liquid, to raise or force with a pump, to draw out information from, हल्का जूता, नलका, हवा भरने या निकालने की पिचकारी, पम्प चलाना, हवा भरना

**pumpkin** पम्पकिन् *n.* plant and its large melon-like fruit, a large gourd, a plant beaing large globular edible fruit, कद्दू, लौकी, घीया, पेठा

**pun** पन् *n.* humorous use of words having several meanings, a play on words, श्लेष, अनेक अर्थों वाले शब्दों का प्रयोग

**punch** पन्च *n.v.* a tool for perforating or stamping, blow with fist, a beverage of rum, whisky etc, a blow or thrust, a short fat person, to stamp, to perforate with punch, to strike with fist, छेद करने की छेनी, सुंभी, एक प्रकार की मदिरा, चोट, मोटा ठिगुना, व्यक्ति, टिकट लगाना, छेद करना, मुक्का मारना

**puncheon** पन्चन् *n.* a large cask, a short post for supporting a roof, a tool for piercing or stamping metal plates, बड़ा पीपा, छत सँभालने की थूनी, शहतीर का छोटा टुकड़ा

**punctilious** पंकटिलिअस् *adj.* very exact, particualr, giving great care to small points, esp. in behaviour or ceremony, exact to excess, बिल्कुल ठीक, विशेष, छोटी छोटी बातों में भी सावधान, उपचारी, सूक्ष्म नियम वाला

**punctual** पंकचुअल् a in good time, not late, prompt, at the stated time, strict in keeping time of appointments, upto time, observant of appointed time, (punctuality n extreme exactness समय का पालन), समय का पाबन्द, सामायिक, समय पर काम करने वाला, समयबद्ध, ठीक

**punctuate** पकंचुएट् *v.* to mark with points, divide into sentences with points, to mark with stops by commas, full stops, etc. to interrupt at intervals (punctuation n the art of dividing sentences by stops), विराम-चिन्ह लगाना)

**puncture** पंकचर *n.v.* act of pricking, hole made thus, a hole in a tyre, to prick, to pierce with a sharp point, बेध, छोटा छिद्र, छेद करना, चुभाना

**pundit (pandit)** पंडित् *n.* a learned Brahmin, a Hindu scholar, any learned man, पंडित, विद्वान

**pungent** पंजैन्ट् *adj.* biting, irritant, piercing, caustic, tart, painful, sarcastic, sharp in taste or smell, तीखा, उत्तेजक, चरपरा, तीक्ष्ण, तिक्त, तेज

**punish** पनिश् *v.* to inflict penalty on, to cause to suffer for offence, to correct, to chastise, to handle roughly, to make a wrong-doer suffer (punishment n penalty दण्ड), दण्ड देना, ताड़ना करना, ठीक बनाना

**punt** पण्ट् *n.v.* a flat-bottomed boat for fishing, a flat bottomed shallow boat, the act of kicking a dropped football before it touches the ground, to kick to move a punt by pushing a pole against the bottom of a river etc. चिपटे पेदें की नाव, फुटबाल को गिरने से पूर्व हिट मारना, नाव चलाना

**puny** प्यूनी *adj.* weak, feeble, petty, tiny, small-sized, दुर्बल, दुबला, तुच्छ, छोटा, छोटे कद का

**pup** पप् *n.* a young dog, seal etc, puppy, पिल्ला, मछली का बच्चा

**pupa** प्यूपा *n.* chrysalis, a stage in the growth of an insect between the larva and the perfect form, कीड़े के जन्म के बाद की तृतीय अवस्था

**pupil** प्यूपिल *n.* opening in iris of eye, scholar, person being taught, one who is taught by another, ward, आँख की पुतली, विद्वान, शिष्य, छात्र

**puppet** पप्पैट् *n.* a doll, a small figure of a human being, one who is under the control of another, a doll moved by wires and hands or by strings, person led by others, गुड़िया, पुतली, पिछलग्गू, मकरी, ढ़ोंगी

**puppy** पप्पी *n. pup.* a young dog, conceited young man, पिल्ला, मकरी, ढोगी

**purchase** परचेज् *v.n.* to buy, to obtain by work, to acquire, anything bought, mechanical advantage, means of exerting force, act of buying, खरीदना, मेहनत से पाना, प्राप्त करना, खरीदी गई वस्तु

**pure** प्यूअर *n.* clean, spotless, free from dirt or infection, free from faults, not mixed with anything less valuable, utter, innocent, that and that only, perfectly in tune, genuine, chaste, unadulterated, शुद्ध, निर्मल, साफ, बेदाग, निर्दोष, असली, पवित्र

**purge** पर्ज् *v.n.* to purify, to make clean, to clear out, to remove, to get rid of, to cleanse from guilt, to clear from accusation, to clean the bowels by evacuation (purgative a cathartic रेचक ) दस्त लगाना, पेट चलना, छुटकारा पाना, पाप से छूटना, दोष मुक्त होना

**Puritan** प्यूरिटन् *n.* a member of the party of English Protestants, a person of extreme strictness in morals, प्रोटेस्टैन्ट मत का, सूफी, नमाजी, पवित्र आचरण वाला

**purity** प्यूरिटी *n.* state of being pure, chastity, cleanness, freedom from pollution, freedom from adulteration, निर्मलता, पवित्रता, नैतिक शुद्धि,, शुद्धता, पाकीगजी

**purl** परल् *n.v.* gin, a stitch in knitting, flow with burbling sound, swirl, babble, to knit in purl, to ornament with purls, कलाबत्तू, झालर, कोर, जल बहने का शब्द, भँवर, नहर, लहर, मोती पिरोना, हाशिया लगाना

**purple** परपल् *n.* regal, livid, dyed with blood, colour between crimson and violet, reddish blue, a purple dress, royal rank, नील लोहित रंग, बैंगनी, लाल और नीले रंग का मेल, बैंगनी रंग से रंगना

**purport** परपर्ट् *n.v.* meaning, sense, gist, substance, to mean, to seem, अर्थ, तात्पर्य, सार, अर्थ लगाना, प्रतीत होना

**purpose** परपज् *n.v.* aim, design, object, thing intended, constancy of aim, function, to intend, to resolve, लक्ष्य, नमूना, उद्देश्य, मनशा, कार्य, चाहना, प्रण करना

**purr** पर् *v.* to make a low continuous sound like a cat when pleased, pleased noise which cat makes, to murmur contentedly, प्रसन्न बिल्ली का शब्द, घुरघुराना

**purse** पर्स *n.v.* small bag for money, a sum of mony, a treasury, a small pouch to carry money, to pucker in wrinkles, to contract lips and brows, बटुआ, धन, कोष, थैली, ओंठ, या भौं सिकोड़ना

**pursue** परस्यू *v.* to chase, to aim at, to seek after, to continue, to follow, to carry on, to annoy, persecute, to be engaged in studies, enquiries, etc, पीछा करना, पीछे जाना, जारी रखना, नाराज करना, मुकद्मा चलाना, अध्ययनशील बनना, पूछताछ करना

**purvey** परवे *v.* to provide with, to make provision, to supply, to procure, सामग्री जुटाना, प्रबन्ध करना, खाने की सामग्री जुटाना

**pus** पस् *n.* viscid matter produced in an abscess, a thick yellowish fluid produced in wounds, मवाद, पीव, राद

**push** पुश् *v.n.* to exert force on a body, to imply by pressure, to move, to press, to suppress others, to drive, to thrust, to advance, to urge a thrust, effort, an assault, an impulse, धकेलना, जोर लगाना, दबाना, हिलाना, खीचना, फूँकना, बढ़ना, प्रयास, उद्वेग

**put** पुट *v.* to set, to place, to cause, to apply, to urge, to express, to produce, to offer, to propose, रखना, लगाना, उकसाना, रोकना, पेश करना, प्रस्ताव रखना, युक्ति बताना

**putrefy** प्यूट्रिफाई*v.* to corrupt, to become putrid, to make or become rotten, to go bad, to decay, दूषित करना, भ्रष्ट होना, सड़ना, दुर्गन्ध देना, मुर्झाना

**putt** पुट्‌टी *n.v.* the stroke made in putting, to attempt to hole a ball at golf, चोट, ठेस, गल्फ में बाल को छेद में डालना

**putty** पुट्‌टी *n.v.* water-proof paste used in glazing, a cement of whiting oil, to fill with putty, जोड़ने का मसाला, सिमेंट, मसाला लगाना

**puzzle** पजल् *n.v.* perplexing question, a riddle or game that causes much thinking, perplexity, enigma, a hard problem, a poser, to perplex, to set a problem, कठिन प्रश्न, समस्या उलझाना, उलझाना, समस्या खड़ी करना

**pyjamas** पाइजामाज *n.* a sleeping suit of trousers and jacket, पाजामा

**pygmy, pgmy** *n.*dwarf, ठिगुना, बौना

**pylon** पाइलोन् *n.* an Egyptian temple gateway, high, skeleton tower which supports cables, मिश्र के मन्दिर का द्वारा, उच्च मीनार, तारों के खंभे

**pyramid** पिरामिड् *n.* a solid shape with a base and triangle-shaped sides meeting in a point, a structure like this, esp. one of those used as tombs in ancient Egypt, चौपहल मीनार, शुण्डाकार स्तंभ,सूच्याकार पत्थर का खंभा

**pyre** पायर् *n.* a pile of wood etc for burning a dead body, a heap of wood for burning a corpse, चिता, मुद्म जलाने के लिए लकड़ी का ढेर

**pyrotechnics** पाइराटैक्निक्स *n.* the act of making fireworks, manufacture of, display of fire works, आतिशबाजी का फन, अग्नि कार्यकला

**python** पियायान्, पायथान् *n.* large snake which crushes its prey, a large non-venomous rock-serpent nearly allied to the boa, a very huge snake, a spirit, बहुत बड़ा सर्प, अजगर, डाइन, चुड़ैल

**pyx** पिक्स् *n.* a box in which specimen coins are kept, a vessel in which the Host is kept सिक्कों के नमूने रखने का बक्स, संदूकचा, संदूकची

# Q



**Q** क्यू *n.* the seventeenth letter of the English alphabet, अंग्रेजी वर्णमाला का सत्रहवां अक्षर

**quack** क्वैक् *v.n.* to make a harsh sound like a duck, to boast, to act like a quack, the cry of a duck, a charlatan, an empty pretender of skill in medicine, कुवैद्य, मिथ्या चिकित्सक, कर्कश आवाज (जैसे बत्तख की), इतराना, शेखी बघारना

**quadrangle** क्वाड्रैन्गल् *n.* an open square or other four-sided area surrounded by buildings, a four-sided figure, an enclosed courtyard in a building, चतुर्भुज, चतुःशाला

**quadruped** क्वाड्रपैड *n.* a four-footed animal, चौपाया, चार पाँओं का जानवर, चतुष्पद

**quaff** क्वाफ *v.* to drink copiously or in long draughts, to swallow in large quantities, डकारना, बड़ी मात्रा में निगलना

**quagmire** क्वाग्मायर *n.* a marshy ground, a boggy ground into which one may sink, boggy ground yielding under the feet, दलदल, घसन

**quail** क्वेल् *n.v.* bird allied to the partridge, a migratory game-bird, to flinch, to cower, to shrink with fear, लवा, बटेर, साहस छोड़ना, दुबकना, भयभीत होना

**quaint** क्वेन्ट *adj.* pleasantly odd, or strange, peculiar, old fashioned, unusual, antique, curious, whimsical. भद्दा, विचित्र, पुराने, ढँग का असामान्य, सनकी

**quake** क्वैक् *v.n.* to shudder, to shake, to tremble, to fear, to quiver, to be agitated, a shadder, trembling, काँपना, हिलना, थर्राना, कँपन

**qualify** क्वालिफाई *v.* to attribute a quality to, to make legally competent, to fulfil a condition, to modify, to make less, to prove oneself fit for a certain position,to reach a certain standard of knowledge, योग्य बनाना, ठीक करना,सँवारना, नियम के अनुकूल बनाना, विशेष स्तर के योग्य बनाना

**quality** क्वालिटी *n.* nature, the degree of goodness or badness of something, characteristic, a distinguishing attribute, faculty, skill, high rank, accomplishment, लक्षण, गुण, प्रकृति, चातुर्य, उच्च पद, गौरव,

**qualm** क्वाम् *n.* momentary feeling of sickness, feeling of nausea, scruple of conscience, वमन की इच्छा, घबराहट, मतली

**quandary** क्वॉन्ड्री *n.* a difficult situation, a state of perplexity, a puzzling position, dilemma, a plight, निकट स्थिति, परेशानी, व्याकुलता, संशय, कठिनाई

**quantity** क्वाँटिटी *n.* the size amount extent, bulk, measure, large portion, sum or mass, any indeterminate bulk, आकार, परिमाण, मात्रा, सीमा, माप, बड़ा भाग

**quantum** क्वाँन्टम् *n.* the amount or portion required, a unit of energy in atomic physics, परिमाण, मात्रा

**quarantine** क्वारनटीन् *n.v.* period of compulsory isolation to prevent spread of disease, the place in which the period is spent, to isolate, संक्रामक रोग होने पर यात्रा रकने पर रोक, रोजा, अलग होना

**quarrel** क्वर्ल् *n.v.* angry dispute, break-up of friendship, a disagreement, petty fight, altercation, ground of dispute, to disagree, to dispute violently, to find fault with, झगड़ा, मैत्री भंग, निराशा, नोक झोंक, झगड़े का कारण, असहमत होना, लड़ना, दोष लगाना

**quarry** क्वारी *n.v.* a victim, a prey, a place where excavations are made, game hunted as prey, a place where stone is dug out for building purposes, to dig from a quarry, शिकार, मारा हुआ पशु, पत्थर निकालने की खान, पत्थर खान से निकालना

**quart** क्वार्ट् *n.* an imperial measure of capacity (two pints), fourth, the fourth part of a gallon, चौथाई गेलन

**quarterly** क्वार्टरली *adj.n.* once a quarter, a magazine published every three months, त्रैमासिक, त्रैमासिक पत्रिका

**quartz** क्वार्टस् *n.* a rock crystal, बिल्लौर

**quash** क्वैश् *v.* to subdue, to make void, to annul, to put an end to, to crush, जीतना, दबाना, समाप्त करना, खण्ड करना

**quasi** क्वाजी *prefix & conj* that is to say, almost, as if, not reality, an appearance only, अर्थात् मानो, प्राय:

**quatrain** क्वाट्रेन् *n.* a stanza of four lines of verse, चतुष्पदी श्लोक जिसके पहले तीसरे, दूसरे चौथे चरण में अनुप्रास रहता है

**quaver** क्वेवर *v.n.* to vibrate, to tremble, to shake, to sing in a trembling tone, to quiver, a trembling, काँपना, थर्राना, हिलाना, कंपन

**quay** के *n.* a landing place, a wharf for loading or unloading vessels, घाट, उत्तरणस्थान, सामान लादने व उतारने का स्थान

**queasy** क्वीजी *adj.* tending to sickness, weak of digestion, delicate, causing nausea, squeamish, रोगी, दुर्बल हाजमे वाला, कोमल, निद्रा लाने वाला

**queen** क्वीन् *n.v.* the wife of a king, a female monarch, an adorned female, a sweet heart, the best example of a thing, a piece in chess, to play the queen, रानी, सम्राज्ञी, प्रेमिका, सर्वश्रेष्ठ नमूना, शतरंज में फर्जी रानी बनाना

**queer** क्वीअर *adj.* strange, peculiar, eccentric, odd, singular, droll, out of health, unusual, विचित्र, अनोखा, विस्कृत मन का, रोगी

**quell** क्वैल् *v.* to crush, to overcome by force, to put down, to allay, to pacify, to subdue, to quiet, दबाना, शक्ति से दबाना, खत्म करना, दूर करना, शान्त करना

**quench** क्वैंच *v.* to extinguish, to suppress, to allay, to silence, to put out, to slake, to check, to end a thirst, शान्त करना, दबाना, बुझाना, रोकना, प्यास मिटाना

**querulous** क्वेरूलस् *adj.* fretful,peevish, whining, discontented, complaining, चिड़चिड़ा सदा शिकायत करने वाला, दुःखी

**query** क्विरी *v.n.* to ask, to question, to doubt, to mark with a query, a question, mark of interrogation, inquiry, पूछना, प्रश्न करना, शक करना, प्रश्न चिह्न, पूछताछ

**quest** क्वेस्ट् *n.v.* a search, a request, an official enquiry, an examination, pursuit, to seek, to search for, तलाश, ढूँढ, सरकारी षड़ताल, तलाशना, ढूँढना

**question** क्वैश्चन् *n.* an interrogative sentence, inquiry, doubt, examination, problem, debate, strife, to ask question, to dispute, to interrogate, प्रश्नात्मक वाक्य, पूछताछ, शक, परीक्षा, समस्या वादविवाद, पूछना

**questionnaire** क्वैश्चनेअर *n.* a series of questions submitted for answer, list of questions drawn up for formal answer, a list of questions, as for pupils, प्रश्नावली, उत्तर देने के लिए प्रश्नों का समूह

**queue** क्यू *n.v.* line of waiting persons, a pigtail at the back of the head, tail of hair, to wait in queue, पंक्ति, चुटिया, पंक्ति लगाना

**quibble** क्विबल् *n.v.* play on words, evasion, equivocation, to play upon words, वक्रोति, वाक्छल

**quick** क्विक् *adj.n.* living sprightly, sharp, vigorous, sensitive, prompt to act, rapid, brisk, hasty, impatient, all living things, the sensitive part under one's nails, शीघ्र, चपल, तीखा, फुर्तीला, सजीव, भावुक, अधीर, नाखून के नीचे का कोमल भाग

**quiescent** क्वाइस्सेन्ट *adj.* silent, calm, motionless, resting, not in an active state, (quiescence n repose), शान्त, चुप, चेतनाशून्य, विश्राम कर रहा, गतिहीन

**quiet** क्वाएट् *n.adj.* silence, tranquillity, stillness, peace of mind, repose, at rest, gentle, calm, शान्ति, चुप्पी, मौन, मन की शान्ति, शान्त, सज्जन

**quill** क्विल् *n.* the hollow stem of a feather, musical pipe made of a hollow stem, a pen made of this, the spine of a porcupine, a large feather, पंख, बड़ा पर मिजराब, सेह का काँटा

**quilt** क्विल्ट *n.v.* a padded cover for a bed, a bed-cover filled with soft material, stitched to keep the filling in place,to pad to stuff, गद्दा, रजाई, गद्दा भरना

**quinine** क्विनीन् *n.* an alkaloid found in the cinchona bark, fever-easing medicine made from the bark of the cinchona, मलेरिया बुखार की दवाई, कुनीन,

**quintal** क्विन्टल् *n.* a weight of 100 or 112 lbs, सौ किलोग्राम का माप

**quip** क्विप् *n.* a taunt, sarcastic remark, a smart saying, epigram, clever repartee, a witty reply, कटाक्ष, ताना, टिप्पणी, कथन

**quire** क्वायर *n.* a batch of 24 sheets of paper, a twentieth of a ream, शीटों का दस्ता कागज, एक दस्ता

**quirk** क्वर्क् *n.* a twist, a turn, a trick, an oddity, a flourish in writing, quip, quibble, मोड़, छल, कपट, भद्दापन, लिखने में मोड़ तोड़, ताना

**quisling** क्विजलिंग् *n.* traitor, one who betrays his country, देशद्रोही, गद्दार

**quit** क्विट् *v.* to free, to rid, to leave, to go away from, to depart, to stop doing a thing, to behave, to desert one's job, छोड़ना, खाली करना, चले जाना, जुदा होना, काम रोकना

**quite** क्विट् *adv.* fully, entirely, wholly, perfectly, completely, exactly, yes, बिल्कुल, तमाम, पूर्णतया, हाँ

**quiver** क्विवर् *v.n.* to shake, to tremble, to shiver, vibration, quivering, a case to hold arrows हिलना, काँपना, कंपन, कँपकपी, तूणीर, निषंग

**quixotic** क्विक्सअटिक् *adj.* visionary, absurd, romantic, chivalrous, enthusiastic for visionary ideals, extravagantly generous and chivalrous, काल्पनिक, भद्दा, मनतरंग, साहसी, जोशीला, अत्यन्त उदार

**quiz** क्विज् *n.v.* an eccentric person, ridicule, an old fellow, a hoax, a questioning, test, a competition to test knowledge, mainly for the amusement of an audience, to question, सनकी,

# R

## RABBI-RYOT

**R** आर् the eighteenth letter of the English alphabet, अंग्रेजी वर्णमाला का अठारहवां अक्षर

**rabbi** राबआई *n.* a Jewish doctor of law, यहूदी धर्माधिकारी

**rabbit** रैबिट् *n.* a rodent of the hare family, a small burrowing animal with long ears and short tail, small, white-tailed burrowing animal, खरगोश, शशक, सुसा, खरहा

**rabble** रैबल *n.* a noisy mob, the socially lowest class of people, शोरशराबा करने वाला जनसमूह, छोटी जात, नन्ही जात, निकृष्ट जन समाज

**rabid** रेबिड् *adj.* mad, suffering from rabies, violent, extreme, furious, raging, enthusiastic to excess, पागल, खारिश का रोगी, उन्मत, क्रुद्ध, विक्षिप्त, बाबला

**race** रेस् *n.v.* living beings with the same ancestors and characteristics, rapid current in the sea or river, course of life, career channel, progress, contest of speed, breed, family, tribe, kindred, to run swiftly, to run wildly, नस्ल, कुल, सन्तति, जाति, समुद्र व नदी की तेज तरंग, जीवन-क्रम, नाली, प्रगति, दौड़, तेज दौड़ना

**race-course** रेसकोर्स *n.* a track on which a race is run, घुड़दौड़ का मैदान, चौगान

**rack** रेक *n.v.* flying cloud or mist, a frame for holding fodder, a frame work for keeping articles, horse's track, to pain, to torment, उड़ते बादल या धुँध, चारे की नाँद, खूँटी, घुड़दौड़ का मैदान, कष्ट देना, पीड़ा पहुँचाना

**racket** रेकट् *n.v.* a tennis bat, an uproar, a din, a dishonest way of making money, disturbance, a snow shoe, to make noise (racketeer n armed criminal), सशस्त्र अपराधी, टेनिस बॉल, हल्ला गुल्ला, बेईमानी, गड़बड़, बर्फ का जूता, शोर करना

**racy** रेसी *adj.* having strong flavour, spicy, spirited, lively, piquant, mentally exciting, स्वादिष्ट, रसीला, शोख, जानदार, उग्र, उत्तेजित

**radar** रॉडॉर *n.* a system of detecting the positions of ships and aircraft by radio-waves, radiolocator, electrical device which finds the position of ships, aeroplanes etc, रेडियो तरंगो द्वारा जहाजों व समुद्री जहाजों की स्थिति को आँकने की विधि, जहाजों की स्थिति को जानने का विद्युतीय ढँग

**radiance** रेडिएन्स् *n.* splendour, brightness, the quality of being radiant, brightness shooting in rays (radiant a glowing, उज्ज्वल), कान्ति, चमक, प्रभा, प्रकाश, ज्योति

**radiate** रेडिएट् *v.* to send out rays of heat or light, to spread out in many directions, to emit rays of light, to sparkle, किरण डालना, प्रकाश डालना, किरणें फेंकना, चमकना

**radical** रेडिकल् *adj.*n. essential, original, fundamental, primary, belonging to the very root, coming from near the root, bent on thorough reform, basic, extreme, underived, अनिवार्य, मौलिक, मुख्य, असली, स्वाभाविक, पूर्ण परिवर्तन पर तुला हुआ, आदि का

**radio** रेडिओ *n.v.* wireless communication, a wireless receiving or transmitting set, wireless message or broadcast, a wireless telegraphy and telephony, to broadcast, to send out, to send a message to by radio, बेतार तार बर्की, बेतार के समाचार भेजने वाला, ऐक्सरे व उसका प्रयोग, समाचार प्रकाशित करना, रेडियों द्वारा समाचार भेजना

**radiology** रेडिऑलोजी *n.* the study of radio and radioactivity, their use in medicine (radiologist n one who studies or practises radiology, रेडियो विशेषज्ञ) रेडियो व रेडियोधर्मिता का अध्ययन

**radish** रेडिश *n.* a plant with a red or white root eaten raw in salads, मूली

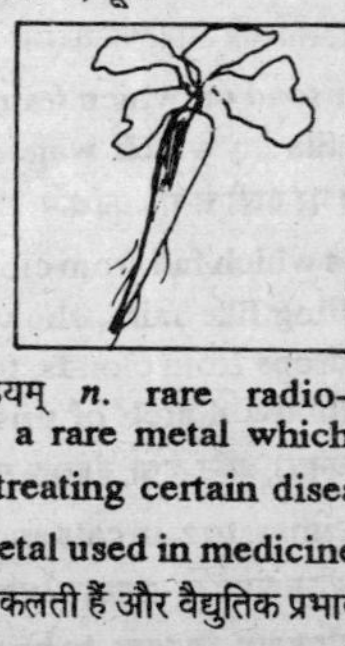

**radium** रेडियम् *n.* rare radio-active metallic element, a rare metal which sends out rays used in treating certain diseases, rare radio-active metal used in medicine, बहुमूल्य धातु जिसमें से किरणें निकलती हैं और वैद्युतिक प्रभाव डालती है

**radius** रेडिअस् *n.* straight line from the centre of a circle to its edge or circumference, the outside bone of the forearm, the spoke of a wheel, अर्धव्यास, बाहु की कोहनी के बाहर की हड्डी, पहिए का आरा

**raffle** रैफल् *n.* the sale of an article by raising entrance fee from a number of persons and finally assigning it to one by casting lots, lottery, rubbish, refuse, पासा, चिट्ठी (डालकर बेचना), कूड़ा-करकट, चिट्ठी डालना, पासा फेंकना

**raft** रॉफ्ट *n.* a fleet made of logs or casks, a float of timber, a floating wooden platform, बेड़े पर माल ले जाना या नदी पार करना, लट्ठों व पीपे का बेड़ा

**rafter** राफ्टर् *n.* a roof-beam, a roof-timber, a sloping beam supporting the roof of a building, बल्ला, धरन, कड़ी, बेड़ा बनाने वाला

**rag** रेग *n.v.* waste scrap of cloth, a small piece of torn or worn cloth, fragment, remnant, a scrap, roofing store or tile, to tease, to play tricks on, वस्त्रखण्ड, चीर, खपरैल, चीथड़ा

**rage** रेज् *n.v.* violent anger, passion, violence, vehement desire, great fury, enthusiasm, to act with fury, to be violently prevalent, to be very angry, आक्रोष, हिंसा, उत्कट इच्छा, जोश, गुस्सा करना

**raid** रेड*n.v.* a sudden attack, an onslaught, hostile expedition, a predatory incursion, to attack for plunder or food, to make a raid upon (raider n one who makes a raid, आक्रमणकारी), धावा, चढ़ाई, आक्रमण, लूटने के लिए हमला करना

**rail** रेल् *v.n.* to scold, to abuse, to enclose with rails, to scoff, to use bad language, wooden or metal bar, a horizontal bar of timber or metal extending from one support to another, wooden or iron fence, a railway, फटकारना, निन्दा करना, ताना मारना, पटरी विछाना, लकड़ी व लोहे की छड़, कठघरा, गाड़ी का पटरी पर चलने का क्रम

**railing** रेलिंग *n.* scolding, material for rails, fence made of posts and rails insulting and reproaching, फटकार, लोहे की आड़, फटकारना

**railway** रेलवे *n.* track or road on which trains run, a track laid with rails on which wagons etc, run, रेल की पटरी, लाइन पर गाड़ी चलाने का क्रम

**rain** रेन् *n.v.* water-drops which fall from clouds as water, anything falling like rain,, showers of rain (pl). to fall in drops from clouds, to pour down like rain (rainbow n arch of prismatic colours in sky), इन्द्रधनुष), वृष्टि, वर्षा, बौछाड़, वर्षा होना

**a rainy day** एरेनी डे hard times, to rain cats and dogs to rain very hard, कठिन समय, मूसलाधार वर्षा होना

**raise** रेज् *v.* to lift up, to elevate, to rear, to bring up, to collect troops, taxes, etc, to stir up, to excite, to set up, to make higher, to put forward, to suggest, उठाना, खड़ा करना, जागृत करना, सैन्यदल इकट्ठा करना या टैक्स उगाहना, जोश दिलाना, ऊँचा करना, प्रस्ताव रखना

**raisin** रेजिन् *n.* a dried grape, मुनक्का, किशमिश, दाख

**rake** रेक् *n.* toothed implement for scraping soil, a loose-living person, to gather with a rake, to draw, to break with rake,t o search over, खुरचना, भूमि कूरेदने का दाँतेदार औजार, व्यसनी पुरुष, यन्त्र से बटोरना, हेंगी से तोड़ना, खोजना

**rally** रैली *v.n.* to assemble, to reunite, to renew conflict, to banter, to taunt, to encourage, to recover in health, assembly, the act of regaining strength, इकट्ठे होना, मिलना, झगड़ा उठाना, ताना देना, स्वस्थ होना, सभा, पुनः स्वास्थ्य लाभ

**ram** रैम्*n.v.* to run into, to sink, to batter with a ram, to push with force, to beat down, to make firm by pounding, a male sheep, a sign of zodiac (मेष राशि), a pile driving machine, an instrument for battering walls of fort etc. बरबस प्रवेश, भिड़ जाना, डूबना, मेढे से भिड़ना, पछाड़ना, मेढ़ा, मेष, दीवार गिराने व पानी खींचने की एक कल

**ramble** रैम्बल् *v.n.* to walk for pleasure, to talk disconnectedly, to wander, to talk incoherently, to walk without definite route, to visit many places, roving or wandering from place to place, टहलना, पर्यटन करना, वैसे ही घूमना, बेमतलब बात करना, अटकल से घूमना, कई स्थानों पर घूमना, जगह जगह भटकना, सैर, भ्रमण

**ramp** रैम्प् *v.n.* to climb, to grow thickly, to rage, to stand on hind legs, to rush out, to extract debt, a slope, levying high prices, a leap or bound, बेल का चढ़ना, घना उगना, क्रुद्ध होना, पिछली टाँगों पर खड़े होना, ऋण वसूल करना, ढलवान, ऊँचे दाम लगाना, कूद

**rampage** रैम्पेज् *v.n.* to prance about with unrestrained spirits, be furious, to dash about violently, to rush about angrily, angry behaviour, a state of excitement, unruly behaviour, रूखा व्यवहार करना, कुद्ध होना, गुस्से में कूद पड़ना, नाराजगी का व्यवहार, जोश, अशिष्ट व्यवहार

**rampant** रैम्पैन्ट् *adj.* widespread and threatening, exuberant, violent, aggressive, rank, in heraldry, standing upright on the hind legs, overleap restraint or natural bounds, ज्यादा, अनियन्त्रित, तीक्ष्ण, उग्र, आक्रामक, पद, पिछली टांगो पर सीधे खड़े होना, मर्यादा लांघना

**rampart** रैमपर्ट् *n.v.* a defensive wall, a bulwork, a mound or wall surrounding a fortified place, protection from assault or danger, mound for defense, to fortify with ramparts, किले की रक्षार्थ बनी प्राचीर (दीवार), बचाव, आड़, परकोटा, प्रकार, दुर्ग की रक्षार्थ दीवार बनाना

**ranch** रैन्च *n.* large cattle-farm पशुशाला

**rancid** रेनसिड् *adj.* stale, musty, tasting offensivley, बासी, सड़ा हुआ, दुर्गन्ध युक्त

**rancour** रेन्कर् *adj.n.* bitter, inveterate hate, spite, bitter feeding, fatred, ill will, deep spite malice, कड़वा, द्रोह, विद्वेष, अतिघृणा, ईर्ष्या, जलन

**random** रैन्डम् *adj.n.* heedlessly done, at haphazard, chance, done without plan, a chance, a hazard, बेध्यान किया हुआ, बैठोर ठिकाने, ऐसे ही, अंकस्मात्

**range** रेंज् *n.v.* row, extent of anything, arc, scope, distance gun can reach, distance of mark shot at, place for practising shooting, mountains, to extend, to roam, to set in row, to vary (ranger n keeper of a royal or large forest), बगीचे व वन का रखवाला), घेरा, परिधि, सीमा, अन्तर, बन्दूक की मार, चानमारी का स्थान, पवर्त श्रृंखला, बढ़ाना, घूमना, पंक्तिबद्ध करना, विस्तार करना

**rank** रैन्क् *n.adj.v.* row placed abreast, station or position, grade, dignity, eminence, to put in order of importance, to have a place in scale of importance, growing freely, extreme coarse, पंक्ति, पदवी, शोभा, ख्याति, बराबर करना, उपजाऊ

**rankle** रैकल् *v.* to fester, to nurse unfriendly feelings, to cause resentment, अड़ना, खटकना, चुभना, अमित्रभाव रखना

**ransack** रैनसैक् *v.* search thoroughly, plunder, pillage, to rummage, to pilfer, तलाश करना, लूटना, ठगना

**ransom** रैनसम् *n.v.* money paid for a captive's release, amount paid, release from captivity by payment, to pay money to free a captive, to redeem, to atone for, फिरौती, बन्धक के बदले लिया हुआ धन), दी गई रकम, मुक्त करना, प्रायश्चित करना

**rant** रैन्ट् *n.v.* to shout, to rave, to bluster, to talk in a boisterous manner, empty talk, noisy talk, चिल्लाना, बकवाद करना, वृथा का बकवाद, बकबक

**rap** रैप् *v.n.* to strike a sharp blow, to knock, to strike sharply, to utter hastily, a sharp blow, a sound made by knocking (rapacious a greedy, लोभी) थप्पड़ मारना, थप्पड़, खट खटाना, जल्दी बोलना, खटखटाहट

**rape** रेप् *v.n.* to ravish, to take away by force, to seize and carry away, लूटना, बलात्कार करना, जबरदस्ती उठा ले जाना

**rapid** रैपिड् *adj.n.* speedy, swift, expeditious, quick, fast, a strongcurrent of river, (rapidity n swiftness), वेगयुक्त, शीघ्र, तेज, जल्दबाज, फुर्तीला, नदी के तेज तरंग

**rapier** रैपिअर *n.* light fencing-sword, भोंकने की छोटी तलवार

**rapt** रैप्ट *adj.* lost in thought, intent, absorbed, carried away, transported, विचारमग्न, खोया हुआ, मग्न, लीन

**rapture** रैप्चर *n.* immense delight, joy, ecstasy, extreme pleasure, enthusiasm, अत्यन्त हर्ष, आनन्द, जोश

**rare** रेअर् *adj.* under cooked, uncommon, unusually good, very amusing, not dense, scarce, infrequent, असाधारण, बहुत अच्छा, अत्यंत हर्षवर्धक, दुलर्भ, अनूठा

**rascal** रासकल् *n.* rogue, knave, scamp, scoundrel, a mean fellow, दुष्ट, गुंडा, दुर्जन, बदमाश, नीच

**rash** रैश् *adj.* skin eruption, hasty, reckless, incautious acting without thought headstrong, precipitate, दिद्रोरा, चकत्ता, भुरभुरा, लापरवाह, तेजतरार

**rasp** रॉस्प् *n.v.* a course file, a grating sound, to scrape with rasp, to speak in grating voice, to grate upon, to irritate, मोटी रेती, चोसा, रगड़ने की आवाज, रेती से रगड़ना, तेज करना, खिजाना

**raspberry** रॉजबेरी *n.* a plant yielding small juicy beries, रसभरी का पौधा या फल

**rat** रैट् *n.* a small rodent animal, a gnawing animal like the mouse, चूहा, मूषक

**ratchet** रैचट् *n.* set of teeth on bar or wheel allowing motion in one direction only, a wheel with a toothed rim with a lock attached for moving in one direction, लोहा इत्यादि छेदने का किरकिरा

**rate** रेट् *n.v.* tax on property to pay public expenses, a fixed price, a speed, velocity, charge, standard of payment, standard of quality, to value, to rank, to scold, to chide, सम्पत्ति कर, निश्चित मूल्य, गति, दर्जा, मूल्य लगाना, दर्जा देना, फटकारना

**rather** रादर *adj.* to some extent, more willingly, preferably, sooner, on the contrary, in preference to, more correctly speaking, किसी सीमा तक, अधिक, किंचित्, अपेक्षा, अथवा

**ratify** रैटिफाई *v.* to confirm, to make valid, to agree, to approve, to establish, दृढ़ करना, स्थिर करना, पक्का, मानना, प्रमाणित करना

**ratio** रेशो *n.* proportion, quantitative relation, rate, the proportion of one thing to another, सम्बन्ध, प्रमाण, मात्रा, निस्बत, अनुपात

**ration** राशन् *n.v.* daily allowance of food for a man or animal, a fixed allowance or portion, fixed food for the day, a fair share, to furnish with rations (rational a having or using reason), तर्कशील, प्रतिदिन के आहार का परिमाण, खुशक भोजन सामग्री, राशन देना

**rationalise** रैश्नलाइज *v.* to invent a reasonable and creditable explanation of so as not to feel guilty about it, explain away by reasoning, to make fair, to stop waste, प्रमाण सहित किसी विषय को सिद्ध करना, समुचित तर्क देना

**rattle** रैटल् *v.n.* to give out succession of short sharp sounds, to clatter, to shake briskly, to confuse, to ride rapidly, to chatter, to move quickly and noisily, to upset, short quick sounds, a toy which produces a rattling sound, खट खट करना, बजना, गड़बड़ाना, खड़खड़ करते हुए चलना, तेज आवाज, आवाज देने वाला खिलौना

**rattesnake** रैटलस्नेक *n.* a snake with hard bony rings on the tail producing a rattling sound when in motion, a poisonous snake, खड़खड़ाहट की आवाज से चलने वाला साँप, एक विषैला सर्प

**ravage** रैवेज् *v.n.* to lay waste, to plunder, to sack, to pillage, to make havoc, a great harm, waste, devastation, destruction, लूटना, लूटमार करना, नाश करना, उपद्रव करना, लूटमार ,विनाश

**rave** रेव् *v.n.* to talk wildly in delirium or enthusiastically, to howl, the frame work attached to a cart to increase its capacity, पागलों सा गर्जना या चिल्लना, बड़ मारना, छकड़े की मजबूती के लिए लगा ढाँचा

**ravel** रेवल् *v.* to entangle, to complicate, to perplex, to disentangle, to fray out, फँसाना, उलझाना, जटिल करना, व्याकुल करना, सुलझाना

**raven** रेबन *n.v.* a large bird of the crow family noted for its deep black colour, black bird like crow, to seek for prey, to eat greedily, to be very hungry, काला काग, जंगली या पहाड़ी कौआ, लूटना, शिकार ढूँढना, भुक्कड़ की तरह खाना

**ravine** रैवाइन् *n.* a mountain cleft, a gorge, defile, a deep narrow valley, a long deep hollow, worn by the action of a torrent, कन्दरा, खड्ड, दर्रा, नाला, खाला, घाटी

**ravish** रैविश् *v.* to carry away by violence, to violate, to rape,to plunder, to fill with delight, to rapture, जबरदस्ती उठा ले जान, मर्यादा भंग करना, बलात्कार करना, लूटना, प्रसन्न होना

**raw** रॉ *adj.* an cooked, crude, not manufactured, skinned, sensitive, chilly, unpractised, fresh, unripe, unfinished, inexperienced, untried, अपरिपक्व, कच्चा, खुरदरा, अधूरा, असिद्ध, अनुभव रहित, ठंडा, ताजा

**ray** रे *n.v.* single line or narrow beam of light, heat etc, any of set of radiating lines, beginning, influence, light, perception, a flat fish, प्रकाश की रेखा, किरण आरंभ, प्रभाव, प्रकाश, एक प्रकार की मछली

**rayon** रेआन्*n.* artificial silk, नकली रेशम

**raze** रेज् *v.* to level to the ground, to blot out, to erase, to efface, to shave, to destroy, to level, to delete, to demolish, भूमिसात करना, मिट्टी में मिलाना, मिटा देना, नष्ट करना, बराबर करना

**razor** रेजर् *n.v.* instrument for shaving, implement for shaving the face, a sharp-edged instrument for shaving hair, to shave with a razor, उस्तरा, उस्तरे से हजामत बनाना

**reach** रीच् *v.n.* to arrive at, to succeed in touching, to extend, to attain to, to stretch out hand, to gain, to include, to comprehend, extend of stretch, the power of reaching, grasp, scope, easy distance, range, stretch of river between two bends, पहुँचाना, छूने में सफल होना, बढ़ाना, हाथ बढ़ाना, पाना, पहुँच, पकड़ना, घेरा, नदी के जल का मोड़ पर फैलाव

**react** रिऐक्ट *v.* act in return, opposition or towards former state, to act reciprocally, to respond to an idea, to act over again, to oppose each other, (reaction n counteraction, प्रतिक्रिया), प्रतिक्रिया, प्रतिकार, टक्कर, प्रत्युत्तर, एक दूसरे का विरोध करना, प्रतिक्रिया जताना

**read** रीड् *v.* to understand the meaning of printed words, to undertand, to study, to express in words, to reproduce mentally, to practise reading, to interpret (reader n one who reads, a reading book, a university lecturer, विश्वविद्यालय का शिक्षक), पढ़ना, भाव समझना, बाँचना, बूझना, व्याख्या करना

**ready** रैडी *adj.* prompt, quick, willing, prepared, at hand, quick to act, easily secured, without complete preparation, near, about to door be, dexterous, चुस्त, तेज, तैयार, प्रत्युत्पन्न मति, लगभग

**real** रीअल् *adj.* actual, genuine, free, sinless, authentic, sincere, not imitation, happening, consisting of land and houses (reality n realness), वास्तविकता, असली, सच्चा, पवित्र, शुद्ध

**realize** रिअलाइज् *v.* to understand, to sell, to make real, to apprehend, to convert into money, to grasp significance of, to bring into act or being, to achieve, to complete (realisation-za-understanding सिद्धि ), समझना, असल कर देना, सिद्धि करना, मूल्य पाना, पाना, पूरा करना

**realm** रेल्म् *n.* kingdom, a part of human life or action, territory, empire, state, the land ruled, domain, province, sphere, राज्य, प्रदेश,क्षेत्र

**ream** रिम् *n.* twenty quires of paper, generally 480 sheets, बीस दस्ते कागज की गड्डी

**reanimate** रिऐनिमेट *v.* to revive, to invigorate, पुनः जलाना, पुनः जिन्दा करना

**reap** रीप् *v.* to cut grain, to gather crop, receive as fruit of previous activity, to obtain the fruits of one's labour, to obtain an advantage or reward (reaper n one who reaps फसल काटने वाला ), फसल काटना, लावनी करना, किए कर्म का फल भोगना, लाभ उठाना

**re-appear** रीअपीअर् *v.* to, appear again, फिर से प्रकट होना, फिर निकल आना

**rear** रिअर् *n.v.* the hinder most part, space behind, part of army which is behind, back, a position behind, the last in order, background, to raise, to exalt, to build, to educate,to bring to maturity, to erect, to rise on the hind feet, पिछवाड़ा, पीठ, सेना का पृष्ठ भाग, पृष्ठ भाग, अन्तिम, पृष्ठ भूमि, उठाना, बढ़ाना, खड़ा होना या करना, बनाना

**reason** रीजन् *n.v.* ground, motive, faculty of thinking, logical thought, right judgement, intelligence, cause, excuse, to argue, to think out clearly (reasonable a sensible शक्ति घटाना, छूट, कुंठित करना, शक्ति घटाना

**rebate** *n.v.* discount, deducton, refund, to blunt, to diminish the force of, तर्क संगत), कारण, युक्ति, बुद्धि, ठीक निर्णय, बहाना, तर्क करना, सोचना

**rebel** रैबल् *v.adj.* to refuse to obey, to revolt, to rise against the established government, to oppose someone in authority, to taking arms against ruling power (rebellion n revolt) अवज्ञा करना, बलवा करना, बागी होना, निरंकुश, विद्रोही

**rebound** रिबाउँड् *v.n.* to drive back, to reverberate, to leave back, to reecho, act of rebounding, उलटना, पीछे हटना या फिरना, उछलता, पलटा, उछाल

**rebuff** रिबफ् *n.v.* a beating back, sudden check, defeat, refusal, repulse, a snub, to snub, to refuse, to obstruct, पछाड़ना, प्रतिघात, रोक, पराजय, इनकारी, हटाना, रोकना

**rebuke** रिब्यूक *v.n.* to reprove, to reprimand, to find fault with, to chide, to chastise, to scold, reproof, chastisment, फटकारना, डपटना, झिड़कना, निन्दा करना, फटकार, निन्दा, भर्त्सना, झाड़

**rebut** रिबट्ट *v.* to beat back, to oppose by argument, to repel, to return an answer, to refute, to force back, खण्डन करना, पछाड़ना, उल्टा उत्तर देना

**recalcitrant** रिकाल्सीट्रेन्ट् *adj.* refractory, obstinate, disobedient, अड़ियल, उद्दण्ड, अवज्ञाकारी

**recall** रिकॉल् *v.n.* to call back, to remember, to revoke, to withdraw, to summon, to recollect, act of recalling, पुनः बुलाना, याद करना, उघाड़ना, लौटाना पुनः याद करना, खण्डन, उल्टा बुलावा

**recant** रिकैण्ट् *v.* to withdraw statement, opinion, etc, to retract, to abjure, खण्डन करना, राय वापिस लेना, पीछेपग हटाना

**recapitulate** रिकैपिच्युलेट् *v.* to describe summarily, to make a detail again, to go over again the chief points, to repeat often, to rehearse (recapitulation, n repetition), संक्षेप करना, विवर्ण सहित व्याख्या करना, दोबारा छोटा करके कहना, दुहराना

**recast** रिकास्ट् *v.* to throw again, to cast again, to shape anew, फिर फेंकना, दोबारा ढालना, नया रूप देना

**recede** रिसीड् *v.* to go back, to cede back to a former possessor, पीछे हटना, अधिकार छोड़ना, बाज आना

**receive** रिसीव् *v.* to accept, to embrace, to give admittance to, get, to experience, to obtain, to entertain, to gain knowledge of, to suffer, to take a thing offered, स्वीकार करना, स्वागत करना, अनुभव प्राप्त करना, ज्ञान प्राप्त करना, सहना, भेंट लेना

**receiver** रिसीवर् *n.* a person or thing that receives, wireless receiving set, (receipt n written acknowledgement), रसीद, लेने वाला, उगाहने वाला, कचहरी से नियुक्त किया हुआ, अफसर बेतार के तार का सेट

**recent** रीसैन्ट् *adj.* fresh, happening, done, made, etc, a short time ago, of late origin, new, modern, newly arrived, subsequent to man's existence (recently adv. at a recent date), हाल का, अभी अभी का, हो रहा, हो चुका, थोड़ी देन पहले का, आधुनिक

**receptacle** रिसैप्टेकल् *n.* a reservoir, that which contains a thing, basis of a flower, vessel, place or space to contain anything, holder, container, रखने का स्थान, अगवानी, प्रवेश, भेंट

**reception** रिसैप्शन् *n.* an acceptance, a weloming of guests, admission, formal receiving of a person, party where guests are received formally, quality of signals, स्वागत, अगवानी, प्रवेश, भेंट

**recess** रिसेस् *n.* a short stop in work, a holiday, seclusion, cavity in a room, niche, a break, an interval, अवकाश, तफरीह, छुट्टी, ताखा, छिद्र, विराम

**recipe** रिसाइप् *n.* a medical prescription, directions for making something, नुस्खा, दवाई बनाने की विधि

**recipient** *n.* one who receives or accepts, प्राप्तकर्त्ता

**reciprocal** रैसिप्रोकल् *adj.* done by each to the other, moving backwards and forwards, mutual, alternating, complementary, given in return, shared equally, (reciprocate v to interchange), अदल-बदल करना), परस्पर, आपस के सबन्ध का, बदले में दिया हुआ

**recite** रिसाइट् *v.* to repeat aloud, to relate, to rehearse, to enumerate, to recapitulate (recitation n rehearsal), ऊँचा दोहराना, वर्णन करना, व्याख्या करना, पाठ करना, पढ़ना

**reckless** रैकलैस् *adj.* heedless, careless, thoughtless, very rash,incautious, असावधान, लापरवाह, प्रमत्त, अचेत

**reckon** रैकन् *v.* to count, to include, to consider, to deem, to make calculations, to compute, to number, to think or suppose, गिनना, मिलाना, विचारना, हिसाब लगाना

**reclaim** रिक्लेम् *v.* to bring back, to reform, to make fit for cultivation, to demand the return of, पुनः प्राप्त करना, सुधारना, पालना, खेती योग्य धरती बनाना

**recline** रिक्लाइन् *v.* to lie with back supported on slope, rest, repose, rely, to lean to one side, झुकना, टेक लगाना, सहारा लेना, लेट जाना, पड़ जाना

**recluse** रिक्लूज् *adj.n.* living in complete retirement, hermit, anchorite, एकान्तवासी, सन्यासी, मुनि, योगी

**recognition** रिकगनीशन् *n.* remembrance, recollection, formal avowal, formal acknowledgement, act or sign of recognising (recognize(se)पहिचानना) स्वीकृति, स्मरण, मानना, पहचान

**recoil** रिकॉइल *v.* to rebound, to start back in dread, to retire, o retreat, to shrink, to spring back, पीछे हटना, ठमकना, ठिठकना, सिकुड़ना

**recollect** रिकलैक्ट् *v.* to gather, to gather again, to call back to mind, to remember, to collects one's thoughts (recollection n memory स्मरण शक्ति). मन में, स्मरण करना, याद करना

**recommend** रिक्मैन्ड् *v.* to place in the care of, to suggest as fit for, to advise,to speak well of, to entrust, to speak favourably of another, (recommodation n favourable introduction), प्रशंसा लेख) सौंपना, सलाह देना, प्रशंसा करना, सिफारिश करना

**recompense** रिकंपैन्स् *v.n.* to make amends for, to requite, to compensate, to repay or reward, something to make up for loss, प्रतिफल देना, बदला चुकाना, दण्ड या पुरस्कार देना, चुकाना, मुआबजा देना

**recompose** रिकम्पोज् *v.* to quieten, to form in a new way again, to arrange anew, शान्त करना, नये सिरे से बनाना

**reconcile** रिकन्साइल् *v.* to bring back into friendship, to adjust, to settle, to harmonise, to bring into agreement, to settle a quarrel, to heal up, to conciliate (reconciliation n) झगड़ा निपटाना, मनमुटाव दूर करना, तय करना, समझौता करना, मतभेद दूर करना

**reconsider** रिकन्सिडर् *v.* to think things over, to review, पुनः विचार करना, पुनरावलोकन करना

**record** रिकार्ड *v.n.* to put in writing, to preserve sounds on gramophone record, to register, a written report of events, the best achievement yet known, a gramophone disc, लिखना, दर्ज करना, रजिस्टर में चढ़ाना, यादगार, विशेष उपलब्धि, ग्रामोफोन बाजे का तवा

**recoup** रिकूप् *v.* to recover, to make good losses, to get back, to regain a loss, to compensate, to indemnify, स्वास्थ्य लाभ करना, क्षति पूर्ति करना, वापस लेना, पूरा करना

**recourse** रिकोर्स *n.* a source *of* help, resorting to, right of action or appeal, to turn to for help in emergency, आश्रय, सहायता, संकट काल में मदद ढूँढना

**recover** रिकवर् *v.* to cover again, to regain, to get back, to cure, to regain health, to get over, दोबारा पाना, इलाज करना, सेहत पाना, कठिनाई को पार करना

**recreant** रिक्रिऐन्ट *adj.* cowardly, false, craven, apostate, डरपोक, झूठा, नीच, धर्म भ्रष्ट, ठग

**recreation** रिक्रियशन् *n.* any leisure-time interest, games, sports, hobbles, rest from work, amusement, relaxation, (recreate v to create fresh), मनोरंजन, ताजगी, आनन्द, मनबहलाव, सैर, विश्राम

**recriminate** रिक्रिमिनिट् *v.* to make counter charge or mutual accusation, accusation of an accuser, to accuse in return, to indulge in mutual charges परस्पर दोषारोपण , उल्टा दोष लगाना, एक दूसरे को दोषी ठहराना

**recruit** रिक्रूट *v.n.* to gain fresh men and supplies, to regain health, to recuperate, to enlist, to renew, a newly enlisted soldier or member, one newly joining society (recruitment n. रंगरूट की भर्ती), नए सिपाही भर्ती करना, स्वास्थ्य लाभ करना, नया सैनिक, नयी भर्ती

**rectangle** रैक्टैन्गल् *n.* a figure having each angle a right angle, a square or oblong, four-sided figure with four right-angles, समकोण, चतुर्भज, आयत

**rectification** रैक्टिफिकेशन् *n.* the correction, the process of refining, the act of setting right,refining by repeated distillation, changing of electric current from alternating to direct current, the act of rectifying (rectify v to purify शुद्ध करना), समाधान, शुद्धि, सुधार, शोधन, विद्युत करेंट में परिवर्तन

**rectitude** रैक्टीट्यूड *n.* integrity, uprightness, honesty of purpose, correctness, honesty of character, rightness of principles and practice, सच्चाई, सत्यता, ईमानदारी, सदाचार

**rector** रैक्टर् *n.* clergyman having charge of a parish, head of a Scottish university, head of certain institutions, पादरी, विश्वविद्यालय का अध्यक्ष, प्रबन्धक

**rectum** रैक्टम् *n.* the end of the large intestine, the lower part of the elementary canal, ending in the anus, the lowest part of the great intestine, बड़ी आँत का अन्तिम छोर जो गुदा में मिला होता है, बड़ी आँत का तीसरा अन्तिम भाग

**recumbent** रिकम्बैन्ट् *adj.* reclining, idle, lying down, resting, reposing झुका हुआ, तकिया लगाए, सुस्त, विश्राम कर रहा

**recuperate** रिकुपरेट् *v.* to recover, to recover health, to convalesce, to restore, to be restored from illness, losses, etc, to regain pecuniary loss, रोग मुक्त होना, पुनः स्वस्थ होना, आर्थिक हानि की पूर्ति होना

**recur** रिकर् *v.* to happen again, to go back in thought, to come up again in the mind, to return again and again to happen at a stated interval, to have recourse (recurrence. n. return पुनरागमन), फिर से होना, फिर ध्यान में लाना, सुधि आना, फिर से घटित होना

**red** रैड *adj.* crimson, scarlet, one of the colours varying from scarlet to pink, of a colour like blood, revolutionary, communist, लाल रंग का, रुधिर के रंग का, लाल रंग का, खून के रंग का, विद्रोही, साम्यवादी

**redeem** रिडीम् *v.* to buy back, to re-purchase, to ransom,to set free, to make up for, to free from sin, to rescue, to recover, to make atonement for, to save from sin (redemption n. salvation मुक्ति), फिर खरीदना, धन देकर लेना, मुक्त करना, पाप से बचाना, प्रायश्चित करना

**Red Cross** रैडक्रास *n.* a world organisation to help the sick and the wounded, रोगियों व घायलों के सहायतार्थ विश्व संगठन रैडक्रास

**red-handed** रैडहैण्डिड् *adj.* fresh from the commission of a crime, in the act of doing wrong, caught in the act, रंगे हाथों पकड़े जाना, अपराध करते समय फँसना

**redound** रिडाऊँड् v.to role, to surge back as a wave, to come back as a result, to recoil, to turn to, पलटा खाना, तरंग की तरह लौटना, अपने पर पड़ना

**redress** रिड्रैस् *v.n.* to set right, to make amends for, to remedy, to put right, to make up for, to compensate, to dress again, relief, a remedy, ठीक करना, भूल सुधारना, इलाज करना, पट्टी दोबारा करना, आराम, इलाज

**reduce** रिड्यूस *v.* to lessen, to contract, to conquer, to bring down, to lower, to weaken, to degrade, to diminish, to shorten, to lessen one's weight (reduction. n. diminution घटाव ), घटाना, सिकोड़ना, जीतना, कमजोर करना, वजन घटाना

**redundant** रिडन्डैन्ट् *adj.* superfluous, superabundant, beyond what is necessary, dismissed because no longer required, expressing an idea conveyed by other word (redundancy. n. surplus), फालतू, बहुत, व्यर्थ, दूसरे शब्द के अर्थ की पुनरावृत्ति

**reed** रीड् *n.* a tall waterplant, thin piece of wood which causes wind-instrument to sound, various marsh or water-plants, vibrating cane, सरकंडा, नाली, बँसरी, मुरली, दलदली पौधे, झूमता हुआ बेंत

**reef** रीफ् *n.v.* ridge of sand or rocks in the sea, part of sail which can be rolled up to reduce area, chain of rocks near the surface of water, to reduce in size, समुद्र तट पर चट्टान का भाग, पाल का एक भाग जिसको सतह कम करने के लिए लपेट सकें, पाल को लपेट कर कम करना

**reek** रीक् *n.v.* smoke, fumes, strong smell, to smell strongly, धुँआ, झाग, तेज गंध, तेज गंध आना

**reel** रील *n.v.* winding apparatus, bobbin, thread wound on this, lively Scottish dance, spool on which film is wound, portion of film, act of staggering, to dance the reel, to sway, अटेरन, चर्खी, कलाबा, चक्कर, स्काटलैंड का नृत्य, फिल्म लपेटने वाली चर्खी, अटेरना, लड़खड़ाना, डगमगाना

**re-embark** रिएम्बार्क् *v.* to go on board ship again, to put on board again, जहाज पर फिर सवार होना, जहाज के तख्ते पर फिर रखना

**refectory** रिफैक्ट्री *n.* a dining hall, नाश्ता करने का भवन, विश्रामगृह

**refer** रैफर *v.* to give to another for decision, to appeal to , to speak about, to consult a person or book, to trace, to ascribe to, to submit for decision, to direct for information (referee. n. an umpire निर्णायक ), सौंपना, सुपर्द करना, पुस्तक व व्यक्ति से सलाह लेना, हवाला देना

**referendum** रैफ्रेंडम् *n.* the reference of a legislative act to the people for final decision, the practice of giving to all the people an opportunity to vote on an important question, जनमत, किसी आवश्यक मुद्दे पर सभी को मत देने का अवसर प्रदान करने की विधि

**refine** रिफाइन् *v.* to separate from impurities, to clear from dross, to polish, to improve, to become fine, to make more exact, to purify, शुद्ध करना, गंदगी साफ करना, निथारना, सुधारना, बढ़िया होना

**reflect** रिफ्लैक्ट् *v.* to throw back, esp. rays of light, cast upon, to meditate, to mirror, to consider, to think matters over, to give an image of (reflection. n. (ex-) an image, छाप), उल्टा, फेंकना, अक्स डालना, ध्यान लगाना, विचारना

**reflex** रिफ्लैक्स *adj.* reflected, bent back, of muscular action, involuntary, automatic, uncontrolled by the will, happening without being intended, उल्टा, अक्सी, स्वतः होने वाला, बिना चाहे होने वाला

**reform** रिफार्मर् *v.n.* to change for the better, to improve, to form again, to reconstruct, to reclaim, to amend, to abandon evil practices, to correct, to form anew (reformation n improvement सुधार ), सुधारना, बेहतर बनाना, नये सिरे से बनाना, सँवारना

**reformer** रिफारमर *n.* one who strives to reforms, one who wishes to bring about improvement, one of the leaders of the Reformation, सुधारक, बेहतरी चाहने वाला, सुधारवाद का नेता

**refract** रिफ्रैक्ट् *v.* to change the direction of, to break the natural course of, दिशा बदलना, सीधे मार्ग से बदल देना

**refrain** रिफ्रेन् *n.v.* chorus, to abstain from, to check, to govern, to restrain, to hold back, to keep from doing, समूह गान, रुकना, रोकना, परहेज करना, हटना, थामना

**refresh** रिफ्रैश् *v.* to revive after fatigue, to reinvigorate, to restore, to renew, to bright, to give freshness to, to provide with refreshment, to cheer, to give more energy to (refreshment n restorative जलपान ), थकान दूर करना, ताजा होना, चमकना, ताजा करना, आहार देना, खुश करना

**refrigerate** रैफ्रिजिरेट् *v.* to freeze, to cool, to chill, to preserve by exposing to great cold (refrigerator n an apparatus for preserving or cooling things by means of ice), फ्रिज, ठंडा करना, ठंड पहुँचाना, जमाना, गर्मी दूर करना

**refuge** रिफ्यूज *n.* protection from danger, shelter or asylum, strong hold, resource or expedient, retreat, sanctuary, a place of safety (refugee n one who seeks shelter in another country), शरणार्थी), भय से सुरक्षा, शरण, आड़, आश्रय, साया, बचाव का स्थान

**refulgent** रिफल्जैन्ट् *adj.* shining, radiant, brilliant, splendid, casting a bright light, चमकीला, रोशन, प्रकाश युक्त, बढ़िया

**refund** रिफण्ड् *n.v.* to repay, to pay back, repayment, लौटाना, वापिस देना, फेर देना

**refuse** रिफ्यूज *n.v.* rubbish waste or worthless material, rejected material, to deny, to decline to accept, not to comply, to say that one will not (refusal. n. denial अस्वीकृति), रद्दी, जूठन, फोक, इनकार करना, न मानना

**refute** रिफ्यूट् *v.* to reject, to repel, to disprove, to prove a statement is wrong, खंडन करना, झुठलाना, झूठा सिद्ध करना

**regain** रिगेन् *v.* to gain back, to get back to, to recover something lost, to reach again, फिर पाना, नए सिरे से पाना, खोया हुआ फिर प्राप्त करना

**regal** रीगेल् *adj.* of, like a king, royal, kingly, (regalia. n. sings of royalty), शाही चिन्ह), शाही, राजसी, सुल्तानी, बादशाही

**regale** रीगेल् *v.* to feast, to gratify, to entertain splendidly, भोजन खिलाना, प्रसन्न करना, ठाठ से दावत देना

**regard** रीगार्ड *v.n.* to look at, to consider, to heed, to relate to, to behold, to esteem, to respect, to value, respect, attention, consideration, reverence, good wisher, esteem, गौर करना, ध्यान देना, आदर करना, आदर, ध्यान, विचार, सद्भावना

**regenerate** रीजैनैरेट् *v.* to cause spiritual rebirth, to reform morally, to reproduce, to recreate, to re-organise, (regeneration-n regeneracy, उद्धार), फिर उत्पन्न करना, नैतिक सुधार करना, पुनर्गठन करना

**regent** रीजैन्ट् *adj.n.* ruling, ruler of kingdom during absence, minority, etc, of its king,one who governs in place of a king or queen, शासक, अल्प व्यस्क राजा व रानी का प्रतिनिधि

**regime** रेजीम् *n.* system of rule, government, administration, prevailing system, शासन पद्धति, राज्यक्रम, प्रचलित विधि

**regiment** रैजिमैन्ट् *n.* organised body of troops as unit of army, a body of soldiers under the command of a colonel, सैन्यदल, पलटन , एक कर्नल के अधीन सेना

**region** रिज्जन् *n.* a large area of land, country, area, district, sphere, realm, a tract of land, a separate part of the world (regional a, प्रादेशिक), प्रदेश, इलाका, जिला, भूखंड

**register** रिजिस्टर् *n.v.* a written record, list, catalogue, roll, to record official information, to record (registry n registring), हिसाब बही, सूची, रजिस्टर, दर्ज करना

**registrar** रजिस्ट्रार् *n* an official recorder, or keeper of records, सूची बनाने वाला, सरकारी रिकार्ड रखने वाला, रजिस्ट्री करने वाला

**regret** रिग्रेट् *v.n.* to be sorry, to bewail, to grieve for loss of, to refuse an invitation, to lament, to repent, remorse, mental sorrow, खेद प्रकट करना, विलाप करना, दुखी होना, निमन्त्रण अस्वीकार करना, पश्चाताप करना

**regular** रेग्युलर *adj.* according to rule, or established usage, consistent, governed by rule, uniform, methodical, exact, fully qualified, ordinary, usual, even, happening at fixed times or intervals (regularity. n. uniformity, क्रम), क्रमबद्ध, नियमित, बराबर, एक सा, बिल्कुल, साधारण

**regulate** रैग्युलैट् *v.* to control by rules, to keep in order, to make regular, to adjust by rule (regulation n method ढँग), नियमबद्ध करना, क्रम से रखना, व्यवस्था करना

**rehabilitate** रिहैबिलिटेट *v.* to reinstate, to restore to a former place, to reinstate, to make fit again (rehabilitation n, पुनर्वास), पूर्व अवस्था में लाना, दोबारा बसाना, योग्य बनाना

**rehearse** रिहिअर्स *v.* to practise, to make perfect before hand, to repeat again, to say over again (rehearsal n the act of rehearsing, पूर्व प्रयोग), पूर्वाभ्यास करना, पहले करके देखना, फिर से कहना

**reign** रेन् *v.n.* to govern, to rule, to be predominant, to be king, to be supreme, a royal power, period of sovereign's rule, शासन करना, राज्य करना, राजा बनना, मुखिया बनना, शासन, प्रभुत्व, हुकूमत

**reimburse** रिइम्बर्स *v.* to refund, to pay back, (reimbursement n repayment, वापसी), वापिस देना, लौटाना, फेर देना

**rein** रेन् *n.v.* a narrow strap for controlling a horse, the strap of a bridle, an instrument for governing power a narrow long strap attached to the bit of a bridle, one of two straps for guiding a horse, to check, to control with reins, बागडोर, प्रभाव, बागडोर संभालना, बागडोर से वश करना

**rein-carnation** रिइनकारनेशन् *n.* rebirth of souls in successive bodies, पुनर्जन्म, अवतार

**reindeer** रेन्डियर *n.* large deer inhabiting cold regious, deer of cold regions, एक प्रकार का हिरण, बारह सिगा

**reinforce** रीइनफोर्स *v.* to strengthen with new forces or materials, to enforce again, to strengthen with additional troop, ships etc, (reinforcement n additional aid, सेना की सामग्री), नई सेना व सामग्री जुटाना, सहारा देना

**reinstate** रीइनस्टेट् *v.* to place again in the position held before, to replace, to restore, to reestablish, to restore to health, पहली स्थिति में लाना, दोबारा बहाल करना, स्वास्थ्य लाभ करना

**reiterate** रीइटरेट् *v.* to say or do again and again, to repeat, पुनः कहना या करना, दुहराना, पुनरावृत्ति, करना

**reject** रीजैक्ट *v.* to throw away as useless, to refuse, to renounce, to discard, to put aside, to decline (rejection. n. refusal इनकार ), व्यर्थ करके फेंकना, इनकार करना, तलाक देना, नापसंद करना

**rejoice** रीजॉइस् *v.* to give joy, to delight, to be merry, to gladden, to exult, to cheer up, खुशी देना, प्रसन्न होना, खुश करना, हर्ष से फूलना

**rejuvenate** रीजुबिनेट *v.* to make feel young again, to restore to youth, फिर यौवन लाना, पुनः युवा होना या करना

**rekindle** रीकिण्डल् *v.* to light again, to rouse again, to set on fire, फिर से जलाना, पुनः जागृत करना, बोलना

**relapse** रिलैप्स् *v.n.* to slip back, to return to former ways, to fall back into illness after partial recovery, to return to a former bad state, return of a disease after convalescence, a return of ill-health, पीछे को फिसलना, फिर बीमार पड़ जाना, पहली दशा में आना, पुनः रोगी होना

**relate** रीलेट् *v.* to tell, to narrate, to join, to connect, to recount, to establish relation between, to have reference to (relation n a kinship सम्बन्धी), बताना, कहना, जोड़ना, संबंध स्थापित करना, हवाला देना

**relax** रीलैक्स *v.* to make loose or slack, to become loosened, to become less strict, to ease up from effort, to divert, to make languid, धीमा करना, ढीला करना, मन्दा पड़ना, शिथिल करना या होना

**relay** रिले *v.* to lay a second time, to bring fresh supplies, to begin where another ends, to pass on as message, to replace, a fresh set of animals or men to relieve others, the sending out of a broad received from another station, ताजा सामग्री लाना, एक की समाप्ति पर दूसरे का कार्य शुरु करना, सन्देश आगे पहुँचाना, जगह बदलना, प्रसारण का आगे विस्तार

**release** रीलीज *n.v.* to free, to liberate, to discharge, to give up, to permit public exhibition for the first time as a motion picture, to declare ready for publication, छोड़ना, छुट्टी देना, मुक्ति, नयी फिल्म व पुस्तक का विमोचन करना

**relegate** रेलीगेट् *v.* to transfer to a lower place, to banish, to exile, to consign, to transfer for decision, to leave to someone else, घटिया स्थान देना, देश से निकालना, निर्णय के लिए दूसरे को सौपना

**relent** रिलैन्ट् *v.* to become less severe, to become more forgiving, to become less stiff, to yield,to become milder, नर्म होना, पिघलना, तरस खाना

**relevance** रैलिवेन्स *n.* fitness, suitability, applicability, pertinence (relevant a applicable प्रासंगिक ), योग्यता, अनुरूपता, अपेक्षा, सम्बन्ध

**reliable** रिलाइआबल् *adj.* trustworthy, that may be relied upon, dependable, विश्वसनीय, विश्वास के योग्य, प्रमाणित

**reliance** रिलायन्स् *n.* confidence, trust, विश्वास, भरोसा, श्रद्धा

**relic** रैलिक *n.* fragment of something holy, memorial, keepsake, thing remaining, momento, a deadbody, खण्डहर, शेष चिह्न, स्मारक, मृतक शरीर

**relief** रिलीफ् *n.* help, aid, easing of pain, release from duty, one who follows another in a turn of duty, money or food given to victims of disaster, prominence, carving in which the design is projected, मदद, दुःख से मुक्ति, पीड़ितों की सहायता, प्रसिद्धि, उभार

**religion** रिलिजन् *n.* system of faith and worship, practice of sacred rites, recognition of God and duty towards Him, belief in or worship of, a God or gods, धर्म, मजहब, दीन, मत, प्रभु पूजन में विश्वास

**relinqinsh** रिलिन्क्विश् *v.* to give up, to forsake, to abandon, to surrender, to leave hold of,to let go, त्यागना, छोड़ना, अलग करना, जाने देना

**relish** रैलिश् *v.n.* to like, to enjoy the taste, to use with pleasure, to savour, a flavour, liking, , enjoyment, चाहना, स्वाद लेना, स्वाद, रस, मजा, आनन्द

**reluctance** रिलक्टैन्स *n.* unwillingness, hesitation, repugnance, disinclination (reluctant a unwilling अनिच्छुक ), अनिच्छा, झिझक, अरुचि

**remain** रिमेन् *v.* to stay, to tarry, to endure, to survive, to last, to continue, to be leftout of a greater number (remainder n left over शेष), रहना, रुकना, बच जाना, देर तक रहना, रह जाना

**remand** रिमाण्ड *v.n.* to send back to prison, to notice, to observe, to order for a further enquiry, the act of remanding, जेल वापिस भेजना, आगे पूछताछ का अदेश देना, इस प्रकार की आज्ञा

**remark** रिमार्क *v.n.* to say, to mention, to notice, to observe, to comment, to express, to perceive, notice, observation (remarkable a extraordinary), कहना, ध्यान देना, टिप्पणी करना, टीका, राय

**remedial** रेमिडिअल् *adj.* curative, healing, intended for a remedy, pertaining to healing, that may be cured, चिकित्सा संबंन्ध, स्वास्थ्य प्रद, इलाज के लिए, जिसका उपचार हो सके

**remember** रिमैम्बर *v.* to recollect, to recall a past event, to reward, to retain in the memory, to have in mind, to learn by heart (remembrance n memory स्मृति ), स्मरण रखना, बीती बातें याद करना, सोचना, याद दिलाना, जवानी याद करना

**remind** रिमाइँड *v.* to cause to remember, to put to mind, to make one think of, याद दिलाना, स्मरणकरना

**reminiscience** रिमिनिसन्स् *(n.pl)* written account of one's memories, remembering, thing recollected, a suggestion, स्मरण किया हुआ विषय, स्मरण, सुधि , याद

**remission** रिमिशन् *n.* pardon, forgiveness, relaxation, abatement, remitting of debt, क्षमा, क्षमाशीलता, मुक्ति

**remonstrate** रिमान्सट्रेट *v.* to protest, to object to, expostulate, to make a protest, to argue, विरोध करना, आपत्ति करना, हुज्जत करना, तर्क करना

**remorse** रिमोर्स *r* deep regret, repentance, compunction, sympathetic sorrow, sorrow for a fault or a sin, गहरा खेद, पछतावा, सहानुभूति पूर्ण दुःख, पाप के लिए खेद

**remote** रिमोट् *adj.* distant in time or place, far, primary, alien, foreign, inconsiderable, slight, faint, a loof, दूर, परे, दूर स्थित विदेशी, पराया, महत्वहीन, अलग

**remove** रिमूब *v.* to take away, to transfer, to withdraw, to displace, to take from, to uncover, to dismiss, (removal n a dismissal हटाव), हटाना, बदलना, वापिस लेना, विस्थापित करना, पर्दा हटाना, अलग करना

**remuneration** रिम्यूनरेशन *n.* payment, recompense, requital, payment for service, मजदूरी, फल, वेतन, पारितोषिक

**rend** रैण्ड *v.* to tear apart, to split, to burst, to break, to wrench apart, to lacerate, to become torn, फाड़ना, अलग करना, तोड़ना

**render** रैण्डर *v.* to give, to deliver, to translate, to return, to make up, to afford, to yield, to furnish, to reproduce, देना, सौपना, अनुवाद करना, सामग्री जुटाना

**rendezvous** रान्ड्एवा *n.v.* a meeting place, a place appointed for assembling of troops, haunt, assignment, to meet at an appointed place, अड्डा, सेना के ठहरने का स्थान, एक स्थान पर इकट्ठा होना

**renew** रिन्यु *v.* to begin again, to repair, to restore, to make new again, to renovate, to grow again, to reinvigorate (renewal n revival नवीनीकरण), नया करना, मरम्मत करना, जीर्णोद्धार करना, बदल देना

**renounce** रिनाउन्स् *v.* to disown, to reject publicly and finally, to repudiate, to give up, to forsake, to abandon, to decline, अधिकार छोड़ना, पूरी तरह त्यागना, इनकार करना, मना करना

**renovate** रिनोवेट् *v.* to restore, to make as good as new, to repair, to renew, to mend. (renovation n renewal उद्धार ), जीर्णोद्धार करना, मरम्मत करना, नया करना, उद्धार करना

**renown** रिनाउन् *n.* fame, honour, celebrity, distinction, reputation, (renowned a famous विख्यात) ख्याति, मान, विशिष्टता, प्रसिद्धि

**rent** रैन्ट् *n.v.* payment of occupation of a house as tenant, a tear, split, fissure, schism, मकान का किराया, फाड़ना, फटन, दरार, चीर

**renunciation** रिनन्सिएशन् *n.* rejection, abandonment, disavowal self denial, त्याग, परित्याग, छोड़ना, आत्मत्याग

**repair** रिपेअर् *n.v.* to go elsewhere, to mend, to patch, to heal, to restore, to build, to make amends for, a haunt, restoring to good health, अन्यत्र जाना, मरम्मत करना, चीथड़े लगाना, इलाज करना, भूल सुधारना, आश्रय, स्वास्थ्य लाभ

**repartee** रिपार्टी *n.* a ready, witty reply, a quick witty retort, speech of this kind, skill in it, क्षणिक उत्तर, व्यंग उक्ति, तुरंत उत्तर देना

**repast** रिपास्ट् *n.* a meal, food supplied for being eaten, भोजन, आहार, कलेवा, नाश्ता

**repatriate** रिपैट्रिएट *v.* to restore to one's native land, to restore to his own country, to return to one's own country, to send back to his own country, अपने देश को वापिस जाना

**repeal** रिपील *v.n.* to abolish, to annul, to revoke, to cancel, revocation, abrogation, मेटना, रद्द करना, मन्सूख करना, तोड़ना, खंडन करना

**repeat** रिपीट् *v.* to say or do over again, to reproduce, to recur, to iterate, to recite, to quote from memory, to renew (repetition n a repeat performance दुहराई ), दुहराना, फिर से कहना या करना, आवृत्ति करना

**repel** रिपैल् *v.* to drive back, to respulse, to cause dislike, to ward off, to refuse, to oppose, पीछे हटाना, रोकना, नापसंद करना, इनकार करना, विरोध करना

**repent** रिपैन्ट् *v.* to regret, to be sorry for one's fault or sin, to change from past evil, to feel regret for a deed or omission (repentance. n. grief खेद), पछताना, हाथ मलना, तोबा करना, पश्चाताप करना

**repercussion** रिपर्कशन् *v.n.* the act of driving back, an echo, a sound flung back, indirect effect, to recoil from, a return blow, reverberation, पीछे हटाना, गूंज, अप्रत्यक्ष प्रभाव, जवाबी चोट, लहर

**replace** रिप्लेस् *v.* to put in place again, to substitute for, to fill up a place, to supersede, पुर्नस्थापित करना, जगह भरना, स्थानापन्न होना, दूसरे की जगह काम देना

**replenish** रिप्लैनिश् *v.* to fill up again, to stock up, to stock in abundance, भरपूर करना, भण्डारन करना, खूब भरना

**replete** रिप्लीट् *adj.* filled, gorged, full, complete well-stocked, भरा हुआ, पूर्ण

**replica** रिप्लका *n.* an exact copy, a duplicate, facsimile, चित्र की नकल, प्रतिरूप, हूबहू नकल

**reply** रिप्लाई *v.n.* to answer, to rspond, to echo, an answer, response, rejoinder, उत्तर देना, जबाब देना, गूजना, उत्तर

**report** रिपोर्ट् *n.v.* to relate, to take down in writing, to give account of, to name as offender, to tell from one to another, to circulate publicly, to submit an account of, to make an official statement, an account, a rumour, a loud noise, विज्ञापन, समाचार, चर्चा, घटना, बन्दूक की आवाज, सूचना देना, विवरण देना

**repose** रिपोज् *v.n.* to lay at rest, to rely, to lean on, to confide in, to calm, to compose, to deposit, rest, sleep, peace, ease, आराम देना, रखना, सौंपना, विश्राम, नींद, आराम

**repository** रिपॉजिटरी *n.* storehouse for goods, shop, a place where something is kept, place where things are stored up for safety, कोष, भण्डार, गोदाम

**reprehend** रिप्रिहैण्ड् *v.* to blame, to rebuke, to find fault with, to censure, to reprove, (repre hension n censure कलंक ), दोष मढ़ना, फटकारना, निन्दा करना

**represent** रिप्रिजैण्ट् *v.* to call up before the minds, to describe or depict, to play the part of, to act or stand for, to fill the place of, to act as a substitute for (representation n likeness प्रदर्शन), चित्त में लाना, वर्णन करना, प्रतिनिधित्व करना

**representative** रिप्रिजैन्टेटिव् *n.* an agent, person who acts for another, one chosen to stand for group, exhibiting a similitude, typical, deputy or delegate, consisting of elected members, प्रतिनिधि, प्रतिरूप, स्थानापन्न, मुख्तार, वकील

**repress** रिप्रैस *v.* to put down, to hold back, to quell, to check, to keep under control, to suppress (repression n restraint), दबाना, अधिकार में रखना, रोकना

**reprieve** रिप्रीव *v.n.* to delay, to postpone, to reduce punishment, to give respite to, respite, temporary suspension of execution, last-minute intervention, देरी करना, स्थगित करना, दण्ड घटाना, मोहलत देना, फाँसी को कुछ देर रोकना, मोहलत, मौत की स्थगति

**reprimand** रिप्रिमाण्ड् *n.v.* a sharprebuke, a good talking to, to censure, to blame, a delay, a release, a respite, झिड़की, घुड़की, फटकारना, दोष देना, देरी करना, छुटकारा

**reproach** रिप्रोच् *v.n.* to scold, to blame, to chide, to upbraid, to censure severely, shame, object of scorn, scolding, फटकारना, दोष लगाना, कड़ी निंदा करना, लज्जा, घृणा का विषय, फटकार

**reprobate** रिप्रोबेट् *v.n.* to blame, to condemn, to disapprove of, to reject, a person of evil habits, scoundrel, दोष देना, बुरा कहना, धिक्कारना, दुष्ट, गुंडा

**reproduce** रिप्रोड्यूस् *v.* to have young, to copy, to print, to produce anew, to propagate, to generate, पुनः उत्पन्न करना, नकल करना, पेश करना, मिथ्या प्रचार करना

**reprove** रिप्रूव *v.* to censure, to rebuke, to reprimand, to blame, to chide, झिड़की देना, डाँटना, दोष देना

**reptile** रैपटाइल् *n.* animal that glides without legs, a snake, a lizard, a crawling animal, a crocodile, रेंगने वाला जन्तु, सर्प, गिरगिट, मगरमच्छ

**republic** रिपब्लिक *n.* common wealth, state governed by persons elected by its citizens, a state in which the government is carried on by elected representatives, प्रजातन्त्र राज्य, चुने हुए सदस्यों द्वारा चलाया जाने वाला राज्य, जमूहरियत

**repudiate** रेप्यूडिएट् *v.* to divorce one's wife, to reject, to refuse to obey, to cast off, to disown, to refuse to recognise, पत्नी को तलाक देना, अस्वीकार करना, अवज्ञा करना, बेदखल करना

**repugnant** रिपग्नेन्ट *adj.* contrary, distasteful, offensive, nasty, contradictory, hostile, उल्टा, अस्वादिष्ट, कटु, भद्दा, विरूद्ध

**repulse** *v.n.* to thrust back, to repel, to deter, to make one dislike, to snub, to drive back, a defeat, a snub (repulsion n distaste निराशा ), हटा देना, पीछे फेंकना, दबाना, हराना, निराश, दबाब, पराजय

**repute** रिप्यूट् *v.n.* to reckon, to consider, to estimate, to deem, to believe, (reputation n good name शोभा ), विचारना, गणना करना, अनुमान लगाना, विश्वास करना

**request** रिक्वैस्ट् *v.n.* to ask, to require, to petition, to demand for, to express desire for, a favour asked for, an asking, an invitation, कहना, चाहना, अनुनय करना, निवेदन करना, प्रार्थना, इच्छा, निवेदन

**requiem** रेक्वीएम् *n.* a prayer for the dead, mass for the dead, dirge, मरे हुए लोगों के लिए प्रार्थना, मरसिया

**require** रिक्वायर *v.* to demand, to need, to want, to exact, to call for, to stand in want of (requirement n need जरूरत ), मांगना, चाहना, जरूरत रखना

**requisite** रिक्विजिट् *n.* a necessity, an essential, required, thing needed for some purpose, (requisition n a list of things required माँग ), जरूरत, आवश्यक वस्तु, प्रयोजनीय

**rescind** रेसिन्ड् *v.* to annul, to cut off, to aprogate, to cancel, to reverse, to revoke, खण्डन करना, काटना, लोप करना, उलटना

**rescue** रेस्क्यु *n.v.* to save, to free from danger, to extricate, to deliver, to liberate, to take back, deliverance, liberation, बचाना, खतरे से निकालना, मुक्त करना, वापस लेना, मुक्ति, छुटकारा

**research** रिसर्च *n.v.* the work of any one who seeks knowledge, investigation, a careful enquiry, a critical investigation, to search again, शोध, खोज, पूछताछ, खोज करना

**resemble** रिजैमूबल् *v.* to be like, to have the same appearance, to compare, to liken, to have a similarity to (resemblance n similarity समानता), समान होना, एक सी सूरत रखना, अनुकरण करना

**resent** रिजैन्ट् *v.* to be angry at, to feel indignation for, to feel insulted, to bear ill-will, to take ill, (resentment n ill-will द्वेष ), क्रुद्ध होना, घृणा करना, अपमानित महसूस करना, द्वेष रखना

**reserve** रिजर्व *v.n.* to store, to withhold for emergency, to set apart, to keep for future use, to retain possession of, reticence, concealment of feelings or friendliness (reservation a booked seat निग्रह, निर्धारित जगह), बचा रखना, अलग रखना, जोड़ रखना, संचय, आत्मसंयम

**reservoir** रिजरवाइर् *n.* a water tank, a cistern, a city's water-supply, place where anything is kept in store enclosed area for storage and filtering of water, receptacle for liquid, जलाशय, तालाब, कुण्ड, भण्डार, पोखर

**reside** रिसाइड् *v.* to live, to be present in, to dwell permanently, to inhabit, to rest, (residence n dwelling निवास ), रहना, बीच में उपस्थित होना, बसना, विश्राम करना

**residue** रैजिड्यू *n.* remainder, what is left over, the rest, what remains, अवशेष, बाकी, शेष, बचा हुआ

**resign** रिजाइन् *v.* to give up, to yield to, to give up employment, to leave, to surrender, to submit quietly (resignation n submission), छोड़ना, आत्मसपपर्ण करना, नौकरी छोड़ना

**resilience** रेजिलिऐन्स् *n.* springiness, elasticity, sprightliness, endurance, recuperative power, लचक, लौटाना, सहनशीलता

**resin** रेजिन् *n.* sticky substance formed in and oozing from plants, gummy juice of certain trees, a kind of gum secreted by certain trees, राल, धूना,

**resist** रिजिस्ट् *v.* to withstand, to oppose, to check, to thwart, to strive against, to struggle against, to refrain from (resistance n opposition विरोध), विरोध करना, धमकाना, रोकना, प्रतिकार करना

**resolute** रेजोल्यूट् *adj.* determined, steadfast, firm, unshrinking, decided, steady, (resolution n determination दृढ़ संकल्प ), दृढ़ संकल्प, मजबूत, पक्का, साहसी

**resonant** रेजोनैन्ट् *adj.* resounding, echoing, returning sound, ringing, increasing the sound by vibrating, गूंजने वाली, बजने वाली, प्रतिध्वनि

**resort** रिजोर्ट् *v.* to have recourse, to frequent, to turn for help to, to go, to visit, to turn in difficulty, गुजरना, सहायतार्थ उन्मुख होना, जाना, दौरा करना

**resound** रिजाउँड् *v.* to ring with sound, to spread the fame of, to echo, to go on sounding, to repeat loudly, प्रतिध्वनि उत्पन्न करना, गूँजना, ऊँची आवाज दोबारा भरना

**resource** रिसोर्स *n.* a helpful contrivance, a means of raising money, enterprise, ingenuity, an expedient, money or other property, साधन, उपाय, धनोपार्जन के लिए युक्ति

**respect** रेस्पैक्ट् *v.n.* to refer to, to treat with esteem, to honour, to regard, deference, honour, estimation, high opinion, हवाला देना, आदर देना, प्रतिष्ठा देना, मान, आदर

**respectively** रिस्पैक्टिवली *adv.* one at a time, separately, in the order given, in respect of, as regards, क्रमशः, प्रत्येक, अपने अपने तौर पर

**respiration** रैस्पिरेशन् *n.* breathing, the process of breathing, relief from toil, श्वास, साँस लेने की प्रक्रिया, मेहनत से राहत

**respite** रेस्पाइट् *n.v.* delay, postponement, interval of rest, a short pause, reprieve, suspension of labour, विलंब, मल्तवी, विराम, विश्राम

**resplendent** रेस्प्लैन्डैन्ट् *adj.* brilliant, glorious, shining, intensely bright, very splendid, चमकीला, भव्य, प्रकाशमान, देदीप्यमान, तेजस्वी

**respond** रेस्पाँड् *v.* to reply, to agree, to sympathize, to answer, to react, to correspond (response n a reply उत्तर), उत्तर देना, अनुकूल होना, हमदर्दी दिखाना, प्रतिवादन करना, पत्रव्यवहार

**responsibility** रेस्पान्सेबिलिटी *n.* trustworthiness, liability, duty, charge, obligation, responsibleness (responsible adj. answerable उत्तरदायी ), विश्वसनीयता, जुम्मेदारी, कर्त्तव्य, जवाबदेही

**rest** रैस्ट् *n.v.* to stop working, to relax, to be still, to sleep, to die, to depend, to be satisfied, to rely, a sleep, a pause, the remainder, the others, काम रोकना, सुस्ताना, शान्त होना, सोना, मरना, निर्भर होना, संतुष्ट होना, निद्रा, विराम

**restaurant** रैस्टोरैन्ट्, रेस्टोरां *n.* a place for selling refreshments, an eating houses for refreshment, a place where meals are served to customers, भोजनालय, होटल, रैस्टोरां

**restive** रैस्टिव् *adj.* fidgety, fretful stubborn, impatient, resisting control, obstinate, refractory, refusing to go forward, उद्धत, हठी, अधीर, उद्दण्ड, अड़ियल

**restoration** रैस्टोरेशन् *n.* a recovery, a renewal, repair, act of restoring (restore to repair), फिर से संग्रह करना फिर से संग्रह, वापसी, नवीनीकरण, मरम्मत, स्वास्थ्य प्राप्ति

**restrain** रैस्ट्रैन् *v.* to check, to hold back, to confine, to prevent, to keep in prison, to press, to limit (restraint n check बाधा ), रोकना, कैद करना, दबाना, सीमित करना

**restrict** रेस्ट्रिक्ट् *v.* to limit, to bound, to confine, to keep within bounds (restriction n limitation), सीमित करना, बाँधना, कैद करना

**result** रिजल्ट् *n.v.* consequence, the outcome, effect, decision, issue, conclusion, to finish,to end, to happen, to follow as consequence, फल, परिणाम, प्रभाव, निर्णय, समाप्त करना, होना, नतीजा निकलना

**resume** रिज्यूम् *v.n.* to begin again, to summarise, to recover, to reoccupy, to take back, to take up again after interruption, summary (resumption n a fresh start पुनर्ग्रहण ), शुरु करना, संक्षिप्त करना, वापिस उगाहना, पुनः प्राप्त करना, संक्षिप्त वर्णन, सार

**resurrect** रिसरैक्ट् *v.* to revive, to bring back again, to restore to life, to resuscitate, to take from grave, to bring back into use (resurrection n revival मृत्यु से उत्थान ), फिर से जीवित करना, जीवन देना, कब्र से निकालना, प्रयोग में लाना

**retail** रिटेल् *adj.n.a.v.* sale in small quantities, connected with such sale, to sell in this way, to repeat in detail, to be sold, to recount, फुटकर बिक्री, अल्प विक्रय, व्योरेवार वर्णन करना, परचून बिकरी

**retain** रिटेन् *v.* to keep, to employ, to engage services of, to reserve, to keep in mind, to continue to have, (retention, रिटैन्शन् *n.* power of retaining धारण शक्ति) रखना, नौकरी देना, सुरक्षित करना, मन में रखना, रखे रहना

**retaliate** रिटेलिएट् *v.* to get one's own back, to revenge, to requite, to repay in kind, to return by giving like for like, to strike back when struck (retaliation n revenge बदला ) बदला लेना, प्रतिकार करनी, ईंट का पत्थर से जबाब देना, जैसे को तैसा होना

**retard** रिटार्ड *v.* to make slower, to delay, to keep back, to happen after normal time, to put off, to hinder, to obstruct (retardation n brake), धीमा करना, देर करना, टालना, रोड़ा अटकाना, रोकना

**reticence** रेटिसैन्स् *n.* silence, reserve, taciturnity, मौन, छुपाव, मूक भाव, चुपकी

**retina** रेटिना *n.* tissue within the eye which receives images, the layer at the back of the eye ball consisting of a fine network of optic nerves, sensitive membrane at back of eye, the layer at the back of the eye that receives the pictures of anything seen, आँख के पिछले भाग का चित्रपट, चक्षु चित्रपट

**retire** रिटाअर् *v.* to withdraw, to leave employment, to go to bed, to go away, to retreat, to recede, to go to a place of privacy, (retirement n seclusion एकान्तता, सेवा निवृत्ति), पीछे को हटना, नौकरी छोड़ना, सोने को जाना, लौटना, सन्यास लेना

**retort** रिटोर्ट् *v.n.* to answer sharply, to hurl back charge etc, to repay in kind, to retaliate, to reply with counterchange, to tell against, a sharp reply, सख्त उत्तर देना, उल्टा दोष लगाना, बदला लेना, विरुद्ध कहना, कड़ा उत्तर

**retrace** रिट्रेस् *v.* to go over again, to return the same way, to trace back, to look over again, पीछे लौटना, उसी मार्ग से लौटना, खोजना, ढूँढना

**retract** रिट्रैक्ट *v.* to take one's words, to disown, to recant, to draw back, to withdraw, to shrink back (retraction n a change of opinion), अपने शब्द वापिस लेना, जबान से फिरना, राय बदलना, सिकुड़ना

**retreat** रिट्रीट् *v.n.* to go back, to retire, sun set call on bugle, refuge, place to which anyone retires, seclusion, पीछे हटना, आराम करना, शरण, बिगुल पर शाम होने की पुकार, जहाज का पीछे हटना, एकान्त

**retrench** रिट्रैन्च् *v.* to save, to economize, to cutdown, to reduce expenditure, (retrenchment n economy मितव्ययता), बचाना, मितव्यय करना, छाँटना, घटना, खर्च कम करना

**retribution** रिट्रिब्यूशन् *n.* a just punishment, a reckoning vengeance, recompense esp. for evil deeds, reward or punishment suitable to the action, deserved punishment, उचित दण्ड, एक विचार, बदला, प्रतिकार, बुरे कामों का बदला

**retrieve** रिट्रीव् *v.* to recover anything lost, to regain, to make amends for, to restore, to search for and fetch, to rescue from ruin, to bring in, पुनः प्राप्त करना, प्रायश्चित करना, संभालना, खोजकर लाना, नाश से बचाना

**return** रिटर्न् *v.n.* to come back or goback, to give back, to restore, to send back, to elect, to report officially, to visit, to retort, to reply, act of returning, repetition, something returned, proceeds, profit, लौटना, लौटाना, चुनना, सूचना देना, घूमना, उत्तर देना, वापसी, दोहराई, चुकाव, लाभ

**reveal** रिवील् *v.* to show what was hidden, to unveil, to tell a secret, to disclose, to make known, (revelation n a discovery बोध, खोज), उघाड़ना, पर्दा हटाना, भेद खोलना, आकाशवाणी करना

**revelry** रेवल्री *n.* festivity, merriment, revelling, विलास, भोग

**revenge** रिवेन्ज् *v.n.* to get one's own back, to repay hurtfully, to avenge oneself, to make retaliation for, to inflict pain because of, to exact retribution, an injury in return for an injury, desire for this, (revengeful a unforgiving ईर्ष्यालु ), बदला लेना, प्रतिकार करना, पीड़ा देना, चोट के बदले चोट, चोट का मनशा

**revenue** रेवैन्यु *n.* income of a person, business annual profits from lands etc, department of civil service dealing with this, आय, पैदावार, वार्षिक लाभ, आय व्यय, आय विभाग

**reverberate** रिवरबरेट् *v.* to echo, to resound, to throw back sound, to be reflected as sound or light (reverberation n an echo गूँज), गूँजना, प्रतिध्वनित होना, ध्वनि फेंकना, प्रतिच्छाया करना या डालना

**revere** रिवीअर् *v.* to respect, to honour, to hold in great regard, to reverence, (reverence n deeprespect आदर ), मान करना, आदर देना, प्रशंसा करना, स्तुति करना, स्तुति करना

**reverie** रैवरी *n.* a day dream, musing, brown study, a state of dreamy thought, irregular train of thoughts, दिवा स्वप्न, चिन्तन, ख्याली पुलाव, अटकल पच्चू

**reverse** रिवर्स् *v.n.* to turn about, to go backwards, to cancel, to undo, to change completely, the opposite,the back, defeat, in motor car, reversing gear (reversion n the future possession पूर्वावस्था ), उलटाना, फेर देना, लोट पोट करना, सर्वथा बदल देना, विरोध, पीठ, पराजय, गाड़ी में पिछला गीयर लगाना

**revert** रिवर्ट् *v.* to go back to the beginning, to return to former state, to turn backwards, to change, to reverse, उलट देना, पूर्व स्थिति में आना, लौटना, बदलना

**review** रिव्यु *v.n.* to examine again, to go over the whole of, to write a review of, to inspect, a second look at, an inspection, a criticism, revision, survey, periodical with critical articles, discussion of current events etc. पुनरावलोकन करना, निरीक्षण करना, टिप्पणी लिखना, पुनरावलोकन, समालोचना, पाक्षिक पत्रिका के आलोचनात्मक लेख

**revile** रिवाइल् *v.* to abuse, to insult, to call by ill names, to say harsh things about, to reproach, गाली देना, अपमान करना, अपशब्द कठोर भाषा बोलना, फटकारना

**revise** रिवाइज् *v.n.* to look over and correct, to read again and correct, to change, to examine for correction, a second sheet, a revision, (revision z n the act of examining for correction), पुनरावलोकन), पुनः दृष्टिपात करना, फिर पढकर शुद्ध, संशोधन करना, पुनरावलोकन

**revive** रिवाइव् *v.* to restore to use or health, to come back to life, vigour etc, to recover life, to renovate, to produce, (revival n restoration to use or health), पुनः स्वास्थ्य लाभ करना, पुनः जीवन पाना, फिर ताज होना, पनपना, सँभलना

**revoke** रिवोक् *v.* to cancel, to wipe out, to annul, to recall, to repeal, to fail to follow suit at cards (revocation n repeal), रद्द करना, मिटाना, पुनः स्मरण करना, ताश के खेलने में असफल चाल

**revolt** रिवोल्ट् *v.n.* to rise in rebellion, to feel disgust, to rebel, to overturn, to shock, to disgust, rebellion, insurrecion, बलवा करना, निराश करना, विद्रोह, बगावत

**revolution** रिवोन्यूशन् *n.* rebellion, a spin or rotation, a sudden change in opinion, fashion etc, violent overthrow of system of government, a complete turn, recurrence, (revolutionary a n changing, a rebel विद्रोही ), विद्रोह, भँवर, शासन पद्धति का उलटना, क्रान्ति

**revolver** रिवाल्वर् *n.* a pistol, repeating pistol with revolving magazine, पिस्तौल, घूमने वाला

**revulsion** रिवल्शन् *n.* sudden violent change of feeling, marked repugnance, a dislike, recoil, भाव का सहसा बदलाव, विराग, नापसंदगी, फिराव

**reward** रिवार्ड*n.v.* gift or honour by merit, return, recompense, retribution, punishment, to honour merit, to recompense, to punish (rewarding a giving pleasure सुखद ), पारितोषिक, वापसी, बदला, दण्ड, गुणों का आदर करना, बदला देना, इनाम देना, सजा देना

**rhapsody** रैप्साडी *n.* enthusiastic musical composition, any unconnected composition, जोशीला राग, असंबद्ध कविता

**rhetoric** रिटोरिक *n.* art of effective speaking or writing, artificial or exaggerated language, showy, insincere expression, अलंकार शास्त्र, साहित्य शास्त्र, अत्युक्ति, बनावटी वर्णन

**rheumatism** रिउमेटिज्म् *n.* painful inflammation of joints or muscles, complaint bringing pain in joints and muscles, गंठिया का रोग, जोड़ों व मांस पेशियों में सूजन

**rhinoceros** रिनोस[illegible] *n.* large African animal with horned nose, a large thick-skinned animal with one or two horns on its nose, गैंडा, माथे पर दो सीगों वाला भारी भरकम अफ्रीकन पशु

**rhyme** राइम् *n.v.* use by poets of words alike in sound, a word like another in its final sound or sounds, poetry, to accord in sound, तुक, काफिया, अन्त्यानुप्रास, पद, श्लोक, दोहा, तुकान्त पद लिखना

**rhythm** रिद्म *n.* regular beat or accent in music or speech, metre, measured beat or flow, esp. of words, संगीत या भाषण में ताल, लय, स्वर

**rib** रिब् *n.v.* one of the bones enclosing the chest, a piece of timber to shape and strengthen the side of a ship, the main vein of a leaf, to form, ribsin, पसली, पंजर, मेहराबदार लकड़ी, पत्ते की नस, बंद करना

**ribald** रिवाल्ड *adj.* coarse, vulgar, indecent, irreverent, भद्दा, अशिष्ट, आचारहीन, लुच्चा

**ribbon** रिब्बन् *n.* a narrow band of fine fabric, a long, narrow strip of material, रेशमी फीता, चीर, रिबन, रुमाल

**rice** राइस् *n.* a white, edible grain, Eastern cereal plant, चावल, धान, तण्डुल

**rich** रिच् *adj.n.* wealthy, nourishing, valuable, fertile, a bounding, mellow, amusing, the wealthy classes, धनी, सम्पन्न, कीमती, उपजाऊ, भरपूर, स्वादु, रोचक, धनी वर्ग

**rick** रिक् *n.* stack of hay, etc, सूखी घाट का ढेर, अटाला

**rickets** रिकैट्स *n.* childhood disease of the bones, बच्चों की हड्डियों का रोग

**rickshaw** रिक्शा *n.* a small two-wheeled carriage drawn by man रिकशा

**rid** रिड् *v.n.* to make free from, to clear, to deliver, to destroy by violence, छोड़ना, साफ करना, मुक्त करना, जबरन नाश करना

**riddle** रिडल् *v.n.* enigma, puzzling thing, conundrum, a person, happening, etc, difficult to understand, a large coarse sieve, to sift with a riddle, समस्या, पहेली, उलझन, व्यक्ति, एक बड़ी छलनी, छालना,

**ride** राइड् *n.v.* to go on horse-back or in vehicle, to lie at anchor, to float lightly, to work up out of position, to manage insolently at will, a drive, a road, घुड़सवारी करना, तैरते रहना, उँगलियों पर नाचना, सवारी, मार्ग

**ridge** रिज् *n.v.* the earth between two furrows, a mountain range, long narrow hill, long narrow elevation on surface, crest of a roof, to wrinkle, खडी चट्टान लंबी व तंग सतह, मेंड, सिकुड़ना

**ridicule** रिडिक्यूल् *v.n.* to laugh at, to mock, to expose to contempt, to make fun of, to deride, mockery, banter, (ridiculous a absurd घृणास्पद), मजाक करना, हँसी उड़ाना, घृणा करना, मजाक फबती

**rife** राइफ् *adj.* prevalent, common, general, found everywhere, फैली हुई, आम, सर्वत्र प्राप्य

**rifle** राइफल् *n.v.* type of fire arm, gun having a grooved barrel, to rob, to ransack, बन्दूक, लूटना, खोसना

**rift** रिफ्ट् *n.* split in anything, fissure, crack, cleft, फूट, दरार, दर्ज, विरल, चाक, खाई

**rig** रिग् *n.v.* practical joke or frolic, dress, to fit, to dress, to trick, (p.pr. rigging) to swindle, खेल, मजाक, वस्त्र, सजाना, वस्त्र पहनना, हँसी करना, चाल खेलना

**right** राइट् *adj.v. adv.* correct, fit, true, straight, just, upright, good, opposite to left, to set right, completely, exactly, ठीक, उचित, सच्चा, सीधा; न्यायकारी, ईमानदारी, नेक, दायां, ठीक करना

**righteous** राइटिअस् *adj.* just, upright, godly, virtuous, good, honest, न्यायकारी, ईमानदार, पवित्र

**rigid** रिजिड् *adj.* stiff, harsh, inflexible, unbending, very strict (rigidity n stiffness कड़ापन ), कट्टर, कठोर, न झुकने वाला, कड़ा

**rigour** रिग्गर *n.* harshness, severity, strictness, severity of climate, exactitude (rigorous a stern सख्त), सख्ती, कड़ाई, अत्यन्न का जलवायु

**rim** रिम् *n.* edge, border, margin, outer ring of wheel, कोर, किनारा, हाशिया, बाड़

**rind** रिण्ड् *n.* outer coating of trees, fruits etc, छिल्का, बल्कल

**ring** रिंग *n.v.* circle of gold, etc, any circular band, coil, rim, etc, circle of persons, area within roped square for boxing, to put ring round, to resound (ringleader n the chief instigator of riot), ring worm *n.* a skin disease in circular patches, सरगना) अँगूठा, घेरा, दायरा, मुक्केबाजी का अखाड़ा, घेरा डालना, गूँजना, बजना

**rink** रिंक् *n.* floor for roller-skating, sheet of ice for skating, बर्फ पर सरकने का मैदान, सरकने के लिए बर्फ की चद्दर

**rinse** रिन्स् *v.* to wash lightly to remove soap etc. to swill in clean water, to cleanse repeatedly, धीरे से साबुन छुड़ाना, जल से धोना

**riot** राएट् *n.v.* tumult, uproar, noisy revelry, luxurious excess, disorder, profusion, unrestrained disturbance, to engage in riot, आनन्द मनाना, बलवा करना, भगदड़, हल्ला गुल्ला, कोलाहल, विप्लव, गड़बड़, हंगामा

**rip** रिप् *v.n.* to tear away, to cut, to slash, to rend, to come apart, a tear, a rogue, फाड़ना, काटना, झपटना, चीरफाड़, फटन

**ripe** राइप् *adj.* matured, ready to be reaped, eaten, etc, sound judgment, प्रौढ़, पकने वाला, परिपक्व, ठोस निर्णय

**ripple** रिप्पल् *n.v.* slight wave, ruffling of surface, the rise and fall of voices, to make tiny waves, to flow into little waves, तरंग, मृदु शब्द, लहराना, छोटी-लहरों में बहना

**rise** राइज *n.v.* to stand, to ascend, to soar, to increase, to swell, to revolt, an upward slope,an increase, उठना, ऊपर चढ़ना, उड़ना, बढ़ना, बलवा करना, चढ़ाई, बढ़ोत्तरी

**risk** रिस्क् *n.v.* danger, peril, chance of disaster or loss, hazard, to expose to injury or loss, to venture, to endanger (risky a dangerous), भय, खतरा, नास या हानि या डर, खतरा मोल लेना, जोखों में पड़ना

**rite** राइट् *n.* formal practice or custom, a religious ceremony, औपचारिकता, रीति, धार्मिक रस्म्

**rival** राइवल् *n.v.* one who competes for the same prize as another, an opponent, a competitor, to equal (rivalry n competition स्पर्धा), प्रतिद्वन्दी, विरोधी, शत्रु, मुकाबना करना, बराबरी करना

**river** रिवर् *n.* large natural stream of water, copious flow, a large stream of water flowing across country, नदी, दरिया, सरिता

**rivet** रिवट् *n.v.* bolt for fastening metal plates, to clinch, खूँटी, कील, मेख लगाना, कील ठोंकना

**rivulet** रिवलेट *n.* a small stream, छोटी नदी, नाला

**road** रोड् *n.* track, way prepared for passengers, vehicles, etc, way, roadstead, direction, a public passage, path, course, मार्ग, सड़क, दिशा, आम रास्ता, पथ

**roam** रोम् *v.* to wander about, to rove, to ramble, to walk without fixed purpose, to travel, घूमना, विचरना, निरूद्देश्य फिरना, यात्रा करना

**roar** रोर् *n.v.* a thundering sound, thunder, voice in anger, the cry of a beast, outcry, to breathe noisily, to laugh loudly, to shout out, गरज, गरजने की आवाज, चिल्लाहट, गुर्राहट, लंबे लंबे सांस लेना, कहकहा मारना

**roast** रोस्ट् *v. adj.* to bake, to cook in closed oven, to make very hot, roasted, भूनना, सेंकना, गर्म करना, भूना हुआ मांस

**rob** रोब् *v.* to plunder, to steal from, to pillage, to defraud, to cheat, to deprive of, लूटना, चुराना, डाका मारना, ठगना, वंचित करना

**robe** रोब् *v.n.* long outer garment, gown, dress showing certain ranks or positions, to dress, to put on robes, लबादा, घाघरा, लिबास, वस्त्र धारण करना, कपड़े पहनना

**robin** रॉबिन् *n.* a small brown bird with red breast, लाल छाती वाली भूरे रंग की छोटी चिड़िया

**robot** रॉबट् *n.* mechanical man, automaton, person of machine like efficiency, मशीनी मनुष्य, अत्यन्त कार्यकुशल मनुष्य

**robust** रॉबस्ट *adj.* sturdy, strong, hard, muscular, vigorous, दृढ़ शक्तिशाली, कठोर, जानदार

**rock** रॉक् *n.v.* stone, large rugged mass of stone, a large lump or mass of stone, a hard kind of sweetmeat, to oscillate, to shake, to sway from side to side, स्थूल, शिला, कड़ी चट्टान, कड़ी मिठाई, डोलना, हिलना, हिलाना

**rocket** राकेट् *n.v.* a kind of plant, a cylindrical piece propelled by ignition, a fire work, automatically fired and controlled weapon, to bombard with rockets, एक पौधा, हवाई बान, आतिशबाजी, पलीते या गमगोले से मारना

**rod** रॉड *n.* slender straight bar, wand, stick, switch, cane, measure, a bundle of things, डंडा, छड़ी, बेंत, पैमाना, टहनिों की गठरी

**rogue** रोग् *n.* rascal, knave, scoundrel, mischief loving person, vagrant, wild beast, दुष्ट, गुण्डा, बदमाश, शरारती, आवारा, जंगली पशु

**role** रोल *n.* actor's part, specific task or function, नाटक के पात्र का अभिनय, विशेष कर्त्तव्य

**roll** रोल *n.v.* anything wound, a list, a register, catalogue, to go round, to turn like a wheel, to sound as if a drum, to wrap round and round, गोलक, नाली, नामावली, घूमना, चक्कर काटना, ढोल का सा बजना, गोल लपेटना

**roly-poly** रोली-पोली *n.adj.* pudding of paste covered with jam and rolled up, round, plump, जेम से बनी लप्सी, गोल मटोल, एक खेल

**Roman** रोमन् *n.* a citizen of Rome, a kind of type, रोम निवासी, रोम सम्बन्धी, एक लेख

**romance** रोमांस् *n.v.* any made up story, fiction, fabulous tale of adventure, love affair or atmosphere suggesting it, exaggeration, picturesque falsehood, to lie, to write or tell fanciful tales, कल्पित कथा, झूठा किस्सा, झूठ बोलना, कल्पित किस्से कहानियां लिखना

**roof** रूफ् *n.v.* outside upper covering of building, to put roof on मकान की ऊपरी छत, छत डालना, छाना

**rook** रुक् *n.* a bird of crow family, कौआ, काग, हाथी

**room** रूम् *n.* space, space enough, division of house, scope, opportunity, जगह, काफी स्थान, कमरा, गुँजाइश, अवसर

**roost** रूस्ट् *n.v.* perch for fowls, hen house, to settle for sleep, अड्डा, मुर्गी का घर, बसेरा करना, आराम करना

**root** रूट् *n.v.* source, origin, original cause of anything, vital part, the under ground part of a plant, base, to plant in the soil, to fix firmly, to found, मूल, जड़, सोत, महत्वपूर्ण भाग, आधार, जड़ लगाना, आधार शिला रखना

**rope** रोप् *n.v.* a thick cord, small cable, a halter, a string, to fasten with a rope, to lasso, to enclose with a rope, रस्सा, डोरी, जेवड़ी, खींचना, रस्सा बाँधना

**rose** रोज् *n.* prickly shrub and its fragrant flower, English national flower, symbol of youth and beauty, a deepish pink colour, गुलाब का पौधा, अंग्रेजी राष्ट्रीय पुष्प, यौवन व सौंदर्य का चिह्न, गुलाबी रंग

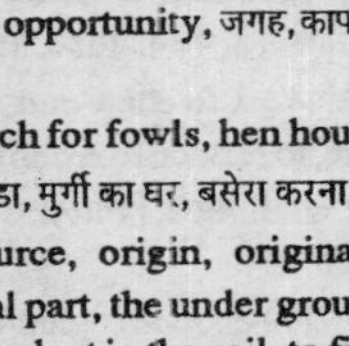

**rostrum** रोमृट्रम् *n.* speakers platform or pulpit, beak or bill of a bird, beak of a ship, वक्ता का मंच, पक्षी की चोंच, जहाज का मत्था

**rot** रॉट *v.* to decompose naturally, to corrupt, to decay, to perish, to go bad or cause to go bad (rotten a decayed दूषित), सड़ना, दूषित करना, मुरझाना, नष्ट होना, गलना

**rotary** रॉटरी *adj.* wheeling, spinning, belonging to an international system of clubs with a wheel as badge (rotate v to turn like a wheel चक्कर काटना), घूमने वाला, चक्र के चिह्न वाली एक अन्तर्राष्ट्रीय क्लब

**rotation** रोटेशन् *n.* turn, revolution, taking a turn, one after another, मोड़, घुमाव, मोड़ लेना, बारी लेना, एक के बाद एक

**rote** रोट *n.* the mechanical repetition of anything learned by heart, तोता रटन्त, आवृत्ति करके याद करना, रटन्त

**rough** रफ् *adj.v.* not smooth, of irregular surface, violent, stormy, boisterous, rude, uncivil, lacking refinement, approximate, preliminary form, to live without comfort, खुरदरा, रुक्ष, असम, अशिष्ठ, फूहड़, लगभग, आरंभिक रूप

**round** राऊँड् *adj.n.* ball-shaped, circular, having a curved outline, plump, visit to one person after another, a cartridge, timed period in boxing match, गोल, गोलाकार, क्रमशः एक से दूसरे के पास दौरा लगाना, रौंद, मुक्केबाजी में समय-बद्धता

**roundabout** राउँडबाउट् *adj.n.* indirect, out of the way, a merry go round, अप्रत्यक्ष, कुटिल, चक्करदार

**rouse** राउज् *v.n.* to wake up, to stir up, to awaken, to excite, उठना, जोश में आना, उठाना, भड़काना

**rout** राउट् *n.v.* a noisy crowd, a complete defeat, disorderly fight, to defeat completely, भीड़, पूर्ण पराजय, बलवाइयों का उपद्रव, भगदड़ करना, छितराना, तितर बितर करना

**route** रूट् *n.v.* way or road, the way travelled, the course, to send, to fix the route of, मार्ग, यात्रा पथ, रास्ता, भेजना, मार्ग निश्चित करना

**routine** रूटीन् *n.* a regular fixed order of doing things, an orderly method, a system, नित्य का नियमित कार्यक्रम, सुव्यवस्था, ढँग

**rove** रोब *v.* to roam, to sail the seas, घूमना, भटना, समुद्री यात्रा करना

**rover** रोबर् *n.* a wanderer, a pirate आवारा, लुटेरा (स्काउट)

**row** रो *n.v.* line of people or things, a riot, to propel a boat by oars, पंक्ति, हल्ला गुल्ला, चप्पू से किश्ती खेना

**rowdy** राउडी *adj.n.* noisy, quarrelsome, turbulent, disorderly, a rough person, कोलाहली, उपद्रवी, झगड़ालू, फूहड़

**royal** रॉइल् *adj.* regal, stately, kingly, worthy of a thing, splendid, majestic, magnificent (royalty n kingship, payment to author depending on sales राजत्व, लेखक का शुल्क ) शाही, बढ़िया, भव्य, नामी, प्रसिद्ध

**rub** रब् *v.n.* to wipe, to clean, to polish, to scour, to remove a mark, act of rubbing, रगड़ना, मिटाना, साफ करना, धब्बा मिटाना, रगड़, सफाई

**rubber** रबर *n.* tough, elastic substance obtained from a tropical tree, रबड़

**rubbish** रबिश् *n.* refuse, waste material, anything worthless, trash, nonsense, मैला, गंदगी, कूड़ाकर्कट, छीलन, कूड़ा

**rubble** रुबल् *n.* broken stone from ruined buildings, small pieces of bricks or stone, मल्वा, झाँवा, रोड़ा, ईंट या पत्थर के टुकड़े

**ruby** रूबी *n.* a precious stone of red colour, a red gem, लालमणि, माणिक, एक छापे का महीन टाइप

**rudder** रडर् *n.* a wooden or metalic appliance for steering a ship or boat, नाव व जहाज की पतवार, सुक्कार

**ruddy** रड्डी *adj.* rosy, red, healthy, florid, गुलाबी, लाल, स्वस्थ, सुर्ख

**rude** रूड् *adj.* primitive, rough, unmannerly, uncivil, not polite, जंगली, रूखा, अशिष्ट, उद्धत

**rudiment** रूडिमैंट *n.* seed, beginning, germ, anything in its earliest stage, बीज, आंरभ, कीटाणु, आधार, आरंभिक अवस्था

**ruffian** रफिअन् *n.* rough lawless fellow, desperado, a brutal, lawless person, an assailant, a violent attacker, हरामखोर, दुष्ट, अत्याचारी, आततायी, हत्यारा, लुटेरा

**rug** रग् *n.* woolen wrap, coverlet or mat, floor mat of shaggy surface, कम्बल, नमदा, चटाई, धुस्सा, लोई

**rugby** रगबी *n.* a form of football in which the ball may be carried, एक प्रकार का फुटबाल का खेल

**rugged** रगड् *adj.* rough, of uneven, surface, harsh, shaggy, strong, stern, brutal, uncouth, crabbed, खुरदरा, ऊबड़ खाबड़, सख्त, भद्दा, मजबूत, तीक्ष्ण स्वभाव का

**ruin** रुइन् *v.n.* to wreck, to destroy, reduce to ruins, to bring to decay, to spoil, to impoverish, downfall, complete loss of money, etc, wrecked or decayed state, cause of down fall (ruination n overthrow नाश ) नष्ट करना, खण्डहर बनाना, उजाड़ना, बर्बाद करना, धनहानि, नाश, उजाड़, निर्धनता

**rule** रूल् *n.v.* principle, precept, what is usual, control, authority, government, measuring stick, leadership, command, regulation, to govern, to control, to decide, to mark with straight lines, सिद्धान्त, नियम, शिक्षा, नियन्त्रण, शासन, पैमाना, नेतृत्व, आदेश, शासनकरना, निर्णयकरना, रेखा खींचना

**ruler** रूलर् *n.* one who governs, stick for measuring or ruling lines, शासक, पैमाना

**rum** रम् *n.adj.* spirit distilled from sugar-cane, peculiar, strange, गन्ने से निकाली गई शराब, विचित्र, अद्‌भुत

**rumble** रम्बल् *v.n.* low, rolling sound like thunder, a growl, grumble, to make a low grumbling sound, धीमी गर्ज, गर्जन, गुर्राहट, गड़गड़ाने की धीमी आवाज

**ruminate** रुमिनेट् *v.* to chew cud, to ponder over, to meditate, to reflect, to reconsider, to be deep in though, चुगाली, करना, विचारना, सोचना, पुनः विचार करना, गहरी सोच में पड़ना

**ruminant** रुमिनैन्ट् *n.adj.* cud-chewing animal, जुगाली या पागुर करने वाला पशु

**rumination** रुमिनेशन् *n.* quiet meditation and reflection, deep thought, musing on a subject, शान्त समाधि और चिन्तन, गंभीर विचार, गौर

**rummage** रम्मेज् *v.n.* to make a thorough search, to ransack, to search by tumbling things about, a thorough search, ransacking, odds and ends, पूरी पूरी खोज करना, सूक्ष्म अन्वेषण करना, छान मारना, खोज, लेह

**rummy** रमी *n.* a simple card game, an odd individual, साधारण ताश को खेल, भद्दा व्यक्ति, कुरूप

**rumour** र्‌युमर *n.v.* current talk, hearsay, unverified statement, doubtful news, gossip that spreads, to spread reports or hearsay, अफवाह, गप्प, सुनाई बात, अफवाह फैलाना

**rump** रम्प् *n.* the tail end of a bird or beast, the buttock, पूँछ का भाग, चूतड़, पिछला भाग

**rumple** रम्पल् *n.v.* a fold or wrinkle, to crease, to make untidy, तह, झुरी, सिकुड़न, तह करना, गंदा करना

**rumpus** रम्पस् *n.* disturbance, noise and confusion an uproar, गड़बड़, शोरगुल, हल्लागुल्ला

**run** रन् *v.n.* to move swiftly, to hurry, to race, to work, to flow, to spread, to reach, to fuse, to melt, to risk, a race, a journey, a trip, an increased demand for goods, तेज दौड़ना, जल्दी कूदना, बाजी लगाना, काम करना, बहना, फैलाना, पिघलन, खतरा मोल लेना, दोड़, यात्रा, सामान की बढ़ती हुई चाह

**runagate** रनआगेट् *n.* a vagabond, deserter, fugitive, renegade, बदमाश, भगोड़ा, इधर-उधर भटकने वाला

**runaway** रनावे *n.* a deserter, a fugitive, भगोड़ा, भागने वाला

**runway** रनवे *n.* path for aircraft to take off from or land on, वायुयान उतरने व उड़ने की पटरी

**rung** रंग् *n.* crossbar or spoke, esp, in ladder, a step of a ladder, आरे के किनारों पर लगाई हुई छोटी लकड़ी, सीढ़ी का डंडा

**runt** रन्ट् *n.* a small stunted animal, a cabbage stalk, छोटी जाति का बैल या गाय, गोभी का डंठल

**rupee** रुपी *n.* the silver coin of India, रुपया, भारतीय सिक्का (सौ पैसे)

**rupture** रप्चर *n.v.* a breaking (e.g. of friendship), hernia, burst, quarrel, a parting, to split, to quarrel, कलह, बिगाड़, फटाव, झगड़ा, भेद, फटना झगडना

**rural** रूरल् *adj.* of or connected with the country, rustic, देहाती, ग्रामीण, फूहड़

**ruse** रूज् *n.adj.* a trick, a stratagem, a fraud, a cunning scheme, a wile, crafty, artful, चाल, नीति, छल, धूर्त, चालाक

**rush** रश् *n.v.* a marshy plant, a thing of no value, charge, the heavy current of water, air, eager demand for, the stems as material for baskets, a hurry, a quick movement forward, to move quickly, to hurry, दलदल, क्षुद्र वस्तु, अति वेग, झपटना, टूटना, टूट पड़ना

**rusk** रसक् *n.* a piece of bread rebaked, various biscuits, दोबारा पकाया हुआ रोटी का टुकड़ा, भिन्न प्रकार के बिस्कुट

**russet** रसैट् *n.adj.* a reddish-brown colour, an apple of this colour, reddish-brown, लाल भूरा रंग, इस रंग का सेब, भूरा रंग

**rust** रस्ट् *n.v.* the reddish-brown coating formed on iron and steel by air and moisture, disease of plants, the colour of rust, to form rust, to cause rust on, मुर्चा, जंग, पौधों का रोग, जंग लगना

**rustic** रस्टिक् *adj.n.* of or as of, country people, rural, of rude manufacture, made of untrimmed branches, a countryman, peasant, देहाती, ग्रामीण, असभ्य, गँवारु

**rusticate** रस्टिकेट् *v.* to banish from university, to dwell in a country, to lead a rural life, यूनिवर्सिटी व कोलेज इत्यादि से निकाल देना, देहात में बसना , देहती जीवन बिताना

**rustication** रसटिकेशन् *n.* residence in the country, temporary banishment from school or college, देहात में निवास, अस्थायी रूप से कालेज व स्कूल से निकालना

**rustle** रसल् *v.n.* to make sound as blown dead leaves, etc, to make a low sound as of dry leaves, to stir, to steal cattle, a whisper, a rustling, पत्तों को सरसराना, खड़खड़ाहट का शब्द करना, पशु चुराना, फुसफुसाना

**rut** रट् *n.* the track made by a wheel, groove, periodical sexual excitement in some animals, a furrow, a fixed method, पहिया चलने की लकीर, पशुओं का मद, निश्चित व दकियानूसी ढँग

**ruthless** रूथलैस् *adj.* pitiless, merciless, cruel, without pity, निर्दय, बेरहम, आततायी

**rye** राई *n.* grain used for fodder and bread, plant bearing it, a grass-like cultivated plant, whisky made from rye, एक प्रकार का अन्न जो पशु व मनुष्य खाते हैं

**ryot** राइयट् *n.* Indian peasant, रैयत, खेतिहर, भारतीय किसान

# S



**S** एस the nineteenth letter of the English alphabet, अंग्रेजी वर्णमाला का उन्नीसवाँ अक्षर

**Sabbath** सॅबॅथ् *n.* the day of worship, Sunday and Saturday among Christians and Jews respectively, ईसाइयों का तथा यहूदियो का शनि व रवि को विशेष प्रार्थना का दिन

**sabre** सैबर् *n.v.* heavy sword with curved blade, cavalry sword to strike with sabre, कृपाण, तलवार, तलवार चलाना, कत्ल करना

**sabotage** सेबाताज् *n.v.* intentional damage done by spies to damage wilfully, तोड़फोड़ करना

**saccharine** सक्रीन् *n.* sugar extracted from coal tar, sickly sweet, कोलतार से बनाई हुई चीनी, स्क्रीन

**sack** सैक् *n.v.* large, course bag, the looting of a captured town, the amount a sack will hold, a short, loose, fitting dress or coat, to put into a sack, to dismiss from one's job, बोरा, थैला, लबादा, लूटपाट, बोरे में भरना, नौकरी से जवाब देना, लूटना

**sacred** सेक्रेड् *adj.* dedicated, regarded as holy, set apart, reserved, inviolable, connected with religion, to be treated with reverence, अर्पित, पवित्र, पृथक किया हुआ, सुरक्षित, पूजा-संबंधी, मजहबी

**sacrifice** सैक्रिफाइस् *v.n.* to give to God, to suffer loss in helping others, to give up, to sell at very cheap price, loss of profit, victim, offering, giving up one thing for the sake of another, बलिदान, अर्पण, त्यागना, हानि उठाना, बाले का बकरा

**sacrilege** सैक्रेलिज् *n.* violation of something sacred, profanation of sacred things, robbery of sacred things, पवित्रता का उल्लंघन, धर्म-भंग, पवित्र को दूषित करना, देवस्व को लूटना

**sad** सैड् *adj.* sorrowful, deplorably bad, unhappy, showing grief, shocking, terrible, dull, mournful, शोकाकुल, दुःखी, उदास, बुरा, रूखा

**saddle** सैडल् *n.v.* rider's seat to fasten on horse or form of bicycle, etc, part of shaft, ridge of hill, to put a saddle on, to lead, काठी, जीन, डंठल, पहाड़ी की मेढ़, काठी डालना, नेतृत्व करना

**safari** सफारी *n.* E. African hunting expedition on foot, carriers employed on this, one day's progress on such expedition, अफ्रीकी शिकार के लिए पैदल यात्रा, नौकर-चाकर, एक दिन की यात्रा का लेखा-जोखा

**safe** सेफ *adj.n.* uninjured, not involving risk, protected, sure, reliable, caution, trustworthy, strong box, a steel or iron chest, etc,for money, valuables, etc, a cupboard for meats, etc, (safety n security), सुरक्षित, निःशंक, भयरहित, सावधानी, विश्वसनीय, लोहे का संदूक, अलमारी

**suffron** सैफ्रन *n.a.* plant of iris family, orange colouring matter obtained from it, of this colour, केसर, कुमकुम, जाफरानी

**sag** सैग् *v.*to sink under pressure, to decline in price, to bend in the middle, दबाव से झुकना, दाम में कम होना, खम खाना

**saga** सैगा *n.* collection of ancient myths and legends of Norway, series of novels about several generations of a family (sagacious or practically wise कुशाग्र बुद्धि ), नॉर्वे का प्राचीन लोककथाओं का संग्रह, समाज के प्राचीन पारम्परिक, कल्पित ग्रंथ संग्रह

**sage** सैज् *adj.n.* wise, discreet, grave, judicious, बुद्धिमान, गंभीर, साधु, मुनि

**saheb, sahib** साहब *n.* true gentlemen, a term of respect, जनाब, प्रतिष्ठावाचक शब्द

**said (pl and p.p. of say)** सैड् *a* before mentioned, पूर्वकथित, कहा

**sail** सेल *n.v.* piece of canvas stretched to catch wind for propelling ship, act of sailing, journey upon the water, ships collectively, an arm of a wind-mill, to begin a voyage, to travel by water, to navigate (sailor n seaman), जहाज, पाल, बादवान, समुद्री-यात्रा, जहाजी बेड़ा, यात्रा करना, जहाज चलाना

**saint** सेन्ट् *adj.n.* holy, or devout person, esp. one cononised, one of the blessed, one of God's chosen people (saintliness n holinessपवित्रता, सिद्धजनत्व), साधु, पुण्यात्मा, सिद्धजन, मुनि,

**sake** सेक *n.* end, purpose, cause, account, reason, कारण, प्रयोजन, लक्ष्य

**salad** सैलड् *n.* a dish of uncooked vegetables, कच्चे साग का अचार, रायता, सलाद, कचालू

**salary** सैलरी *n.* periodical payment for service, pay, fixed wages regularyly paid for services, stipend, recompense वेतन, तनख्वाह, उजरत

**sale** सेल् *n.* selling, disposal of stock at low prices, demand, market, amount sold, exchange of anything in return for money, बिक्री, कम दाम पर बिक्री, माँग, बाजार, बिका हुआ पदार्थ

**salient** सेलिएन्ट् *adj.* jutting out, prominent, noticeable, projecting, conspicuous, उभरा हुआ, मुख्य, प्रधान, प्रबल

**saliva** सैलाइवा *n.* liquid which forms in mouth, spittle, fluid moistening the mouth, a colourless liquid secreted by certain glands in the mouth, लार, थूक

**saloon** सैलून *n.* a large reception room, principal cabin in passenger ship, drawing-room car railway, public room for specific use, a drinking bar, दीवान खाना, बैठक, बड़ा कमरा, रेलगाड़ी का लम्बा कमरा

**salt** साल्ट *n.v.* sodium chloride, white mineral substance used to flavour and preserve food, wit, savour, to sprinkle with salt, नमक, लवण, तीखापन, स्वाद

**salutary** सैल्युटरी *a.* beneficial, advantageous, resulting in good, whole some, गुणकारी, लाभदायक, स्वस्थ, पूरा

**salute** सैल्यूट् *n.v.* a greeting, to welcome to hail, प्रणाम करना, वंदना करना, सैनिक प्रणाम

**salvage** साल्वेज् *n.v.* payment for saving ship or other property from danger, act of saving ship or other property from danger, property so saved, to protect from loss, डूबते माल के बचाने का इनाम, बिनाश होने से बचाना

**salvation** साल्वेशन् *n.* fact or state of being saved, मोक्ष, मुक्ति, निस्तार

**same** सेम् *adj.* identical, unchanging, uniform, aforesaid, पहले कहा हुआ, एकसा, समान, अपरिवर्तनीय, वही, स्थायी

**sample** सॉम्पल् *n.v.* specimen, pattern, example, to make or take a sample, to try, to test, to select, to give sample of, नमूना, प्रतिरूप, उदाहरण, बानगी, परीक्षण करना, आजमाना, बानगी देना

**sanatorium** सेनटोरिअम् *n.* hospital, place where invalids receive treatment, health resort, an establishment for the treatment of consumptives, क्षयरोग चिकित्सालय, स्वास्थ्यवर्धक स्थान

**sanctify** सैन्कटिफाई *v.* to set apart as holy, to free from sin, to consecrate, to purify from sin, पवित्र करना, पाप धोना, शुद्ध करना

**sanction** सैन्कशन् *n.v.* approval, permission, support, confirmation of law by supreme authority, the act of ratifying, to allow, to permit, to authorise, अनुमोदन, प्रमाण आश्रय, स्वीकृति *v.* स्वीकृति देना, आज्ञा देना, दृढ़ करना, प्रमाणित करना

**sand** सैंड् *n.v.* fine grains of stone, powdery substance made by wearing down of rock, to cover with sand, रेत, बालू *v.* बालू छिड़कना, रेत में गाड़ना

**sandal** सैंडल् *n.* shoe consisting of sole attached by straps, a shoe without upper parts, खडांऊ, चप्पल, चट्टी

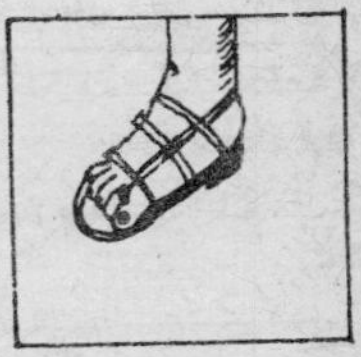

**sandalwood** सैंडलवुड् *n.* yellow sweet-scented wood, a kind of fragrant wood, चंदन की लकड़ी, संदल, गंध सार

**sandwich** सैंडविच *n.v.* two slices of bread with meat or other substance between, two pieces of buttered bread with a filling between, to jam between, to place between two objects, कचौड़ी, मेवा, माँस इत्यादि भरी हुई रोटी *v.* दो पदार्थों के बीच में कुछ रखना

**sane** सेन् *n.* of sound mind, sensible, rational, not mad, healthy, (sanity n health of mind स्थिर बुद्धि), स्वस्थ-चित्त वाला, बुद्धिमान, स्वस्थ, निरोग

**sanguine** सैग्विन् *adj.* hopeful, confident, deepred, florid, warm, blood-thirsty, ardent, bright, आशायुक्त, उत्साह पूर्ण, लाल, सुर्ख, खूनी, चमकीला

**sanitary** सैनिटरी *adj.* helping protection of health against dirt, etc, healthy, clean, free from dirt, etc, hygienic, of the conditions that secure health, आरोग्यकर, साफ, स्वास्थ्य संबंधित

**Sanskrit** संस्कृत *n.* the ancient literary language of India, mother of most of the languages, संस्कृत भाषा, कई भाषाओं की जननी

**sap** सैप् *n.v.* juice of plants, vitality, a trap, to exhaust, to construct trenches, पौधों का सार, क्षीर, फंदा, खाई खोदना

**sapient** सैपिएन्ट् *adj.* wise, discerning, shrewd, knowing, sagacious, बुद्धिमान, समझदार, ज्ञानपूर्ण

**sarcasm** सरकैजम् *n.* an ironical remark, a keen reproachful expression, taunt, irony, sneer, hurtful mockery, निन्दा पूर्ण वचन, आक्षेप-वाक्य, व्यंग्य

**sardonic** सार्डोनिक् *adj.* of smile or laughter, scornful bitter, mocking, बनावट का, कृत्रिम हँसी का, तिरस्कार पूर्ण

**sari** सारी *n.* Hindu woman's robe, साड़ी

**sash** सैश *n.* a scarf, a window frame, पटका, रुमाल, शीशा

**satan** सैटन् *n.* the Devil, पिशाच, दैत्य, शैतान

**satchel** सैचल् *n.* small bag, bag for school books, बस्ता, थैला, बैग

**sate** सेट् *v.* to gratify, to संतुष्ट करना, छकाना, अघाना

**satellite** सैटेलाइट् *n.* hanger on, planet revolving round another, a moon, a follower, nation controlled by a more powerful neighbour, नक्षत्रों का चक्कर काटने वाला सितारा, उपग्रह, अनुयायी

**satiate** सैटिएट् *v.* to satisfy to the full, to surfeit, to glut, to give more than enough (satiety n satiation, fullness संतुष्टता ), अत्यंत संतुष्ट करना, ठूसना

**satin** सैटिन् *n.* silk fabric with glossy surface on one side, साटन,

**satire** सैटाअर् *n.* use of ridicule or sarcasm to expose vice and folly, a ridicule, a taunting speech or writing, irony, cutting comment, आक्षेप सहित कविता, उपहास पूर्ण लेख, उपहास

**satisfy** सैटिसफाई *v.* to content, to meet wishes of, to pay, to fulfil, to supply adequately, to convince, to have sufficient, to gratify (satisfaction n contentment), संतुष्ट करना, शांत करना, राजी करना, इच्छा पूर्ति करना

**saturate** सैटअरेट *v.* to soak thoroughly, to drench, to impregnate thoroughly with, to imbue, सुखाना, भरना, भिगोना, तर करना

**Saturday** सैटअरडे *n.* seventh day of week, शनिवार

**saturn** सैटरन् *n.* Latin god, one of planets, शनि, शनिवार, शनीचर

**sauce** सॉस् *n.* a liquid seasoning, impudence, relish, a dressing poured over food to give flavour, cheek, चटनी, साग, तरकारी, गाल

**saucer** सॉसर *n.* curved plate put under cup, anything of that shape, flash dish to support a cup, तश्तरी, शकोरा, रकाबी

**saunter** सान्टर् *v.* to stroll, to walk in a leisurely manner, to wander about without hurry, बेकार घूमना, सैर करना, टहलना, बेहूदा फिरना, खाक छानना

**sausage** सैवेज् *n.* minced meat enclosed in a tube of thin membrane, minced meat enclosed in a skin, डिब्बों में भरा मसाला लगाया हुआ माँस

**savage** सैवेज् *adj.n.* uncivilised, primitive, brutal, wild, ferocious, barbarian (savagery n barbarity), असभ्य, जंगली, अशिष्ट, क्रूर, आचारहीन

**savant** सावन्ट *n.* man of learning, a distinguished person, विद्वान, प्रसिद्ध पुरुष

**save** सेव् *v.* to rescue, to preserve, to protect, to secure, to keep for future, to lay by, to spare, (savings n reservation संग्रह), बचाना, रक्षा करना, छुड़ाना, रोकना, शिकायत करना

**saviour** सेविअर *n.* deliverer or redeemer, Christ, one who saves from destruction (Saviour-Christ), रक्षक, उद्धारक, मुक्ति देने वाला

**savour** सेवर् *n.v.* the taste or smell, flavour, odour, suspicion, quality that pleases, to smell, to have the taste, स्वाद, रस, शंका, गंध

**saw** सॉ*n.v.* a toothed blade for cutting through wood or metal, a proverb, old saying, maxim, to cut with a saw, आरा, आरी, *v.* आरे से काटना या चीरना, देखा

**sawdust** साडस्ट *n.*wood dust made by sawing, बुरादा

**saw-mill** सॉमिल् *n.* mill for sawing timber, आरामशीन

**Saxon** सैकसन् *n.* one of a North German people who conquered part of Britain in the 5th and 6th century, native of modern Saxony, the language of the Saxons, उत्तरी जर्मनी की जाति जिन्होंने पाँचवी व छठी शताब्दी में ब्रिटेन को जीता था, सैक्सन्टन की भाषा

**say** से *v.* to speak, to state, to express, to deliver in words, to tell, to utter, to repeat (prayers), कहना, बोलना, वर्णन करना, विचार स्थिर करना, दोहराना (प्रार्थना)

**saying** सेइँग् *n.* an utterance, a proverb, maxim, वचन, भाषण, लोकोक्ति, कहावत

**scabbard** स्कैबर्ड् *n.* sheath for sword or bayonet, a case in which the blade of a sword is kept, बर्छी या तलवार की मियान

**scaffold** स्कैफोल्ड *n.* temporary platform for workmen, gallows, a place of execution, an elevated platform for the execution, मचान, टाँड, फाँसी का तख्ता

**scale** स्केल् *n.v.* a balance, a weighing machine, thin flake, ladder, comparative rank in society, relative size, a system of numbers, to climb up, to weigh in scales, पैमाना, मुर्चे की तह, श्रेणी, पंक्ति, सुर, परिमाण, चढ़ना

**scalp** स्काल्प् *n.v.* skin and hair of the head, the outer covering of the skull, to deprive of the scalp, खोपड़ी, मस्तक की त्वचा और बाल, *v.* मस्तक की खाल उतारना

**scamp** स्कैम्प *n.v.* a knave, a rascal, a rogue, a mean-fellow, a lively tricky fellow, a worthless fellow, to do imperfect work, to do carelessly and hastily, दुर्जन, दुष्ट, पाजी, अधूरा कार्य करना, लापरवाही से काम करना

**scamper** स्कैम्पर *v.n.* to run in a flurry, to run about, to run hastily from place to place, to fly in haste, flight in haste, चम्पत होना, भाग निकलना, जगह जगह भटकना

**scan** स्कैन् *v.* to examine closely, to scrutinise, to look at carefully, to measure or read by metrical feet, to examine minutely, परीक्षा करना, पड़ताल करना, गौर करना, नापना, जाँचना

**scandal** स्कैन्डल् *n.* shameful conduct causing offence to others, malicious gossip,disgrace, outrageous feeling, defamation, backbiting, कलंक, चुगली, निंदा, आक्षेप, बदनामी

**scant** स्कैन्ट् *adj.v.* slight, skimpy, deficient, scarcely suficient, having a scanty supply, indequate, meagre, न्यून, कम, संकुचित, अपर्याप्त, थोड़ा

**scapegoat** स्केपगोट *n.* one blamed for another's fault, person bearing blame due to others, one who is made to suffer for another, one who bears the blame for wrong doing of others, बलि का बकरा, दूसरे के लिए कष्ट उठाने वाला

**scar** स्कार् *n.v.* mark left by a healed wound, a cliff, any mark or blemish, craggy part of a mountain, the parrot fish, to leave a scar, to sear, घाव का निशान, पर्वत का उभरा हुआ भाग, एक प्रकार की मछली, चिह्न छोड़ना, अंकित करना

**scarce** स्केअरस् *adj.* hard to obtain, rare, not plentiful, seldom found, uncommon, not equal to the demand, दुर्लभ, अपर्याप्त, असाधारण, बिरला, न्यून

**scarecrow** स्केअरको *n.* guy placed to frighten birds from crops, a cause of a needless fear, figure set up to scare away birds, odd looking person विभीषिका, चिड़ियों को डराने का पुतला, डरावा, धोखा

**scaremonger** स्केअरमांगर *n.* spreader of alarming news, one who creates panic, one who spreads alarming rumour, अफवाहें फैलाने वाला, आतंक फैलाने वाला

**scarf** स्कार्फ् *n.v.* light neck-wrap, necktie, long narrow strip of material to put round neck, etc, a long handkerchief, to join the ends of timber or metal, रुमाल, नकटाई, गुलुबंद, दुपट्टा, बल्ला या लोहे के सिरों को जोड़ना

**scarlet** स्कारलैट् *n.ad.* a brilliant red colour, cloth of this colour, of bright red colour, गहरा चमकीला रंग, लाल रंग का कपड़ा, चमकीले लाल रंग का

**scarp** स्कार्प् *n.v.* steep slope, inside slope of ditch in fortifications, perpendicular slope, to cut perpendicularly, सीधी ढलवान, खाई के अन्दर का ढाल

**scathe** स्केद् *n.v.* injury, harm, damage, to injure or hurt, चोट, हानि, हानि या चोट पहुँचाना

**scatter** स्कैटर् *v.* to throw, to put here and there, to sprinkle, to disperse, to send in all directions, to strew about,to separate, फेंकना, इधर-उधर विखराना, छिड़काव, छिड़कना, तितर बितर होना, छितराना, फैलाना, अलग करना

**scene** सीन् *n.* the view, place where an event happens, part of a stage play, a dispute, an embarrassing show of strong feeling (scenery n view), दृश्य, घटना स्थल, नाटक की एक झाँकी, झगड़ा, लज्जास्पद तमाशा

**scent** सैन्ट् *v.n.* to smell, to perfume, to find the trail of, to suspect, to detect, to hunt animals by the sense of smell ordour, fragrance, track, सूंघना, गंध देना, सुराग निकालना, शक करना, गंध से जानवरों का शिकार करना

**sceptic** स्केप्टिक् *n.* one who has no faith in religious doctrines, an atheist, a doubter, a scoffer, one who questions commonly held opinions, agnostic, unbeliever, अधार्मिक, नास्तिक, काफिर, बहमी

**sceptre** स्कैप्टर् *n.* a staff born as emblem of sovereignty, royal dignity, sovereign's staff which symbolizes authority, royal power, a staff or rod carried on certain formal occasions by monarchs, राजदण्ड, प्रभुत्व, राजाधिकार

**schedule** शैड्यूल् *n.v.* a statement of details in tabular form, a list of inventory, a plan. appendix to Act of Parliament, table, time-table, tabulated statement, to enter in schedule, चिट्ठा, सूची-पत्र, नामावली, परिसंख्या, नामांकित करना

**scheme** स्कीम् *n.v.* classification, plan, project, a diagram, artful design, contrivance, list, table, outline, syllabus, स्पष्टीकरण, योजना, शक्ल, कलापूर्ण नमूना, सूची, रूपरेखा

**schism** सिज्म् *n.* division in church or party, the separation of a church, faction, a group of persons breaking away from a main group, चर्च व दल में बँटवारा, दल, छोटे दल का बड़े से अलगाव

**school** स्कूल *n.v.* place of instruction, an educational institution for boys and girls, buildings of such institutions, the pupils of a school, canon, a shoal of fish, to teach, to train, पाठशाल, छात्र, नियम, सिद्धान्त, मत, मछलियों का झुंड, पढ़ाना, सिखलाना

**schooling** स्कूकलिंग् *n.* instruction in school, tuition, विद्यालय में शिक्षा

**scholar** स्कालर् *n.* a pupil, a student, a learned person, man of letters, the holder of a scholarship, शिष्य, छात्र, विद्वान, पण्डित

**science** साईंस् *n.* systematic knowledge of natural or physical phenomenon, investigation of this, knowledge of natural laws and truths, systematic knowledge (scientist a one learned वैज्ञानिक), विज्ञान, शास्त्र, विद्या

**scimitar** सिमूइटेर् *n.* a short curved sword, तलवार, खड्ग, असि

**scion** सिअन् *n.* the shoot of a plant, a descendent, heir, कलम, शाख, वंशज, उत्तराधिकारी

**scissors** सिजर्स *n.pl.* two cutting blades moving on a central pin, a cutting instrument with two blades, shears, कतरनी, कैंची

**scoff** स्काफ *v.n.* to jeer, to mock, to scorn, to treat with derision, ridicule, derision, an objection of scorn, फबती उड़ाना, हँसी करना, मुँह सिकोड़ना, मजाक, घृणा

**scold** स्कोल्ड *v.n.* to find fault with, to rebuke, to chide, to rail, a rude woman, दोष देना, फटकारना, अशिष्ट नारी

**scoop** स्कूप *n.v.* a deep shovel with short-handle, a bowl-like shovel, to dig out, to empty, to make hollow, पानी उठाने का रहट, पला, खोदना, खाली करना, खोखला करना

**scooter** स्कूटर *n.* low-powered motor-cycle with wheels, a two wheeled vehicle driven by the foot or by an engine, a kind of child's toy, छोटे पहियों वाला मोटर साइकल, स्कूटर, बच्चों का एक खिलौना

**scope** स्कोप् *n.* end, aim, purpose, sphere, extent, intention, opportunity, area covered, included, लक्ष्य, उद्देश्य, क्षेत्र, सीमा, मनशा, अवसर, परिधि, गुँजाइश

**scorch** स्कार्च *v.* to parch by heat, to be dried up, to turn the surface of a thing, to singe, to blacken by burning, to speed. (scorcher a one who scorches झुलसाने वाला), गर्मी से झुलसाना, सूखना, झुलसाना, झुलसना, गति पकड़ना

**score** स्कोर*n.v.* group of twenty, cut, notch, stroke, tally, reckoning, bill, reason, sake, number of points made in game, to mark, to cross out, to record, to make points in game, कोड़ी, कटाव, खेल का गणना पत्र, काटना, चिन्हित करना, गणना करना

**scorn** स्कॉर्न् *n.v.* contempt, derision, extreme disapproval, disdain, object of contempt, to despise, घृणा, तिरस्कार, घृणा का विषय, तिरस्कार करना

**scorpion** स्कारपिअन् *n.* one of the signs of the zodiac, a lobster-like reptile with poisioned sting at its tail, an animal of the same class as spiders, with a tail with a sting, बिच्छू, वृश्चिक

**scot** स्कॉट् *n.* native of Scotland (Scottish a, also Scotch, Scots), स्काटलैंड का निवासी

**scoundrel** स्काउड्रल *n.* villain, black-guard, rascal, rogue, a worthless fellow, a mean person, नीच, दुरात्मा, दुष्ट

**scour** स्कोर् *v.* to scrub, to clean by hard rubbing, to clear out, to rush along, to move quickly to pass along in search, माँजना, स्वच्छ करना, चमकाना, जल्दी करना, खोच करना

**scourge** स्कोर्ज् *nv.* a whip made of leather thongs, a means of punishment, a cause of calamity, to whip, to punish severely, कोड़ा (चाबुक), दण्ड का साधन, विपदा का कारण, कोड़े लगाना, कड़ा दण्ड देना

**scout** स्काउट् *n.v.* a Boy scout, a man sent out to reconnoitre, an explorer, a spy, to act as a scout, to spy, to survey, स्वयंसेवक, स्काउट, गुप्तचर, भेदिया, अन्वेषक, जासूसी करना, सर्वेक्षण करना

**scowl** स्काउल् *v.n.* to frown, to glower, to wear a sullen look, to wrinkle the brows in displeasure, a frowning look, भौंहें चढ़ाना, मुँह सिकोड़ना, क्रोध पूर्ण आकृति

**scrabble** स्क्रैबल् *v.* to scratch, to grope in the dark, to mark with irregular lines or letters, खरोंचना, अँधेरें में टटोलना, टेढी मेढी लकीन बनाना

**scraggy** स्क्रेगी *adj.* lean and bony, rough, uneven, दुर्बल, रुक्ष, कर्कश

**scramble** स्क्रैम्बल् *v.n.* to climb on all-fours, to crawl, to jumble, to push, to jostle, eager struggle for something, हाथ पाँच से चढ़ना, रेंकना, घकेलना, झपटकर पकड़ना, संघर्ष

**scrap** स्क्रैप् *n.v.* a small piece, fragment of something, left-over material, a scrimmage, to discard as useless, to throw away (scrap book n a blank book for preserving cuttings of newspapers, etc), खण्ड, टुकड़ा, फेंकना, वह पुस्तक जिसमें कटे हुए लेख व चित्र चिपकाए जाते हैं

**scrape** स्क्रेप *v.* to clean by rubbing, to save, to hoard, to grate, to scratch, रगड़ कर साफ करना, बचाना, जोड़ना खुरचकर पालिश करना

**scratch** स्क्रैच् *v.n.* to score with claws, to remove from list, to rub, to withdraw, to write in a hurry, पंजों से नोचना, सूची से काटना, रगड़ना, वापिस लेना, जल्दी में लिखना

**scrawl** स्क्रॉल् *n v.* to write hastily, to scribble, to write clumsily, to fill paper with bad writing, hasty bad writing, जल्दी में लिखना, लिखने में घसीटे मारना, घसीट

**scream** स्क्रीम् *v.n.* to utter a shrill cry, to whistle, to hoot, to laugh loudly, a yell, shriek, piercing cry, a harsh, shrill cry, चिल्लाना, सीटी बजाना, ठहाका लगाना, चीख, चिल्लाहट

**screech** स्क्रीच *v.n.* to scream, to utter a shrill cry, a shrill cry as of an owl, चीखना, चिल्लाना, उल्लू की सी आवाज

**screen** स्क्रीन् *n.v.* a partition, curtain, an object of shelter, wind-screen, the sheet or surface on which motion-pictures are shown, to shelter, to make a motion picture of, to show on a screen, to examine closely the record, to pass through a test, पर्दा, टट्टी, आवरण, चित्रपट, शरण देना, फिल्म बनाना, पर्दे पर दिखाना, निरीक्षण करना, सफल होना

**screw** स्क्रू *n.v.* pin with a spiral groove cut round it, a ship's propeller, a miser, a worn-out horse, spin given to a ball, to fasten to turn round, to twist, to squeeze, to press (screw-driver-n tool for turning screws पेचकस ), पेंच से बाँधना, ऐंठना, पुष्ठ करना, कंजूस, थका घोड़ा, कंजूस

**scribble** स्क्रिबबल् *v.n.* to write hurriedly, to scrawl, to make meaningless marks with pen or pencil, something scribbled, a careless hasty writing, जल्दी जल्दी लिखना, घसीटना, पेन व पेंसिल से व्यर्थ लिख,ना, जल्दबाजी का लेख

**scribe** स्क्राइब् *n.* a writer, a clerk, copyist, amanuensis, लेखक, मुंशी

**script** स्क्रिप्ट् *n.* hand writing, a type resembling handwriting, a manuscript, the text of a talk, play etc. लेख की प्रतिलिपि, दस्तावेज, पाण्डुलिपि

**scripture** स्क्रिपचर् *n.* sacred writings of a religion, the Bible, धार्मिक पुस्तकें, धर्म ग्रन्थ, वेद, इन्जील

**scroll** स्क्रॉल *n.* a roll of parchment or paper, a schedule or list, an architectural ornament, लिपटे हुए कागज का मुट्ठा, सूची पत्र, मकान की सजावट

**scrub** स्क्रब् *v.n.* to rub, to cleanse, a cleansing, brushwood, रगड़ना, साफ करना, घिसना, पुरानी झाड़ू

**scruple** स्क्रपल् *n.v.* hesitation, feeling of doubt, a small weight, conscientious objection, to hesitate (scrupulous a careful सचेत ), झिझक, सन्देह, थोड़ा बोझ, सावधानी, शंका करना, झिझकना

**scrutiny** स्क्रुटिनी *n.* critical investigation, minute enquiry, examination in detail, a searching examination, official examination of votes (scrutinize vb to examine in detail जाँचना) छानबीन, सूक्ष्म पूछताछ, सूक्ष्म परीक्षा

**scuffle** स्कफ्फल् *v.n.* to brawl, to fight, to engage in conflict, confused struggle, हाथापाई करना, झगड़ना, खेंचा खेंची

**scullery** स्कलरी *n.* place where dishes are washed, a back-kitchen, रसोई के बर्तन साफ करने की जगह, कूड़ा डालने का स्थान

**sculpture** स्कल्पट्यूर *n.v.* art of carving in wood or stone, art of forming figures in relief or solid, product of this art, to carve, to fashion in relief, मूर्ति बनाने की विद्या, वास्तुकला, मूर्ति घड़ना, संग तराशीं का काम करना

**scurry** *v.* to scamper off in a fright, to run hastily, जल्दी जल्दी दौड़ना

**scurvy** स्करवी *n.* disease due to lack of fresh vegetables, ताजी सब्जियों की कमी से उत्पन्न रोग

**scuttle** स्कट्टल् *n.v.* a shallow basket, hurried gait, a small opening with lid in the roof of a house, to sink a ship purposely, छोटी टोकरी, तेज चाल, छत में ढकने दार छेद, जहाज को जानबूझ कर डुबोना

**scythe** साइद् *n.v.* long, curved blade for mowing, to cut with a scythe, द्रान्ती, हँसिया, द्रान्ती से घास काटना

**sea** सी *n.* large extent of salt water, a large wave of the sea, the ocean, an inland body of water, swell, large quantity, vast expanse, समुद्र, बड़ी तरंग, उफान, बड़ी मात्रा, विस्तार

**sea-dog** सीडाग् *n.* an old sailor, एक अनुभवी केवट

**sea-port** सीपोर्ट् *n.* a town with a harbour, बन्दरगाह

**seal** सील् *n.v.* fur-bearing sea mammal, any of various sea animals valuable for skin, oil, a stamp for marking wax, to mark or fasten with a seal, to make legal and binding, एक बड़ी समुद्री मछली, मुहर, मुद्रा, मुहर या छापा लगाना, बन्द करना

**seam** सीम् *n.v.* the joint line of two pieces of cloth, a scar, a line of separation, to sew, to unite, to scar, सन्धि, सियन, फाँक, चीर, सिलाई, सीना, जोड़ना

**seamster** सीम्स्टर् *n.* one who sews, सीने वाला, दर्जी

**seamstress** समिस्ट्रैस *n.* fem a needle woman, सीने वाली स्त्री, दर्जिन

**searl** सीअर् *adj.v.* dried up, withered, to scorch, to wither, to dry, to make insensible, मुर्झाया हुआ, सूखा, झुलसाना, मुर्झाना, सूखना, मूर्छित करना

**search** सर्च् *n.v.* to look for, to probe into, to examine, to ransack, to put to test, to enquire after, enquiry, prompt finding, examination, ढूढ़ँना, अनुसन्धान करना, तलाशी लेना, तलाशी, खोज

**search-light** सर्चलाइट् *n.* apparatus casting a powerful light on distant objects, a strong beam of light for picking out objects by night, तेज रोशनी फेंकने वाला प्रकाश (लैम्प)

**season** सीजन् *n.v.* suitable opportunity, time of plenty, period of indefinite length, one of the four divisions of the year, to accustom, to mature, to give zest to, to imbue, to flavour, (seasonal a pertaining to a season ऋतु सम्बन्धी), उचित अवसर, समृद्धि काल, मौसम, समय ऋतु, ऋतु अनुसार ढालना

**seasoned** सीजन्ड् *adj.* accustomed, अभ्यस्त, कालानूकूल, मँजा हुआ

**seasoning** सीजनिंग् *adj.* anything added in food to increase enjoyment, भोजन स्वादिष्ट बनाने वाला पदार्थ

**seat** सीट् *n.v.* a thing to sit on, a chair, a b ench, etc station, throne, abode, residence, situation, site, to sit down, to provide seats for, to put a seat on, जगह, कुर्सी, बेंच, सिंहासन, निवास, स्थिति, बैठाना, सीट लगाना

**secede** सीसीड् *v.* to leave, to withdraw from membership, to break away from a group, society, etc (secessionist n a seceder), छोड़ना, सदस्यता वापिस लेना, दल तोड़ना

**secluded** सीक्लूडिड *adj.* separated from society, private, remote, retired, समाज से पृथक, निर्जन, एकान्त, अकेला

**second** सैकंड् *adj.n.v.* next after first, one who follows another, additional, a supporter, next in place, rank or time, the sixtieth part of a minute, to follow, to support, to encourage, दूसरा, अनुगामी, फालतू, सहायक, सेकंड, पीछा करना, अनुमोदन करना, धैर्य बँधाना

**secondary** सैकंडरी *adj.* next in importance, subordinate, supplementary education advanced education), उच्च कोटि की स्कूली शिक्षा), दूसरे क्रम का, सहकारी, अप्रधान

**second hand** सैकंड हैंड *adj.* not new, used by another, hearsay, the hand that marks the seconds on a watch or clock, पुराना, दूसरे का भोगा हुआ, कल्पित, घड़ी की छोटी सुई

**secrecy** सीक्रेसी *n.* liability, privacy, seclusion, keeping secret, silence, concealment, secretness, mystery (secret a concealed गुप्त ), रहस्य, एकान्तता, गोपनीयता

**secretariate** सैक्रेट्रिएट् *n.* body of secretaries, building occupied by secretarial staff, the secretary's department, मन्त्रिमण्डल, मन्त्रियों का कार्यालय, सचिवालय

**secretary** सैक्रैटरी *n.* businessman's assistance with corresponstence, one employed to write letters and carry out business for another, or for a society, सचिव, लेखक किसी कार्यालय का अधिकारी

**secrete** सेक्रीट् *v.* to conceal or hide, to produce by secretion, to separate the circulating fluids of the body (secretion. n.) स्त्राव) छिपाना, शरीर के रस को अलगाना

**sect** सेक्ट *n.* a religious party or faction, a party within a church, body of people holding the same beliefs (section n a part भाग), अंश, भाग, सम्प्रदाय

**sector** सैक्टर *n.* part of a circle between two radii, a district, a division of an army front, a section, वृत्तखण्ड, रेखा गणित का एक यन्त्र

**secular** सैक्युलर *adj.* lasting for ages, coming once in century, worldly, temporal, not spiritual, not under church control, not sacred not belonging to a religious order, अनन्त, दीर्घजीवी, सौ वर्ष में एक बार होने वाला, लौकिक, गृहस्थ, धार्मिक बन्धनों से मुक्त, धर्म निरपेक्ष

**secure** सिक्यूर् *adj.v.* untroubled by care or anxiety, free from apprehension, reliable firmly fastened, safe against, certain, sure, to make firm, to gain possession of (security n protection), निश्चिन्त, निर्डर, विश्वसनीय, दृढ़, निश्चित

**sedate** सिडेट् *adj.* calm, composed, serious, quiet, unruffled, grave, dignified (sedative n soothing शान्तिकर ), शान्त, गंभीर, अडिग, भव्य

**sedge** सैज् *n.* a kind of marshy plant, a kind of bird, grassy plant growing in wet ground, plant like coarse grass growing in swampy ground, दल दल का एक पौधा, एक प्रकार का पक्षी, दलदल की घास

**sediment** सैडिमैन्ट् *n.* matter that settles at the bottom of a liquid, dregs, lees, मल, कीट, तलछट

**sedition** सैडिशन् *n.* the raising of agitation against a state, stirring up of rebellion against the government, propaganda urging to rebellion, disloyal talk, राजद्रोह, विद्रोह, विप्लव, संशोभ

**seduce** सिड्यूस *v.* to lead astray, to lead into crime, to deceive, to induce to surrender chastity, to attract (seduction n attraction प्रलोभन) बहकाना, पाप में प्रेरित करना, छलना, सतीत्व भंग करना

**see** सी *v.* to discern object with eyes, to observe to find out, to reflect, to come to know, to interview, to perceive, to consider to understand, to visit (sight n vision), देखना, ढूढँना, विचारना, जानना, साक्षात्कार करना, समझना, मिलना

**seed** सीड् *n.* germ, unit of production, offspring, semen, cause, race, origin, grain from which a plant grows, कीटीणु, बीज, सन्तति, वीर्य, लक्ष्य, नस्ल, स्त्रोत

**seedling** सीडलिंग् *n.* very young plant, छोटा पौधा

**seek** सीक् *v.* to look for, to inquire, to try to find, to search, to aim at, to pursue, to ask for, to endeavour to do, तलाशना, ढूँढना, निशाना करना, पूछना, यत्न करना

**seem** सीम् *v.* to have the appearance of, to appear to be true, to look, it is said that, to sham, to pretend, प्रतीत होना, अच्छी दिखाई देना, जान पड़ना

**seer** सीअर् *n.* a prophet, a person who sees visions, one who foresees, one who sees, ऋषि, दैवी पुरूष, भविष्य का ज्ञाता, भविष्य दर्शी, सिद्ध पुरुष

**see-saw** सीसा *n.v.* a reciprocating motion, game in which children sit at opposite ends of plank supported in middle and swung up and down, plank used for this, an up and down motion, to move up and down, बच्चों का झूला, ढकुल, उतार-चढ़ाव झूलना, ऊपर नीचे चढ़ना उतरना

**segment** सैगमैन्ट् *n.* part cut off from something, a part cut off from a figure by a line, a part that breaks off naturallty, भाग, वृत्तखण्ड, स्वतः टूटने वाला भाग

**segregate** सैग्रीगेट् *v.* to isolate, to separate from others, to set apart from rest, to dissociate, to keep in separate groups (segregation n separation, अलगाव) अलग होना, पृथक करना, अलगाना

**seignior, seigneur** सेनिअर् *n.* a lord, a title of respect, महाशय, स्वामी

**seismic, seismal** साइजमिक *adj.* pertaining to earthquake, भूकम्प सम्बन्धी, भूचाल से संबंध रखने वाला

**seismograph** साइजमोग्राफ *n.* an apparatus for registering earthquakes, भूचाल की प्रबलता को अंकित करने वाला उपकरण

**seize** सीज् *v.* to take possession of by force, to catch, to confiscate, to attach, to capture, to grasp, to perceive (seizure n possession पकड़), पकड़ना, हथियाना, छीनना, जब्त करना, अधिकार करना

**seldom** सैल्डम् *adv.* rarely, infrequently, not often, कभी कभी, जो प्रायः न हो

**select** सिलैक्ट *v.adj.* to choose as the best, to pick out, picked out, very good, (selection n choice चुनाव), चुनना, चुना हुआ, बहुत अच्छा

**self** सैल्फ् *n.* one's own person, personal interest, personality, identity, selfishness (selfish a caring only for oneself स्वार्थी), स्वयं, निजी चाव, व्यक्तित्व, स्वार्थता

**self-evident** सैल्फऐविडैन्ट् *adj.* true, obvious, clear enough to need no proof, सच्चा, स्पष्ट, स्वतः सिद्ध

**sell** सैल् *v.* to vend, to exchange for money, to hand over for a price, to find purchasers, to betray, to cheat (sale n) बेचना, दाम लेकर देना, छल करना, धोखा देना

**semophore** सैमोफोर् *n.* signalling apparatus, संकेत देने वाला उपकरण

**semblance** सैम्बलैन्स *n.* appearance, image, likeness, similarity, exterior, सादृश्य, आकार, समानता, बाहरी

**semen** सीमन् *n.* male generative fluid of animals, sperm, seed of plants, male productive fluid, वीर्य, पौधों का बीज, शुक्र

**semester** सैमिस्टर् *n.* college half-year session, a half-year course as in a university, कालेज का अर्धवार्षिक सत्र

**semi** सैमी *pref* in sense of half (semi-final), अर्ध, आधा

**semi-circle** सेमीसरकल् *n.* half of a circle, अर्धवृत्त

**semi-colon** सेमीकोलन् *n.* punctuation mark (;). अर्धविराम

**semi-final** सेमीफाइनल् *adj.* before completion, अन्त के पहले का

**seminary** सैमीनरी *n.* a school, college, academy, पाठशाला, शिक्षालय

**senate** सैनेट् *n.* a law-making council, a state council, the governing body of a university, a legislative body, मन्त्रिसभा, प्रबन्ध कर्त्ता लोग, विश्व विद्यालय की प्रबन्धकारिणी समिति

**senator** सेनेटर् *n.* the member of a senate, मन्त्रि सभा के सभासद

**send** सैन्ड *v.* to dispatch, to transmit, to hurl, to discharge, to cause to go, भेजना, प्रेषित करना, फेंकना, भिजवाना

**senile** सेनाइल् *adj.* pertaining to oldage, showing weakness of old age, doting, showing their feebleness or childishness of old age (senility n old age), बुढ़ापे से सम्बन्धित, वृद्ध

**senior** सीनिअर् *adj.* more advanced or superior in age, elder of a higher degree or rank (seniority n priority in age or office), पद या वय का बड़ापन) वयोवृद्ध, बड़े पद का

**sensation** सैन्सेशन् *n.* a feeling, an excitement, a stirring event, strong impression, commotion, perception by the senses (sensational n thrilling जोशीला ), कँपन, जोशीली घटना, विशेष छाप, हलचल, चेतना, इन्द्रिय जनित ज्ञान

**sense** सैन्स *n.v.* ability to see, hear, smell, taste and feel, understanding, the meaning, discernment, sensibility, prevailing sentiment (senseless a foolish निबुर्द्धि), इन्द्रिय ज्ञान, चेतना, समझ भाव, विवेक

**sensible** सैन्सिबल् *adj.* perceptible by the senses, reasonable, appreciable, practical, of good sense, intelligent, judicious (sensitive a delicate), इन्द्रियों को महसूस होने वाला, लौकिक, विचारवान, तर्कयुक्त, सराहनीय, बुद्धिमान, न्यायशील

**sensual** सैन्शुअल् *adj.* of the senses, pleasing to the senses, voluptuous, licentious, (sensuous a derived from the senses विषयजनित), विषयी, इन्द्रिय विषयक, विलासी, भोगी

**sentence** सैन्टेन्स् *n.v.* a judgement, maxim, proverb, a set of words with a complete meaning, to pass judgment on, निर्णय, सिद्धान्त, लोकोक्ति, सार्थक शब्द समूह, वाक्य

**sentiment** सैन्टिमैन्ट् *n.* a tender or kindly feeling, a thought, emotion, by feeling rather than reason, sensibility कोमल भावना, कल्पना, भावुकता, रुचि, जोश

**sentinel or sentry** सैन्टिनल, सैनेट्री *n.* soldier on guard duty, सैनिक या संरक्षक, प्रहरी, चौकीदार

**separate** सैपरेट् *adj.* v. to divide, to disconnect, to sever, to part, to put apart, to withdraw, to occupy place between, to become parted from, apart, distinct, individual, अलगाव., अलग करना, जुदा करना, पृथक होना, वापस लेना, अलग, पृथक, अकेला

**September** सैप्टैम्बर् *n.* year's ninth month, सितंबर मास

**septennial** सैपटीनिअल *adj.* occuring every seven years, हर सात वर्ष में होने वाला

**septic** सैप्टिक *adj.* poisoned, infected, caused by blood-poisoning, विषाक्त, छूतग्रस्त, रक्त को विषैला करने वाला पदार्थ

**sepulchre** सिपल्कर *n.* tomb, grave, burial, putting to the tomb, समाधी, कब्र, श्मशान भूमि, कब्र में गाड़ना

**sequel** सीक्वल् *n.* result, consequence, continuation, outcome,what follows, after-effects, परिणाम, नतीजा, निरन्तरता, उत्तरभाग, अन्तफल

**sequence** सीकवेन्स *n.* arrangement in which things follow one after another, succession, a connected series, अनुक्रम, परम्परा, श्रृंखला, सिलसिला

**serene** सिरीन् *adj.* calm, untroubled, quiet, unclouded, tranquil, placid (serenity n calm शान्ति), शान्त, नम्र, स्पष्ट, निर्मल, स्थिर

**serf** सर्फ् *n.* a slave-worker, कृषक दास, खेत जोतने वाला दास, रैयत

**serge** सर्ज् *n.* strong hard-wearing twilled worsted fabric, सर्ज, एक प्रकार का ऊनी कपड़ा

**sergeant** सारजैन्ट *n.* a non-commissioned officer, an officer of the police force, सार्जेंट, हवलदार, वकील

**serial** सीरिअल् *adj.* in successive parts and numbers, produced in instalments, क्रमिक, क्रमानुसारी, सिलसिलेवार, किश्तों में तैयार

**series** सीरीज *n.* succession, order, set, क्रम बद्धता, लड़ी, क्रम, ग्रन्थ माला

**serious** सीरिअस् *adj.* earnest, sedate, thoughtful, solemn, not jesting, of importance, grave, सच्चा, गंभीर वृत्ति का, विचारवान, बगैर हँसी के, महत्वपूर्ण

**sermon** सरमन् *n.* address by a clergyman or minister, a discourse delivered by a religious instructor, a lecture on one's behaviour or duty, पादरी व उपदेश द्वारा व्याख्यान, धर्मोपदेश, कर्त्तव्य व आचरण पर भाषण

**serpent** सरपैन्ट् *n.* a snake, kind of fire work (serpentine a winding), सर्प, साँप, साँप का आकार लेने वाली बत्ती, ईष्यालु

**serum** सिरम *n.* a watery animal fluid, the watery part of the blood, thin transparent portion of the blood, the thin yellowish fluid secreted by the serous membrances, दूध या खून का पानी, मेदा, रुधिर का पतला पारदर्शक अंश

**servant** सरवैन्ट् *n.* paid house-hold worker, a domestic, a subordinate, one who is personal attendant, नौकर, अनुचर, घरेलु दास, सेवक

**serve** सर्व् *v.* to work for or attend upon another, to carry out duties, to be useful, to help to food, to supply something, to contribute to, to obey, to perform (service n employment), सेवा करना, आज्ञा पालन करना, लाभकारी होना, परोसना, देना, सम्पन्न करना

**servile** सरवाइल् *adj.* slavish, abject, cringing, fawning, menial, without independence, दास, अधीन, तुच्छ, चापलूस, कमीना

**sesame** सीसेम् *n.* magic password, an annual herbaceous tropical plant with oily seeds, जादू का शब्द, तिलसुमसुम

**session** सैशन् *n.* a sitting of a meeting or asssembly, continuous series of such meetings, university term, अधिवेशन, बैठक, विश्वविद्यालय का नियमकाल (सत्र)

**set** सैट *n.v.* to place, to plant,to become solid, to sink as the sun, to fix,to point, to make ready, to dry hair into position, setting, tendency, number of things of the same kind, रखना, बोना, ठोस होना, बिठाना, अस्त होना, तैयार करना, बाल सँवारना, पंक्ति, समूह, सूर्यास्त, झुकाव

**set-back** सैटबैक *n.* a check, disappointment, धक्का, निराशा

**settle** सैटल् *n.v.* a seat with a high back,to establish,to fix, to cease from wandering, to decide, to colonize, to appoint, ऊंची पीठ वाली कुर्सी व बैंच, स्थिर करना, ठहराना, निर्णय करना, बसाना, निबटारा to fix one's habitation, to get clear (settlement n adjustment, a colony निबटारा, आबादी), बसाना, निबटारा करना

**seven** सैवन् *n.* one more than six सात

**seventeen** सैवनटीन् *n.* seven and ten, सत्रह

**seventy** सैबनटी *n.* ten times seven, सत्तर

**several** सैवरल् *adj.* separate, distinct, few, some, various, different, a few, अलग, भिन्न, कुछ, विभिन्न, कुछेक

**severe** सिविअर *adj.* stern, strict, harsh, plain, rigorous, austere, violent, extreme, terse, कठोर, तीक्ष्ण, स्पष्ट, कठिन, कर्कश, जोशीला, अत्यन्त

**sew** सु *v.* to fasten together with a needle or thread, to make or mend in this way, to stitch, सुई धागे से सीना, रफू करना, टाँके लगाना, जोड़ना

**sewage** स्यूएज् *n.* matter carried in sewers, refuse draining to a sewer, मैला, नाले में बहने वाली गंदगी

**sewer** स्यूअर *n.* a channel for carrying of waste and filth, a public drain (sewerage n the system of drainage, परनालियों का क्रम), गंदगी बहाने वाली नाली

**sex** सैक्स *n.* being male or female, लिंग, पुल्लिंग व स्त्री लिंग

**sexton** सैक्सटन् *n.* a church caretaker, a grave-digger, चर्च की सामग्री का जुम्मेदार, कब्र खोदने वाला

**shabby** शैबी *adj.* wornout, threadbare, paltry, mean, poorly dressed, faded, ragged, फटा पुराना, गंदा, तुच्छ , मैला कुचैला, मुर्झाया हुआ

**shack** शैक् *n.* shanty, hut, a shed, log cabin, a shabby old house, a tramp, कुटिया, फूहड़ झोपड़ी, पुराना घर, आवारा

**sackle** शैकल् *n.v.* fatters, handcuffs,the bar of a padlock, a chain, staple, anything that confines, to bind the limbs, to fetter, to hinder, बेड़ियां, जंजीर, कड़ियां, बांधना, जंजीर डालना, रोकना

**shade** शेड् *n.v.* darkness, a shady place, gradation of light, screen or cover, the soul after death, tinge, shelter, ghost, to darken, to screen from light, to represent shade in drawing (shady a dim), अन्धकार, छायादार स्थान, रंग का दर्जा, पर्दा, मरणेंपरान्त आत्मा, शरण, प्रेत, अन्धेरा करना, पर्दा करना, कला में रंग की झलकी बताना

**shadow** शैडो *n.v.* patch of shade, gloom, dark part of a picture, darkness, protection or security, reflected image, phantom, inseparable companion, to cast shadow-over, to conceal, to follow, प्रतिबिम्ब, अक्स, उदासी, चित्र का काला भाग, अन्धकार, संरक्षण, अभिन्न साथी, परछाई डालना, छिपाना, पीछा करना

**shaft** शैफ़्ट *n.* an arrow, a pole, a long handle, a deep mine, a pillar, straight rod, stem, part of a chimney, तीर, डडा, गहरीखान, खंभा, मुठिया, गाड़ी का बम, लंबा धुरा, अँगीठी का हिस्सा, झबरा

**shaggy** शैगी *adj.* coarse, tousled, unkempt, rough, rugged, rough-haired with a wild overgrowth, खुरदरा, बिखरा, भद्दा, रुक्ष

**shake** शेक् *v.n.* to tremble, to shiver, to wave, to brandish, to totter, to vibrate, to make or be made unsteady, a jolt, a shudder, a shock, काँपना, ठिठुरना, लहराना, घुमाना, अस्थिर करना या होना, झटका, कँपन, धक्का

**shall** शल् *v.* used in the future tense of the verb, to express determination, promise and compulsion, भविष्यकाल का प्रत्यय, गा

**shallow** शैलो *adj.* not deep, having little depth of water, superficial, not sincere, trivial, not wise. उथला, छलछला, गम गहरा, नकली, झूठा, तुच्छ, मूढ़

**sham** शैम *v,n, adj.* to pretend, to feign, a pretence, fraud, imposture, false, pretending, counterfeit, बहाना करना, मकर करना, बहाना, ठगी, ठग, झूठा, बहाने खोर, नकली

**shame** शेम् *n,v.* feeling of disgrace on guilt, ignominy, pity, hardluck, feeling of humiliation, to make feel·shame, to cause to blush, लज्जा, शर्म, बदनामी, दया, दुर्भाग्य, हीनता का भाव, शर्म दिलाना, लजाना

**shampoo** शैम्पू *v,n.* to wash with something forming lather in rubbing, to lather and wash the hair, the act of shampooing. झाग उत्पन्न करने वाले मसाले से धोना, बालों का झाग से साफ करना, मालिश या मस्तक धोने का कार्य

**shanty** शैन्टी *n.* a rude hut, a small shed, temporary wooden building, mean dwelling, a sailor's song with charms एक रद्दी झोंपड़ी, छान, अस्थायी छप्पर, तुच्छ निवास, नाविकों का सामूहिक गान

**shape** शेप् *n,v* the form or figure of a thing, external appearance, pattern, outward form, expression, proper condition, to fashion, to regulate, to mould, to make; सूरत, आकार, ढाँचा, बाहरी रूप, मुद्रा, उचित स्थिति, ढालना, घड़ना,

**share** शेअर् *n,v.* blade of plough, portion, quota, lot, dividend, part which one gets, divide, to take or possess in common, to give, allot, take a share, खूट, हल का लोहा, भाग, पट्टी, रसद, बाँटना, साझा भाग लेना, देना, हिस्सा लेना

**shark** शर्क *n.* a large voracious fish with sharp teeth, grasping person, sharper, swindler, a cheat, सब से बड़ी मछली, निहंग, मक्कार, तीरतुक्कों पर गुजारा करने वाला, ठग

**sharp** शार्प् *adj.* keen, severe, acute, subtle, having a very thin edge and fine point, apt, brisk, harsh, shrill, strongly marked, तेज, सख्त, तीखा, बारीक, तेज धारवाला, ठीक, कर्कश

**shatter** शैटर *v.* to break in pieces, to ruin,to derange, to fly in pieces, to rend or crack, to dissipate, खंड खंड करना, नष्ट करना, धज्जियां उड़ना, फाड़ना, चूर-चूर करना

**shave** शेव् *v.n.* to pare away, to cut close, esp hair of face or head , to graze, to cut in thin slices, to plunder or fleece, to use the razor in removing hair, काटना, मूँड़ना, बाल बनाना, दाढ़ी बनाना, पतले वरक उतारना, लूटना या छीलना, उस्तरे से बाल साफ करना

**shawl** शाल् *n.* loose covering for neck and shoulders, a woollen cloth worn on the shoulders, शाल, दुशाला

**she** शी *pr.* the femine third person, singular number, स्त्रीलिंग, अन्य पुरुष, एक वचन, वह स्त्री

**sheaf** शीफ् *n.v.* grain bound together, a bundle, a bundle of stalks tied together lengthwise, to make sheaves of, अनाज का गड्ढा, पुलिया, मुट्टा, गठरी, पूलियां बाँधना, मुट्ठा बाँधना

**shear** शिअर् *v.* to cut with shears, to clip, मूंड़ना, कतरना, लावनी करना

**sheath** शीथ् *n.* a close-fitting case, scabbard (sheathe n to place inasheath), मियान, गिलाफ, खोली

**shed** शैड *n.* a hut, a cabin, a roofed-shelter, outhouse, a slight building, a one-storeyed building for storing goods, cattle, vehicles, etc, v to cast off, to scatter, to throw off, झोपड़ी ओसारा, फेंकना, फैलाना

**sheen** शीन् *n.* a shine, gloss, brightness, splendour, चमक, प्रकाश, रोशनी, आभा

**sheep** शीप् *n.* ruminant animal with heavy coat of wool, a wool-bearing animal, a foolish fellow, भेड़, मूर्ख व्यक्ति

**sheer** शीअर *adj.v.* steep, thorough, pure, unmixed, very fine, perpendicular, mere, simple, outright, to go away, to turn aside, खालिस, पूर्ण, पवित्र, बढ़िया, सीधा, केवल, सादा, स्पष्ट, परे जाना, एक ओर मुड़ना

**sheet** शीट् *n.v.* any plain, flat surface, esp of water, paper, glass and cloth, a piece of paper, a sail, कोई भी साफ सतह कागज, जल, शीशा, वस्त्र इत्यादिकी), कागज का टुकड़ा, जहाज का पाल

**shelf** शैल्फ *n.* a projecting cliff, a fledge ledge or board for holding anything, a ridge of rocks in a sea, a reef (shelve v to postpone स्थगित करना), टाँड, मचान, अलमारी, तख्ता, चट्टान का चपटा तख्ता, समुद्र का रेतीला किनारा

**shell** शैल् *n.v.* a hard outer case, husk, any frame work, a frail boat, a metal case filled with explosive material fired from a gun, to separate from the shell, to fire shells at, छिलका, खोल, ढाँचा, छोटी नाव, कारतूस, गोली दागना

**shelter** *n.v.* a shield, protection, a harbour, refuge, haven, a place of safety, a defender, to hide, to take shelter, to give protection to, शरण, छप्पर, आश्रय, रक्षा स्थान, संरक्षक, छिपाना, शरण लेना, शरण देना

**shepherd** शैफर्ड *n.v.* one who tends sheep, a pastor, one who looks after sheep, to tend as a shepherd, गडरिया, भेड़ बकरियां चराने वाला

**sheriff** शैरिफ् *n.* chief law-officer of a country, city officer, the chief officer of the crown in a country, जिले का हाकिम

**sherry** शैरी *n.* light spanish wine, हल्की स्पेन की मदिरा

**shield** शील्ड *v, n,* to protect, to shelter, to manage, to cover, to defend, to screen, protective covering, any safe guard, plate of armour to protect the body, a trophy shaped like a shield, बचाना, शरण देना, प्रबन्ध करना, ढाँपना, पर्दा डालना, पर्दा, बचाव, कवच, शील्ड

**shift** शिफ्ट् *n.v.* a change, alteration, rotation recourse, evasion, removal, a plan, a transfer, a set of persons taking turns with another set, to manage, to change, to tranfer, to dislodge, to get rid of; बदलाव, परिवर्तन, घुमाव, टालमटोल, दलों का परस्पर बारी बदलना, प्रबन्ध करना, हटाना, छुटकारा पाना

**sliiling** शिलिंग *n,* a British silver coin worth twelve, pence, बारह पैसे का चाँदी का अंग्रेजी सिक्का

**shimmer** शिमर् *v.n.* to shine with a quivering light, to glisten, to gleam, to shine faintly, to flicker, flicker, a tremulous gleam; टिमटिमाना, चमकना, जगमगाहट, चमक

**shin** शिन् *n.* the forepart of the leg below the knee; front of lower leg, पिंडली, अग्र जंघा

**shine** शाइन् *v,n,* to emit light, to reflect rays of light, to excel in something, to perform in brilliant fashion, to be disinguished, to be very good, to cause to shine, brightness, lustre, polishing, light चमकना, प्रकाश की किरणों फेंकना, किसी काम में कमाल दिखाना, विशेषज्ञ साबित होना, बढ़िया होना, चमक, प्रकाश

**shingle** शिगल् *n,v*, wooden roof-tile, a round pebble lying on the shore, cause, round, worn-out gravel, acute skin inflammation, to cover with shingles, to cut the hair of the head very close. लकड़ी का पतला तख्ता, समुद्र तट पर के घोंघे, छोटे-छोटे गोल कंकड़, सूजन, कंकड़ बिछाना, बारीक मूँडना

**shinto** शिन्टो *n.* native Japanese religion, जापान का धर्म

**ship** शिप् *n.v.* large sea-going vessel or craft, a large vessel for journeys on sea, lake or river, an aircraft, any large vessel for the conveyance of passengers or merchandise, esp one with three masts and square-rigged, to put on board a ship, to embark, बड़ा पोत, बड़ा जहाज, हवाई जहाज, भारी जहाज सामान व यात्रियों को ढोने के लिए, जहाज पर लादना, सवार होना

**shipwreck** शिपरैक् *n.v.* destruction of a ship at sea by breakers or storm, the wreck of a ship, ruin, disaster, to wreck, तूफान व लहरों से जहाज की तबाही, टूटे हुए जहाज के टुकड़े, विनाश, बर्बाद करना

**shirk** शरक् *v.* to avoid, to slink, to get out of, to evade duty, to get off, (shirker a an idler), टालना, जी चुराना, कर्त्तव्य से विमुख होना, मुँह मोड़ना

**shirt** शर्ट् *n.* man's undergarment, (shirting n material for making shirts), कमीज, कुर्ता

**shiver** शिवर् *n.v.* splinter, part, a fragment, to tremble, to shake, to shatter, to shudder, to vibrate, to quiver, टुकड़े, हिस्सा, काँपना, थर्राना

**shoal** शोल *n.* shallow water, a sand bank, crowd, multitude, उथला पानी, रेतीला तट, भीड़

**shock** शॉक् *n.v.* a fright, a blow, collision, a collapse, emotional disturbance, paralytic stroke, an earthquake, the effect on the body of electric current, a mass of hair, a group of cornsheaves placed together, to horrify, to disgust, भय, धक्का, टक्कर, बेहोशी, अर्द्धांग, भूचाल, बिजली का झटका, बालों का गुच्छा

**shoe** शू *n.v.* covering for foot, metal rim put on horse's hoof, a low covering for the foot, to fit a horse with shoes, जूता, घोड़े का खुर, नाल लगाना

**shoeblack** शूब्लैक् *n.* one who cleans shoes, पालिश करने वाला

**shoemaker** शूमेकर् *n,* one who makes shoes, one who makes, repairs and sells shoes, जूता बनाने वाला, मोची, चमार

**shoo** शू *interj, v,* begone, to drive away शू शू करके भगाना, डराना

**shot** शूट् *v.n,* to drive with force, to kill by a bullet, or arrow, to propel, to pass with swiftness, to project, to move with velocity, to send forth branches, धकेलना, गोली व तीर मारना, उकसाना, वेग से लाँधना, नए पत्ते या कोंपलें निकलना

**shop** शॉप *n.,v,* place where goods are sold, a workshop, or a place where any kind of industry is carried on. to visit shops to purchase goods (shopkeeper-n, one who keeps a shop of his own) दुकान, कारखाना, दुकान दारी करना

**shore** शोर् *n,* the border of the sea, beam of a ship, support, the coast or land adjacent to the sea, etc, edge of the sea or lake; समुद्र तट, जहाज का शहतीर व कड़ी, आश्रय

**short** शॉर्ट् *adj,* measuring little in space or time, scanty, of small stature, insufficient, lacking, brief, not tall, not long, not lasting long, not enough (short cut-an easy method) छोटा, अल्प, ठिगुना, अपूर्ण, हीन, संक्षिप्त

**shortage** शार्टेज् *n,* deficiency, कमी, अधूरापन

**shot** शॉट् *n,* the act of a single missile for fire arm, the discharge of gun or cannon, a marksman, a try, an aim, a guess to do something[ reckoning, चानमारी, गोला, निशानची, अभ्यास, निशाना, क्यास

**shoulder** शोल्डर् *n,v,* part of the body to which arm or foreleg is attached, the part of body which joins the arm to the trunk, support, to push with the shoulder, to bear the full weight of) कँधा, सहारा, धक्का देना, कँधा लगाना, बोझ सँभालना

**shout** शाउट् *v.n.* to speak loudly, to utter a loud cry, to call loudly, a loud call, an outcry, a loud burst, चिल्लाना, अलग करना, शोर करना, चिल्लाहट, कोलाहल

**shove** शोव *n.v.* to push with a sudden motion, to propel, to push off, to press against, to push aside rudely, to thrust, a strong push, सरकाना, धकेलना, ठेलना, पेलना, धक्का देना, धक्का

**shovel** शुँवल् *n.v.* a broad spade with long or short handle, scoop, to lift, to move with shovel, फॉबड़ा, कुदाली, बेलचा, खुरपा, उठाना

**show** शो *v.n.* to expose to view, to point out, to display, to exhibit, to accord favour, to appear, to be visible, display, spectacle, pomp, pretence, indication, ostentation, दिखाना, संकेत करना, दर्शाना, पक्ष लेना, प्रकट होना, दिखावा, दृश्य, तमाशा, ठाठ बाट

**shower** शॉवर् *n.v.* short fall of rain, anything coming down like rain, great number, a shower-bath, to rain, to bestow liberally, बूँदा बाँदी, बौछार, झड़ी, समूह, फव्वारे का स्नान, वर्षा होना, जी खोलकर बौछाड़ करना

**shred** श्रेड *n.v.* a fragment, a broken piece, strip, a flake, shaving, to tear into small pieces, to cut into fragments, टुकड़ा , कतरन, पुर्जा, घज्जी, चिथड़ा, टुकड़ा टुकड़ा करना

**shrewd** श्रूड् *adj.* peevish, sagacious, judicious, sharp-witted, astute, craft, intelligent, cunning, wordlywise, सयाना, मनहूस, कुशाग्र बुद्धि, मँजा हुआ, ठग, घूर्त्त, दुनियादार

**shriek** शरीक् *v.n.* to utter a shrill cry, to screech, to laugh loudly, a sharp, shrill outcry, चिल्लाना, चीखना, ठहाका लगाना, तेज चीख

**shrill** श्रिल् *v.adj.* piercing, sharp, importunate, sharp sounding through impatience, to utter a piercing sound, कान फाड़ने वाला, तीखा, चिल्लाना

**shrine** श्राइन*n.* the tomb of a saint, a sacred place, a casket for holding holy relics, साधु की समाधि, पवित्रस्थान, मजार, पवित्र राख रखने की टोकरी.

**shrink** श्रिंक*v.* to become smaller, to retire, to flinch, to recoil, to contract, to decrease, to dwindle,सिकुड़ना, आराम करना, पीछें हटना, कमहोना, सकुचाना,

**shrivel** श्रिवल *v.* to dry up, to wither, to wrinkle, to contract into folds, to parch, सूखना, मुरझाना, झुरियां पड़ना, तह करना,

**shroud** श्रौड़ *n. v.* sheet for corpse, covering for a deadbody, cloth around the dead body, anything that covers, a dark clock, to cover, to clock, कफन, शववस्त्र, पर्दा, काला चोला, ढकंना, चोला पहनना

**shrub** श्रब्*n. v.* a bush, a woody plant, a kind of cordial झाड़ी, छोटा लकड़ी का पौधा, एक प्रकार की मदिरा

**shrug** श्रग्*n. v.* a quick rise and fall of the shoulder, to raise and narrow shoulders, as sign of disdain, doubt, etc, to express helplessness, to contract the shoulders to express doubt, content or dislike, etc, कंधों की घृणास्पद सिकोड़ें, कंधों को झटका देना, घृणा प्रकट करना कँधा झाड़कर

**shudder** शडर्*n*, to quiver, to quake, to tremble, to feel a cold tremor, to quake, to feel repugnance, shaking tremor. कँपकपी, थरथराहट, स्फुरण, ठिठुरना, काँपना, घृणा दिखाना

**shuffle** शफ्फल् *v, n* to move with a dragging motion, mix, to confuse, to mislead, to act evasively, to mix card, to pass to another, shuffling; ताश मिलाना, परेशान करना, कुमार्ग पर चलाना, टालना, दूसरे को सौपंना

**shun** शन् **v.** to avoid, to abstain from, to eschew, to keep away from, to try to keep clear, टालना, मस्तमारना, बचना, कतराना, अलगाना

**shunt** शंट *v.* to turn aside, to divert, to switch a train to another track, to turn thoughts elsewhere, to push aside, एक ओर हटाना, मोड़ना, मार्ग बदलना, गाड़ी का काटाँ बदलना, मन भटकना, एक ओर धकेलना

**shut** शट् *v.* to close, to bar, to forbid entrance to, to confine, to separate, to desist, to encircle,to imprison (shutter n moving window screen झाँप),बंद करना, रोकना, प्रवेश रोकना, धरना, कैद करना,

**shuttle** शट्टल् *n.v.* weaving implement carrying threads across a loom, to move to and fro, जुलाहे की ढरकी, सर, इधर उधर धूमना या घुमाना

**shy** शाई*adj.v.* timid, reserved, modest, bashful, reluctant, awkward in company, to hurl, to hang back, to toss, to take fright, भीरू, लजीला, झिझकने वाला, भडकना, डरना, शर्म करना

**sick** सिक् *adj.* ill, tired, wearied, disgusted, inclined to vomit, disturbed, (sickness. n. disease रोग), रोगी, थका हुआ, निराश, जिसका जी मतलाता हो, उचाट

**sickle** सिक्कल् *n.* reaping hook, a tool with curved blade for cutting grain, etc, दाँती, दराँती, हँसिया,

**side** साइड् *n.* part between front and back, the edge between top and bottom, a team, party, either surface of paper etc, a slope, aspect, पीठ और पेट के बीच का भाग, तरफ, दिशा,

**siege** सीज् *v.n.* a surrounding army's attempt to starve a town into surrender, besieging of town or fortified place, continued effort to obtain possession, सेना द्वारा घेरा डालना, किले बंदी करना, घेरा

**siesta** सीसटा *n.* a short sleep taken in the afternoon, a short sleep at mid-day in hot countries, मध्याह्न के समय थोड़ा विश्राम, झपकी

**sieve** सीव *n.v.* mesh-bottomed container for separating fine from coarse, a sifter, utensil with net work for sifting to pass through a sieve झरनी, चलनी, छानना

**sift** सिफ्ट् *v.* to sieve, to examine closely, to analyse, to separate good from evil, झारना, जाँच करना, परीक्षा करना, बुराई भलाई छाँटना

**sigh** साई *n.v.* to moan, to grieve, to lament, to utter long audible, breath, to long, a moan, a deep respiration, आह भरना, दुखीहोना, पछताना, चाहना, आह, गहरी साँस

**sight** साइट् *n.v.* vision, ability to see, faculty of seeing, seeing, thing seen, view, glimpse, spectacle, to catch sight of, to see suddenly, to adjust the sight of (sight seer, n. a tourist सैलानी). दृष्टि, नेत्र, अवलोकन, ह्दय, नजारा, झाँकी, देखना, अचानक नजर मारना

**sign** साइन् *n.v.* a token, a signal, symbol, omen, evidence, mark to convey some meaning, to put one's signature to, to retify, to make gesture, to signify, चिह्न, निशानी, संकेत, शकुन, प्रमाण, हस्ताक्षर करना, सही करना, प्रकट करना

**signal** सिगनल *n.v.* sign to convey order, etc, semaphore, a gesture, an indication, to announce by signals, to send information by signals (signature n a signed name हस्ताक्षर), निशानी, चेतावनी, संकेत, संकेत करना, सांकेतिक चिह्नों द्वारा तार देना

**signify** *v.* to mean, to indicate (significance importance महत्व), बताना, अर्थ रखना, महत्व

**signor** साइनयार् *n.* an Italian title equal to Mr. महाशय,

**silence** साइलैंस *n.* quietness, calm, entire absence of sound, still refraining from speech, secrecy, oblivion, (silent a quiet शांत), सन्नाटा, शांति, खामोशी, मौन, चुप्पी रहस्य, गुप्त भाव

**silk** सिल्क *n.* fine thread spun by the silk worm, cloth woven from silk thread, रेशम

**sill** सिल *n.* wooden or stone slab at bottom of window or door, देहली, दासा

**silly** सिल्ली *adj.* foolish, simple-minded, weak in intellect, unwise, innocent, मूर्ख, भोला, मतिहीन

**silt** सिलट् *n.* sediment, sand deposited by rivers, mud deposited by water, नदियों के बहाव से एकत्रित रेत या मिटटी

**silver** सिल्वर् *adj.n.* white precious mental, things made of it, silver coins, made of silver, soft, melodious, bright, चाँदी की धातु, चाँदी के सिक्के, कोमल, सरस, चमकीला

**similar** सिमिलर *adj.* resembling, like, of the same kind, having a similar shape, (similarity n likeness समानता), समान, वैसा ही, ऐसी शक्ल का

**simile** सिमिली *v.* to comparison of one thing with another, esp. in poetry, a reference to a thing to explain another like it, निदर्शन, उपमा (कविता में प्रयुक्त)

**simmer** सिम्मर् *v.* to keep boiling, to boil, to be in state of suppressed anger or laughter, to stew, to suppress anger, उबलते रहना, उबलना, क्रोध दबाना

**simple** सिम्पल् *adj.* easy, open, frank, true, trusting, plain, straightforward, guileless, mere, ordinary (simplicity n clearness सरलता), सरल, स्पष्ट, सच्चा, विश्वसनीय, निच्छल

**simpleton** सिम्पलटन् *n.* a silly person, a foolish person, बुद्धू, मूर्ख

**simulate** सिम्युलेट् *v.* to make a pretence of, to have the appearance of, to feign, to sham, to assume an altered form, बहाना बनाना, मकर करना, नकली रूप धारण करना

**simultaneous** सिमलटेनिअस् *adj.* happening, done at the same time, occurring at the same time, being all in step, समसामयिक, एक ही समय किया हुआ, एक चाल में का

**sin** सिन् *n.v.* wrong doing, wickedness, a wicked act, a short coming, violation of propriety, iniquity, transgression, neglect of the laws of morality and religion, to commit sin, to offend, पाप दुष्टता, गुनाह, कुकर्म, कमी, मर्यादा का उल्लंघन, पाप करना, नाराज करना,

**since** सिन्स *adv.conj.prep* from then till now, ago, as, because, after, जब से, उस समय से लेकर अब तक, पिछला, क्योंकि, बाद में

सिनसिअर *adj.* true, genuine, honest in word and deed, unaffected, pure, free from pretence (sincerity n genuineness निष्कपटता), सच्चा असली, ईमानदार, साफदिल, निष्कपट

**sincerely** सिनसिअरली *adv.* in a sincere manner, सच्चाई से

**sinedie** साइनेडाई indefinitely, अनिश्चितरूप से, दिन या तिथि बिना तय किए

**sinew** सिंयु*n.* tendon, strength, resources for, muscles, framework, पट्ठा, शक्ति, ढाँचा,

**sing** सिंग् *v.* to utter or voice music, to hum, to ring, to produce melodious sound, to compose poetry, to murmur, गाना, मधुर लय निकालना,कविता, लिखना, फुसफुसाना

**singe** सिंज् *v.n.* to burn on the surface, to scorch, a slight burning of the surface,झुलसना , सतह को थोड़ा आग लगाना, झुलसन

**single** सिंगल्*adj.v.* only one, unmarried, alone, separate, whole-hearted, straight forward, formed of one fold, undivided, pure, मात्र एक , कँवारा, पृथक, पूरे मन से ,स्पष्ट वक्ता, इकहरा, अविभाजित, पवित्र

**singular** सिम्युलर*adj.* one only, by itself, unusual, remarkable, exceptional, strange, showing one person or thing, केवल एक, एक वचन, अनोखा, विचित्र,

**sinister** सिनिस्टर *adj.* on the left-hand, harmful, threatening, suggesting evil, present or to come, dishonest, ill-looking, unlucky, ढाल के बाईं ओर का, हानि कारक, अभागा, बेईमान, कुरूप,

**sink** सिंक *v.n.* to go under water, to submerge, to dig, to excavate, to loose strength, to droop, to enter, to soak in, shallow earthenware or metal tank connected to a drain, डूबना, डुबकी लगाना, खोदना, दुर्बल होना, झुकना, सोखना, परनाला, मोरी

**sip** सिप् *v.n.* to drink in small quantities, to taste, a small testing drink, a taste, घूँट भरना, चखना, चूसना, अल्पपान, स्वाद

**sir** सर*n.* title of knight or baronet; public or respectful form ofaddress to superiors etc, title of address given to men, to address as 'sir' महाशय, हुजूर, जनाव

**sister** सिस्टर् *n* , daughter of same parents, nun, nurse, incharge of ward, a woman of a religious community, closely related, alike बहन, तपस्विनी, अस्पताल की परिचारिका, निकट संबंधी, एक सा

**sit** सिट *v.* to rest an lower part of body, to remain, to abide, to pose for a portrait to press, to hold session, to undergo examination, बैठना, ठहरना, चित्र के लिए मुद्रा बनाना,अधिवेशन चलाना, अंडे सेना, परीक्षा देना

**site** *n.*a place situation, space for, with, a building, local position or situation, ground-plot on which a building town, etc is fixed, स्थान, स्थिति, जगह, निर्माण कार्य का निर्धारित स्थान

**situate (d)** adj. placed, having a position, placed in respect of any other object, having a specified situation, stationed, (situation-n-position स्थिति ), स्थित, स्थापित

**six** सिक्स् adj, n. cardinal number one more than five,छह

**sizzle** सिज्जल् *v.* to hiss, to splutter, to suffer from heat, to scorch,फुँकारना, छन छन शब्द करना, गर्मी से परेशान होना, झुलसना

**skate** स्केट् *n.v.* boot fitted with a metal blade to glide on ice, small wheels to glide on a floor, or large flat-fish, to glide on skates, बर्फ पर फिसलने के बूट, बर्फ पर फिसलना

**skeleton** स्केलेटन् *n.* the bony frame-work of the body, a general outline, the essential part of anything, abstract, the bones of an animal separated from the flesh, a very thin person, a secret annoyance, ढांचा, रूपरेखा, कँकाल, गुप्त रोष

**sketch** स्कैच् *n.v.* rough drawing, brief account, essay, short, humorous play, first rough draft, an outline, preliminary study, to draw the outline, to make a sketch of,खाका, सक्षिप्त विवर्णा, प्रथम अध्ययन, खाका खीचना

**ski** स्की*n.* long, narrow, wooden snowshoe, runners of wood fastened under the feet for travelling over snow, a narrow strip of wood for gliding over snow (skiing n sport of travelling on skis)बर्फ पर चलने व फिसलने के लिए लकड़ी का बना पटरा

**skid** स्किड्*n.v.* to slip suddenly on one side, to slip without revolving, to cause to move on, to retard by a skid, to slide along without turning, drag for wheel, a fender to protect the side of a ship, a side slip, a wedge, a slide sideways, एक ओर फिसलना, रुकावट डालना, फिसलन, दरार

**skill** स्किल्*n.* practical ability, cleverness, dexterity, aptitude, powers to discern and execute, expertness, tact, (skilful a expert निपुण योग्यता, चातुर्य, फुर्ती, विवेक, नीति

**skin** स्किन्*n.v.* a thin outer covering, a hide, bark or rind, anything resembling a skin, a film on liquid, a container of animal skin, to strip the skin from, to fleece (skinny a very lean),चमड़ी, खाल, छाल, चमड़ी उघेड़ना

**skip** स्किप्*v.n.* to leap lightly over, to omit, to bound lightly, to pass over unnoticed,to spring, to jump over a turning rope, to leave out pieces here and there in reading, a light leap, omission, a college servant, फुदकना, लांघ जाना, छोड़ना, घूमते रस्से पर से कूदना, पढ़ते समय कुछ भाग जहाँ तहाँछोड़ देना, फुदक, छलाँग, कालेज का नौकर

**skirmish** स्कर्मिश् *n.v.* fight between small parties, small battle, an irregular fight, a witty argument, contest, to fight briefly, to fight irregularly, to seek the enemy, झड़प, साधारण लड़ाई, नौक झौंक, लड़ना, शत्रु को ढूँढना

**skirt** स्कर्ट *n.v.* part of garment hanging below the waist, lower part of women's dress, outlying part, the hanging part of a garment, edge, border, to surround, to border, फराक, लहँगा

**skulk** स्कल्क*v.* to sneak away, to shirk, to lurk, to avoid work, to withdraw into a corner, to stay away, to keep oneself concealed, दबे पाँव खिसकना, टालना, जी चुराना, छिपते फिरना

**skull** स्कल्*n.* bony case forming the head, bony case that encloses brain, cranium, the head,खोपड़ी, कपाल, दिमाग

**sky** स्काई*n.* apparent canopy of the heavens, heavenly regions, cloud, region surrounding the earth, the apparent vault of the heavens, elimate or weather,आकाश, गगन, अम्बर

**skylark** *n.* highflying song bird,ऊँचा उड़कर गाने वाला पक्षी, चक्रवाक्, अवाबील

**sky-scraper** स्काईस्क्रैपर *n.* very tall building,गगन चुम्बी भवन, बहुत ऊँचा भवन

**slab** स्लैब् *n.* thick, broad piece of timber or stone, a puddle, a mire, a thin plate or slice of e;g. stone, cake, शिला फलक, पत्थर की पटिया, तख्ता, केक

**slack** स्लैक्*adj.n.* loose, slow, lazy, sluggish, not busy, inattentive, modern, backward, not strict, trousers, the loose part of a rope, ढीला, सुस्त, मंद, शिथिल, असाधरण, आधुनिक, पिछड़ा हुआ, पायजामा, रस्से का ढीला हिस्सा

**slam** स्लाम् *n.v.* to shut or put down with a bang, to dash down, to hit, to beat, a violent sound, a noisy shutting,आवाज से बंद करना, मारना, पीटना, धड़ाके की आवाज

**slander** स्लैण्डर*v.n.* to defame, to harm a person's good name, to injure by a false report, defamation, calumny, a false report, बदनाम करना, अच्छे नाम को कलंकित करना, बदनामी, अपवाद, अपयश

**slang** स्लैंग *n.v.* colloquial language, jargon of some particular class, special language of a group, popular words regarded as vulgar, to abuse with vulgar language, अश्लील भाषण, गँवारू बोलचाल, गाली देना, गँदा बोलना

**slant** स्लांट् *v.n.* to slope, to put at angle, to slight, to insult, slope, insult, idea, point of view, तिरछा होना, तिरछा करना, अपमान करना, छलवान, अपमान, विचार दृष्टि कोण

**slab** स्लैप्*v.n.* to strike with the palm, to smack, to give a lap to, a blow with the palm of the hand, thick, broad piece थप्पड़ मारना, तमाचा मारना, थप्पड़तख्ता

**slash** स्लैश् *v.n.* to gash, to cut with a sweeping blow, to lash, to slit, to criticise unmercifully, gash, cutting stroke, लंबी फांक करना, जोर से काटना, लंबे टुकड़े काटना, कड़ी आलोचना करना, कटाव, लंबी फांक

**slat** स्लैट् *n.* a narrow thin piece of wood, लकड़ी की पतली पट्टी

**slate** *n.v.* a hard rock that splits into thin sheets, a rooftile of slates, smooth plates of grey rock used for writing, to cover with slates, to abuse, स्लेट, स्लेटों की छत, स्लेटों से ढकना, गाली देना

**slaughter** स्लाटर *v.n.* to kill many persons or animals, to massacre, to slay with violence, to kill beasts for the market, carnage, a great destruction of life, killing, brutal killing, a massacre (slaughter house n a place for slaughtering beasts बधस्थान) हत्या करना, संहार करना, नर संहार, खूनखराबा

**slave** स्लेव् *n.v.* a person held in bondage, a serf, drudge, a helpless victim, one who is completely devoted to, (slavery n bondage दासत्व), दास, चाकर, अधीन व्यक्ति

**slay** स्ले *v.* to kill, to put to death with a weapon, to destroy suddenly, बध करना, अस्त्र से मार देना, नष्ट करना

**sledge** स्लेज् *n.v.* a vehicle on runners for conveyance on snow, to boggan, to convey on a sledge बर्फ पर फिसलना, सरकने वाली बिना पहिये की गाड़ी, बर्फ पर सरकना

**sleep** स्लीप् *n.v.* slumber, repose, rest, death, to rest in natural unconsciousness, to repose, सोना, विश्राम करना, बेहोश होना, नींद, आराम, मृत्यु

**sleeper** स्लीपर *n.* one who sleeps, log on which railway lines rest, railway-coach fitted with sleeping accommodation, सोने वाला, रेल की पटरी की फाँट, सोने वाला रेल डिब्बा

**sleet** स्लीट् *n.* rain, and snow or hail falling together, तुषार वर्षा, ओले व बर्फ पड़ना

**sleeve** स्लीप *n.* part of garment which covers arm, आस्तीन, बहोली

**slender** स्लैन्डर् *adj.* slim, slight, scanty, feeble, moderate, thin or narrow, not stout, दुबला, हलका, अल्प, न्यून, दुर्बल, तंग

**sleuth** सलूथ *n.* a tracker or detective, खोजी

**slice** स्लाइ *n.v.* a thin, flat piece, flat culinary tool, share, to cut into slices, चपटी फाँक, चौड़ी धार का हथियार, भाग, टुकडे करना

**slide** स्लाइड् *v.n.* to slip smoothly along, to pass imperceptibly, to deteriorate morally, to push, pass or thrust, sliding, piece of glass holding picture to be projected, फिसलना, दुराचारी बनना, धकेलना, फिसलन, रपटना, चित्र दिखलाने वाला शीशा

**slight** स्लाइट् *adj.v.* slim, slender, fragile, trifling, not substantial, small, unimportant, to ignore, to disregard, to insult by ignoring, पतला, दुबला, तुच्छ, साधारण, अपेक्षा करना, अपमान करना

**slim** स्लिम् *adj.* slender, thin, weak, fragile, कोमल, पतला, दुर्बल

**slime** स्लाइम् *n.* slippery mud, sludge, फिसलन, कीचड़

**sling** स्लिग् *v.n.* to fling, to hurl, strap for hurling pebbles, support for injured limb, फेंकना, ढेलवाँस चलाना, गलपट्टी

**slink** स्लिंक् *v.* to creep about secretly, to skulk, to move stealthily, to miscarry, चुपके से खिसकना, लज्जित होकर जाना, गर्भ गिराना,

**slip** स्लिप् *n.v.* a twig cut for grafting or planting, long narrow piece of paper, landing place, a stumble, fall, a mistake, fault, a loose cover, to stumble to lose one's footing, to make a mistake (slipper n indoor shoe स्लीपर), कलम, कागज की चिट, चूक, भूल, ठोकर खाना, चूक जाना, खता करना

**slit** स्लिट् *n.v.* rent, a narrow opening, straight, long narrow cut, to cut open, to severe, to split, झीरी, चीर, लंबे बल काटना, अलग करना

**slither** स्लिटर *v.* to slide, to slip, to slide and bump, फिसलना, खिसकना, खिसकना और टकराना

**slogan** स्लोगन् *n.* Highland war-cry, catchword, motto, हाइलैंड का युद्धघोष, नारा

**slope** स्लोप् *n.v.* an oblique direction, surface inclining gradually downward, an incline, a slant, uneven ground declivity, ढलवान, ढसल, असम भूमि, झुकाव, ढलुआ होना, तिरछा करना, झुकना

**slot** स्लॉट् *n.* a narrowing opening, a slit, दरार, छेद, नाली, रण भूमि

**sloth** स्लॉथ् *n.* slow, lazy, sluggish, sluggishness, S.American animal, सुस्त, आलसी, मंद, आलस्य, दक्षिण अमरीका का सुस्त पशु

**slough** स्लाउ *n.* swamp, quagmire, hopelessness, a bog, a drainage stream, दलदल, कीचड़, निराशा, कीचड़, गंदा नाँला, केंचुली

**slow** स्लो *adj.* late, behind, sluggish, tardy, not swift, dull, tedious, lingering, inactive, not cautious, ढीला, पिछड़ा हुआ, असावधान, आलसी, मट्ठा

**sluggishness** स्लगिशनैस *n.* slowness, tardiness, सुस्ती, आलस्य, मंदता

**slum** स्लम् *n.* dirty, overcrowded street or district, squalid street or neighbourhood inhabited by the very poor or criminal classes, गंदा, तंग व भीड़ भाड़ वाला इलाका, गंदा पड़ोस निर्धनों की बस्ती वाला

**slumber** स्लम्बर *v.n.* to sleep, to repose, sleep,repose सोना, ऊँघना, झपकी लेना, निद्रा, आराम

**slump** स्लम्प *n.v.* a collapse, sudden fall in prices, a bog, gross amount, to throw into a single lot, to fall or sink suddenly, मूल्य में अचानक कमी, कुल राशि, मूल्यों में कमी होना

**slur** स्लर*v.n.* to sully, to soil, to contaminate, to disparage, to pronounce indistinctly, a bad mark, a slander, a stain, slight reproach, stigma, धब्बा लगाना, बट्टा लगाना, धोखा देना, अस्पष्ट उच्चारण करना, बदनामी, कलंक, धब्बा, अकीर्ति, फटकार

**slush** स्लश् *n.* half melted snow, a greasy lubricating mixture, पिघली हुई बर्फ, चिकनाई चौपड़

**slut** स्लट *n.* a slovenly woman, a slattern, a dirty, untidy woman, a harlot, कुल्टास्त्री, अविनीता, मैली कुचैली स्त्री, वेश्या

**smack** स्मेक *v.n.* to open mouth with loud sound, to slap to taste, to crack a sharp slap, a slight flavour, tinge, loud kiss, a kind of ship, चप चप शब्द करना, थप्पड़ मारना, चखना, तेज थप्पड़,स्वाद, चुम्बन, एक प्रकार का जहाज, सलफर वाली दवाई (नशा)

**small** स्माल् *n.* of little size or strength, petty, unimportant, trifling, humble, poor, ungenerous, short, छोटे कद का क्षुद्र, तुच्छ, विनीत, बेचारा, अनुदार

**small-pox** स्मालपाक्स *n.* variola, contagious disease. चेचक, शीतला रोग, माता, छूत का रोग

**smart** स्मार्ट *adj.v.* brisk, clever, witty, trim, well-dressed, fashionable, severe, pungent, lively, to give or feel acute pain, to be very painful, तेज, चुस्त, बुद्धिमान, सख्त, चरपरा, पीड़ा देना, चीस मारना

**smash** स्मैश *v.n.* to break into pieces, to shatter, to rout utterly, to hit with force, to come to grief, to ruin, a collision, heavy blow, wrecked state, accident wrecking vehicles टुकड़े टुकड़े करना, छितराना, बिखेरना, वेग से मारना, उजाड़ना, दुखी होना, नष्ट करना,टकराव, चोट, दुर्दशा

**smatter** स्मैटर *v.* to talk uselessly,to have a superficial knowledge of anything, व्यर्थ बोलना, थोथा ज्ञान

**smear** स्मीअर *v.n.* to stain with something greasy, to blot, to soil, to rub with grease, to make dirty marks, to slander, stain, blot, मलिन करना, धब्बा लगाना, लीपना, पोतना, गंदे चिह्न लगाना, बदनाम करना, धब्बा, बदनामी

**smell** स्मैल *n.v.* odour, scent, bad colour, to perceive by nose, fragrance, stink, stench etc, to use nose, to give out odour, to exercise the sense of smell, गंध, वास, सुगंध, सूँघना, दुर्गंघ फैलाना

**smile** स्माइल *v.n.* to laugh slightly, to express pleasure, to look happy, to be favourable, to part lips in amused expression, a lip-movement expressing welcome, मुस्कराना, हर्ष जताना, प्रसन्न दीखना, अनुकूल होना, मुस्कराहट, मुस्कान

**smirch** स्मर्श *v.* to smear, to stain, to dirty, to disgrace, to dirty, गँदा करना, मैला करना, अपमान करना

**smirk** स्मर्क *v.n.* to smile in an affected manner, to simper, to put on a foolish smile, a silly smile, बनावटी हँसी हँसना, फूहड़ों का सा हँसना, मूर्खता की हँसी, फूहड़ों की मुस्कान

**smite** स्माइट् *v.* to hit with the fist, to over throw in battle, to attack, to chastise, to afflict, मारना, लड़ाई में हराना, आक्रमण करना,अपमानित करना

**smith** स्मिथ् *n.* worker in iron, gold etc, (smithy n the workshop of a blacksmith लुहार का कारखाना), लुहार, सुनार इत्यादि

**smoke** स्मोक् *n.v.* a visible vapour emitted by a burning substance, sooty vapour rising from a fire, to send up smoke or vapour, to give off smoke, धुँआ, घूम, धुंध, धुँआ छोड़ना, धूम्रपान करना

**smooth** स्मूथ *adj.v.* even, polished, pleasing, persuasive, glossy, polite, unruffled, not rough, gently flowing, bland, soothing, to make smooth, to make easy, समतल, बराबर, चिकना, नम्र, अडिग, धीरे धीरे बहता हुआ, समतल करना, आराम देना

**smother** स्मदर *v.* to burn in a suppressed manner, without flame, to exist without visible effects, दम घोटना, गला घोटना, दबाना, छिपाना, धुआँ निकाले जलाना, अंदर ही अंदर बिना चिंगारी जलना, सुलगना

**smuggle** स्मग्ल् *v.* to import or export goods unlawfully, to bring goods into country secretly or unlawfully, to import or export goods without paying duty (smuggler n one who smuggles तस्करी करने वाला), तस्करी करना, छुपाकर माल लाना ले जाना, महसूल चोरी करना,

**snack** स्नैक् *n.* a share, a slight hurried repast, a quick light meal, भाग, नाश्ता, हाजरी.

**snail** स्नेल् *n.* a slimy slow-creeping insect with spiral shell, slow sluggish person, घोंघा, रेंगने वाला जीव, पोस्ती, आलसी

**snake** स्नेक् *n.* serpent, long scaly limbless reptile, treacherous person, सर्प, साँप, कपटी मनुष्य

**snap** स्नैप् *v.* to bite, to crack, to break abruptly, to seize, to bark out, to take a photograph, a quick sharp sound, a bite, break (snap shot instantaneous photograph शीघ्रता से खीची हुई फोटों), चटखना, दांत से काटना, टूटना, पकड़ना, भौकना, फोटों लेना, तेज आवाज, कड़क, बुड़का

**snare** स्नेअर् *n.* a trap, net, temptation, anything used for tempting, फँदा, जाल, प्रलोभन,

**snarl** स्नार्ल् *v.n.* to growl and show teeth, to speak in a surly manner, to grumble,to complain, to speak roughly, to be entangled, a growling noise, गुर्राना, घुँघयाना, बुड़बुड़ाना, शिकायत करना, फँसना, गुर्राहट

**snatch** स्नैच *v.n.* to make quick bite, to catch, to seize, to grab at, a hasty catch, झपटना, पकड़ना, टूट पड़ना, वेग पकड़, झपट्टा

**sneak** स्नीक *v.* to creep about secretly, to spy, to move about furtively, to act in underhand, mean manner, petty informer, खिसकना, चुपके से चले जाना, जासूसी करना, घात लगाना, तुच्छ साधना, तुच्छ भेदिया

**sneer** स्नीअर् *v.n.* to smile, speak or write scornfully, to curl the lips in scorn, to scoff, to show contempt, a taunt, a jeer, ताना देना, उपहास करना, तिरस्कार करना, उपहास, ताना

**sneeze** स्नीज् *n.v.* noisy rush of air from the nose, act of sneezing, to blow out air suddenly, involunt arily and violently through the nose, छींक, छींकना

**sniff** स्निफ् *v.n.* to draw a short breath up the nose, to draw up air in an audible manner, a noise made when smelling, नाक से खीचना या सूँघना, सूँघने से होने वाली आवाज

**snob** स्नाब् *n.adj.* vulgar person, a cobbler's man, an upstart, a person who ignores those less prosperous, one who cuts old friends, one who judges merit by social rank or wealth (snobbery n patronizing self importance आत्म श्लाघा), फूहड़, मोची का नौकर, देहाती, जो अपने को दूसरों से ऊँचा समझे, धन के मद से ऐठने वाला

**snore** स्नोर् *v.n.* to breathe noisily when asleep, to breathe with a rough rattling hoarse noise during sleep, act of snoring, नाक से साँस लेना, खर्राटे मारना

**snort** स्नोर्ट *v.n.* make noise by driving breath through nostrils, to blow down the nostrils noisily, to show impatience, खर्राटेलेना, अधीरता दिखाना

**snout** स्नाउट् *n.* an animals's long nose, muzzle, the nozzle of pipe, जानवर की लंबी नाक (थूथनी), थूथड़ी सूंड, पाइप का नोजल (अग्रभाग)

**snow** स्नो *n.v.* while flakes of frozen vapour frozen vapour which falls in flakes, a fall or a layer of these flakes, to shower down in, or like, flakes of snow, हिम्, बर्फ, तुषार, पाला, बर्फ गिरना, हिमपात होना

**snowdrop** स्नोड्रॉप् *n.* early spring plant with nodding white flower, bulbous plant with white flowers in early spring, एक बंसत का पौधा जिसमें सफेद फूल आते है

**snub** स्नब् *v.n.* to repress intentionally, to reprimand, to check by a cutting remark, to insult, ot treat scornfully, to rebuff, to rebuke, a slight rebuke, दबाना, फटकारना, झिड़कना, विनीत फटकार

**snuff** स्नफ् *v.n.* to trim a candle wick, to take snuff, to put out, to draw up through nostrils, to draw air, to sniff, powered tobacco for inhaling through nose, मोमबत्ती का गुल काटना, सुँघनी, सूँघना

**snug** स्नग् *adj.* casy, comfortable, trim, concealed, sheltered from weather, आरामप्रद, गुप्त, जलवायु से सुरक्षित

**so** सो *adv.* in this or that manner, very or very much, the case being such, accordingly, इस प्रकार, ऐसा, अतः , इसलिए, तदानुसार

**soak** सोक् *v.* to wet through, to drench, to sleep, to lie in liquid, to make wet, सोखना, भिगोना, गीला करना

**soap** सोप् *n.v.* cleansing material made from fats, compound of alkali and oil used in washing, to rub or wash with soap, साबुन, साबुन से धोना

**soar** सोर *v.* to fly upward, to aspire, to be ambitious, to fly high, to hover, उड़ना, कामना रखना, ऊँची उड़ान भरना

**sob** साब् *v.n.* to gulp while crying, to sigh in convulsive gasps, to catch breath in weeping, sobbing, सिसकना, सिसकी

**sober** सॉबर *adj.v.* temperate, subdued, not drunk, solemn, grave, calm (sobriety n moderation संयम), परहेजी, संयमी, सचेत, गंभीर, शांत

**soccer** साकर *n.* association of foot ball, फुटबाल के खेल का संगठन

**social** सोशल् *adj.* sociable, relating to society, living in communities, friendly, companionable, सामाजिक, समाज से संबधित, मित्र भाव रखने वाला, मेल जोल रखने वाला

**socialism** सोशलिजम *n.* the principal that the freedom of the individual should be completely subordinate to the interest of the society, व्यक्ति का सर्वथा समाज पर निर्भर रहने का सिद्धांत

**sociology** सोश्यालोजी *n.* social science, the science of the development and laws of human society,

**sock** *n.* short stocking, inner sole for shoe, short-legged stocking, समाज शास्त्र, मनुष्य समाज के नियम व उन्नति का शास्त्र,मोजे

**socket** सॉकट *n.* whole into which something fits, a support, hole or recess for something to fit in, a hollow in which anything is filled, छेद जिसमें कोई चीज बैठाई जाती है

**sod** सॉड् *n.* flat piece of earth with grass, tuft, slab of turf, piece of turf cut off, तृण सहित भूमि का भाग, दूब लगी भूमि की ऊपरी तह

**soda** सोडा *n.* alkali, soda-water, खार, सोडा

**sodomy** सोडोमी *n.* unnatural sexual intercourse, अप्राकृतिक यौन संबन्ध, पुरूष मैथुन, गुदा- मैथुन

**sofa** सोफा *n.* a long seat stuffed bottom, and with back and ends, a long couch for persons to sit on, सोफा, शैया, पलंग, सेज

**soft** साफ्ट् *adj.* not hard, fielding, tender, weak minded, gentle, mild, easy, subdued, कोमल, विन्रम, मृदु, चिकना, सौम्य, सरल

**soil** साइल *n.v.* earth, ground, mould, stain, defilement land, the upper stratum of earth to make dirty, to defile, to stain, घरती, भूमि, मिटटी, खाद, गंदा करना, घब्बा डालना, खाद डालना

**sojourn** सजर्न् *v.n.* to stay for a time, to stay a while, to live in for a short time, a temporary residence थोड़ी देर के लिए ठहराना, कुछ समय के लिए रहना, अस्थायी निवास

**solace** सोलेस् *n.v.* comfort in distress, consolation, comfort in grief or disappointment, something that makes pain or sorrow easier to bear, सान्त्वता, तसल्ली, आश्वासन, ढाढ़स

**solar** सोलर् *adj.* of the sun, concerning the sun, measured by the sun, influenced by the sun (solar eclipse-eclipse of the sun सूर्यग्रहण), सौर, सूर्य संबन्धी

**solder** सोल्डर् *n.v.* a fusible alloy used for joining metals, easily melted alloy used for joining metals, to unite metals by sloder, घातु जोड़ने का टाँका, टाँका लगाना

**soldier** सोल्जर *n.* one serving in army, a military man, one who is engaged in military service, a brave warrior, the member of an army, सेना का सिपाही, योद्धा

**sole** सोल् *n.a.* one and only, unique, solitary, flat of foot, underpart of boot etc, small flat fish, to fit with sole, केवल एक, एकाकी, पैर व जूते का तलवा, एक मछली, तला लगाना

**solemn** सॉलम् *adj.* serious, formal, impressive, wonderful, awe-inspiring, gloomy, sombre, made with an appeal to God, गंभीर, औपचारिक, प्रभावी, विचित्र, भयावह, उदास, पवित्र

**solicit** सॉलिसिट् *v.* to urge, to request, to entice, to ask for repeatedly, to try to gain, to importune, to ask earnestly for (solicitation n pleading याचना), सविनय प्रार्थना करना, विनय करना, माँगना, इच्छा करना,

**solid** सालिड् *adj.* not hollow, compact, firm, massive, financially sound, hard, dense looking, real genuine, ठोस, समग्र, हढ़, भारी, आर्थिक दृष्टि से मजबूत, असली

**soliloquy** सॉलिलोक्वी *n.* talking to oneself, with no regard to the presence of others, discourse not addressed to anyone, a speech to oneself, esp, on the stage, स्वगत भाषण, रंगमंच पर अपने आप बातें करना

**solitary** सालिटरी *adj.n.* alone, single, lonely, desolate, without companion, living alone, remote, secluded (solitude n loneliness एकान्त), अकेला, एक, एकाकी, निर्जन, एकान्तवासी, दूर, अलग

**solo** सोलो *n.* a song sung by one person, music for one performer, एक व्यक्ति द्वारा गीत, अकेले बाजे का राग

**soluble** सोल्युबल् *adj.* capable of being dissolved in some liquid, घुलनशील, गलने वा गलाने योग्य

**solution** सॉल्यूशन् *n.* the act of dissolving or being dissolved, separation, resolution, removal of doubt, explanation, method of solving a puzzle or question, घोल, पृथकता, सन्देह की निवृति, व्याख्या. समस्या का हल

**solve** साल्व *v.* to work out, to explain, to find answer of, to dissolve, to loosen, to separate the part, to clear up, to find a way round, out of difficulty, हल करना, व्याख्या करना, उत्तर ढूँढना, ढीला करना, हल ढूँढना

**sombre** साम्बर *adj.* gloomy, cheerless, dark, dismal, melancholy, dull, उदास, धुँधला, काला, मलिन, उदासीन

**some** सम् *adj. pron,adv.* a certain quantity or number, a little, about, a particular person or thing, to a certain extent, not quite, कुछ, थोड़ा, लगभग, कोई व्यक्ति व वस्तु, कुछ हद तक,

**somebody** सम्बाडी *n.* an unknown person, an important person, someone, कोई व्यक्ति, महत्वपूर्ण व्यक्ति

**somersault** सामरसाल्ट *n.* a leap in which a person turns heels over head in the air, tumbling head over heels, a complete turnover or change of opinion, कुदान, कलैया, कला बाजी,

**something** समथिंग् *n.* an unknowm event, an unknown substance, a portion, a thing not clearly defined, a suggestion, a thing of importance, एक अज्ञात घटना, हिस्सा, अस्पष्ट वस्तु, प्रस्ताव, महत्वपूर्ण वस्तु

**sometime** समटाइम् *adj.adv.* once, for some time formerly, at some past or future time, former, (sometimes adv. now and then कदाचित्), एक बार, पहले कभी, पहले व बाद में, पहला

**somnambulist** सॉनामुबुलिस्ट् *n.* a sleep walker, one who walks in sleep, सोए सोए चलने वाला, नींद में चलने वाला

**son** सन् *n.* a male child, (son in law daughter's husband दामाद), लड़का, पुत्र, बेटा

**song** सांग् *n.* music made by the human voice, vocal music, a short rhymed poem, गीत, गाना, गेय कविता

**sonnet** सॉनट् *n.* poem containing fourteen lines, a short lyric, चौदह पंक्तियों का पद

**sonorous** सनोरस *adj.* loud, sounding when struck, ऊँचा, शब्द निकालने वाला

**soon** सन् *adv.* shortly, before long, quickly, easily, in a short time, not long after शीघ्र, जल्दी, सहज, थोड़ी देर में, अविलम्ब

**soot** सूट *n.* specks of black substance in smoke, कालिख, काजल

**soothe** सूद *v.* to comfort, to soften, to calm, to mitigate, to flatter, to please with soft words, (soothing a comforting शान्त करने वाला), शान्त करना, आराम देना, कम करना, चापलूसी करना

**soothsayer** सूथसेअर *n.* one who foretells the future, a seer, diviner, दैवज्ञ, भविष्य वक्ता, ज्योतिषी

**sorcerer** सारसरर् *n.* an enchanter, a wizard, a magician, conjurer, जादूगर, ऐन्द्रजालिक, मायावी

**sordid** सार्डिड *adj.* dirty, degraded, mean, miserly, ignoble, base squalid, मलिन, पतित, कमीना, कंजूस

**sore** सोर् *adj.* painful, distressed, severe, annoyed, painful skin injury, an ulcer or boil, a cause of pain, offended, दुखदाई, पीड़ित, कठोर, नाराज, फोड़ा गूमड़ी

**sorrow** सॉरो *n.* sadness, grief, pain of mind, distress, penitence regret, trouble, उदासी, दुःख, मानसिक क्लेश, कष्ट, संताप, खेद

**sorry** सॉरी *adj.* grieved, poor, miserable, distressed, mean, feeling regret, melancholy, wretched, worthless दुखी, गरीब, कमीना, उदास, भाग्यहीन, बेकार

**sort** सार्ट् *v.n.* to separate into kinds, to classify, kind, class, छाँटना, प्रबन्ध करना, वर्गीकरण करना, प्रकार, वर्ग

**sortie** सार्टी *n.* sudden attack on an enemy, sally by besieged forces, a sally of troops, the issuing of a body of troops from a besieged place to attack the besiegers, शत्रु, पर आकस्मिक धावा, घेरे मे से निकल कर आक्रमण करना

**soul** सोल् *n.* spiritual or immortal part of a person, person, intellect, vital principle, essential part, a pattern आत्मा, रूह, जान,प्राण, जी, सत्व

**sound** साउँड् *adj.v.n.* whole, complete, strong, healthy, sensible, to examine, to test, to measure the depth, to utter, to seem to be anything heard, noise, समूचा, सारा, कुल, स्वस्थ, सुझाना, परीक्षा लेना, गहराई नापना, कहना, शोर, आवाज

**soup** सूप *n.* liquid food made of meat and vegetables, a liquid food, made by boiling meat, vegetables, etc, together, शोरबा, रस, सब्जी व मीट का शोखा

**sour** साउर् *adj.* having an acid taste or smell, peevish, bitter, discontented, sharp in taste, bad-tempered, surly (sourness n bitterness कटुता), कटु, तीखा, चटपटा, चिड़चिड़ा, रुक्ष

**source** सोर्स् *n.* the origin, beginning, a spring, staring point, first cause, a place from which something is got, स्त्रोत, आरंभ, उद्‌गम स्थान, मूलकारण

**south** साउथ् *n.adj.* cardinal point opposite north, pertaining to the south, दक्षिण, उत्तर सेउल्टा

**souvenir** सवेनेयर *n.* a thing given or kept as a momento, keepsake, an object kept to help in remembering a place, person, occasion, स्मारक पदार्थ, यादगार के लिए दी गई या रखी हुई वस्तु

**sovereign** सावरेन् *adj.n.* a monarch, a ruler, supreme, absolute, An English gold coin, lofty, chief, predominent, सम्राट, महाराज, शासक, प्रध ाान, एक अंग्रेजी-सिक्का, विशिष्ट

**sow** सो *v.n.* a female pig, to scatter seed, to plant, to spread abroad, to deposit, to propagate, to disseminate, सूकरी, सुअरी, बोना, फैलाना, जमा करना, प्रचार करना, भिन्न दिशा में बोना

**space** स्पेस् *n.* room, boundlessness, a period of time, extent area, expanse, expanse of the universe, empty place (spacious a vast विस्तृत)कमरा, स्थान, असीमता, समय, सीमा, इलाका, फैलाव, खाली जगह

**spade** स्पेड् *n.* flat-bladed digging tool, tool for digging, shovel, फावड़ा, कुदाली

**span** स्पैन् *n.v.* measure of length (inches), space, the fulltime anything lasts, yoke of oxen or horses, to measure the width, माप, जगह, विस्तार, किसी चीज की अवधि, बैलों व घोड़ों का जुआ

**spaniel** स्पैनिअर् *n.* dog with long silky hair and hanging ears, सुनहरी बाल तथा लंबे कानों वाला कुत्ता

**spanner** स्पैनर् *n.* tool for screwing nuts on bolts, हथकल, ढिबरी कसने या खोलने का औजार

**spare** स्पेअर *adj.v.* scanty, poor, additional, thin, lean, in reserve, to do without, to use frugally, to stop, to desist, अल्प, दुर्बल, अतिरिक्त, फालतू, दुबला, पतला, फालतू करना, रोकना

**spark** *n.v.* a fiery particle, small, quick flash of light, to throw off sparks, चिनगारी, शोला, लपट, चिंगारी निकालना

**sparkle** स्पारकल् *v.n.* to flash, to shine, to glitter, to bubble, little spark, brightness, bubbling, चमकना, चिंगारी फेंकना, चमक, चिंगारी, बुलबले उठना

**sparrow** स्पैरो *n.* small brownish bird which nests in hedges or houses, आम चिड़िया

**sparse** स्पेअर्स् *adj.* scanty, thin, thinly scattered, not dense, पतला, विरल, कम घना, छिद्र

**spartan** स्पार्टन *adj.* hardy, enduring, without luxury, severe, स्पार्टा नगर संबन्धी, साहसी, सहनशील

**spate** स्पेट् *n.* a river overflow, flood, sudden flood in river after heavy rain, उफान, बाढ़ भारी वर्षा से नदी में बाढ़

**spatter** स्पैटर *v.* to scatter in drops, to sprinkle, to splash with mud, liquid, etc, to defame, छितराना, छिड़कना,

**speak** स्पीक् *v.* to talk, to discourse, to make an address, to utter words, to make a speech, to tell, to make known (speaker n an orator वक्ता), बोलना, भाषण देना, बताना

**spear** स्पीअर *n.v.* long handled, sharp-pointed, piercing weapon, a lance, a long-pointed hurling weapon, to pierce, to transfix, भाला, बर्छी,नेजा, भाला मारना

**special** स्पैशल् *adj.* particular, distinctive, individual, limited, exceptional, out of the ordinary (specialist a an expert कुशल), विशेष, असाधारण, विचित्र, अनोखा

**species** स्पीशीज् *n.* kind, sort, class, subdivision, जाति, प्रकार, वर्ग, भेद

**specific** स्पैसेफिक् *adj.* exact, precise, definite, explicit, pertaining to a species (specify v to name विशेष नाम बताना), विशिष्ट, असामान्य, विशेष जाति का

**specimen** स्पैसिमन् *n.* a sample, a pattern, individual example, part typifying whole, नमूना, ढँग, उदाहरण प्रतिरूप

**speck** स्पैक् *n.* small spot, particle, a grain, dot, mark, stain, सूक्ष्म बिन्दु, दाना, चिह्न, धब्बा, कलंक

**spectacle** स्पैक्टेकल *n.* show, thing exhibited, a splendid display, a parade, दृश्य, दिखावा, बढ़िया, प्रदर्शन, कौतुक

**spectacles** स्पैक्टेकल्ज *n.* glasses or lens which assist sight, ऐनक, चश्मा,

**spectre** स्पैक्टर *n.* phantom, vision, ghost, an apparition, भूत, पैशाच, प्रेत, छाया

**spectrum** स्पैक्ट्रम् *n.* band of colour seen in a rainbow or through a glass prism, रंग जो अंधेरे में सुआ पड़ने से दिखाई दे

**speculate** स्पैक्युलेट् *v.* to ponder, to meditate, to make guesses, to engage in risky commercial transactions, विचारना, मनन करना, अनुमान लगाना, नफे की उम्मीद पर धन लगाना

**speech** स्पीच् *n.* ability to speak, an address, oration, anything said, public address, a particular language, बोलने की योग्यता, भाषण, व्यख्यान, विशेष भाषा

**speed** स्पीड् *n.v.* rapid movement, haste, success, rate of progress, to hasten, to prosper, to help, गति, शीघ्रता, सफलता, जल्दी करना, पनपना, नदद करना

**spell** स्पैल् *v.n.* to say the letters forming a word, to read letter by letter, to give letters of words in order, turn of work, bout, rest during work, enchantment, magic formula (spellbound a fascinated मन्त्र मुग्ध) शब्दों के जोड़ करना, यन्त्र , मोहन, आकर्षण, जादू करना, मन्त्र मुग्ध करना

**spend** स्पैन्ड् *v.* to pay out money, to use time, energy etc, to lay out, to disburse, to dispense, to employ, to wear out, to exhaust (spend thrift n a wasteful person अतिव्ययी), धन खर्च करना, समय व शक्ति विताना व व्यय करना, बाँटना, लगाना,उड़ाना

**sperm** स्पर्म् *n.* animal seed, eggs of fish or frogs, spawn, the male generative fluid, मछली के सिरे में से निकली हुई चर्बी, शुक्र, वीर्य

**sphere** स्फीअर् *n.* ball, globe, range, field of action, status, position province, गेंद, गोल, मण्डल, ग्रह, कार्यक्षेत्र, पद, क्षेत्र

**sphinx** स्फिन्क्स *n.* a fabled monster, lion with a woman's head, a silent, secretive person, कल्पित दैत्य, जिसका सिर स्त्री का और शरीर शेर का, शान्त व्यक्ति

**spice** स्पाइस् *n.* a flavour, relish, fragrance, मसाला, सुगन्ध

**spider** स्पाइडर *n.* tiny creature that spins threads, मकड़ी

**spike** स्पाइक *n.* long, pointed nail,many flowers on a stalk,, नुकीला काँटा, अन्न की बाल

**spill** स्पिल् *v.n.* to let liquid run over or be upset, a fall, a tumble, slip of paper or wood used as a lighter, गिराना, बहाना, पतन, ठोकर, जलाने का कागज या लकड़ी का टुकड़ा

**spinach** स्पिनाक् *n.* garden vegetable with thick leaves, पालक का साग

**spinal** स्पाइनल *adj.* concerning the back bone (spine n back boneरीढ़ की हड्डी), रीढ. की हड्डी से संबंधित, धागा कातने वाली

**spinster** स्पिन्स्टर *n.* an unmarried woman, woman who spins thread, अधिक उम्र की कँवारी स्त्री

**spirit** स्पिरिट् *n.* the soul, a phantom, vision, a liquid containing alcohol, courage, zeal (spiritual a holy पवित्र), आत्मा, भूत, दम, उत्साह, अर्क, शराब, स्पिरिट

**spit** स्पिट् *v.n.* to eject saliva, to pierce, to thrust through, a low cape, rod on which meat is roasted, थूकना, छेदना, कबाब भूनने की सलाखा

**spite** स्पाइट *n.v.* ill-will, malice, to hurt, hatred, grudge, to vex, to thwart spitefully, इर्ष्या, द्रोह, डाह, चोट पहुँचाना तंग करना, धमकाना

**splash** स्लैश् *n.v.* to scatter water, to bespatter, to display, to throw, to dash liquid about, to fall or move with splash, a scattering of liquid or the noise of this, a wet or dirty mark, a white patch, a sensation, छीटें देना, बौछार होना, सफेद दाग, कँपन

**splendid** स्लैडिड *adj.* grand, magnificent, glorious, shining, excellent, brilliant, very good or fine (splendour n grandeur तेज ), भव्य, विशिष्ट, बढ़िया, चमकीला, शानदार

**splint** स्प्लिन्ट *n.* flat piece of wood used to support a broken joint, rigid strip of wood supporting broken limb, हड्डी बिठाने के लिए लगाई जाने वाली लकड़ी

**split** स्प्लिट् *v.n.* to cleave into parts, to break asunder, to divide, to separate, to divide into hostile parties, टुकड़े करना, बाँटना, अलग करना, चीरना, अलगाव

**splutter** स्लट्टर् *v.n.* to utter incoherently with spitting sounds, to emit splutter, a bustle, a stir, जल्दी बोलना, कोलाहल, रौनक हल चल

**spoil** एपाएल् *v.n.* to make useless, to plunder, to decay, to damage, to injure, to pillage, to ruin, to destroy, to corrupt, booty, plunder बेकार करना, मुरझाना, हानि पहुँचाना, नष्ट करना, दुराचारी बनाना, बिगाड़ना, लूट का माल, डकैती, अपहरण

**spoke** स्पोक् *n.* bar or rod joining rim of wheel to hub, पहिये की तीली या आरा, सीढ़ी का डंडा

**spokesman** स्पोक्समैन् *n.* one who speaks for others, a representative, मुखरूप, दूसरे के कलए बोलने वाला, प्रतिनिधि

**sponge** स्पंज *n.v.* a sea-creature, the wash cloth made from its soft skeleton, to wash with a sponge, एक समुद्री प्राणी, पानी सोख

**sponsor** स्पांसर *n.* person who becomes responsible for another, patron, guarantor, surety, a god-father or god-mother, जामिन, धर्मपिता

**spontaneous** स्पैनटेनिअस् *adj.* done naturally and freely, produced without human labour, voluntary, not forced, instincive, of one's freewill, मनमाना, स्वेच्छा से खतः स्फुरित, बिना दबाव के

**spool** स्पूल *n.* a reel for winding yarn or photographic film, तागा लपेटने की गडारी, फिल्म की गडारी

**spoon** स्पून् *n.* longh handled shallow bowl, a small ladle for conveying liquid food to mouth, simpleton, a silly fellow, चम्मच, मूर्ख मनुष्य

**sporadic** स्पारैडिक् *adj.* singly, in scattered instances, scattered here and there, happening at odd times, or now and again, छितराया हुआ, रुक रुक कर घटित होने वाला

**sport** स्पोर्ट *n.* fun, amusement, pastime requiring skill and training, honest, good fellow, straight forward person (sportsman n player), खिलवाड़, मनोरंजन, ईमानदार, सज्जन, स्पष्ट वक्ता

**spot** स्पॉट *n.v.* small mark, stain, blemish. pimple, place, blot, to make a spot, to notice, to catch sight of, निशान, धब्बा, बिन्दु, चिह्न, पहचानना, चिह्नहित करना, धब्बा डालना

**spouse** स्पाउज् *n.* husband or wife, पति या पत्नी

**spout** स्पाउट् *v.n.* to pour out, to blow, to talk, copious discharge, pipe from which a liquid flows, फव्वारा छूटना, बहना, बोलना टोंटी, नल, फव्वारा

**sprain** स्प्रेन् *v.n.* to overstrain, to twist or wrench a joint, injury caused by straining, मरोड़ना, ऐंठना, मोच

**sprawl** स्प्राल *v.n.* to lie in a careless manner, to spread oneself irregularly, to spread out the limbs, to loll about, an awkward position, a lolling posture, असावधानी से लेटना, चित्त पड़ जाना, अंग फैलना, बेढँगी आकृति

**spray** स्प्रे *n.v.* a bunch of flowers, windblown drops of water, twigs, spraying device, to sprinkle with shower of fine drops, फूलों का गुच्छा, बौछार, टहनियां, छिड़कने वाला यन्त्र, छिड़कना, बौछार करना

**spread** स्प्रैड *v.n.* to extend, to scatter, to distribute, to broadcast, to stretch out, to diffuse, to unfold, extent, expansion of parts, फैलाना, बाँटना, फैलना, उघारना, सीमा, चौड़ाई

**spree** स्प्री *n.* a lively frolic, merry party, drinking bout, carousal, noisy merriment, नाच रंग, कोलाहल सहित मदिरा पान

**sprig** स्प्रिग *v.n.* twig, a shoot, a small nail, टहनी, कोंपल कलि

**sprightly** स्प्राइटली *adj.* lively, brisk, active, gay, full of life प्रमुदित, तेज, चुस्त, प्रसन्न, जोशीला

**spring** स्प्रिंग v,n to leap, to shoot up or forth, to come into being, to appear, to grow, to thrive, to start, to arise, to burst, to split, a leap, origin, recoil, flow of water from earth, first season of year, कूदना, फाँदना, उछलना, निकल आना, प्रकट होना, उभरना, कूद, उद्गम, जलस्राव, बसन्त ऋतु

**sprinkle** स्प्रिंक्ल् *v.* to scatter in drops, to shower, to wash, to strew, to put here and there, छिड़कना, बौछार करना, धोना, बिखराना

**sprout** स्प्राउट *v.n.* to begin to grow, to shoot, to spring up, to put forth shoots, a young shoot or bud, उगाना, कोपलें निकलना, कोपल, कली

**spruce** स्प्रिउस *v.n.adj.* to dress with affected neatness, to make, become smarter, a kind of fur tree, smart, neat, trim, सजाना, सँवारना, सुंदर वस्त्र पहनाना, फुर्तीला प्रतीत होना, एक प्रकार का सरों का वृक्ष

**spur** स्पर *n.v.* pricking instrument attached to horse's heel, projection on cock's leg, stimulus, incitement, to apply spurs to, to urge, घुड़सवार का एँड़, मुर्गे की टाँग का उभरा हुआ भाग, उकसाहट, एड़ी लगाना

**spurious** स्पयूरिअस् *adj.* false, sham, not genuine, bastard, illegitimate, नकली, कृत्रिम, बनावटी, हरामी, अवैध बालक

**spurn** स्पर्न *v.* to cast aside with scorn, to thrust back, to reject with scorn, to disdain, to treat contemptuously, लात मारना, तिरस्कार करना, किनारे करना

**spurt** स्पर्ट *v.n.* to gush, to make a sudden violent effort, to drive liquid from a small pipe, a sudden gush, an utmost effort, a sudden outflow, वेग से फेकना, टोंटी से जल वेग से फेकंना, फुहारा, हठ, उद्गर्म

**spy** स्पाई *v.n.* to scout, to explore secretly, to catch sight of, to notice, secret watcher in an enemy's country, a secret agent, to gather information, esp. military, भेद निकालना, पता लगाना, जासूसी करना, भेदिया, जासूस

**squabble** स्क्वाबल् *v.n.* to quarrel, to engage in a wrangle, to bicker, to disarrange, dispute, a noisy wrangle, झगड़ना, लडाई करना, कुप्रबंध करना, झगड़ा, कोलाहल

**squad** स्क्वॉड् *n.* a small party of soldiers, crowd, a group, any working party, सैन्य दल, भीड़, समूह

**squadron** स्क्वाड्न *n.* section of fleet, cavalry or airforce, सवारों का समूह, जहाजी बेड़ा

**squalid** स्क्वालिड *adj.* dirty, foul, mean, nasty, disgusting, मैला, गंदा, कमीना, धृणास्पद

**squall** स्क्वाल् *n.v.* sudden gust of wind, thunderstorm, a loud cry or scream, a loud yell, harsh cry, to scream, वायु का झोंका, प्रचण्ड बायु, चिल्लाना, चिल्लाहट, चीख

**squander** स्क्वांडर *v.* to spend wastefully, to dissipate, to spend money wastefully, to spend time or money needlessly, व्यर्थ खर्च करना, धन उजाड़ना, समय व धन बेकार खर्च करना

**square** स्क्वेअर *n.a.* equilateal rectangle, area of this shape, foursided area with buildings round, product of a number multiplied by itself, a straight forward, सम चतुर्भज के आकार का, वर्गाकार, साफ, स्पष्ट, ठीक

**squash** स्क्वैश *v.n.* to crush, to squeeze flat, to silence, to pulp, to put down, to snub, a crush, crowd, a pumpkin, a drink containing the juice of crushed fruits, कुचलना, मलीदा करना, निचोड़ना, दबाना, भीड़, खीरा, लौकी, नर्म, पेय पदार्थ

**squat** स्क्वैट *v.* to sit on the heels, to settle on another's land without leave, to sit on ground with hams on (squatter n one who occupies wihout leave अवैध अधिकार करने वाला), एड़ी के बल बैठना, पलथी मारकर बैठना, दूसरे की धरती पर बरबस जम बैठना

**squawk** स्क्वॉक् *n.v.* short harsh cry, to cry out in pain or fear, पक्षी का कर्कश शब्द, कड़ै कड़ै करना

**squeak** स्क्वीक् *n.v.* to utter a short, shrill cry, a mouse-like cry, चूहे की सी आवाज निकालना, चूँ चूँ का शब्द

**squeeze** स्क्वीज़् *v.n.* to press, to wring, to force, to hug, to grasp tightly, to force out liquid from, an embrace, pressure, दबाना, निचोड़ना, गले लगना, मजबूती से पकड़ना, आलिंगन, दबाव

**squib** स्क्विब *n.* small firework, short satire, lampoon, आतिशबाजी, छोटा व्यंग्य, पलीता, आक्षेप

**squint** स्क्विन्ट् *n.v.* an eye defect, glance, a quick look at, an oblique look, to look obliquely, to have the vision distorted, एक नेत्र रोग, निहार, झलक, टेढ़ी दृष्टि, तिरछी दृष्टि

**squire** स्क्वाअर *n.* a country land owner, a country genleman, lady's escort, an attendant of a king, a title often applied to a justice of the peace, देहात का ठाकुर, महानुभाव, स्त्रियों का सहायक, राजा का नौकर, पद

**squirrel** स्क्विरल् *n.* small graceful bushy-tailed animal, a rodent quadruped with bushy tail, गिलहरी

**stab** स्टैब् *v.n.* to pierce with pointed weapon, to strike with such weapon, a wound caused by a thrust, नुकीले शस्त्र से छेदना, थोंपना, छुरा मारना, घाव

**stabilise** स्टैबलाइज *v.* to make steady, to make firm or lasting, स्थिर करना, हढ़ करना

**stable** स्टेबल् *n.v.* building for horses, to put a horse in a stable, घोंड़ों का अस्तबल, घुड़शाला, घोड़ें को घुड़शाला में रखना

**stack** स्टैक् *n.v.* pile, heap, esp. of hay or straw, to pile in stack, सूखी घास का ढेर, टाल, ढेर लगाना

**stadium** स्टेडियम् *n.* open--air arena for athletics etc, a sports or games arena, a large, sports-ground or race-course, अखाड़ा, खेलों के लिए मैदान

**staff** स्टॉफ् *n.v.* pole, body of officers or workers, personnel, to provide workers, employees, डंडा, छड़ी, अधिकारियों का समूह, कर्मचारी, भर्ती करना

**stag** स्टैग *n.* a male deer, हिरन, बारहसिंगा

**stage** स्टेज् *n.v.* a platform, part of a journey between two rests, platform of theatre, point of development, a raised place on which anything is exhibited, dramatic art, scene of action, position, to play on a stage, to arrange, मंच, विश्राम के बीच यात्रा, विकास बिंदु, ड्रामें का दृश्य, स्थिति, अभिनय करना, प्रबंध करना

**stagger** स्टैगर *v.n.* to walk unsteadily, to totter, to hesitate, to shock, to over tap, to zig-zag, to reel, a tottering movement, डगमगाना, लड़खड़ाना, झिझकना, लड़खड़ाहट, विचलता

**stagnate** स्टैगनेट् *v.* to cease to flow, to be motionless, to be dull, to become foul, to become inactive or torpid (stagnation n dullness स्थिरता, जम जाना, स्थिर होना, न बहना, नीरस होना, आलसी होना

**stain** स्टेन् *v.n.* to discolour, to disgrace, to soil, to sully, to tarnish, a spot, blemish, disgrace, मैला करना,घब्बा डालना, कलंक लगाना, धब्बा,कलंक, अपमान

**stairs** स्टेअर्स् *n.* set of steps for ascending, steps (stairway, staircase n structure enclosing stairs सोपान), सीढ़ियां, सोपान

**stake** स्टेक *n.v.* sharpened stick or post, money wagered, to secure, to risk, to mark out with stakes, खूँटा, दाँव पर लगाई गई राशि, सुरक्षित करना, खतरा मोल लेना, खूँटे से बाँधना, दाव लगाना।

**stale** स्टेल् *adj.* old, lacking freshness, not fresh, musty, uninteresting, dull, insipid, tasteless, decayed, बेस्वाद; नीरस, शुष्क, जीर्ण

**stalk** स्टॉक *n.v.* plant's stem, tall slender chimney, walk in stiff and stately manner, to steal upto game etc, to pursue steathily,डाँठ, डण्ठल, आघार, ऐठ कर चलना, चोरी पीछा करना

**stall** स्टाल *n.v.* stand for displayed goods, compartment in a stable, seat in a theatre, a booth, to stop, to halt, to put in a stall, to bring to a standstill, चौकी जिसपर विक्री का माल सजाया जाता है, घुड़सवार का अलग कमरा, थियेटर में जगह, पक्का, स्थायी, घुड़सवार में पशुओं को बाँधना, स्टाल लगाना, रोकना

**stallion** स्टालयान *n.* uncastrated male horse for breeding, बीजाश्व, साँड बीज का घोड़ा

**stalwart** स्टालवर्ट् *adj.* courageous, brave, resolute, strong, sturdy, unflinching,, धीर, बीर, हढ़ संकल्प, मजबूत, अडिग

**stamina** स्टैमिना *n.* power of endurance, vitality, strength, innate vigour, backbone, सहन शक्ति, ताकत, स्फूर्ति, आन्तरिक बल

**stammer** स्टैमर् *v.n.* to stutter, to speak with repetition of syllables, to speak falteringly, to stumble in speaking, defective utterance, तुतलाना, हकलाना, अटक अटक कर बोलना

**stamp** स्टैमप् *v.n.* to put down foot with force, to impress mark on, to affix stamp, stamping with foot, imprinted mark, appliance for marking, character, जोर से पैर पटखना. छाप लगाना, टिकट चिपकाना, छाप मोहर, चरित्र

**stampede** स्टैम्पीड् *n.v.* sudden frightened rush, sudden panic among cattle, hurried movement, panic, a sudden flight caused by fear, to start off in a panic, आतंक, भीड़भाड़ तेज गति, भगदड़, आतंकित होकर भाग निकलना

**stand** स्टैण्ड् *v.n.* to have upright position, to be situated, to remain firm, to endure, to cease to move, to adhere to principles, to be symbol of, to withstand, stoppage, holding firm, booth, a support for an object, खड़े होना, स्थित होना, डटे रहना, सहन करना, अड़ना, नियम पर डटना, सहन करना, स्थिरता, आधार, विषय की पुष्टि

**standard** स्टैन्डर्ड*n.* the fixed measure of length, weight etc, a banner, principal, basis of comparison, an upright support, degree, quality, post, लम्बाई का माप, वजन, पताका, सिद्धान्त, तुलना का आधार, गुण, स्तर, जगह

**standing** स्टैडिंग् *n.* station, position in society, reputation, continuity, standing, lasting, permanent, स्थायी, सनातन, ठहरा हुआ, ख्याति, निरन्तरता

**standstill** स्टैन्डस्टिल् *n.* a stop, inability to proceed, विराम, बढ़ने में असमर्थ

**stanza** स्टेन्जा *n.* group of lines of a poem, छन्द, श्लोक

**staple** स्टैपल् *n.adj.* a u-shaped wire with pointed ends, the chief production or industry, chief, main, नोकदार, मुड़ा हुआ तार, मुख्य उपज या उद्योग, प्रमुख

**star** स्टार *n.v* a shining heavenly body, a notable actor, to play the leading part, to mark with an asterisk, तारा, नक्षत्र, सितारा, प्रसिद्ध अभिनेता, मुख्य भाग लेना, स्टार का चिह्न लगाना

**starch** स्टार्च् *n* the chief substance in all grains, substance used for stiffening linen, अनाज का सत्व, कलफ, माँड

**stare** स्टेअर *n.v.* a fixed gaze, to look with fixed eyes, to gaze intently, टकटकी, बड़ी गौर से देखना

**stark** स्टार्क *adj.adv.* strong, rigid, resolute, quite, mere, wholly, शक्तिशाली, ठोस, दृढ़ संकल्प, बिल्कुल, केवल, मात्र, सर्वथा

**start** स्टार्ट*v.n.* to begin, to make a sudden movement, to set going, abrupt movement, a beginning, शुरु करना, अचानक चल पड़ना, खाना होना, प्रारंभ

**startle** स्टार्टल *v.* to frighten, to surprise, to astonish, to cause to start (startling a alarming), चौकानेवाला, डराना, हैरानी में डालना, चौंकाना

**starvation** स्टारवेशन् *n.* the act of starving, भुखमरी, अकाल

**starve** स्टार्व *v.* to die of hunger, to suffer from extreme poverty, to suffer want, to deprive of food, to cause to perish, भूखों मरना, गरीबी से पीड़ित होना, कमी होना, भोजन से वंचित होना, उजड़ना

**state** स्टेट् *n.v.* a thing's condition, a nation, place, situation, politically organised people, rank, pomp, to say, to express in words, to fix, to specify (stately a dignified उज्जवल), स्थिति, हालत, राज्य, जगह, राजनीतिक दल, पद कहना, निश्चित करना

**statement** स्टेटमैन्ट् *n.* an account, a declaration, announcement, expression in words, something that is stated, narrative, वर्णन, बयान, घोषणा, प्रसारण, कथन

**statesman** स्टेट्समैन् *n.* one skilled in managing state affairs, a politic, one who manages affairs with wisdom and foresight, a high-minded politician, राजनीतिज्ञ, दूरदर्शी, कुशल कूटनीतिज्ञ

**static** स्टेटिक् *adj.n.* at rest, still, pertaining to bodies at rest, inactive, motionless, branch of physics studying such forces, आराम ले रहा, शान्त, जड़ पदार्थो से संबंधित, सुस्त, स्थिर पदार्थ सम्बन्धी

**station** स्टेशन् *n.v.* place where a thing stands, a position, rank, stopping place for trains, employment, local office for police force, fire-brigade, etc, bus-garage, to put in position, to assign station to, आधार, स्थिति पद, रेल का स्टेशन, धन्धा, पुलिस का, दमकल का दफ्तर, गैरेज, स्थित करना, जगह निश्चित करना

**stationary** स्टेशनरी *adj.* still, unmoving, standing, not changing place, not moving, स्थित, अचल, खड़ा, निश्चित, एक स्थान पर रहने वाला

**stationer** स्टेशनर *n.* dealer in writing materials etc, one who sells writing materials, (stationery n writing materials लिखने की सामग्री), लेखन सामग्री बेचने वाला

**statistics** स्टेटिस्टिक्स् *n. pl.* numerical facts collected systematically and arranged, the study of them, आँकड़े तथा उनका अध्ययन

**statue** स्टेट्यू *n.* a person's height, tallness, the natural height of the body, दालकर या खोदकर बनी हुई मूर्ति

**statute** स्टेट्यूट *n.* a law, a written law of the legislature, नियम, व्यवस्था, कानून

**statutory** स्टेट्यूटरी *adj.* enacted by statute, ordered, compulsory, कानून से स्थिर किया हुआ, व्यवस्था से स्थापित

**staunch** स्टान्च् *adj.* steadfast, loyal, true, worthy, दृढ़, स्वामी भक्त, सच्चा, योग्य

**stay** स्टे *n.v.* support, rope, supporting mast, a prop, to wait, to pause, to spend time in a place, etc, to remain, to continue to be, पुष्टि, रस्सा, मस्तूल, प्रतीक्षा करना, रुकना, किसी जगह कुछ दिन रुकना, बने रहना

**steadfast** स्टैडफास्ट् *adj.* firm, unmoving, fixed, not easily upset, constant, resolute, unyielding, पक्का, अचल, निश्चल, निरन्तर, दृढ़ संकल्प

**steady** स्टेडी *adj.v.* regular, dependable, firm, temperate, industrious, reliable, not-easily upset, hard working and sensible, to make or become steady, नियमित, विश्वसनीय, दृढ़, परिश्रमी, स्थिर होना या करना

**steal** स्टील *v.* to take another's property, to thieve, to walk secretly, to rob, to take what does not belong to one (stealth n secrecy चोरी) चुराना, चोरी करना, लुटना, दूसरे की वस्तु को बिन पूछे उठाना

**steam** स्टीम *n.v.* vapour into which water is changed by boiling, vapour of boiling water, the invisible gas that rises from boiling water, any mist or film of liquid drops, steam power, भाप, धुँध, वाष्प, भाप छोड़ना, भाप से हरकत करना या पकाना

**steamer** स्टीमर *n.* ship driven by steam-engines, steam-propelled ship, भाप से चलने वाले जहाज

**steel** स्टील *n.v.* hard, tough metal made from iron, tool, weapon of steel, to strengthen, to harden, लौहसार, फौलाद, इस्पात, शक्ति देना, मजबूत करना

**steep** स्टीप् *adj.n.* having an abrupt slope, precipitous, difficult, of prices very high or exorbitant, a precipice, a steep place, ढलवान, कठिन, अत्यन्त, ऊँचे दाम का, ढाल

**steer** स्टीअर *n.v.* to pilot, to guide, to direct course of vessel, motor-car etc, to direct one's course, to follow, a youngmale ox, जहाज, मोटर इत्यादि चलाना, राह दिखाना, पीछा करना, जवान साँड

**stem** स्टैम् *n.v.* main part or stalk of a plant, forepart of a ship, a tree trunk, to make progress,to spring, पेड़ का तना (डँठल), जहाज का अगला भाग, उन्नति करना, कूदना, रोकना

**stench** स्टैन्च *n.* a disagreeable smell, an evil smell, an offensive smell, a strong bad smell, दुर्गन्ध, बदबू, सड़ाँद

**stencil** स्टैन्सिल् *n.v.* thin sheet having a cut-out design through which paint is dabbed, to use a stencil, पतली धातु की चद्दर पर कटा हुआ अक्षर, स्टेंसिल काटना

**stenographer** स्टैनोग्राफर *n.* a short-hand writer, (stenography n shorhand writing), सांकेतिक चिह्न में लिखने वाला

**stereotyped** स्टीरियओटाइड् *adj.* fixed, unchanging, monotonous, permanent, not changing, ढला हुआ, पक्का, नीरस, स्थायी

**sterile** स्टर्लिंग् *adj.* unproductive, barren, unfruitful, free from germs, destitute of ideas (sterilize v to free from germs), कीटाणु रहित बनाना) बाँझ, खाली, बंजर, ऊसर, विचारहीन

**sterling** स्टिर्लिंग् *n.* the standard of British coin, अंग्रेजी सिक्का (बीस शलिंग का)

**stern** स्टर्न् *adj.* n. strict, severe, hard, grim, hard to endure, harsh, rigid, cruel, tail, the back part of a ship, कड़ा, रूखा, कठोर, उदास, क्रूर, पूँछ, जहाज का पिछला भाग

**stethoscope** स्टेथास्कोप् *n.* instrument for listening to action of heart or lungs, instrument which enables movements of the heart to be heard, an instrument by which a doctor can listen to the beats of the heart, etc, हृदय की धड़कन नापने का यन्त्र

**stevedore** स्टिविडोर *n.* man employed in loading and unloading ships, a man who loads and unloads the cargo of a ship, जहाजों में सामान लादने व उतारने वाला

**steward** स्टिवर्ड *n.* one who manages another's property, a waiter on a ship, attendant on ship's or aircraft's passengers, official कारिंदा, दूसरे की जायदाद का प्रबन्धक, जहाजों का खानसामा या रसोइया, रेस व बैठकों का आयोजक

**stick** स्टिक् *n.v.* a rod, staff, to pierce, to thrust into, to fix on, to stay, to stab, to fasten, डंडा, छड़ी, छेदना, घोपना, बींधना, चिपकाना

**stiff** स्टिफ् *adj.* not easily bent, rigid, awkward, difficult, stubborn, formal, unnatural, unbending, obstinate (stiffen v to strengthen, कड़ा करना) कड़ा, ठोस, भद्दा, कठि, हठी, औपचारिक, बनावटी, उद्दण्ड

**stifle** स्टिफ्फल् *v.* to smother, to suffocate, to suppress, to stop, to choke, to stop the breath of completely, to die through leak of air, गला घोंटना, दबाना, रोकना, गला घोंट कर मारना, साँस न आने पर मरना

**stigma** स्ट्रिग्मा *n.* a slur, a stain on one's reputation, brand, mark, a mark of infamy, a spot, a mark on skin, the top off the pistol, कलंक, धब्बा, चिह्न, बदनामी का टीका, चमड़ी पर दाग, पुष्प केशर का अग्र भाग

**still** स्टिल् *adj.n.adv.* motionless, silent, quiet, noiseless, at rest, quiet, deep silence, always, for all that, now and then, शान्त, चुप, मौन, सदा, तो भी, कभी कभी

**stimulant** स्टिम्यूलैन्ट् *n.* anything that arouses or excites, provocative, inciting, producing increase of vitality, a stimulating drug, (stimulate v to incite), उत्तेजक, भड़काने वाला, जोश दिलाने वाला, शक्ति बढ़ाने वाली दवा (मदिरा इत्यादि)

**stimulus** स्टिम्युलस् *n.* a spur, an urge (stimuli-pl) effect of exciting, that which rouses energy, incentive, stimulant, तेजोबर्धक औषधि, उत्तेजना, उभाड़

**sting** स्टिंग् *n.v.* the needle-like weapon of many insects and plants, thrust, wound, or pain of one, to thrust sting into, to cause sharp pain to, to feel sharp pain, डँक, डँक मारना, पीड़ा देना, तेज दर्द महसूस करना

**stinginess** स्टिंजीनैस् *n.* meanness, miserliness, covetousness, (stingy a mean), तुच्छता, कृपणता, लालसा

**stink** स्टिंक *n.v.* an unpleasant or disagreeable smell, offensive smell, stench, to give out strongly offensive smell, to emit an offensive smell, सड़ाँद, दुर्गन्ध, सड़ाँद देना, दुर्गंध पैदा करना

**stipend** स्टाइपेड् *n.* salary, a fixed pay for service, clerical income, वेतन, सेवाकाल की निश्चित राशि, मेहताना

**stir** स्टर *n.v.* movement, activity, excitement, fuss, disturbance, commotion, agitation, to incite, to set in motion, to move, to be , गति, हरकत, जोश, गड़बड़, हलचल, हुल्लड़, संघर्ष, भड़काना, उकसाना

**stirrups** स्टिरप्स् *n.pl.* hanging from a saddle for a rider's feet, an iron hoop suspended by a strap in which a horseman sets his foot when he rides, रकाब, पाद धारणी, घुड़सवार के पैर रखने का स्थान

**stitch** स्टिच् *v.n.* to sew with needle and thread, to fasten, a single fastening with thread, a sudden pain in the side, सीना, टाँकना, धागे सुई से लगाया गया टाँका, बखिया, सीवन, चुभन, शूल

**stock** स्टॉक *n.v.* a store of anything, a former's cattle, a handle, a family, to store, to put by, ढेर, गोदाम, परिवार, जमा करना, जोड़ना

**stocking** स्टाकिंग *n.* close fitting covering for leg and foot, जुराब, मोजा

**stolid** स्टॉलिड् *adj.* slow, dull, hard to excite, apathetic, heavy, आसली, धीमा, ढीला, निर्दय

**stomach** स्टैमक् *n.* bodily organ that receives and digests food, appetite, desire, belly, abdomen, मेदा, पाकस्थली, जठर, भूख

**stone** स्टोन् *n.v.* piece of rock, large, hard fruit seed, an imperial weight of 14 pounds, a gem, jewel, to throw stones at, to free fruit from stones, पत्थर, फल की गुठली, चौदह पाउँड का एक भार, हीरा, रत्न, मणि, पत्थर मारना, गुठली निकालना

**stooge** स्टूज् *n.* a person ridiculed in comedy, a scape goat, a comedian's assistant, a person used by another in carrying out his plans, पिट्ठू, दूसरे के मजाक का भाजन

**stool** स्टूल् *n.* a backless chair, place for evacuating bowels, what is evacuated, faeces, तिपाई, पीढ़ा, शौच, पाखाना, दस्त, मल

**stoop** स्टूप *v.n.* to bend the body forward, to lower one's dignity by unseemly conduct, to submit, to yield, to swoop, stooping carriage of the body, शरीर झुकाना, कुकृत्य से मान घटाना, झुकना, हार मानना, कूबड़

**stop** स्टॉप् *v.n.* to fill up an opening, to check, to bring to halt, to suspend, to interrupt, to dessitfrom, to cease, to stay with a short time, a check, a short stay, a punctuation mark (.), छेद भरना, रोकना, निलंबित करना, मना करना, बन्द करना, थोड़ी देर ठहरना

**storage** स्टोरेज *n.* the placing of goods in a store or ware, house for safe-keeping, the price for keeping in store,, state of being stored, सामग्री का भण्डारन, भंडार, भंडारन का किराया, भरती, गोदाम

**storey** स्टोरी *n.* horizontal division of a house, the rooms etc. in one floor मकान का खंड, मंजिल

**stork** स्टार्क *n.* large wading bird, a tall wading bird like a heron, सारस, क्रौंच पक्षी

**storm** स्टार्म् *n.v.* a tempest, a violent wind, a violent outbreak, a heavy shower, tumult, agitation commotion, a great excitement, a violent attack, to blow as a gale, to assault on fortress, to scold, तूफान, अँधड़, भारी बाछार, हँगामा, झगड़ा, फसाद, धावा, आँधी चलना, दुर्ग पर हमला करना, फटकारना

**story** स्टोरी *n.* tale, account, narrative, the history of one's life, the account of an incident, the plot of a drama, कथा, कहानी, वृतान्त, नाटक का कथानक

**stout** स्टाउट् *adj.n.* sturdy, resolute, fat, strongly made, staunch, brave, force, a strong dark beer, दृढ़, दृढ़ संकल्प, मोटा, वीर, शक्ति, काला पुष्ट भालू

**stove** स्टोव् *n.* apparatus for cooking heating etc, चूल्हा, अँगीठी, तनूर

**stow** स्टो *v.* to pack goods in a compact form, to fill things in a well-arranged manner, to furl, सामान संजोना, चीजों को क्रम से भरना, संभाल कर रखना

**straggle** स्ट्रैगल् *v.* to stray, to get dispersed, to wander away from the main company, भटक जाना, बिखरना, दल से पिछड़ जाना

**straight** स्ट्रेट् *adj.* uncurved, unbend, honest, upright, level, in order, fair, unmixed (straight forward a direct), सीधा, खड़ा बिना मोड़ का, ईमानदार, क्रमबद्ध, ठीक, खरा

**strain** स्ट्रेन *v.n.* to overwork, to sprain, to filter, to stretch lightly, to make great effort, violent effort, stretching force, burst of music or poetry, tone of speaking or writing, अधिक परिश्रम करना, पिलना, परिश्रम, मेहनत करना, राग, आलाप, लेखन शैली

**strait** स्ट्रेट *n.adj.* a narrow channel, difficulty, position of distress, narrow, strict (straiten v to distress कष्ट देना), संकुचित मार्ग, संकट, संकीर्ण, कठोर

**strand** स्ट्रैण्ड् *n.v.* shore, to run aground, to leave, be left in difficulties, or embarrassment, to drift on shore, to break up a rope in strands, beach, one of the component strings of a rope, नि:सहाय), तट, किनारे पर चढ़ाना, संकटग्रस्त होना, रस्सी का बल अलगाना

**strange** स्ट्रैन्ज् *adj.* unusual, foreign, odd, wonderful, peculiar, queer, uncommon, असाधारण, अपरिचित, बेमेल, विचित्र, अद्‌भुत्

**strangle** स्ट्रैंगल् *v.* to kill by squeezing wind-pipe, to suppress, गला घोंटकर मारना, दबाना

**strap** स्ट्रैप् *n.v.* strip of leather or metal, to fasten, to beat with strap, पेटी, पट्टी, तस्मा, तस्मे से बाँधना, चमड़े पर उस्तरा तेज करना

**stratagem** स्ट्रैटेजम् *n.* a plan to surprise an enemy, a deception, trick, device, artifice in war, शत्रु को छलने की युक्ति, दल, कपट, षड़यन्त्र

**stratosphere** स्ट्रैटोस्फीअर् *n.* upper part of the atmosphere in which temperature does not decrease with height, वायुमंडल का भाग जहाँ ऊँचाई से तापमान अप्रभावित रहता है

**straw** स्ट्रा *n.* stem of a grain-plant, a trifle, dry cut stalks of corn, a tube for sucking up a drink, (straw-berry n the red fruit of a plant of rose family), तिनका, गेहूं का डँटल, तुच्छ वस्तु, पूली, पेय पदार्थों के लिए तिनके की नाली

**stray** स्ट्रे *v.n.* to wander, to turn away from duty or virtue, to digress, to get lost, a lost person or animal, आवारा घूमना, कर्त्तव्य से विमुख होना, पथभ्रष्ट होना, खो जाना, खोया हुआ व्यक्ति या पशु

**streak** स्ट्रीक *n.v.* a stripe, a narrow band, a flash of light, to mark with stripes, to shine, to run quickly, धारी, फीता, प्रकाश की झलक, लकीर खींचना, चमकना, जल्दी दौड़ना

**stream** स्ट्रीम् *n.v.* small river, current of air, crowd of moving people, flowing body of water or liquid, direction of flow, to flow like a stream, to send forth, नदी, हवा का झोंका, चल रही भीड़, बहाव की दिशा, नदी का बहना, भेजना

**street** स्ट्रीट *n.* road bordered by buildings, road in town or village lined with houses, गली, पथ, सड़क

**strength** स्ट्रैन्ग्थ् *n.* power, vehemence, force, capacity for endurance, might, vigour, robustness, शक्ति, तेजी, बल, सहन शक्ति, जोश

**strenuous** स्ट्रैनुअस् *adj.* energetic, earnest, requiring much exertion, persistent, जोशीला, सच्चा, उत्साही, हठी, दृढ़

**stress** स्ट्रेस *n.v.* strain, pressure, emphasis, accent, effort, to emphasize, to accent, दबाव, बल, जोर, प्रयत्न, बल देना, किसी अक्षर या शब्द पर बल देना

**stretch** स्ट्रैच *v.n.* to tighten, to pull out, to reach out, to extend, to exert to utmost, to have elasticity, stretching, expanse, spell, कसना, खींच लेना, फैलना, विस्तार करना, खूब जोर मारना, लचक रखना, पसारना

**strew** स्ट्रिऊ *v.* to spread, to scatter over surface, to cover with small objects, फैलाना, छितराना, बिखेरना

**stricken** स्ट्रिक्कन् *adj.* afflicted, smitten, क्षत, घायल

**striking** स्ट्राइकिंग् *adj.* extraordinary, impressive, noteworthy, wonderful, peculiar, असाधारण, प्रभावी, उल्लेखनीय, अद्भुत, विचित्र

**string** स्ट्रिंग *n.v.* fine card, row, series, to put one a string, to thread pearls etc in a string, बढ़िया रस्सी, पंक्ति, शृंखला, रस्सी लगाना, मनके पिरोना

**stringent** स्ट्रिन्जैन्ट् *adj.* severe, strict, urgent, tight, hard to operate, binding, कठोर, दृढ़, जरूरी, मजबूत कड़ा, अशिथिल

**strip** स्ट्रिप् n.v. a long narrow piece of anything, to lay bare, to deprive of covering etc, to remove the bark, to tear off, to undress, धज्जी, पट्टी, नंगा करना, अनावरण करना, छाल उतारना, छीलना

**stripe** स्ट्राइप् *n. v.* a stroke of colour, mark made by a lash, rankmark on a uniform sleeve, to mark with stripes, धारी, कोड़े का चिह्न, पदचिह्न, लकीर या रेखा डालना

**strive** स्ट्राइव् *v.* to try, to attempt, to make an effort, to contend, to struggle, to endeavour, यत्न करना, प्रयास करना, संघर्ष करना

**stroke** स्ट्रोक *n v.* a blow, shock, a pen or pencil mark, a successful attempt, calamity, an original idea, the sound made by the striking of a clock, to pass hand lightly over, to set time in rowing, चोट, धक्का, पेन व पेंसिल का चिह्न, सफल प्रयास, विपदा, स्फुरन, घण्टे की आवाज, हल्का हाथ फेरना

**stroll** स्ट्रॉल *v.* to walk slowly, to saunter, to ramble, to walk leisurely, to wander on foot, a leisurely walk, a rambling saunter, टहलना, घूमना, पैदल चलना, भ्रमण

**strong** स्ट्रांग *adj.* powerful, glaring, dazzling, robust, healthy, शक्तिशाली, बलवान, चमकीला, स्वस्थ

**structure** स्ट्रक्चर *n.* foundation, building, form, organisation, thing made of various pieces, edifice, a way of building, supporting frame-work of something, नींव, भवन, ढाँचा, बनावट, निर्माण, इमारत, विधि

**struggle** स्ट्रगल् *v.n.* to strive, to fight to escape, to contend, to proceed with effort, hard contest, strife, effort, a violent effort, effort under difficulties, यत्न करना, बच निकलने की कोशिश करना, छटपटाना, कलह, लड़ाई झगड़ा, संघर्ष

**strut** स्ट्रट् *v.n.* to walk in a proud manner, a support, a pompous walk, अकड़कर चलना, ऐंठकर चलना, आधार

**stubborn** स्टर्बन् *adj.* obstinate, unbending, unyielding, unwilling to give way, difficult to manage, उद्दण्ड, न झुकने वाला, ढीढ़, जिद्दी, हठी

**stud** स्टड् *a* large-headed nail. a collar, fastener, a knob, a button, चौड़े सिर वाला कील, दुहरे सिरे का बटन

**student** स्टूडैन्ट् *n.* one who studies, a pupil, one who studies some branch of knowledge, a scholar, छात्र, शिष्य

**study** स्टडी *v.n.* to study, to examine, to think, to reflect, to be engaged in learning, effort to acquire knowledge, subject of this, room to study in, sketch, पढ़ना, निरीक्षण करना, विचारना, ज्ञान प्राप्ति में रत, ज्ञानोपलब्धि के लिए श्रम, अध्ययन कक्ष, खाका

**stuff** स्टफ् *n.v.* material of any kind, a woven fabric, refuse, worthless matter, nonsense, to stop, to fill up, to eat greedily, सामग्री, पदार्थ, वस्त्र, कूड़ा अनर्थक बकवाद, रोकना, भरना, लालच से निगलना

**stumble** स्टम्बल् *v.n.* to trip and nearly fall, to falter, to blunder, to lurch, to come accidently upon, (stumbling block n an obstacle ठोकर), ठोकर खाना, लड़खड़ाना, भूल करना, ठमकना

**stump** स्टम्प् *n.v.* remnant of tree etc when main part has been cut away, one of the uprights of wicket at cricket, to walk noisily and clumsily, to brag, पेड़ का ठूँठ, कटा हुआ भाग, छोटा डंडा, डगमगाते हुए चलना, शेखी हाँकना

**stunned** स्टण्ड् *adj.* defeaned, stupefied, amazed, dazed, knocked senseless, surprised greatly, बहरा हुआ, अचंभित होना, बेहोश पड़ जाना

**stupefy** स्टुपीफाई *v.* to stun, to make senseless, to make stupid, to arouse amazement, मूर्च्छित करना, मूर्ख बनाना, अचंभे में डालना

**stupendous** स्टुपैन्डस् *adj.* immense, vast, amazing, wonderful, prodigious, बड़ा , विशाल, विस्मयकारी

**stupid** स्ट्युपिड *adj.* foolish, silly, dull, slow-witted, sluggish, not interesting, lacking in sensibility, मूर्ख, रूखा, कम समझ, आलसी, नीरस, निर्बुद्धि

**stupor** स्ट्यूपर *n.* torpidity, helpless state, suspension of sensibility, coma, a dazed condition from amazement etc, प्रमाद, असहाय अवस्था, बेहोशी, व्यामोह, जड़ता

**sturdy** स्टर्डी *adj.* stalwart, athletic, vigorous, strongly-built, robust, firm, resolute, दबंग, खिलाड़ी, प्रबल, हट्टा कट्टा, दृढ़ संकल्प

**stutter** स्टटर् *v.n.* to stammer, to falter in speaking, to speak with difficulty, hesitation in speech, तुतलाना, अस्पष्ट बोलना, झिझक, हकलाहट

**style** स्टाइल *n.* way in which something is done, manner of writitng, doing etc, designation, sort, superior manner, quality, the fashion in dress, furnishing etc, ढँग, लेखन विधि, पदवी, बढ़िया ढँग, प्रकार, पोशाक व घरेलु सजावट का विधान

**subconscious** सबकान्शस् *adj.* not fully conscious, hardly conscious, अर्धचेतन, चेतना शून्य

**subdue** सबड्यु *v.* to overcome, to conquer, छा जाना, परास्त करना

**subject** सबजैक्ट *adj.* n.v. liable to, subordinate, dependent, topic, theme, one under power of another, to subdue, to make liable, to cause to undergo (subjective a personal), अधीन, आश्रित, निर्भर, विषय, आशय, प्रजा, अधीन करना, हराना

**subjugate** सब्ज्युगेट् *v.* to bring under control, to subdue, to conquer, to master, to force to submit, वश में करना, हराना, अधीन करना

**sublet** सबलैट् *v.* to underlet to another person, किराए पर देना

**sublime** सब्लाइम् *adj.* glorious, majestic, grand, exalted, impressive, eminent, high, majestic, भव्य, विशिष्ट बढ़िया, प्रभावशाली, प्रसिद्ध, उच्च, शाही

**submarine** सबमैरिन् *n.adj.* an underseas warship, below surface of sea, acting or growing under sea, a ship which can travel under water, समुद्री पोत, समुद्र के भीतर, समुद्र में पैदा होने वाला, पनडुब्बी किश्ती

**submerge** सब्मर्ज् *v.* to sink, to go under water, डूबना, जल के भीतर डुबकी लगाना

**submission** सब्मिशन् *n.* surrender, yielding, meekness, humiliation, obedience to authority, समर्पण, हार, लज्जा, आज्ञानुकूलता, वश्यता

**subordinate** सबार्डिनेट् *adj.* of less importance, under another's authority, of lower rank, inferior, secondary, कम महत्व वाला, पर वश, न्यून पद का, घटिया, आज्ञाकारी

**subscribe** सब्स्क्राइब् *v.* to give a contribution, to help, to pay, to promise to pay, to write one's name at end of document, चन्दा इत्यादि देना, देना, मदद करना, अदा करने का वचन देना, हस्ताक्षर करना

**subsequent** सबसिक्वैन्ट् *adj.* later, following or coming after in time, posterior, happening later, बाद का, पिछला, क्रमशः, बाद में होने वाला, आगामी

**subservient** सबसरवियेन्ट् *adj.* useful, helpful, subordinate, obsequious, serving as a means, servile, submissive, लाभकारी, सहायक, अधीन, मातहत

**subside** सबसाइड् *v.* to sink, to settle, to collapse, to come to an end, to fall lower, to die down, to disappear, to become tranquil, डूबना, तली में बैठना, बेहोश गिरना, भरना, नीचे झुकना, विलीन होना, शान्त होना

**subsist** सबसिस्ट् *v.* to exist, to sustain life, to live, to endure, to contrive, to feed, to inhere, to find sustenance, होना, रहना, जीना, खिलाना, हानि लाभ से खबर लेना

**substance** सबस्टैंस *n.* matter, particular kind of matter, essence, wealth, chief part, mixture, material, solidity, gist, माल, वस्तु, सार, धन, मुख्य भाग, मिश्रण, अस्तित्व

**substitute** सबस्टिट्यूट *v.n.* to put in place of another person or thing, to put in exchange for, to use instead of something else, deputy, thing, person put in place of another, किसी के स्थान पर रखना या नियुक्ति करना, प्रतिनिधि, स्थानापन्न

**subterranean** सबटेरेनिअन *adj.* underground, hidden, secret, भूमि के भीतर का, गुप्त, छिपा हुआ

**subtle** सट्टल *adj.* faint, delicate, difficult to describe, cunning, sly, ingenious, clever, acute, crafty, irticate, tenuous, महीन, सूक्ष्म, धूर्त, चतुर, चालबाज

**subtract** सब्ट्रैक्ट् *v.* to take away, to deduct, to take in order to find the difference (subtraction. n. deduction घटाव), घटाना, कम करना, शेष निकालना

**suburb** सबअर्ब *n.* the outskirts of a city, the confines, outlying part of city, district on the outskirts of a town, an area of houses in the outskirts of a large town, नगर के आसपास के भाग, नगर का बाहरी भाग, शाखा नगर

**subvert** सबवर्ट *v.* to overthrow, to ruin completely, to upset, to corrupt, to make disloyal, उखाड़ना, उजाड़ना, अस्तव्यस्त करना, दूषित करना, पलटना

**succeed** सक्सीड् *v.* to prosper, to thrive, to follow after, to inherit, to take place of, to accomplish purpose (success achievement सफलता), पनपना, सफल होना, बाद में होना, उत्तराधिकारी बनना, स्थान लेना

**successive** सकसैसिव् *adj.* in turn, coming one after another, consecutive, following in order, (successor one who succeeds वारिस), क्रमबद्ध, क्रमानुसार परम्परागत

**succour** सक्कर् *v.n.* to help, to aid, to help in distress, to give aid to, to come to assistance, help, relief, मदद करना, संकट में साथ देना, सहायता, सुविधा, आराम

**succumb** स्कम्ब् *v.* to give way, to yield, to die, to submit, to be over-come, वशीभूत होना, अधीन होना, मरना

**such** सच् *adj.* of the kind mentioned, so made, etc, of the same kind, as that, certain, very great, ऐसा, वैसा, उसी प्रकार का, सदृश, पहले कहा हुआ

**suck** सक् *v.n.* to draw into the mouth, to imbibe, to draw milk, a sip, the act of sucking, चूसना, ग्रहण करना, दूध पीना, घूंट, चूषण, स्तनपान

**suckle** सक्कल् *v.* to feed from the breast, to give sucking to, to nurse at the breast, to rear, to bring up, to give her milk to (suckling n unweaned child गोद का बच्चा), स्तन से दूध पिलाना, स्तनपान कराना, पालना

**suction** सक्शन् *n.* a drawing or sucking of air or liquid from something, चूषण, चुसाव

**sudden** सडन् *adj.* without warning, quick, abrupt, hurried, done unexpectedly, (suddenly adv. quickly), एकाएक), सहसा, अचानक, शीघ्र, चंचल

**suffer** सफ्फर् *v.* to undergo pain, to bear, to permit, to allow, to endure, to tolerate, कष्ट उठाना, दुःखी होना, आज्ञा देना, सहन करना

**suffice** सफ्फाइस् *v* to be enough, to meet needs of, to satisfy, to content (sufficient a plenty प्रचुर), काफी होना, जरूरत पूरी करना, संतुष्ट करना

**suffix** सफिक्स् *n.v.* letter or syllable added to the end of a word, to affix, to add, to append a letter or syllable in the formation of a word, प्रत्यय, शब्द के अंत में प्रत्यय जोड़ना

**suffocate** सफोकेट् *v.* to kill by preventing breathing, to stiffle, to feel suffocated, to gasp, to be choked, to be smothered, (suffocation n the act of suffocating सांस की घुटन), सांस बंद करके मारना, गला घोट कर मारना, सांस के लिए तड़पना

**suffrage** सफ्रेज् *n.* vote or right of voting, a vote for deciding a question, franchise, मताधिकार या मत समस्या सुलझाने के लिए वोट

**sugar** शूगर *n.* sweet substance obtained from the sugar cane and beet root, शक्कर, गुड़, गन्ने व चुकन्दर से तैयार चीनी

**suggest** सज्जैस्ट *v.* to propose, to advise, to hint, to indicate, to insinuate, to refer to (suggestion n proposal प्रस्ताव), प्रस्ताव रखना, संकेत करना, सुझाना

**suicide** सुइसाइड् *n.* the act of deliberately killing oneself, one who kills himself, intentional slaughter of oneself, action destructive to one's interest, the taking of one's own life, आम्महत्या, खुदकुशी, जानबूझकर अपने प्राण लेना, अपना हित गँवाना

**suit** सूट *v.n.* to please, to satisfy, to go with, to be adapted to, to meet desires of, to make fitting etc, action at law, set of man's outer clothes (suitable a fitting), खुश करना, संतुष्ट करना, अनुकूल होना, तमन्ना पूरी करना, नालिश, वस्त्र

**suite** सूट् *n.* set of rooms, a body of attendants, कमरों का सेट, सेवक दल

**suitor** सूटर *n.* a lover, wooer, one who sues in a law court, प्रेमी, आशिक, नालिश करने वाला

**sulky** सल्की *adj.* sullen, morose, sour, gloomy, dismal, a kind of two-wheeled carriage, उदास, उद्विग्न, कटु, गमगीन, दुपहिया गाड़ी

**sullen** सलन् *adj.* sulky, unforgiving, gloomy, angry, heavy, dismal, उदास, हठी, क्रुद्ध, क्षमा न करने वाला, चिड़चिड़ा

**sully** सल्ली*v.* to tarnish, to spoil, to diminish the purity of, to stain, to disgrace, कलंक लगाना, धब्बा लगाना, सतीत्व भंग करना, अपमानित करना

**sulphur** सल्फर *n.* brimstone, a yellow mineral substance used in medicine and chemistry, गन्धक

**Sultan** सुल्तान *n.* Muslim ruler, सुल्तान, मुस्लिम शासक

**sultry** सैल्ट्री*adj.* hot and close, oppressive, burning, with a moist heat, hot with anger, passionate, अतिउष्ण, घुटन पैदा करने वाला, क्रुद्ध, कामी

**sum** सम् *n.v.* the total, the entire amount, to add, जोड़, योग, धनसंग्रह, जोड़ना

**summary** समरी *n.* an outline, brief account, done quickly, abstract, abridgement or statement of the chief points of longer document, speech, etc, (summarily adv speedily तुरन्त), संक्षेप, सार, संग्रह, सारांश, संक्षिप्त विवर्ण

**summer** समर *n.* second or hot season of the year, ग्रीष्म ऋतु, गर्मी का मौसम

**summon** समन *v.* to command, to call, to charge before, a magistrate, (summons call बुलावा), बुलाना, आज्ञा देना, अदालत में बुलाने के लिए सम्मन भेजना

**sumptuous** सम्पट्युअस *adj.* costly, magnificent, lavish, luxurious, rich, कीमती, शानदार, खर्चीली, भारी

**sun** सन *n.v.* heavenly body giving heat and light to the earth, and its rays, to expose to sun's rays,to sit in the sunshine, सूर्य, दिनकर, सूर्य की किरणें, धूप

**Sunday** सनडे *n.* first day of the week, the Christian Sabbath, रविवार

**sundry** सन्ड्री*adj.* different, various, भिन्न, अलग-अलग अनेक तरह का

**sunken** सन्कन् *adj.* under water, sunk, lower than ground level, डूबा हुआ, धँसा हुआ

**sunstroke** सनस्ट्रोक *n.* illness due to over-exposure to sun's rays, लू लगना

**sup** सप् *v.* to sip, to take into the mouth, to eat the evening meal, चूसना, घूँट भरना, शाम का भोजन करना

**super** सुपर *prefix* above, extra, (उपसर्ग), पर, अतिरिक्त, फालतू

**superb** सुपरब् *adj.* splendid, excellent, grand, impressive, proud, stately, elegant, firstrate, sumptuous, बढ़िया, शानदार, प्रभावशाली, घमंडी, कान्तिमान, ऐश्वर्ययुक्त

**superficial** सुपरफीशिअल् *adj.* shallow, showing on the surface, without depth, not profound, नकली, कम गहरा, छिछला, अगाढ़

**superfluous** सुपरफ्लुअस् *adj.* needless, unwanted, extra, unnecessary, excessive, leftover, व्यर्थ, अनचाहा, फालतू, अनावश्यक, बहुत ज्यादा, बचाखुचा

**superintendent** सुपरिटेन्डैंट *v.* to supervise, to over look, to have charge of, to control, to manage, देखभाल रखना, रखवाली करना, नियन्त्रण रखना, प्रबन्ध करना

**superior** सुपीरियर*adj.n.* higher or better than others, in rank or quality, surpassing others, the chief of a monastry, above the common in quality, a person who is too courageous to yield, दूसरों से बेहतर, मठाधीश, साधारण से ऊपर, अडिग

**superlative** सुपरलेटिव *adj. n.* excellent, unequalled, surpassing, in highest degree, superlative degree of adjective or verb, बढ़िया, अद्वितीय, सर्वोत्तम रूप में

**superman** सुपरमैन्*n.* superior to humans in intellect and morality, a man of amazing powers, an imagined man of future who will be more powerful than men of today, साधारण मनुष्य से ऊपर मनुष्य, भविष्य में असाधारण शक्ति सम्पन्न कल्पित मानव

**super market** सुपरमारकेट् *n.* self-service store, स्वतः सेवारत बाजार

**supernatural** सुपरनैच्युरल *adj.* not natural, miraculous, beyond the powers of nature, अलौकिक, अनोखा, अमानुषी

**supersede** सुपरसीड् *v.* to displace, to take the palce of another, to set aside, पिछाड़ना, आगे निकलना, दूसरे का स्थान लेना

**supersonic** सुपरसानिक् *adj.* pertaining to sound-waves of too high a frequency to be audible, denoting speed greater than that of sound,

**superstition** सुपरस्टीशन् *n.* believing in magic, a belief in omens and magic, credulity, false worship or religion, अन्ध विश्वास, जादू टोने में विश्वास, कल्पित धर्म

**supervise** सुपवरवाइज *v.* to check, to see work properly done, to oversee, to be incharge of, to superintend (supervision-control नियन्त्रण) पुनरावलोकन करना, निरीक्षण करना, प्रबन्ध करना

**supper** सपर *n.* an evening meal, शाम का खाना

**supplant** सप्लान्ट *v.* to overthrow, to take another's place, अपदस्थ करना, उलटना, दूसरे का स्थान लेना

**supple** सप्पल*adj.* easily bent, pliable, flexible, compliant शीघ्र झुक जाने वाला, कोमल, लचीला

**supplement** सप्लीमैन्ट् *v.n.* to add to, continue, an addtion, जोड़ना, जारी रखना, जोड़

**supplicate** सप्लीकेट*v.* to beg, to implore, to entreat, to beseech, to address in prayer, अनुनय करना, विनीत करना, प्रार्थना करना या उपदेश देना

**supplies** सप्लाइज *n.pl.* money granted by Parliament, संसद द्वारा स्वीकृत राशि

**supply** सप्लाई *v.n.* to provide, to furnish, to substitute for, to furnish what is wanted, to fill up any deficiency, necessary stores and provisions, सामग्री जुटाना, सामान जुटाना, कमी पूर्ण करना, आवश्यक सामग्री

**support** सपोर्ट् *v.n.* to uphold, to sustain, to nourish, to endure, to maintain, to provide for, to befriend, to encourage, to defend a prop, a help, aid, सँभला, सहारा देना, पोषण करना, सहन करना, बनाए रखना, रक्षा करना, स्तंभ, सहायता

**suppose** स्पोज *v.* to fancy, to imagine, to assume as theory, to take for granted, to accept as likely, कल्पना करना, स्थिर करना, मान लेना

**suppress** स्प्रैस *v.* to stop, to crush, to hold back, to keep secret, to subdue, to quell, to arrest the normal secretions of (suppression n secrecy), दबाब), रोकना, कुचलना, छुपाना, हराना, कुदर्ती दवाब रोकना

**supremacy** सुप्रिमेसी *n.* mastery, sovereignty, highest authority, position of being first, state, of being suspreme, स्वामित्व, प्रभुत्व, सर्वोच्च शक्ति

**sure** श्योअर् *adj.* safe, certain, reliable, trust worthy, positive, secure, firm, perfectly confident, (surety n safety अमानत) सुरक्षित, स्थिर, विश्वसनीय, असंदिग्ध

**surf** सर्फ*n.* foam of breaking waves, the wave between the rocks and the shore, तरंगों व लहरों की झाग, तरंग

**surface** सरफेस् *n.* the external part of anything, superficies, a plane that has length and breadth but no thickness, outside, सतह, ऊपरी हिस्सा, गहराई बगैर लम्बाई चौड़ाई वाला वायुयान

**surge** सर्ज् *n.v.* a large wave, sudden rush of current in circuit, to swell, to billow, to move in large waves, बड़ी तरंग, हिलोर, भँवर, फूलना, बड़ी लहरों का उठना

**surgeon** सरजन् *n.* medical expert who performs operations, person who cures by operation (surgery n medical treatment by operation), शल्यशास्त्र), शल्य चिकित्सक, शस्त्र वैद्य, चीरफाड़ करने वाला

**surmise** सरमाइज् *v.n.* to suppose, to imagine, to guess, conjecture, कल्पना करना, अटकल करना, अनुमान लगाना, सन्देह, अनुमान

**surmount** सरमाउँट् *n.* to get over, to overcome, to climb, to conquer, to surpass, to rise above, पार करना, चढ़ना, जीतना, बढ़ जाना, लांघ जाना

**surname** सरनेम् *n.* family name, a name added to the Christian name, उपनाम, कुलनाम

**surpass** सरपास् *v.* to excel, to go beyond, to outstrip, to exceed, to outdo, to beat, अधिक होना, अतिक्रमण करना, आगे निकालना, पछाड़ना

**surplus** सरप्लस् *n.* what remains over or in excess, beyond what is wanted, an amount more than needed, फालतू, ज्यादा, बचत

**surprise** सरप्राइज *v.n.* to astonish, to cause surprise to, to startle, to take unawares, to strike with wonder, an unexpected happening, confusion, perplexity, emotion, wonder, astonishment, हैरान करना, चकित करना चौकाना, आकस्मिक घटना, परेशानी, अचंभा

**surrender** सरंडर *v.n.* to hand over, to give up, to resign, to submit, to cease from resistance, submission, yielding, सौपना, त्यागना, सम्पूर्ण करना, शस्त्र डालना, हार, पराजय, समर्पण

**surroundings** सराउँडिंग्ज् *n.pl.* the country round about, the scenery, environment, circumstance, an encompassing,

**survey** सरवे *v.n.* to view, to measure, to scrutinise, to map, to look about, to examine, inspection, a careful view, जाँचना, नापना, खाका खींचना, निरीक्षण करना, निरीक्षण, जाँच

**survival** सरवाइवल् *n.* a living on after illness or disaster, existing as relic, continuation of existence, a living beyond the life of another, any ancient custom continuing to the present day (survive vb to outlive किसी का विपदा से बच निकलना), विपदा के बाद जीवन, अवशेष, अस्तित्व बने रहना, दूसरे की मृत्यु के बाद तक जीना, अब तक जारी प्राचीन रीति रिवाज

**susceptible** ससैप्टिबल् *adj.* tender-hearted, sympathetic, sensitive, impressionable, easily acted upon, कोमल हृदय, हमदर्द, भावुक, प्रभाव पड़ने योग्य, ग्रहणशील

**suspect** सस्पैक्ट *v.n.* to mistrust, to doubt innocence of, to imagine, to suppose, to be inclined to think, to conjecture, to have a suspicion of a person suspected of some crime, शक करना, कल्पना करना, किसी पर अपराध का सन्देह करना, संदिग्ध व्यक्ति

**suspend** सस्पैण्ड *v.* to hang up, to cause to cease for a time, to debar from an office or privilege, to keep inoperative, to interrupt (suspension n delay), अटकाव), स्थगित करना, अधिकार से अस्थायी रूप से वंचित करना, हस्तक्षेप करना

**suspense** सस्पैन्स *n.* state of uncertainty, doubt, indecision, दुविधा, शक, अनिर्णय

**sustain** सस्टैन *v.* to keep, to hold up, to endure, to confirm, to support, to assist, to approve (sustenance n nourishment), पोषण), बनाए रखना, सहन करना, पक्का करना, सहारा देना, प्रमाणित करना

**swallow** स्वालो *n.v.* the throat, the act of swallowing, taste or relish, a kind of migratory bird, to absorb, to engulf, to consume, to believe readily, गला, निगलना, स्वाद, अबाबील चिड़िया, सोखना, निगलना, नष्ट करना, शीघ्र मान लेना

**swamp** स्वैम्प *n.v.* to flood, to overwhelm, a bog or marsh, बाढ़ आना, छा जाना, दल दल

**swan** स्वैन् *n.* large, long-necked and web-footed bird, राजहँस, हँस, बत्तख

**swarm** स्वार्म *n.v.* a cloud of insects, a crowd, a multitude, to emigrate in swarm, to gather in large numbers, कीड़ों का झुँड, भीड़, समूह, झुंड में जगह बदलना, भीड़ लगाना

**swarthy** स्वार्थी *adj.* of dusky colour, dark, sun-burnt, dark-skinned, of a tawny dark or tawny hue, काला, काले रंग का, साँवला, श्यामवर्ण

**sway** स्वे *n.v.* to move from side to side, to swing, to rule, to control, to govern, to wield, swaying motion, control, power, government, झूमना, हिलना, प्रवृत्त करना, शासन करना, नियंत्रण, राज्य सत्ता

**swear** स्वीअर *v.* to take un oath, to testify, to use bad language, to utter something on oath, to utter by appeal to God, शपथ लेना, शपथ दिलाना, झूठी कसम खाना

**sweat** स्वैट् *v.n.* to perspire, labour, toil, perspiration, moisture from the skin, पसीना आना, मेहनत, कठोर परिश्रम, पसीना

**sweater** स्वेटर *n.* that which causes sweat, knitted woollen jersey, पसीना निकालने वाला, ऊनी बनियान

**sweep** स्वीप *v.n.* to brush, to glide swiftly, to make a curving movement, to effect cleaning with broom, to drag over, the act of sweeping, violent destruction, (sweeping a wide), विस्तृत) झाड़-बुहार करना, वेग से चलनां, घसीटना, झाड़ बुहार, घुमाव, लपेट

**sweet** स्वीट् *adj.n.* tasting like sugar, pleasant, fragrant, sweetmeat, confection, something pleasing (sweeten v to make sweeter मीठा करना) मीठा, सुखद, सुगन्धित, मिठाई, मधुर

**sweetheart** स्वीटहार्ट् *n.* a lover, प्रेमी, प्यारा

**swell** स्वैल् *v.* to grow bigger or louder, to enlarge, to rise and fall like waves, to expand, to bulge out, to be inflated, to strut, (swelling n a bulge,) सूजन), फूलना, फैलना, सूजना, हवा भरना, अकड़ना, तोंद निकलना

**swelter** स्वैल्टर *v.* to perspire, to feel too hot, to be faint with heat, पसीना आना, बहुत गर्मी से मूर्छित होना

**swerve** स्वरव् *v.n.* to move or turn suddenly to one side, to dodge, to deviate from a rule, divergence, मार्ग से परे मुड़ना, भटकना, पंरागंमुख होना, मुड़ना, मुड़ान, अटकन

**swift** स्विफ्ट्*n.* quick, rapid, ready, bird like a swallow, तीव्र, शीघ्रगामी, तैयार, पक्षी

**swim** स्विम् *v.* to support and move oneself in water, to float, to be flooded, to have feeling of dizziness, to cross by swimming, तैरना, सरकना, बहना, बाढ़ आना, टक्कर खाना, तैरकर पार करना

**swindle** स्विन्डल *v.n.* to cheat, to defraud, a trick, a defraud, (swindler a knave ठग), ठगना, धोखा देना, ठगी, धोखा

**swine** स्वाइन् *n.* pig-pigs, सूअर

**swing** स्विंग्*v.n.* to sway to and fro, to brandish, to vibrate, to rock, to oscillate, to be hanged, seat hung to swing on, झूलना, घुमाना, इधन-उधर सिर हिलाना, फाँसी पर लटकना, झूला

**switch** स्विच् *v.n.* to shunt, to change direction, to hit sharply, to affect current etc with switch, to swing round abruptly, twig, tress of false hair, stiff bristled brush, device for turning electricity on or off, रोक लगाना, तेज ठोकर मारना, बिजली के बटन से करंट पैदा करना, सहसा घूमना, टहनी, नकली बालों का गुच्छा, सख्त ब्रश

**swoon** स्वून् *n.v.* to faint, to sink into a fainting fit, a faint, मूर्छित होना, मूर्च्छा

**swoop** स्वूप् *n.v.* to sweep down and prey, to come down like hawk, sudden attack, a downward rush, झुककर प्रार्थना करन, बाज की मान्ति झपटना, अचानक आक्रमण, नीचे को झपट्टा

**sword** सॉडड् *n.* a keen-edged cutting or thrusting weapon, weapon taken as a symbol of authority or war, military power,, खडग़ तलवार, युद्ध का प्रतीक या सैनिक शक्ति का चिह्न

**syllable** सिलेबल *n.* a single sound, in a word, a letter or combination of letters uttered by one articulation, अक्षर, टुकड़ा, अंश

**syllabus** सिलेबस *n.* a plan, a programme of work, योजना, कार्यक्रम

**symbol** सिम्बल् *n.* a sign, an emblem, representation, चिह्न, निशान,

**symmetry** सिमैट्री *n.* regularity, balance, नियमितता, संतुलन, सुडौलपन

**sympathy** सिम्पैथी *n.* fellow feeling, understanding, sharing of emotion, interest, desire, etc, compassion, pity (sympathetic a kind दयालु), सहानुभूति, समझ, सम्वेदना, दया

**symphony** सिम्फोनी *n.* harmony of sounds, composition for full orchestra, स्वर की समता, स्वर का मिलान, तराना, स्वैरक्य

**symptom** सिम्पटम् *n.* a sign indicating the kind of illness, token, change in body indicating its state of health or disease, a token, a sign that indicates disease, रोग-चिह्न, आसार, निशानी, स्वास्थ्य व रोग के द्योतक शरीर में परिवर्तन

**syndicate** सिन्डिकेट् *n.* a council, a managing body, a committee of persons engaged in commercial speculation etc, body of persons, delegates associated for some enterprise, सभा, प्रबन्धकर्त्ता लोगों की मण्डली

**synonym** सिनानिम् *n.* word with same meaning as another, a word having nearly the same significance as another, समानार्थक शब्द, एक से शब्द

**synonymous** सिनानिमस *adj.* conveying the same idea, एक ही भाव के द्यौतक

**synopsis** सिनापसिस *n.* a general view, abstract, summary, outline, a short statement giving the main points, संक्षिप्त विवर्ण, सार संग्रह, सामान्य दृश्य, संक्षेप

**syntax** सिनटेक्स *n.* correct arrangement of words in sentence, the rules necessary for forming sentences, कारक प्रक्रिया, वाक्य रचना विचार

**synthesis** सिथेसिस *n.* putting together, combination, मिलावट, संयोग

**syringe** सिरिन्ज *n.v.* squirt, instrument with a handle and worked like a pump, to spray, to cleanse with syringe, पिचकारी, पिचकारी चढ़ाना

**syrup** सिरप् *n.* saturated solution of sugar, vegetable juice saturated with sugar, liquid residue of sugar, चाशनी, शर्बत

**system** सिस्टम् *n.* method, classification, an arranged scheme, assemblage of things in regular order, ढँग, वर्गीकरण, पद्धति क्रम से चीजों का संग्रह, तरीका,

**systematic** सिस्टेमैटिक् *adj.* pertaining to system, methodical, orderly, working by a method, thorough, showing system, क्रममबद्ध से संबंधित, क्रमानुसार, बातरतीब

# T

## TAB-TYRO

**T** टी the twentieth letter of the English alphabet, अंग्रजी वर्णमाला का बीसवां अक्षर

**tab** टैब्*n.* tag, lable, short strap, a small flap, फीता, किनारा, छोटा लटकता हुआ भाग

**tabard** टैबर्ड *n.* a herald's coat, योद्धा का कोट, कवच के ऊपर पहनने का जामा

**tabby** टैबी *n.* a brindled cat, she-cat, old female gossip, of different colours, चितकवरी बिल्ली, बिल्ली, स्त्रियों की गप्प, रंग बिरंगा

**table** टेबल् *n.* flat-topped piece of furniture supported on legs, an arranged list of facts or figures, tablet, food, मेज, तथ्यों की सूची, टिकिया, भोजन

**tableland** टेबललैंड *n.* an extent of flat land, a plateau, ऊँची भूमि, समस्थल, चौरस भूमि

**tableau** टेब्ला *n.* a dramatic situation, group of persons, silent and motionless, arranged to represent some scene, picture formed by living people, striking and vivid representation, झाँकी, चित्र, चित्रवत बैठे हुए मनुष्य

**tablet** टेब्लट् *n.* a small memorial plate, a writing block, a small pill, portion of soap, connection cut in small flat squares, पटरी, पटिया, छोटी गोली, साबुन की टिकिया,

**taboo** टैबू *n.v. adj.* to forbid, to prohibit,, a prohition, a ban, forbidden, put under taboo, अधिकार से रोकना, निषिद्ध करना, निषेध, प्रतिबंध, अतिषेध, रुकावट

**tabor** टेबोर् *n.* a small drum, छोटा ढोल या मृदंग

**tabulate** टैबुलेट *v.* to arrange as a table or index. to shape with a flat surface, सूची पत्र बनाना, चपटा करना

**tacit** टेसिट् *adj.* understood, , implied, not expressed, inferred, permitted but unspoken, चुपचाप, छिपा हुआ, प्रकट न किया हुआ

**taciturn** टेसीटर्न *adj.* silent, moody, talking little, habitually silent, reserved, not talkative, शांत, कम बोलने वाला

**tackle** टैकल् *n.v.* equipment, apparatus, mechanism for lifting or lowering heavy weights, instruments needed for fishing, ropes and pulleys for lifting weights, to take in hand, to grip, to grapple with, सामग्री, सामान, भारी वजन उठाने व रखने का उपकरण, सँभालना, पकड़ना, जूझना, सुलझाना

**tact** टैक्ट् *n.* skill in dealing with people or situations, nice perception, adroitness, ability to speak and act without causing offence (tactful or discreet निपुण),

**tactics** टैक्टिक्स् *n.pl.* skill in managing troops in battle, the method used to gain success, adroit management of a situation, skilful device, व्यूहरचना, युद्ध विद्या प्रबंध कौशल, कुशलता

**tadpole** टैड्पोल् *n.* a young frog with tail and gills, मेंढक का बच्चा

**tag** टैग् *n.v.* a tie-on label, the end or tail, ragged end, pointed end of lace etc, address label, something mean, an appendage, to join, to fit with a tag, फीता, फीते का तीखा किनारा, तुच्छ वस्तु, जोड़ना, पुछिल्ला लगाना

**tail** टेल् *n.v.* long hanging end of an animal's backbone, the hinder part of anything, the end, reverse side of a coin, to follow closely, to trail, पशु की पूँछ, पीठ, सिरा, सिक्के का उल्टा पक्ष, पीछा करना, अनुसरण करना,

**tailor** टेलर *n.v.* maker of men's clothings, maker of garments, to make outer clothes (tailoring n work of a tailor दरजी का काम), दरजी, वस्त्र सीना

**taint** टेन्ट् *v.n.* to infect, to soil, to stain slightly, to corrupt, to poison, corruption, infection, stain, विषैला करना, गंदा करना, कलंकित करना, दूषित करना, कलंक, धब्बा

**take** टेक् *v.* to receive, to grasp, to seize, to get hold of, to choose, to swallow, to agree to, to copy, to lead, लेना, ग्रहण करना, पकड़ना, चुनना, निगलना, नकल करना, नेतृत्व करना

**tale** टेल *n.* a story, narrative, information, malicious report, number, fable, anecdote, कहानी, वर्णन, सूचना, गणना, गाथा

**talent** टैलैन्ट *n.* natural ability or power, superior genius, skill, disposition, faculty, cleverness, gift, a standard weight, बुद्धि, चातुरी, गुण, मेधा, कौशल, तोल

**talisman** टेलिसमैन *n.* object supposed to have magic powers, amulet, lucky charm or magical word, something that produces wonders, a charm supposed to protect the wearer, तावीज, जादु तिलिस्म, सहर

**talk** टॉक *v.n.* to speak, to converse, to express in speech, to utter, to discuss, to prate, speech, rumour, conversation, बोलना, बातचीत करना, कहना भाषण, अफवाह, बातचीत

**tall** टाल् *adj.* high, of great stature, boastful, untrue, as tall story, lofty, above the usual height, big, ऊँचा, बड़े कद वाला, घमण्डी, झूठा, आम से अधिक ऊँचाई वाला, बड़ा

**tallow** टैलो *n.* flat melted down for use in candles, soap, etc, a melted and clarified animal fat, चर्बी की मोमबत्ती बनाने या बेचने वाला

**tally** टैली *v.n.* to fit exactly, to match to record by tally, to agree, to correspond, to reckon, reckoning, label, अनुकूल होना, मेल खाना, ठीक होना, गिनती

**tamarind** टैमरिंड् *n.* tropical tree, its pods containing sour brownish pulp, इमली का पेड़

**tame** टेम *adj.* not wild, domesticated, subdued, uninteresting, gentle and obedient, spiritless, to humble, to subdue, to domesticate, पालतू, सधा हुआ, विनम्र, सज्जन तथा आज्ञाकारी, निस्तेज

**tamper** टैम्पर *v.* to interfere with, to meddle, to practise secretly, to make unauthorized charges in a document, to influence secretly, हस्तक्षेप करना, टाँग अड़ाना, गुप्त व्यवहार करना, चोरी से कागजों में हेर फेर करना

**tan** टैन *v.n.* to make into leather, to make brown, crushed oak-bark, yellowish brown colour of this चमड़े को कमाना, भूरा रंग करना, चमड़ा रंगना

**tangent** टैन्जैन्ट *n.* straight line which touches a curve, but does not cut it, स्पर्श रेखा, सम्पाति रेखा, छूती लकीर,

**tangible** टैंजिबल *adj.* real, solid, that can be touched, definite, concrete, palpable, clearly intelligible, corporal, असली, ठोस, स्पर्श्य, निश्चित, सुबोध, शरीरिक

**tangle** टैगल् *v.n.* to entangle, to twist together in muddle, to interweave, to knit together confusedly, a tangled mass, फँसना, उलझना, उलझन

**tank** टैंक *n.* a large water container, a cistern, armoured war-vehicle moving on caterpiller tracks, reservoir, storage vessel for liquids or gas, जलाशय, बावली, तालाब, सामग्रीयुक्त फौजी गाड़ी, गैस व तरल पदार्थ के लिए पात्र

**tanker** टैंकर *n.* ship or road vehicle with tank for carrying liquids, oil, etc, मिट्टी का तेल इत्यादि ले जाने वाला जहाज या गाड़ी

**tanned** टैन्ड् *adj.* made into leather, sunburned, (tannery n factory where hides are tanned), कमाया हुआ चमड़ा, धूप से झुलसा हुआ

**tantamount** टैन्टामाउँट *adj.* equal to, the same as, amounting to, equivalent in value or signification, समान, वैसा ही, समान मूल्य या महत्व का

**tap** टैप *n.v.* short outlet pipe, which can be opened or stopped, hollow plug for drawing off liquid, a short pipe, a tool for cutting screws, a gentle or slight blow with a thing, to touch gently, to strike with something small, to bore into, नल, तला, सुम्बा, टोंटी, थपथपाहट, छूना, पीपे में छेद करना

**tape** टेप् *n.v.* a narrow band of woven cloth, narrow long strip of fabric, paper etc. to bind with a tape, फीता, पट्टी, फीते या पट्टी से बाँधना

**tapestry** टैपैस्ट्री *n.* large cloth ornamented with woven design, fabric decorated with designs in colours woven by needles, not in shuttles, पर्दा जो दीवार पर लटका हो, कढ़ाई किया हुआ कपड़ा, चित्र कला

**tar** टार *n.v.* thick, black liquid distilled from coal, etc, to coat with tar, राल, बरोजा, तारकोल लगाना,

**tardy** टार्डी *adj.* slow, late, behind hand, reluctant, dilatory, moving with a slow pace, धीमा, पिछड़ा हुआ, दीर्घ सूत्री, विलम्बी

**target** टारगैट् *n.* a small shield, mark set up for rifle and artillery practice, mark to aim at in shooting, thing aimed at, object of criticism, butt, छोटी गोल ढाल, निशान, गोली का निशाना, आलोचना का विषय

**tariff** टैरिफ *n.* list of charges, duty, list of goods on which duty is payable, a charge or duty paid on imported or exported goods, शुल्क सूची, चुँगी की दर की सूची, भाव की दर

**tarn** टार्न् *n.* small mountain lake, marsh, छोटी पहाड़ी, झील, दलदल

**tarnish** टारनिश् *v.* to destroy lustre, to become dull, to discolour, to sully, to dim, to diminish the lustre of, क्रान्ति घूमिल करना, कुरूप बनाना, कलंक लगाना

**tarpaulin** टारपालिन् *n.* tar-covered waterproof canvas, a sailor, canvas treated with tar to make it waterproof, a strong cloth made water proof e.g. by coating with tar, तरफल, राल चढ़ा हुआ टाट

**tarrier** टैरिअर *n.* one who tarries, ठहरने वाला, जो देर करे

**tarry** टैरी *v.* to linger, to delay, to stay behind, to remain behind, to wait, to linger, लटकाना, देर करना, पीछे रहना, प्रतीक्षा करना

**tartar** टारटर् *n.* a native of Tartary, an acid salt deposit from fermented wine, concretion which incrusts the teeth, irritable person, a hard substance that gathers on the teeth टार्टरी निवासी, मदिरा का क्षारीय तल छट जो नीचे जम जाता है, दांतों पर जमी मैल

**task** टास्क् *n.v.* piece of work set or undertaken, drudgery, uncongenial labour, toil, a business imposed by another, a lesson to be learnt at school, specific work, a voluntary work to exact, to put task on, to reprove, to take to task, कार्य, धन्धा, शुगंल, मेहनत, दैनिक पाठ, काम निकालना, बोझ डालना, खबर लेना

**taste** टेस्ट् *v.n.* to perceive, to try flavour of, to eat, to experience, to drink, to savour, to test, one's judgement in liking anything, relish, trial, sample, choice of pleasures, pursuits etc, चखना, खाना, स्वाद लेना, निर्णय, रुचि, आनन्द नमूना

**tatter** टैटर् *n.v.* a rag or part torn, a torn piece, a loose-hanging rag, to rend, to make ragged, फटा हुआ टुकड़ा, धज्जी, चीथड़ा, फाड़ना, चीथड़े करना

**tattoo** टैटु *n.v.* beat of drum and bugle call, military spectacle or pageant, knocking, to mark skin in patterns etc by pricking and filling punctures with indelible coloured inks, to prick a design into the skin, सैनिको को डेरे पर बुलाने के लिए नगाड़ा, गोदना, खुनना

**taunt** टांट *v.n.* to insult, to reproach bitterly, to gibe, to ridicule, to sneer at, to revile, sarcastic reproach, upbraid, insulting words, scoff, अपमान करना, फटकारना, ताना देना, ताना, फटकार

**tavern** टैवरन् *n.* inn, ale-house, a public housewhere liquors are sold, a hotel, सराय, शराब खाना, भंगड़ खाना , होटल

**tawny** टॉनी *adj.* light yellowish brown, tan-colour, orange brown, भूरा , चमड़े के रंग का, संगतरी भूरा रंग

**tax** टैक्स् *n.v.* charge imposed, burden, strain, sum of money levied on persons or property for the benefit of the state, to lay a taxon, to put a strain on, to accuse of, कर, दण्ड, महसूल, कर लगाना

**taxi** टैक्सी *n.* motor-cab for hire with driver, a motor-car fitted with a taxi metre employed for hire, a motor cab plying on hire, किराए की गाड़ी, टैक्सी

**tea** टी *n.* dried leaves of plant cultivated in China, India, etc, infusion of it as beverage, decoction of tea leaves, afternoon meal, चाय की पत्ती, चाय का पानी, शाम का भोजन

**teach** टीच् *v.* to instruct, to give lessons at school, to admonish, to inform, to educate, to train, to impart knowledge of, (teacher *n.* an instructor शिक्षक), पढ़ाना, शिक्षा देना, फटकराना, सूचित करना, सिखाना, ज्ञान देना,

**teaching** टीचिंग् *n.* instruction, the work of a teacher, act-of giving knowledge or skill, beliefs, rules, conduct-etc, preached or taught, सिखलाई, शिक्षा, से सिद्घांत, नैतिक शिक्षा इत्यादि

**teak** टीक् *n.* a tropical tree producing hard wood, timber of this tree, East Indian tree, very hard wood obtained from it, सागवान की मजबूत लकड़ी, सागौन का वृक्ष

**team** टीम् *n.* two or more horses, oxen etc, harnessed together, a company, a set of players on one side of a game, set of persons playing or working together, a group of animals harnessed together, साथ जुते हुए पशु, संगीत, खिलाड़ियों का एक पक्ष, समुदाय

**tea-pot** टीपॉट् *n.* a vessel in which tea is prepared, a pot with a spout, used for making and pouring out tea, केतली, मुँह वाला , (टोंटी वाला ) बर्तन, चाय बनाने का पात्र

**tear** टीअर *n.v.* a drop of liquid secreted by the lachrymal glands, a drop of water from the eye, a drop of fluid appearing in and falling from eye, to rend, to separate by pulling, to make hole, आँसू, आँसू बहाना, फाड़ना, छेद करना

**teat** टीट् *n.* nipple of female breast, rubber nipple of baby's feeding bottle, चूचुक, स्तन का अग्रभाग, शिशु की दूध वाली रबड़ की बोतल

**technical** टैक्निकल् *adj.* concerning some particular art, craft or science, belonging to particular art or science, requiring knowledge to understand, having to do with techniques judged by strict laws or rules (technique n the mechanical art or skill यन्त्रकला), पारिभाषिक, विशेष कला या यन्त्र सम्बंधी, पेशे का

**technologist** टैक्नालोजिस्ट *n.* one skilled in technology, शिल्प कला विज्ञान में निपुण

**technology** टैक्नालोजी *n.* the science of the industrial arts, systematic knowledge of industrial arts, the science or study of manufacturing processes, शिल्प कला विज्ञान, कलाओं का वर्णन

**tedious** टीडिऊस् *adj.* wearisome, tiresome, irksome, slow, longlasting and slow, ऊबाने, थकाने वाला, चुभने वाला, धीमा, दीर्घ सूत्री, भारी

**teem** टीम् *v.* to bring forth youth, to be pregnant, to bear off-spring, to empty, to abound to pour out, to abound with, to swarm, to be prolific, to rain heavily, जनना, व्याना, गर्भवती होना, पैदा करना, भरा होना, जोर की वर्षा होना

**teens** टीन्ज् *n.p.* the years of one's age from thirteen to nineteen, (teenager n a young person between 13 and 19 ), तेरह से उन्नीस वर्ष की आयु

**teethe** टीथ *v.* to cut teeth, to grow or cut teeth, दाँत निकालना, दाँत उगना

**teetotal** टीटोटल *adj.* pertaining to abstinence from all intoxicating drinks, abstaining, pledged to abstain from intoxicants, of abstinence or pledge, नशीले पदार्थो से दूर रहने से संबधित

**teetotaller** टीटोटलर् *n.* one pledged to total abstinence, a total abstainer, मादक द्रव्यों का सर्वथा परित्याग करने वाला

**teg** टैग् *n.* a young sheep, भेड़ का छोल बच्चा

**telecast** टैलीकास्ट *n.v.* televised, programme, to send a televised programme, टी वी द्वारा प्रसारित कार्यक्रम

**telegram** टैलीग्राम *n.* a telegraphic message, message sent by telegraph, तार द्वारा संदेश

**telegraph** टैलीग्राफ *n.v.* apparatus for sending messages by electricity, an apparatus for communicating between distant points by electricity, electrical apparatus for transmitting messages to a distance, any signalling device for transmitting messages, to send message by telegraph, बिजलीद्वारा संदेश भेजने वाला उपकरण, तार द्वार समाचार भेजना

**telephone** टेलीफोन *n.v.* apparatus for communicating sound to hearer at a distance, an apparatus for transmitting sound to a distance by means of electricity, to speak by telephone, to communicate, दूरभाष, टेलीफोन बिजली द्वारा शब्द को दूर भेजने का यन्त्र

**teleprinter** टैलिपिन्टर *n.* apparatus like typewriter by which typed messages are sent or received by wire, टाइपराइटर जिसपर बिजली द्वारा संदेश लिया या भेजा जाता है

**telescope** टैलिस्कोप् *n.* optical instrument for magnifying distant objects, instrument that makes distant objects seem nearer and large, जिस यन्त्र से दूरवर्त्ती चीजे समीप और बड़ी दिखाई देती हैं

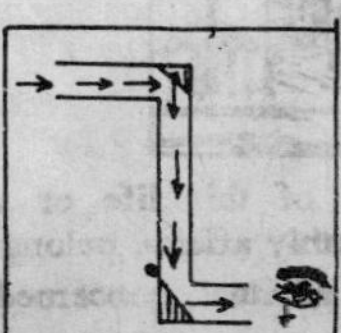

**televise** टैलिवाइज *v.* to transmit by television, टी. वी द्वारा भेजना अथवा प्रसारण करना

**television** टेलिविजन *n.* the wireless transmission of visual images, the vision of distant object on a screen by means of an electrical apparatus, the viewing of distant objects, events etc by electro-magnetic wave transmission, बिजली के यन्त्र द्वारा दूर के पदार्थों का चित्र पर्दे पर देखना

**tell** टैल् *v.* to narrate, to make known, to order, to count, to direct, to give account, to be of importance, to relate in words, to produce effect, वर्णन करना, बताना, आदेश देना, गिनना, शब्दों में कहना ,सुनाना, प्रभाव उत्पन्न करना

**temerity** टैमैरिटी *n.* rashness, boldness, audacity, foolhardiness, precipitancy, धृष्टता, साहस, परिश्रम, उजड्डपन

**temper** टैम्पर *v.n.* to mix in right quantities, to give metals their right hardness, to calm, to check, to mitigate, to mederate, to regulate, to assuage, to qualify, disposition of mind, temperament, moderation, passion, irritaion (temperament n disposition प्रकृति), मिलाना, मृदु करना, शांत करना, रोकना,क्रम करना, मनोवृत्ति, झुँझलाहट

**temperance** टैम्परैन्स् *n.* selfrestraint, sobriety, moderation, calmness, abstinence, (temperate a moderate संयमी), निग्रह संयम, अल्पाहार

**temperature** टैम्प्रेचर *n.* the hotness or coldness of a thing, degree of heat as shown by a thermometer, fevered, heat condition, of air, condition of a body with regard to heat or cold, degree of any quality, तापमान, तापक्रम, गर्मी सर्दी की स्थिति

**tempest** टैम्पैस्ट् *n.* a violent storm of wind, violent tumult, perturbation, a gale, a violent strom with high wind, अंधड़, तूफान, विप्लव, आँधी

**temple** टैम्पल् *n.* building for worship, a place of religious worship, an edifice erected for religious worship, the space between the ear and forehead, मंदिर, पूजा स्थल, मंठ, देवालय, कनपटी

**temporal** टैम्पोरल *adj.* of this life or world, concerned with earthly affairs, belonging to time, secular, not spiritual, concerned with this life, not eternity, pertaining to the temples of the head, सांसारिक, ऐहिक, इस दुनिया का, कनपटियों से संबंधित

**temporary** टैम्परेरी *adj.* lasting for a time only, brief, existing or continuing for a limited time or some special purpose, अस्थायी, संक्षिप्त, क्षणिक, अनित्य

**tempt** टैम्पट् *v.* to test, to try, to persuade, to lead astray, to entice, to defy, to allure, (temptation n enticement लालच), परीक्षा लेना, लुभाना, मनाना, पथभ्रष्ट करना, फँसाना

**ten** टैन् *n.* two times five, दस

**tenable** टैनेबल *adj.* that may be maintained or defended against, that may be held, defended, maintained, able to be held or defended, रक्षणीय ठहराऊ

**tenacious** टैनेश्यस *adj.* retentive, adhesive, holding fast or keeping firm hold of, stubborn, gripping tightly, sticking (tenacity. n. firmness), पक्का, टिकाऊ, हढ़, हठी, ग्राही, चिमड़ने वाला

**tenant** टेनैन्ट *n.* oen who rents property, one who holds lands or house, etc on rent or lease, one who pays rent to another for the use of a house, building, land etc, किरायेदार, आसामी, पट्टेदार, अधिकारी

**tend** टैन्ट *v.* to take care of, to watch over, to lean towards, to incline, to guard, to look after, to move in a certain direction, (tendency n drift झुकाव), ध्यान रखना, देखभाल करना, रक्षा करना, झुकना, पालना

**tender** टैन्डर *n.ad.* to make an offer or estimate, to volunteer, to present for acceptance, an office to do something for an agreed payment, delicate, soft, gentle, loving, easily injured,, भेंट करना, अनुमान पेश करना, चुकाने के वास्ते रूपया आगे रखना, कोमल, सज्जन, प्यारा

**tendon** *n.* sinew attaching muscle to bone etc, a strong cord joining bone and muscle, the hard bundle of fibres which connects the muscles to the bones, स्नायु, पुटठा

**tendril** टैन्ड्रिल *n.* the shoot by which a climbing plant grips a support, a thin curling part of a plant by which it holds to a support, लता, तंतु

**tenement** टैनैमैन्ट् *n.* a building for habitation, a kind of permanent property, dwelling house, building divided into separate flats, भवन, अचल सम्पत्ति, कई मंजिलों वाला मकान

**tenet** टेनएट् *n.* principal, doctrine, dogma, belief, a creed, सिद्धांत, नियम, मत, विश्वास

**tennis** टैनिस् *n.* a game played with reackets, a game played by striking a rubber ball with a racket over a net, टेनिस, गेंद और जाल से खेला जाने वाला खेल

**tense** टैन्स् *adj.n.* tight, stretched, nervous, strained, taut, emotionally stirred, rigid, form taken by a verb to indicate time (tension n strain तनाव), खीचा हुआ, कसा हुआ, तना हुआ, काल, समय

**tent** टैन्ट *n.* a portable dwelling or shelter, a portable shelter of canvas, a movable shelter made usu. of convas supported by poles, तम्बू, शामियाना

**tentacle** टैन्टेकल *n.* long slender feeler of an insect, the organ of feeling in insects, कीड़े का स्पर्श या महसूस करने वाला अंग

**tentative** टैन्टेटिव् *adj.* done as a trial, experimental, making trial, uncertain, hesitating, प्रयोग के रूप में किया हुआ, प्रयोग संबंधी, अनिश्चित

**tenuous** टैनुअस् *adj.* thin, slim, fine, slender, subtle not dense, दुबला, पतला, बारीक, कोमल, अविरल

**tenure** टैन्योअर् *n.* conditions or period of holding land, office etc, right of holding an estate, manner of holding, term of holding, पट्टा, भूमि पर अधिकार का नियम

**tepid** टैपिड् *adj.* slightly warm, luke warm, half-hearted, moderately warm, थोड़ा गर्म, गुनगुना, मंदोष्ण

**term** टर्म *n.v.* limit, end fixed day for regular payment e.g. rent, period during which courts sit, school are open, etc, expression, season, boundary, to name, to designate, सीमा, अंत, निश्चत दिन जब किराया इत्यादि दिया जाय, नियत दिन, अवधि, मौसम, नाम लेना

**terminal** टर्मिनल् *n.adj.* a connecting point for electrical apparatus, extremity, relating to the end, a terminus, आखिरी, अन्त्य, अंत का, अंत सम्बंधी

**terminate** टरमिपेट् *v.* to end, to stop, to bring to an end, to limit, to complete, to be limited or euded, (termination n limit अंत), अंत होना, रुकना, रोकना, सीमित करना, पूरा करना

**terminus** टरमिनस् *n.* end of a journey, end, border, boundary, finishing point, farthest limit, railway station, bus stand, aeroplane etc at end of long distance line, यात्रा की समाप्ति, अंत, सीमा, हद, रेलवे स्टेशन, बस का अड्डा

**termite** टरमाइट *n.* the white ant, सफेद कीड़ी

**terrace** टैरेस् *n.* a raised, level bank of earth, a row of houses on a slope, street of houses, level cut out of hill, raised level place, a balcony, a flat roof, चबूतरा, बरामदा, चौरस छत, खुली हुई छत

**terrestrial** टैरेस्ट्रिअल् *adj.* earthly, concerned with the earth, of or living on land, pertaining to the earth of the world not celestial, belonging to the present world, पृथ्वी संबंधी, लौकिक, सांसारिक, पार्थिव

**terrible** टैरिबल् *adj.* dreadful, causing terror, extreme, severe, exciting or causing awe, fightful, excessive, भयावह, डरावना, भयंकर

**terrier** टैरिअर् *n.* small active dog, good at hunting, a small hunting dog, a breed of small dogs, dogs hunting burrowing animals, छोटा चुस्त कुत्ता, शिकारी कुत्ता, छोटी नस्ल का कुत्ता,

**terrific** टैरिफिक् *adj.* terrible, awful, frightful, dreadful, भयानक, डरावना, भयंकर

**territory** टैरिटरी *n.* region, land subject to ruler, a large area of land, country, tract of land, dominion, field of activity (territorial a of territory दैशिक प्रादेशिक), प्रदेश, भमिखंड, राज्य, कार्यक्षेत्र

**terror** टैरर् *n.* great fear or dread, anything that causes great fear, extreme fear, that which excites dread, causing great hardship or distress (terribly adv. frigthiningly भयानक रूप से), भय, आंतक, खतरा, भयावह, कष्टप्रद

**terrorist** टैररिस्ट *adj.* one who governs by terror, आंतकवादी, खाड्कू, त्रास देने वाला

**terylene** टैरिलीन् *n.* synthetic yarn, fabric made of it, एक प्रकार का वस्त्र, टैरिलीन

**test** टैस्ट *n.v.* critical examination, means of trail, a standard or exercises, to try, to carry out tests on (testify v to give evidence प्रमाणित करना), जाँच, परीक्षा, निर्णय, प्रमाण, प्रश्नावली, प्रयत्न करना, परीक्षा लेना

**testament** टैस्टामैन्ट् *n.* a will, a witness, one of the divisions of Bible, declaration, वसीयत नामा, मृत्यु. लेख, इच्छा पत्र, इन्जील, बाइबल

**testimonial** टैस्टिमोनिअल् *n.* a statement about a person's character or ability, gift by persons presented as a mark of esteem, relating to testimony, something given to a person to show respect or thanks for services, सुचरित्र का पत्र, गवाही, सनद, प्रमाण संबंधी

**testimony** टैस्टीमनी *n.* evidence, a statement of fact, proof, profession, solemn declaration, open statement of belief, गवाही, साक्षी, प्रमाण, प्रतिज्ञा

**tether** टैदर *v.n.* to fasten an animal so that it cannot stray, to confine an animal within certain limits, to tie with a tether a chain or rope for tying an animal, पशु को खूंटे से बाँधना, पशु को बाँधने की जंजीर या रस्सा

**text** टैक्सट् *n.* actual words of book, passage, etc, passage of scriptures, subject of discourse, theme, the original words of an author (text book n manual of instruction पाठ्य पुस्तक), मूल, असल, धर्म पुस्तक के विषय की व्याख्या, लेखक का मूल लेख या शब्द

**textile** टैक्सटाइल् *adj.n.* of weaving, capable of being woven, concerned with fabrics, a material, fabric, बुनने योग्य, बुनने संबंधी, तंतु से निर्मित, तंतु

**texture** टैक्सचर *n* the structure or quality of a fabric, बुनती, बनावट, रचना

**than** देन् *conj.* compared with, अपेक्षाकृत, मुकाबलो में ,बनिस्वत

**thank** थैंक *v.* to express gratitude, to give thanks to, to make acknowledgements for kindness, gift or service (thanks, thank you, I thank you), आभार प्रकट करना, धन्यवाद देना, कृतज्ञता प्रकट करना, मशकूर होना

**thankful** थैकफुल *adj.* grateful, obliged, feeling grateful, relieved and glad, आभारी, कृतज्ञ, कृतार्थ, प्रसन्न

**that** दैट् *pron.* or *adj.* person or thing farther away, दूरवर्ती बस्तु, वह व्यक्ति व वस्तु

**thatch** थैच् *v.n.* to cover a roof with straw, to roof a house with straw or similar material, straw used in thatching,छप्पर डालना, छाजना, पाटना, आच्छादित करना

**theatre** थियेटर् *n.* building in which plays are acted, room in which surgical operations are performed, drama (theatrical n dramatic नाटकीय), रंगभूमि, रंग शाला, सांगघर, नाट्यशाला, शल्यचिकित्सा की प्रयोग शाला

**theft** थैफ्ट् *n.* stealing, robbery, thing stolen, चोरी, डाका, चोरी का माल

**their** देअर *pro,pl.* belonging to them, उन सब का

**them** दैम *pro.pl.* those, those persons,उन को, वे पुरूष व वस्तुएं

**theme** थीम् *n.* subject, topic, essay, piece of music, विषय, प्रस्ताव, लक्ष्य, लय

**then** दैन् *adv.* at that time, hereafter, afterward for this reason next, उस समय, इसके बाद, बाद में, इस कारण, अगला

**thence** दैन्स *adv.* from that place, point of reasoning etc, elsewhere, उस स्थान से जहां, तब से

**theology** थिआलोजी *n.* study of God and religion, ब्रह्म ज्ञान, ईश्वर ज्ञान, ब्रह्म विद्या

**theorem** थिओरम् *n.* an idea which needs to be proved or tried, proposition which can be demonstrated by argument, मसलह, प्रमेय, उपपत्तिसूत्र

**theory** थिएरी *n.* supposition to account for something, system of rules and principles, rules and reasoning etc, as distinguished from practice,सिद्धांत, कल्पना, उपपत्ति

**there** देयर *adj.* at, or in, that place, वहां उस जगह

**thermometer** थरमामीटर *n.* an instrument for measuring temperature, उष्णमापन यन्त्र, गर्मी मापने का यन्त्र

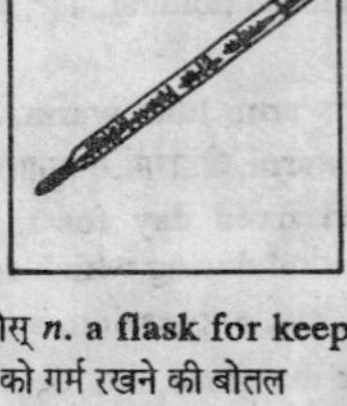

**thermos** थरमोस् *n.* a flask for keeping liquids hot, तरल पदार्थो को गर्म रखने की बोतल

**thesis** थीमिस *n.* the subject of an essay, a theme, propostion, dissertation on a chosen subject, शास्त्रार्थ का विषय, शोध ग्रन्थ, आशय

**thick** शिक् *adj.* deep between opposite surfaces, crowded, packed, misty, dense, stupid, not thin, घना, सघन, खचाखच भरा हुआ, धुँधला, मूर्ख

**thief** थीफ् *n.* one who steals, a robber, one who is guilty of theft, one who steals or takes unlawfully what is not his (thieve v to be a thief चोरी करना), चोर डाकू

**thigh** थाई *n.* leg between hip and knee, upper part of leg, जाँघ, उरू, जँघा

**thimble** थिम्बल् *n.* cap protecting end of finger when sewing. दरजी का छल्ला, अँगुलित्राण

**thin** थिन् *adj.v.* lean, not fat, slim, slender, of little density, lase, fine, sparse, to make or become thin, दुबला, पतला, कोमल, ढीला, दुबलाकरना या होना

**thine** दाइन् *pron.adj.* belonging to thee (you), आपका

**thing** थिंग *n.* material object, any possible object of thought, an object that is not living, belongings esp clothes, वस्तु, विचारणीय विषय, जड़ पदार्थ

**think** थिक् *v.* to meditate, to reflect, to reason, to imagine, to deliberate, to have an opinion, सोचना, विचारना, तर्क करना

**thinking** थिकिंग् *n.* a thought, reason, reflective, rational, विचार, तर्क, सोच, चिंता

**third** थर्ड *adj.* the next after the second, तीसरा, तृतीय

**thirst** थर्स्ट् *n.v.* want of drink, craving, yearning, to feel lack of drink (thirsty a parched प्यासा), प्यास, उत्कंठा, चाह

**this** दिस् *pro.a.* person or thing last mentioned, person near or just mentioned, यह अभी अभी जिसका वर्णन किया है

**thistle** थिस्सल् *n.* prickly plant with purple flowers, बेंगन फूलों वाली कटीली झाड़ी, गोखरू

**thither** दिदर *adv.* to that place, yonder, वहां उस जगह, उधर, उस स्थान पर

**thorax** थौरैक्स *n.* the chest, part of body between neck and belly, छाती, उर, वक्षस्थल

**thoriam** थोरिअम् *n.* metal that shoots out electrons when heated, एक प्रकार का धातु

**thorn** थार्न *n.* spiky growth on a plant, a prickle, spine, bush noted for its thorns, काँटा, शूल, कंटक

**thorough** थॉरो *adj.* complete, entire, perfect, not superficial, passing to the end, finished (thoroughfare n through road आम रास्ता), पूरा, समस्त, पूर्ण, सर्वथा

**though** दे *adv.* admitting, however, granting, notwithstanding, although, तो भी, यद्यपि, बावजूद

**thought** थॉट *n.* process of thinking or reasoning, idea, fancy, meditation, conception, सोच, चिंतन की प्रकिया, कल्पना, ध्यान, बुद्धि, विचार

**thoughtful** थाटफुल् *adj.* thinking deeply, regardful, considerate, attentive, meditative, विचार शील, सावधान, खबरदार

**thousand** थाउजैन्ड *n.* ten hundred, एक हजार (दस सौ)

**thrall** थ्रॉल *n.* a slave, (thraldom n slavery दासता), दास, बँधुआ

**thrash** थ्रैश् *v.* to beat, to chastise, to beat the grain from ears of corn (thrashing n a beating भूसे से अन्न अलग करने की क्रिया),

**thread** थ्रैड *n.v.* spun fibres of cotton, linen or silk, to pass thread through the eye of a needle, धागा, डोरा, सूत, तार

**threadbare** थ्रैडबेअर' *adj.* worn out, hackneyed, worn to the naked thread, used too often, घिसा हुआ, जीर्ण, शीर्ण, जर्जर

**thrift** थ्रिफ्ट् *n.* care in saving or economizing, money saving, frugality, economical management, good husbandry, profit (thrifty a frugal मितव्ययी), मितव्ययता, किफायतशारी, थोड़ा खर्च, लाभ

**thrill** थ्रिल् *n.v.* feeling of excitement, a piercing sensation, vibration, quivering, to excite, to stir, रोमान्च, प्रकम्पन, कपँकँपाना, थर्राहट, उमाड़ना,

**thrive** थ्राइव् *v.* to succeed, to prosper, to flourish, to grow strong, to gain wealth, to be successful, सफल होना, पनपना, बढ़ना

**throat** थ्रोट *n.* the gullet, the front of the neck, गला, हलक, कंठ

**throb** थ्राब् *v.n.* to beat steadily, to palpitate, beat or palpitation (throbbing a pulsating धड़कता हुआ),

**throne** थ्रोन् *n.* to a sovereign's or bishop's chair state, seat of state, esp. or a king, a royal seat, the king or his power, to place on a royal seat, गद्दी, राजसिंहासन, नृपासन, राजघाट, सिंहासन देना

**throng** थ्राग् *n.v.* multitude, crowd, a great number, to crowd together, to fill, भीड़, समूह, जमघट, भीड़ लगाना, भरना

**throttle** थ्राटल् *v.n.* to choke, to strangle, to suffocate, to open or close throttle, the windpipe, the throat, a device by which steam or petrol can be turned on or off, दम घोटना, गला घोटना, गलहत्था देना, भाप या पैट्रोल को चालू या बंद करने का ढँग

**through** थ्रू *prep.adv.* from one end or side to the other, from, side to side of, between the sides of, in consequence of, by means of or fault of, to the the end (throughout adv in every part सर्वत्र), एक ओर से दूसरी ओर तक, बीच में से, परिणाम स्वरूप, अंत तक

**throw** थ्रो *n.v.* to fling, to bring down, to cast, to hurl, to prop, to overturn, to send forth by violence, to toss, the act of throwing, a stroke, distance of throwing, फेकंना, नीचे पटकना, उछालना, डालना, उछाल, दाव, चोट, आघात

**thrush** थ्रश *n.* song-bird, a disease of the throat, एक प्रकार की चिड़िया, सारिका, गले का रोग

**thrust** थ्रस्ट् *v.n.* to push, to stab, to drive, to lunge, a push, a stab, an assault, फेंकना, छुरा घोंपना, भोकंना, भोंक, खोंच

**thud** थड् *n.v.* a low dull sound, thump, to fall with a thump, to make thud, to produce a dull sound, धीमी नीरस ध्वनि, धमाके से गिरना, धमाके का शब्द करना

**thug** ठग् *n.* a brutal robber, cut-throat, ruffian, a murderer, a man who lives by violence, एक क्रूर डाकू, गलकट, गुंड़ा, हत्यारा

**thumb** थम्ब् *n.v.* the short thick finger of the hand, a short, thick finger of the human palm, to handle or soil with the thumb, to handle awkwardly, अँगूठा, अंगूठे से थामना या गंदा करना, भददे ढ़ँग से सँभालना

**thump** थम्प् *v.n.* to strike heavily, to beat heavily with something thick, to strike with the fist, a hard heavy blow, भारी चोट मारना, मुक्का मारना, भारी चोट, घड़ाका, चपेटा

**thunder** थन्डर् *v.n.* to rumble with thunder, make noise like thunder, to roll, to peel, to storm, to say loudly and angrily, to threaten, sound following a lightning flash, any loud rumbling noise (thunderbolt n a lightning flash वज्रपात), गर्जना, गुस्से से चिल्लाना, धमकी देना, बिजली के बाद कड़क,

**Thursday** थर्सडे *n.* fifth day of week, वृहस्पति वार

**thus** दस् *adv.* in this way or manner, so, accordingly, because of this, to this degree or extent, इस प्रकार, ऐसे, इस ढ़ँग से, अतः, तदानुसार, इसके कारण, इस सीमा तक

**thwart** थ्वारट् *v.* to foil, to frustrate, to baffle, to upset one's plans, to oppose, to run counter to, oblique, crosswise, खण्डन करना, विरोध करना, हराना, लाँघना, रद्द करना

**thy** दाई *adj.* thine, belonging to thee (you), तुम्हारा

**tick** टिक *n.v.* sound of a clock or watch, a mark made when checking a list, to make a small, quick sound, to mark off by a tick, घड़ी की आवाज, चिह्न लगाना, खट खट करना

**ticket** टिकट *n.* small card used as a pass or receipt, a label, a marked piece of paper or card entitling its holder to travel, to be admitted etc, टिकट, यात्रा करने का कार्ड

**tickle** टिक्कल *v.n.* to touch lightly, to compel laughter, to amuse, to make itch with light touches etc, a touch which compels laughter, a throat irritation (ticklish a difficult कठिन, गुदगुदी लानेयोग्य), गुदगुदी करना, हँसाना, गुदगुदी, खराश

**tide** टाइड *n.v.* the regular rise and fall, or flow and ebb of the sea, a time or season, stream, to pass over, to get-over, to surmount, ज्वार भाटा, तंरगों का नियमित उतार व चढ़ाव, समय, नदी, लाँघना, पार करना

**tidings** टाइडिंग्ज *n.pl.* news, information, intelligence, खबर, सूचना, वार्त्ता, संदेश

**tidy** टाइडी *adj.v.* orderly, neat, clean, fairly big, trim, to put in order, to make neat, स्वच्छ, सुथरा, साफ, क्रम से रखना, साफ सुथरा करना

**tie** टाई *v.n.* to bind, to knot, to score equally, to secure, to restrict, to form, to unite, to oblige, a knot, a bow, a necktie, obligation, equality in numbers, बाँधना, गाँठ लगाना, संयुक्त करना, गाँठ, नेकटाई, कृतज्ञता, बराबरी

**tier** टियर *n.* a row or rank esp. when two or more rows are placed one above the other, row, rank, layer, पंक्ति, श्रेणी, दर्जा, एक पर दूसरी पंक्ति का क्रम

**tiff** टिफ् *n.* a slight quarrel, huff, a fit of peevishness, झड़प, नोक झोक, चिड़चिड़ापन

**tiger** टाइगर *n.* a large carnivorous animal of cat tribe, S. African leopard, a fierce carnivorous beast, a large, striped, fierce, cat like animal from Asia, बाघ, तेंदुआ, व्याघ्र, धारीदार नाहर

**tight** टाइट् *adj.* firm, compact, tense, taut, fitting close, cramped, stretched, not loose, not leaky, drunk (tighten v to make tight जकड़ना), दृढ़, मजबूत, कसा हुआ, तना हुआ

**tile** टायल *n.v.* thin slab of baked clay used for roofing or paving to cover with tiles, खपड़ा, पटिया, छान बनाने की टायल (पतली ईंट)

**till** टिल *prep.conj.* up to the time of, to the time that, तब तक, उस समय तक

**till** टिल *v.n.* to cultivate, to plough, to prepare land and raise crops, drawer for money in shop counter (tiller n a cultivator कृषक), खेती करना, हल जोतना, दुकांन के गल्ले का दराज

**tilt** टिल्ट *n.v.* cover for a wagon, thrust, a slope, slant, to lean over, to slope to one side, तम्बू, वितान, ढलान, झुकना, झुकाव

**timber** टिम्बर *n.* wood prepared for carpentry, etc, trees providing such wood, wood for building etc, trees suitable for the saw-mill, woods, a wooden beam for the frame work of a house or ship, काठ, इमारती लकड़ी, मसाला, साम्रग्री, शहतीर

**time** टाइम् *n.v.* hour, duration, period, point in duration, opportunity, occasion, the moment of the day as shown by the clock, period during which something happens, to measure the duration of an action, event etc. (timely-a - suitable-early समय पर), घंटा, काल, अवसर, घड़ी का समय, कार्य के समय को आँकना

**timepiece** टाइमपीस *n.* a clock, घड़ी

**timid** टिमिड *adj.* lacking courage or self-confidence, easily frightened, shy, fearful, cautious, भीरू, डरपोक, उत्साह रहित, शर्मीला, सावधान

**tin** टिन् *n.v.a.* soft white metal, container made of tin, to coat with tin, to put in tin टीन, राँगा, कलई, पीपे में डालना

**tincture** टिङट्युअर, टिंचर *n.v.* drug dissolved in alcohol, tinge or shade of colour, a slight taste, medicine mixed in alcohol, to tinge, to flavour, to imbue औषधियों से निकाला हुआ मद्यार्क, पुट देना, स्वादिष्ट, रंग देना

**tinder** टिंडर *n.* a dry substance which a spark will set on fire, a dry inflammable substance used for catching fire from a spark, शीघ्र जलने वाला पदार्थ

**tinge** टिंज *v.n.* to colour slightly, to tint, to add a slight amount of something to, a slight amount, a touch or shade of colour, flavour, हल्का रंग देना, स्वाद

**tingle** टिंगल् *v.* to feel thrill or pricking sensation, to have a prickly feeling like pins and needles, फड़कना, झनझनाना, सरसराना

**tinker** टिंकर *n.v.* one who mends kettles and pans, moulder of pots and pans, to mend roughly, to patch, ठठेरा. काँस्यकार, कसेरा, बर्तन जोड़ने वाला, जोड़ना

**tint** टिन्ट् *n.v.* a shade of colour, hue, tinge, to give colour to, to dye, रंग, रंग देना

**tiny** टाइनी *adj.* very small, minute, little, puny अति लघु, क्षुद्र, वारीक, नन्हा

**tip** टिप् *v.n.* to tilt or upset, to reward, to touch lightly, to warn, to topple over, a small money present, the point or end, a useful hint, secret information, extremity, थपकी देना, गड़बड़ करना, इनाम देना, धीरे से छूना, चेतावनी देना, पलटना, छोर, लाभकारी संकेत, गुप्त सूचना

**tirade** टायरेड् *n.* a noisy scolding or speech, a vigorous and hostile speech, denunciation, a declamatory speech of censure, a long, bitter, scolding speech, निन्दा वचन, आक्षेप, निन्दा पूर्ण, वाक्य, कड़ा भाषण

**tire** टायर *v.* to become weary to exhaust, to become fatigued, to adorn, to attire, to place type on a wheel (tiredness *n.* weariness थकान), थकना, चूर होना, सजाना, पहिए पर हाल चढ़ाना

**tiresome** टायरसम् *adj.* troublesome, annoying, tedious, irritating, exhausting, fatiguing, थकाने वाला, झुँझलाने वाला, कष्टकारक

**tissue** टिश्यू *n.* a fine-woven fabric, the material of which living things are made, substance of animal body, plant, set, interwoven series, महीन बस्त्र, रचना, क्रम जाल, रग, नस

**title** टाइटल् *n.v.* special name denoting rank, profession etc, heading, name of a book, play etc, right to ownership, an appellation of honour, to entitle. **titled** *a.* having a title अधिकार सहित), शीर्षक, सुर्खी, मुख्य लेख, पद, संज्ञा, अधिकार, नाम रखना

**titter** टिट्टर *n.v.* a restrained laugh, to laugh quietly, to giggle, मुँह बंद करके हँसना, ठट्ठा करना, शांत हँसी हँसना

**toad** टोड् *n.* warty, frog-like amphibian, animal like frog, a reptile like frog, एक प्रकार का मेंढक

**toast** टोस्ट् *v.n.* to heat bread before a fire and make crisp, to drink a person's health, to drink to the health or honour of, bread baked and browned on open fire, a person whose health is drunk, bread toasted, रोटी सेंकना, किसी के स्वास्थ्य के लिए जाम पीना, टिकिया, व्यक्ति जिसके नाम पर मदिरा पी जाए

**tobacco** टोबैको *n.* dried leaves of tobacco plant prepared for smoking, तम्बाकू, तम्बाकू पीने की नली

**today** टुडे *n.* this day, on this day, आज, इस दिन

**toddle** टाडल *v.* to walk with short, uncertain steps like a baby, to stroll, to walk leisurely, to walk with tottering steps, मटक मटक कर चलना, मस्ती से चलना, टहलना, मस्त चाल

**toe** टो *n.v.a.* digit of the foot, part of a shoe or boot, toe-cap, to strike with the toe, to put toe on, पंजा, खुर का अगला भाग, ठोकर मारना, अँगुलियां लगाना

**toffee** टाफी *n.* any sweet made of butter and sugar, एक प्रकार की मिठाई

**together** टुगैदर् *adv.* in company, unitedly, simultaneously, mutually, uninterruptedly, साथ, मिलकर, एक साथ, परस्पर, निर्बाध रूप से

**toil** टायल *v.n.* to work hard, to strive, to labour, work of a very tiring kind, परिश्रम करना, मेहनत करना, परिश्रम

**toilet** टायलैट् *n.* act of dressing, process of dressing, articles used for this, lavatory, dressing table, cover for it, श्रृंगार करने की रीति, श्रृंगार करने का कमरा, श्रृंगार मेज, धोने का स्थान

**token** टोकन् *n.* a sign, symbol, coin or disc, mark, keepsake, memorial of affection, evidence, चिह्न, निशान, प्रतीक, सिक्का, स्मारक

**tolerate** टॉलरेट् *v.* to put up with, to allow, to endure, to suffer, to allow by not preventing, to allow by not hindering. (toleration *n.* patience, सब्र) सहन करना, आज्ञा देना, होने देना

**toll** टॉल् *n.v.* payment to use a bridge etc, knell, loss inflicted by disaster, to make bell ring at regular intervals, महसूल, चुँगी, घंटे की आवाज, निरंतर घंटी बजाना

**tomato** टोमेटो *n.* plants with bright, red or yellow fruit, the fruit, pulpy, red, edible fruit, टमाटर, टमाटर की सब्जी

**tomb** टूम *n.* a grave, sepulchral monument, vault, grave or monument over one, burial vault, कब्र, समाधि, मकबरा, दरगाह

**tomorrow** टुमारो *n.* day after today, on the day after today, on the following day, the day after the present day, आने वाला कल, आज के बाद का दिन

**tomtom** टॉमटाम् African native drum, an Indian drum, नगाड़ा, डफला

**ton** टॅन् *n.* an imperial measure of weight 20 cwt., अठाइस मन की तोल

**tone** टेान् *n.* quality of voice, quality of musical sound, healthy condition, note, accent, modulation of voice, prevailing sentiment, effect of light and shade to a picture, ध्वनि, आवाज, स्वर, प्रकृति, स्वभाव

**tonga** टांगा *n.a.* light two-wheeled Indian carriage, टांगा

**tongs** टंगज *n.* large pincess, an instrument for grasping and holding, चिमटा, संडासी

**tongue** टंग् *n.* the organ of speech, mode of speaking, speech, a language, voice; जिह्वा, जीभ, भाषा, आवाज

**tonic** टानिक *n.* medicine that strengthens, बलप्रद, ओषधि

**tonight** टुनाइट *n.* this night, the coming night, the present night, the night of today, आज की रात, आ रही रात

**tonsil** टान्सिल *n.* gland in throat, one of the two, glands at the back of the throat, गले की गिल्टी या कौड़ी

**too** टू *adv.* moreover, likewise, more than enough, over and above, over, extremely, besides, भी, तथा, और, काफी से अधिक, ऊपर, अतिरिक्त

**tool** टूल *n.v.* any implement required in doing work, means to an end, servile helper, an instrument of manual operation, to drive to shape with a tool, औजार, साधन, दूसरे का यंत्रमात्र, राछ, हथियार से काम करना

**toot** टूट *v.n.* sound of a hom or trumpet, to sound a hom, तुरही तथा भौपू इत्यादि का कर्कश शब्द

**tooth** टूथ् *n.* ivory projection in gums of upper and lower jaws of vertebrates, various pointed things like this, prong, one of the hard bodies in rows in the mouth, used for biting and chewing, one of the points on a saw, comb, cogwheel etc, दाँत, चाट, स्वाद, खूँटी, कंघी, दाँते

**top** टॉप *n.v.* highest part, summit, highest rank, first in merit, upperside or surface, crown at the head, a child's toy, a circus tent, to rise above, to do better than to reach the top of, to excel, चोटी, शिखर, सर्वोच्च पद, सतह, खिलौना, सरकस का तंबू, ऊपर चढ़ना, बेहतर बनना

**topaz** टापज *n.* a kind of gem, precious stones of various colours, पुखराज, पुष्पराग

**topic** टॉपिक् *n.* subject of discourse or conversation, a theme, subject of popular interest, subject spoken, written or argued about, विषय, प्रकरण, उदेश्य, प्रसंग, प्रचलित वार्त्ता

**topple** टॉपल् *v.* to totter and fall down, to fall over, to overturn, to fall forward, to tumble down, to cause to fall over लुड़काना, ढह पड़ना, चोटी से गिरना, गिरा देना

**topsy-turvy** टाप्सीटरवी *adv.* upside down, in confusion, in an inverted position, disordered, chaotic, ऊपर तले, उलट-पलट, ऊपर नीचे, अव्यवस्थित

**torch** टॉर्च *n.* portable hand light containing electric battery and bulb, flambeau, any light used in the manner of a torch, a light carried in the hand, flaming twisted tow carried as a light, a small hand light with switch and electric battery, मशाल, टार्च, दीपिका

**torment** टारमैंट् *v,n.* to inflict pain, to torture, to tease, to harass, to put to severe pain, to worry, very great suffering, torture, a worry, agony, severe bodily or mental suffering, पीड़ा देना, दुख देना, छेड़ना, तंग करना, हैरान करना, पीड़ा, व्यथा, यातना

**tornade** टारनेडो *n.* whirlwind, violent storm, destructive whirlwind, a cyclone, a violent tempest, a hurricane, आँधी, तूफान, झक्कड़, अँधड़

**torpedo** टारपीडो *n.v.* explosive shell that travels under water, a submarine apparatus for destroying ships by explosion, kind of finework, the crampfish, to destroy by a torpedo, जहाज डुबाने या नष्ट करने का एक यंत्र, पनडुबी किश्ती, एक मछली, पनडुबी के गोले से जहाज को नष्ट करना

**torpid** टारपिड् *adj.* numb, inactive, sluggish, dormant, slow, सुन्न, ठिठरा हुआ, आलसी, जड़, धीमा

**torrent** टारेंट *n.* a swist-rushing stream, heavy downpour of rain, string of quickly-spoken words, strong-current, a violent flow of anything (torrential-n-flooding जल प्रवाह सम्बंधी) नदी, निर्झर, जलप्रवाह, सैलाब, धार

**tortoise** टारटाइज *n.* reptile quite enclosed in a scaly shell, a land-turtle, four-footed reptile covered with shell of horny plates, studo, a kind of turtle, a slow-moving reptile covered with a hard shell, कछुआ, कूर्म, कच्छप

**tortuous** टारट्युअस *adj.* winding, twisting, indirect, crooked, wreathed, घुमावदार, बलवाला, कुटिल, पेचीदा, ऐंठा हुआ

**torture** टारचर *v,n.* to cause bodily or mental pain, to subject to torture, to vex, to excruciate, to put to the rack, great suffering of body or mind, torment, unbearable suffering पीड़ा देना, कष्ट देना, तंग करना, वेदना, यातना

**toss** टॉस *v.n.* to throw up or across, to be thrown, to throw with the hand, to jerk, to put into violent motion, to cause to rise and fall, to throw lightly or carelessly, (coin) to see which side is uppermost when it falls, an upward throw, or a jerk of a head, उछालना, फेंकना, झटका देना, पटखना, सिक्के का उछालना, झटका

**total** टोटल *n,v.* the full amount, the whole, sum, aggregate, complete, the entire amount, to add up, to amount to, पूरी राशि, जोड़, जोड़ना

**totter** टाटर *v.* to stagger, to stand or walk unsteadily, to begin to fall, to reel, to shake as if about to fall, डगमगाना, लड़खड़ाना, गिरने को होना, विचलित होना

**touch** टच् *v,n.* to make contact with, to feel, to win sympathy, to put hand on, to reach, to handle slightly, to play, to attain to, to meddle with, to affect the sensibility of, the act of touching, the state of being touched, sense of feeling, emotion, single stroke on a painting, test or trial (touching-a-pathetic हृदय स्पर्शी), छूना, महसूस करना, हमदर्दी जीतना, पहुँचना, हस्तक्षेप करना, स्पर्श, आवेग, पेंटिंग की एक लकीर, परीक्षण

**touchstone** टचस्टोन् *n.* a test, standard, a stone by means of which the quality of gold is tested, परीक्षण, स्तर, कसौटी

**touchy** टची *adj.* irritable, apt to take offence, peevish, oversensitive, easily offended, चिड़चिड़ा, तुनक मिजाज, शीघ्र झुँझलाने वाला

**tough** टफ् *adj.* hard to bite or cut, hardy, enduring, strong, firm, stiff, unyielding, sturdy, not brittle, कठोर, सहनशील, हढ, हठी, जिद्दी

**tour** टूर *v,n.* to travel from place to place, to travel through, circuitous journey, excursion, to tour the country, going round, a journey to various places, ending at starting point (tourist-a- sight seer सैलानी), जगह जगह घूमना, घुमावदार यात्रा, भ्रमण, देश भ्रमण, चलने वाले स्थान पर ही रुकना

**tournament** टूर्नामेंट *n.* a contest of skill, a military sport, combat meeting for games or athletic contests, meeting for knightly contests, कौशल का मुकाबला, सैनिक खेल, दंगल, क्रीड़ा सम्बंधी बैठक

**tow** टो *v.n.* to pull boat, vehicle, etc with a rope, to drag at the end of rope, to drag over the suface of water, a towing, the coarse part of hemp or flax, नाव व यान को रस्से से खीचना, जल की सतह पर खीचना, रज्जु, रस्सी

**toward(s) prep,** *adj.* in the direction of, as regards, nearly, in relation to, docile, apt, की ओर, दिशा को, लगभग, सम्बंधि, सधा हुआ, ठीक

**towel** टावल् *n.* cloth for wiping or drying, cloth for wiping off moisture after washing, a cloth or paper for wiping the skin after washing, तौलिया, अंगोछा, रूमाल, पोंछने का वस्त्र

**tower,** टावर् *n.v.* narrow, lofty building, rising high above others, a lofty tall structure, a place of defence, citadel, elevation, a high narrow building, standing alone or forming part of another, a fortress (towering-a-very high उन्नत), चबूतरा, मीनार, बुर्ज, दुर्ग, कोट, किला, ऊँचा उड़ना, ऊँचाई पर पहुँचना

**town** टाउन *n.* settlement larger than a village, but smaller than a borough, the inhabitants of a town, a collection of houses larger than a village, a place larger than a village (township-n-parish नागरिक अधिकार का जिला), नगर, शहर, आबादी, शहरी, कस्बा

**townfolk** टाउनफॉक् *n,pl.* inhabitants of a town, townpeople, the people of a town, नगर के निवासी, शहरी जनता

**toy** टॉय *n,v.* a plaything, trinket, a thing for amusement only, to play with खिलौना. मनोरंजन की वस्तु, खेलना

**trace** टेस *v,n.* to seek and find, to follow course, to make play of, to draw or copy exactly, esp. using tracing paper, indication, a mark left by something, a strap by which a horse draws a vehicle, तलाशना, सुराग लेना, पीछा करना, नकल करना, संकेत, सुराग, घोड़े का खीचने वाला पटा

**track** ट्रैक n. v. rail, a path way, a railroad, traces left by a person, course, footprints, a beaten path, to follow by masks, footsteps, evidence, etc, लीक, पद चिह्न, खोज, रेल मार्ग, प्रमाण, इत्यादि

**tract** ट्रैक्ट *n.* large land area, a region, a short pamphlet or booklet, expanse, a short treatise on a religious subject (tractable-a-docile सहज साध्य), घरती खंड़, भूखंड़, प्रदेश, छोटी पुस्तिका, खुली जगह, ग्रंथ

**tractor** ट्रैक्टर् *n.* vehicle able to move itself and pull another, motor-vehicle for hauling, caterpillar, a motor-vehicle used for pulling loads, working ploughs, etc. इंजन से चलने वाला हल, भार खींचने वाला इंजन

**trade** ट्रैड *n,v.* business of buying and selling, commerce, one's work or craft, buying and selling, any profitable pursuit, those engaged in trade, to buy and sell, to carry goods, to have dealings, to exchange, to barter (trader-n-merchant. व्यापारी), व्यापार, धन्धा, क्रय विक्रय, बेचना व खरीदना

**tradition** ट्रैडिशन् *n.* an old-time custom or belief handed down, unwritten body of beliefs, facts etc, handed down from generation to generation, process of handing down, the handing down of stores, opinions, practices, from earlier to later generations (traditional-n-customary परम्परागत), परम्परा, इतिहास, पुराण, परम्परागत कथा

**traffic** ट्रैफिक् *n.* moving from place to place of people, vehicles and ships, trade and commerce, passing to and fro of vehicles, etc. in road, street, etc, trade, transportation of goods from one place to another, लोगों का भ्रमण, यातायात, आवागमन, गाड़ियों का सड़कों पर चलना, सामान ढ़ोना

**tragedy** ट्रैजटी *n.* an accident or crime causing death, a serious disaster, a play depicting crime and punishment, a play about unhappy events and with a sad ending, a very sad happening, or one with very unfortunate results, (tragic-a-shocking. शोक जनक), दुखान्त घटना, गंभीर विपदा, दुखान्त नाटक, दुर्घटना

**trail** ट्रेल *v,n.* to pull along, to walk wearily behind, to drag along the ground, to follow the scent of a hunter or of game, to hangdown or be dragged loosely behind, something left stretching behind, track followed by a hunter. साथ घसीटना, पीछे पीछे थके हुए चलना, शिकारी की गँध के पीछे पीछे चलना, शिकार का गंघ, खिँचाव

**trailer** ट्रेलर *n.* vehicle pulled by a car or lorry, extracts from a film shown to advertise it, one who trails, a climbing plant, a vehicle dragged behind another, एक गाड़ी से खीची जाने वाली दूसरी गाड़ी, सिनेमा की विज्ञापन फिल्म

**train** ट्रन् *n, v.* a line of railway-coaches with engine attached, the trailing part of a dress, body of attendants, line of railway vehicles joined to locomotive, collection of vehicles etc, to educate, to instruct, to exercise, to aim at, achieve physical fitness for athletics (trained-n-efficient शिक्षित), रेल गाड़ी, सेवक दल, गाड़ियों के डिब्बे, शिक्षा दना, सिखाना, लक्ष्य रखना

**trait** ट्रेट् *n.* feature of one's character, a personal habit or mannerism, stroke, touch distinguishing feature, a line, characteristic feature, a noticeable feature of a person's character or mind, चिह्न, रेखा, स्वभाव, लक्षण, विशिष्ट गुण

**traitor** ट्रैटर *n.* one who betrays or is guilty of treason, one disloyal to country or severeign, a disloyal person. one guilty of treason, one who betrays his country, goes over to the enemy, देश द्रोही, राजा के प्रति गद्दारी करने वाले , गद्दार, नमक हराम, विश्वास घाती

**tram** ट्रेम् *n.* passenger car running on rails laid in a public road or street, line of rails, truck running on rails, a car running on trails and driven usu by electricity, used to carry passengers along streets, कोयले या बिजली की सड़क पर चलने वाली गाड़ी, कोयला ढोने की गाड़ी

**tramp** ट्रैम्प् *v,n.* to tread heavily, to travel on foot as a vagabond, to cross on foot, to run over as with car, vagabond, walk, the sound of steps, a journey on foot, a vagrant, a çargo boat with no fixed route, टहलना, पैदल चलना, रौंदना, कुचलना, पैरो की आवाज, पैदल यात्रा, आवारा, निश्चित मार्ग वाली सामान की नौका

**trample** टैम्पल् *v.* to tread underfoot, to tread in contempt, to treat with pride, contempt and insult, to treat roughly, unfeelingly, to behave cruelly; कुचलना, घृणा से पैर मारना, छितराना, घृणा, अपमान, कूरता से व्यवहार करना

**trance** ट्रांस *n.* a state of insensibility, a coma, morbid sleep, extreme exaltation, catalepsy, an ecstacy, a state in which soul seems to have regions, a sleep-like or half-conscious state, a state in which one is not aware of surroundings because lost in thought, अचेत अवस्था, समाधि, लीनावस्था, मूर्च्छा की दशा

**tranquil** ट्रान्क्विल् *adj.* peaceful, untroubled, calm, quiet, serene, undisturbed, not agitated (tranquillity-n-peace शान्ति), शांत, निश्चल, गंभीर, अक्षुब्ध, न भड़कने वाला

**transact** ट्रॉजैक्ट् *v.* to do, to perform, to carry on business, to treat, to manage, to conduct, to negotiate, (transaction-n-a deed, व्यापार), करना, पूरा करना, घन्धा करना, प्रबंध करना, काम चलाना, वातचीत करना

**transcend** ट्रांसैन्ड *v.* to rise above, to surpass, to be beyond belief or understanding, to exceed, to excel, to be beyond the range of (transcendent-a-supreme अति श्रेष्ठ), ऊपर उठना, आगे बढ़ना, श्रेष्ठ होना, घेरे से बाहर होना, बाजी ले जाना

**transcribe** ट्रॉंस्राइब् *v.* to copy out in writing, to write over again, to record for future broadcasting, etc. (transcription-n-copying नकल), नकल करना, उतारना, प्रतिलिपि लिखना

**transfer** ट्रान्सफर् *v, n.* to remove elsewhere, to give a possession to another, to make over-possession of property, to convey as a right, title, etc, removal, to convey from one surface to another, act of transferring, something transferred, change of ownership, बदलना, दूसरे को अधिकार देना, एक स्थान से दूसरे स्थान पर ले जाना, स्थानान्तरण, तबदीली, दाखिल, खरिज

**transform** ट्रॉसफार्म *v.* to make difference, to change completely, to change shape, character of, to convert or change the character of, to transmute, to be changed in appearance etc. (transformation-n-metamorphosis रूपान्तर), सर्वथा बदलना, आकार बदलना, शक्ल पलटना, अर्थ रखते हुए बनावट में अंतर करना

**transformer** ट्रांसफारमर् *n.* apparatus for changing one kind of electric current into another, device for changing electrical energy from one voltage to another एक प्रकार की बिजली को दूसरे प्रकार में बदलने का यंत्र

**transfuse** ट्रॉसफ्यूज् *v.* to transfer blood from one person to another, to convey blood from healthy person to ill one, to pass from one vessel to another, to instil, to pour from one thing into another (transfusion-n-a transfer of blood, रक्त परिवर्तन रक्त को बदलना, स्वस्थप्राणी से रोगी को रक्त देना, एक बर्तन से दूसरे बर्तन में उड़ेलना

**transgress** ट्रांसग्रैस *v.* to break the law, to sin, to pass beyond limit, to infringe, to violate, to offend by the violation of any law, rule, etc. (transgression-n-violation उल्लंघन), कानून भंग करना, पाप करना, सीमा लांघना, भंग करना, नियम तोड़ना

**transient** ट्रांजिऐंट् *adj.* short-lived, quickly passing, not permanent, of short duration, not lasting, momentary, brief, fleeting, क्षणिक, अस्थिर, नश्वर, अनित्य, थोड़े काल का सक्षिप्त, चंचल

**transistor** ट्राजिस्टर् *n.* an electronic device replacing valves in radios, an amplifier with a crystal and two cat's whiskers (fine-wires) रेडियों के बाल्व को बदल कर बिजली का तैयार किया हुआ उपकरण, ट्राजिस्टर

**transit** ट्रॉजिट् *n.* a passing across or over, the carrying, etc. from one place to another, passage, crossing (transition-n-change परिवर्तन), आगे सौपना, गति, गुजर, मार्ग , चौराहा

**translate** ट्रासलेट् *v.* to turn from one language into another, to transform, to remove to another place or state (translation-n-an interpretation अनुवाद), एक से दूसरी भाषा में अनुवाद करना, उलथा करना, दूसरे स्थान पर भेजना

**translucent** ट्रॉसलुसैल्ट् *adj.* letting light pass through but dimly, स्वच्छ, अर्घ पारदर्शक

**transmit** ट्रॉसमिट् *v.* to send a message, to communicate, to cause, to passe to another person, or place, to be the means of passing on, to send out radio or other signals. संदेश, भेजना, भेजना, चलता करना, रेडियो संकेत भेजना

**transmitter** ट्रांसमिटर *n.* wireless set which sends out messages or broadcasts, a wireless set or station sending out radiowaves for conversion into sound on pictures by a receiving set or station, पहुँचाने या भेजने वाला, भेजने वाला

**transparent** ट्रॉसपेरैन्ट् *adj.* easy to see through, clear, frank, obvious, letting light pass without distortion, पारदर्शक, किरण भेद्य, निर्मल, स्वच्छ

**transpire** ट्रॉंपायर् *v.* to become known, to leak out, to happen, to pass out through pores of the skin, or through surface of leaves, to exhale, to ooze out, ज्ञात होना, भेदना, होना, आरपर करना, रिसना

**transplant** ट्रॉंसप्लांट् *v.* to plant in another place, to settle in a new country, to remove and resettle, to remove skin and graft it in another place, to remove and establish (transplantation-n-an act of transplanting पौधे की रोपाई ),कलम लगाना, पौध लगाना , एक जगह से उखाड़कर दूसरी जगह लगाना

**transport** ट्रॉंसपोर्ट *v, n.* to convey people or goods elsewhere, to delight, to enrapture, to ravish with pleasure, conveyance, rapture, ecstasy, vehement emotion, (transportation-n-means of transport यातायात, ढुलाई), ढुलाई करना, सामान ढोवा, प्रसन्न करना, खुश करना, सवारी, भारी खुशी, हर्षोन्माद, ध्यानमग्नता

**trap** ट्रैप *n,v.* snare, device for catching game, etc., two-wheeled carriage, horse-cloth, a plan or trick for catching a person unawares, ambush, stratagem, contrivance for preventing the escape of foul air from a drain, फँदा, जाल, पाश, दोपहियों वाली गाड़ी, चाल, घात, गंदी हवा निकलने को रोकन वाला उपकरण

**trapez** ट्रैपीज् *n.* a swinging horizontal bar used for gymnastic exercises: व्यायाम करने का झूलता हुआ ड़ंड़ा

**trash** ट्रैश *n.* worthless, stuff, rubbish, nonsense, a worthless person, something of little worth or use; व्यर्थ पदार्थ, मल, असार पदार्थ, कूड़ा कर्कट, बेकार आदमी, क्षुद्र वस्तु

**travail** ट्रैवेल *n,v.* pangs of childbirth, severe toil, hard work, pain suffered during childbirth; प्रसव की पीड़ा, कठोर परिश्रम, दर्द लगाना

**travel** ट्रैवल् *v,n.* to make a journey, to move from one place to another, to journey over, to wander (traveller-n- one who travels यात्री), यात्रा करना, देशाटन करना, धूमना, भम्रण करना, यात्रा,भ्रमण

**traverse** ट्रैवरस् *v.* to go across from side to side, to thwart, to wander over, to discuss, to obstruct, (travesty-n-silly imitation जनक वस्त्र), दाएँ बाएँ चलना, तिरछा घूमना, बातचीत करना, रुकावट डालना

**tray** ट्रे *n.* plate with raised edges for carrying things, a flab domestic vessel of wood or metal; ट्रे, खौंचा, थाल, तशतरी, थाली

**treacherous** ट्रीचरस् *adj.* disloyal, deceptive, perfidious, violating faith, untrustworthy, dangerous, दगाबाज, कपटी, बेवफा, अविश्वसनीय, भयानक

**tread** ट्रैन्ड् *v,n.* to follow the example, a single heavy step, flat part of a step or stair; रौंदना, गाहना, कुचलना, अनुकरण करना, पग, सीढ़ी

**treason** ट्रीजन् *n.* an attempt to injure one's country or sovereign, rebellion, betrayal, treachery, the offense of betraying the state to which the offender belongs, देश द्रोह, राज द्रोह, विद्रोह, बगावत, षड्यन्त्र

**treasure** ट्रेज़र *n,v.* accumulated wealth, valued object, great abundance, anything much valued, great riches, a store of valuables, to store or keep in mind. (treasury-n- कोष), कोष, खजाना, अनमोल बस्तु, प्रचुरता, मन में संजोना, मन में रखना

**treat** ट्रीट *v,n.* to handle, to deal with, to entertain, to behave towards, to discourse on, to negotiate, a rich entertainment, a feast (treatment-n-cure इलाज) निभाना, व्यवहार करना, भाषण देना, बढ़िया दावत, भोज

**treatise** ट्रिटाइज *n.* essay or article giving special information, a literary composition on a definite subject, निबंध, लेख, रिसाला, छोटी पुस्तक

**treaty** ट्रीटी *n.* an agreement between nations, a compact signed contract between states, alliance, terms of peace, समझौता, सधि, सधि पत्र, मेल, शान्ति की शर्तें

**treble** ट्रेबल *v, adj.* to multiply by three, thrice, threefold तीन से गुणा करना, तीन बार, तिगुना

**tree** ट्री *n.* large perennial plant with woody trunk, beam a piece of wood, anything like a tree, any woody plant having a single trunk and branches, a piece of timber cross; पेड़,विटप, वृक्ष, लकड़ी का ढाँचा, क्रास

**tremble** ट्रैम्बल् *v.* to shake, to shiver, to quake, to fear greatly, to shudder, to totter, to quaver as sound काँपना, ठिठरना, भयभीत होना, डरना, थर्राना

**tremendous** ट्रिमैन्डस् *adj.* immense, huge, dreadful alarming, awful, causing terror, भारी, बड़ा, भयानक, डरावना, भयप्रद

**tremor** ट्रैमर् *n.* a shudder, vibration, trembling, shaking, कँपकँपी, थरथराहट, कँपन

**trench** ट्रैन्च *n,v.* a ditch, a long narrow channel cut in the earth, to cut grooves or ditches in. खाई, तंग खाई, घरती में दरार, खाई खोदना

**trend** ट्रैन्ड् *v,n.* to incline, to lean forward, to tend in a particular direction, the general direction, course, झुकना, नीचे होना, आगे को झुकना, विशेष दिशा में झुकना, आम दिशा, झुकाव

**trepidation** ट्रैपिडेशन् *n.* trembling caused by fear, alarm, confused haste, भय से पैदा हुई कँपकँपी, खतरा, उद्वेग, घबराहट

**trespass** ट्रैस्पासv,n. to go on another's property without permission, to invade, to disturb another's privacy, to intrude, to sin, an invasion, an intrusion. (trespasser-a-an intruder अनधिकार चेष्टा करने वाला ), अनधिकार चेष्टा करना, धावा बोलना, दूसरे की गुप्तता भंग करना, हस्तक्षेप करना, मर्यादा भंग करना, आक्रमण, हस्तक्षेप

**trial** ट्राइल् *n.* a test, an experiment, a hardship, distress, action in a law-court, a try, an attempt, परीक्षा, प्रयोग, कठिनाई, कष्ट, कचहरी में मुकद्दमा, मुकदमा, प्रयास

**triangle** ट्रॉऐन्गल् *n.* a three sided figure, a plane figure bound by three lines, figure with three angles, त्रिभुज, तिकोन, मुसल्लस

**tribe** ट्राइब् *n.* family or race of people under a chief. (tribal-a-belonging to a tribe जाति सम्बंघी), जाति, नस्ल, वर्ग, जत्था, कौम, कुल, सम्प्रदाय

**tribulation** ट्रिबुलेशन *n.* suffering, distress, vexation, misery, trouble, affliction; कष्ट, पीड़ा, परेशानी, विपदा, क्लेश

**tribunal** ट्रिन्युनल *n.* court of justice, seat of judge, a group of persons appointed to give judgment. esp. on affects against regulations made by the state. घर्मासन, घर्म सभा

**tributary** ट्रिब्यूटरी *n,a.* stream that flows into a larger one, a feeder, auxiliary, contributary, paying tribute, inferior, submissive, नदी, भेंट देने वाला, अप्रघान, कर देने वाला, आधीन, घटिया

**tribute** ट्रिब्यूट् *n.* a tax paid by one country to another, praise given in recognition of worth or service, sign of honour or recognition, contribution, कर, खराज, नजर, भेंट, स्तुति, उपहार

**trick** ट्रिक् *n,v.* a piece of conjuring, puzzle, swindle, cunnning action taken to cheat or deceive, skill, knack, habit, artifice, a stratagem, wile, deception, prank, mannerism, cards played in one round, to cheat, to hoax, to deceive (tricky-a-cunning- घूर्त), हस्त लाघव, छल, कपट, घूत्तर्ता, छल करना, धोखा देना

**trickle** ट्रिक्कल् *v,n.* to flow in a small stream, to dribble, to drip, to come, go, etc., slowly and in small numbers, a rill, dribble टपकना, पतली धार में बहना, रिसना, झिरना, बहना

**trickster** ट्रिक्स्टर *n.* a cheat, knave, crafty, deceiver, ठग, कपटी, दुष्ट, मक्कार, धोखे बाज

**tricycle** ट्रिसाइकल् *n.* a three-wheeled cycle; तीन पहियों वाली साइकल

**tried** ट्राइड *adj.* tested, proved, trustworthy, faithful, प्रमाणित, मँजा हुआ, विश्वसनीय, भरोसे वाला

**triennial** ट्रिएनयिअल् *a.* happening once every three years, तीन वर्षों में एक बार होने वाला

**trifle** ट्राइफल् *n,v.* an unimportant thing or matter, insignificant thing or matter, pudding of sponge-cake, whipped cream. etc., to toy with, to treat a matter lightly (trifling-a-unimportant तुच्छ), क्षुद्र, तुच्छ वस्तु, महत्वहीन बात, खाद्य पदार्थ, हेच, बकवास करना, खिलवाड़ करना

**trigger** ट्रिग्गर *n.* a catch which, when pulled, fires a gun, catch which releases spring. esp. to fire guns. बंदूक इत्यादि की गोली चलाने वाला घोड़ा

**trim** ट्रिम् *v, adj.* to make neat, to adorn, to decorate, to adjust, to prune, to put in good order, to shuffle, to balance, tidy, neat, साफ सुथरा करना, सजाना, ठीक बिठाना, काँट छाँट करना, क्रम बद्ध करना, मिलाना, सुथरा, स्वच्छ

**trinket** ट्रिकेट *n.* small or cheap piece of jewellery, अल्पदाम का आभूषण, कम दाम की वस्तु

**trio** ट्रिओ *n.* group of three persons or musicians, तीन व्यक्तियों या गायकों का समूह

**trip** ट्रिप *v,n.* to stumble, to run lightly on the toes, to dance, to skip, to make false step, to cause to stumble, light step, stumble, journey, excursion, outing, ठोकर खाना, पंजों के बल धीरे धीरे दौड़ना, नाच, फुदकना, ठोकर मार कर गिराना, हल्का कदम, ठोकर, यात्रा, भ्रमण

**triple** ट्रिप्पल् *adj. v.* threefold, consisting of three parts, to walk awkwardly, to multiply by three; तिगुना, तीन भागों वाला, भद्दी चाल चलना, तीन से गुणा करना

**triplet** ट्रिप्लैट् *n.* one of three children born together, सक साथ उत्पन्न तीन बच्चों में से एक

**trite** ट्राइट*adj.* wornout, stale, banal, hackneyed, commonplace, जीर्ण, घिसा हुआ, बासी, भद्दा, पुराना

**triumph** ट्राइम्फ् *n,v.* a great success, victory, exaltation, a state of great joy for success, in ancient Rome procession for victorious generals, to achieve victory, to prevail, to exult, (triumphant-a-victorious विजयी), भारी विजय, प्रसन्नता, उल्लास, विजय का उत्सव, जीतना, छा जाना

**trivial** ट्रिविअल् *adj.* of little importance, trifling, commonplace, small, paltry, (triviality-n-trifle तुच्छता), तुच्छ, क्षुद्र, छोटा, मामूली, साधारण

**trojan** ट्रॉजन् *n,adj.* a hero, champion, inhabitant of Troy, steadfast or persevering person, योद्धा, ट्राय देश का वासी, दृढ़ संकल्प

**trolley** ट्रॉली *n.* a hand-cart, truck, arm connecting an electric-car with a wire overhead; छकड़ा, ट्रक, छोटी ठेला गाड़ी जिसका पहिया सहज में हटाया जा सकता है

**troop** ट्रुप् *n,v.* a party, band, a number of soldiers, crowd of persons or animals, unit of cavalry, दल समूह, सैनिक टुकड़ी, मनुष्य व पशुओं का गिरोह, घुड़ सेना का दल

**trophy** ट्रॉफी *n.* something kept in memory of a victory, memorial of victory, hunt, etc., prize, anything won by skill, arms taken from a vanquished army; विजय चिह्न, दूसरे से छीना हुआ पुरस्कार, कौशल से जीती हुई वस्तु, पराजित सेना से प्राप्त शस्त्र

**tropic** ट्रापिक् *n.* the line drawn parallel to the equator $23^{0}$-$28^{0}$north and south, one of the two circles on either side of the equator between which lie the earth's hottest regions or zones (tropical-a-extremely hot. ग्रीष्म खंड), अयन वृत्ति, क्रान्ति मण्डल, खते सरतान व जद्दी

**trot** ट्रॉट् *v,n.* to run slowly, of horse, move at medium pace, lighting feet in diagonal pairs, to run easily with short strides, to move fast with short steps, to make horse trot, jog, trotting pace of a horse, घोड़े की दुलकी चाल, ठमक कर चलना, आराम से दौड़ना, धीरे कदम से तेज दौड़ना, घोड़े को दौड़ाना।

**trouble** ट्रबल् *v,n.* worry, vexation, disaster, distress, uneasiness, difficulty, disturbance, something that causes worry, care taken in, effort given to, doing something (troublesome-a-causing trouble, to give trouble to worry कष्टप्रद), चिन्ता, परेशानी, कष्ट, अशान्ति, कठिनाई, कष्टप्रद, कष्ट देना, कष्ट करना

**trough** ट्राफ् *n.* a long narrow vessel from which animals feed, a shallow water-channel. नाद, कठोता, पशुओं के चारे का तंग बर्तन (खुरली-पंजाबी)

**trounce** ट्राउँस् *v.* to beat, to punish, to thrash, to defeat, to beat soundly, पीटना, दण्ड देना, पटखना, हराना, बहुत मारना

**troupe** ट्रुप् *n.* company of performers, नाटक खेलने वालों की मंडली

**trousers** ट्रउजर्स् *n.pl.* two-legged outer garment reaching from waist to ankles, outer garment for lower part of body and each leg separately. पाजामा, पतलून

**trout** ट्राउट् *n.* a fresh-water fish, ताजे जल की मछली

**trey** ट्रॉए *n.* system of weights used for gold, silver and gems सोने, चाँदी व रत्न तोलने की माप

**truant** ट्रुऐंट्*adj.* one absent from duty without leave, a shirker, one who idles away from duty or business, loiterer; कार्य परागंमुख, कामचोर, आलसी, भगोड़ा विद्यार्थी, आवारा

**truce** ट्रस् *n.* agreement to stop fighting for a time, a lull, temporary cessation of fighting, respite, a temporary peace, युद्ध विराम, युद्धोपरान्त शान्ति, विराम, अस्थायी शान्ति

**truck** ट्रक्*n.* a low waggon for carrying heavy goods, exchange छकड़ा, भार ढोने वाली बिना छत के गाड़ी, लेनदेन

**trudge** ट्रज्ज*v, n.* to walk wearily, to plod, to walk laboriously, to travel on foot with fatigue, laborious or wearisome walk, थके हुए चलना, पाँव घसीटते हुए चलना, कठिनाई से चलना, घसीट चाल

**true** ट्रू *adj.* heal, genuine, in accordance with fact, faithful, loyal, trustworthy, reliable, accurate, sincere, असली, मौलिक, तथ्य के अनुसार, सच्चा, विश्वसनीय, ठीक

**trumpet** ट्रम्पैट् *n,v.* a metal wind instrument, an elephant's cry, one who praises, a wind instrument with a long bent tube, to blow trumpet, to make sound like one, as elephant, दुन्दुभि, तुरही, हाथी की चिंघाड़, प्रशंसक, तुरही बजाना, चिंघाड़ना

**truncheon** ट्रन्चिअन् *n.* a short cudgel or club, डंडा, सोटा, गदका

**trunk** ट्रंक *n.* stem of a tree, body without head and limbs, box for clothes etc, large chest or packing case, elephant's long nose, telephone line between two exchanges, पेड़ का तना, बिना धड़ शरीर, सन्दूक, हाथी की सूँड, दो एक्सचेंज के बीच टेलीफोन की लाइन

**trust** ट्रस्ट *v,n.* to believe in, to rely upon, to give credit to, to confide in, confidence, firm belief, reliance, property held for another, charge, keeping (trustee-n-one legally holding property on another's behalf धरोहर रखने वाला), विश्वास करना, भरोसा करना, विश्वास, धरोहर, थाती

**truth** ट्रुथ *n.* whatever is true or factual, reality, honesty, sincerity, constancy, fidelity, virtue, सत्य, वास्तविकता, ईमानदारी, गुण

**try** ट्राई *v,n.* to attempt, to test, to examine, to endeavour, to prove by experiment or test, to experience, to purify, to refine, to examine judicially, an attempt or experiment (trying-a-severe कष्टकारी), प्रयत्न करना, जाँचना, परीक्षा लेना, परखना, प्रयोग करके सिद्ध करना, अनुभव करना, मुकद्दमा चलाना, प्रयोग, प्रयास

**tryst** ट्राइस्ट *n.* an appointment, a meeting, a secret assembly बैठक, मेल, गुप्त सभा

**tub** टब *n.* a shallow open-topped cask, कठवत, छोटा पीपा, नांद

**tube** ट्यूब *n.* a long pipe for conveying water, gas etc. a container from which a substance can be squeezed, an underground railway in tube-shaped tunnel, टोंटी नली, नल, नली, भूगर्त रेल की पटरी

**tuberculosis** ट्यूबरकुलोजिज् *n.* a lung disease, an infectious disease esp. of the lungs in which tubercles form. क्षंय रोग, राज यक्ष्मा, तपेदिक

**tuck** टक् *v,n.* to fold, to draw, to roll together, to press clothes closely round, a fold stitched in a piece of cloth; लपेटना, वस्त्र इस्त्री करना, परत, तह

**Tuesday** ट्यूजडे *n.* third day in the week, मंगलवार

**tuft** टफ्ट् *n.* bunch of hair or feathers, a small bunch of hair, grass, feathers etc, बालों व पंखों का गुच्छा, जूड़ा

**tug** टग् *n,v.* a sharp pull, a violent pull, a strong pull, a tug-boat, a painful effort, to pull with force, to make a vigorous pull at, to labour, to drag, तेज झटका, नाव, कष्टप्रद प्रयास, खींचना, झटका देना

**tuition** ट्यूशन् *n.* teaching, instruction, the fee for teaching, private coaching, guardianship, शिक्षण, अध्यापन, पढ़ाई का शुल्क, रक्षण

**tulip** टलिप् *n.* a bell-shaped flower grown from a bulb, एक प्रकार का अनेक रंगों का पौधा

**tumble** टम्बल् *v.n.* to fall, to topple, to turn somersaults, to rumble, to roll, to toss, to do acrobatic tricks, to throw carelessly, to throw into disorder, a fall, a somersault, a confused state, a sprawl, गिरना, ठोकर खाना, उलट पुलट होना, कलाबाजी खाना, लुड़कना, अस्तव्यस्त करना, पतन, ठोकर, कलाबाजी

**tumbler** टम्बलर् *n.* an acrobat, a drinking-glass, uproar, a kind of pigeon, मदारी, नट, बड़ा गिलास, कोलाहल, एक प्रकार का कबूतर

**tumult** टमल्ट् *n.* great disorder, uproar, commotion, confusion with loud sounds, high excitement or agitation (tamultuous-a-noisy- उपद्रवी), उपद्रव, कोलाहल, हलचल, भंगदड़, हल्लागुल्ला

**tune** ट्यून *n.v.* concord, musical melody or air, to prepare an instrument for playing, to adjust radio circuit, स्वर, धुन, सुर, तान, रांग, उचित प्रकृति, सुर में रखना, ताल मिलाना

**tunic** ट्युनिक *n.* a short coat, a soldier's close-fitting coat, loose belted garment reaching to knees, छोटा कोट, सिपाही का छोटा कोट, घुटनों तक का कुर्त्ता

**tunnel** टनल् *n,v.* an underground passage, arched underground, passage esp. as track for railway line, burrow of a mole, to burrow, to dig a passage underground, सुरंग, भूगर्त रेलवे पटरी, छछूंदर की बिल, सुरंग खोदना, बिल खोदना

**turban** टरबन् *n.* headdress worn by men in the East, a long sash wound round the head or round a cap, पगड़ी

**turbid** टरबिड् *adj.* muddy, clouded, not clear, disturbed, confused, मैला, धुंधला, अस्पष्ट, कलुष

**turbine** टरबाइन *n.* an engine driven by jets of steam or water, kind of water-wheel, an engine used with curved blades, turned by the action of water, steam or gas etc; भाप व जल के पंखों से चलने वाला इंजन, वायु से चलाने वाला यन्त्र

**turbulence** टरबुलैन्स् *n.* great disorder, agitation, (turbulent-a-tumultuous-कलहकारी), गड़बड़, हुल्लड़, खलबली, दंगा, फसाद

**turf** टरफ *n.* earth on which grass is rooted, the surface of the earth filled with roots of grass etc, a sod, a race-course, घास वाली धरती, घास वाला ढेला, घुड़दौड़ का मैदान

**Turk** टर्क *n.* a native of Turkey, तुर्की का निवासी

**turkey;** टर्की *n.* large domestic fowl, liked as food; फील मुर्ग, पेरूपक्षी

**turmoil** टरमायल् *n.* tumult, uproar, confusion and bustle, commotion, agitation. कोलाहल, हल्ला गुल्ला, गड़बड़, भगदड़, विद्रोह

**turn** टर्न् *v,n.* to face in another direction, to revolve, to alter, to convert, to move round, to rotate, to reverse, act of turning, road, short walk, rotation, part of rotation, performance, inclination etc. मुड़ना, घूमना, बदलना, चक्कर काटना, वापसी, मोड़, चक्र, वारी, झुकाव इत्यादि

**turner** टरनर *n.* one who shapes articles on a lathe, one who forsakes his party or principles (turning-n- मोड़), खराद पर उतारने वाला, दल बदलू

**turnip** टरनिप् *n.* large ball-shaped root-vegetable; शल्जम, शल्गम की सब्जी

**turnover** टर्नोवर *n.* total money or trade taken in a business, act of turning over, rate of change or replacement, the total amount of the sales in a business during a certain time व्यापार में कुल लागत, परिवर्तन दर, निश्चित अवधि में कुल बिकरी

**turnpike** टर्न्पाइक् *n.* a gate across road where tolls are paid, सड़क महसूल की चौकी

**turpentine** टरपैन्टाइन *n.* spirit made from pine-tree resin, तारपीन का तेल

**turpitude** टरपिटयूड *n.* baseness, wickedness, depravity, कमीनापन, दुष्टता, दुराचार

**turret** टरैट् *n.* small tower often built on a wall, revolving armoured for guns in warship or fort कँगूरा, बुर्जी

**turtle** टर्टल् *n.* a sea-tortoise, dove, a beautiful softly-cooing dove, कछुआ, कच्छप, कूर्म, पेड़ुकी

**tusk** टस्क् *n.* a long, curving tooth or fang, long-pointed tooth esp. a protruding one, a long pointed, side tooth of certain animals, e.g. elephant, wild boar, etc. हाथी या सुअर का दाँत

**tussle** टस्सल् *n,v.* scuffle esp. in fun, struggle, wrestle, to struggle, to scuffle, मजाक मजाक में झगड़ा, हाथापाई, कुश्ती

**tutor** ट्यूटर् *n,v.* a teacher, instructor, one giving lessons, privately, or to individuals in college, guardian, one who is charge of education of another, to teach, to direct the studies of (tutorial-adj-pertains to teaching. शिक्षा सम्बंधी), अध्यापक, शिक्षक, संरक्षक, गुरू, उपाध्याय, पढ़ाना, शिक्षा दना

**twaddle** ट्वैडल् *n,v.* silly talk, nonsense, silly talk or writing, talk not worth listening to, to talk nonsense, बकवास, प्रलाप, बकबक, व्यर्थ की वार्त्ता, बकबक करना

**twain** ट्वेन् *adj.,n.* two, two people, things; दो, दो जने, युग्म, जोड़ा

**tweed** ट्वीड् *n.* a heavy woollen cloth एक प्रकार का ऊनी वस्त्र

**twelve** ट्वैलव *n.* one more than eleven, a dozen, बारह, दर्जन

**twenty** ट्वैन्टी*adj., n.* twice ten, the sum of nineteen and one, the symbol 20 or XX, बीस

**twice** ट्वाइस् *adv.* two times, once and again; दो बार, दुगना

**twig** ट्विग *n.* a small shoot or branch, टहनी, शाख

**twilight** ट्वाईलाइट् *n.* the faint light before sun rise and after sun-set, half light after sun-set and before dawn; सूयोर्दय व सूर्यास्त के समय की लालिमा, संधि प्रकाश, धूलिवेला

**twill** ट्विल् *n.* a kind of cloth, एक प्रकार का कपड़ा

**twin** ट्विन *n.* one of two children born together, जुड़वाँ, बच्चों में से एक

**twine** टवाइन् *v,n.* to twist together, to wind round one another, a strong twisted thread; लपेटना, बटना, ऐंठना, घुमाना, चढ़ाना

**twinkle** ट्विंक्कल *v,n.* to sparkle, to shine with dancing or quivering light, to shine with quick gleams, to blink one's eyes; चमकना, टिमटिमाना, आँख झपकना

**twist** टिवस्ट *v,n.* to wind or turn out of the true shape, to form (e.g. rope in the way, to form into a coil, to bend out of shape, to wrench round painfully, a wrench, violent turn, a wrench, रूप गिाड़ना, शक्ल खराब करना, अर्थ बदलना, फेरना, पीड़ा से दोहरा होना, मोड़ फेर, मरोड़, बल, पेच

**twitch** ट्विच् *v.* to jerk, to pluck, to give momentary sharp pull, to move jerkily, a sudden quick pull, a jerking of the muscles, झटका देना, तोड़ना, झपटना, बलपूर्वक छीनना, आक्षेप, झटका, मरोड़

**twitter** ट्विटर *n,v.* chirping notes of a bird, slight nervous excitement, to chirp, to make small noises, to be excited, पक्षियों का चह चहाना, चूँ चूँ करना, प्रलाप करना, शोर, चूँ चूँ

**tying** टाईंग् *n.* the fastening with a knot; (tie-vb. बांधना), गाँठ लगाना

**type** टाइप् *n,v.* letters and symbols from which books are printed, specimen, sample, a kind of species, class, model, pattern, to classify, to print with typewriter (typist-n-one who operates typewriter ठप्पा, छाप, चित्र, मोहर, नमूना, वर्गीकरण करना, छापना

**typhoid** टाइफाइड *n.* fever attacking intestines, an infectious fever, an enteric fever caused by use of food or water contaminated by the typhoid bacillus, छूत का रोग, मुनियादी ज्वर, सन्निपात ज्वर

**typhoon** टाइफोन *n.* a violent tropical tarnado in the Chinese and Japanese seas, a violent hurricane, a violent storm of wind in the Chinese seas, a whirlwind, चीन सागर में उत्पन्न होने वाली तेज आँधी, चक्रवात, बवण्डर

**typical** टिपिकल् *adj.* true to type, characteristic, serving as an example or model of a type or species, having to do with type, अपनी प्रकार का, नमूने का, आदर्श भूत, लाक्षणिक

**typography** टिपोग्राफी *n.* the art of printing, the general appearance of printed matter. मुद्रण कला, सीसे से अक्षरों का छापा

**tyranny** टिरेनी *n.* cruelty, oppression, the rule of a tyrant, complete power used unfairly, or cruelly, harshness, despotism, severity, cruel government (tyrant-n an appressive ruler प्रजा पीड़क), अत्याचार, क्रूरता, दबाव, अन्याय, ज़ुल्म, निष्ठुरता, प्रजा पीड़न, क्रूर शासन

**tyre, tire** टायर *n.* metal band or rubber tube round the rim of a wheel, a metal hoop that binds the rim of a wheel, a hoop of thick rubber solid or filled with air, fitted round a wheel rim; पहिए के टायर, हवा भरने वाले रबड़ के टायर

**tyro** टायरों *n.* a beginner, novice; नवसिख, बच्चा, नवशिष्य, अपूर्ण

# U



**U** यूthe fifth vowel and the twenty-first letter of the English alphabet अंग्रजी भाषा का पाँचवा स्वर तथा इक्कीसवां अक्षर, इसका उच्चारण, अ,उ,यु,व,यू होता है

**ubiquity** आबिकक्वटी *n.* being everywhere at once, omni presence, (obliquitous-a-existing everywhere; सर्वव्यापक), सर्वव्यापकता

**udder** अड्डर *n.* bag from a cow gives milk, milk secreting organ of cow, the glandular organ of a mammal which secrets milk; पशु का स्तन, थन

**ugly** अग्ली *adj.* unpleasant to see, dangerous, ill-natured, deformed, morally repellent, that which is offensive to the eye, hideous, repulsive to the sight, threatening (ugliness-n-unpleasantness कुरूपता), कुरूप, भद्दा, भयानक, निंदनीय, नेत्रों को चुभने वाला

**ulcer** अलसर *n.* an open sore, a boil, superficial sore discharging pus, a break in skin or mucous membrane, often with pus; फोड़ा, नासूर, दोष

**ultimate** अल्टीमेट् *adj.* furthest away, last, primary, conclusive, final, extreme, utmost, (ultimately-adv-finally अन्ततः), अंतिम, पिछला, प्रमुख, अंतिम

**ultimatum** अल्टीमेटम् *n.* final proposition, final terms offered, the last offer or demand, a final demand made by one party to another, containing a threat to break off peaceful discussion. अंत की बातचीत, अंतिम शर्तें, अन्त्य प्रतिज्ञा, चेतावनी भरी अंतिम मांग

**ultimo** अल्टीमो *adv.* in the month preceding the present one, in the last month, in the month just past; गत मास, पिछला महीना,

**umbrella** अम्ब्रेला *n.* a folding cloth-covered frame to hold over the head, a folding circular cover of silk, nylon, etc. on stick, carried in hand to protect again rain or sun, a folding shelter against rain, carried in the hand, a protective force of aircraft, general cover, a protection; छाता, छतरी, छत्तर

**umpire** अम्पायर *n,v.* one chosen to act as judge in games and disputes, a referee, a person chosen to decide question, or to decide disputes and enforce rules in a game; an arbitrator, a third party to whom a dispute is referred for settlement; खेलों में निर्णेता, पंच, मध्यस्थ, प्रमाण पुरुष

**unabashed** अनअबैश्ड् *adj;* undaunted, bold, not ashamed, साहसी, धीर, लज्जित न होने वाला

**unable** अनएबल् *adj.* powerless, not able, weak, impotent, not having sufficient strength; शक्ति हीन, अयोग्य, दुर्बल, नपुँसक, असमर्थ

**unabridged** अंनऐब्रिजड् *adj.* complete, not shortened, not curtailed, full, not cut by editing; पूरा, अंसक्षिप्त, बिना संक्षेप के

**unaccountable** अनएकाउटेबल् *adj.* that cannot be explained, not responsible; अवर्णनीय, जिसकी व्याख्या न हो सके, अनुत्तरदायी, तर्क हीन, लाजवाब

**unanimous** युनैनिमस् *adj.* agreeing, of one mind, with the agreement of all, agreeing in opinion, agreed to by all (unanimously-adv-with one opinion एक मत से), सहमत, समान विचार का, सर्वसम्मति से, एक रंग, मुतफिक

**unassuming** अनएज्युमिंग *adj.* modest, humble, not bold or forward, not arrogant, not assuming, सादा, नम्र, विनीत, शिष्ट, अहंकार रहित

**unattached** अनअटैच्ड् *adj.* free, at liberty, not attached, single, स्वच्छन्द, असम्बद्ध, न जकड़ा हुआ

**unavailing** अनअवेलिंग् *adj.* of no avail, useless; vain, ineffectual, achieving nothing, निरर्थक, निष्फल, व्यर्थ, बेकार

**unaware** अनअवेअर *adj.* having no information, ignorant, without thought, inattentive, (unawares-adv-suddenly एकाएक, सहसा, अलक्षित, अचानक, बेखबरी में

**unbecoming** अनबिकमिग् *adj.* unsuitable, unseemly, improper, unworthy of, not what should be expected from the person or in the circumstances, अनुचित, अयोग्य, जो शोभा न दे, अशोभन, नामुनासिब

**unblemished** अनब्लैमिशड् *adj.* pure, faultless, without blemish शुद्ध, निर्दोष, पवित्र, निष्कलंक

**uncanny** अनकेनी *adj.* mysterious, weird, dangerous, unpropitious, more than human. रहस्यपूर्ण, विलक्षण, भयानक, अलौकिक

**uncivil** अनसिविल् *adj.* impolite, discourteous, rude, अविनीत, अशिष्ट, गँवार

**uncivilized** अनसिविलाइज्ड् *adj.* ill-mannered, boorish, not polite, rude, uncultured, असभ्य, जंगली, अशिष्ट, फूहड़

**uncle** अँकल् *n.* one's father's or mother's brother, one's aunt's husband, चाचा, मामा, काका, मौसा, फूफा, मासड़

**unconcerned** अनकन्सरण्ड् *adj.* indifferent, unmoved, not anxious, unsolicitous, विमुख, निर्मोही, उदासीन, बेपरवाह

**unconditional** अनकन्डीश्नल् *adj.* without conditions, absolute, unreserved, complete; बिना शर्ते, असंयत, बिना सम्बंध का पूर्ण

**uncongenial** अनकन्जीनिऊल् *adj.* unpleasant, disagreeable, जो सुखद न हा, जो मेल न खाए

**unconquerable** अनकंकरेबल् *adj.* that cannot be brought under control, invincible, अजेय, जो जीता न जा सके

**unconscious** अनकान्शस् *adj.* insensible, senseless, unaware, not knowing, not present to the conscious mind, not conscious of self, मूर्छित, अचेत, बेखबर, बेहोश, अनजान

**unconstitutional** अनकान्स्टिट्यूशनल् *adj.* unlawful, illegal, contrary to the constitution, not authorized by the constitution, अवैध, गैरकानूनी, असवैधानिक, कानून के विरुद्ध

**uncontrollable** अनकन्ट्रोलेकबल् *adj.* unmanageable, unruly, not capable of being controlled, बेरोक, असंयमशील, बेलगाम, वश से बाहर

**unconvincing** अनकन्विन्सिग *adj.* uncertain, indecisive, अनिश्चित, अविश्वसनीय

**uncouth** अनकाउथ *adj.* clumsy, awkward, grotesque, कुरूप, भद्दा, बेडौल

**undaunted** अनडान्टिड् *adj.* brave, fearless, bold, intrepid, courageous, साहसी, निडर, बहादुर, अडिग, धीर

**undecayed** अनडिकेट *adj.* unweakened, strong, not decayed, दृढ़ बलवान्, अजीर्ण, जिसका नास न हुआ हो, जो मुरझाया न हो

**under** अंडर *prep, adv,* beneath, below, less than, signed by, in subordination to, in a lower degree, lower, नीचे, कम, अधीन, तले, वश में

**underbid** अंडरविड् *v.* to offer less than another, in an auction, कम बोली देना

**underestimate** अंडरएस्टिमेट *v.* to undervalue, to be little, to think less, strong, great etc that he, it really is, कम दाम लगाना, नीचा समझना, कम अनुमान लगाना,

**undergo** अंडरगो *v.* to bear, to suffer, to endure, to experience, to go through, सहन करना, कष्ट करना, बर्दाश्त करना, अनुभव करना, भुगतना

**undergraduate** अंडरग्रेडयुएट् *n.* student member of college who has not taken degree, a student who has not taken his first degree; कालेज का बिना डिग्री प्राप्त छात्र, अस्नातक

**underground** अंडरग्राउड् *adj.* below the ground, subterranean, secret but organised resistance to government in power, railway system under the ground, secret; धरती के नीचे, भूगर्भ में, राज्य के विरुद्ध गुप्त गति विधियां, भूगर्भ में बनी रेल पटरी, तहखाना

**undergrowth** अंडरग्रोथ *n.* shrubs growing among larger trees, low woody plants growing among trees, वृक्षों के नीचे उगने वाली झाड़ी, कुषोपण

**underhand** अंडरहैन्ड *adj.* sly, secret, fraudulent, mean, clandestine; रहस्य, गूढ़, निन्दय्, ठग्, नीच

**underlie** अंडरलाई *v.* to support, to form the foundation, to lie beneath, to be liable to, पुष्टि करना, नीचे बनना, नीचे होना, नीचे रहना, छिपना

**underlying** अंडरलाइज् *adj.* lying under, basic, inferior, subordinate छिपा हुआ, मौलिक, घटिया, नीचे वाला

**underneath** अडरनीथ *adv, prep.* beneath, below, in a lower place, नीचे, निचले स्तर पर, नीचे की ओर

**understand** अनडरस्टैन्ड *v.* to know the meaning of, to comprehend, to infer, to take for granted, to know thoroughly, to gather, to take as meant though not expressed. (understanding-n-intelligence समझ), समझाना, अनुमान लगाना, मान लेना, पूरी जानकारी लेना, छिपा हुआ भाव

**undertake** अंडरटेक*v.* to try, to attempt, to promise, to guarantee, to take upon oneself, to enter upon, to make oneself responsible for (undertaker-n-one who makes funeral arrangements- प्रेत कर्म कराने वाला), प्रयत्न करना, बचन देना, ओटना, काम को हाथ में लेना, जुम्मेदारी लेना

**undertaking** अंडरटेकिंग *n.* a venture, an enterprise, a business; work, project, guarantee, a pledge, promise; जोखों, कार्य, व्यवसाय, प्रवृति,

**underwear** अंडरवीअर *n.* undergarments, underclothes garments worn next to skin, जाँघिया, नीचे पहनने का वस्त्र

**undesirable** अनडिजाइरेबल् *adj.* not deserved, unmerited, not to be wished for, objectionable, not to be desired, अनुचित, अयोग्य, अनिष्ट, आपत्ति जनक, अवाँच्छनीय

**undiscovered** अनडिस्कवर्ड *adj.* not found out, hidden, not discovered, गुप्त, छिपा हुआ, आविष्कार न किया हुआ

**undo** अनडू *v.* to reverse what has been done, to open, to annul, to unfasten, to untie, to ruin, चौपट करना, नाश करना, ढीला करना, खोलना, दरिद्र करना

**unduly** अनड्युली *adv.* excessively, improperly, not legally, अत्यन्त, अनुचित ढँग से, गैरकानूनी ढँग

**unearth** अनऊर्थ *v.* to disclose, to dig up, to discover, to derive from the earth, to bring to light (unearthly-a-not earthly अपार्थिव), उघाड़ना, भूमि से बाहर निकालना, खोजना, प्रकाश में लाना

**uneasy**अनईजी *adj.* restless, anxious, disturbed, constrained, disagreeable, not certain to last, अशान्त, बे आराम, उत्सुक, बेचैन, अरोचक, व्याकुल, डाँवाडोल

**uneducated** अनएज्युकेटिड *adj.* untaught, ignorant, illiterate, not educated, अशिक्षित, अनपढ़

**unemployed** अनएम्प्लाइड् *adj.* out of work, idle, not in use, not occupied, not employed, not put to use, बेरोजगार, खाली, बिना धन्धे के, अप्रयुक्त , ठाली

**unending** अनएन्डिंग *adj.* everlasting, eternal, having no end, not ending, permanent, स्थायी, अनन्त, शाश्वत, पक्का, सदा रहने वाला, नित्य

**unequal** अनईक्वेल *adj.* not equal, not regular, inferior, not uniform, अतुल्य, असमान, अनियमित, घटिया, जो बराबर न हो

**uneventful** अनइवैन्टफुल *adj.* calm, not eventful, शान्त, महत्व हीन

**unexpected** अनऐक्सपेक्टिड *adj.* not foreseen, surprising, not expected, sudden, अप्रत्याशित, आश्चर्यजनक, जिसकी आशा न हो, अचामक, सहसा

**unfailing** अनफैलिग् *adj.* sure, to be counted on, never giving out, not failing, not liable to fail, not capable of being exhausted, certain, dependable, पक्का, निश्चित, बिश्वसनीय, अनथक, अचूक, अवश्यम्भावी

**unfair** अनफेअर *adj.* not fair or just, wrong, not honest, not impartial, using trick, disingenuous, अनुचित, गलत, बेईमान, पक्षपात पूर्ण, चाल बाज

**unfaithful** अनफेथफुल *adj.* disloyal, decitful, treacherous, perfidious, negligent of duty, violating trust or confidence, भक्तिहीन, ठग, झूठा, कर्त्तव्यहीन, अविश्वसनीय

**unfattered** अनफैटर्ड् *adj.* free, not restrained or checked, unchained, unshackled; स्वच्छन्द, बंधन रहित, विना बेड़ी के

**unflinching** अनफ्लिचिंग् *adj.* bold, brave, not shrinking, not flinching, determined, साहसी, वीर, बिना मदिरा पीए हुए, अडिग, हढ़ संकल्प

**unfold** अनफोल्ड *v.* to open, to display, to disclose, to reveal, to spread out, to open folds, to expand, to declare खोलना, अनावरण करना, दिखाना, भेद खोलना, प्रकट करना, फैलाना

**unforgettable** अनफारगैटेबलः *adj.* memorable, exceptional, never to be forgotten because of beauty or honour etc. अविस्मरणीय, अपवाद भूत, अद्‌भूत, जिसे भुलाया ना जा सके

**unforgiving** अनफारगिविंग *adj.* hard, merciless, cruel, not forgiving, कठोर, निदर्य, क्रूर, निर्मम, क्षमा न करने वाला

**unfortunate** अनफारटयूनेट *adj.* unlucky, ill fated, wreteched, not successful, not prosperous, not fortunate, निर्भाग, भयहीन, असफल, बेचारा, हत भाग्य, अभागा

**unfriendly** अपफ्रैंडली *adj.* hostile, not friendly, antagonistic, not favourable, not kind or benevolent, not kind or benevolent, निराधार, बेपेदा, झूठा, बेकार, आलसी, अस्थापित

**ungainly** अनगेन्ली *adj.* clumsy, awkward, not expert, uncouth, विरोधी, अमित्रतापूर्ण, शत्रु, अनुदार, कटु

**ungrateful** अनग्रेटफुल adj. thankless, unthankful, not obliging, not grateful, unacceptable, unpleasing, making ill-returns for kindness, कृतघ्न, अनादर करने वाला, अप्रसन्न

**unhandy** अनहैण्डी *adj.* clumsy, unskilled, awkward, ill-shaped, भद्‌दा, फूहड़, बदसूरत

**unhappy** अनहैपी *adj.* not happy, sad, miserable, unfortunate, disastrous, अप्रसन्न, उदास, दुखी, भाग्यहीन, मंदभाग्य

**unhealthy** अनहैल्थी *adj.* wanting in health, sickly, ill, unwholesome, unsound, morbid, abounding with disease, morally -undesirable. अस्वस्थ, रोगी, रूग्ण, बीमार, आलसी, दुराचारी

**unhesitating** अनहैजिटेटिंग् *adj.* prompt, ready, not hesitating, not remaining in doubt, उद्यत, हढ़ चित्त, बेझिझक, निश्शंक

**unicorn** यूनिकार्न *n.* fabled animal with a single straight horn, एक सींगा, गेण्डा,

**uniform** यूनिफॉर्म *adj. n.* always the same, not changing, constant, regular, not different, not varying, dress worn by soldiers etc. सदा एक सा, बराबर, न बदलने वाला, नियमित, सैनिक इत्यादि का वेष,

**unify** यूनिफाई *v.* to make as or into one, to consider as one, एकाएक करना, एक समझना

**unilateral** यूनिलेटल् *adj.* having one side, being on one side only, एक भुजा वाला, एक तरफा

**unimaginable** अनइमैजिनेबल् *adj.* dull, having no imagination, not to be imagined, not to be conceived, शुष्क, कल्पनारहित, अकल्पनीय, अचिन्त्य, विचारतीत

**unimpaired** अनइम्पेअर्ड *adj.* not diminished, not impaired, not enfeebled by time or injury; जिसमें न्यूनता न हो , समय व चोट से अप्रभावित

**uninhabited** अनइनहैबिटेड् *adj.* empty, deserted, not inhabited by men, having no inhabitants, खाली, उजड़ा हुआ, वीरान, निर्जन, जनशून्य

**unintellegible** अनइन्टलैजिबल *adj.* not able to be understood, that cannot be understood, दुर्बोध, अस्पष्ट, जो समझ में न आए

**unintentional** अनइनटैन्शनल *adj.* not intended, accidental, not intentional, not designed, done or happening without designs; बिना इच्छा के, बिना अभिप्राय के किया हुआ

**uninteresting** अनइन्ट्रेस्टिंग *adj.* not interesting, boring, tedious, dull, not exciting interest, not engaging the mind or passion. शुष्क, नीरस, उबाने वाला, रूखा, मन को न लुभाने वाला

**union** यूनिअन *n.* an association of workers for trade purposes, a joining of countries under one government or sovereign, joining into one, federation, trade union, combination of societies, concord, harmony, combination, संगठन, जोड़, एकता, संस्था, सभा, संघ

**unison** यूनिसन् तुल *n.* agreement, harmony, concord, accordance of sounds, मेल, सधि, सामंजस्य, समझसैता, स्वैक्य, एक तान

**unit** यनिट् *n.* single thing or person, standard quantity, group of people or things with one purpose, the least whole number, body of objects taken as one; एक, एक लक्ष्य वाले लोग, इकाई, बाहिद, एकांक

**unite** युनाइट *v.* to join together, to combine, to amalgamate, to connect, to associate, to cause to adhere, to become one (unity. n- concord. मेल), मिलना, मिलाना, साथ लेना, जोड़ना, एक करना

**universal** यूनिवर्सल् *adj.* belonging to all, known every where, general, whole, comprising all, of the universe, existing everywhere, entire, सार्वजनिक , सर्वविख्यात, सार्वलौकिक, विश्वसंबंधी, सम्रग, सर्वव्यापी

**university** .यूनिवर्सिटी *n.* institution where instruction is given in all branches of learning, centre of learning having power to grant degree, the instituiton where the higher branches of arts and sciences are taught and degrees conferred, विश्वविद्यालय, मण्डल, विद्यालय, विद्यालयगण

**unjust** अनजस्ट *adj.* not just, not fair, unfair, dishonest, faithless, partial, अन्यायी, अनुसूचित, खराब, बेईमान, पक्षपाती

**unkempt** अनकैम्ट् *adj.*of rough or uncared for appearance, untidy, uncombed, भद्दे, बिखरे हुए, मैले, बिना कंधी किए हुए बाल

**unless** अनलैस् *conj.* if not,except, supposing that not, but यदि नही, जब तक नही, सिवाए, लेकिन

**unruly** अनरूली *adj.* badly behaved, ungovernable, disorderly, misbehaved, disobedient, not obeying laws or rules, अशिष्ट, अभद्र, बेलगाम, क्रमरहित, अवज्ञाकारी

**until** अनटिल् *prep.* upto the time of, till, to the time when, to, as for as, उस समय, उस समय तक, को जहां तक, जब तक

**untold** अनटोल्ड् *adj.* vast, unaccountable, too great to be counted or measured, not related, not told. विस्तृत, गुणातीत, जो गिना न मापा जा सके, अवर्णित, अकथित

**untoward** अनटुवर्ड. *adj.* awkward, inconvenient, unfortunate, not easily guided, असुविधा जनक, अभद्र, भाग्यहीन, बेकाबू, हठी,

**untrue** अनट्रू. *adj.* false, in accurate, faithless, disloyal, inconstant झूठा, अशुद्ध, भक्तिहीन, अवज्ञाकारी, अस्थिर

**unusual** अनयूजुअल् *adj.* uncommon, strange, rare, not usual, extraordinary, not common, exceptional असाधारण, विचित्र, दुर्लभ, विलक्षण, अपूर्व

**unwell** अनवैल् *adj.* *ill*, indisposed, not in good health, बीमार, अस्वस्थ, रोगी

**unwholesome** अनहसेलसम् *adj.* not good for health. not wholesome , repulsive अस्वास्थ्य कर, हानिकारक, अहितकर

**unwieldy** अनवील्डी *adj.* bulky, awkward to handle, ponderous, not easily moved or handled; बोझल, भारी, स्थूल

**unwise** अनवाइज *adj* foolish, rash, not wise, injudicious, मूर्ख, जल्दबाज, निबुर्द्धि.

**unwanted** अनवोन्ट्डि *adj* rare, extraordinary, unused, unaccustomed, दुर्लभ, अनूठा, अनभ्यस्त, अलौकिक

**unworthy** अनवरदी *adj.* not worthy, bad, dishon ourable, discreditable, base , not deserving, vile, unbecoming; अयोग्य, बुरा, सम्मान-रहित, तुच्छ, बेकार, अशोभनीय

**unwrap.** अनरैप् *v.* to open, to undo, खोलना, उघाड़ना

**unyielding** अनईल्डिंग *adj.* firm, determined, not yielding , obstinate, stiff; हठी, हढ़ सकल्प, न हारने वाला, उद्दण्ड, कठोर

**up** अप् *adv.* to a higher place, on high, out of bed, over, finished quite उच्च स्थान की ओर, ऊपर, बिस्तर से बाहर, समाप्त, बिल्कुल .

**upbraid** अपब्रेड् *v.* to blame, to find fault with, to reproach, to chide, (upbraiding. n. rebuke फटकार ), दोष देना, फटकारना, झिड़कना.

**uphold** अपहोल्ड. *v.* to defend, to support, to maintain, to elevate, to sustain कायम रखना, पुष्टि करना, बनाए रखना, उभारना,

**upholster** अनहोल्सटर् *v.* to stuff and cover chairs etc, to put coverings on, to supply carpets etc, to fit for furniture, to supply with house-furnishings. चारपाई, विछावन, पर्दे इत्यादि से युक्त करना, घरेलू सामग्री जुटाना

**upkeep** अपकीप् *n.* cost of keeping anything in good order, maintenance, means of support, देखभाल, संभाल का खर्च, आधार के साधन

**upland** अपलैंड् n. high ground, hilly country, ground elevated above meadows and valleys, उच्च भूमि, पर्वतीय प्रदेश

**upon** अपान् *prpe. on,* resting on the top or surface, relating to, not under, ऊपर, सतह पर स्थित, संबंधित, नीचे नही

**upper** अपर् *adj.* higher in place, situated above, higher in position, dignity etc ऊपरी, बढ़कर, उच्च पद वाला

**upright** अपराइट् *adj.* erect, vertical, honest, straight forward, standing straight up just and honest, perpendicular, equitable (upright ness. n. honesty. स्पष्टवादिता) , सीधा, स्पष्ट, सच्चा, साफगो, सीधा खड़ा

**uprise** अपराइज् *v.* to rise up, to revolt, to ascend, (uprising-n. revolt विद्रोह ), विद्रोह करना, षड्यन्त्र रचना, ऊपर चढ़ना

**uproar** अपरोर *n.* noisy disturbance, tumult, noise and shouting , bustle and clamour; कोलाहल, हल्लागुल्ला, शोर शराबा, ऊधम

**uproot** अपरूट *v.* to pull up by the root, to move from an old home and friends, to tear up by the roots, to destroy, निर्मूल करना, जड़ उखाड़ना, नष्ट करना

**upset** अपसैट *v. n.* overturn, to disarrange, to confuse, to cause discomfort, to distress, confusion, trouble, overturning, उलटपुलट करना, कम तोड़ना, गड़बड़ करना, बेचैन करना, कष्ट देना, बेचनी, कष्ट, उलट पुलट

**upshot** अपशॉट् *n.* outcome, end , the result, consequence,; end, final issue, the last shot, the result or end of a matter परिणाम , समाप्ति, नतीजा, अंतिम दाव,

**upstairs** अपस्टेअर्स *n.* in or to an upper storey, on an upperfloor, the upper part of a house, ऊपरी मंजिल, मकान का ऊपरी खंड

**upstart** अपस्टार्ट *n.* one who rises suddenly to wealth, power etc, one who suddenly rises from a humble position to wealth or in fluence; नया धनिक, नया रूपए वाला, जिसका भाग्य रातों रात चमक उठे

**upward** अपवर्ड *adj.* onerhead, towards something higher (upwards- ad. v. more अधिक) ऊपर, ऊपर की ओर, सिर पर

**uranium** यूरेनियम् *n.* hard, whiteradio-active metal, एक धातु तत्व

**uranus.** यूरेनस *n.* planet next beyond Saturn; एक नक्षत्र

**urban** अरबन् *adj.* belonging to a town, relating to town or city, consisting of, or living on city or town, refined, polished, नागरिक, नगर का, नगर निवासी, शिष्ट

**urbane** अरबेन् *adj.* polite, well-mannered, polished, courteous, civil, refined, नम्र, सुशील, शिष्ट, शीलवान

**urchin** अरचिन. *n.* a child, a hedgehog, a sea-hedgehog, a small boy, a dirty and ragged boy, बच्चा, जंगली चूहा, गंदा और गरीब लड़का, छोकड़ा

**urge** अरज् *v, n.* to push, to press, to drive on, to entreat, to exhort earnestly, to try to persuade, a strong impulse, a longing, a yearning (urgency- n. earnest necessity आग्रह ), धकेलना, दबाना, अनुनय करना, प्रेरणा देना, बाध्य करना, भारी प्रेरणा, उत्सुकता

**urgent.** अरजैन्ट् *adj.* needing immediate attention, eagerly pressing for action, pressing with necessity, importunity, अनिवार्य, अत्यावश्यक, जरूरी, आवश्यकता, आग्रह.

**urn** अर्न् *n.* a large vase with a foot and usually rounded body, a vessel used for keeping the ashes of the body, a large metal can, with top, for making tea, etc, अस्थि-कलश, शव-भस्म रखने का पात्र, सुराही, फूल दान

**usage** यूजेज् *n.* act of using, customary way of using, habit, treatment, habitual or long continued use or custom प्रयोग, रीति, रिवाज, स्वभाव, व्यवहार, आचरण

**use** यूज़्. *v. n.* to employ, to do something with, to consume, to exhaust, to avail oneself of to accustom, to habituate, to possess or enjoy for a time, profit, employment, the work done, the gain, the benefit. (useful. a. profitable लाभप्रद), लगाना, प्रयोग करना, खत्म करना, लाभ उठाना, अभ्यस्त होना, लाभ, धन्धा

**usher** अशर् *n. v,.* person who takes people to their seats, one who introduces strangers, an under-teacher, to introduce, to bring in, to lead, to announce, to inaugurate, द्वारपाल, दूसरों से परिचय कराने वाला, प्रवेशक, उपशिक्षक, परिचय कराना, प्रवेश करना,. भेंट करना

**usual** यूज़ूअल् *adj.* habitual, ordinary, common, normal,customary, done, happening, etc most often (usually-adv-generally प्रायः ), साधारण, सामान्य, मामूली, आम, व्यावहारिक, प्रायः होने वाला.

**usurp** यूज़र्प v. to seize wrongfully another's place or property, to seize power or rights belonging to another, to take possession of by force; दूसरे का धनदौलत हड़प करना, जबरदस्ती अधिकार करना, हड़पना

**uitensil** युटैन्सिल् *n.* vessel, implement, household tool or vessel in eveyday use, vessels used in everyday life, or domestic work रसोई के पात्र बर्तन.

**uterus** यूट्रस. n. womb. गर्भाशय

**utility** युटिलिटी. *n.* usefulness, benefit, a useful thing, the profit, a useful service, intrinsic value (utilise-v-to make use of. उपयोग करना ), लाभ, उपयोगिता, लाभकारी वस्तु, अर्थ, फायदा

**utmost** अटमोस्ट् *adj* . extreme, furthest, most distant, the greatest, strongest अत्यधिक सीमा, बहुत आगे, बहुत दूर, सबसे बड़ा, बहुत मजबूत

**utopia** युटोपिआ *n.* imaginary land, the social state of the highest perfection, ideal, visionary (utopian- a-ideal. काल्पनिक) , काल्पनिक भूमि, सामाजिक पराकाष्ठा की स्थिति

**utter** अटर *v, adj.* speak, to pronounce, to express, to give, to make public, to put into circulation, complete, total, absolute (utterance-n. anything said उदाहरण), कहना, घोषणा करना, व्यक्त करना, पूरा करना, बिल्कुल, सर्वथा

**utterly** अट्टरली *adj.* completely, fully, totally, to the full extent, पूरी तरह से, पूरी सीमा तक

# V

## VACANCY-VULTURE

**V.**वी. the twenty second letter of the English alphabet, अंग्रेजी वर्ण माला का बाईसवा अक्षर

**vacancy** वेकैन्सी *n.* emptiness, an unfilled situation, idleness, listlessness, an unoccupied place, empty space, (vacant-empty रिक्त), खाली स्थान, रिक्तता, आलस्य, शून्यपद

**vacate** वेकेट् *v.* to leave, to quit, to leave empty, to annul, to give up the possession of; छोड़ना, खाली करना, अधिकार छोड़ना

**vaccinate** वैक्सीनेट् *v.* to sufeguard against smallpox, to innoculate with vaccine as protection against smallpox. (vaccination-n-protection against smallpox माता छापना), चेचेक का टीका लगाना, नश्तर लगाना

**vacillate** वैसीलेट *v.* to oscillate, to waver, to fluctuate in mind, to hesitate, to sway to and fro, to show indecision (vacillation-n-indecision अस्थिरता),आगे पीछे होना, झूमना, लहराना, झिझकना, इधर उधर डोलना, अस्थिरता दिखाना

**vacuum** वैक्युअम् *n.* the space empty of all matter, space from which all air has been taken or gas has been removed, void, a space devoid of all matter शून्य स्थान, आकाश

**vagabond** वैगाबांड् *adj, n.* wandering , having no fixed habitation, having no settled home , a rascal, an idle wanderer, one who has no settled home, tramp , idle scamp, आवारा, बदमाश, स्वेच्छाचारी, निरूद्देश्य घूमने वाला

**vagary** वैग्री *n.* a whim, a wild freak, un accountable proceeding, queer fancy, odd or unexpected behaviour ( vagrant-a-a nomad- स्वेच्छाचारी),वहम, मन मौज, बुद्धि - चापल्य,

**vague** वेग् *adj.* uncertain, not clear in meaning, indistinct, not definite, not clear, not precise, unsettled अनिश्चित, अस्पष्ट, धुँधला, असंदिग्ध, अनिर्णनीत

**vain** वेन् *adj.* useless, proud, conceited, worthless, unavailing, foolish, unsuccessful, empt(vainglorious-a-boastful अहंकारी), व्यर्थ, घमंडी, कपटी, बेकार, मूर्ख, असफल, सारहीन,

**vale** वेल् *n.* a small valley, a dale , a tract of low ground esp. between hills, छोटी घाटी, दर्रा, दो पर्वतों में की निचली धरती

**valediction** वैलिडिक्शन् *n.* a farewell, good-bye, समापन समारोह, विदाई समारोह

**valedictory** वैलिडिक्टरी adj. saying farewell, binding farewell, a parting address; विदाई देना, विदाई भाषण

**valentine** वैलन्टाइन् *n.* a love-token sent on St. Valentine's Day. 14th February, sweetheart chosen on that day, प्यार का चिन्ह, प्रिय, प्यारी, प्रेमिका, माशूका

**valet** वैलेट् *n.* gentleman's personal servant, a man's personal attendant, a mans' servant who looks after his masters' clothes, etc दास, टहलवा, नौकर, सेवक

**valiant** वेलिऐन्ट *adj,.* brave, fearless, courageous, bold in danger, heroic, वीर, निडर, धीर, साहसी

**valid** वैलिड् *adj.* lawful, true, sound, capable of being justified, acceptable, legally in force (validity-n-soundness ), कानूनी, सच्चा, ठोस, न्याय, पक्का, दृढ़

**valley** वैली *n.* a vale, low land lying between hills river basin, low tract of ground between hills usually traversed by a river, घाटी, पहाड़ों के बीच की जगह, दर्रा, उपत्यका

**valour** वैलर् *n.* courage, gallantry, bravery in battle, stoutness of heart. (valorous-a-brave वीर), धैर्य, वीरता, युद्ध कौशल, दृढ़ता

**valuable** वैल्युएबल् *adj.* precious, prized, costly, expensive, worthy, having considerable value (value-n. price मूल्य) कीमती, मूल्यवान, खर्चीला, बहुमूल्य, प्यारा, योग्य

**valued** वैल्यूड *adj.* priced, much thought of, estimated, highly esteemed, बहुचर्चित, बहुत कीमती, मूल्य स्थिर किया हुआ

**valve** वाल्व् *n.* device to control passage of fluid, etc through pipe, a lid or cover opening in one direction and shutting in another, one of the divisions of a shell छिलका, पर्दा, ढकना, सुराख का ढकना जो एक ओर खुले

**vampire** वैम्पायर् *n.* a blood-sucking ghost, person who preys on others, a bloodsucker, a fabled demon that sucks the blood of persons asleep, a kind of bat, रक्त पीने वाला राक्षस, प्रेत, दूसरों का खून पीने वाला, सोये हुओं का रक्त पीने वाला राक्षस, चमगादड़

**van** वैन*n.* covered vehicle especially for goods a large delivery-cart front post of an army or fleet, , railway guard's and luggage coach. गाड़ी, सेना मुख, रेलवे गार्ड और डिब्बे

**vandal** वैन्डल् *n.* a hooligan, a destroyer of beautiful things, one who wantonly damages or destroys, a barbarian, a person who damages a public building or other property (vandalism-n-गुंडागर्दी), गुंडा, दुष्ट, असभ्य, क्रूर, जंगली

**vane** वेन् *n.* a weathercock, blade of a propeller etc पवन निरीक्षक, वायुगति दर्शन-यन्त्र, हवाई चक्की का पंखा, तीर का पर

**vanish** वैनिश v. to disappear, to pass out of sight, to fade away, to pass away, विलीन होना, छिपना, ओझल होना, मरना

**vanity** वैनिटी *n.* self-praise, conceit idle or empty show, vain or futile pride, empty display, ostentation, emptiness, झूठा दिखावा, घमंड, अहंकार, निस्सारता

**vanquish** वैन्क्विश् *v.* to subdue in battle, to conquer, to overcome,to refute, to defeat, हराना, परास्त करना, दबाना, अलंघन करना, जीतना

**vantage** वैन्टेज् *n.* benefit, the advantage, a position favourable for success in a contest or from which one has a clear view, in lawntennis the first point after deuce; लाभ, हितकारी, दशा, सुविधा, उत्कर्ष, श्रेष्ठ पद

**vaporize** वैपराइज *v.* to boil, to turn or convert in to vapour, to brag, उबालना, भाप में बदलना, झाग पैदा करना, इतराना

**vapour** वैपर *n.* the gaseus form of a liquid or solid substance,water in the atmosphere, steam, mist, anything in the form of a gas, भाप, वाष्प, धुंध, धुँआ

**variable** वैरिएबल्*adj.* fickle, changeable, inconstant, alterable (variation-n-change परिवर्तन), परिवर्तन शील, बदलने वाला, अस्थिर, विकारशील

**varied** वैरिड् *adj.* different, unlike one another, various, partially changed, altered, भिन्न, एक दूसरे से अलग-अलग, विभिन्न, थोड़ा बदला हुआ, विपरीत

**variety** वैराइटी *n.* a difference, an unlikeness, diversity, state of being varied or various, sort or kind, varied assortment, a mixed collection, mixed theatrical entertainment including dances, songs, short-sketches etc. भेद, विचित्रता, असमानता, विभिन्ता, विभिन्न प्रकार का, विविधता

**various** वेरिअस् *ady.* manifold, diverse, of several kinds, different, several, sundry, unlike eachother. भिन्न, अनेक प्रकार का, अनेक, बहुत से, एक दूसरे से भिन्न

**varnish** वारनिश् *n, v.* clear liquid which glosses painted work, resin solution put on a surface to make it hard and shiny, a sticky liquid which gives a glossy surface to wood, paper, etc, to apply varnish to, to cover with varnish, कलफ, रोगन, चमक, चमकाना, वार्निश से लकड़ी, कागज इत्यादि को चमकाना

**vary** वेरी *v.* to change, to diversify, to be changed, to become different, to alter, to deviate, to free from sameness and monotony (variation-n-alteration अन्तर), बदलना, अलग अलग होना, भटकना, पलटना, प्रतिकूल होना

**vase** वेस् *n.* ornamental jar or vessel of various forms, a jar used mainly as an ornament or for holding out flowers, फूलदान, कलश, सजावट के लिए पात्र

**vaseline** वैसलीन *n.* a petroleum jelly, an ointment made from petroleum मिट्टी के तेल से बना चिकना द्रव्य, वैसलीन

**vassal** वैसल् *n.* feudal tenant, bondman, slave, retainer, dependant, holder of land by feudal tenure, प्रजा, असामी, दास, बँधुआ, परतन्त्र

**vast** वास्ट *adj.* boundless, immense, very large, of very great size or amount, very spacious, (vastness-n-immensity) असीम, बहुत बड़ा, बड़े आकार का, विस्तृत, विशाल, विपुल

**Vatican** वैटिकन् *n.* Pope's palace, papal authority, the palace of the Pope standing on the Vatican Hill in Rome, in independent territory, रोम के बड़े पादरी की दरगाह, राज प्रांसाद

**vault** वाल्ट *n, v.* arched roof, arched apartment, cellar, a leap over something , bound, to leapover, to arch. (vaulted-a-arched मेहराबदार), मेहराबदार छत, भूमि गृह, गुम्बज, गुफा, कूदना, मेहराब बनाना

**veer** वीअर *v.* to turn aside, to change direction, to change ones' mind, to change course, to change in mood or outlook, to shift about; एक ओर घूमना, दिशा बदलना, मन बदलना, मार्ग बदलना, प्रवृत्ति बदलना

**vegetable** वेजिटेबल् *n.* anyliving thing not animal, plant used as food, plant esp. edible one, a plant or part of a plant used in cookery or for feeding cattle. (vegetanian.n.a person who eats no flesh-food,शाकाहारी) सब्जी, साग, वनस्पति, तरकारी, भाजी

**vehemence** वैहैमैन्स् *n.* violence, force, impetuosity, impetus, animation (vehement-a-ardent प्रचण्ड) हिंसा, शक्ति, बल, वेग, तीक्ष्णता

**vehicle** वहिकल् *n.* any conveyance used for land travel, the means of transport on wheels or runners, a means of conveying information यान, वाहन, सवारी, सूचना देने के साधन

**veil** वेल् *n., v.* any covering hiding something, a curtain, a piece of cloth worn to hide the face, a nuns' headdress, to cover, to concel; पर्दा, घूँघट, सन्यासिनी का शिरस्त्रारण, ढकना, छिपाना, घूँघट

**vein** वेन् *n.* blood-vessel casfying blood to the heart, a rib of a leaf, a layer of mineral, tube in body taking blood to heart, streak, train, mood, धमनी, नाड़ी, रग, पट्ठा, पत्ते की रेखा, खान की तह, स्वभाव

**volocity** विलॉसिटी *n.* swiftness, speed, rate of motion in given direction, esp of inanimate things, swiftness, जल्दी, शीघ्रता, गति की मात्रा, विशेष कर जड़ वस्तुओं में रफ्तार की मिकदार

**velvet** वैलवैट *n.* soft thick silk cloth fabric with thick, short pile. (velvety-a. like velvet मखमल सा चिकना) मखमल, मुलायम वस्त्र, मखमल का बना हुआ

**vend** वैन्ड *v.* to sell, to trade, to offer for sale (vender, or-n-a seller), बेचना, मोल देना, विक्रय करना

**vendetta** वैन्डेटा *n.* blood-feud, a started by a murder, a quarrel long pursued, खानदानी, झगड़ा, वध के ऊपर झगड़ा, देर से चल रही खानाजंगी

**venerable** वैनरेबल् *adj.* old and worthy of esteem. worthy of reverence, worthy of great respect for special goodness or because of age, made sacred by religious associations सत्कार), वृद्ध तथा सत्कार योग्य, आदरणीय, पूज्य, मान्य, पवित्र

**vengeance** वैन्जैन्स् *m.* revenge, injury inflicted in return for injury, retribution for wrong done, infliction for an injury or offence, बदला, प्रतिकार, प्रतिहिंसा, प्रत्यपकार

**venison** वैनिसन् *n.* deer-flesh., मृगया शिकार, सुअर का मांस

**venom** वैनम् *n.* poison, ill-feelings such as spite, hatred, spite, malice, (venomous-n-to poisonous विषाक्त), विष, ईर्ष्या, स्पर्धा, वैर

**vent** वैन्ट *n, v.* an outlet, a way of escape, small hole, or aperture, a passage for the escape of air, etc, publication, sale, to pour forth, to let out of a small hole, to publish, मार्ग, द्वार, निकास, छोटा छेद, वायु निकलने का रास्ता, प्रकाशन, बिक्री, निकालना, मन का गुब्बार निकालना

**ventilate** वैन्टीलेट् *v.* to supply with fresh air, to bring in to discussion, to replace foul air with fresh, to discuss a matter, to expose, to give utterance to (ventilator-n-any contrivance that admits fresh air रोशनदान), पंखा करना, हवादार करना, छानना, वाद विवाद करना

**venture** वैन्चर् *v, n.* to run a risk, to dare, to expose to hazard, to do or say, to send on a venture, risk, speculation, a hazard, a dangerous under taking, chance, खतरा मोल लेना, हिम्मत दिखाना, जोखों में डालना, साहस करना, साहस, खतरा, जोखों, भाग्य

**venus** वीनस् *n.* bright planet between Mercury and Earth, Roman Goddess of love, beautiful woman, शुक्र ग्रह, रति, सुन्दर नारी

**veracious** विरेशस् *adj.* truthful, reliable, true, (veracity-n-truthfulness सत्यता) सच्चा, विश्वसनीय, सत्य, सत्यशील

**verrandah** विरांडा *n.* a covered balcony, open gallery or portico outside house; बरामदा, बरौंडा, द्वार प्रकोष्ठ

**verb** वर्ब् *n.* an action word or doing word, a chief word in a sentence, action of a doer (verbal-a-spoken मौखिक), गतिसूचक शब्द, वाक्य का विशेष शब्द, कर्म का कार्य, क्रिया

**verbose** वरबोस् *adj.* long-winded, having too much to say, using too many words, शब्द गर्भित, शब्दों से परिपूर्ण, अतिविस्तीर्ण, निरर्थक, अनेक शब्दों के व्यर्थ प्रयोग का

**verdict** वरडिक्ट *n.* a decision, judgment, answer of a jury, opinion reached after examination of facts, opinion given, निर्णय, फैसला, ज्यूरी का निर्णय, धर्माध्यक्ष की राय, मत

**verge** वर्ज *n; v.* a rod, the edge , the border, brink, the green edging of a garden bed or border, to slope, to incline towards, to bend, बल्लभ, डंडा, किनारा, कगार, सीमा, किनारे की घास, झुकना, झुकाना, किनारे पर होना

**verification** वैरिफिकेशन् *n.* a confirmation, proof that a thing is true, act of confirming, state of being verified (verify.v-to confirm सत्यापित करना), प्रमाण, सत्य का निर्णय, पड़ताल, तसदीक, सत्यापन

**veritable** वैरिटेबल *adj.* real, actual, genuine, authentic, true. असली, सच्चा, मौलिक, प्रामाणिक, यथार्थ

**vermin** वरमिन् *n.* pests, small creatures destructive of foodstuffs and crops, persons considered worthless and hateful, a noxious insect destructive to crops etc, अन्न व फसलों को हानि पहुँचाने वाले कीड़े

**vernacular** वरनैक्युलर *n.* ones' native or mother tongue, the ordinary speech of a country native, belonging to one's own country मातृभाषा, प्राकृत, अपने देश की

**versatile** वरसेटाइल् *adj.* adaptable, good or clever in many ways, capable of dealing with many subjects, liable to change, able to move freely in all directions, many-sided, चपल, चंच्चल, बदलने योग्य, हरफनमौला

**verse** वर्स् *n.* poetry, line of poetry, stanza, poem or other composition, poetry as distinct from prose. (version. n--a description- अनुवाद), पद, कविता, श्लोक, चरण, अन्तरा

**versus** 'वर्सज् prep. against, shortened to v or vs; विरुद्ध, विपरीत, बनाम

**vertebra** वरटैब्रा *n.* one of the separate bones forming the backbone, पीठ की हड्डी, कंगरोड़, मनका

**vertex** वर्टैक्स् *n.* the highest point, summit, the top of any thing, the zenith of the heavens, the point of a cone, pyramid or angle. शिखर, चोटी, वर्मसीमा, कोण की नोक

**vertical** वर्टिकल *n.* upright, perpendicular, overhead, straight up and down. pertaining to the plane of the horizon, महबर, सीधा, खड़े बल, शिखर सम्बन्धी, सिर के बल

**very** वैरी *adj.* adv. real, true, exact, to a great degree, असली, सत्य, ठीक, काफी सीमा तक, बहुत

**vessel** वैस्सल् *n.* container for holding liquids, a ship, any utensil or appliance for containing, esp for liquids. पात्र, जहाज, बर्तन, नाड़ी, नस

**vest** वैस्ट *n, v.* waistcoat, under garment for the trunk, or worn next to the skin, to clothe, to cover, to grant (power, authority) to (vested-a-possessed अधिकार युक्त, वस्त्र पहने हुए), वास्कट, बंडी, फतूही, अंगरखा, जामा, वस्त्र पहनना, ढकना, स्वीकार करना, सौंपना

**vet** वैट् *(n.* abbrev, a veterinary surgeon, an animal doctor,

**veterinarian,** वैटेरिनेरिअन पशु-चिकित्सक, पशु-वैद्य

**veteran** वैटरन् *adj.* long experienced, old in service an old soldier, one who has given long service, one grown old in service अनुभवी, पुराना, अभ्यास-वृद्ध, काम करते वृद्ध हुआ

**veterinary** वैटरिनरी *adj.* of or for the diseases of domestic animals, concerned with the diseases of domestic animals पशु के रोग सम्बन्धी, पशु चिकित्सा सम्बन्धी

**veto** वीटो *v, n.* to forbid with authority, to enforce vote against, to withhold, to refuse to consent to, the power or sight to forbid, an act of forbidding, power of rejecting piece of legislation, रोकना, निषेध करना, अस्वीकृत करना

**vex** वैक्स *v.* to annoy, to distress, to anger, to grieve, to provoke, to irritate, to trouble, to torment , to harass (vexation-n-disquiet क्लेश) क्लेश, नाराज करना, दुखी करना, भड़काना, तंग करना, पीड़ा देना

**via** वाइआ *adv.* by way of, passing through, a way मार्ग से, रास्ते, मार्ग

**vibrant** वाइब्रैन्ट् *adj.* vibrating, throbbing, sonorous, trembling, quivering. काँप रहा, झूल रहा, धड़क रहा, थर्राने वाला

**vibrate** वाइब्रेट *v.* to tremble, to quiver, to throb, to move to and fro rapidly and continuously, to oscillate (vibration-n, quiver) झूलना, थरथराना, बराबर झूमना, काँपना

**vicar** वाइकार *n.* a parish priest, a deputy, a clergyman incharge of parish, one who holds authority as delegate or substitute for another, नगर का पादरी, स्थानापन्न

**vice** वाइस् *n.* prep, prefix fault or blemish, immoral habit, a bad habit, in place of , signifying second in rank, second to दोष, धब्बा, विकार, बुरी आदत, दूसरे की जगह, द्वितीय स्थान पर

**viceroy** वासइराए *n.* governor of a country which he rules for his king or queen; ruler acting for king in province or dependency राज प्रतिनिधि, सूबेदार, नवाब

**vicinity** विसिनिटी *n.* all places nearby, the neighbourhood, proximity, nearness, निकट स्थान, पड़ोस, नैकट्य, समीपता

**vicious** विशअस् *adj.* evil, malign, malevolent , severe as a bite, of or given to vice, बुरा, बद, दुष्ठ, क्रूर, कामी, विषयी

**victim** विक्टिम् *n.* a killed or injured living creature, a sufferer, cheated person, a dupe, an animal offered as a sacrifice, one who suffers some injury (victimize-v-to prey upon बलि देना), शिकार, मरा हुआ व घायल जीव, पीड़ित, आपत्तिग्रस्त, बलि

**victor** विक्टर *n.* conquerer, master, winner, one who wins a battle or other contest, one who conquers in a war (victory-n-success विजय), विजयी, स्वामी, युद्ध में विजेता

**vie** वाई *v.* to contend, to strive against one another, to enter into competition, to rival, to endeavour, to strive for supremacy स्पर्धा करना, मुकाबला करना, सामना करना, रीस करना, बराबरी करना

**view** व्यु, वृयु*v*, *n* to look at, to abserve, to inspect, to survey a sight, a scene, a picture of one, opinion, देखना, गौर करना, जाँचना, सोचना, नजारा, जाँच, परख, राय

**vigil** विजुइल् *n.* watching, waking for religious exercises the evening before any fastday, night-sitting with the sick (vigilant-a-watchful), निगरानी, जगराता, ब्रत की पहली शाम, रोगी के लिए रखा जगराता

**vigour** विगुअर *n.* strength, force, intelligence, activity, energy (vigorous. a. energetic प्रबल), शक्ति, बल, बुद्धि, गतिविधि

**viking** वाइकिंग् n. a Scandanavian sea-rover, Northman, स्कंडेनेविया के समुद्री डाकुओं का नेता

**vile** वाइल *n.* evil shamful, unpleasanl, loathsome, base, bad, mean, लज्जित, अधम, नीच, दुष्ट, कमीना

**vilify** विलिफाई v. to speak against, to slander, to abuse, to revile, to speak ill of, निन्दा करना, कलंक लगाना, गाली देना

**villa** विलॉ *n.* a country residence, detached country or suburban house, a house esp in suburbs, a country residence, ग्राम्य गृह, विनोद स्थान

**village** विलेज् *n.* a small group of houses in the country, a hamlet, assemblage of dwellers in country, a group of houses etc. smaller than a town, ग्राम, गाँव, देहात

**villain** विलेन् *n.* scoundrel, rascal, wicked, vile, mischievous, a man of very bad character (villainy-n. crime नीचता), दुष्ट, गुंडा, नीच, चाण्डाल, शरारती, दुराचारी

**vim** विम् *n.* force, energy, vigour बल, ताकत, जोश

**vindicate** विंडिकेट् n. to defend, to prove to prove to be just or true to establish the truth or merit of, to clear of charges, to clear from blame, to justify, to maintain (vindictive-a-revengeful ईर्ष्यालु), बचाना, पक्ष लेना, तरफदारी करना, सच्चा बनना, निर्दोष सिद्ध करना, बदला लेना

**vine** वाइन् *n.* climbing point that bears grapes, the creeper which bears grapes, a climbing or trailing plant (vineyard-n-plantation of vines अंगूर का बगीचा), अंगूरों की बेल, लता

**vinegar** विनेगर *n.* a sour liquid obtained from wine, acid liquid got from wine and other alcoholic liquors; सिरका, शौकिक

**violate** वायोलेट *v.* to break, to transgress, to injure, to ravish, to treat roughly, to profane, to pollute, to treat with disrespect (violation-n-an outrage. भंग), तोड़ना, भंग करना, चोट पहुँचाना, दुर्व्यवहार करना, भ्रष्ट करना, निरादर करना

**violence** वॉयोलैन्स् *n.* force, outrage, attack, great roughness and force. (violent-a-wild बल), हिंसा, क्रूरता, साहस, अपराध, बलात्कार

**violet** वायलट् *n.* tiny wild flower and its colour, plant with small bluish-purple or white flower, the flower, colour of it बनफशा, बैंगनी रंग, पुष्प

**violin** वायलेन् *n.* stringed musical instument played with a bow, a musical instrument with four strings, a fiddle; सांरगी, चकारा, बेला

**viper** वाइपर *n.* a venomous snake, an adder, a treacherous person, a base malicious person, विषैला साँप, साँप, कपटी, नीच, दुष्ट व्यक्ति

**virgin** वरजिन् *n.* an unmarried woman, a maiden one not yet mated, कँवारी औरत, अविवाहिता स्त्री, युवती, ब्रह्मचारिणी

**virile** विराइल् *adj.* manly strong, forceful, vigorous: ताकतवर, मजबूत, शक्तिशाली, दृढ़

**virtue** वरचू *n.* ones natural goodness or excellence, morality, moral goodness, good quality, merit, inherent power (virtuous-a-morally good सदाचारी), गुण, विशिष्टता, धर्म, सदाचार, विशेषता, पवित्रता

**virus** विरस *n.* poisonous matter, the cause of various diseases, something that acts as a moral poison, विषैला पदार्थ, कई रोगों का कारण, विषैला तत्व

**visage** विजेज् *n.* the face, countenance, the face or look चेहरा, शक्ल, सूरत

**viscount** वाइकाउँट् *n.* nobleman next in rank above a baron, or below an earl इंग्लैंड में बैरेन से ऊँचा तथा अर्ल के नीचे का पद

**visibility** विजिबिलिटी *n.* the plainness of an object, the distance an object can be seen distinctly, degree of clarity of atmosphere, esp, for navigation, the clearness with which objects may be seen. (visible-a-able to be seen प्रत्यक्ष) प्रत्यक्षता, व्यक्तता,

**vision** विजन् *n.* sight, insight, dream, phantom, imagination, the act or sense of seeing, (visionary-a-not real काल्पनिक) दृष्टि, सूझ, स्वप्न, कल्पना, देखना

**visit** विजिट् *v, n.* to go to see or stay with, to inspect, to attack, to inflict, a call at a persons' house, a short stay (visitor-a. a caller अभ्यागत) दौरा करना, निरीक्षण करना, आक्रमण करना, ढालना, किसी के घर मिलने जाना, थोड़ा रुकना

**vista** विस्टा *n.* the distant view, prospect, the view through an avenue; दूर का दृश्य, वृक्षों के बीच का दृश्य

**visual** विज्वल् *adj.* relating to sight, visible, seeable, belonging to sight, pertaining to or used in sight (visualize v. to see in imagination कल्पना में देखना,) दृष्टि सम्बन्धी, दिखाइ देने वाला, नजर से संबंन्धित

**vital** वाइटल *adj.* necessary to life, very important, essential showing life and vigour, having to do with life (vitality-n-vigour प्राण), प्राणभूत, अति आवश्यक, प्राणवान, जीवन से सबंन्धित

**vitamins** विटामिन्स् *n.* substances the body needs to keep it healthy, the essential constituent of good plants, खाने योग्य वनस्पतियों का जीव तत्व

**vitiate** विशिएट् *v.* to spoil, to make faulty, to corrupt, to destroy, to make defective, बिगाड़ना, खराब करना, दूषित करना, नष्ट करना, विषैला बनाना

**vivacity** विवासिटी *n.* liveliness, animation, gaiety, जिन्दादिली, जोश, प्रसन्नता

**vivid** विविड *adj.* true to life, striking, unforgettable, brilliant, life like, bright, intense, clear, lively, animated (vividness-n-clearness स्पष्टता), सजीव, तीव्र, अविस्मरणीय, उज्ज्वल, स्पष्ट, शोख

**vixen** विक्सन *n.* female fox, a bad-tempered woman. लोमड़ी, दुस्वभाव की स्त्री, कर्कसा स्त्री

**viz** विज् *adv.* that is, namely, meaning, अर्थात्, यानी के

**vocabulary** वोकैबुलरी *n.* a dictionary, a stock of words, a list of words in alphabetical order, with meanings, शब्दकोष, कोष, शब्दार्थ की सूची

**vocal** वोकल *adj.* having a voice, sung or spoken, having to do with the voice , talkative (vocalist-a-singer गायक) वाणीयुक्त, आवाजदार, बातूनी

**vocation** वोकेशन् *n.* an occupation, a business a calling, a profession or other way of living (vocational-a-concerned with one's occupation), व्यवसाय सम्बन्धी, धन्धा, व्यवसाय, नौकरी

**vociferous** वोसिफरस् *adj.* loud, noisy, shouting , clamorous ऊँचा, शोर करने वाला, चिल्लाने वाला, कोलाहलमय

**vogue** वॉग *n.* the popular fashion, the mode, style, current usage, popularity, a custom or practice, रिवाज, ढँग, तरीका, प्रसिद्धि, व्यवहार

**voice** वॉएस् *n.,v.* utterance, sound made by the vocal organs, an opinion , quality of the sound, share in discussion, verbal forms proper to relation of subject and action, to speak, to utter, to express a wish ध्वनि, आवाज, राय, तर्क में भाग, बोलना, विचार या इच्छा व्यक्त करना

**void** वायड् *adj, n.* empty, vacant, null, invalid, destitute, lacking entirely, empty space, खाली, शून्य, रिक्त, निकम्मा, वंचित, खाली स्थान

**volatile** वॉलेटाइल् *adj.* changing to vapour quickly, flighty, lively, changeable, उड़ने वाला, चंचल, अस्थिर, परिवर्तनशील, चपल

**volcano** वाल्कैनो *n.* hill which throws out smoke and ashes through an opening, a conical hill which emits fire and lava (volcanic वाल्केनिक -a- pertaining to a volcano), ज्वालामुखी पर्वत सम्बन्धी), लावा फेंकने वाला पर्वत, ज्वालामुखी पहाड़

**volley** वॉली *n, v.* simultaneous discharge of weapons or missles, rush of oaths, questions, etc, hard return of ball before it touches ground, to discharge, to utter, to fly in a volley अस्त व प्रक्षेपणास्त्र साथ साथ फेंकना, शस्त्रों की वर्षा, शपथ

**voltage** वोल्टेज् *n.* power of an electric current, electrical potential difference expressed in volts. (volt-n-practical unit of electro-motive force), विद्युत शक्ति, वोल्टों की नाप

**voluble** वाल्युबल् *adj.* talkative, with abundant speech, speaking with too great a flow of words, fluent in speech, बातूनी, चचंल, बड़बोला, धाराप्रवाह रूप से भाषण देना, बकवादी

**volume** वाल्यूम *n.* a book, the bulk, capacity, part of book bound in one cover, mass, space occupied, power, fullness of sound, amount (voluminous-a-bulky विस्तीर्ण), पुस्तक, फैलाव, घनफल, विस्तार

**voluntary** वालन्टरी *adj.* of one's own will, without compulsion, having done by free will, spontaneous, done by choice, designed, gratuitous, स्वतः, अपनी इच्छा से, बिना बाहरी दवाब के, स्वेच्छा से किया हुआ, मनसा से किया हुआ

**voluptuous** वलप्ट्युअस् *adj.* fond of pleasure and luxury, contributing to pleasures of the senses, too much given to bodily pleasure, विषयी, भोगी, विलासी, लम्पट

**vomit** वॉमिट् *v, n.* to throw up from the stomach, to cast out, to eject from stomach through mouth, to throw up the contents of the stomach, उल्टी करना, बाहर फेंकना, मुँह से मेदे का पदार्थ बाहर फेंकना, वमन करना

**voracious** वोरेशस् *adj.* greedy, ravenous, very eager, difficult to satisfy, लोभी, पेटू, अतिलोलुप

**vortex** वॉरटैक्स *n.* a whirlpool, a whirlwind, vapour trail of an aeroplane, whirling motion, भँवर, चक्कर, आवर्त्त, बबूला, आँधी, प्रवात

**votary** वौटरी *n.* an enthusiastic supporter of a cause, one vowed to service or pursuit, a devoted follower, consecrated पूजक, भक्त, उपासक

**vote** वोट् *v, n.* to express a wish or decision, formal expression of choice for some particular candidate for an office, etc by ballot or other method of suffrage (voter-a-an elector), चुनने वाला), चुनना, वोट देना, किसी पद के लिए मत देना, सम्मति-पत्र, वोट, राय, मत

**vouch** वाउच् *v.* to bear witness, to confirm, to guarantee, to make oneself responsible for, to attest, to declare, to establish proof, साक्षी देना, पक्का करना, अपने को उत्तरदायी ठहराना, घोषणा करना, तसदीक करना, सिद्ध करना

**voucher** वाउचर् *n.* a paper which is evidence, a receipt, a paper proving correctness of item in accounts, or to establish facts. (vouchsafe-v-to be good enough to give कृपा करके देना) साक्षी, गवाह, प्रमाण लेख, सनद, रसीद

**vow** वाउ *n, v.* a solemn promise or oath, to make a solemn promise, to threaten, to assert solemnly that ; प्रण, प्रतिज्ञा, वचन देना, धमकी देना, शपथ लेना

**vowel** वावल् *n.* simple voice-sound a,e,i,o,u or the letter denoting it, any of the sounds pronounced without stoppage or friction of the breath, स्वर (the vowel-points- मात्राएं)

**voyage** वॉइज् *n. v.* journey, esp. long one by water, a journey by sea, cruise, to make a journey, to travel or pass over (voyager-n-a traveller. यात्री), समुदी यात्रा, यात्रा, यात्रा करना, सफर करना

**vulcanize** वल्केनाइज् *v.* to combine rubber with sulphur by heat. रबड़ के गुण बदलना

**vulgar** वल्गर् *adj.* of the common people, common, course, offending against good taste, general, rude, boorish, सामान्य, ग्राम्य, देहाती, असभ्य, जंगली, फूहड़

**vulgarity** वल्गैरिटी *n.* rudeness, courseness, in a vulgar manner, coarseness of manners or language, गँवारपन, भद्दापन, अशिष्टता, अश्लीलता

**vulnerable** वल्नेरबल् *adj.* not proof against wounds, offering an opening to criticism, etc capable of being wounded, exposed to attack, open to temptation or influence, भेद्य, बींधने लायक, जो तोड़ा जा सके, जो शीघ्र फुसलाया जा सके

**vulpine** वल्पाइन् *adj.* of fox or like a fox, cunning, गीदड़ जैसा, धूर्त्त, शठ

**vulture** वल्चर् *n.* a carrion-eating bird of prey, a large bird of prey living chiefly on dead bodies, गिध, गृध, खगराज

# W



**w** डब्ल्यू the twenty third letter of the English alphabet अंग्रेजी भाषा की वर्णमाला का तेईसवा अक्षर

**wad** वैड् *n.* soft fibre lightly pressed; डट्टा

**wadding** वैडिंग् *n.* soft stuff of loose texture for padding material for wads, cotton wool, रजाई में भरने या डाट बनाने की चीज

**waddle** वैडल् *v*, to rock in walking, to move from side to side in walking, a clumsy way of walking, to walk like duck, झूमते चलना, इठलाकर चलना, इतराकर चलना, बत्तख की तरह चलना

**wade** वेड् *v*, to walk through water, to move with difficulty, to ford, to walk through something that hampers movement, to read without interest, पानी पार करना, तैरना, तय करना, कठिनाई से चलना, बेमन होकर पढ़ना

**waft** वैफ्ट् *v.* to float or drift, to bear lightly through. e.g. air or water, to convey smoothly through air or water, बहा ले जाना, तैरा ले जाना, संकेत करना, वायु में तैरना

**wag** वैग् v. n. to vibrate, to move quickly one way or the other, to move from side, or up and down, a wit, one who is fond of jokes, a joker, humorist, डगमगाना, इधर-उधर हिलना, हिलाना, काँपना, मसखरा, मजाकिया

**wage** वेज् *n*, *v*. agreed payment for work done, to stake or bet, to carry on war (wager-n.bet दाँव) मजदूरी, दांव पर लगाना, शर्त लगाना, युद्ध करना

**waggon** वैगन् *n.* a large four wheeled cart, a railway truck, four wheeled vehicle for heavy loads, छकड़ा, चौपाहिया, रेलगाड़ी का डब्बा

**wagtail** वैगटेल् *n.* small, long tailed bird, पक्षी, ममोला, बराबर पूछ हिलाने वाली छोटी चिड़ियां

**waif** वेफ *n.* homeless person, an uncared-for child बेघर व्यक्ति, उपेक्षित बालकं

**wail** वेल् *v*, *n*. to lament, to weep loudly, to mourn, to grieve over, to give sad or complaining cries,a cry or woe, loud weeping (wailing-n-grief विलाप), पछताना, जोर-जोर से रोना, रुदन करना, दुःखी होना, क्रन्दन, विलाप

**waist** वेस्ट् *n.* the narrow part of the human body between ribs and hips, middle of a ship, कमर, जहाज का मध्य भाग

**waistcoat** वेस्टकोट *n.* sleeveless garment worn under the coat, sleeveless garment worn immediately under the outer jacket, वास्कट, फतूही, बिन बाहों की कमरी, मिरजई

**wait** वेट *v.* to await, to be expecting, to serve at table, to be on the watch for, to remain in the same place, act of waiting ,a delay, ambush (waiter-n-a slave भृत्य), प्रतीक्षा करना, वाट जोहना, मेज लगाना, सेवा करना, एक ही जगह रहना, विलम्ब, घात

**waive** वेव् *v*. to give up, to refuse, to forego, not to insist on, to give up a claim to, the act of relinquishing , दरगुजर करना, अधिकार छोड़ना

**wake** वेक् *v*, *n*. to rouse from sleep, to enliven, to excite, to stir up, to be awake, watching beside corpse, vigil, holiday. (wakeful-a-watchful जागरूक) जगाना, प्राण डालना, जोश दिलाना, जागना, मुर्दे की चौकसी करना, जागरण, अवकाश

**wakening** वेकनिंग् *n.* an arousing, जागृति

**walk** वाक्*v*, *n*. to move on ones' foot without running, to cross by walking, to cause to walk, to move or to travel along, a stroll, a pathway, way of walking, distance walked over, social position (walk-talkie, n- a wireless set for sending and receiving messages, carried on the body .), चलना, चलाना, सैर करना, सैर, मार्ग, चाल, सफर, क्षेत्र

**wall** वाल् *n*, *v*. structure of brick, stone, etc. serving as fence, side of building, etc, to enclose with wall, दीवार, बाड़, भीत, भित्ति, भीत बनाना, दीवार से घेरना

**wall-paper** वालपेपर *n.* paper for covering walls of room, अबरी, चद्दर,

**wallet** वैलट् *n.* pocket-case for carrying paper-money etc, a pocket-book, small bag; झोला, छोटा थैला

**wallop** वैलप् *v*, *n*. to beat, to flog, stroke or blow पीटना, पटखना, कोड़े मारना, चोट

**wallow** वैलो *v.* to roll in mud, to welter, to revel in, to live in filth or vice, मल में घूमना, कीचड़ में लोटना, लुढ़कना, गंदगी या विकार में रहना

**walnut** वल्नट् *n.* tree yielding valuable timber and its nut, a tree with edible fruits अखरोट

**walrus** वलरस् n. large sea-animal with long tusks, a large-tusked carnivorous sea-animal समुद्री घोड़ा

**wan** वान् *adj.* pale, sickly, pallid, पीला, रोगी

**wand** वैंड् *n.* a rod denoting authority a conjurers' rod , a small stick or rod , usually straight and slender, राजदण्ड, मदारी का डंडा, जादू की छड़ी

**wander** वांडर् *v.* to roam, to go astray, to digress, to ramble with no definite object (wanderer-n -a nomad- विचरने वाला), निरुद्देश्य घूमना, भटकना, पथभ्रष्ट होना, आवारा घूमना

**wane** वेन् *v.* to weaken, to fail, to sink, to ebb, to decrease in size, to decline, (waning-a-an ebb क्षयी), कम होना, असफल होना, डूबना, घटना

**want** वान्ट् *v, n.* to lack, to need, to wish for, to desire, to omit, to neglect, shortage , scarcity, need, poverty, desire, craving (wanting-adv-lacking कम), कमी होना, जरूरत रखना, चाहना, छोड़ना, उपेक्षा करना, कमी, न्यूनता, जरूरत, गरीबी, लालसा

**wanton** वान्टन *adj.* frolicsome, playful, irresponsible, reckless, loose, unrestrained, dissolute, without motive मजाकिया, चंचल, खिलाड़ी, लम्पट, असंयमी, मर्यादाहीन, विलासी, निरुद्देश्य

**war** वार *n. v,* fighting between nations, state of hostility, armed conflict, enmity, to make war , to fight (war-fare-n-armed contest संग्राम) संग्राम, शत्रुता, युद्ध, लड़ाई करना

**warrior** वारिअर n. fighter, fighting man or woman, a soldier, a braveman , योद्धा, युद्धरत सैनिक, सिपाही, बहादुर

**warble** वारबल् *v,n.* to sing softly, to trill, to utter musically, to be modulated, carol, song, melody, चहचहाना, गाना, कूकना, गायन, कूजन

**warbler** बारबलर *n.* a song bird, a singer, गाने वाली छोटी चिड़िया

**war-cry** वारक्राई *n.* threat, slogan, summons to battle, a shout for mutual encouragement. धमकी, युद्ध का आह्वान, नगाड़ा, नारा

**ward** वार्ड *v, n.* to defend, to protect, to turn aside, to fend one who is under a guardian ship, a protector, a town district , a room in a hospital (warder-n-a prison-guard द्वारपाल), रक्षा करना, बचाना, एक ओर मोड़ना, जो दूसरे के संरक्षण में हो, संरक्षक, हस्पताल का कमरा

**warden** वारडन् *n.* a guardian, a man who guards a game reserve, the head of certain colleges, an officer incharge ; संरक्षक, रक्षा पुरुष, कालेज अध्यक्ष, दारोगा

**wardrobe** वार्डरोब् *n.* tall chest for storing clothes, clothes, वस्त्र रखने की बड़ी अल्मारी, वस्त्रधाम, वस्त्रागार

**ware** वेअर *adj. n.* watchful, cautious, goods, merchandise, pottery, articles collectively (ware-house-n. storehouse गोदाम), सावधान, चौकस, सामान, मिट्टी के बर्तन,

**warm** वार्म् *adj, v.* contaiming heat, fairly hot, friendly, affectionate, enthusiastic, angry, to make or become warm (warmth-n-vigour उत्साह) गर्म, उष्ण, मैत्रीपूर्ण, प्रिय, जोशीला, गर्म होना या करना

**warm-hearted** वार्महार्टिड् *adj.* affectionate loving, generous, kind, sympathetic, प्रिय, उदार, दयालु, हमदर्द

**warn** वार्न् *v.* to caution, to admonish, to put on guard, to give previous information to; give notice of danger (warning -n-a caution चेतावनी), चेताना, फटकारना, चौकस करना, पहले ही खबर देना, खतरे से आगाह करना

**warrant** वारंट *n, v.* authority, document giving authority, to authorise, to guarantee अधिकार-पत्र, प्रमाण-पत्र, आज्ञा-पत्र, अधिकार, समर्थन करना

**wash** वाश *v. n.* to clean with liquid, to carry along with rush of water, to colour lightly, to be washable, to cover with a thin coat of paint, a washing, a thin coat of paint etc. (wash erman-n. a man who washes clothes धोबी) धोना, साफ करना, शुद्ध करना, पेंट करना

**wasp** वास्प *n.* a slender, winged insect with sharp sting, a stinging insect. बर, बरट, हड्डा

**waste** वेस्ट *v. n.* to squander, to use unnecessarily, to decay, to wither, rubbish, a desert, wilderness, extravagance, (wastage-n. loss by waste क्षय से हानि), गँवाना, गरबाद करना, नष्ट करना, मुरझाना, गंदगी, वीरान, फिजूल खर्ची

**watch** वाच् *v, n.* to observe, to guard, to be vigilant, to tend, to be attentive, guard, close observation, a small time-piece for the pocket. (watch-dog-dog trained to guard property रखवाली करने वाला कुत्ता), रखेना, रखवाली करना

**watch maker** वाच मेकर*n.* maker and repairer of watches. घड़ी साज

**watchman** वाचमैन् *n.* man employed to guard premises, a guard, a sentinel चौकीदार, सन्तरी, पहरेदार

**watchword** वाचवर्ड *n.* a password, countersign, a slogan, a motto, गुप्त संकेत, नारा, सिद्धान्त, संकेत शब्द

**water** वाटर *n, v.* clear liquid without taste or smell, large body of water, lake, lustre of a diamond, to supply with water, to gather saliva, to take in water, to irrigate जल, पानी, झील, हीरे की चमक, जल से सींचना

**water-colour** वाटर कलर *n.* pigment that mixes with water; जल वर्ण, आबी रंग

**waterfall** वाटरफाल n. a cascade, flow of a stream over a precipice, a fall of water from a height, झरना, स्रोत, निर्झर, जल प्रपात

**waterfowl** वाटरफाउल *n.* birds nesting in or by water, aguatic birds, जल कुक्कुट, मुर्गाबी

**water-lily** वाटरलिली n. water-plant with large floating leaves and flowers, जल का बड़े-बड़े पत्तों व फूलों वाला पौधा

**water-logged** वाटर लागड् *adj.* saturated, unmanageable because flooded by water, जल आप्लावित, सैलाब वाला, बाढ़-ग्रस्त

**water-main** वाटरमैन *n.* chief pipe conveying water to houses, घरों के लिए जल प्रदान करने वाले नल

**water-polo** वाटर पोलो *n.* ball game played by swimmers, तैराकों द्वारा गेंद के खेला जाने वाला खेल

**waterworks** वाटरवरक्स् *n.* pl, the apparatus by which water is collected and supplied e.g.to a town, नगर को जल देने व संचय करने का यन्त्र

**watt** वट् *n. adj.* unit of power; बिजली की ईकाई, माप

**wave** वेव् *n. v.* a vibration, ridge of water on the sea, a rise, a signalling motion of the hand, to shake to and fro, to flutter, to signal, लहर, समुद्र की तरंग, चढ़ाव, हाथ से संकेत, इधर-उधर डोलना, फड़फड़ाना, संकेत देना

**waver** वेवर *v.* to hesitate, to totter, to falter, to be irresolute, to fluctuate, झिझकना, डोलना, भटकना, डांवाडोल होना, थिरकना

**wax** वैक्स *n. v.* fatty substance made by bees substance that gathers in the ears, to smear with wax; मोम, मोम लगाना

**way** वे *n.* road, route, a method, plan, a style, a habit, means, direction, distance, condition. (way farer-n-a traveller यात्री) मार्ग, सड़क, ढँग, योजना, स्वभाव, साधन, फ़ासला

**waylay** वेले *v.* to lie in wait for, to watch with the aim of stealing, घात लगाना, चोरी व लूटने के उद्देश्य से प्रतीक्षा करना

**wayside** वेसाइड *n.* roadside, the side of a road, path, etc, सड़क का किनारा

**wayward** वेवर्ड *adj.* contrary, perverse, wilful, capricious, विरोधी, स्वेच्छाचारी, हठ धर्मी

**weak** वीक् *adj.* having little strength. frail, having little will power, easily influenced, delicate, sickly, thin (weaken-v. to enfeeble दुर्बल करना), दुर्बल, निर्बल, अस्थिर, धीमा, रोगी

**weakness** वीकनैस् n. frailty, feebleness, something one has fondness or taste for, defeat, want of physical strength, दुर्बलता, निर्बलता, कमजोरी, असामर्थ्य

**wealth** वैल्थ *n.* richness, abundance, riches, a great quantity of prosperity, large possession of money . (wealthy-a-rich धनी) धन, सम्पत्ति, प्राचुर्य्य, समृद्धि

**wean** वीन् *v.* to accustom to food other than mothers' milk, to win over, to coax away from, to deprive a child of the breast, to detach from object of desire, माँ का दूध छुड़ाना, दूर करना, छुड़ाना, हटाना, विमुख करना

**weapon** वैपन् *n.* arm, implement to fight with, any means of offence or defence, शस्त्र, युद्धास्त्र, लड़ाई के हथियार

**wear** वीअर *v, n.* to be clothed in, to have on one's body, to use up, to rub away, to show, to display, durability, damage by use, articles worn पहनना, ओढ़ना, वस्त्र धारण करना, घिसाना, दर्शना, घिसाव, पहरोवा

**wearied** विअरीड् *adj.* tired, exhausted, fatigued, harassed (weary-a-fatigued. ), थका हुआ, तंग आया हुआ, परेशान

**weather** वैदर *n, v.* atmospheric conditions, the state of the atmosphere, change in the state of the wind, to expose to the air, to come safely through(storm, difficulty) (weather-beaten-a-well-seasoned जलवायु से नष्ट होता हुआ), ऋतु, दिन, वायु की अवस्था सहन करना, वायु की ओर जहाज ले जाना

**weather-cock** वैदरकॉक *n.* indicator showing the wind's direction, a vane, ऋतु-दर्शन यन्त्र, मुर्गे बादनुमा

**weave** वीव *v.* to plait, to interlace, to make in a loom to insert, to unite, to put details together to make a story. (weaver-n-one who weaves\=]\ जुलाहा), लपेटना, बल देना, बुनना, गांठना, कपड़ा बुनना

**web** वैब *n.* anything woven, cloth, spider's trap, thin skin between toes of waterbirds, dusky film formed over the eye; बनावट, थान, वस्त्र, मकड़ी का फँदा, जल-पक्षियों के पंजे की झिल्ली

**wed** वैडv. to marry, to espouse, to take for husband or wife (wedlock-n-marriage विवाह), शादी करना, विवाह करना

**wedding** वैडिंग *n.* a marriage, marriage ceremory, pertaining to marriage, शादी, विवाह-संस्कार, पाणि-ग्रहण, विवाह सम्बन्धी

**wedge** वैज् *n, v.* a v.shaped wooden or metal piece for splitting. फन्नी

**Wednesday** वैड्नजडे, वेन्ज्डे *n.* fourth day of the week. बुधवार

**weed** वीड् *n, v.* a plant growing wild, anything useless, a cigar, tobacco, to free from weeds, to remove weeds. कार्ड, सिगार, तम्बाकू, खरपतवार निकालना, घास फूस साफ करना

**week** वीक*n.* a period of seven days. (weekly -a-adv-happening , done, published etc once a weekly. साप्ताहिक), सात दिन का समय, सप्ताह

**weekend** वीकएन्ड Friday or Saturday to Monday, शुक्र से या शनि से सोमवार तक, सप्तहान्त

**weep** वीप *v.* to shed tears, to lament, to cry, to rob., to drip, to ooze, रोना, अश्रु बहाना, पछताना, चिल्लाना, सिसकना

**weigh** वे *v.* to find how heavy something is, to estimate, to hawl in an anchor, to examine by the balance, to ascertaim the weight of, to reflect on carefully, तोलना, अनुमान लगाना, विचार करना, मनन करना

**weight** वेट् *n.* the heaviness, the pressure, the burden, the load, seriousness, the importance (weighty-a-burdensome भारी), भार, वजन, दबाव, बोझ

**weird** वीअर्ड *adj.* mysterious, uncanny, unearthly, odd, supematural, very queer; रहस्यपूर्ण, अलौकिक, भद्दा, विलक्षण

**welcome** वैल्कम् *v.*n, adj; receive with joy, to greet, to receive gladly, to receive with kindness or pleasure, a joyful greeting , reception, kindly reception , received with gladness, causing gladness, स्वागत करना, अभिवादन करना, स्वागत्, सुख, शुभ

**weld** वैल्ड*v.* to hammer together when white hot, to unite firmly or closely, टांका लगाना, जोड़ना, धातु जोड़ना

**welfare** वैलफेअर् *n.* prosperity, happiness, the state of faring well, condition as regards health, etc, well-being, समृद्धि, आनन्द, कुशल, भलाई इत्यादि

**well-behaved** वैलविहेब्ड *adj.* good-mannered, polite, of good character, विनीत, शिष्ट, नम्र, सच्चरित्र

**well-being** वैल्बीइन्ग *n.* welfare, happiness prosperity भलाई, मंगल, आनन्द, समृद्धि

**well-bred** वैलब्रेड *adj.* polite, courteous, having good manners, of good parentage; नम्र, मृदुल, शिष्ट, कुलीन, खाते पीते घर का

**well-informed** वैलइन्फारम्ड् *adj.* having much knowledge, having, or based on, wide in formation, बहुज्ञ, विद्वान, सुपरिचित, बहुश्रुत

**well-to-do** वैलटुडू *adj.* rich, prosperous, well off, having enough money to live comfortably, धनी, समृद्ध, सम्पन्न

**Welsh** वैल्श *n.* the in habitants of Wales, बल्ज के निवासी

**wend** वैन्ड *v.* to go, to wind, to walk along, to make ones' way जाना, घूमना, रास्ता बनाना, बीच में से निकलना

**west** वैस्ट *n.* the direction of sun-set. (westward-adv towards the west पश्चिम की ओर), पश्चिम की दिशा, सूर्यास्त की दिशा

**wet** वैट् *adj, v, n.* containing water, rainy, showery, to moisten, to drench with water, गीला, भीगा हुआ, पानी, आद्रता, भिगोना, गीला करना

**whale** व्हेल n. the largest sea-mammal, a fish of great size, a large fish-shaped sea animal, सब से बड़ी समुद्री मछली, भारी आकार की मछली

**wharf** वार्फ *n.* quay at which ships load and unload, a mole, a landing place, a landing stage for loading, un loading ships. तटस्थान, घाट, जहाजों के रुकने का स्थान

**what** वट् *pron, adj.* that which, whatever, asking the quality or amount, that those, which, as much as, how great, क्या, जो, जो भी, प्रश्न पूछना, कितना

**wheat** व्हीट् *n.* plant yielding bread-flour , a plant with edibleseeds, गेहूँ, कनक

**wheedle** व्हीडल *v.* to flatter, to coax, to cajole, to entice by soft words, चापलूसी करना, फटकारना, चिकनी चुपड़ी बातों में फुसलाना

**wheel** व्हील् *n, v.* circular frame with spokes revolving on axle, rotation, cycle, steering-wheel, a circular frame tuming on an axis a circular body, a machine in the form of a wheel, पहिया, मण्डलाकार वस्तु, चक्र, घिरनी, फिरकी

**wheel-barrow** व्हील बैरो *n.* barrow with one wheel, a single-wheeled truck, and light one-wheeled conveyance, एक पहिए की गाड़ी

**wheeze** व्हीज n. v. an audible breath, joke, anecdote, to breathe with difficulty and whistling noise, ऊँची सांस, मजाक, शब्द, शब्द-युक्त

**whelp** व्हैल्प् n, v. the young of a dog, a puppy, to bring forth young, to produce whelps, पिल्ला, शेर का बच्चा, बच्चा उत्पन्न करना

**when** व्हैन् *adv*, conj, at what time, at the time that, कब, जब, किस समय, उस समय जब

**where** व्हैअर *adv*, conj, at what place, at or to the place in which, कहां, किस जगह, किस स्थान पर

**whether** व्हैदर *pron* , conj which of the two, introduces the first of two alternatives of which the second may be expressed or implied यदि, दो में से दूसरा विकल्प जो अधिक संभावित हो

**which** व्हिच् *pron*, who, of a number of persons, what one of a number of things, कौनसा, व्यक्तियों व वस्तुओं में से कौन

**while** व्हाइल् *n, conj, v.* time , period, at the time that, to make pass by, to spend time without being wearied, समय, उस समय जब, बिना ऊबे समय काटना

**whim** व्हिम् *n.*a fancy, a notion, caprice, a sudden start of mind, freak. कल्पना, भ्रम, बहम, प्रस्फुरण, खपत, सनक, लहर

**whimper** व्हिम्पर् *v,n,* to cry with low whining voice, to whine softly, a peevish cry, ठिमकना, बच्चे का हुँ हुँ करना, रुदन,

**whimsical** व्हिमजिकल adj. having curious fancies, fantastical, capricious, odd, quaint, full of whims सनकी, झक्की, बहमी, मनमौजी, खपती

**whine** व्हाइन् v, n. to speak in a crying voice, to complain, to utter plaintive cry, to moan, to murmur, to utter a cry of pain, a plaintive tone, a peevish, a peevish tone, ठिनकना, शिकायत करना, रोकना, फुसफुसाना, कराहना, क्रन्दन

**whip** व्हिप् *v, n.* to lash, to scourge, to thrash, to beat, to apply whip, to dart, lash for driving animals, member of parliament who summons members to attend and vote, a whip's summons to vote, कोड़ा मारना, पीटना, चाबुक, साँटा, संसद बुलाने वाला सांसद

**whir** व्हर् *v. n.* to fly or spin with a buzzing sound, a buzz घरघराहट शब्द करके उड़ना, भिनभिनाहट

**whirl** व्हरल *v, n.* to rotate rapidly, to spin, to swing rapidly round, to turn with great velocity on an axis, commotion, a rapid turning, तेज घूमना, चक्र काटना, तेजी से चक्कर खाना, तेज मोड़, हलचल

**whirlpool** व्हरपूल् *n.* a spinning water-current, an eddy of water, a circular current in a river or sea caused by opposing tides, winds or currents, भँवर, जलावर्त्त, समुद्र या नदी की तेज तरंग

**whirlwind** व्हरलविंड *n.* a spinning wind, a cyclone, a strong wind moving in a spiral form , wind whirling round forwardmoving axis, चक्रवात, बबूला, बातावर्त्त, गर्दबाद, डोंडा, बवंडर

**whisk** व्हिस्क् *n, v.* bunch of grass, hair etc, a brush or small broom, light brush, flapper, to brandish; to sweep. to beat lightly (whiskers. n-pl- hair on man's face), मूँछे), घास का गुच्छा, झाडू, बुहारी, कूँची, घुमाना, झाडू देना, धीरे-धीरे कूटना

**whisky** व्हिस्की *n.* spirit mainly distilled from barley, strong spirit distilled from grain , जौ से तैयार की गई मदिरा

**whisper** व्हिस्पर *v, n.* to speak with breath only, not voice, to speak in a very low tone, to prompt secretly , to speak very softly, to spread rumours, a secret hint, a rumour, a sound made very softly, कानाफूसी करना, फुसफुसाना, धीरे-धीरे बोलना, अफवाह फैलाना, गुप्त संकेत, अफवाह, फुसफुसाहट

**whistle** व्हिसल् *v, n.* to sound a whistle, to make a shrill sound, to call by whistle, to whizz, a small wind instrument , shrill sound of wind, सीटी बजाना, चीखना, भर्राना, हवा का झोंका

**white** व्हाइट *adj.* of the colour of snow, pure, destitute of colour , pale, clean, spotless bright, light-coloured, सफेद, निर्मल, बेरंग, पीला, निर्दोष, उज्ज्वल, हलके रंग का

**white-ant** व्हाइटऐन्ट् *n.* a termite, दीमक, डीमक

**whitelephant** व्हाइट एलिफैन्ट *n.* useless, unwanted, gift or possession, a pale-skinned elephant, a rarity, an anwanted article, junk, व्यर्थ, अनचाहा, उपहार, दुर्लभता, व्यर्थ का बोझ, कबाड़

**whitewash** व्हाइटवाश् *n, v.* preparation of lime and water for liming walls, liquid mixture for whitening, anything that conceals a stain, to cover with a white composition, to cover up faults , सफेदी, कलई करना, धब्बा मिटाने की कोई भी वस्तु, दोष ढकना

**whither** व्हिदर *adv*, to which or what place, to which, किस ओर, किधर

**whiz** विह्ज *n, v.* hissing or humming sound, to make it , to move with such sound, to move rapidly like an arrow through the air फुँकार, सनसनाहट, भिनभिनाना, तीर की तरह भागना

**whole** होल *adj.* entire, complete, total, not de fective, perfect, healthy, all, समस्त, पूर्ण समग्र, दोष रहित, स्वस्थ, तगाम

**whole-hearted** होलहार्टेड् *adj.* sincere, enthusiastic, generous, zealous, hearty and sincere, सच्चा, जोशीला, उदार, प्रसन्नचित्त, सहृदय

**wholesale** होलसेल *n,* sail of goods in large quantities to retailers, buying and selling thus, on a large scale, थोक विक्री, समस्त विक्रय, भारी मात्रा में माल बेचना

**wholesome** होलसम् *adj.* beneficial, nourishing, producing good effect, healthy, sound, salutary, लाभकारी, पौष्टिक, स्वास्थ्य वर्धक, ठोस, अच्छा करने वाला

**wholly** होल्ली *adv.* completely, perfectly, entirely, altogether, totally, पूरी तरह, बिल्कुल, समस्त, सर्वथा

**whoop** हूप *n, v.* shout of cry war-cry, a loud cry, a yell, to yell, to hoot, सिंहनाद, युद्ध का शब्द, चीख, चिल्लाहट

**whooping-cough** हूपिंग कफ़्*n.* ailment in which breath is drawn in with a whooping noise , an infectious disease with violent cough and whoop काली खाँसी, कुक्कर खाँसी

**why** व्हाई*adv.* for what cause or reason, for which, क्यों, किस कारण से, क्योंकर

**wick** विक् n. strip or thread feeding flame of lamp or candle with oil, grease etc, web of a lamp, cotton thread or tape for burning in a candle or lamp, लैम्प की बत्ती, सूत का धागा, जो बत्ती या लैम्प में जलता है

**wicked** विक्एड् *adj.* evil, naughty, sinful, immoral, mischievous, roguish, दुष्ट, फसादी. पापी, दुराचारी, लम्पट

**wicket** विकेट् *n.* a small door made in a large one, three upright rods bowled at in cricket, बड़े द्वार में छोटा द्वार, क्रिकेट की तीन सीधी विकटें (डंडे)

**wide** वाइड्*adj. n.* broad, extensive, faraway, astray, a ball bowled out of the bat man's reach (widen-v-to make wider-), खुला, विस्तीर्ण, दूर, परे, बैटमैन की पहुँच से परे दिया गया बाल

**wide-awake** वाइड अवेक *adj.* alert, shrewd, not easily cheated or misled, fully awake (widely-adv-extensively विसतृत करना) जागरुक, चौकन्ना, जो सहज ठगा न जाए, सचेत, चैतन्य

**widow** विड्डो *n.* a woman whose husband is dead (widower-n-a man whose wife is dead) विधवा स्त्री, बेवा औरत, जिसका पति मर गया हो

**width** विड्थ *n.* breadth, distance from side to side, चौड़ाई, दोनों ओर के बीच का अन्तर

**wield** वील्ड *v.* to use power fully, to control, to flourish, to brandish, to exercise authority, to manage , use, sword pen, etc, बलपूर्वक प्रयोग करना, वश में करना, घुमाना, चलाना, तलवार इत्यादि चलाना

**wife** वाइफ़ *n.* a married woman, a woman, to whom a man is married, विविहिता स्त्री, औरत, पत्नी, बीवी

**wig** विग् *n.* an artificial covering of hair for the head, बनावटी बालों की टोपी, बनावटी बाल

**wild** वाइल्ड *adj.* untamed, undomesticated, uninhabited, savage, disorderly, uncultivated, uncivilised, lawless, uncultured ( wilderness-n. desert मरुस्थल), जंगली, असभ्य, गँवार, फूहड़, वन्य, अशिक्षित, बेलगाम, वीरान

**wilful** विलफुल् *adj.* intentional, deliberate, obstinate, perverse, refractory, stubborn, self-willed, स्वेच्छाचारी, हठी, जिद्दी, अड़ियल, यत्न मनमानी करने वाला

**will** विल् *n.* determination, resolution, desire, intention, a ' written document disposing of ones' property after death, to bequeath., संकल्प, प्रण, इच्छा, मर्जी, अभिलाषा, मृत्यु-लेख

**willing** विलिंग *adj.* ready, eager , given cheerfully, disposed, desirous, prompt, spontanneous (willingness-n. consent स्वीकृति), इच्छुक, तैयार, उत्सुक, सहर्ष दिया हुआ, त्वरित, स्वतः

**will-o-the-wisp** विलोविस्प *n.* false light, deception, an elusive person. नकली प्रकाश, कपट, छली

**willow** विल्लो *n.* tree with slender, flexible branches, and it's wood, a cricket bat, सरपत, सरई, बेद, क्रिकेट बैट, बैंत का पेड़

**willy-nilly** विल्ली निल्ली*adv.* willingly or un willingly, स्वेच्छा से, या बिना इच्छा के

**wilsome** विलसम् *adj.* obstinate, (wily-a-tricky चालबाज) उद्दण्ड, जिद्दी, हठी

**win** विन् *v, n.* to gain , to earn, to achieve, to accomplish, to be successful, to be victorious, victory, a success (winner a-a victor विजेता), जीतना, कमाना, प्राप्त करना, सफल होना, विजय, सफलता

**wind** विन्ड *n. v.* a current of air breeze, breath, air in motion, to blow, to drive hard, to reel, to twist, to curve (winding-a-twisting ), हवा का झोंका, हवा, साँस, लुढ़कना, लपेटना

**windfall** विन्डफाल *n.* fruit blown by the wind, an unexpected gain, हवा से गिरा हुआ फल, अप्रत्याशित लाभ छप्पर फाड़ कर प्राप्ति

**windmill** विन्डमिल् *n.* mill worked by sails or vanes turned by the wind, वायु से चलने वाली चक्की

**windlass** विडलैस *n.* a machine for raising heavy weights. चरखा, उत्तोलनी, भार उठाने वाला यन्त्र

**window** विन्डो *n.* an opening in the wall for admitting light and air, hole in wall to admit light, खिड़की, हवा व प्रकाश के लिए दीवार में छेद

**window-pane** विनडोपेन *n.* piece of glass set in a window-frame, खिड़की की चौखट का शीशा

**window-sill** विन्डोसिल *n.* flatslab of wood or stone on which the frame rests चपटा पटरा व पत्थर जिस पर खिड़की का ढाँचा लगा होता है

**wine** वाइन *n.* liquor produced from the juice of grapes or other fruit, अँगूरों के रस की शराब

**wing** विंग *n.* the forelimb of bird by which it flies, care and protection, a plane flight, side of a stage, supporting part of an aeroplane, पँख, पक्षी के पर, डैना, हवाई जहाज का तख्ता

**wink** विन्क् *v, n.* to open and close the eyelid quickly , to pretend not to see, to shut one eye, a quick flutter of an eyelid , a flicker of light, short period of sleep, आँख झपकना, एक आँख से देखना, कनखियों से देखना, प्रकाश की झलक, झपकी

**winnow** विन्नो*v.* to blow chaff from grain, to fan, to separale, to sift , गेहूँ से भूसा फटकना, पंखा करना, अलग करना, बरसाना, उड़ाना

**winsome** विनसम *adj.* attractive , agreeable, आकर्षक, सुहावना, लुभावना

**winter** विन्टर *n.* the fourth, or cold season of the year from November to January or February , any cheerless time (wintry-adv-cold ठंडा), शरद ऋतु, शीतकाल, सर्दी का मौसम, ठंड

**wipe** वाइप *v, n.* to clean, to rub, to cheat, wiping, पोंछना

**wire** वायर *n, v.* metal thread or string, a telegram to bind or fence with wire , to telegraph (wiry-adv-tough कठोर), तार, तार से बाँधना, तार में पिरोना, तार देना

**wireless** वायरलैस् *n.* system of telegraphing and telephoning without wires, the communication through electro-magnetic waves without wires, radio. बेतार सन्देश भेजने का यन्त्र, तरंगों द्वारा सन्देश भेजना

**wisdom** विजडम् *n.* sense, ability to use knowledge, sagacity, rightly applied (wise-a-intelligent बुद्धिमान), अकल, मति, बुद्धि, ज्ञान, योग्यता, विवेक, पाण्डित्य, नैसर्गिक प्रवृत्ति, सदव्यवहार

**wish** विश्*v, n.* a longing, a desire, thing desired , request, expression of desire, to desire, to express a desire, to long for. इच्छा, कामना, अनुनय, इच्छा करना, चाहना

**wistful** विस्टफुल *adj.* pensive, thoughtful , longing, yearning, ध्यान परायण, चिन्तनशील, इच्छुक, उत्सुक

**wit** विट्*n.* intellingence, understanding, common sense, natural mental ability, बुद्धि, समझ, सामान्य ज्ञान, चेतना, हाजिरजवाबी

**witch** विच् *n.* an enchantress, a sorceress, a fascinating woman, a hag. (witchcraft, n. magic), जादूगरनी, चुड़ैल, डाइन, मायाविनी

**with** विद् *prep.* by the aid of, in the company of, मदद से, की संगति में, यन्त्र के द्वारा

**withdraw** विदड्रॉ *v.* to go away from, to retire, to recall, to take back one's words or accusation, (withdrawal-n-retreat.) परे हटना, पीछे होना, लौटना, अपने शब्द या इलजाम को वापिस लेना, पग, पीछे हटना

**wither** विदर् *v.* to fade, to perish , to blight, to shrivel, to decay, to dry up, मुरझाना, नष्ट होना, सिकुड़ना, कुम्हला देना, सुखा देना

**within** विदिन् *prep, adv.* inside the limits, inwardly, in doors (without-prep-beyond the limit. सीमापार), सीमा के भीतर, अन्दर से, भीतर, समय से पूर्व

**withstand** विदस्टैन्ड् *v.* to resist, to oppose, to stand against, सहन करना, विरोध करना, अड़े रहना, डटे रहना

**witness** विटनैस् *n, v.* a watcher, an absorver, evidence, testimony, to see, to observe, to give evidence (witticism-n-a witty remark.), रसिकोक्ति), गवाह, साक्षी, प्रमाण, प्रत्यक्ष करने वाला, देखना, गौर करना, साक्षी देना

**witty** विट्टी*adj.* sensible, shrewd, funny, humorous, sarcastic, समझदार, तीव्र बुद्धि, कुशाग्रबुद्धि, मजाकिया, प्रत्युत्पन्न मति

**wizard** विजर्ड् *n.* an enchanter, sorcerer, a conjurer, magician, जादूगर, मायावी, ओझा

**wobble** वॉबल् *v, n.* to sway from side to side, to stagger, to move to and fro, to waver, to rock from side to side, a stagger, इधर-उधर लड़कना, लड़खड़ाना, डगमगाना, डोलना

**woe** वो *n.* misery, anguish, grief, curse, sorrow, trouble, an affliction. (woeful. a-tragic- दुःखी), दुःख, पीड़ा, वेदना, आक्रोश, श्राप. कष्ट

**wolf** वुल्फ *n.* wild fierce animal of dog family , a cruel, rapacious person, a fierce carnivorous animal भेड़िया, क्रूर मनुष्य, नरभक्षी पशु

**woman** वूमन् *n.* female of man, the female sex, a female servant, स्त्री, नारी, औरत, नौकरानी

**wonder** वान्डर् *v, n.* to marvel, to be amazed, to ponder, to doubt, a strange thing, a marvel, a mazement. astonishment (wonderful a amazing विस्मयकारी), आश्चर्य में पड़ना, चकित होना, विचारना, शक करना, अनोखी वस्तु, अचंभा, हैरानी

**wont** वोन्ट *adj.* used to, accustomed to, habituated, usual, अभ्यस्त, आदत वाला, स्वभाव वाला

**woo** वूv. to make love to, to court, to ask in marriage, to importune, to seek to winover; प्रीत लगाना, इश्क लगाना, प्रेम दिखलाना, शादी के लिए प्रस्ताव रखना

**wood** वुड *n.* a small forest, a plantation of trees, timber, a group of growing trees, the hard part of a tree. (wooden-a. made of wood काष्ठमय), काष्ठ, वन, जंगल, लकड़ी

**woodpecker** वुडपैकर *n.* bird that pecks holes in the bark of trees, कठफोड़वा, काष्ठकूट, हुदहुद, सुलेमान का मुर्ग

**wool** वूल् *n.* soft, curled hair growing on sheep, hairy covering of plants, yarn made of wool, fabric of wool (woollen-n-made of wool ऊनी), ऊन, भेड़ के घँघराले नरम बाल

**word** वर्ड*n.* term, news, , information, talk, conversation, pledge, a promise (wordy-a-verbose बहुवाक्य), शब्द, सूचना, बोल, वार्त्तालाप, प्रण, शपथ, वचन

**work** वर्क*v, n.* to toil, to labour, to produce, to perform, labour, employment, business, needlework. (works-n. pl. mill कारखाना), परिश्रम करना, मजदूरी करना, उपजाना, पूरा करना, श्रम, धन्धा, व्यवसाय, कढ़ाई का काम

**workshop** वर्कशाप् *n.* a place where things are made or manufactured, कारखाना, कर्मशाला, उद्योगशाला

**world** वर्ल्ड *n.* the universe, sphere of existence, mankind, society. any planet-or heavenly body, the earth and its inhabitants ((worldly-adv-and- spiritual सांसारिक), संसार, विश्व, जगत, दुनिया, ब्रह्माण्ड, मानव समाज, नक्षत्र

**worm** वर्म् *n.* a small creeping animal, anything that destroys, that which torments, a spiral tube, रेंगने वाला कीड़ा, घुन, कष्टदायक वस्तु, पेंचदार नली

**worn** वोर्न *adj.* used, tired, wearied, फटा हुआ, थका हुआ, क्लान्त, घिसा हुआ

**worried** वरिंड *adj.* anxious, troubled, harassed, चिन्तित, परेशान, पीड़ित

**worry** वरी *v, n.* to seize, to trouble, to pester, to harass, to annoy, to tear with the teeth, पकड़ना, कष्ट देना, परेशान करना, रुष्ट करना, दाँतों से फाड़ना

**worship** वरशिप् *n, v.* reverence, adoration, tile given to magistrate, religious service, to show deep reverence, to take part in religious service; पूजा, स्तुति, जज का पद, धर्मोपदेश, पूजा करना, आराधना करना

**worsted** वरस्टिड् *adj, n.* defeated, woollen yarn, परास्त, सुलझाया हुआ ऊन

**worth** वर्थ *n. adj.* the value, cost, the merit, excellence, having value, meriting (worthy-a-excellent. योग्य), मूल्य, योग्यता, गुण, विशिष्टता, महत्व

**worthless** वर्थलैस *n.* useless, without merit, of no value or merit, बेकार, गुण रहित, किसी काम का भी नहीं, असार

**wound** वूंड् *n, v.* a hurt, injury, a hurt to feelings , to injure, to make a wound in, चोट, घाव, आघात, हानि, चोट मारना, घाव मारना

**wrangle** रैंगल् *n, v.* a brawl, a noisy quarrel, an angry argument, to dispute noisily, to brawl, कोलाहल, हल्ला गुल्ला, शोर शराबा, शास्त्रार्थ

**wrap** रैप *v, n.* to fold up or round, to enclose, a shawl, scarf (wrapper-n-covering लिफाफा), लपेटना, बन्द करना, शाल, रुमाल

**wrath** रॉथ् *n.* anger, rage, fury, indignation, क्रोध, गुस्सा, रोष, कोप

**wreak** रीक् *v.* to inflict punishment or vengeance., दण्ड देना, बदला लेना

**wreath** रीथ् *n.* a garland or chaplet of flowers (wreathe-v-to twine about-गुथना), हार, पुष्प माला

**wreck** रैक्*v*, *n.* to ruin, to blight, to be ship-wrecked, a very badly-damaged ship, the remains of anything ruined, a person ruined mentally or physically, नष्ट करना, जहाज गर्क होना, नष्ट-प्राय जहाज, भग्नावशेष, बेकार हो चुका व्यक्ति

**wren** रेन्*n.* small insect-eating bird, कीड़े खाने वाला पक्षी

**wrench** रैन्च् *v*, *n.* twist round, to sprain, a strain, sprain, a tool to twine a nut or bolt लपेटना, घेरा देना, मोच आना, ऐंठन, मरोड़, पेच खोलने का औजार, पेचकस (रैंच)

**wrest** रैस्ट *v.* to pull from by force, to distort, to get by toil खींचकर निकालना, शक्ल बिगाड़ना, मेहनत से पाना

**wrestle** रैसल् *v* to struggle, to strive, to grapple in sport and try to throw. (wrestling-n-struggle कुश्ती) दंगल करना, कुश्ती लड़ना, संघर्ष करना, खेल में पछाड़ने की कोशिश करना

**wretch** रैच् *n.* a miserable, unhappy person, a base, worthlessperson, (wretched-a-mean तुच्छ) भग्यहीन व्यक्ति, तुच्छ, बेकार, मनुष्य, नाकारा

**wriggle** रिग्गल् *v*, *n.* to twist like a snake or worm, to escape by cunning, a worm-like-twist साँप की तरह तड़फड़ाना, तड़पना, बुलबुलाना, रींगना, बुलबुलाहट

**wring** रिन्ग् *v.* to twist and squeeze, to squeeze out, to shake the hands in sorrow ऐंठना और सिकुड़ना, दुःख में हाथ मलना

**wrinkle** रिंकल् *v*, *n.* to make creases in the brow, fold or crease in the skin due to age, त्योरी चढ़ाना, भवें सिकोड़ना, चमड़ी में झुरियां

**wrist** रिस्ट् *n.* joint uniting hand and arm, मणिबन्ध, कलाई

**writ** रिट् *n.* a legal document conveying an order, summons, लेख, आज्ञा पत्र

**write** राइट *v.* to use pen or pencil in setting down words, to do literary work, to correspond (writer-scribeलेखक) लिखना, पत्र व्यवहार करना

**writhe** राइद् *v.* to wriggle, to twist about in pain ऐंठना, दर्द से पासे बदलना

**wrong** रांग् *v*, *n.* incorrect, bad, unjust, to injure, an injustice (wrongdoer-n-a sinner कुकर्मी) गलत, अशुद्ध, बुरा, अन्यायी, चोट पहुँचाना, अन्याय

**wrongly** रांगली *adv.* unjustly, illegally, erroneously, गलती से, अन्यायपूर्वक, अवैध ढंग से, भूल से

**wrought** रॉट् (p.t & p.p. of work) *adj.* worked काम किया हुआ, बनाया हुआ

**wry** राई *adj.* turned to one side, crooked, distorted, having a clever twist, twisted टेढ़ा, बाँका, पथभ्रष्ट, मोड़ा हुआ

**wye** वाई *n.* a crutch वैसाखी

# X

## X-MAS-XYST

**x** एक्स् the twenty fourth letter of the English alphabet, अंग्रेजी भाषा की वर्णमाला का चौबीसवां अक्षर आदि में इसे 'ज' से तथा अन्य जगह 'क्स' बोलिए।

**x-mas** एक्समास् *n.* Christmas ईसाइयों का बड़ा दिन (abbreviation of Christmas)

**xrays** एक्सरेज् *n. pl.* powerful invisible rays which can go through matter that light rays cannot penetrate, rays which enable photographs to be taken of broken bones and other unseen objects ऐक्सरे, विशेष शक्तिशाली अदृश्य किरणें जो शरीर के हर अंग का चित्र साफ-साफ ले लेती हैं

**xenogamy** जे नागमी *n.* cross fertiiization एक वृक्ष की सहायता से दूसरा उत्पन्न करना

**xenomania** जीनामेनइआ *n.* undue attachment tα foreign things विदेशी वस्तुओं से अनुचित लगाव

**xeroderma** जीरोडरमा *n.* morbid dryness of skin, चमड़े के सूख जाने का एक रोग

**xylograph** जिलोग्राफ *n.* wood engraving लकड़ी पर अंकन कला, लकड़ी की मूर्ति बनाने की कला

**xylophone** जिलोफोन *n.* musical instrument made of wooden bars which sound when struck with wooden hammers एक प्रकार का जल तरंग

**xyst** जिस्ट् *n.* an open or covered court for athletic exercises व्यायामशाला, कसरत करने की खुली या ढकी हुई दालान,

# Y

## YATCH-YULETIDE

**y** वाई the twenty fifth letter of the English alphabet अंग्रेजी वर्णमाला का पचींसवाँ अक्षर

**yatch** यॉट् *n, v.* a vessel used for state purposes, a ship built for pleasure-sailing or racing, a light vessel for racing or pleasure, a vessel fitted for racing, for pleasure trips, to sail in a yatch केलिपोत, मनोरंजन के लिए सैर करने की नाव, हल्की नाव, नाव खेना

**yak** यॉक् *n.* a long-haired ox found in Tibet, humped wild ox of Central Asia, wild and domesticated ox of Central Asia चामर, मध्य एशिया की सुरा गाय

**yam** याम् *n.* the root of a tropical plant, a tropical plant and its edible potato-like root, the potato-like tuber of several tropical plants जमीकन्द, अरुई, कचालू, घुइयाँ

**yank** यांक् *v, n.* to jerk, to pull sharply, to rug, a jerk, झटका देना, तेजी से खींचना, झटका

**yankee** यान्की *n, a.* an inhabitant of the United States of America अमेरिका के संयुक्त राज्य का निवासी

**yap** यॉप् *v. n* to bark like a dog, to bark sharply, to yelp, a yelp, कुत्ते की तरह भौंकना, तेज भौंकना, भूँसना

**yard** यार्ड *n.* a measuring rod of thirty six inches, a spar for spreading a sail, an enclosure, enclosed area adjoining a house, one used for special work, छत्तीस इंच का गज, पैमाना, घेर, आँगन

**yardstick** यार्डस्टिक् *n.* a stick three feet in length तीन फुट लंबी छड़ी

**yarn** यार्न *n, v.* spun thread, one of the threads of which a rope is made, a tale, to tell stories, to relate धागा, सूत्र, रस्सी की लड़ी, कहानी, कथा सुनाना

**yarrow** यॉरो *n.* a kind of plant, a strongly-scented plant with flat-topped clusters of small flowers, छोटे फूलों के गुच्छों याला सुगन्धि देने वाला पौधा

**yawl** यॉल् *n.* a war-ship's boat, a small fishing or sailing boat, sailing boat like cutter with additional short mast at stem युद्ध पोत, मछली पकड़ने वाली नाव

**yawn** यान् *v, n.* to gape, to open wide, to open the mouth involuntarily, to open the mouth wide and take a deep breath, without meaning to do so, as a result of sleepinness or boredom जँभाई लेना, मुँह खोलना, गहरी साँस लेना

**year** इयर् *n.* the time taken by the earth to go once round the sun, 1st January to 31st December (in pl.) age (yearly-adv-annual वार्षिक) वर्ष, साल

**yearling** इयरलिंग् *n.* an animal a year old एक वर्ष का पशु

**yearn** यर्न् *v.* to have an earnest desire, to long, to be distressed, to grieve, to feel pity or tenderness तड़पना, इच्छा करना, कष्ट में होना, दुखी होना, दया अनुभव करना, चाहना

**yeast** यीस्ट *n.* froth appearing in fermentation, harm, preparation used for raising dough, the froth of beer when fermented (yeast-a-frothy झागदार) झाग, हानि, खमीर, उफान

**yell** यैल् *n, v.* a sharp outcry, a brawl, a loud shout, to scream, to shout out suddenly चीख, चिल्लाहट, कोलाहल, चीखना, चिल्लाना

**yellow** येलो *n., a* a bright golden colour, of the colour of gold or of the primrose, cowardly पीला, चमकीला सुनहरी रंग, भीरु

**yelp** येल्प् *v, n.* to utter a shark bark or cry, to cry out suddenly, the cry of a dog when in pain, a quick, shrill cry, a sharp, sudden cry चिल्लाना, भूँसना, पीड़ित कुत्ते की चीख, चिल्लाहट

**yeoman** योमैन् *n.* a small farmer or landowner, beef-eater, a free holder, a gentleman farmer, petty officer (yeoman service-n-hard work well done कठोर परिश्रम) छोटा किसान या जमींदार, गोमांस भक्षी, क्षेत्रपाल

**yes** येस् *adv.* expression of affirmation, work showing agreement or consent, ay स्वीकृति की मुद्रा, हां, हूँ, स्वीकृति का शब्द

**yes-man** येसमैन् *n.* an obedient follower who never disagrees with his chief, weak person willing to agree to anything हां में हाँ मिलाने वाला, जी हुजूर, दुर्बल प्रवृत्ति वाला

**yesterday** यस्टरडे *n.* the day just past, day before today, recent time, पिछला कल, गुजरा हुआ दिन

**yet** येट् *adv, conj.* in a addition, besides, upto the present time even, before the matter is finished, nevertheless, however, तो भी, अतिरिक्त, इलावा, अबतक, फिर भी, बावजूद

**yew** यू *n.* an avergreen tree with spreading branches, फैली हुई शाखाओं वाला सदाबहार पेड़

**yield** यील्ड् *v, n.* to produce, to give in return for, to give, to allow, to admit, to grant, to submit, to concede, to surrender, amount produced, result, crop पैदा करना, बदले में देना, देना, आज्ञा देना, हार मानना, झुक जाना, आत्मसमर्पण करना, उपज, परिणाम, फसल

**yoga** योगा *n.* a Hindu philosophy, a system of ascetic training in oriental mysticism, Hindu system of meditation and asceticism aiming at union of devotee's soul with universal spirit, union of soul with God, combination of physical and moral excellence. (yogi-n. one who practises yoga योगी) हिन्दू दर्शन, समाधी लगाने या तपस्या करने का सिद्धान्त, जीवात्मा व परमात्मा का एकाकार

**yoke** योक् *n, v.* something that joins together, a frame of wood joining oxen pulling e.g. a cart, or one for carrying pails, etc, a pair, mark of slavery, bond, to link together, to enslave जोड़ने वाला, जुआ जो बेलों के गले में डाला जाता है

**yokel** योकेल् *n.* a countryman or boy, country lout, rustic देहाती या लड़का, लम्पट, फूहड़

**yolk** योक्*n.* the yellow part of an egg अंडे की जर्दी

**yon, yonder** यांडर (यान) *adj, adv.* over there, in that place, in that direction वहां, उधर, उस स्थान पर, उस ओर

**yore** योर् *n.* old time, long ago, (of yore) in times past, in olden days, the distant past पुराना समय, बहुत पहले, पुराने जमाने में, बहुत पहले

**you** यू *pro*, 2nd person, pl and sing, to whom one is speaking or writing, nominative as well as objective तू, तुम, आप, कर्त्ता तथा कर्म

**young** यंग् *adj, n.* childish, not adult, in early like, in the first part of growth, not yet old, immature, junior, recently formed, vigorous, offspring (youngster-n-child, esp. active or lively boy चंचल बालक) बचगाना, बचपन में, युवक, अवयस्क, छोटा, ताजा, जोशीला, सन्तान

**youth** यूथ *n.* state of being young, early part of life, a youngman, young people as a group, state before adult age जवानी, यौवन, युवक, जवान लोग, तरुणावस्था

**yule** यूल् *n.* an old name for the festival of Christmas, the season, or feast, or Christmas, ईसाइयों का उत्सव का पुराना नाम, क्रिसमस का मौसम अथवा दावत

**yuletide** यूल टाइड् *n.* the Christmas season, Christmastide, the time of Christmas क्रिसमस् का त्योहार का समय

# Z



**z** जेड् the twenty sixth letter of English alphabet अंग्रेजी वर्णमाला का छब्बीसवां अक्षर

**zea** जीऑं *n.* Indian corn, maize अनाज, मक्का, मकई

**zeal** जील् *n.* passion ardour for anything, intense interest, enthusiasm for a cause, eager energetic support for, keeness, fervour (zealful-a-ardent उत्सही) उमंग, भारी चाह, लगन, जोश, व्यग्रता

**zealot** जैलट् *n.* fanatic, a person filled with zeal, an enthusiast, zealful अति व्यग्र, अति उत्साही, जोश से भरा हुआ

**zealous** जैलस् *adj.* eager, enthusiastic, ardent, full of enthusiasm and energy in support of something, earnest (zealously, adv, ardently उत्साह से) उत्सुक, उत्साही, सच्चा, जोशीला

**zebra** जेब्रा *n.* a striped South African mammals like horse, African horse-like animal with stripped body, a striped African animal of the house kind गोरखर, वन गर्दभ, घोड़े की तरह का अफ्रीकन पशु

**zenana** जेनाना *n.* women's apartments, women's quarters in high-caste Indian houses. जनान खाना, नवाबों का हरम, रनिवास

**zenith** जेनिथ् *n.* point in the sky exactly overhead, greatest height, point opposite nadir, summit, highest point of one's career चर्मसीमा, उच्चतम बिन्दु, शिखर, जीवन में चर्मोत्कर्ष

**zephyr** जैफर् *n.* the west wind, gentle breeze, fine woollen fabric पश्चिमी पवन, समीर, मन्द पवन, ऊनी वस्त्र

**zeppelin** जेप्पेलिन् *n.* a cigar-shaped air ship, German military airship used in World war I प्रथम विश्व युद्ध में जर्मन हवाई जहाज

**zero** जीरो *n.* nothing, figure o, the point from a scale begins, the lowest point शून्य, सिफर, बिन्दु

**zero hour** जीरो आवर *n.* the moment fixed to begin, the exact time chosen for military attack, a time of crisis. श्रीगणेश का निश्चित समय, सैनिक चढ़ाई का निश्चित समय, आपत्काल

**zest** जेस्ट् *n.* enthusiasm and pleasure, enjoyment, piquancy, eagerness, gusto, relish, something that gives taste शौक, रुचि, आनन्द, उत्सुकता, उत्साह, स्वाद

**zigzag** जिगजैग् *n, adj.* a line or road with sharp angles, something that has a sharp turn, line bent by series of angles, bending or turning z-like मुड़ा हुआ, टेढ़ा किया हुआ, तीखा मोड़; जेड् के आकार का

**zinc** जिन्क् *n.* a white metal resembling tin, a blue-white metal जस्ता

**zincite** जिन्काइट *n.* oxide of zinc सफेदा

**zip** जिप् *n, v.* whizzing sound as of flying bullet, a zip-fastener, to whizz, to fasten with a zip-fastener गोली का गूँज, जिप जोड़ने वाला, गूँजना, जिप लगाना

**zodiac** जोडिआक् *n.* an imaginary broad circle in the heavens containing the twelve constellations called the signs of Zodiac, the sun's circular path in the sky. राशिचक्र

**zone** जोन् *n.* girdle, encircling band, specified region, area, one of the belts into which the earth is divided according to climate, a region in which all parts have the same characteristics खंड, परिधि, मंडल, घेरा

**zoo** जू *n.* short for zoological gardens; place where wild animals are kept for show, place where wild animals are exhibited पशु-वाटिका, चिड़ियाघर, पशुओं के रखने का बगीचा

**zoology** जूऑलाजी *n.* natural history of animals, the science that studies, animals' life, study of animals and animals life, that part of biology that treats of animals, their structure, classification, habits and distribution प्राणी विद्या, प्राणी विज्ञान

**zoologist** जोआलोजिस्ट् *n.* a student of zoology, one who studies animal life, one skilled in zoology, one versed in zoology. प्राणी विद्या का अध्ययन करने वाला

**zoom** जूम् *v.* turn suddenly upwards at sharp angle, (of prices), to become inflated सहसा ऊपर उठना, कीमतों का चढ़ना

**zoroastrian** जोरोस्ट्रिइन *n.* of Persian religion of zoroaster (zarathustra), adherent of this जोरोस्टर का फारस का एक मत तथा उस मत के अनुयायी

**zulu** जूलू *n.* s South African tribe, one of a South African warrior race, one of a warlike tribe of kaffirs, north of Natal दक्षिण अफ्रीका की एक जाति, उनकी योद्धाओं की एक नस्ल, काफ़िर लोग।

# ABBREVIATIONS

| | |
|---|---|
| a.c. | alternating current |
| A.D. | (anno Domini) in the year of our Lord |
| A.D.C. | Aid-de-camp |
| advt. | advertisement |
| a.m. (ante meridiem) | before noon |
| annon. | anonymous or unknown |
| Aug. | August |
| B.A. | Bachelor of Arts |
| Battn. | Battalion |
| B.B.C. | British Broadcasting Corporation |
| B.C. | Before Christ |
| B.O.A.C. | British Overseas Airways Corporation |
| Brit. | Britain, British |
| B.Sc. | Bachelor of Science |
| C | Celcius (Thermometer) |
| Capt. | Captain |
| Ch. | Chapter |
| Chem. | chemistry, chemical |
| C.I.D. | Criminal Investigation Department |
| C-in-C | Commander-in-Chief |
| cm. | centimetre(s) |
| c/o | care of |
| C.O. | Commanding Officer |
| Co. | Country, Company |
| Col. | Colonel |
| conj. | conjunction |
| Co-op. | Co-operative (stores) |
| Cpl. | Corporal |
| Cr. | Credit |
| Cwt. | hundred weights |
| D.D. | Doctor of Divinity |
| Dec | December |
| deg. | degree(s) |
| Dept. | Department |
| Derby | Derbyshire |
| D.Lit. | Doctor of Literature or Letters |
| do. ditto. | the same |
| doz. | dozen |
| Dr. | Doctor |
| D.Sc. | Doctor of Science |
| E. | East |
| ed. | editor or edited by |
| E.C.C. | European Economic Community |
| e.g. | for example (exampl gratia) |
| Eng. | England, English |
| Esq. | Esquire |
| etc. | and the rest (etcetera) |
| ForFahr | Fahrenheit (Thermometer) |
| F.D. | Defender of the Faith |
| Feb. | February |
| fem. | feminine |
| F.M. | Field Marshal |
| Fri. | Friday |
| F.R.S. | Fellow of the Royal Society |
| ft. | foot or feet; fort. |
| fur | furlong (s) |
| g | gramme |
| G.B. | Great Britain |
| G.H.Q. | General Head Quarters |
| G.M. | George Medal |
| G.M.T. | Greenwich Mean Time |
| G.O.C. | General Officer Commanding |
| Govt. | Government |
| G.P.O. | General Post Office |
| h. | hour |
| H.C.F. | Highest Common Factor |
| H.E. | His Excellency |
| H.H. | His (Her) Highness; His Holiness (the Pope) |
| H.M. | His (Her) Majesty |
| Hon. | Honourable, Honorary. |
| Hon. Sec. | Honorary Secretary |
| H.P. | High Pressure; Half-pay; Hire Purchase |
| h.p. | horse-power |
| H.Q. | Headquarters |
| H.R.H. | His (Her) Royal Highness |
| ht. | height; heat |
| h.t. | high tension |
| i.e. | that is (id est) |
| I.L.O. | International Labour Office |
| in. | inch(es) |
| incog. | incognito, or unknown |
| inst. | (instant) of this month |
| I.Q. | Intelligent Quotient |
| Jan. | January |
| jr. | junior |
| K | King |
| K.C. | King's Council |
| kg. | kilogramme |
| km. | kilometre(s) |
| kt. | Knight |
| kw. | kilowatts |

| | |
|---|---|
| L. | Litre |
| L. | Roman number 50, Learner |
| Lat. | Latitude |
| lb. | pounds (weight) |
| L.C.M. | Lowest common multiple |
| L.H.D. | Doctor of Letters or Literature |
| LL.B. | Bachelor of Laws |
| Long. | Longitude |
| Lt. or Lieut. | Lieutenant |
| Ltd. | Limited |
| M. | Majesty; Roman numeral 1000; Monsieur |
| m. | metre; mile; minute |
| M.A. | Master of Arts |
| Maj. | Major |
| Mar. | March |
| Masc. | masculine |
| maths | mathematics |
| max. | maximum |
| M.B. | Bachelor of Medicine |
| M.B.E. | Member, Order of the British Empire |
| M.C. | Military Cross |
| M.D. | Doctor of Medicine |
| memo. | memorandum |
| Messrs. Sirs. | (Used as a plural of Mr.) |
| min. minute, minimum | |
| misc. | miscellaneous |
| ml. | millilitre |
| Mme. | Madame |
| M.O. | Medical Officer |
| Mon. | Monday |
| M.P. | Members of Parliament |
| m.p.h. | miles per hour |
| Mr. | Mister; Master, Mrs. Mistress |
| m.s. | Manuscript (pl. MSS) |
| M.Sc. | Master of Science |
| Mt. | Mount; Mountain |
| Mt. Rev. | Most Reverend |
| myth | mythology, mythological |
| N. | North |
| Nat. | National |
| N.A.T.O. | North Atlantic Treaty Organisation |
| N.B. | Note well, take notice (nota bene) |
| N.C.O. | Non-commissioned Officer |
| neut. | neuter |
| N.H.I. | National Health insurence |
| No. | Number (numero) |
| Nov. | November |
| N.S.P.C.C. | National Society for the Prevention of Cruelty to children |
| N.T. | New Testament |
| N.Z. | New Zealand |
| O.B.E. | Order of the British Empire |
| O.C. | Officer Commanding |
| Oct. | October |
| O.E.E.C | Organisation for European Economic Co-operation |
| O.H.M.S. | On His (Her) Majesty's Service |
| O.M. | (Member of the) Order of Merit |
| opp. | opposite |
| O.T. | Old Testament |
| Oxon. | Oxfordshire |
| oz. | ounce |
| p.a. | yearly (per annum) |
| par. | paragraph; parish |
| p.c. | post card |
| pd | paid |
| P.E. | Physical Education |
| per cent | by the hundred (per centum) |
| Ph.D. | Doctor of Philosophy |
| P.M. | Prime Minister |
| p.m. | (post meridiem) afternoon |
| P.M.G. | Postmaster-General; Paymaster-General |
| P.O. | Post Office; Postal Order |
| P.O.W. | Prisoner of War |
| P.R.A. | President of the Royal Academy |
| prep. | preposition |
| pro. | professional |
| Prof. | Professor |
| pron. | pron; pronunciation |
| P ov. | Provost; Province |
| prox. | in or of the next month. (proximo) |
| P.S. | Postscript; post scriptum (pl. pss) written after, |
| ps | pslam |
| P.T. | Physical Training |
| pt. pint; part; participle | |
| P.T.O. | Please turn over |
| Q.M. | Quarter master |
| qr. | quarter |
| qt. | quarts |
| quad | quadrangle |
| R.A.F. | Royal Air Force |
| R.A.M.C. | Royal Army Medical Corps. |
| R.A.S.C. | Royal Army Service Corps. |

| | |
|---|---|
| R.C. | Red Cross |
| Rd. | Road |
| recd. | received |
| ref. | referee; reference |
| Regt. | Regiment |
| Rev. | Reverend |
| R.G.S. | Royal Geographical Society |
| R.N. | Royal Navy |
| R.S.P.C.A. | Royal Society for Prevention of Cruelty to Animals |
| R.SV.P. | Please Reply; (repondez silvous plait) |
| Rt. Hon. | Right Honourable |
| Rt. Rev. | Right Reverend |
| Rly. | Railway |
| S.South | |
| S.A. | South Africa |
| Sat. | Saturday |
| Scot. | Scotland |
| Sec. | Secretary |
| Sept. | September |
| Sergt. | Sergeant |
| S.M. | Sergeant Major |
| Soc. | Society |
| S.P.G. | Society for the Promotion of Gospel |
| Sqd. Ldr. | Squadon Leader |
| St. | Saint; Street; Strait |
| st. | stone. (weight) |
| Sun. | Sunday |
| Supt. | Superintendent |
| Th. | Thursday |
| Treas | Treasure |
| T.U. | Trade Union |
| T.U.C. | Trade Union Congress |
| Tues. | Tuesday |
| TV | Television |
| U.D.C. | Urban District Council |
| U.K. | United Kingdom, (England, Scotland and Wales) |
| ult. (ultimo) | last month |
| U.N.E.S.C.O. | United Nations Educational, Scientific and Cultural Organization |
| Univ. | University |
| U.N.O. | United Nations Organization |
| U.S.A. | United States of America |
| U.S.S.R. | Union of Soviet Socialist Republics |
| V. | volt; Roman numeral 5 |
| v. | (velocity) against |
| vb. | verb |
| V.C. | Victoria Cross |
| W. | West |
| Wed. | Wednesday |
| wkt. | wicket |
| W/L | Wave-length |
| W.O. | War Officer, Warrant Officer, Wireless Operator |
| W/T | Wireless Telegraphy |
| wt. | weight |
| x. | Roman numeral 10 |
| yd. | yard(s). |
| Y.M.C.A. | Young Men's Christian Association, |
| Y.W.C.A. | Young Women's Christian Association |